HOŞ GELDİN ATATÜRK

Prof. Dr. Haydar Baş

0 212 425 10 66 - 0 212 425 77 77
Hoş Geldin Atatürk

ISBN: 978-975-7081-46-3

BASKI: YIKILMAZLAR BASIN YAYIN MATBAACILIK
3. BASKI

ARALIK - 2017

PROF. DR. HAYDAR BAŞ'IN BİYOGRAFİSİ:

Prof. Dr. Haydar Baş 1947 yılında Trabzon'da doğdu. İlk, orta ve lise tahsilini Trabzon'da tamamlamasının ardından; 1970 senesinde, Kayseri'deki Erciyes Üniversitesi'ne bağlı Yüksek İslam Enstitüsü'nden mezun oldu. Lisansüstü eğitimini ve doktorasını "Veda Hutbesinde İnsan Hakları" konusundaki tezi ile Bakü Devlet Üniversitesi'nde tamamladı ve bu üniversitede göreve başladı. Doktora sonrası akademik çalışmalarına devam ederek "İslam ve Hz. Mevlana", "Tasavvuf Tarihi", "Din Sosyolojisi" ve "Din Psikolojisi" konularındaki tezleri neticesinde "Profesörlük" unvanını da aynı üniversiteden aldı. 13 yıl Bakü Devlet Üniversitesi'nde öğretim görevinde bulundu. Akademik kariyerini eğitim sahasında yapmasına rağmen, aynı zamanda bir araştırmacı, yazar, işadamı, sanayici ve tüccar olan Prof. Dr. Haydar Baş'ın hayatından bazı kesitler şöyledir:

- Mefkûreci Öğretmenler Derneği'nin Trabzon Şubesi Başkanlığı'nı yaptı.

- Beş yıl devlet liselerinde, iki yıl ticaret liselerinde ve imam hatip liselerinde olmak üzere, yedi öğretim yılı öğretmenlik yaptı.

- 13 yıl Bakü Devlet Üniversitesi'nde "Profesör" unvanıyla öğretim görevinde bulundu.

- İPA A.Ş.'nin Bölge Müdürlüğü'nü yürüttü.

- BAŞ Şirketler Grubu'nun, BAŞ Çelik Fabrikalarının, BAŞ Ticaret A.Ş.'nin ve BAŞ Isı Sanayii'nin kurucusudur.

- Halen başyazarlığını yapmakta olduğu İcmal, Öğüt ve Mesaj dergilerinin kurucusudur.

- Milli Basın Kurultaylarını tertip eden Basın Kurulu'nun başkanlığını yaptı.

BİYOGRAFİ

- Bağımsız Türkiye Partisi'nin (BTP) Genel Başkanı'dır. Kendisi Fransızca, Arapça, Farsça ve Azerice bilmektedir. Prof. Dr. Haydar Baş'ın görüşleri ve tezleri dünyada ve Türkiye'de çeşitli üniversitelerde lisansüstü tezlere ve akademik araştırmalara konu edilmiştir:

- Illinois Üniversitesi (University of Illinois at Urbana- Champaign) IntensiveEnglish Institute "Prof. Dr. Haydar BAŞ" Urbana-2001.

- Dallas Üniversitesi İşletme Fakültesi. "An Alternative Prescription to the IMF's Model for Economic Growth in Turkey (IMF Metoduna Alternatif Olarak Türkiye'deki Ekonomik Büyümeye Bir Reçete)" Dallas-2002.

- ODTÜ (Saciology of Religion Fall Semester 1993 İCMAL, 1993).

- Sakarya Üniversitesi Fen Edebiyat Fakültesi Sosyoloji Bölümü, "Haydar Baş'a Göre İdeal İnsan ve İdeal İnsanın Topluma Yansıması" (1999).

- Erciyes Üniversitesi İlahiyat Fakültesi, "Prof. Dr. Haydar Baş ve Tasavvuf", (1993).

- Uludağ Üniversitesi İlahiyat Fakültesi, "Prof. Dr. Haydar Baş'ın Tasavvufî Görüşleri", (1997).

Sayın Baş'ın belki de tüm dünyaya mâl olmuş en önemli tezi ise, kapitalizmin kuralları altında ezilen halkların tek kurtuluşu olarak gösterilen Milli Ekonomi Modeli (MEM)'dir. Bu model, tüketime dayalı ilk ve tek analiz olmasının yanında; sürekli büyümeyi sağlaması, adil gelir dağılımını temin etmesi ve işsizliği ortadan kaldırması ile de dünyada ilklere imza atan bir ekonomi modelidir. İlki İstanbul'da olmak üzere, Azerbaycan'da, Almanya'da ve dört kez de Bursa'da gerçekleştirilen dokuz uluslararası ekonomi kongresiyle bu tez dünyaya tanıtıldı.

Milli Ekonomi Modeli ve Sosyal Devlet-Milli Devlet Kongreleri:

- Birinci Milli Ekonomi Modeli Kongresi, 26-27 Kasım 2005, Lütfi Kırdar Kongre Sarayı ve Cevahir Otel Oditoryum'unda...

- İkinci Milli Ekonomi Modeli Kongresi, 25-26 Mart 2006, Bakü, Azerbaycan Devlet İktisat Üniversitesi'nde...

- Üçüncü Uluslararası Milli Ekonomi Modeli Kongresi, 30-31 Mart 2007, Almanya'nın Heildelberg şehrinde...

- Dördüncü Uluslararası Sosyal Devlet-Milli Devlet Kongresi, 19-20 Nisan 2008, Bursa Ovaakça Belediyesi Kongre Salonu'nda...

- Beşinci Uluslararası Milli Ekonomi Modeli Kongresi, 18 Ekim 2008, Bursa Ovaakça Belediyesi Kongre Salonu'nda...

- Altıncı Uluslararası Milli Ekonomi Modeli Kongresi (Türkiye'de ve Dünyada Ekonomik Buhran ve Çıkış Yolları), 08 Şubat 2009, Bursa Ovaakça Belediyesi Kongre Salonu'nda...

- Yedinci Uluslararası Milli Ekonomi Modeli Kongresi, 24 Ocak 2010, Bursa Ovaakça Belediyesi Kongre Salonu'nda...

- Sekizinci Uluslararası Milli Ekonomi Modeli Kongresi, 3 Kasım 2013, Kıbrıs Lefkoşa'da...

- Dokuzuncu Uluslararası Milli Ekonomi Modeli Kongresi, 25 Mart 2015, İstanbul Grand Cevahir Kongre Mekezi'nde...

Yapılan bu uluslararası kongrelerde yerli ve yabancı 400'ü aşkın bilim adamı Milli Ekonomi Modeli ve Sosyal Devlet-Milli Devlet tezleri hakkında tebliğler sundu ve ABD'de Mortgage kriziyle başlayan küresel kriz döneminde 100'ü aşkın ülke Milli Ekonomi Modeli'nin çözüm projelerinden istifade etti. Bu kongreleri takip eden yüzlerce ekonomist, Milli Ekonomi Model'ini, kapitalizmin sona erdiği günümüzde tek kurtuluş yolu olarak ilan etti. Tezin mimarı Sayın Baş, Azerbaycan'da yapılan kongrede tüm katılımcı ilim adamlarının oyu ile Nobel'e de aday gösterildi.

Milli Ekonomi Modeli, kapitalizm ve sosyalizmin yanında üçüncü büyük tez olarak iktisat literatürüne geçti. Model, aşağıda adlarını verdiğimiz 11 uluslararası internet sitesinde dünyada geçerli iktisat modelleri arasında yer aldı:

1- All Experts//en.allex perts.com. (The New York Times'ın sahip olduğu site).

2- //lap.eu/economic_system AEuropen Direct Navigation website

3- //en.wikipedia.org (Dünyanın en büyük ansiklopedisi).

4- //yawiki.org yawikitionary.com web dictionary

5- //en.wikivisual.com

6- //www.avoo.com

7- //www.halfvalue.com

8- //1bx.com/en/economic system

9- www.Gourt.com (gourt the home off all knowledge), İngiltere merkezli

10- www.kerala.com (Hindistan merkezli)

11- www.knowledgehunter.info

Prof. Dr. Haydar Baş, yurt dışındaki araştırma ve düşünce kuruluşları tarafından 30'un üzerinde ödüle layık görülmüştür. Verilen uluslararası ödüllerden bazıları şunlardır:

1- Dünya Barışına, İnsan Haklarına ve Ekonomiye katkılarından ötürü verilen Saygın Liderlik Ödülü.

2- İnsan haklarına yapmış olduğu hizmetlerden dolayı verilen Şeref Sertifikası. Bu sertifika Uluslararası Biyografi Merkezi tarafından verilmiştir.

3- 1994 Zirvede Kim Kimdir Ödülü. Bu sertifika Amerikan Biyografi Enstitüsü tarafından yılda bir kere, belli sahada hizmet veren sadece bir bilim adamına verilmektedir.

4- Modern ekonomik görüşe hizmetlerinden dolayı verilen Uluslararası Liyakat Topluluğu Sertifikası. Bu ödül Uluslararası Biyografi Merkezi'nce verilmiştir.

5- İletişim endüstrisine katkılarından dolayı verilen Saygın Liderlik Ödülü. Amerikan Biyografi Enstitüsü tarafından layık görülmüştür.

6- Uluslararası Araştırmacı Üyelik Ödülü. Amerikan Biyografi Enstitüsü tarafından verilen bu ödül; yapmış olduğu bilimsel araştırmalar ve modern ekonomik görüşe olan hizmetleri nedeniyle Enstitünün Araştırmacı Üyesi olduğunu belgelemektedir.

7- Uluslararası Liyakat Topluluğu Excellantia (Mükemmel Şahsiyet) Ödülü. Bu ödül bulundukları ülkelerde Uluslararası Biyografi Merkezi'ni yaşamları, şahsiyetleri ve sosyal ilişkileri ile temsil eden bilim adamlarına verilmektedir.

Fikir ve tezlerindeki bilimsel tutarlılığı ve isabeti, tarihi süreç içerisinde her zaman müşahede edilen Sayın Baş'ın, Türkiye ve dünyadaki gelişmelerle alakalı bazı önemli çıkışları şunlardır:

Prof. Dr. Haydar Baş, "Milli Birlik ve Beraberliğin Temel Unsurları" isimli konferanslar dizisiyle Türkiye'de ve Avrupa'da milli birlik ve beraberliğin önemini anlatmıştır.

Türkiye'nin AB üyeliğinin çokça gündem edildiği 1980'li yıllarda akademik çevrelerin ve iş dünyasının kesin gözüyle baktığı üyeliğimiz ile ilgili olarak, yalnızca Sayın Baş farklı bir yorumda bulunmuştur. 1986 yılında Berlin'de, "Avrupa Topluluğu bizi aralarına kabul etmeyecektir" tezini savunmuştur. 90'lı yılların başında ülkemizdeki politikacılar ve aydınlar, Gümrük Birliği'ne girişimizi bir zafer olarak gösterirken; Prof. Dr. Haydar Baş, "AB'ye girmeden, Gümrük Birliği'ne dâhil olmak Türkiye'nin aleyhinedir" demiştir.

Her yıl katlanarak artan oranlarda dış ticaret açığı veren ülkemiz, Gümrük Birliği'nden dolayı milyarlarca dolar zarar etmiştir. Özellikle 2000 yılından sonra kronikleşen ekonomik kriz ve enflasyon ortamından çıkışı IMF ve Dünya Bankası'nın talimatları ve kredileri ile aşma çabasındaki siyasî iradeye tek yanıt da Prof. Dr. Haydar Baş'tan gelmiştir: "Mevcut ekonomi politikalarıyla enflasyonun düşmesi mümkün değildir. Bu gidişatla Türkiye'yi batıracaklar. Türk coğrafyasını pazarlık konusu haline getirecekler."

Ülkemizin siyasî ve iktisadî talepler doğrultusunda bugün taşındığı nokta Prof. Dr. Haydar Baş'ın tespitleriyle aynı istikamettedir. Amerika'nın 1991 yılındaki Irak çıkarmasında, o tarihte, "Bu çıkarma her ne kadar Irak'a yapılıyorsa da nihai hedef Türkiye'yi parçalamaya yöneliktir" şeklinde ikazda bulunmuştur. Bugün hayata geçirilen ABD'nin Büyük Ortadoğu Projesi'nden maksat da budur. İslam coğrafyasını ele geçirmek, Türkiye coğrafyasını parçalamaktır.

Son dönemde, özellikle ülkemizin siyasî, kültürel ve stratejik kuşatma altına alınması, ekonomik kriz ve çıkış yolları üzerine eserler veren Prof. Dr. Haydar Baş'ın basılmış ve basılmakta olan eserleri şunlardır:

1- Milli Ekonomi Modeli ve Kalkınma Projeleri
2- Sosyal Devlet-Milli Devlet
3- Dinî ve Millî Bütünlüğümüze Yönelik Tehditler
4- Niçin Türkiye?
5- Hikmetin Sırları
6- Yaşayan Kur'an: Sünnet
7- Din Tahripçilerine Kur'an-ı Kerim'in Cevabı
8- Veda Hutbesi'nde İnsan Hakları
9- İslam'da Zikir
10- Âlemlere Rahmet Hz. Muhammed-I

BİYOGRAFİ

11- Âlemlere Rahmet Hz. Muhammed-II
12- Makâlât
13- Mektûbât
14- İslam ve Mevlana
15- İslam'da Tevhid
16- İman ve İnsan
17- İslam'da Kadın Hakları
18- Dua ve Evrad
19- Haccın Hikmetleri
20- İnsan-ı Kâmil ve Nefs Mertebeleri
21- Hıristiyanlık ve Yahudilik
22- Birliğe Doğru
23- Veda Hutbesi ve Evrensel Beyanname
24- Nefs Terbiyesi
25- Varoluşun Gayesi: Zikrullah
26- Dar Bölge Yaygın Kalkınma Modeli
27- Âlemlere Rahmet Hz. Muhammed (Genişletilmiş Yeni Baskı İki Cilt)
28- İmam Ali
29- Hz. Fâtıma
30- İmam Hasan
31- İmam Hüseyin
32- İmam Câfer-i Sâdık
33- İmam Zeynelâbidin
34- İmam Rıza
35- İmam Muhammed Bâkır
36- Tevhid'in Merkezi Ehl-i Beyt
37- Hac
38- Kapitalizmin Tarihe Gömülüşü: Rusya Devlet Duma'sında Milli Ekonomi Modeli Sunumu
39- Tüm Gayretimiz Birlik ve Kardeşlik İçin
40- İmam Takî
41- İmam Hâdî

42- İmam Hasan el-Askerî ve İmam Mehdî
43- Dua ve Zikir
44- Kur'an ve Sünnet Işığında Büyük İslam İlmihali
45- Hoş Geldin Atatürk.

Prof. Dr. Haydar Baş'ın sunduğu en büyük hizmetlerden birisi de yazmış olduğu 10 ciltlik Ehl-i Beyt Külliyatı ile bu çerçevede yapılan Ehl-i Beyt Sempozyumlarıdır. Büyük Ortadoğu Projesi kapsamında küresel oyuncuların Şii-Sünni, Alevi-Sünni çatışması çıkartmak istediği bir dönemde düzenlenen bu "Birlik İçin Ehl-i Beyt sempozyumları" bütün küresel kirli oyunları bozmuştur.

Yapılan Ehl-i Beyt Sempozyumları şunlardır:

1- Uluslararası Ehl-i Beyt Sempozyumu, 22-23 Ekim 2011 Cumartesi-Pazar günü, Bursa Merinos Kongre Merkezi Orhangazi salonunda gerçekleştirildi.

2- İman ve Aşk Ocağı Ehl-i Beyt Gecesi, 25 Mart 2012 Pazar gecesi, İstanbul Üsküdar Bağlarbaşı Kültür Merkezi'nde gerçekleştirildi.

3- Birlik ve Beraberliğimiz İçin Ehl-i Beyt Sempozyumu, 13 Mayıs 2012 Pazar günü, İstanbul Haliç Kongre Merkezi'nde yapıldı.

4- Birlik ve Beraberliğimiz İçin Ehl-i Beyt Sempozyumu, 24 Haziran 2012 Pazar günü, Nevşehir Hacı Betaş Veli Kongre Merkezi'nde yapıldı.

5- Tevhidin Merkezi Ehl-i Beyt Sempozyumu, 25 Kasım 2012 Pazar günü, Almanya'nın Berlin kentinde yapıldı.

6- Tevhidin Merkezi Ehl-i Beyt Sempozyumu, 9 Aralık 2012 Pazar günü, Antalya Elmalı Tekkeköy Abdal Musa Kültür Merkezi'nde yapıldı.

7- Uluslararası Ehl-i Beyt Sempozyumu 5-6 Ekim 2013 Cumartesi/Pazar günü, Bursa BUTTİM Kültür Merkezi'nde yapıldı.

8- Tevhidin Merkezi Ehl-i Beyt Sempozyumu, 17 Nisan 2016 Pazar Günü İstanbul Grand Cevahir Kongre Merkezi'nde yapıldı.

Ayrıca "Hoş Geldin Atatürk" kitabının yazarı Prof. Dr. Haydar Baş'ın himayesinde, Türkiye Cumhuriyeti Devleti'nin kurucusu Gazi Mustafa Kemal Atatürk'ün anıldığı Atatürk Vatandır Sempozyumları gerçekleştirildi.

Sempozyumlar sırasıyla şöyledir:
1- 31 Ağustos 2017, Trabzon, Hilton.
2- 24 Eylül 2017, Ankara, Türkiye Barolar Birliği Litai Otel.
3- 1 Ekim 2017, İstanbul, Grand Cevahir Kongre Merkezi.
4- 8 Ekim 2017, Bursa, BUTTİM Kongre Salonu.
5- 15 Ekim 2017, Kahramanmaraş, Ramada Otel.
6- 5 Kasım 2017, Elazığ, Akgün Otel.

ÖNSÖZ.. 19

GİRİŞ:
ATATÜRK VATANDIR 23

1. BÖLÜM:
ATATÜRK'ÜN EHL-İ BEYT'E DAYANAN MÜBAREK SOYU

Şahitlerin Dilinden Atatürk'ün Ehl-i Beyt'e Dayanan Soyu ve Dindarlığı 37
Meriç Tumluer 37
Hilmi Mısır-DYP Genel Başkan Yardımcısı 41
Fethi Ada: "Atatürk Ehl-i Beyt Soyundandır" 43
Şeyh Cemil Nardalı'nın Torunlarından Rıfat Nardalı 44
"Nardalı Soyadını Bize Atatürk Verdi" 47
Şahap Nardalı 49
Şeyh Sedeke 50
Kazım Yıldırım 51
Şahin Bozdoğan 53
Pakize Tokulun 55
Memiş Kumandan 57
İmran Hanım 59
Birgül Yengez 60
Mustafa Kalkın'ın Torunu 61
Atatürk'ün Korumalarından Mustafa Öztürk'ün Oğlu
Kenan Öztürk'ün Anlattıkları 63
Prof. Dr. Ata Selçuk: Babam Ahmet Selçuk'un
Atatürk ile ilgili Amasya hatırası 67
Evlatlığı Ülkü Adatepe Anlatıyor 71
Sabiha Gökçen Anlatıyor 73
Manevî Kızlarından Nebile Hanım'a Ezan ve Yasin-i Şerif Okutması 75
Yaveri Muzaffer Kılıç 77
Nuri Ulusu Anlatıyor 79

İÇİNDEKİLER

Fahrettin Altay Paşa 81
Hasan Rıza Soyak Anlatıyor 83
Osmanlı Arşiv Belgelerine Göre Atatürk'ün
Anne ve Baba Tarafından Soyu 85
Molla Zübeyde'nin Soyu 87
Sadece Peygamber Sülalesinden Gelenlere Verilen Unvan 89
Şeyhülislam, Nakibüleşraf ve Seyyid Bir Dedenin
Torunu: Zübeyde Hanım 93
Molla Zübeyde, O'na "Mustafa'm" Diye Hitap Ederdi 97
Mustafa Kemal, Annesine Çok Düşkün Bir Evlattı 103
Molla Zübeyde Hanım'ın Vasiyeti 107
Ali Rıza Efendi'nin Soyu 113
Yenikapı Mevlevihanesi Atatürk'ün Babası Ali Rıza Efendi'ye
Kefil Olmuştur 117

2. BÖLÜM
MUSTAFA KEMAL ATATÜRK'ÜN MANEVİ YÖNÜ

Mustafa Kemal Seyyiddir 123
Kutbu'l-Aktap Kemal 125
Ahmet Kayhan Hoca: "Atatürk Evliyadır" 131
Mevlevilik Hakkında Beyanları 133
Atatürk'ün Son Sözleri "Aleykümesselam" Olmuştur 137
Cenaze Namazının Kılınması 141
Devlet Adamlarının Atatürk Hakkındaki Mesajları 145
Atatürk'ün Vasiyeti 149
Atatürk'ün Gizli Vasiyeti 153

3. BÖLÜM:
MUSTAFA KEMAL'İN FİKRÎ ALTYAPISI
HANGİ KAYNAKTAN BESLENMİŞTİR?

Hürriyet ve Bağımsızlık Fikri Fransız İhtilali'nden Etkilenmiş Değildir 161
Çöküş Döneminde Yetişen Askerî Bir Deha 175
II. Meşrutiyet Dönemi ve Kolağası Mustafa Kemal 179
Çanakkale Zaferlerini Kazandıran İman Gücü 187
Çanakkale'de Olağanüstü Haller 197

4. BÖLÜM
KURTULUŞ SAVAŞINA HAZIRLIK VE MÜDAFAA-İ HUKUK

Kurtuluş Savaşı'nda Bektaşilerin Desteği Büyüktür 207
Kurtuluş Savaşı'nda Atatürk 219
Kuvva-yi Milliye Kongreleri ve Düzenli Orduya Geçiş Dönemi 229
Milli Mücadele'de Türk Basını Neler Yazıyordu? 233
Milli Mücadele'nin İlk Kurşunu Dörtyol'da Atılmıştır 239
Atatürk ve Ali Rıza Yılmaz Hoca 243

5. BÖLÜM
KURTULUŞ SAVAŞI'NIN MİLLÎ KAHRAMANLARI

Millî Mücadele'de Öne Çıkarak Halkı Örgütleyen
Müftüler ve Din Adamları 251
Amasya'da Müftü Hacı Tevfik Efendi 253
Trakya Paşaeli Müdafaa-i Hey'et-i Osmaniyesi 255
Redd-i İlhak Cemiyeti Kongresi 257
Bilecik Müftüsü Mehmet Nuri Efendi 261
Söğüt Müftüsü Mustafa Lütfi Efendi 263
Urfa Müftüsü Hasan Hüsnü Efendi 265
İzmir'in İşgali Diyarbakır'ı da Harekete Geçirir 269
İzmir'in İşgali Sonrası Kilis'te Miting Tertip Edildi 271
İnebolu Müftüsü Ahmed Hamdi Efendi 273
İzmir'in İşgali Sonrası Karadeniz'in Savunmaya Geçmesi 275
Karadeniz Ereğlisi'nde Ahmet Nimet Hoca 279
Ahmet İzzet Efendi (Çalgüner) 281
Mehmet Esad Hoca Efendi ve Aydın'ın Millî Mücadele'ye Katkısı 283
Ahmet Müfit Efendi (Kırşehir Mebusu) 285
Balıkesir Kongreleri 287
Ankara Millî Şahlanışa Katılıyor 291
Alaşehir Kongresi 295
Millî Mücadele'de Isparta ve Demiralay'ın
Kurucusu: Hafız İbrahim Efendi 303
Afyonkarahisar ve Çelikalay 309

6. BÖLÜM
TAMİMLER VE ÇETİN KONGRELER SÜRECİ

Mustafa Kemal ile Beraber Hareket Dönemi 317
Amasya Tamimi Öncesi 321
Abdurrahman Kamil Efendi 327
Niksar Mitingi 333
Zübeyde Anneye Bir Mektup 335
Müdafaa-i Hukuk Cemiyetlerinde Yer Alan Din Adamları 337
Vilayet-i Şarkiye Müdafaa-i Hukuk Cemiyeti 339
Müdafaa-i Hukuk Cemiyetleri 343
Erzurum ve Sivas Kongrelerinde Yer Alan Din Adamları 349
Erzurum Kongresi 351
Erzurum Kongresi'nden Önce Durum Değerlendirmesi 355
Kongreden Önce "Yönetim Şekli Cumhuriyet Olacaktır"
Görüşü Belli İdi 357
23 Temmuz Erzurum Kongresi Başlıyor 359
Sivas Kongresi'ne Hazırlık 369
Sivas Kongresi'ne Giderken Nakşi Bir Şeyh de Onlarla İdi 375
Sivas Kongresi'ni Erteletme Hamleleri 381
Sivas Kongresi Günleri 387

7. BÖLÜM
MİLLÎ MÜCADELE'DE MANDACILAR
VE BAĞIMSIZLIK YANLISI DİN ADAMLARI

Amerikan Mandası 395
Sivas Kongresi'nden Sonra Yine Ajan Bir Hoca: Şeyh Recep 401
Maraş'ın İşgali ve Sütçü İmam 405
Heyet-i Temsiliye Fransızlarca Muhatap Alınıyor 409
Heyet-i Temsiliye Ankara'da 413
Mustafa Kemal ve Din Adamlarının Vatan Savunmasına
Karşı Olanlara Rıfat Börekçi ile Cevap 417
Mustafa Kemal'in Yanında Yer Alan Hocaların Fetvalarından Sonra ... 433
İstanbul'un İşgalinden Sonra I. Meclis'in Açılmasına Doğru 439
Bir Lider Portresi: Amerika'dan Rüşvet Aldı Demesinler 447
Bu Süreçte İstanbul Hükümeti'nin Oyunları 453

Sait Molla Sahnede 457
İskilipli Atıf Hoca 473

8. BÖLÜM
DUALARLA AÇILAN BÜYÜK MİLLET MECLİSİ

Ankara Günleri: Telgraf Diplomasisi 479
Millet Meclisi Dualar ile Açılmıştır 481
Şeyh Senusi 503

9. BÖLÜM
HAÇLI İŞGALCİLERİNİN
İZMİR'DEN DENİZE DÖKÜLMESİ

I. İnönü Zaferi 509
Cumhuriyet Fikri Teşkilat-ı Esasî'ye Giriyor 513
Büyük Taarruz 515
Düşman İzmir'de Denize Dökülüyor 521

10. BÖLÜM
CUMHURİYETİN İLANI VE
DİN İSTİSMARCILARIYLA MÜCADELE DÖNEMİ

29 Ekim 1923 Cumhuriyetin İlanı 527
Mustafa Kemal'in Saltanatı Kaldırması 531
Mustafa Kemal'in Hilafetle İlgili Görüşleri 539
Dini İstismar Edenlerle Savaşı 547
Ne Türlü Olursa Olsun İstibdâda Karşı Olan Lider 555

11. BÖLÜM
TÜRKÇE KUR'AN, TÜRKÇE EZAN, TÜRKÇE MEVLİD

Türkçe Kur'an-ı Kerim Yazdırması, Türkçe Mevlid Okutturması,
Hutbelerin Türkçeleştirilmesi Konusu 563
Türkçeleştirme Çalışmalarında İzlenen Yol 583
Hafız Yaşar Yerebatan Camii'nde Yasin Tercümesi Yapmıştır 585
Ramazan'da Atatürk 589
Ayasofya'da Türkçe Mevlid 591
Türkçe Bayram Tekbiri 595

Mihrabları Ehline Vermek 599
Ezanın Türkçe Okunması 605

12. BÖLÜM
DİNDAR ATATÜRK

Mustafa Kemal Bir Mersiye Yazmıştır 611
Elmalılı Hamdi'ye Yazdırılan Tefsir 615
Kazım Karabekir'in Anılarına Sığınan Ajanlar 619
Din Eğitiminin Verilmesi 623
Gazi Mustafa Kemal Namaz Kılardı 627
Mektuplarında ve Konuşmalarında Allah'ı Anan Lider 635
Misyoner Çalışmaları Reddetmiştir 647

13. BÖLÜM
KURTULUŞ SAVAŞI'NDA SAİD NURSİ'NİN GERÇEK YÜZÜ

Kurtuluş Savaşında Misyoner Hoca: Said Nursi 657
Atatürk'ün Nutuk'ta, Mavri Mira'yı Kurduğunu Yazdığı
Patrik Athenagoras Said Nursi'ye Göre Gizli Müslüman 665
Said Nursi'den Fetullah Gülen'e 669

14. BÖLÜM
ATATÜRK'ÜN HAZIRLATTIĞI HUTBELER

Atatürk, Döneminde Camilerde Okutulmak Üzere
Türkçe Bir Hutbe Kitabı Yazdırmıştır 677
Hutbe 1: Allah'a Kulluk ve Hamd 679
Hutbe 2: Vatan Müdaafası 683
Hutbe 7: İman ve Amel 687
Hutbe 9: Namazın Hikmeti 691
Hutbe 10: Namaz ve Hikmeti 695
Hutbe 11: Peygamber'imizin Ahlakı 699
Hutbe 19: Ticaret 703
Hutbe 24: Öksüzleri Himâye Etmek 705
Hutbe 25: Allah'ın ve Peygamber'in, Hayat Verecek Emirleri 707
Hutbe 27: Ramazan ve Oruç 711
Hutbe 29: Kötü Huylardan Sakındırma 715

Hutbe 32: Eksik Ölçenler, Yanlış Tartanlar 719
Hutbe 34: Nifak ve Hased 723
Hutbe 36: Emanete Riayet 725
Hutbe 37: İçkinin Kötülüğü 729
Hutbe 42: Herkes Yaptığının Cezasını Bulacak 733
Hutbe 45: Mevlid 737
Hutbe 46: Mi'rac 741
Hutbe 47: Kadir Gecesi 745
Hutbe 48: Ramazan Bayramı 749
Hutbe 49: Kurban Bayramı 751
Atatürk, Harabe Haline Dönen Pek Çok Camiyi Tamir Ettirmiştir 753
Hutbelerinden Örnekler 759
Balıkesir Zağnos Paşa Camii'nde İrad Ettiği Hutbenin Bir Bölümü 761
Atatürk'ün Peygamberimiz Hakkındaki Sözleri 767
"Ben Cihad Müslümanıyım" 773
Dualar ile Allah'tan Yardım İstemek 777

15. BÖLÜM
DEVLETİMİZİN TAPUSU LOZAN, TÜRK MİLLETİ VE İSLAM DÜNYASI

Lozan Antlaşması ve Azınlık Tarifi 785
Lozan'a Göre Kürtler de Müslümandır ve Türk'tür 791
Döneminde Müslüman Devletlerle Hukuku 801
Atatürk'ün Maaşı 813

16. BÖLÜM
HANGİ ATATÜRK? ATATÜRK-İNÖNÜ İLİŞKİLERİ

İnönü'nün Atatürk'ü 821
Mustafa Kemal'in Nutuk'ta 'Çeteci' Olarak Bahsettiği
Patriği İnönü Türk Vatandaşı Yaptı 825
Atatürk'ün İnönü ile Kavgaları 829
İsmet Paşa'nın Başvekillikten Ayrılmasında,
Serbest Fırka Kurulduğu Zaman Tavır Alması Etkilidir 835
Başvekillikten Ayrılış Hadisesi 839
İsmet Paşa'nın Başvekillikten Ayrılmasından Sonra

Atatürk Aleyhine Slogan Atılması 845
İnönü, Atatürk'ten Hemen Sonra
Atatürk'e Yakın Vekilleri Uzaklaştırmıştır.................................... 847

17. BÖLÜM
ATATÜRK'ÜN BÜYÜK DEVLET ADAMLIĞI

Büyük Devlet Adamlığı Örneği 855
Bir An Dahi Hukuk Çerçevesinden Çıkmayan Lider 861
Atatürkçülük Nedir?.. 867
Gazi, Cumhuriyet'in İlanından Ölümüne Kadar
Geçen Sürede Nelere İmza Atmıştır?... 875
Osmanlı Padişahları ile Bir Kıyas.. 881
Atatürk'ün İçki İçmesi Meselesi.. 885

SONUÇ.. 897
BELGELER.. 903
KAYNAKÇA 913

ÖNSÖZ

Türk Milleti'ne...

"Beliren Millî Mücadele, dış istilaya karşı vatanın kurtuluşunu biricik hedef saydığı halde, bu Millî Mücadele'nin muvaffakiyete ulaştıkça safha safha bugünkü devre kadar millî irade idaresinin bütün esaslarını ve şekillerini gerçekleştirmesi tabii ve kaçınılmaz bir tarihî seyir idi.

Bu, önüne geçilmez tarihî seyri geleneksel alışkanlıklarıyla derhal hisseden padişah hanedanı, ilk andan itibaren Millî Mücadele'nin amansız düşmanı oldu. Bu kaçınılmaz tarihî seyri ilk anda ben de gördüm ve hissettim. Fakat nihayete kadar devam eden bu hislerimizi ilk anda tam olarak göstermedik ve ifade etmedik.

Gelecek ihtimaller üzerine fazla demeç, giriştiğimiz gerçek ve maddî mücadeleye hayal niteliğini verebilirdi; dış tehlikenin yakın tesirleri karşısında, etkilenenler arasında geleneklerine ve fikrî kabiliyetlerine ve ruhî durumlarına uymayan muhtemel değişikliklerden ürkeceklerin ilk anda mukavemetlerini tahrik edebilirdi.

Muvaffakiyet için pratik ve sağlam yol her safhayı vakti geldikçe uygulamaktı. Milletin gelişme ve yükselmesi için selamet yolu bu idi. Ben de böyle hareket ettim.

ÖNSÖZ

(…) Bu son sözlerimi özetlemek lazım gelirse, diyebilirim ki; ben, milletin vicdanında ve geleceğinde hissettiğim büyük gelişme istidadını, bir millî sır gibi vicdanımda taşıyarak yavaş yavaş, bütün toplumumuza uygulatmak mecburiyetinde idim."

Mustafa Kemal Atatürk, 1927, NUTUK

GİRİŞ

ATATÜRK VATANDIR

2002 senesinden beri Türkiye Cumhuriyeti Devleti'nin kurucusu Mustafa Kemal'in Ehl-i Beyt soyundan geldiğini anlatıyoruz, kaleme alıyoruz.

Bu çalışmalarımızı bir yandan milletimizin Ata'sını doğru tanıması adına büyük bir hizmet olarak görürken, diğer yandan da bir Osmanlı Paşasının annesine karşı atılan iftirayı def etme anlamında bir vazife kabul ediyoruz.

Maalesef Atatürk hakkında zehirlenmiş masum bir kesim var, gerçekleri araştırmak yerine; duydukları ile yetinerek büyük yanlışları doğru olarak kabul ediyorlar.

Bazıları içinse Gazi ile uğraşmak esasen Türkiye Cumhuriyeti Devleti ve bekası ile uğraşmak demek.

Bu eser, her ikisine de cevap vermektedir.

Gerçek Atatürk'ü kaleme almak, inanınız dünya ve ahiret vebalinden kurtuluştur.

Zira ileride belgeleri ile ortaya koyduğumuz şekliyle Mustafa Kemal, hem ana hem baba tarafından İmam Hasan ve İmam Hüseyin soyundandır yani Peygamber torunudur. Kutbu'l-Aktab yani tasavvuftaki en büyük makama erişmiş büyük bir velidir.

Yokluk içinde gerçekleştirilen Kurtuluş Savaşı'nda elde edilen zafer de ancak böyle bir Allah dostunun eli ile gerçekleştirilebilir.

İmam Rıza'nın torunlarından olan Atatürk'ü bu zafere götüren güç, ceddi İmam Ali'nin elidir, İmam Ali'nin O'na olan manevî desteğidir.

Araştırmalarımız sonunda ulaştığımız gerçekler; seyyid bir Ali Rıza Efendi ve Mevlana'nın hocası Şems-i Tebrizî'nin soyundan gelen bir Zübeyde Hanım ortaya çıkardı.

Düşünebiliyor musunuz; kimin ailesinde bu kadar mübarek bir soy var ve kim hakkında bu aile hakkında ortaya atılan iftiralar kadar ağır ithamlarla karşılaşırsınız?

Yapılanlar; Mustafa Kemal ile İmam Ali arasındaki bağı kesme gayretinden başka bir şey değildir.

İngiliz ve Yunan ajanlar vasıtasıyla yayılan "O dinsizdir, annesi ahlaksız bir kadındır" şeklindeki iğrenç iftiralar, bizim ortaya çıkardığımız belgeli ve yaşayan şahitlerin beyanlarından sonra hükmünü yitirmiştir.

Neredeyse 10 yıldır Atatürk'ün nesebini ve dindar kimliğini anlatıyoruz. Diyanet İşleri Başkanlığı bizim gayretlerimize kayıtsız kalamayarak tek hutbe irad eden cumhurbaşkanının Atatürk olduğunu ifade etmeye başladı.

Bugün zinanın AB'ye uyum çerçevesinde kanunen serbest

bırakıldığı bir Türkiye'de yaşıyoruz. Domuz eti kasaplık et listesinde serbestçe Müslümanın sofrasına konulmak için satışa sunulabiliyor ve Hz. Peygamber'in ismini kelime-i şehadetten çıkardılar. Şimdi bunları yapanlar hak olacak; hutbe irad eden, cami yaptıran, beş vakit namaz kılan ve Ehl-i Beyt soyundan gelen Atatürk dinsiz gösterilecek.

Bu büyük yalanlar, elhamdülillah sayemizde hükmünü yitirmiştir.

İnanınız, bu dindar kimlik ile milletimizi yeniden tanıştırmamız, bir mânâda "Atatürk dinsizdir" diyerek aslında emperyalizmin karşısında dimdik duran lideri unutturmaya çalışanlara da set olacaktır.

Bugün bazıları Osmanlı arşivlerindeki belgelerden yola çıktıklarını iddia ederek gerçeği inkar etmekteler.

Gerçekleri inkar etmek, Atatürk'ün manevî hatırasına hakaret etmektir.

Bizim eserimizin farkı da burada ortaya çıkmaktadır.

Eseri kaleme alırken, Mustafa Kemal'in hayatını çok farklı eserlerden okuduk.

Askerî dehasının yer aldığı eserlerde nedense Millî Mücadele'de canıyla ve malıyla O'nun yanında savaşan; gittiği yerlerde kendine destek olmak için O'ndan önce kürsüye çıkarak söz alan; ilk mecliste milletvekilliği yapan, hülasa, savaşı ve zaferi paylaşarak, genç Cumhuriyetin ilerlemesinde Mustafa Kemal ile omuz omuza gayret eden din adamlarını göremedik.

Gazi'nin inancı üzerine yapılan birkaç çalışma dahi, askerliğinden ayrı tutularak verilmiş.

Hal böyleyken, Ehl-i Beyt soyundan geldiği, İmam Ali Rıza'nın torunu bir baba ve seyyid bir anneden olan Mustafa Kemal'in, birkaç Çanakkale savaşı notu ve Çankaya yıllarında Hafız Yaşar ile geçen anekdotlarla değerlendirmenize imkan bulunmamaktadır.

Bu gerekçe ile, önce Millî Mücadele'de O'nunla beraber hareket eden din adamlarını ele almak ve Mustafa Kemal'in hayatının içine dahil etmek gerekir.

Zira, O da tıpkı Yunan işgaline "gavur çizmesi altında ezilmemek için" tepki veren Müslüman Türk milleti gibi dindardı ve Müslüman Türklerle Müslüman Türk olduğu için beraber hareket etmiştir.

Eserimizin ilk bölümü, O'nun Ehl-i Beyt soyundan geldiğini, Bektaşî olduğunu, namaz kıldığını ve dindar bir devlet adamı olarak yaşadığını anlatan şahitlerin beyanlarından oluşmaktadır.

Canlı şahitlerin beyanları, Osmanlı arşiv belgelerini saptıranların yazdığı düzmecelerden elbette daha gerçek ve kıymetli bir senettir.

Kıymetli dostlarımız, Ata ile ilgili anılarını bizlerle paylaştılar.

Bizlere ulaşarak Atatürk'le dedelerinin namaz kıldığını aktaran kardeşlerimiz oldu.

Bizden alınan destekle konuşulmaya başlanılan dindar Atatürk elbette bizleri çok memnun ediyor. Ancak bu hakikatlerin, güzel anıların baskı veya çeşitli nedenlerle Cumhuriyet tarihi boyunca gizlenmesi de bir o kadar üzüyor.

Bu geç kalmış çalışma nedeniyle Ata'nın manevî şahsından

özür diliyor; Kutbu'l-Aktab olan seçilmiş bu insana ve ailesine karşı yaptığımız hizmette duasını bekliyoruz.

İşin içine girdikçe, Atatürk'e dil uzatılmasının iki yönünü görüyoruz.

Birincisi, Sabiha Gökçen'in anılarından elde edindiğimiz bilgilere göre, Gazi henüz hayatta iken O'na "dinsizdir" denilmeye başlanmış.

İkincisi ise, O'nu Kurtuluş Savaşı'na sevk eden özgürlük ve bağımsızlık fikrinin Fransız İhtilali'nden, Rousseau, Voltaire gibi yazarlardan etkilenmesi meselesi...

Her iki yalan da İngiliz ve Yunan ajanlarının faaliyetleri...

1930 senesinde Kurt Ziemke, "Die neu Türkei/Yeni Türkiye" adında bir kitap yayınlamıştır. Şunları kaleme alır:

"İngilizler Musul'da hedeflerine ulaşmak için bir yandan Türkiye'deki ayrılıkçı hareketlere destek verirken, bir yandan Kemalist akımın yayılmasını engelleyecek önlemlere başvurmuşlardır.

Yapılması gereken; Kemalist Cumhuriyetin hem din düşmanı, hem de Kürt düşmanı olduğu temasını ortaya atıp işlemektir."

Buradan "dinsiz Atatürk" yalanının 1930'larda ortaya atıldığı görülür.

Bu bilgi, Sabiha Gökçen'in hatılaralarında anlattığı, "Allah" demesine şaşırdığı "dinsiz Atatürk" ile örtüşmektedir.

Üstelik Atatürk, bunu Filistin'e sahip çıktığı meclis konuşmasında da dile getirir:

"Biz şimdiye kadar dinsiz ve İslamiyet'e lakayt olmakla itham edildik (suçlandık). Fakat bu ithamlara rağmen, Peygamberin son arzusunu, yani mukaddes toprakların daima İslam hakimiyetinde kalmasını temin için hemen bugün kanımızı dökmeye hazırız. Cedlerimizin, Selahaddin'in idaresi altında, uğrunda Hıristiyanlarla mücadele ettikleri topraklarda yabancı hakimiyet ve nüfuzunun tahtında (altında) bulunmasına müsaade etmeyeceğimizi beyan edecek kadar bugün Allah'ın inayeti ile kuvvetliyiz.

Avrupa bu mukaddes yerlere temellük etmek için yapacağı ilk adımda bütün İslam âleminin ayıklanıp icraata geçeceğine şüphemiz yoktur." [1]

Siz bugün "dindarım" diyen hangi siyasîde, Müslüman coğrafyalara bu şekilde canıyla bir sahip çıkış gördünüz?

Atatürk gerçek bir Müslümandı, hurafelere karşı savaşmıştı.

Böyle bir lidere ancak dinsiz olanlar, "dinsiz" diyebilir!

Mustafa Kemal'in, 28 Aralık 1919 günü Ankaralılara hitaben yaptığı konuşmaya bakınız. Bu konuşmada bizzat kendisi, Mondros sonrası başlayan işgali ve Kuvva savunmasını uzun uzun anlatır. Ve işgale İstanbul Hükûmeti'nin sessiz kalışını özellikle vurgular. Hatta Saray'ın İngilizlerle olan temaslarını da detaylandırır.

Aynı konuşmada, Damat Ferit Paşa'nın Erzurum ve Sivas Kongrelerinin ardından alınan kararlara mani olmak için önce yapılanları "İttihatçılıktır" diye yaydığının; bu tutmayınca "Bolşevikliktir" diyerek Kuvva hareketini halkın gözünde küçük düşürmeye çalıştığının altını çizer.

Hatta "Damat Ferit, o dönemdeki resmi telgraflarında Bolşe-

---

[1] Ankara, Millî Arşiv, İçişleri Bakanlığı Matbuat Umum Müdürlüğü, 20 Ağustos 1937, dosya no: 030 10 266 793 25.

viklerin Karadeniz'den takım takım Samsun, Trabzon ve dahile doğru yürüdüğünü, memleketi alt üst ettiğini resmen yayar" diyerek, Mustafa Kemal, Bolşevizm veya benzeri özgürlükçü hareketlerin temelinde, esasen İngiliz himayesini isteyen Damat Ferit'in olduğunu henüz 1919'da ifşa etmektedir.

Damat Ferit'in, 30 Mart 1919 günü İstanbul'daki İngiliz Yüksek Komiseri Amiral Caltrophe'a giderek bizzat hazırlamış olduğu gizli bir anlaşma taslağının Fransızca çevrimini sunduğunu; içeriğinde, son Osmanlı padişahı Mehmet Vahdettin'in "yabancılara karşı bağımsızlığını koruması, iç güvenliğini sağlaması için" Türkiye'nin on beş yıl süre ile İngiltere'ye sömürge olmasını teklif ettiğini de hatırlatalım.

Mustafa Kemal hakkındaki eserlerin çoğunda Fransız Devrimi'nden ya da Bolşeviklikten etkilendiği yazarken, sizce bu yazarlar araştırma yapmadan özellikle yabancı kalemlerden alıntı ifadelerle Mustafa Kemal mantığından uzak şeyleri Türk milletine ve de Türk gençliğine empoze etmiş olmuyorlar mı?

Rahmetli Attila İlhan, "İnönü'nün Atatürk'ü" demekle bunları kast etmemiş miydi?

Araştırmak, okumak, dinlemek zorundayız.

"Atatürk vatandır, Atatürk bayraktır, Atatürk tam bağımsızlıktır, Atatürk birleştirici harçtır" diyoruz.

Atatürk; devletini, vatanını, milletini ve dinini satmamış; bunlar konusunda pazarlığı söz konusu bile etmemiştir.

Müslüman ve dindar bir kimliğin dinsiz gösterilmesi O'nun kurduğu devletin de dinsiz olduğu yanılgısına insanları ikna içindir.

Burada asıl sebep; kurucusu ve devleti dinsiz olan milletin de dinsiz olduğu yalanından hareketle Türk milletini de dininden kopardılar, onun tertemiz inancı ile mücadele ettiler.

İşin esasından haberi olmayanlar ise, İslam'ı savunacağız diye ciddi bir yanlışa düştüler; devleti, Atatürk'ü ve milleti inkar ettiler. Bugün gelinen sonuç budur.

Eserimiz, Gazi'nin, Mustafa Kemal olarak başlayan ve Atatürk olarak sona eren hayatını, O'nunla, mücadelenin her anında yanında hayatı paylaşmış, silah ve kader arkadaşlarının hatıralarından yani orijinal kaynaklardan alıntılarla hazırlanmıştır.

Olayların, tarihe şahitlik edenlerin anılarından aktarılması da ayrı bir orijinalliktir.

Gazi'nin II. Meşrutiyet döneminden itibaren geçirdiği dönemleri, savaşları, özellikle O'nunla beraber o günleri görmüş arkadaşlarının kaleminden aktardık.

Düşününüz; bir tarih yazılmış, ders kitaplarında gençlere sadece kağnılarla taşınan mermiler, kınalı kuzuların kahramanlıkları, açlık içinde savaşan Mehmetçik anlatılmıştır. Oysa Mustafa Kemal'in önderliğinde Türk milleti, işgal güçleriyle olduğu kadar, içeride Saray ve Sadrazam ile de savaşmıştır.

Türk gençliği, dindar Atatürk'ü tanırken, aynı zamanda O'nun gençlik yıllarından itibaren verdiği vatan ve millet mücadelesine de gerçekleri bilerek tanık olsun istiyoruz.

Bizler, geleceğimiz olan genç nesillere, Sivas'tan ilk meclisi açmak için Ankara'ya giderken; benzin bulamayan, arabaya takacak lastiği olmayan bir Mustafa Kemal'i de anlattık.

Erzurum ve Sivas Kongresi'ni, 1. Meclis dönemini, Cumhuriyetin ilanını ve sonrasındaki gelişmeleri bilmeli geleceğimizin teminatı gençlerimiz... Zira bugün buna da muhtacız...

24 yıl O'nun yanından ayrılmadan yaverliğini yapan Cevat Abbas, Anadolu'ya geçmekteki gerçek amacını şöyle ifade eder:

"Geniş yetkilerini muhafaza edebilirse başarıya çabuk ulaşacaktı. Kendisini vakitsiz israf ederlerse yine mücadelesine devam edecekti. Ancak, neticeye varmakta biraz geç kalacaktı. Fakat, her iki halde de Atatürk'ün ana yurda ayak basar basmaz millete ilk parolası; 'ya istiklal ya ölüm' olacaktı." [2]

---

[2] Turgut Gürer, Atatürk'ün Yaveri Cevat Abbas Gürer: Cepheden Meclis'e Büyük Önder ile 24 yıl, 5. Baskı, Gürer Yayınları, İstanbul, 2007, s.225.

1. BÖLÜM

ATATÜRK'ÜN EHL-İ BEYT'E DAYANAN MÜBAREK SOYU

- **Şahitlerin Dilinden Atatürk'ün Ehl-i Beyt'e Dayanan Soyu ve Dindarlığı**
- **Osmanlı Arşiv Belgelerine Göre Atatürk'ün Soyu**
- **Annesi Zübeyde Hanım'ın Soyu**
- **Şeyhülislam, Nakibüleşraf ve Seyyid Bir Dedenin Torunu**
- **Hasan Tahsin San'ın Dilinden Molla Zübeyde'nin Soyu**
- **Molla Zübeyde, O'na 'Mustafa'm' Diye Hitap Ederdi**
- **Mustafa Kemal, Annesine Çok Düşkün Bir Evlattı**
- **Molla Zübeyde Hanım'ın Vasiyeti**
- **Babası Ali Rıza Efendi'nin Soyu**
- **Yenikapı Mevlevihanesi Ali Rıza Efendi'ye Kefil Olmuştur**

ŞAHİTLERİN DİLİNDEN ATATÜRK'ÜN EHL-İ BEYT'E DAYANAN SOYU VE DİNDARLIĞI

MERİÇ TUMLUER:

Mustafa Kemal Atatürk'ün Jandarma İstihbarat Subayı, 14 Kasım 1923 tarihinden itibaren Türk polis teşkilatının kurucu üyelerinden, Atatürk'ün yanında polis olarak görev yapan Mehmet Rıfat Efendi'nin torunu Meriç Tumluer, Atatürk'ün gizlenen vasiyetiyle ilgili olarak değerlendirmelerde bulundu:

"Atatürk hem anne, hem de baba tarafından Hz. Hasan ve Hz. Hüseyin'in soyundan gelmektedir.

Atatürk'ün dedelerinin uzun yıllar Deliorman, Veliko, Dobruka, Tırnova bölgesinde yaşadıkları biliniyor.

Bugün, türbesi Diyarbakır'da bulunan, Ehl-i Beyt soyundan Seyyid Sarı Saltuk Hazretleri'nin Rumeli'yi Müslümanlaştırma çalışmalarında bulunan oğullarının ve torunlarının soyunun Atatürk'ün dedelerine kadar geldiği biliniyor. Bu soy, dedesi Kızıl Hafız Ahmet Efendi'ye kadar uzanmaktadır."

Kızıl Hafız Ahmet Efendi'nin ailesinin yani Atatürk'ün atalarının, Anadolu'dan Konya ve Aydın yöresinden geldiği yazılmaktadır. Atatürk'ün dedeleri Anadolu'dan Rumeli'ye gidip, Yunanistan'da Manastır vilayetinin Derbe-i Bala sancağına bağlı bulunan Kocacık nahiyesinde yerleşmişlerdir. Burası tamamen Türk'tür. Hatta bu aileler Yörük Türkmenleridir.

Kayıtlarda Müslüman Oğuzların, Tanrıdağı ve Karagöz Yörüklerinden olup, Konya ve Aydın yöresine yerleşmiş bulunanların isimleri, teker teker yazılı bulunmaktadır.

Buradaki 950 tarih ve 82 numaralı il yazıcı defteri ile 1051 tarih ve 469 numaralı il yazıcı defterinde Anadolu'dan Rumeli'ye geçen Türk boy ve ailelerinin isimleri açıkça yazılı bulunmaktadır.

Müslüman Oğuz Türk'ü Yörük Türkmen boylarından oluşan ailelerin kimler olduğu kayıtlarda belirtilmektedir. İşte bu kayıtlarda, Atatürk'ün atalarının kaydı da mevcuttur. Atatürk'ün dedesi Hafız Ahmet Efendi'nin saçları kırmızı olduğu için adına Kırmızı Hafız Efendi derlerdi. Atatürk'ün dedesi Kırmızı Hafız Efendi, Kocacık nahiyesinde ilkokul eğitmenliği yapmakta idi. Atatürk'ün babası Ali Rıza Efendi de Kocacık nahiyesinde dünyaya geldi. Babası Ali Rıza Efendi'ye Alüş Efendi derlerdi.

Atatürk, özbe öz Türk olup, Konya ve Aydın yörelerinden gitme çok asil bir ailenin evladıdır.

Zübeyde Hanım'ın soyu Yörük'tür. Ailesi, Fatih döneminde

Karamanoğlu Beyliği'nin yıkılmasından sonra (1466), Balkanlar'da fethedilen yerlerin Türkleştirilmesi için göç ettirilen ailelerdendir.

Konya bölgesinden geldikleri için bunlar, ismi ile resmî kayıtlara geçmiş ve böyle anılmıştır. Aile, Vodina sancağının Sarıgöl nahiyesine yerleştirilir. Zübeyde'nin babası Sofuzade Feyzullah Ağa'dır.

Atatürk'ün kız kardeşi Makbule Hanım, Yörüklük için şunları söylemiştir: 'Annem her zaman Yörük olmakla iftihar ederdi. Bir gün Atatürk'e Yörük nedir, diye sordum. Ağabeyim de bana Yürüyen Türkler, dedi.'

Yani, Zübeyde Hanım da Türktür." [3]

---

[3] Şecaattin Zenginoğlu (Başbakanlık eski müşaviri), Bilgi Çağındaki Türk Gençliğinin Yükselen Sesi, 1999.

HİLMİ MISIR-DYP GENEL BAŞKAN YARDIMCISI:

"Biz Selanikliyiz. Dedem Osmanlı'da askermiş. Mübadele yıllarında ailesini de buraya getirmiş. Kütahya'ya yerleşmişler.

Dedemlerin evi Selanik'te Atatürk'ün evine çok yakınmış. Anne tarafından da Atatürk'e akrabayız.

Biz çocukken Atatürk'ün Ehl-i Beyt soyundan olduğunu söylerlerdi.

Babamın babası Mehmet Mısır Atatürk'ün yanında yer alan ve Atatürk'e çok yakın olan kişilerden biriydi. Dedem 107 yaşında öldü ve Atatürk'ü çok anlatırdı.

Atatürk'ün çok güzel Kur'an okuduğunu, her yolculukta evliyaların kabirlerini ziyaret ettiğini söylerdi. Mısır soyadını bize veren de rahmetli Atatürk'tür. Dedem, Osmanlı döneminde Mısır'da görev yaptığı için bu soyadı vermiş.

Cumhuriyet kurulduktan sonra Atatürk'e Anadolu'dan hocalarla ilgili şikayetler geliyormuş. Atatürk, hocaları Ankara'ya çağırtmış.

Dedem hocalar geldiğinde Atatürk'ün yanındaymış. Dedeme Kur'an'ı yere koymasını söylemiş. Dedem, 'Paşam nasıl olur?' dediğinde Atatürk söylediğini tekrar etmiş. Dedem Mehmet, Kur'an-ı Kerim'i yere koymuş. Atatürk, hocalara, 'Kur'an'ın üstünden atlayın. Atlamayanın kellesi gider' demiş.

Daha sözü biter bitmez koyunun çitten atladığı gibi tek tek atlamışlar Kur'an'ın üstünden, atlamayan 4 ya da 5 kişi kalmış. Atatürk onlara neden atlamadıklarını sormuş. Kur'an'ın üstünden atlamayan hocalar şu cevabı vermiş: 'Paşam bizi asar mısın, keser misin bilmeyiz. Ne yaparsan yap biz Allah'ın Kitabını çiğnemeyiz.'

Atatürk bu cevabı veren hocalara, 'siz şöyle durun' demiş. Diğerlerini göstererek yaverlerine Kur'an'ın üstünden atlayanların hepsinin öldürülmesini istemiş ve şu tarihî sözü söylemiş: Bugün Allah'ın Kitabını gözünü kırpmadan hiçe sayanlar, yarın bu vatanı haydi haydi satar."

FETHİ ADA:
"ATATÜRK EHL-İ BEYT SOYUNDANDIR"

Adana'nın Akkapı mahallesinde doğup büyüyen ve 48 yıldır Avustralya'da yaşayan Fethi Ada, "Dedelerimden Atatürk'ün Ehl-i Beyt soyundan olduğunu işittim. Atatürk'ün Şerif olduğunu ve âlim hocalara çok değer verdiğini anlatırlardı" diyerek Ata'nın soyunun Ehl-i Beyt olduğunu vurguladı.

Atatürk'ün, Şeyh Cemil Nardalı'yı ziyaret ettiğini mahallenin büyüklerinden ve dedelerinden dinlediğini söyledi.

Atatürk Adana'ya geldiğinde yanında Sabiha Gökçen ve Salih Bozok'un bulunduğunu; O'nu karşılamaya gelenler arasında ise Şeyh Cemil Nardalı ile beraber Dıblanzade Makbule, Dıblan'ın babası Şeyh Ahmet Diyapoğlu Ali Boğa, Şeyh Abdurrahman Boğa'nın da olduğunu yine o ana tanıklık edenlerden yıllarca dinlediğini belirtti.

ŞEYH CEMİL NARDALI'NIN TORUNLARINDAN RIFAT NARDALI:

Şeyh Cemil Nardalı, 1918 senesinde Fransa'nın Ermeni çetelerle beraber Adana bölgesinde ilerlemesinin önüne geçen isimdir.

Bu vahşet döneminde, Türklerin boyunları testerelerle kesilmiş, insanlar çengellere asılarak öldürülmüştür.

Fransızların başında General Düfyo vardır.

Osmanlı'nın son döneminde İngilizlerin oyununa gelerek Osmanlı'yı arkadan vuran Arapların tersine, bölgedeki Arap Alevileri, Kurtuluş Savaşı'na büyük destek vermiştir.

Cephe komutanı Sinan Tekellioğlu, Şeyh Cemil Nardalı, Zeki Baltalı (Yolgeçen), Şeyh Garipzade Fuat Efendi, Şeyh Garipzade Kemal Efendi, Süleyman Vahit Bey, Dr. Salim Serçe, Dr. İsmail Somay, Dıblanzade Mehmet Fuat Dıblan (Belediye Başkanı), Mustafa ve Hüseyin Polisçi, Pozantı Bucak Müdürü Hulusi Akdağ, Süleyman Cerzun, Kuvva hareketinin bölgedeki önemli isimleridir.

Kuvva hareketinin kararının alındığı ve düşmanın geçemediği yer olarak tarihe geçen bölgede Şeyh Cemil Nardalı mühimmat desteği sağlamış, bahçesinde bir aşevi kurarak gece gündüz kazanlarla yemek yedirmiş, yaralı askerleri tedavi ettirerek savaşa hazırlamış var gücüyle Atatürk'e destek vermiştir.

Bu röportajı veren Rıfat Nardalı, Şeyh Cemil Nardalı'nın torunlarındandır:

"Dedem Şeyh Cemil, Adana bölgesinde yaşamış, Fransızlara karşı çok ciddi bir mücadele veren ve Ehl-i Beyt soyundan gelen âlim bir zattı. Arap Alevileri içindeki kanaat önderlerindendi.

Kur'an'ı çok okurdu. Ona inanan çok insan vardı, dolayısıyla geniş kitlelere önderlik ediyordu.

Atatürk'ün de Alevi olduğunu hep duyardık büyüklerimizden.

Annem Şefika Nardalı, Şeyh Cemil Nardalı'nın en küçük kızıdır. 102 yaşında ölen annemden ve dayılarımdan çok dinledik o günleri. Annem yaşayan bir tarihti. Son anına kadar da hafızası yerindeydi. Biz bu anılarla büyüdük.

Adana bölgesinde devrin Kolordu Komutanı Sinan Tekellioğlu dedemi Atatürk'e anlatan kişidir.

Sinan Tekellioğlu, Atatürk'e dedemin ne kadar vatansever, Kuvva-yi Milliyeci, âlim bir zat olduğunu yazıyor. Atatürk gerçek dindarlara önem veren, gerçek âlimleri önemseyen biri olarak 1918'de dedem Şeyh Cemil'i ziyarete geliyor.

Bu ziyaret dedemi ilk ziyaretidir. Dedem Atatürk'ü kendi emrindeki milis kuvvetleriyle birlikte bugün eski vilayet olarak bilinen yerde karşılıyor.

Atatürk dedemi görünce Sinan Paşa'ya dönüp, "Bana bahsettiğin Çukurova'nın delikanlısı bu delikanlı mı?" diye soruyor. Sinan Paşa "Evet" cevabını veriyor.

Şeyh Cemil, Atatürk'ü konakta ağırlıyor. Atatürk burada iki gün kalıyor. Dedemle birlikte namaz kılıyorlar. Atatürk ile görüşüyorlar. Bu görüşmeden sonra Fransızlara karşı direniş hız kazanıyor.

Henüz Atatürk'ün Samsun'a çıkmadığı yıllardan bahsediyoruz.

Atatürk, elindeki tüm techizatı Adana'nın ileri gelenlerinin depolarına -ki bu depolardan biri dedemin konağının bahçesindeki 600 küsur yıllık Menengiç ağaçlarının gölgesindeki karargâhtır- buralara aktarıyor.

Dedem Şeyh Cemil Nardalı'nın desteğini alan Atatürk, Millî Mücadele'ye ilk adımı atıyor. Bu görüşmeler sonrasında Atatürk, 'Bende bu vakain ilk hissi teşebbüsü bu güzel memlekette bu güzel Adana'da doğmuştur' diyor.

'NARDALI SOYADINI BİZE ATATÜRK VERDİ'

Nardalı konağının bahçesindeki tarihe tanıklık eden ağaçların bugün dili olsa da konuşsa, kim bilir neler anlatırlardı. Fransız ve Ermenilerin geçemediği tek yer burasıdır.

Fransız General bir gün yanında 45-50 kişi ile dedeme geliyor. Dedem Fransız Generale çay kahve ikram ediyor. General, 'bu kadar zahmete gerek yoktu' dediğinde ise dedem, "Bizde misafire böyle davranmak âdettendir. Siz de bu topraklarda misafirsiniz" cevabını veriyor.

Fransız General dedeme iki teneke altın teklif ediyor. 'Bu altınları da al, birliklerini dağıt, Fransız gemisiyle buradan ayrıl, çekip git' diyor. Bu direnişi bırakmasını istiyor.

Şeyh Cemil, Fransız Generale, 'buradan, şu ağacın altından bir çakıl taşı bile götüremezsiniz' diyor. General bunu bir hakaret olarak telakki ediyor. 'Ben Fransa'yı temsil ediyorum karşımdakiyse bir din adamı, benimle böyle nasıl konuşur, bu cesareti nereden alıyor' diyor.

Dedemiz, emrindeki kuvvetlerle birlikte Fransız Generali bugünkü Nuri Has Pasajı'nın olduğu yere kadar eşlik ederek gönderiyor.

Ertesi gün dedemiz için idam kararı çıkartıyorlar. Üç beş gün sonra aile fertlerinden ve aileye yakın insanlardan birkaç kişiyi ve dedemizin kardeşi Ali Nardalı'yı Kayışlı köyü civarında pusuya düşürüyorlar.

Onlara Fransız askerleri işkence ediyor. Nar çubuklarıyla dövüyorlar, derilerini yüzüyorlar.

Aile fertlerinden biri şehit düşüyor ve dedemizin kardeşi Ali Nardalı ağır yaralı olarak ellerinden kurtulup buraya geliyor. Dedemize bu arada pusu kuruyorlar ama yakalayamıyorlar. Sinan Paşa, Atatürk'e durumu anlatan bir telgraf geçiyor. Atatürk, Adana'ya geldiğinde aile ile görüşeceğini söylüyor.

Atatürk tekrar Adana'ya geldiğinde önceden yaşanan hazin olaydan dolayı Nardalı soyadını bizzat kendi veriyor. Bu resmî kayıtlarda var.

Atatürk'ün dedeme yazdığı iki mektup ve bir de TBMM'nin dedemin ölümünde 1955 yılında aileye gönderdiği bir mektup var. Fakat şu an bu mektuplara ulaşamıyoruz ama Sinan Tekellioğlu'nun resmi kayıtlarında bu mektuplardan bahsediliyor. Bunlar söylenti, rivayet değildir. Ben TBMM'den yazılan mektubu bir kere gördüm ama şu an mektubu bulamıyoruz.

Dedem öldüğünde Sinan Paşa'nın tabutunun başında yaptığı ve herkesi ağlatan konuşma dedemizin Atatürk'ün başlattığı Millî Mücadele'ye verdiği desteğin de bir kanıtıdır adeta.

Atatürk 1927'li yıllarda tekrar Adana'ya geliyor. Gelişi şölen havasında davulla zurnayla oluyor. Bu ziyareti sırasında Atatürk'ün yanında Salih Bozok ve Sabiha Gökçen de yer alıyor."

ŞAHAP NARDALI:

Şeyh Cemil Nardalı'nın torunlarından Şahap Nardalı da Atatürk'ün Cemil Nardalı'yı ziyaretinden bahsetti bizlere.

Atatürk'ün dedeleriyle namaz kıldığını, dedesinin güçlü bir hoca olduğunu anlattı.

Fransızların Kuvva hareketini bırakıp verdikleri altınlarla ülkeyi terk etmesini teklif etmelerine rağmen, dedelerinin, "Ben Türk geldim Türk giderim, vatanımı satmam" dediğini ve Fransız generalin bu cevap karşısında yüzünü buruşturduğunun anlatıldığını ifade etmiştir.

ŞEYH SEDEKE:

Ehl-i Beyt soyundan gelen Şeyh Sedeke, Atatürk'e Millî Mücadele yıllarında ciddi destek veren bir âlimdir. Torunu da Şeyh Sedeke'nin adını taşıyor.

Şeyh Sedeke, dedesi ve babasının Mareşal Fevzi Çakmak ile çekilen fotoğrafını da göstererek dedesinin Atatürk ile olan bağlantısını şöyle anlatıyor:

"Millî Mücadele döneminde, Ehl-i Beyt soyundan gelen dedem Şeyh Sedeke askere erzak ve silah yardımı yapmış.

Bin adet silah temin edip Atatürk'e teslim etmiş. O dönemde askerin elbiseleri yırtık, halleri perişanmış. Onlar destek olmuşlar Atatürk'ün askerlerine.

Dedem, Atatürk'e bir konak vermiş. Atatürk'e verdikleri konak ile kendi evlerinin bahçesi iç içeymiş. Atatürk Silvan'a geldiğinde o konakta kalırmış ve bahçede dedem Şeyh Sedeke ve bölgenin ileri gelen âlimleriyle kahvaltı yapıp sohbet edermiş.

Konağın önünde etrafı telle çevrilen yere çadır kurup orada savaş planlarını dedem, bölgenin âlimleri ve beyleriyle istişareler yaparmış. Atatürk orada Kur'an okurmuş. Dedesi, Atatürk'ün çok bilgili ve âlim bir kişi olduğunu Atatürk'ün eşinin de çok bilgili olduğunu söylermiş.

Atatürk'ün dinsiz imansız olmadığı gibi tam tersi dindar bir kişiliği olduğunu dini çok iyi bildiğini anlattı.

KAZIM YILDIRIM:

"Bugün Hatay'a bağlı olan Dörtyol, Millî Mücadele yıllarının başladığı dönemlerde Adana'ya bağlıdır.

Atatürk'ün önderliğinde bu bölgede ciddi bir direniş olmuş. Bu bölgedeki direnişe Sinan Tekellioğlu önderlik etmiş.

Atatürk'e Ehl-i Beyt soyundan gelen aileler büyük destek vermişler. Bunlardan biri bizim büyük dedemiz Hacı Emin Küçük Hoca'dır.

Dedem 1884 yılında Dörtyol'un Özerli köyünde doğmuş hem anne hem baba tarafından seyittir. İmam Zeynelâbidin evlatları olarak Bağdat'tan bu bölgeye gelmişler. Dedem bu bölgede çok sevilen bir Allah dostu imiş.

Millî Mücadele'de Atatürk'e destek olan gerçek hocalardanmış.

Hatay'ın Türkiye'ye katılmasından tutun da Millî Mücadele'de düşmana karşı savaşmaya kadar her konuda Atatürk'ün yanında yer almış, Atatürk'ü bizzat tanımış ve Atatürk'ün dindar kişiliğine ve gerçek din âlimlerine ne kadar değer verdiğine şahit olmuştur.

Dedem Emin Hoca Atatürk'ün hocaları topladığı bir hadiseyi anlatırmış. İstiklal Mahkemeleri kurulunca Atatürk'ün hocaları topladığı haberi geliyor. Dedem de gideceğini söyleyince etrafındakiler 'sakın gitme Atatürk seni asar' diyorlar. Dedem, 'Atatürk çağırdıysa assa da giderim' diyor. Adana'dan Ankara'ya gidiyor.

Dedem bakıyor yerde Kur'an-ı Kerim. Dedeme ve yanındakilere 'atlayın üstünden' diyorlar. Dedem Emin Hoca 'ben atlamam' diyor. 'Ya atlarsın ya kelleni alırız' denilince, dedem 'ne yaparsanız yapın ben atlamam' diyor.

O zaman, 'sen şu tarafa geç' diyorlar. Çok az hoca Kur'an-ı Kerim'in üzerinden atlamıyor. Bunlardan biri benim dedem Hacı Emin Hoca'dır."

ŞAHİN BOZDOĞAN:

"Dörtyol, Millî Mücadele'de Atatürk'e çok büyük destek veren yerlerden biridir. Özellikle bu bölgenin dindar olarak bilinen ailelerinden de büyük destek gelmiş.

Atatürk, Millî Mücadele'ye başlama kararını Adana bölgesinde almış. Millî Mücadele'nin ilk kurşunu da Adana'ya bağlı Dörtyol'da atılmış.

Bizim soyumuz Eh-i Beyt'e dayanıyor. Bununla ilgili belgeler yakın bir zamanda Osmanlı arşivlerinden gün yüzüne çıkartıldı.

Dedemiz İsmail Ağa, Millî Mücadele'de Atatürk'e destek veren çetelerin başında yer alanlardanmış. Kara Hasan Paşa'nın çetesi ve Emin Hoca gibi hocalar da Atatürk'ün yanında.

Burada Fransız askerlerinin iki kadının başörtüsünü çıkartması mücadeleyi alevlendirmiş. Dedem İsmail Ağa 'Irzımızı, namusumuzu ayaklar altına aldılar. Artık dağlar bizi kabul edecek oldu. Silahını alan dağlara çıksın' demiş. Yani hem millî, hem dinî bir mücadele başlamış.

Atatürk olmasaydı din ve namus da elden gidecekmiş. Bunun bilincinde olan dindar aileler Atatürk'e destek vermişler. Çardaklı Hoca, Hacı İlyaz Hoca, Hacı Emin Hoca ve Deli Ağa, Atatürk'ün yanında yer almış. Dedemiz Seyyid İsmail Ağa da bu mücadelenin ilk şehitlerindendir."

PAKİZE TOKULUN:

Pakize Tokulun Hanım, şu anda İstanbul Şehremini'de yaşıyor.

Annesi Makbule Hanım, 1902 senesinde Atatürk'ün Selanik'teki evleri ile yanyana olan evde doğmuştur.

Pakize Hanım, Zübeyde Hanım'ın kapı komşusu kendi annesi Makbule Hanım'dan, Mustafa Kemal ve annesi Zübeyde Hanım hakkında şu bilgileri duyarmış:

Pakize Hanım annesinden duyduklarını şöyle anlatıyor:

"Annem, Zübeyde Hanım'la çok iyi arkadaştı. Sürekli evlerine girer çıkardı. Komşulukları çok güzeldi.

Annem derdi ki: 'Kızım, ben bizzat şehidim, Zübeyde Hanım, evde sürekli Kur'an okurdu ve okuturdu. Sürekli ibadet halinde idi. Ne zaman evine gitsek onu Kur'an okurken bulurduk. O kadar ki onun evine Kur'an evi' denirdi.

Şimdi ise böylesine dindar bir anneye en ahlaksız iftiraları atıyorlar. Ben bunları bizzat annemden duydum. Böylesine dindar ve Kur'an aşığı bir anneye ve onun evladına dil uzatanlarda hiç mi hayâ yok, hiç mi Allah korkusu yok?'

Pakize Hanım'ın annesine dayanarak anlattığı olayda geçen ev Selanik'te, Yenikapı semtinde, Horhorsu Mahallesi'nde, Ali Rıza Efendi ile birlikte yaşadıkları evdir. O sırada Ali Rıza Bey gümrük idaresinde memurdu. Zübeyde Hanım'ın evlatları; Fatma, Ömer, Ahmet ve Mustafa da bu evde doğmuştur."

MEMİŞ KUMANDAN:

Cumhuriyetin temelleri ileride ayrıntıları ile değineceğimiz şekliyle Nevşehir'de Hacı Bektaş dergâhında atılmıştır.

Bu toplantıdaki tutanakları tutan kişilerden biri de Girit adası kumandanı Memiş Kumandan (Çavuş)dır. 14 yıl kumandanlık yapmıştır.

Ata'nın soyu hakkında şunları söylüyor: "Atatürk'ün anne tarafı da baba tarafı da Bektaşî'dir. Atatürk'ün ailesi Selanik'e Türkiye'den gitmiştir. Atatürk aslen Selanikli değildir."

Hacı Bektaş'ta tahrirat katibi olan zatın kızı İmran Hanım şöyle anlatıyor:

"Yavuz Sultan Selim zamanında Hacıbektaş büyük bir yerdir. Hacıbektaş'ta bir ilim mektebi var. Astronomiden tıpa varana kadar her türlü ilim okutuluyor orada. Orada bayanlar da eğitim görüyor. Yavuz Sultan Selim; o dönemde gök ilmi ile uğraştığı için Memiş Kumandanın büyük dedesi Allah'a karşı gelmekle suçluyor. Memiş Kumandan'ın büyük dedesi Yavuz Sultan Selim'e, 'Gökleri sen mi yarattın Allah mı?' deyince Yavuz Sultan Selim bu âlimin ve atının başını vurduruyor. Başını kör bir kuyuya attırıyor. Vücudunu ise şu an Ankara civarında olan bir yere attırıyor. Bu âlim Kesik Baş olarak bilinmektedir.

Karısına ise işkenceler ediyorlar. Göğüs çengel geçirerek asıyorlar. Kesikbaş'ın karısı da bir âlimdir ve kitapları da vardır. Yavuz Sultan Selim ikisini de öldürdükten sonra onlara ait kütüphaneyi ve Hacıbektaş Veli'ye ait kütüphaneyi yaktırıyor. Yangın yedi gün sürüyor. Bu yangın üzerine yazılan şiirler de mevcuttur.

Hacıbektaş Veli'nin kitaplarının olmamasının tek nedeni Yavuz Sultan Selim'dir. Öyle bir ilim erkân yerinde kütüphane olmaması mümkün mü? Bugüne kadar gelen eserler ise o yangından çengellerle çekilip kurtarılan kitaplardır. Uzay gözlem merkezi de o yangında yanıyor.

Yavuz Sultan Selim bu eziyetlerle yetinmeyip 13 yaşındaki erkek çocuklarını sürüyor. Benim akrabamı ben Diyarbakır'da buluyorum. Biribirini öldüren, kan davası olan iki soy aynı soydan olduğunu öğrendi de kan davası sona erdi. Bunlar Yavuz Sultan Selim'in sürgün ettiği akrabalarımız.

Yavuz Sultan Selim'in Kırım'a gönderdiği Peygamberimizin soyundan bir ailenin çocuğu ben çocukken Türkiye'ye geldi. Türkçe'yi unutmuştu. O ağladı biz ağladık. Bir Peygamber soyuna bu zulüm yapılmaz. Alevilere yapılan bir zulümdür bu.

Atatürk'ün sülalesi de bu zulüm ve katliamlarda Malatya'dan Selanik'e sürgün ediliyor. Çünkü Atatürk'ün sülalesi Peygamberimizin sülalesindendir. Ulusoylarla biz aynı soydanız. Bizim kızımız onların annesi. Kan bağımız burdan geliyor. Kadıncık Ana (Fatma Belkıs) bizim kızımız onların da annesi."

İMRAN HANIM:

Hacı Bektaş'ta tahrirat katibi olan zatın kızı İmran Hanım Atatürk'ün Hacı Bektaş'taki bir toplantısı için şunları anlatır:

"Atatürk Hacıbektaş'a üç kişi ile geliyor. Hacıbektaş'ta 47 gün kalıyor. 25 kişi Hacıbektaş'tan 27 kişi de illerden geliyor. 52 kişiden oluşan bir toplantı yapılıyor. Bu 25 kişi Amasya, Sivas, Tokat, Tunceli, Muş, Elazığ, Ege ve Arnavutluk'tan geliyorlar.

Toplantının yapıldığı ev 1932'de İnönü tarafından Atatürk'e bilgi vermeden yıktırılıyor.

Hacıbektaş'taki toplantıya İnönü katılmamıştır.

İnönü, Sivas'ta aralarına katılır. Sivas Kongresi'nde İnönü Amerikan mandacılığının çıkarımıza olacağı görüşünü ileri sürüyor. Bunun üzerine Atatürk çıkıp bir konuşma yapıyor. 'Biz manda ve himaye altına girecek bir toplum değiliz; hiçbir zaman da olmadık. Biz uluslar kurduk, uluslar yıktık ama asla boyunduruk altına girmedik. Ya bağımsızlık ya ölüm. Başka çıkar yol görmüyorum' diyor."

BİRGÜL YENGEZ:

"Dedem Veli Akgün, Çanakkale'de Atatürk'ün komutasında savaşmış. Dedem anlatırdı; Atatürk cephede öğle namazının geldiğini ağacın gölgesine bakarak anlar ve askerleriyle birlikte namaz kılarmış. Bazen de komutanları aracılığıyla askerlere vaktin girdiğini bildirtirmiş."

MUSTAFA KALKIN'IN TORUNU:

Mustafa Kalkın, Atatürk'ün atının seyisliğini yapmış bir Türk askeridir.

Torunu bizlere dedesinden ve annesinden duyduklarını anlattı:

"Dedem 7 sene Atatürk'ün yanında seyislik yapmıştır. Annem o sıralarda 7 yaşlarındaymış.

Atatürk, 'Mustafa, senin kızın gözleri de benim gibi maviymiş' diyerek annemin saçlarını okşamış.

Atatürk'ün iyi bir Müslüman, dini bütün, çok efendi, dürüst ve çok merhametli olduğunu anlatırdı.

Anneannem namazı kılmaktan seccadesi delinmiş bir insandı. Atatürk'ü çok sevdiğini ve O'nun ibadetine hiç müdahale etmediğini anlatırdı."

ATATÜRK'ÜN KORUMALARINDAN MUSTAFA ÖZTÜRK'ÜN OĞLU KENAN ÖZTÜRK'ÜN ANLATTIKLARI

Mustafa Öztürk Nevşehir'in Özkanak kasabasında doğmuştur.

Askerî Rüştiye'yi bitirdikten sonra, Rüştiye'nin müdürü Hafız Kerim'den ders alarak hafız olmuştur.

Rüştiye'den sonra polis olarak vazifeye başlar.

"Okkanın Hafız" olarak bilinen Nevşehir bölgesinin meşhur hafızının tavsiyesi üzerine Atatürk'ün koruması olur.

1936-1938 yılları arasında Atatürk'ün koruması olarak görev yapmıştır.

Dolmabahçe Sarayı'nın merdivenlerinden inen Atatürk merdivende karşılaştığı Mustafa Öztürk'e adını sorar. Korkudan kaskatı kesilen Mustafa Bey sessiz ve ürkek bir tonla "Mustafa" diye cevap verir. Atatürk tekrar tekrar sorar ve üçüncüde cevabı duyar. Sonra korumasının kendisine benzeyen mavi gözlerine bakıp "soyadın ne?" der. "Öztürk" cevabından sonra Atatürk, "İyi ki Atatürk değil" diyerek gülümser.

"Oğlun olunca adını Kemal koy ki Mutafa Öztürk oğlu Kemal olsun" diyerek ayrılır.

Burada paylaşacağımız anılar Mustafa oğlu Kemal Öztürk'ün, babasından ve köylerindeki Çanakkale gazilerinden dinlediği anılardır:

"Babam Atatürk'ün 3 yıl korumalığını yapan Mustafa Öztürk'tür. Dolmabahçe Sarayı'nda bir ağacın arkasında namaz kılarken Atatürk onu görüyor ve yanına geliyor. Bakıyor ki babam Mustafa Öztürk üzerinde yabancı yazılar yazan bir kartonun üstünde kılıyor namazını.

Atatürk, 'Neden burada kılıyorsun? Kartonun üstünde yabancı yazılar var, bu kartonda namaz kılınmaz. Namazını neden mescitte kılmıyorsun?' diye sorunca, babam mescidin kapalı olduğunu söylemiş.

Atatürk hemen yaverini çağırıp namaz kılan korumasına seccade getirttirmiş. Babam seccadenin üstünde tamamlamış namazını. Atatürk o gün, 'Bundan sonra Dolmabahçe Sarayı'nın mescidi açık tutulacak' diyor yaverlerine.

Babam 'Atatürk dindar bir insandı' derdi. Bektaşî olduğunu söylerdi. Babam Atatürk'ün çok güzel Kur'an okuduğunu da söyler ve şunu anlatırdı:

'Kurban Bayramı'nın birinci günü Dolmabahçe Sarayı'ndan bir nida yükseldi: Euzübillahimineşşeytanirracim Bismillahirrahmanirrahim...

Biri içeride muazzam bir sesle Kur'an okuyordu. Bu ses nedir diye merak ediyorlar ama orada nöbette olan polisler bir anda içeriye girip bakamıyorlardı.

O anda orada nöbette 10-11 asker ile başlarında da bir komutan var. En sonunda komutan Dolmabahçe Sarayı'na giriyor ve gözyaşlarını silerek çıkıyor saraydan.

Askerler ne olduğunu sorunca komutan, Atatürk Kur'an okuyor. Ben ömrümde böyle güzel bir ses duymadım, diyor. Orada bulunanların hepsi duygulanıyor.'

Babam Atatürk'ün çarşafa karşı olmadığını söylerdi. Hatta Atatürk'ün hem annesinin hem de eşinin çarşaflı olduğunu anlatırken, 'Korumasıydım ve benim eşim de çarşaflıydı. Atatürk'ün bir gün olsun buna karşı bir hareketini görmedim' diye anlatırdı. 'Beni koruması olarak almasında da hafız olmam etkili oldu' derdi.

Özkonaklı Zekeriya Çavuş elinde mavzer Çanakkale'de mevzide uyukluyor. Atatürk'ün kolcusu Mustafa (Ulus'taki Atatürk heykelinin önündeki heykel Özkonaklı Kolcu Mustafa'nın heykelidir) Atatürk'ün mevzie yaklaştığını görünce, 'Zekeriya, Zekeriya' diye bağırıyor.

Atatürk sus işareti yapıp Zekeriya Çavuş'un yanına yaklaşıyor ve kendi üzerindeki kabanını çıkarıp Zekeriya Çavuş'un üzerine atıyor.

Atatürk alkolik değildi. Cephede, savaş alanlarında içki içtiğini gören kimse yoktu. Özkonaklı gaziler Ata'yı cephede hiç içki içerken görmediklerini söylerlerdi.

Atatürk Çankaya'da Dolmabahçe'de sadece dış ülkelerden gelen misafirlere, heyete eşlik etmek için yemekte bir kadeh içermiş."

PROF. DR. ATA SELÇUK: BABAM AHMET SELÇUK'UN ATATÜRK İLE İLGİLİ AMASYA HATIRASI

Babam Atatürk'ü çok sevdiği için benim adımı Ata olarak seçmiştir.

Babam 17 yıl, savaş yılları da dahil hiçbir vakit namazını ve orucunu ihmal etmemiştir. 7 yaşından 103 yaşına kadar hep memleketini düşünmüştür. Zaten Atatürk'ün yaşayışı, zaferleri ve inanç düzeyi babamın onu sevmesinin nedenidir. Babam, Mustafa Kemal Atatürk'ün de namaz kıldığını anlatırdı.

Babamın takriben 1900 yılında Balkanlar'da başlayan askerliği, 13 yıl Balkanlar'da, 4 yıl da Kafkas cephesinde savaşarak devam etmiştir.

Babam, Osmanlı padişahlarından Abdülhamit, Reşat ve Vahdettin'den toplam 6 madalya almıştır.

Birinci Dünya Savaşı sonunda terhis olup annesinin daha önce

Selanik'ten göçerek yerleşmiş olduğu Amasya'ya dönüp memuriyete başlamıştır.

O andaki görevi valinin tahrirat kâtipliği (özel kalem müdürü) ve aynı zamanda valilikte telgraf ve şifre görevidir. Bütün evraklar, telgraflar en önce onun elinden geçmektedir.

Mustafa Kemal, ekibi ile Amasya'ya gelmiştir. Tarih 12 Haziran 1919'dur.

Milli Mücadele yıllarında Amasya'daki çalışmalar sırasında babamdan gizli toplantılarda kâtip olarak yararlanılmıştır.

21-22 Haziran gecesi kışladaki merkezden gönderilmeye başlanılan Amasya kararları tüm ülkeye telgraflarla ulaştırılmıştır.

Bir gün önce 21 Haziran'da İçişleri Bakanı Ali Kemal, İngiliz yetkililere "Mustafa Kemal'in emirlerine uyan memur veya subayların Divan-ı Harp tarafından cezalandırılacağını" söylediğinden hemen sonra, 21-22 Haziran'da Amasya Kararları alınmıştır. Bilindiği gibi bu kararlar, Atatürk, Ali Fuat Paşa, Hüseyin Rauf Bey, Albay Refet Bey, Albay Kazım Bey, Hüseyin Bey ve görevli memurların bulunduğu ortamda alınmıştır. Bu kararlar alındığı esnada babam ekipte kâtip ve merkezde memur olduğu için ismi saklı tutulmuş olabilir. Çünkü henüz Osmanlı Hükümeti'nin bir görevlisidir ve o gün Ali Kemal'in Divanı Harp tehdidi altındadır.

İstanbul Hükümeti, bu kararlar sonucunda İngilizlerin baskısı ile Mustafa Kemal Paşa'yı azletmiş ve tevkif edilmesi ile ilgili telgrafı 25 Haziran 1919 mesai bitimine yakın Amasya Valiliği'ne göndermiştir.

Bu sırada Atatürk henüz Amasya'da görevine devam etmekteydi. Telgraf mesai bitimine 5 dakika kala Valiliğe ulaştığında babam herkesten sonra çıkma alışkanlığına sahip olmasının semeresini görmüş, evrakı alıp derhal ayrılmıştır.

Eve gelip annesine, paşanın kaldığı karargâha gidip telgrafı gizlice kendine vermesini ve kendisini de merak etmemesini ve bir süre ortadan kaybolması gerektiğini, dağa çıkacağını söyleyip ayrılmıştır.

Atatürk'ün geçeceği yolu gözlemeye başlamış, haberi alıp almadığından emin olmak istemiştir. Bir süre sonra ekibin hızla yola çıktığını görmüş ve onların gittiği yolda şehri terk ederken Atatürk'e veya ekibine ait bir çantanın yerde olduğunu ve birkaç kişinin çanta ile meşgul olduğunu görmüştür.

Yaklaştığında çantanın Atatürk'ün yanından ayırmadığı çantası olduğunu görünce ellerinden alarak yol üzerindeki emin bir çiftliğe teslim etmiş ve "Paşa'nındır, gelip alacaklar" demiştir. Daha sonra Atatürk'ün babaanneme, kurtuluştan sonra Ahmet muhakkak beni görsün diye tembih etmiş olduğunu da babamdan duyduk.

Peki 'Atatürk'le görüştün mü' sorusuna cevabı 'Vatan hizmeti, karşılık için yapılmaz, aksi halde kıymeti kalmaz' olmuştur. Allah rahmet eylesin.

Atatürk'ün ve ekibinin sağ salim Amasya'dan çıkması sonucu, ertesi gün ortalık karışmış. Vali merkeze alınmış, Padişahın ve onu zorlayan İngilizlerin yapacak bir şeyi kalmamıştır.

Babam kendisi ile ilgili bir arama olmaması nedeni ile birkaç gün sonra işine geri dönmüştür. Atatürk çantasını emniyet vasıtası ile araştırıp buldurmuştur. Emniyet yetkilileri çantayı, babamın emanet ettiği Çiftlikten bulmuştur.

Emniyet Genel Müdürlüğü'nce, Polis Teşkilatı'nın 168. Kuruluş Yıldönümü dolayısıyla açılan sergide, Atatürk›ün şu emrinin yer aldığı belge de vardır:

Atatürk'ün ıslak imzalı kararı

"Çantayı bulmak ve hüsn-ü muhafaza etmek hususunda gayret ve himmetleri sebk eden Komiser Muavini Osman Efendi ile polis memuru efendilere elli lira verilmesini ve kendilerine ayrıca da selam-ı mahsusamın tebliğini rica ederim. Mirliva M. Kemal"

Sergi bilgilerine göre kaybolan çanta kurtuluş planlarının, belgelerin ve notların bulunduğu çantadır. Babam unutulan bu çantayı saklamakla önemli bir iş başarmıştır.

GAZİ'NİN DİNDARLIĞI KONUSUNDA YANINDAKİLERİN AKTARDIKLARI:

EVLATLIĞI ÜLKÜ ADATEPE ANLATIYOR:

"Benim annemi Zübeyde Hanım büyütmüştür. Zübeyde Hanım'ın anneme anlattığı bir anımı anlatmak istiyorum:

Atatürk 25 Ağustos'ta Kocatepe'ye çıktığı zaman orada şöyle dua ediyordu: 'Allah'ım, Senin bana verdiğin fikir ve zeka ile ben bütün planlarımı gerçekleştirdim. Bundan sonrası artık Senin mukadderatında...'

O, Allah'a inanan bir insandı. Paşa, Ramazan'da, Dolmabahçe'de veya Çankaya'da olduğunda, anneme, 'Vasfiye oruç tutuyor musun?' diye sorarmış, annem, 'tutuyorum' dediğinde çok memnun kalırmış.

Bana hastalandığımda dua ettirirdi, kendi de ederdi. Çok iyi hatırlıyorum, tifo geçiriyordum, çok üzülmüş beni kurtarması için Allah'a dua etmiş.

Annesi Zübeyde Hanım da çok dindarmış. Anneme daha 7 yaşındayken Kur'an dersi aldırmaya başlamış. Kızkardeşi Makbule Hanım'ın da devamlı namaz kıldığını biliyorum." [4]

---
4 Ali Kuzu, Atatürk'ün de Çocukları Vardı, Yılmaz Kitabevi, İstanbul 2015, s.72.

SABİHA GÖKÇEN ANLATIYOR:

"Bir sabah Ata'nın elini öpmek için yanına girdim. İşleriyle meşguldü, bir süre ayakta bekledim. Birden derin bir iç geçirdi ve 'Allah' dedi. (O sık sık böyle yapardı).

Atatürk hakkında evvelce çok şeyler duymuştum, bu tesirle olacak bir hayli şaşırdım. O'nun ağzından Allah kelimesini duymak beni şaşırtmış ve heyecanlandırmıştı.

Ata'nın yüzüne şaşkın bir şekilde bakmış olacağım ki, 'sen dindar mısın?' diye sordu.

Ben de ailemden aldığım din terbiyesi ile 'evet, dindarım' dedim. Ve bu cevabı nasıl karşılayacağını merak ederek ürkek ürkek yüzüne baktım. Cevabım hoşuna gitmişti.

'Çok iyi... Allah, büyük bir kuvvettir. O'na daima inanmak lazımdır' dedi.

Ben de o zaman anladım ki, Atatürk hakkında söylenenlerin aslı yoktur ve Ata dindar bir insandır.

Kimsenin inancına karışmaz, dindar kişilere saygı gösterirdi. Allah ve Peygamberimiz hakkındaki konular, Atatürk'ün yanında tartışma konusu yapılamazdı.

Kadir geceleri Mevlid dinlediği olurdu. Hafız Yaşar Bey'in Mevlid'ini saygıyla dinlerdi. Mevlid'in Mi'rac bölümünde, 'göklere çıktı Mustafa' denilince gözleri yaşarırdı. O zaman hemen kolonya götürürdük, inanışı samimi idi.

Öyle Allah derdi ki, yalnız kaldığında, O'nun gibi kimse diyemez. Herkes çekilip yalnız kalınca gökyüzüne bakar, kendi kendine Allah derdi." [5]

---

5 Kuzu, 2015, 73-74.

MANEVÎ KIZLARINDAN NEBİLE HANIM'A EZAN VE YASİN-İ ŞERİF OKUTMASI

Mithat Cemal Kuntay, Atatürk'ün, Dolmabahçe Sarayı'nda verdiği bir yemekten sonra yaşananları anlatır:

"... Güneş doğarken çok müstesna bir hadise oldu. Muayede salonunun büyük kapılarının parmaklıklarından doğan güneş ve deniz içeriye vuruyordu.

Bu çerçevenin içinde Gazi'nin manevî kızlarından Nebile Hanım, Gazi'nin işareti ile sandalyenin üzerine çıktı. Sabah ezanı okumaya başladı.

Bir aralık baktım, Nebile Hanım'ın ses damlalarına yaş damlaları karışıyordu.

Gazi Mustafa Kemal, ağlıyordu." [6]

---
6 Kemal Arıburnu, Atatürk'ten Anılar, İnkılap Yayınevi, İstanbul, 1998, s.110.

Atatürk'ün manevî kızlarından Nebile, bir gün Atatürk'e, "Ben Yasin-i Şerif'i ezbere hiç yanlışsız okurum" iddiasında bulunmuştu.

Bunun üzerine Atatürk Nebile'den bunu ispatlamasını istemiş. Kitaplığındaki Kur'an-ı Kerim'lerden Arapça olanını getirerek, Yasin sûresini açmış ve Nebile'den okumasını istemişti.

Nebile, besmele çekerek Yasin sûresini okumuş, bu sırada Atatürk de elinde Kur'an'la onu takip etmişti.

Bu olaya şahit olan H. Aroğul, o sırada Atatürk'ün duygulandığını, gözlerinin nemlendiğini ifade etmektedir.

YAVER MUZAFFER KILIÇ:

O'nun Kocatepe'deki halini anlatan yaveri Muzaffer Kılıç diyor ki:

"28 Ağustosta Kocatepe'de bizim topçu ateşimiz başladığı zaman, Mustafa Kemal, 'Ya Rabbi! Sen Türk ordusunu muzaffer et... Türklüğün, Müslümanlığın düşman ayakları altında esaret zinciri altında kalmasına müsaade etme' diye dua etti. O anda gözlerinden birkaç damla yaşın süzüldüğünü gördüm.

Zafer kazanıldıktan sonra da Eylül 1922'de, 'Büyük asil Türk milleti' hitabıyla başlayan tamiminde, 'TBMM ordularının şecaati, sürati, tevfikat-i sübhaniyeye vesile-i tecelli oldu... Milletimizin istikbali emindir ve nusret-i mevudiyyeyi ordularımızın istihsal etmesi muhakkaktır' şeklindeki sözleriyle salabet-i imaniyesini ifade etmiş oldu." [7]

---

[7] Neda Armeder, "Atatürk ve Din", 10.11.1971'de Ankara Üniversitesi İlahiyat Fakültesi'nde yapılan konuşma, s.2.

NURİ ULUSU ANLATIYOR:

"... Yine hiç unutmuyorum bir gece kalabalık bir davetli gurubu ile her zamanki gibi yenildi-içildi, şarkılar söylendi. Sohbet falan derken saatler sabaha karşı beşi buldu.

Sofradan kalkıldı, misafirlerini eski köşkten bahçeye kadar çıkartıp uğurladılar ve de bize dönüp, 'çocuklar biraz hava alacağım' diyerek dolaşmaya başladılar. Beş on dakika dolaştıktan sonra tam köşkün kapısına geldiklerinde kapının tam önündeki kayısı ağacına gözü takılıverdi.

Dallarında kayısılar olmuş, öylece duruyorlardı. Şöyle bir baktı sonra alçak olan bir daldan eliyle tutarak birkaç tane kayısı koparttı. Sonra eliyle öylesine ovalayıp yemeye başladı ve yerken de 'Oh oh ne kadar da güzelmiş. Allah'ın hikmetine bakın, neler yaratıyor neler. İnanmayanlar kâfirdir' diye söylene söylene içeri girdi." [8]

---

[8] Mustafa Kemal Ulusu, Atatürk'ün Yanıbaşında: Çankaya Köşkü'nün Kütüphanecisi Nuri Ulusu'nun Hatıraları, 15. Baskı, Doğan Kitap, İstanbul 2008, s.120.

"Hafız Yaşar vardı. Atatürk, onu sever ve çok beğenirdi. Bazı zamanlar 'Hafızı çağırın' derdi. Hemen emri yerine getirirdik.

... Hafız Yaşar'ın makamı ile okuduğu Kur'an-ı Kerim sûrelerini huşû ile dinlediğini, gözlerinden yaş aktığını ve bu gözyaşlarını ceketinin sol üst tarafındaki mendil cebinde her zaman muntazaman bulundurduğu beyaz keten mendil ile sildiğine yakinen şahit olmuşumdur." [9]

FAHRETTİN ALTAY PAŞA:

"Atatürk, Türk ve Müslüman bir anadan Türk ve Müslüman bir babadan dünyaya gelmiş, ecdadı Türk olan bir insandı. Küçük yaşta babadan yetim kalmış, annesinin yanında ilk din bilgisini almıştı. Askerî okuldaki din derslerini takip etmişti.

Bu sûretle yetişen bu büyük adam, kumandan olunca maddi kuvvetin yanında manevî kuvvetin lüzumunu ve Müslümanlıkta, savaşlarda şehit olmanın manevî kuvvet bakımından değerini görüp anlamıştır." [10]

---

10 Altay, s.127

HASAN RIZA SOYAK ANLATIYOR:

Atatürk'ün genel sekreterliğini yapmış Hasan Rıza Soyak şunları ifade eder:

"Türk milletini Müslümanlığın öz kaynağı ile gerçek bir din anlayışına ulaştırmak, bu sûretle zihin ve vicdanları cehalet ve taassubun karanlığından kurtarıp, akıl yolu ile ilmin aydınlığına kavuşturmak için olanca gücüyle gayret sarf eden, takip edilecek yol üzerinde zulmeti devam ettirmek kasdıyle, muhtelif menfaatçi ve sömürücü müesseseler tarafından vücuda getirilen perde ve engelleri birer birer ortadan kaldırmış olan büyük bir mücahidi, dinsiz telakki etmeye imkan var mıdır?" [11]

---

[11] Hasan Rıza Soyak, Atatürk'ten Hatıralar, cilt 1, Yapı Kredi Yayınları, İstanbul, 1973, s.259-260.

OSMANLI ARŞİV BELGELERİNE GÖRE MUSTAFA KEMAL ATATÜRK'ÜN ANNE VE BABA TARAFINDAN SOYU

Mustafa Kemal Atatürk'ün anne ve baba tarafından sahip oldukları soya dair son dönemde yapılmış olan çalışmalardan iki tanesi Mehmet Ali Öz'e aittir.

Öz, 2014 ve 2017 yıllarında kaleme aldığı iki ayrı eser [12] ile Mustafa Kemal Atatürk'ün hem anne hem de baba tarafından Ehl-i Beyt soyundan olduğunu Başbakanlık Osmanlı Arşivi'nden çıkardığı belgelerle ortaya koymaktadır.

Hem Öz'ün kullandığı belgeler hem de Başbakanlık Osmanlı Arşivi'nden çıkardığımız belgelerde Mustafa Kemal Atatürk'ün soyuna dair çok önemli bilgilere ulaşmaktayız.

---

12 Mehmet Ali Öz, Gazi Mustafa Kemal Atatürk'ün Soy Kütüğü (Osmanlı Arşivi Belgelerine Göre), Dilek Ofset Matbaacılık, Sivas, 2014; Mehmet Ali Öz, Atatürk'ün Ailesi (Osmanlı Arşiv Belgelerine Göre Atatürk'ün Soy Kütüğü), Asi Kitap, İstanbul 2017.

Bu belgeler ışığında Mustafa Kemal Atatürk'ün soyunun hem anne, hem de baba tarafından Ehl-i Beyt'e dayandığını rahatlıkla ifade edebiliriz.

MOLLA ZÜBEYDE'NİN SOYU

Hakkında olmadık iftiralar atılan Zübeyde Hanım'ın hem anne hem de baba tarafından çok özel bir soya sahip olduğunu Başbakanlık Osmanlı Arşivi'nde yer alan Nüfus Defterleri, Temettuat Defterleri ve diğer birçok belge ile ispat edebiliyoruz.

Zübeyde Hanımın sahip olduğu soy, Selanik'in en eski ve en itibarlı ailelerinden bir tanesidir. Öyle ki, Zübeyde Hanım'ın sülalesi "sofuzadeler" ve "nakibzadeler" olarak nam salmıştır.

Bu iki ifadeden "sofuzadeler", ailenin bölgenin en dindar ve saygın ailelerinden olması hasebiyle verilmiştir. Ancak "nakibzade" unvanı oldukça önemlidir.

Bu unvan, Osmanlı Devleti'nde sadece "nakibüleşraflık" yapmış ailelere verilen özel bir unvandır.

SADECE PEYGAMBER SÜLALESİNDEN GELENLERE VERİLEN UNVAN

Nakibüleşraflık müessesesinin ne olduğunu bugün neredeyse her evde bulunan Diyanet İşleri Başkanlığı tarafından çıkarılmış olan Diyanet İslam Ansiklopedisi'nden (DİA) aktaralım:

"Anadolu Selçukluları'nda da seyyid ve şeriflerin kayıtlarının tutularak nesep kargaşasının önlenmesi, gelirlerinin temini ve ticarî faaliyette bulunanlara vergi muafiyeti sağlanması gibi işleri yürüten görevlilerin varlığı bilinmektedir.

Osmanlılar'da benzeri bir müessesenin ihdasıyla ilgili ilk bilgiler Yıldırım Bayezid dönemine kadar iner. Seyyid ve şeriflerle ilgilenmek üzere Yıldırım Bayezid zamanında 802 Ramazan'ında (Mayıs 1400) bir makam ihdas edildiği ve bu makama ilk olarak Bağdat eşrafından, Bursa'da İshâkıyye (Kâzerûniyye) zâviyesi postnişini Seyyid Muhammed Nattâ Hüseynî'nin getirildiği bilinmektedir.

(...) Bu makamın Osmanlı Devleti'nde kurumlaşma süreci açısından önemli dönüm noktası, II. Bayezid'in 900'de (1494) bu göreve hocası Seyyid Abdullah'ın oğlu Seyyid Mahmud'u maaşlı olarak tayin etmesiyle gerçekleşti. Bu tarihe kadar görevliler devletten düzenli bir ücret almaz ve 'nâzır' unvanıyla anılırlardı. Yeni tayinle birlikte, Memlük yönetimindeki Mısır ve Suriye gibi merkezlerde aynı görevde bulunan kişinin nakîbüleşraf unvanını kullanmasından hareketle Osmanlı Devleti'nde de bu unvan benimsendi.

(...) Zamanla Osmanlı hiyerarşisinde önemli bir yer edinen nakîbüleşraf genellikle sâdât arasından ve ilmiye mensuplarından seçilirdi. Bunlar XVII. yüzyılın ortalarına kadar ömür boyu vazifede kalmışlar, daha sonra ise çeşitli sebeplerle azledilmiş veya görevden feragat etmişlerdir. Daha önce kadı, kazasker veya şeyhülislâm olanlar bulunduğu gibi iki görevi aynı anda yürütenler de vardı.

Osmanlı nakibüleşrafları İstanbul'da ikamet ederdi; diğer şehirlerde sâdât arasında belli bir süre için seçilen nakibüleşraf kaymakamları bulunurdu." [13]

Burada aktarılan bilgiler içinde en önemlisi, İstanbul'da bulunan nakibüleşrafların ve diğer şehirlerdeki temsilcileri nakibüleşraf kaymakamlarının sâdât yani seyyidler, Peygamber Efendimizin mübarek soyundan gelenler arasından seçilmek zorunda olmalarıdır. Buradan hareketle Osmanlı'da nakibüleşraf ve nakibüleşraf kaymakamı olmanın tek şartı Peygamber Efendimizin soyundan gelmiş olmaktır diyebiliriz.

Zübeyde Hanım'ın sülalesinde hem nakibüleşraf (Feyzullah

---

13 Ş. Tufan Buzpınar, Diyanet İslam Ansiklopedisi (DİA), Nakibüleşraf maddesi, cilt 32, s.323.

Efendi) hem de nakibüleşraf kaymakamları (Ali Ağa oğlu Mehmet Ağa) olduğu belgelerle sabittir. [14]

Hatta Zübeyde Hanım'ın sülalesi uzun yıllar boyunca Selanik'te nakibüleşraf kaymakamlığı yaptıkları için sülalenin adı hem nüfus defterlerinde hem de temettuat defterlerinde "nakibzadeler" olarak geçmektedir.

Bu noktada hatırı sayılır miktarda belge Mehmet Ali Öz'ün mezkur iki eserinde mevcut olmakla beraber, sadece bir adet belge örneği paylaşalım:

28 Nisan 1835 tarihli Nüfus Defterinde Zübeyde Hanım'ın dedelerinden Abdullah Hami Bey'den, Selanik Balat mahallesi 1 no'lu hanede mukim "Nakibzade Seyyid Abdullah Hami..." şeklinde bahsetmektedir. [15]

Burada geçen Nakibzade Seyyid Hacı Abdullah Hami, Mustafa Kemal Atatürk'ün annesi Zübeyde Hanım'ın babası Feyzullah Ağa'nın dedesidir. [16]

Yine 21 Şubat 1841 tarihli bir başka nüfus defterinde de, Zübeyde Hanım'ın dedelerinden, Selanik Hayreddincik mahallesinde mukim, Ahmet oğlu Sofuzade Mehmet Sadık Efendi ve çocukları Seyyid Hasan ve Seyyid Hüseyin isimleri zikredilmektedir. [17]

Ayrıca yine Osmanlı'da vergilerin miktarını belirlemek amacıyla kişinin malî durumunu tespit eden Maliye Nezareti bünyesindeki Temettuat Defterleri kayıtlarında da Sofuzade Mehmet

---

14 Öz, 2017, s.298, Öz, 2014, s. 51.

15 Başbakanlık Osmanlı Arşivi (BOA) Nüfus Defterleri (NFS.d) defter no 4962, s. 43, hicri 29-12-1250, miladi: 28 Nisan 1835 Belge no: 1.

16 Öz, 2014, s.45.

17 BOA, NFS.d, defter no 4970, sayfa: 66, 21 Şubat 1841 (Belge no: 2).

Efendi'nin kayıtlarını görmekteyiz. Sofuzade Mehmet Efendi aynı zamanda Selanik Hayreddincik Mahallesi imamıdır. Ayrıca bu belgede Sofuzade Mehmet Bey'den bahsederken "müderrisin-i kiramdan" ifadesinin kullanılması da dikkat çekicidir. [18]

Bu belgeler ışığında ailenin "nakibzade" ve "sofuzade" lakaplarının nüfus ve temettuat defterlerinde yazılı olduğunu görmüş oluyoruz.

---

18 BOA, Maliye Nezareti Temettuat Defterleri (ML.VRD.TMT.d) defter no: 11487, s.34 (Belge no: 3).

ŞEYHÜLİSLAM, NAKİBÜLEŞRAF VE SEYYİD BİR DEDENİN TORUNU: ZÜBEYDE HANIM

Selanik'in en köklü ve özel ailesine mensup olan Zübeyde Hanımın sülalesinin unvanı olan "nakibzadeler" Osmanlı'nın meşhur şeyhülislamlarından ve nakibüleşraflarından Seyyid Feyzullah Efendi'den gelmektedir.

Bu konuda uzun bilgiler veren Mehmet Ali Öz şunları aktarmaktadır:

"Osmanlı döneminde idam edilen üç şeyhülislamdan birisi olan olan Rumeli Kazaskeri Şeyhülislam Feyzullah Efendi'nin (1648-1703) çocuklarından üç oğlunun ilmiye sınıfından olduğu biliniyor.

Rumeli Kazaskeri [19] Şeyhülislam Seyyid Feyzullah Efendi,

---
[19] Kazasker ilmiye mesleğinin en yüksek mertebelerinden biridir. Lügat manası asker kadısı, ordu kadısıdır. Divan'da vezirlerden hemen sonra yer alır. Bkz. Mehmet Zeki Pakalın, Osmanlı Tarih Deyimleri ve Terimleri Sözlüğü cilt 2, İstanbul 1993, s.229-235.

Nakibüleşraflık makamına uzun bir süre sahip bulundu. Daha sonra Şeyhülislam Feyzullah Efendi'nin büyük oğlu Nakibüleşraf Seyyid Feyzullah Efendizade Fethullah Efendi ile diğer oğlu Seyyid Feyzullah Efendizade es-Seyyid Mustafa Efendi ve Seyyid Murtaza Efendi, bu makama getirilmişlerdi.

Rumeli Kazaskeri Şeyhülislam Feyzullah Efendi'nin çocuklarından büyük oğlu Nakibüleşraf Fethullah Efendi'dir. Feyzullah Efendi'nin oğlu Murtaza'nın oğlu Ahmet Efendi (ölümü 1733) Belgrad Müftüsü idi.

Seyyid Feyzullah Efendi'nin nakibüleşraflık makamına sahip olması ve çocuklarının da bu makamı ellerinde bulundurması, ailenin nakibüleşraflık yapması dolayısıyla şöhret olarak "Nakibzadeler" olarak da anılmışlardır.

Selanikli Nakibzadelerin kökeni, Şems-i Tebrizî ahfadından olan Erzurumlu Erzurum Müftüsü Şeyh Mehmet ibn-i Pir Mehmet'in oğlu, meşhur Türk milliyetçisi Vanî Mehmet Efendi'nin damadı, IV. Mehmet döneminin ordu vaizi, Şehzade Mustafa ve Şehzade Ahmet'in hocaları olan Seyyid Hacı Feyzullah Efendi'ye dayanıyor. Erzurumlu Seyyid Feyzullah Efendi, Şems-i Tebrizî ahfadındandır. Dolayısıyla Nakibzadeler, Seyyid Feyzullah Efendi'den dolayı Şems-i Tebrizî'nin ahfadından gelmiş olmaktadırlar." [20]

Şeyhülislam Hacı Seyyid Feyzullah Efendi'nin soyundandır.

- Hacı Seyyid Abdullah Hami Afendi (Ali Ağa)
- İbrahim Ağa
- Sofuzade Feyzullah Efendi

---

20 Öz, 2017, s.141-142, Öz, 2014, s. 53-55.

- Zübeyde Hanım.

Mustafa Kemal Atatürk'ün annesi Zübeyde Hanım'ın isminin de, meşhur dedesi olan Şeyhülislam Feyzullah Efendi'nin kızlarından olan Zübeyde Hanım'dan dolayı verildiği bazı eserlerde yer alır.

Aynı şekilde Zübeyde Hanım'ın babası Feyzullah Ağa'nın isminin de büyük dedeleri Şeyhülislam Seyyid Feyzullah Efendi isminden ötürü verildiği düşünülmektedir.

Bu bilgiler, 1924 senesinde Mustafa Kemal'in, Bayındırlık Bakanı olan kuzeni Süleyman Sırrı Bey'le beraber Atatürk'ün hazırladığı soy ağacında da yer almaktadır.

Zübeyde Hanım, Selanik vilayeti Lankazalı Hacı Sofu ailesinden Sofuzade Feyzullah Ağa'nın kızı olarak geçer.

Onun annesi, Halil Efendi'nin kızı Ayşe Hanım'dır.

Nakıbzadeler olarak bilinen bu ailenin soyu Mevlana'nın hocası Şems-i Tebrizî'ye kadar gitmektedir.

Aydın Milletvekili Hasan Tahsin San (1865-1951), Zübeyde Hanım'ın soyu için şunları ifade eder:

"Atatürk'ün validesi Zübeyde Hanım, Sofuzade ailesinden Feyzullah Ağa'nın kızıdır. Selanik'te doğmuştur.

Bu aile bundan 130 sene evvel (1800'lü yılların başında) Sarıgöl'den Selanik'e gelmişlerdir.

Vodina sancağının batısında Sarıgöl nahiyesinde onaltı köyden ibaret olan bu nahiye ailesi, Makedonya ve Teselya'nın fethinden sonra Konya civarı ahalisinden Osmanlı hükûmetinin sevk ve iskân ettirdiği Türkmenlerdendir.

Son zamanlara kadar beş asır müddetince hayat tarzlarını, kılık kıyafetlerini değiştirmemişlerdir." [21]

"O zamandan kalan bazı ihtiyarlardan ve bilhassa eski Aydın mebusu Tahsin Bey'den topladığımız malumat ve merhum Tahsin Uzer'in (eski umumi müfettiş ve eski mebus) yaptığı tetkiklerden anladığımız kadarıyla, Ali Rıza Efendi, Anadolu'dan Rumeli'ye geçmiş olan yörüklerden Hafız Ahmet Efendi isimli bir zâtın oğludur.

Hafız Ahmet Efendi kırmızı saçlı, kırmızı sakallı olduğu için kendisine 'Kırmızı Hafız' denilirmiş.

Atatürk'ün annesi Zübeyde Hanım vaktiyle Vodina'dan Selanik'e hicret etmiş olan Hacı Sofu ailesinden Feyzullah Ağa'nın kızıdır." [22]

---

21 Zenginoğlu, 1999.
22 Kılıç Ali, Atatürk'ün Hususiyetleri, Atatürk Kütüphanesi Sel Yayınları, İstanbul 1955, s.5.

MOLLA ZÜBEYDE, O'NA "MUSTAFA'M" DİYE HİTAP EDERDİ

Mustafa Kemal'in küçük yaşta kaybettiği babası hakkında pek anısı yoktur. Aşağıda hangi okula gideceği hakkında anne ve babası arasında geçenleri aktardığı bu anı nadir aile anılarından biridir.

Mustafa Kemal, yıllar sonra mektebe başlarken anne ve babası arasındaki münakaşaları şöyle anlatacaktır:

"Çocukluğuma dair ilk hatırladığım şey, mektebe gitme meselesine dairdir. Bundan dolayı annemle babam arasında şiddetli bir mücadele vardı. Annem, ilahilerle mektebe başlamamı ve mahalle mektebine gitmemi istiyordu. Babam, o zaman yeni açılan Şemsi Efendi mektebine devam etmem ve yeni usul üzerine okumama taraftardı. Nihayet babam işi mahirane bir sûretle halletti. Evvela mutat merasimle mahalle mektebine başladım.

Bu sûretle annemin gönlü yapılmış oldu. Birkaç gün sonra da mahalle mektebinden çıktım. Şemsi Efendi mektebine kaydedildim. Az zaman sonra babam vefat etti." [23]

Şevket Süreyya 'Tek Adam'da Zübeyde Hanım'ın evlatlarıyla beraber zor günlerini Zübeyde Hanım'ın ağzından şöyle verir:

"Ali Rıza Efendi üç sene süren mihnetli fakat verimsiz bir ölüm kalım bocalamasından sonra, galiba 47 yaşında öldü.

Zübeyde, kocasının son günlerinden bahsederken şöyle konuşmuştur:

'Merhum son günlerde işinin fena gitmesinden çok müteessir oldu. Kendisini salıverdi. Daha sonra da derviş meşrep bir hal alarak eridi, gitti. Kocaman hastalığı büyüdü. Artık yaşayamazdı. Ben dul kaldığım zaman yirmi yedi yaşında bir tazeydim. Bana iki mecidiye (40 kuruş) dul maaşı bağladılar.'

Şapolyo'nun doğrudan doğruya Zübeyde'den naklettiği bu beyanlara göre, Ahmet Subaşı Mahallesi'nde boş bir evde iki mecidiye aylık ve üç çocukla kalan Zübeyde'nin, kocası öldüğü zaman hali buydu. O zaman Mustafa 7 yaşındaydı ve evin tek erkeğiydi." [24]

Ehl-i Beyt soyundan gelen ve dindar bir asker olan Atatürk nasıl bir annenin elinde ilk terbiyesini almıştır?

Atatürk hem anne hem de baba tarafından Hz. Hasan ve Hz. Hüseyin'in soyundan gelmektedir.

Peki, Mevlana'nın hocası Şems-i Tebrizî'nin neslinden Zübeyde Hanım Mustafa'sına nasıl annelik yapmıştır?

---

23 Şevket Süreyya Aydemir, Tek Adam, Cilt 1, Remzi Kitabevi İstanbul 1976,s.4.
24 Şevket Süreyya Aydemir, Tek Adam,1976,c.1,s.40

Zübeyde Hanım tek erkek evladının üzerine titremiş, hatta askerliğe adım atmasından korkmuştur

Askerliğe geçişinde yaşananları Mustafa Kemal şöyle anlatır:

"Komşumuz Binbaşı Kadri Bey'di. Onun oğlu Ahmet askerî okula gidiyordu. Askerî mektep elbiseleri giyiyordu. Onu görünce ben de böyle elbiseler giymeye heveslniyordum.

Sokaklarda zabitler görüyordum. Onların derecesine varmak için takip edilmesi lazım gelen yolun Askerî Rüştiye'ye girmek olduğunu anlıyordum.

O sırada annem Selanik'e gelmişti. Askerî Rüştiye'ye girmek istediğimi söyledim. Annem askerlikten pek korkuyordu. Asker olmama şiddetle engel oluyordu. Kabul imtihanı zamanı gelince ona sezdirmeden kendi kendime Askerî Rüştiye'ye imtihan verdim. Böylece anneme karşı bir emrivaki (olupbitti) yaptım." [25]

Atatürk'ün yanında 24 yılını geçiren Cevat Abbas Gürer, anne Zübeyde ile oğul Mustafa arasındaki ilişkiyi şöyle misallendirir:

"...Türkiye Büyük Millet Meclisi Hükûmeti'nin İtalya'da, Almanya'da, Bulgaristan'da mümessilleri henüz mezkûr devletlerce resmen kabul olunmamıştılar.

Yalnız Sovyet Rusya, İran ve Afganistan'da sefirlerimiz mevcuttu.

İşte harici vaziyetimizin böyle olduğu bir sırada Fransız edibi Mösyö Claude Farrere (Klot Farer) İstanbul'a gelmiş ve Atatürk'le mülakat talebinde bulunmuştu.

(...) Bilhassa Erzurum Kongresi'nin akdinden sonra ihanet timsali Vahidettin tarafından idama mahkum edilen Mustafa

---

25 Aydemir, 1976, s.52.

Kemal'in akıbetini düşünmekten hastalanan büyük Türk kadını evladını mutlaka görmek arzusunu yerine getirmiş ve Adapazarı'na gelmişlerdi.

Atatürk üç büyük mülakatı yapmış ve İzmit nutkunu vermişti. Muhterem validelerini beraberlerine alarak Ankara'ya dönmüşlerdi.

Bayan Zübeyde daha küçük yaşta öksüz kalan oğlunun her haliyle yakından alakadardı. Çünkü O'nun yetişmesinde ve yetiştikten sonra memlekete hadim olmasında büyük bir âmil olmuştu. Atatürk'e hem tam mânâsıyla analık, hem babalık etmişti.

Sevgili oğlu Mustafa'sının idamla mahkumiyetini haber aldığı zaman son derece dinç olmasına rağmen teessürden kahırlanan Bayan Zübeyde hastalanmış, yatağa düşmüştü.

Uzun bir müddet oğlundan sahih bir malumat alamaması da hastalığının ilerlemesine sebebiyet vermişti.

Çankaya artık Bayan Zübeyde'ye çok kıymetli ve sevgili oğlunu bol bol görmek ve O'nu kollamak fırsatı verdiğinden, Bayan Zübeyde pek memnun ve bahtiyar bir ömür sürüyor ise de yine ekseriya vaktini hastalık içinde geçiriyordu.

(...) Yalnız ana olmak itibarıyle değil fakat bu vakur, ciddi, taşkın, zekası büyük Türk kadınını her gün ziyaret etmek Atatürk için de bir vazife idi.

Ziyaretler haberleşmeden yapılmazdı. Çünkü ana ve oğul hazırlanmadan birbirlerini görmezlerdi.

(...) Ebedi şef, sabahleyin uyanır uyanmaz eğer o gün annesini görecek ise, annesinden birisi vasıtasıyla izin alırdı. Sonra büyük bir merasimde bulunacakmışçasına hazırlanırdı.

Bayan Zübeyde de hasta yatağında dahi olsa büyük bir ihtimamla Ataürk'ü kabule hazırlanırdı. Saçlarını taratır, işlemeli başörtüsünü örter, Makedonyalı gelinlik kızın zengin çeyizinden kalmış oyalı bürümcük gömleğinin üzerine ipekli entarisini giyerdi. Ve İstanbulkâri renkli maşlahı ile resmi kıyafetini tamamladıktan sonra oğlunu beklediği haberini göderirdi.

Bayan Zübeyde Atatürk'e 'Mustafa'm' diye hitap ederdi.

(...) Ekseriya her iki büyüğün görüşmelerinde beraber bulunurdum.

Büyük, kıymetli evlat yetiştirmek bahtiyarlığıyla, kıymetli büyük bir anaya sahip olmak gururunu bir arada toplayan gözlerim, evet Türk içtimai bünyesindeki terbiyenin ve o terbiye temellerinin ne kadar derin ve köklü, ne kadar nezih ve ciddi, ne kadar samimi olduğunun canlı timsallerini gördükçe kendimden geçiyordum.

Bu ana oğlunu daha beşik çocuğu iken, vatan ve millet sevgisini telkin eden ninnilerle başlamış, onu her çağında aynı akidelerle büyütmüş; köyde, şehirde tahsile sevk etmiş, ilim ve irfan aşılamıştı. Mevkiini bulan halaslar oğlunu o, Mustafa Kemal yapmıştı.

(...) Atatürk, anasının elini öptü; Bayan Zübeyde oğluna elini uzatırken coşkun sevgisinin gözlerinde toplanan bütün ifadesiyle Atatürk'ü bağrına basmak istiyordu. O'nu kucakladıktan sonra aziz Türk milletine eşsiz bir halaskâr kahraman veren ana olmak itibariyle gururlanmalı idi. Fakat öyle olmadı. Bahtiyarlığı, gülen ve şirin yüzünden okunurken o büyük Türk anası kolları arasından uzaklaşan ciğerparesinin eline sarıldı. Atatürk, 'Ne yapıyorsun anne!' dedi. Elini çekmek istedi. Bayan Zübeyde sükûnetle ve kati bir ciddiyetle, 'Ben senin ananım, sen benim elimi öpmekle bana karşı olan vazifeni yapıyorsun. Fakat sen vatanı ve milleti kurtaran bir devlet reisisin. Ben de bu aziz milletin bir ferdiyim ve onun tebasıyım. Elini öpebilirim' cevabını verdi.

Oğlunun elini öpmekten ziyade Bayan Zübeyde, bu hareketiyle oğlunun mevkiinin en büyük ihtirama (saygıya) layık olduğunu etrafındakilere işaret ediyordu." [26]

İşte büyük Müslüman Türk anası...

Cevat Abbas'ın bahsettiği ana-oğul bağlılığı konusu savaş meydanlarından arkadaşlarına gönderilen mektuplarda da vardır. Savaş meydanlarından yazdığı mektuplarda annesini mutlaka sorardı.

---

26 Gürer, 2007, s.93-95.

MUSTAFA KEMAL, ANNESİNE
ÇOK DÜŞKÜN BİR EVLATTI

Cevat Abbas'ın bahsettiği ana-oğul bağlılığı konusu savaş meydanlarından arkadaşlarına gönderilen mektuplarda da vardır. Savaş meydanlarından yazdığı mektuplarda annesini mutlaka sorardı.

Aşağıda mektuplarında arkadaşlarından annesini sormasıyla alakalı örnekler vardır:

22 Eylül 1911'de şöyle bir mektup yazar:

"Kardeşim Salih,

Mektubunu aldım. Şam vapuruyla Trablus'a gitmekte iken, ilan-ı harb üzerine avdet ettirildik (geri getirildik).

(...) Mümkünse valideyi görüp, müteselli et. Benim geçen ayın tayinatı kalmıştı. Bari onun valideye verilmesine Necati Bey vasıtasıyla delalet et." [27]

---

[27] Salih Bozok-Cemil Bozok, Hep Atatürk'ün Yanında, Çağdaş Yayınları İstanbul, 1985, s.154.

4 Ekim 1911'de İstanbul'dan yazdığı mektuptan:

"... Senin ve Salih'in Selanik'te bulunması valideye muavenet (yardım) etmesi benim kuvvet-i kalb ve tab'ımı tazif ediyor (güçlendiriyor)." [28]

2 Kasım 1911 tarihli İskenderiye'den Salih Bozok'a yazdığı mektubundan:

"Hazret-i Salih,

(...) Ben seyahatın bir sahnesinde hayvandan vurularak berayi tedavi (tedavi çin) İskenderiye'ye geldim. İade-i afiyet etmek (iyileşmek) üzereyim. Gözlerinden öperim. Validemi hastalığımdan haberdar etme." [29]

15 Kasım 1911'de yine İskenderiye'den bir anne sorusu daha gelir:

"Ey Hazret-i Salih,

Seferin ilk devresindeki mecruhiyeti (yara açılmasını) savdık. Şimdi ikinci sefere çıkıyoruz. Bakalım Allah ne gösterecektir.

(...) Bizim valide acaba ne haldedir? Maaş alabildiler mi?" [30]

Mustafa Kemal Halep'te bulunduğu sırada, evlatlığı Abdurrahim Tunçok ve Zübeyde Hanım'ı yanına aldırmıştır. Zübeyde Hanım'a, "annem" diyen Tunçok'un hatıralarında o günler anlatılır:

"Mustafa Kemal Paşa'nın Suriye'deki rahatsızlığı İstanbul'daki Akaretler'deki 76 numaralı evde başka biçimde yansımıştı. Annem Zübeyde Hanım ağlıyordu: 'Mustafa'm kör olmuş... Mustafa'mın gözleri görmüyormuş artık.'

---

28 Bozok, 1985, s.156.
29 Bozok, 1985, s.160.
30 Bozok, 1985, s.161.

Annemin duyduğuna göre Mustafa Kemal Paşa, çölde bir kum fırtınasına yakalanmış, kum tanecikleri ok gibi gözlerine girmiş. Mustafa Kemal Paşa'nın gözleri görmez olmuş. Tam bir hafta durmaksızın ağladı.

Haber aldığımızın ikinci haftasında Cevat Abbas Bey geldi eve,

'Halep'e dönüyorum. Mustafa Kemal Paşa'ya sağlık haberlerinizi götürmeye geldim' dedi.

Mustafa Kemal Paşa'nın Çanakkale'de yaverliğini yapan, ondan sonra yanından hiç ayrılmayan Cevat Abbas Bey ailemizin bir ferdi gibiydi.

Annem onu bırakmadı.

'Mustafa'mın gözleri kör olmuş. Beni de götüreceksin onun yanına. Onu görmezsem ölürüm ben burada' demesi üzerine Cevat Abbas Bey de, 'Bu konuyu yarın görüşürüz' diyerek evden ayrıldı. Cevat Abbas Bey ertesi gün geldiğinde müjdeli haberi de beraberinde getirdi.

'Mustafa Kemal Paşa'ya telgraf çektim. Sizin oraya gelmek istediğinizi söyledim. Biraz önce telgrafıma cevap geldi. Sizi getirmemi emediyor. Abdürrahim'i de getirmemi emrediyor.'

Cevat Abbas Bey, bizi asker ve cephane taşıyan bir trene bindirdi. Bir hafta kadar süren bir yolculuktan sonra Halep'e geldik.

Annem, Mustafa Kemal Paşa'ya sarılıp öpüyordu. 'Bak anne kör değilim' diyordu. Biraz hastalık geçirdim, şimdi düzeldim' dedi. Bana sarıldı, kucağına aldı, öpmeye başladı beni.

'Bak Abdürrahim'i de görüyorum anne' diyor ve sevincini

tekrar dile getiriyordu: Ne güzel ikiniz de buradasınız." [31]

Kılıç Ali'nin hatıralarında, Zübeyde Hanım'ın Mustafa Kemal'in çocukluğu ile alakalı anıları yer alır:

"Zübeyde Hanım Ankara'ya geldikten sonra bize, Atatürk'ün küçüklük hayatını anlatırken:

Mustafa'm küçücük çocukken bile gayet temiz giyinirdi. Adeta büyük bir adam gibi tavırlar alır, herkesten büyükmüş gibi konuşurdu.

Mahalle çocukları sokakta oynarlarken, onların taşısapan gibi sokak oyunlarına, ayak atmalarına, koşmalarına iltifat etmezdi.

Onun kendine mahsus bir benliği vardı. Ellerini pantolonunun cebine koyarak ve başını yukarıya dikerek konuşması daima hepimizin nazar-ı dikkatini celbederdi.

Ne kadar nazik, ne kadar sıkılgan bir çocuktu size tarif edemem. Konu komşu herkes onu çok severdi.

Çok zeki bir çocuktu. Kendisi daha Rüştiye Mektebi'nde iken Selanik eşrafından Evranoszade Muhsin Bey'in oğluna ders okuturdu." [32]

---

31 Gürer, 2007, s.177-178.
32 Kılıç Ali, 1955, s.16.

MOLLA ZÜBEYDE HANIM'IN VASİYETİ

Molla Zübeyde, belki de çok az Müslümanın düşünebileceği bir hassasiyetle malının taksimini yapmıştır.

Bu yazılı vasiyetidir.

Molla Zübeyde ölmeden evvel yanında bulunan Latife Hanım'a yazılı vasiyetinin dışında bir vasiyet bırakmıştır.

"Zübeyde Hanım son saatlerinde yanında bulunan Latife Hanım'a ayrıca bir vasiyet yazdırmıştır.

Latife Hanım ölüm haberini ilk önce İzmir Valisi Mustafa Abdülhak (Renda)'ya bildirmiş, vali de büyük bir cenaze töreni hazırlatmıştı.

Latife Hanım ilk gece İzmir'in tanınmış hafızlarından tam 33 kişiyi çağırarak sabaha kadar hatim yaptırmış ve hatim duası üç gün sürmüştür.

(…) Latife Hanım, siyah bir manto giymiş, siyah peçe örtmüş, cenaze alayına katılmak istemişti fakat ailesinin ve din adamlarının 'İslam'da kadın cenazeye katılmaz' diyerek engel olmaları üzerine bir faytona binerek cenazeyi arkadan takip etmiştir.

Latife Hanım, kabirde yüzlerce gümüş mecidiye sadaka dağıtmış, kırkında Mevlid okutmuş, 52. gecesinde de aşure yaparak fakire fukaraya dağıttığı gibi, hatimler indirerek bu mübarek kadına karşı duyduğu sevgi ve şükran borcunu ödemiştir." [33]

Salih Bozok, Mustafa Kemal'in, annesinin ölüm haberini Eskişehir'de aldığını yazar. Eskişehir'den İzmir'e geçerken de, yolda Latife Hanım'la evlenme kararını açıklamıştır.

"… (Latife Hanım'ın babası Muammer Bey) Fevzi, Kazım Karabekir Paşalar da beraber oldukları halde validelerinin kabirlerini ziyarete gidildi. Paşa'nın orada irad ettiği nutuk şöyledir:

(…) Burada yatan validem zulmün, cebrin, bütün milleti felaket uçurumuna götüren bir keyfi idarenin kurbanı olmuştur.

(…) Abdülhamit devrindeydi.1320 (1904) tarihinde mektepten henüz erkan-ı harp (kurmay yüzbaşısı) olarak çıkmıştım… Hakikaten beni bir gün aldılar ve baskı yönetiminin zindanına koydular. Validem bundan ancak hapishaneden çıktıktan sonra haberdar olabildi. Ve derhal beni görmeye koştu. İstanbul'a geldi. Fakat orada kendisiyle ancak 3-5 gün görüşmek nasip oldu. Çünkü tekrar idareye-i müstebidenin hafiyeleri, casusları, cellatları ikametgâhımızı sarmış ve beni alıp götürmüşlerdi. Validem ağlayarak arkamdan takip ediyordu… Sürgünde geçirdiğim seneleri, anam gözyaşı ve ıstırap içinde geçirmiştir.

(…) Erzurum'dan İstanbul'a gönderdiğim zaman validem bu

---
33 Güler, 2015.

adamın yalnız olarak geldiğinden haberdar olduğu dakikada benim hakkımda halife ve padişah tarafından verilmiş idam kararının infaz edildiğini zannetmiş ve bu zan kendisini felce düçâr etmiştir.

(...) İkematgâhı binbir türlü sebep ve vesilelerle basılır, aranır, kendisi rahatsız edilirdi.

Validem 3-5 senenin gece ve gündüzlerini gözyaşları içinde geçirdi. Bu gözyaşları ona gözlerini kaybettirdi...

(...) Ona kavuşabildim ki, artık maddeten ölmüştü. Yalnız manen yaşıyordu.

(...) Validemin ruhuna yüklendiğim vicdan yeminimi tekrar edeyim:

Validemin mezarı önünde ve Allah'ın huzurunda and içiyorum, bu kadar kan dökerek milletin egemenliğini muhafaza ve müdafaası için icap ederse validemin yanına gitmekte asla tereddüt etmeyeceğim.

Ulusal egemenlik uğrunda canımı vermek benim için vicdan ve namus borcu olsun." [34]

Bu asil Müslüman Türk kadını, evladına; vatanın bağımsızlığı ve milletin egemenliğine çıktığı yolda hep uzaktan duaları ile destek olmuştur.

Aşağıda Molla olarak vasıflandırılan Zübeyde Hanım'ın bıraktığı vasiyet yer almaktadır:

"Dersaadet'te Beşiktaş'ta Akaretler'de 76 numaralı hanede mukim Mustafa Kemal Paşa Hazretlerinin validesi, ben Zübeyde emvâl-i mevcudemin sülüsünü bi't-tefrik bervechi âti sarf ve

---

34 Bozok, 1985, s.211-213.

vakfedilmesini vasiyet eylerim:

1- Vefatımda techiz ve tekfin ve kabir ile dedegân ve tehlilhân Efendiler ile, makbere götürülmek mesârifi ve defnin üçüncü günü akşamı huffâz ve hâcegân ve akraba ve ehibbâ ve komşulardan münasip görülecek zevât-ı sal hun davet edilerek akşam yemeği it'am ettirildikten sonra; hatm-i Kur'ân zımnında eczâ-i şerife tilâvet ettirilecek ve duayı müteakip huffâz ve hâcegâna hediyyeten münasip miktarda tevzi edilmek üzere ve işbu hususâtın cümlesi için 450 lira evrâk-ı nakdiyye tahsis eyledim.

2- Vefatımda Beşiktaş'ta kâin Yahya Efendi haziresinde defnedileceğim.

3- Yahudiden mühtediye Hayriye Hanım nam kadına ve mumâileyhânın vefâtı halinde oğluna 10 lira verilecektir.

4- Evlâd-ı mâneviyyem makamında hizmetçi Ayşe nam kıza gelinlik cehiz için keza 100 lira verilecektir.

5- Selanik'te biraderim müteveffa Hasan Ağa'nın mahdumu Abdurrahman'a 30 lira verilecektir.

6- Yetim Abdürrahim'e 25 lira verilecektir.

7- Vaktiyle hizmetimde bulunup hal-i gaybubette bulunan Vasfiye namındaki hizmetçim buldurularak yedine 20 lira verilecektir.

8- Perverdem Afife ile oğlu Hakkı'nın sünneti için 15 lira verilecektir.

9- Daima akmak üzere şehrin münasip bir mahallinde bir çeşme yaptırılıp suyu isâle edilmek ve ara sıra tamirine sarf olunmak üzere 475 lira tahsis eyledim.

10- Her Cuma günü namazından bir saat evvel bed ile ezan okununcaya kadar münasip bir cami-i şerifte cemaate mukabil cehren iki cüz-i şerif kıraat ettirilerek mukabilinde tilâvet eyleyen hâfız efendiye nemâsından verilmek üzere 490 lirayı ve 9. maddenin ahkâmı için usul-ü dairesinde mehâkim-i şer'iyyede vakfiyesini tescil ettirmeye ve mütevelli tayinine ve dilediği şahsı mütevelli kılmaya mezun eyledim.

11- Kefaret-i savm ve salât ve zünub için ve Kurban Bayramının birinci günü 5 adet kurban kesilmek ve lahmı talebeye eklettirilmek ve hatm-i Kur'an olunmak üzere bir defaya mahsus olarak Darüleytam'a 200 lira hediye ve teberru edilecektir.

12- Vasiyetnamede gösterilen mevadd için tahsis eylediğim cem'an 1800 (lira) miktarındaki evrâk-ı nakdiyye işbu meblağ müddet-i hayatımda benim olmak, ba'de'l-vefat vasiyetim mucibince sarfolunmak ve Osmanlı Bankası'nda hıfzedilmek üzere namına hesâb-ı cârî sûretiyle tevdi edilmek üzere Selanik Baş-şehbenderi Kâmil Beyefendiye teslim eyledim. Mumaileyhin bir mahalle azimet ve gaybubeti halinde işbu meblağ, malumatım tahtında intihâb ve irse olunacak diğer emin bir zât namına kezalik bank-ı mezkûra hesab-ı cârî üzerine tevdi edilecektir.

13- Selanik'te Mithat Paşa Mekteb-i Sanayi karşısında kâin ma'a selamlık bir bâb büyük hanem ile aynı hane köşesinde kâin teyzemden alınan iki bâb hanemi Mustafa Kemal Paşa'ya ve gene büyük hanem köşesinde Ayşe Molla'dan alınan bir bâb hâne ile Ahmet Subaşı mahallesinde kâin bir iki cem'ân iki bâb hanemi kerimem Makbule Hanım'a tefrik ve tahsis eyledim. Bundan maada nezdimde mevcut nukûdumdan miktâr-ı münâsibini hayatımda kerimem mumâileyhâya bildirdiğimden oğlum Paşa'ya bir sene mukaddem kerimem Makbule Hanım'la müştereken tahrir ve memhûren irsal eylediğimiz mektubumuzda zikreylediğimiz hususâtın mezkûr mektupla mestûr olduğu vechile hükmü bâki iş'âratımız vechile mevcuduvâki olduğu müşarünileyh Paşa Hazretlerine bildirilmesini vasiyet eylerim.

İşbu vasiyetname muhteviyatı olan mevadd ve hususâtın tamamiyle icrâ ve tatbikini Selanik Başşehbenderi Kâmil Beyefendi ile mezkûr Şehbendername kâtibi Cemal Bey'i vekil ve vâsi-i muhtâr intihâb ve tayin ettim. Bilcümle hususâtın tatbik ve icra olunduğunu nâtık olmak üzere vekâbilü'l-istihsâl olan mahallerden vesâiki mukâbilinde teberruâtta bulunduklarına dair oğlum Mustafa Kemal Paşa'ya müfredatlı cetvel ile hesap vermeye mecburdurlar.

14- İşbu vasiyetname tarihinden mukaddem tanzim olunmuş diğer bir vasiyetname zuhur edecek olursa hükmü mefsuh ve gayr-i muteber olacaktır.

15- İşbu vasiyetname, biri nezdimde hıfz olunmak ve diğeri Kâmil ve Cemal Bey'lerde bulunmak üzere iki nüsha olarak tanzim ve teati edilmiştir. Mustafa Kemal Paşa Hazretleri'nin validesi Zübeyde.

16- İşbu vasiyetname, muvacehemizde tanzim ve meâli kıraat olunarak tefhim olunduktan ve tamamı ile ikrar eyledikten sonra kendi mühür ve parmağını vaz'eylediğini dünya ve ahiret şahidi sıfatıyla tasdik eyleriz. 25 Kânunusani 338/Şuhudü'l-hal (imzalar)."

Hangimizin böyle bir vasiyetnamesi vardır?

ALİ RIZA EFENDİ'NİN SOYU

Mustafa Kemal Atatürk'ün erken yaşta kaybettiği babası Ali Rıza Efendi de tıpkı Zübeyde Hanım gibi Selanik'in en köklü ailelerinden gelmektedir. Soyu Ehl-i Beyt'e dayanır.

Hatta Zübeyde Hanım ile Ali Rıza Efendi'nin ailesi geriye doğru birkaç asır gidildiğinde birleşir. [35]

Ali Rıza Efendi'nin ilk soyu olarak geçen Molla Hasan, Atatürk'ün annesi Zübeyde Hanım'ın annesi Ayşe Hanım'ın annesi olan Emine Hanım'ın da soyudur.

Zübeyde Hanımın babası Feyzullah Efendinin de bu kolla akrabalığı vardır.

Atatürk'ün ana ve baba tarafı esasen akrabadır.

---

35 Bu konuda bkz. Öz, 2014, s. 86.

Babası Ali Rıza'nın ismi, Oniki İmam'dan biri olan İmam Rıza'nın isminden gelmektedir.

Kızıl Hafız olarak bilinen Şeyh Mehmet Emin Efendi, Şeyh İbrahim Ethem'in oğludur; Atatürk'ün babası Ali Rıza Efendi ile amcazadedirler.

Osmanlı nüfus defterlerindeki kayıtlara göre, Zübeyde Hanım ve Ali Rıza Efendi, Balkanların Türkleşmesinde önemli rol oynayan Kızıl Oğuz Türkmenlerindendir.

Ali Rıza Efendi'nin sülalesinin en önemli özelliği tıpkı Zübeyde Hanım'ın ailesinde olduğu gibi dindar ve ehl-i tarik bir aile olmasıdır.

Ali Rıza Efendi'nin dedelerinin neredeyse tamamı tarikat ehlidir. Selanik'teki Mevlevihane'nin kurucuları da olan bu ailede Mevlevî ve Halvetî başta olmak üzere diğer tarikat şeyhleri de bulunmaktadır.

Belgeler ışığında gittiğimizde Mustafa Kemal Atatürk'ün 45 yaşında vefat eden babası Ali Rıza Efendi'nin babası Hacı Hafız Ahmet Efendi'dir. Hacı Hafız Ahmet Efendi'nin babası Mehmet Nurettin Efendi'dir. Mehmet Nuri Efendi'nin babası ise Selanik Kocakasım Paşa Mahallesi imamı Halvetî şeyhi Seyyid Şeyh Ali Rıza Efendi'dir.

Şeyh Ali Rıza Efendi'nin babası meşayıhtan Mevlevî şeyhi Hacı Ahmet Efendi'dir. Şeyh Ahmet Efendi'nin babası Selanik Mevlevihanesi postnişini Şeyh Hasan Efendi'dir. (1590-?) [36]

Şeyh Hasan Efendi Mustafa Kemal Atatürk'ün dedesinin dedesinin dedesidir.

---

36 Öz, 2017, s.304.

Bu noktada arşiv belgesi olarak Halvetî şeyhi ve Kocakasım Paşa Mahallesi imamı olan Ali Rıza Efendi ile ilgili nüfus defterlerini aktarmalıyız. 28 Nisan 1835 tarihli Nüfus defterinde Selanik Kocakasım Paşa Mahallesi'nde mukim "tarik-i Halvetiye'den şeyh Ali Rıza Efendi ibn-i Şeyh Ahmet…" şeklinde geçmektedir. [37]

Şeyh Ali Rıza Efendi'nin oğlu Mehmet Nurettin ile ilgili nüfus defterinde de yine aynı ifadeler geçmektedir. [38]

Mevlevî şeyhi Ahmet Efendi'nin oğullarından Şeyh İbrahim Edhem ve oğulları ile ilgili belgelerde de "tarik-i Mevleviye'den Şeyh İbrahim Edhem ibn-i Ahmet…" ifadeleri geçmektedir. [39]

Hem Zübeyde Hanım hem de Ali Rıza Efendi'nin soylarında onlarca ehl-i tarik, mutasavvıf ve şeyh bulunmaktadır. Mevlevî, Halvetî şeyhlerinin yanı sıra, Kadirî meşrep şeyh ve tarik ehli de bulunmaktadır.

- Selanik Mevlevihanesi postnişini Mevlevî Hacı Hasan (Molla Hasan)

- Şeyh Ahmed Efendi (oğulları Mehmet Ali ve İbrahim Ethem Mevlevî şeyhi; Ali Rıza Halveti şeyhi)

- Şeyh Ali Rıza (Halvetî şeyhi)

- Şeyh Mehmet Nuri ya da bazı kaynaklarda İbrahim Ethem

- Şeyh Hafız Ahmet Efendi

- Ali Rıza Efendi (Atatürk'ün babası).

Bu konuda Zübeyde Hanım'ın kardeşi Hasan Efendi'nin so-

---

37 BOA, NFS.d, defter no 4962, s. 86 (Belge no: 4).
38 BOA, NFS.d, defter no 4970, 21 Şubat 1841, s. 48 (Belge no: 5).
39 BOA, NFS.d, defter no: 4962, 28 Nisan 1835, s. 93 (Belge no: 6).

yundan günümüzde hayatta olan Sayın Kamil Ali Savaş Beyefendi'nin arşivinde Abdülkadir Geylani Hazretleri ve Kadirî yolundan gelenler tarafından kullanılan "Evrad-ı Kadiriyye" isimli bir dua kitabı bulunmaktadır. [40]

Bu evrad-zikri el yazması ve 30 sayfadan oluşmakta olup, Mustafa Kemal Atatürk'ün ailesinde Abdülkadir Geylani Hazretlerinin yolundan giden Kadirî meşrep şeyhler ve müridler olduğunu gösteren önemli bir delildir.

---
40 Bkz. Öz, 2017, s.172.

YENİKAPI MEVLEVİHANESİ ATATÜRK'ÜN BABASI ALİ RIZA EFENDİ'YE KEFİL OLMUŞTUR

1866 tarihli Başbakanlık Osmanlı Arşivi Sadaret Mühimme Kalemi evrakında bulunan bir belge Mustafa Kemal Atatürk'ün babası Ali Rıza Efendi'nin Mevlevihane tarafından nasıl sahiplenildiğini gözler önüne sermektedir.

Gümrük dairesinde (rüsumat dairesi) işe alınması için Rüsümat Emanetine dönemin Yenikapı Mevlevihanesi postnişini günümüz ifadesiyle bir referans mektubu yazmıştır.

Bu referans mektubunun Osmanlıca transkripti şu şekildedir:

"Rüsûmât emânet-i behiyyesine tezkire-i âcizî

Yenikapu Mevlevihânesi post-nişîni reşâdetlü efendi dâ'îlerinin leffen irsâl-i huzûr-ı alîleri kılınan tezkirelerinde tavsiye olunan Ali Rıza Efendi ashâb-ı ma'lûmât ve ehliyetde ve şâyân-ı istihdâm-ı müste'adândan bulunduğuna ve sûret-i iltimâs dahi muhterem ve mültezem olduğuna binâen efendi-i mûmâ-ileyhin husûl-i mesrûriyetine himem-i sâmiye-i ehl-nüvâzîleri bî-dirîğ ve sezâvâr buyurulması niyâz-ı mahsûsuyla takdîm-i tezkire-i âciziyeye mücâseret olundu. ol bâbda emr ü fermân hazret-i men lehü'l-emrindir."

Bu mektupta günümüz Türkçesiyle özetle, Ali Rıza Efendi'nin güvenilir, ehliyetli ve hepsinden önemlisi "ashâb-ı malumat" bilinen bir aileden geldiği vurgulanmıştır. [41]

---

41 BOA, A.MKT.MHM, 335-91, Hicri, 29-01-1282 (Belge no: 7).

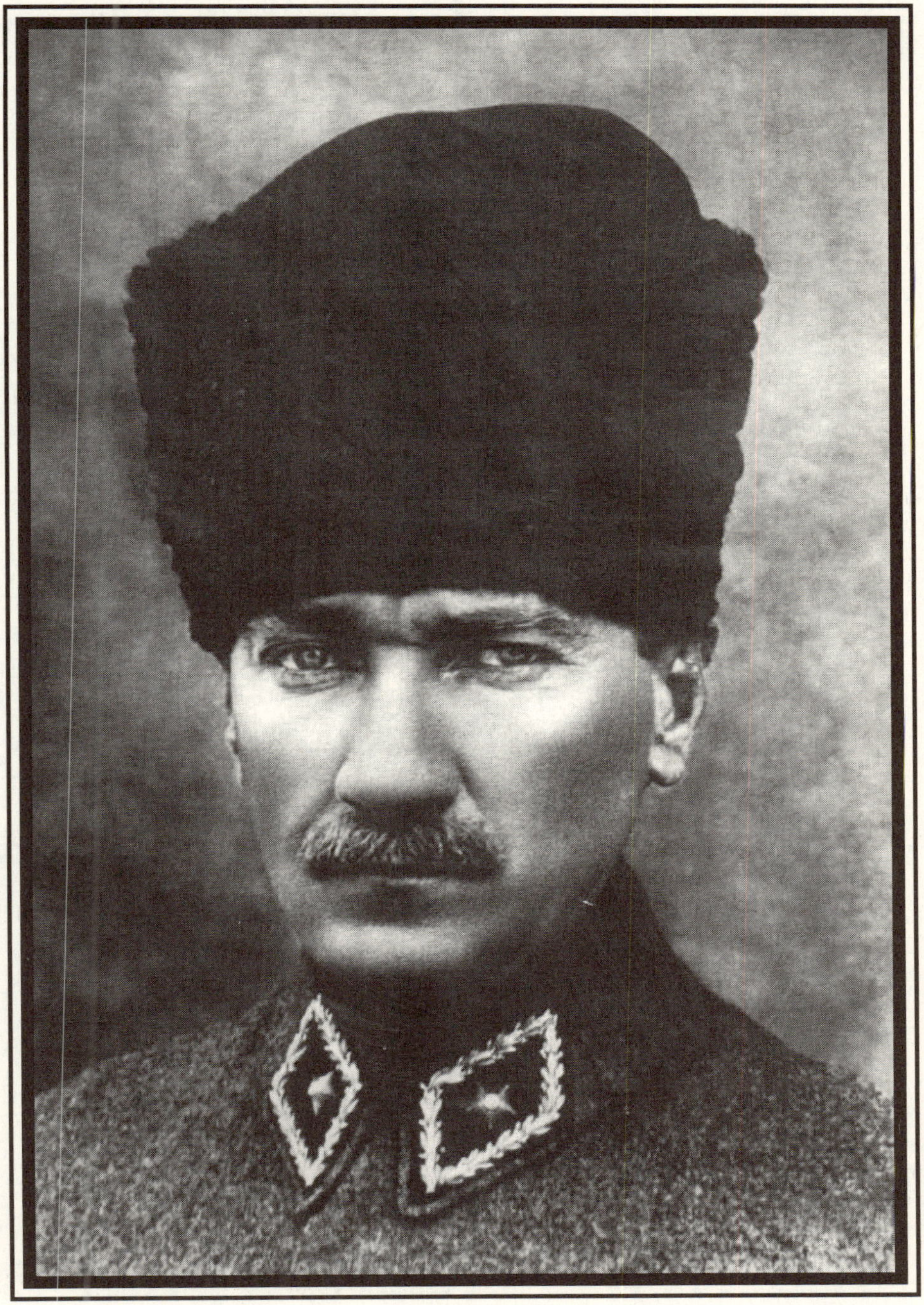

2. BÖLÜM

MUSTAFA KEMAL ATATÜRK'ÜN MANEVÎ YÖNÜ

- **Mustafa Kemal Seyyiddir**
- **Kutbu'l-Aktab Mustafa Kemal**
- **Mevlevilik Hakkında Beyanları**
- **Atatürk'ün Son Sözleri "Aleykümesselam" Olmuştur**
- **Ahmet Kayhan Hoca: "Atatürk Evliyadır"**
- **Cenaze Namazının Kılınması**
- **Devlet Adamlarının Mustafa Kemal Hakkında Mesajları**
- **Atatürk'ün Vasiyeti**
- **Atatürk'ün Gizli Vasiyeti**

MUSTAFA KEMAL SEYYİDDİR

Mustafa Kemal hem ana hem baba soyundan seyyiddir.

Ana tarafından seyyiddir. Zira Zübeyde Hanım'ın soyu Seyyid Feyzullah Efendi'ye dayanmaktadır.

Babası Ali Rıza Efendi Osmanlı arşiv kayıtlarında seyyid olarak yazmaktadır.

Osmanlı arşivlerindeki evkaf defteri kayıtlarından 1857-1868 tarihleri arasında Selanik'te Evkaf İdaresi'nde, Katib-i Meclis es-Seyyid Ali Rıza Efendi namıyla meclis katibi olarak görev yapmıştır.

Evkaf İdaresi'ndeki yılları hakkında Şevket Süreyya şunları yazar:

"Zübeyde ile evlendikten sonra Ali Rıza Efendi'nin hayatında olağanüstü bir olaydan bahsedilir. Bu da 1876 Türk-Rus harbinde onun bir gönüllü olarak, Selanik'te kurulan bir yardımcı askerî birliğe katılmasıdır. O zaman bu birliklere asakir-i muavine yani yardımcı askerler veya asakir-i mülkiye derlerdi.

On dokuzuncu asrın başlarında (1829) yeniçeriliğin kaldırılmasından sonraki harplerde bu yardımcı birliklere zaman zaman başvurulmuştur.

Ali Rıza Efendi'nin katıldığı tabura asakir-i mülkiye taburu denildiği anlaşılmaktadır. O sırada Ali Rıza Efendi'nin Selanik Evkaf Dairesi'nde katip olarak çalıştığı, bu gönüllülük dolayısıyla yapılan araştırmalarla anlaşılmaktadır. Harp dolayısıyla kurulan yardımcı askerler birliğine katılınca, okur yazar olduğu için onu, geçici olarak üsteğmen rütbesiyle vazifelendirmişler." [42]

---

42 Aydemir, 1976, s.32.

KUTBU'L-AKTAB KEMAL

Kaynaklarda Mustafa Kemal'in Mevlevî olduğu yazar.

Mevlevîliğin Veled ve Şems olmak üzere iki kolu vardır.

Veled kolu, Sünnî'dir.

Şems kolu ise Bektaşî'dir.

Atatürk, Şems kolundan bir Bektaşî'dir.

Mustafa Kemal, 18 Mayıs 1911'de Abdülkerim Paşa'ya Gelibolu'dan gönderdiği bir mektupta; Seni gören, seni seven, senin mucizat-ı meveddetini müşahade eden dedegan-ı meşhureden Selanik Meydan Dedesi bu fakir Kemal, yeni bir zemini içtihadın tayini hususunda zat-ı kerimullahdan niyaz eder" demektedir.

Yani kendisini, Selanik Meydan Dedesi olarak tanıtır.

Yazışmalarında kendine "Kutbu'l-Aktab" da demektedir. Kutbu'l-Aktab, tasavvuftaki en büyük makam olup, irşad makamında doruk noktadaki zat demektir.

Kısaca Atatürk seçilmiştir.

Kendine Kutbu'l-Aktab demesiyle alakalı bir örnek de Sivas Kongresi sonrasında Kerim Paşa ile yazışmalarında yer alır:

Mazhar Müfit Kansu, hatıralarında bunu aktarır:

"Muhabere şuydu: Evvela Kerim Paşa dervişmiş, yazılarında hep dervişane bir usul takip ediyordu, mesela ilk sözü 'Paşa'ya söyleyiniz anlar, Hazret-i Evvel karşınızdadır' diye başladı.

Mustafa Kemal Paşa da, 'Kutbu'l-Aktab deyiniz anlar' cevabını verdi. (…) Yalnız Mustafa Kemal Paşa, Kerim Paşa'nın dervişliğini söylerdi." [43]

Kutbu'l Aktab bahsi Atatürk'ün kaleminden Nutuk'ta da geçmektedir.

Atatürk, İstanbul Hükûmeti ile aralarında geçen rüptürün (irtibat kopukluğunun) 15. gününde, yani Eylül'ün 25'inde gelen bir telgraftan bahseder.

Telgrafı yazan zat, Genelkurmay tuğgenerallerinden Abdülkerim Paşa'dır. Verdiği bilgi şuydu:

"Bu gece İstanbul telgrafhanesinden Fuat Paşa'yı telgraf başına istediler. Dahiliye Nezareti'nin vilayet şifresi ile bir şifre yazdırdılar.

Bunun özeti; vatanın kurtulması yalnız padişahın beyannamesindeki en doğru yol göstermelere uygun hareket etmekle kolaylaşacaktır.

---

43 Mazhar Müfit Kansu, Erzurum'dan Ölümüne Kadar Atatürk'le Beraber, Cilt 1, 4. Baskı, Türk Tarih Kurumu Basımevi, Ankara 1997, s.324.

Millî Mücadele, medeniyet dünyasına iğrenç gayeler gibi aksettirildi. Hükûmetle milletin ayrılığı yabancıların işe karışmasına yol açacaktır. Neticede, hareketin liderleri ile görüşmek üzere, yüksek şahsiyetlerle bildirilecek yerde buluşma, bir emrivaki şekline sokularak vaktin darlığı dolayısıyla hemen cevap beklenmektedir.

Efendiler, ismi geçen merhum Abdülkerim Paşa, benim çok eski bir arkadaşımdı. Çok namuslu, gayretli, temiz kalpli bir vatanperverdi. Selanik'te ben yüzbaşı, o binbaşı olarak bir büroda çalışmış, senelerce hususi arkadaşlık etmiştik.

Merhumun tavır ve vaziyetinden bir tarikata bağlı olduğu anlaşılıyordu. Bazı tekkelere devam ettiği de görülmüştür. Fakat herhangi bir şeyhe mürit olduğunu bilen yoktur.

Çünkü kendisini inançları ve vicdanî değerlendirmelerinde taşıdığı manevî derece bakımından 'Hazret-i Evvel-Büyük Hazret' kabul eder, kendi dostluk çevresi içinde yer alanlara, kendisince karşısındakinde gördüğü yeteneğe uygun 'Hazret' 'Kutub' gibi makamlar verirdi.

Bana da 'Kutbu'l-Aktab/Kutublar Kutbu' derdi.

Efendiler, 27/28 Eylül 1919 gecesi, geceyarısına bir saat kala telgraf başında Kerim Paşa ile karşı karşıya geldik. İki taraf birbirini şu sözlerle tanıdı:

Sivas: 'Mustafa Kemal Paşa, telgraf başındadır. Kerim Paşa'ya söyleyiniz, buyursunlar diyorlar.'

İstanbul: 'Yüksek şahsiyetleri, Mustafa Kemal Paşa Hazretleri misiniz, ruhum?'

Ben: 'Evet, muhterem Kerim Paşa Hazretleri' dedikten sonra;

Kerim Paşa, Sivas'ta Mustafa Kemal Paşa Hazretleri'ne adresini yazdırdı ve 'Paşa'ya söyleyiniz, anlar; Hazret-i Evvel karşınızdadır' sözlerini bir nevi parola gibi ilave etti.

Kerim Paşa, 'Zat-ı âlilerinin afiyetleri iyidir inşaallah kardeşim' diye başladı.

Kerim Paşa'nın, İstanbul Hükûmeti tarafından kalbinin temizliğinden ve ahlakının güzelliğinden istifade edilerek nasıl aldatıldığını anlamak için, sözlerinin başlangıcını kendisine olduğu gibi tekrar ettireceğim.

Merhum Kerim Paşa şöyle devam etti: 'Vatanın iyiliği için bütün vatanperver kardeşlerimle ve temsil heyetimdeki can dostlarla görüşmek isterim.

Ayağınızın tozuna ulaşmak üzere Ali Fuat Paşa vasıtasıyla bir telgraf göndermiştim.

İşte, zat-ı âlinizin eline ulaşan o telgraftaki esaslar üzerinde sevindirici bir çözüm inşaallah buluruz. Memleketin geçirmekte olduğu nazik ve pek mühim karışık devreyi Allah'ın lutfu ile kolayca aydınlığa çıkarırız.

Bunun için de Allah'ın keremi ve nurdan yaratılmış kurtarıcı emellerinizin gönül mürşidi ile buna dair mühim şeyler konuşarak, vatan için olan dileklerimizi birleştirelim değil mi?

Pek anlayışlı ve tedbirli kardeşim! Ne buyurursunuz, ruhum?

Yere batasıca bedhahların kötülüklerine mani olalım, onları ümitlerinin pusularında kötürüm ve cansız bırakalım. Yalnız hükûmet ile milletin sırf vatanın kurtuluşu ile ilgili hizmetlerini ve işlerini birleştirelim ki, ortak ve yüce gaye zaten hep birdir.

Vatan düşüncesiyle gösterilen bunca asil tepkilerin, medeniyet dünyası karşısında muazzez topraklarımızın korunmasıyla ilgili en büyük vatanperverlik olduğunu bir kere daha belirtmek üzere içinde bulunduğumuz vaziyetin güçlüklerini yok edelim ve buna bir çare bulmak üzere bu muazzez kardeşinizle görüşmeye başlayalım, bekliyorum kardeşim.

Bu teşebbüsüm hakkında, hükûmetin geniş ölçüde iyi niyet gösterdiğini ilave ederim, ruhum!'

Efendiler, Kerim Paşa ile 27/28 Eylül, geceyarısından evvel saat 11'de başlayan bu görüşmemiz, sabah saat 07:30'a kadar tam sekiz buçuk saat devam etti.

Kerim Paşa'nın arz ettiğim, sunduğu ilk telgrafına cevap verirken biraz da onun tarz ve üslubuna uymuş olduğum görülecektir.

Cevabımda ben de böyle başladım:

'Kerim Paşa Hazretlerine, Kutbu'l-Aktab' deyiniz anlar' diye başladıktan sonra, 'Şimdi cevap veriyorum' dedim.

Pek muhterem ve temiz kalpli kardeşim Abdülkerim Paşa Hazretlerine. Elhamdülillah sağlığım yerindedir. Büyük ve necip milletimizin meşru haklarını idrak etmiş ve onu muhafazaya ve müdafaaya bütün mevcudiyetiyle girişmiş olduğunu görmekte pek mesudum. Karşılıklı görüş belirtmek hususunda gösterilen arzuya samimiyetle teşekkür ederiz.

Fuat Paşa Hazretleri aracılığı ile çekilmiş olan telgrafın içindekilerini öğrenmiş bulunuyoruz.

Dayanak noktası olarak kabul buyurulan beyanname ile ileri sürülen hususların, Ferit Paşa ile arkadaşlarına karşı yöneltilmiş bir haykırış ve çıkışma olduğu, azıcık bir düşünme ve inceleme ile anlaşılacak açıklıktadır. Padişahın kalbini derin üzüntülere boğan ahval ve hareketler, milletimiz tarafından değil, Ferit Paşa, Dahiliye Nazırı Adil Bey, Harbiye Nazırı Süleyman Şefik Paşa ve bunların çalışma arkadaşları olan Harput Valisi Ali Galip Bey, Anakara Valisi Muhittin Paşa, Trabzon Valisi Galip Bey, Kastamonu Valisi Ali Rıza Bey ve Konya Valisi Cemal Bey tarafından işlenen kötülükler tarafından ortaya konulmuştur.'" [44]

Atatürk'ün bahsettiği telgraflaşma bahsinden, Kerim Paşa'nın 'Büyük Kutub' olarak bilindiği ve Mustafa Kemal Paşa'ya da, "Kutbu'l-Aktab/Kutupların Kutbu" şeklinde bir makama layık görerek hitap ettiği anlaşılmaktadır.

---

44 Nutuk, Alfa Yayınları, 1.Basım, Haziran 2017, Cağaloğlu, İstanbul.

AHMET KAYHAN HOCA: ATATÜRK EVLİYADIR

3 Ağustos 1998'de vefat eden Malatyalı kanaat önderlerinden ve özellikle Ankara'da bürokrat ve siyasî çevrenin manen rağbet ettiği Ahmet Kayhan Hoca'nın, Mustafa Kemal Atatürk ile ilgili yaptığı tespit oldukça önemlidir.

Ahmet Kayhan Hoca, Mustafa Kemal Atatürk'ü evliya olarak değerlendirip etrafında bulunan herkese bunu telkin etmiştir. Bu noktada önemli şahitlerden bir tanesi de sevilen bakanlarımızdan Namık Kemal Zeybek'tir. Sayın Namık Kemal Zeybek, "evliya" olarak gördüğü Ahmet Kayhan Hoca'dan duyduğu bu şehadeti şöyle anlatır:

"Gerçekte Atatürk'ün evliyalığı benim aklıma gelmezdi. Ama birçok kimse gibi benim de evliyadan olduğuna inandığım Hacı Ahmet Kayhan Dede bu sözü söylemişti. Demişti ki: 'Atatürk evliyadır ama Atatürk'ü iyi tanı, Nutuk'u bir daha oku ve evliyalığın ne olduğunu da iyi anla.' Evliyaları sadece sünnet sandıkları, kocaman sakal ve sarıkta arayanlar elbette Atatürk'ün evliyalığını anlayamazlar. [45]

---

45 Namık Kemal Zeybek, "Atatürk Evliya mı?", Anayurt Gazetesi, 29 Kasım 2014

MEVLEVİLİK HAKKINDA BEYANLARI

Gazi'nin yurt gezileri arasında Konya ziyareti önemlidir. İstanbul ve İzmir'den sonra en fazla gezi Konya'ya yapılmıştır. 13 kez gerçekleşen seyahatlerde Hz. Mevlana'nın bu şehirde bulunması da etkili olmuştur.

Atatürk, 21 Şubat 1931'de, Mevlana Türbesi'ni ziyaret etmiştir.

"Atatürk, müzede tam 3 saat kaldı. Sergilenen halıları, yazma eserleri teker teker inceledi. Özellikle 14. ve 15. yüzyıllarda Türkçe'ye çevrilmiş Kur'an yazmaları dikkatini çekmişti. 'Demek atalarımız yüzlerce yıl önce Kur'an'ı tercüme etmişler. Buna memnun oldum' dedi.

Atatürk, müze salonlarındaki incelemelerinden sonra, eski çelebi dairesi olan müdür odasına geçmiştir.

Odanın, Mevlana'nın sandukasının yer aldığı türbeye açık niyaz penceresi kemeri üzerine yıllar önce yeşil destarlı bir Mevlevî sikkesi (Mevlevî başlığı) resmedilmiş ve sikkenin üzerine de talik yazı ile Mevlana'nın Farsça bir rubaisi yazılmıştır. Yazı Atatürk'ün dikkatini çekmiş ve yanında bulunan Hasan Ali Yücel'e okumasını ve tercüme etmesini emretmiştir.

Hasan Ali, rubaiyi okumuş ve Türkçe'ye şöyle çevirmiştir:

'Ey keremde, yücelikte nur saçıcılıkta güneşin, ayın, yıldızların kul olduğu Sen (Allah),

Garip aşıklar Senin kapından başka bir kapıya yol bulmasınlar diye öteki bütün kapılar kapanmış, yalnız Senin kapın açık kalmıştır.'

Atatürk, tercümeyi dinledikten sonra son cümle üzerinde durmuş, şöyle demiştir:

Demek bütün kapılar kapandığı halde bu kapı açık oluyor. Doğrusu ben, 1923 yılında burayı ziyaretim sırasında bu dergâhı kapatmayalım, halkın ziyaretine açalım diye düşünmüş, bir yıl sonra tekke ve zaviyelerin kapatılması kanunu çıkar çıkmaz, İsmet Paşa'ya 'Mevlana dergâhı ve türbesini kendi eşyası ile müze haline getiriniz' demiştim.

Görüyorum ki, şu okunan şiirin hükmünü yerine getirmişim. Bakınız, ne kadar güzel bir müze oldu burası." [46]

Yine Mevlana dergâhının müze olarak kalması konusunda Konya milletvekillerinin görüşünü almış, halkın buraya akın etmesi endişesini dile getiren Millî Eğitim Bakanı Vasıf (Çınar)'a, "İyi ya! Ben de onu istiyorum. Mevlana'yı her ziyaret edeni ce-

---

[46] Mehmet Önder, Atatürk Konya'da, Atatürk Araştırma Merkezi Yayınları, Ankara, 1989.

haletten kurtarır, inkılaba ve vicdan hürriyetinin safına kazanırız. Mevlana dergâhı müze olarak derhal açılmalıdır" demiştir.

Hasan Ali Yücel'in, Maarif Vekaleti tarafından Atatürk'e terfik edilerek bir memleket seyahatine iştirak ettiği zamanlardaydı. Seyahatten dönüşte bir akşam sofrada konuşuluyordu. Hasan Ali hakkında Atatürk, "Zeki bir genç" dedi. Sofrada bulunanlardan birisi hemen atıldı: "Efendim Hasan Ali Mevlevî'dir, babası da Mevlevî'dir, kendisi de…"

Maksat, Atatürk'ün gözüne girmesi ihtimalini sofradaki bazı insanın mutad taktiği ile önlemekti fakat atılan adım menfi netice verdi.

Ata, "Bana hiç bahsetmedi" dedi. "Halbuki ben Mevlana'yı takdir ederim."

Herkesi derin bir sükut aldı. Atatürk'ün mevzuu nereye götüreceğini kestirmek güçtü.

Sonra ortaya bir mesele attı: "Mevlevilik nedir?"

Kimisi tekkelerin aleyhinde atıp tuttu, kimisi Mevlevîliğin tuhaf taraflarına ait hikayeler, hatıralar nakletti.

Nihayet birisi, "Efendim" dedi, "Mevlevilik ibadete çalgı sokarak dini gülünç eden ve Müslümanlığı dejenere eden teşebbüslerden birisidir."

Atatürk adını zikretmeyeceğim muhatabına, "Ahmak" dedi. "Aklının ermediği mevzular hakkında konuşma! Mevlana bilakis Müslümanlığı Türk ruhuna intibak ettiren büyük bir reformatördür. Müslümanlık aslında en geniş mânâsıyla müsamahalı ve modern bir dindir. Mevleviliğe gelince; o tamamıyle Türk ananesinin Müslümanlığına nüfuz örneğidir. Mevlana, büyük bir reformatördür. Dönerek, ayakta ve hareket halinde Allah'a yaklaşma fikri, Türk dehasının en tabii ifadesidir." [47]

---

47 Münir Hayri Egeli, Atatürk'ten Bilinmeyen Hatıralar, Cumhuriyet Matbaası, İstanbul, 1954, s.59-60.

ATATÜRK'ÜN SON SÖZLERİ
"ALEYKÜMESSELAM" OLMUŞTUR

Atatürk, 10 Kasım 1938'de vefat etti.

"1937 yazında Florya'da iken bir gün idrarından kan gelir. Bu şikayetlerine iki önemli şikayet daha; kaşıntılar ve burun kanamaları da ilave olur...

1937 yılı içinde evvela uzun sürelerle, sonraları sık sık olarak burun kanamaları görülmeye başlar.

28 Şubat 1938 günü Çankaya'da Dr. Neşet Ömer İrdelp, Dr. Akil Muhtar Özden, Dr. Hüsamettin Kural, Dr. Asım Arar ve Dr. Ziya Naki Yaltırım'dan oluşan bir hekim grubu tarafından muayene edilir.

Muayenesinde kaburga kavsini üç parmak geçen dalak büyüklüğü ile gözlerinde hafif bir sarılık tespit edilir. Ödem ve asit tespit edilmemiştir. Ziya Naki Yaltırım tarafından yapılan kulak burun boğaz muayenesinde de burunda iki sathi yara tespit edilir.

(….) Mustafa Kemal Atatürk, 8 Ekim 1938'de girdiği karaciğer komasından vefatına kadar doktorları başındadır." [48]

Son anlarında yanında bulunanlardan birisi kütüphanecisi Nuri Ulusu'dur. Ulusu anılarında şöyle anlatır:

"Atatürk'ün son hastalıklı devrelerinde yani komaya girip çıktığı günlerde, doktorların ve yakınlarının dışında, yanına girip çıkabilen ender kişilerden biriydim. Zaten bilindiği gibi çok önemli bir cümlesi vardı: 'Özel hemşire falan istemem, bana benim çocuklarım herkesten iyi bakar.' Evet o çocukları ben ve arkadaşlarımdı.

İşte böyle girdiği komaları esnasında zaman zaman, 'Aman ya Rabbim, aman ya Rabbim' diye mütemadiyen Halık'ından, Allah'ından yardım dilediğini gözlerimle gördüm, kulaklarımla işittim." [49]

Gazi'nin son sözlerinin "aleykümesselam" olduğuna dair yanında bulunanların şahitliği vardır.

Son günleri şöyle anlatılır:

"Atatürk, 8 Kasım günü çok yorgun olmakla birlikte sakindi. Doktorlar sıra ile yanına geliyorlar, gerekli tedaviyi yapıyorlardı.

O gün gıda olarak saat 6'da altı kaşık sütlü kahve, 8.30'da beş kaşık sütlü çay, 11:00'da bir miktar yulaf ununda puriç, 13:00'de altı kaşık süt, 15:10'da biraz çorba ve 17:15'de dört kaşık elma suyu almıştı."

---

48 Ali Güler, Atatürk'ün Son Sözü: Aleykümesselam, 2. Baskı, Yeditepe Yayınevi, İstanbul, 2013, s.39-41.

49 Güler, 2013, s.54.

8 Kasım 1938 günü saat 18:00'dan sonraki gelişmeleri Cumhurbaşkanı Genel Sekreteri Hasan Rıza Soyak'tan aynen dinleyelim:

"Saat 18:00'dan sonra yanından ayrılıp, günlük işlerimle meşgul olmak üzere büroma inmiştim. Çok geçmeden fenalaştığını telefonla bildirdiler. (saat 18:55).

Telaşla hususi daireye koştum, yatak odasının iç içe olan iki kapısı arasındaki boşlukta Ali Kılıç duruyordu.

Odaya girdiğim zaman Atatürk'ü şu vaziyette gördüm:

Yatağın ortasında, iki elini yanlarına dayamış oturuyor, mütemadiyen dövünerek, 'Allah kahretsin' diye söyleniyordu. Ara sıra da hizmetçilerin tuttuğu tasa koyu kahverengi (pıhtılaşmış kan) kusuyordu.

Nöbetçi doktor Abrevaya ile o sırada yetişen Prof. Dr. Neşet Ömer İrdelp kendisine yine bir taraftan bazı ilaçlar enjekte etmeye, bir taraftan da buz parçaları yutturmaya başladılar. Bir aralık sağında bulunan tuvalet masası üzerindeki saate baktı; her halde iyi göremiyordu ki bana sordu: 'Saat kaç?' '7:00 Efendim.'

Aynı suali bir iki defa tekrar etti, aynı cevabı verdim. Biraz sükûnet bulunca yatağa yatırdık, başucuna sokuldum, 'Biraz rahat ettiniz değil mi Efendim?' diye sordum. 'Evet' dedi.

Arkamdan Neşet Ömer İrdelp yanaşıp rica etti: 'Dilinizi çıkarır mısınız Efendim.'

Dilini ancak yarısına kadar çıkardı; Dr. İrdelp tekrar seslendi: 'Lütfen biraz daha uzatınız.'

Nafile artık söyleneni anlamıyordu, dilini uzatacağı yerde tekrar çekti; başını biraz sağa çevirerek Dr. İrdelp'e dikkatle baktı ve 'aleykümesselam' dedi; son sözü bu oldu ve ikinci ponksiyondan tam 30 saat sonra komaya girdi." [50]

Atatürk'ün komaya girmeden evvel söylediği son sözü "aleykümesselam" olmuştur.

Bu sözün mahiyeti hakkında, Kur'an-ı Kerim'den istifade edelim.

Nahl sûresi 32. ayet şöyledir: "(Onlar, takva sahipleri) meleklerin 'selam sizin üzerinize olsun (selamünaleyküm), yapmış olduğunuz iyi işlere karşılık cennete girin' diyerek iyilikle canlarını aldıkları kimselerdir."

---

50 Güler, 2013, s.44-46.

CENAZE NAMAZININ KILINMASI

Vefatının arkasından cenaze namazının bir camiye götürülmeden kılınıp kılınamayacağı konusu gündeme gelmiştir.

Cumhuriyetin ilk Diyanet İşleri Başkanı olan Rıfat Börekçi, cenaze namazı konusunda, "O'nun cenaze namazı, tertemiz hale getirdiği bütün vatanda bu farizanın yerine getirilebileceği her yerde kılınabilir" demiştir. [51]

10 Kasım 1967 tarihli Hürriyet gazetesinde, Fahrettin Altay'ın Atatürk'le ilgili anılarında şunlardan bahseder:

"Vefatında ben ordu komutanıydım. Ankara'dan emir gelmişti. Cenaze alay kumandanlığını bana vermişlerdi. Cemil Cahit Paşa da bana yardım edecekti.

Vazifeyi üstüme alınca ilk iş olarak Ankara'yı aradım.

---
51 Cemal Kutay, Atatürk'ün Son Günleri, İklim Yayınevi, İstanbul, 2005, s.187.

'Cenaze namazı İstanbul'da mı, Ankara'da mı kılınacak?' dedim. Akşama kadar bekledim, cevap yoktu. Merak etmiştim. Bu sefer Mareşal Çakmak'ı aradım ve sordum. Aldığım cevap şöyleydi: 'Yarın Başvekil Celal Bayar İstanbul'a geliyor, onunla konuşursunuz.'

Hayret etmiştim. Bir namaz meselesini Başvekil'le konuşmak, İstanbul veya Ankara'da kılınması için Başvekil'in karar vermesine ne lüzum var?

Celal Bayar gelmişti. Hükûmet çekiniyordu. Cenaze namazını bir nümayiş haline getirmek istemiyordu.

Paşa oturduğu koltuğundan doğruldu. Yaşının çok altında tatlı bir sesle ve temiz Türkçesiyle bana döndü, 'Atatürk' dedi 'Hepimizden çok Allah'ına, Peygamberine inanmış bir insandı. Zamanımızın Müslümanlığının hakiki Müslümanlık olmadığına kâni idi. Birçok hurafeler, şekiller ile Müslümanlık aslından uzaklaştırılmış derdi. Bunun ileri görüşlü, aydın, zamanımızın icaplarını bilen din adamlarının yetiştirilmesi ile telafi edileceğine inanırdı. Müslümanlık büyük din derdi. Ancak günümüzün din adamları zamanımızın durumuna adapte olmamış insanlar, onların kabahati yok, eksik ve yanlış yetiştirilmişler. Büyük Türkiye'ye büyük ve değerli din adamları ister, demişti.'

Zamanın Diyanet İşleri Reisi Şerafettin Yaltkaya'yı çağırdık ve Dolmabahçe'nin büyük salonunda hem de birkaç kişiyle değil, birkaç saf halinde Paşalar, subaylar, vazifeliler, saray mensubu ve Atatürk'ün yakınlarından birkaç kişi olduğu halde kalabalık bir cenaze namazı kıldık."

Namazı Ord. Prof. Şerafettin Yaltkaya kıldırmıştır.

"Saygı duruşundan sonra bilahare tüm cemaati tabutun arkasına saf saf dizildi ve Hafız Yaşar Okuyan'ın, "Tanrı uludur, Tanrı uludur, Tanrı uludur. Tanrı'nın rahmeti üzerinde olsun" diye Davudî sesiyle okumasından sonra cenaze namazı başladı. Hıçkırıklarımız boğazımıza düğümleniyordu ama tutamayanlarınki çın çın ötüyordu. Namazın bitimiyle birden ellerimizin üzerinde yükselen tabutu top arabasına koyuverdik." [52]

---

52 Ulusu, 2008, s.238.

DEVLET ADAMLARININ
ATATÜRK HAKKINDAKİ MESAJLARI

Franklin D. Roosevelt 1928, ABD Başkanı:

"Sovyet Rusya Hariciye Nazırı Litvinof ile görüşürken kendisine onun fikrince bütün Avurpa'nın en kıymetli ve en ziyade dikkate değer devlet adamının kim olduğunu sordum.

Bana Avrupa'nın en kıymetli devlet adamının Türkiye Cumhurbaşkanı Mustafa Kemal olduğunu söyledi."

Vladimir İliç Lenin, 1921, Rus Lideri:

"Mustafa Kemal sosyalist değildi. Fakat görülüyor ki; iyi bir teşkilatçı, yüksek anlayışlı, ilerici iyi düşünceli ve akıllı bir önderdir.

O, soyguncalara karşı bir kurtuluş savaşı yapıyor.

Emperyalistlerin gururunu kıracağına ve Sultan'ı da yaranıyla birlikte alt edeceğine inanıyorum."

Winston Churcill, İngiltere Başbakanı, 1938:

"Savaşta Türkiye'yi kurtaran, savaştan sonra da Türk Ulusu'nu yeniden dirilten Atatürk'ün ölümü, yalnız yurdu için değil, Avrupa için de en büyük kayıptır. Her sınıf halkın O'nun ardından döktükleri içten gözyaşları bu büyük kahramana ve modern Türkiye'nin Ata'sına layık bir tezahürden başka bir şey değildir."

ABD Bakanı John F. Kennedy, 10 Kasım 1963:

"Kemal Atatürk'ün ölümünün 25. yıldönümü anma törenine katılabilmekten şeref duymaktayım.

Atatürk bu yüzyılın büyük inşalarından birinin tarihî başarılarını, Türk halkına ilham veren liderliğini, modern dünyanın ileri görüşlü anlayışını ve bir askerî lider olarak kudret ve yüksek cesaretini hatırlatmaktadır.

Çöküntü halinde bulunan bir imparatorluktan özgür Türkiye'nin doğması, yeni Türkiye'nin özgürlük ve bağımsızlığını şerefli bir şekilde ilan ve o zamandan beri koruması, Atatürk'ün Türk halkının işidir."

Muhammed Ali Cinnah, Pakistan Devlet Başkanı (1954):

"Mustafa Kemal Atatürk, Müslüman dünyanın en büyük kahramanıdır.

O, Türkiye'yi kurmakla bütün dünya milletlerine Müslümanların seslerini duyuracak kudrette olduğunu ispat etti.

Kemal Atatürk'ün ölümüyle Müslüman dünyası en büyük kahramanını kaybetmiştir. Atatürk gibi bir önder, önlerinde bir ilham kaynağı olarak dikildiği halde Hint Müslümanları bugünkü durumlarına hala razı olacaklar mı?"

Cavaharlal Nehru, Hindistan Başbakanı (1963):

"Kemal Atatürk veya bizim o zamanlar O'nu tanıdığımız ismiyle Kemal Paşa, gençlik günlerimde benim kahramanımdı. Büyük devrimlerini okuduğum zaman çok duygulandım.

Türkiye'yi modernleştirme yolunda Atatürk'ün giriştiği genel çabayı büyük bir takdirle karşıladım.

O'nun dinamizmi, yılmak ve yorulmak bilmezliği insanda büyük bir etki yaratıyordu. O, doğuda modern çağın yapıcılarından biridir. O'nun en büyük hayranları arasında bulunmakta devam ediyorum."

General McArthur:

"Asker, devlet adamı, çağımızın en büyük liderlerinden biri idi. Kendisi, Türkiye'nin, dünyanın en ileri memleketleri arasında hak ettiği yeri almasını sağlamıştır. Keza O, Türklere, bir milletin büyüklüğünün temel taşını teşkil eden, kendine güvenme ve dayanma duygusunu vermiştir."

Habib Burgiba, Tunus Devlet Başkanı (26 Mart 1965):

"Sakarya savaşı, Sakarya zaferi yirmi yaşımın en kuvvetli hatırası olmuştur. O zamanlar, kendi kendime diyordum, acaba ben de ulusumu böylesine seferber edemez miyim? O'nun ruhuna bu kurtarıcı hamleyi, bu dizgin tanımaz ihtirası aşılayamaz mıyım?"

Eyüp Han, Pakistan Cumhurbaşkanı (10 Kasım 1963):

"O, Müslüman dünyasında yeniden siyasî uyanış yönünde ileriye doğru cesur bir adım atan bir avuç insandan biriydi."

Tahran gazetesinde çıkan haber (21 Kasım 1938):

"Bu gibi dehalar ancak görünüşte ölürler. Çünkü gerçekte ulusların anlayışlarında derin silinmez izler bırakan eserleriyle daima yaşarlar. Böyle insanlar bir kuşak için doğmadıkları gibi belirli bir devre içinde doğmazlar. Bu gibi insanlar ulusların bu nimetler kaynağından durmaksızın yararlanmalarına imkan vermek sûretiyle yüzyıllarca ulusların tarihine egemen olacak insanlardır."

Neue Freie Presse, Viyana:

"Büyük düşüncelerin adamı... Bir devlet mimarıydı."

24 Mart 1923 tarihli Time dergisi, kapak yaptığı Mustafa Kemal resminin altına, "Savaş sonrası döneminin en yetenekli liderlerinden biri" diye yazmıştır.

ATATÜRK'ÜN VASİYETİ

Gazi Mustafa Kemal Paşa'nın çiftlikleri, daireleri, arazileri hatta fabrikaları vardı. Bu yüklü miktardaki taşınmaz mal, yurt gezilerinde kendisine hediye edilmiştir.

Kendisi vefatından kısa bir süre önce sonsuz güvendiği Türk milleti için "Beni milletim bakar" diyerek tüm mal varlığını milletine armağan etmiştir.

"10 Haziran 1937 günü Trabzon'a gelen Atatürk, burada akşam yemeği sırasında, 'bana bir bordro imzalatırlar ama ne para veren olur ne de paranın hesabını… -o anda ellerini cebine sokarak- cebimde para yok… Benim zaten paraya da ihtiyacım yok. Masrafım da yok. Bir tek insana bu millet bakar… Bu milletin yüce sevgisini görmek bana yeter. Bana bu millet bakar, bana milletim bakar' der.

Biz bu cümlelerde, hiç örneğini görmediğimiz bir lider kimliği ile karşılaşıyoruz.

Ertesi gün, 1 Haziran 1937'de Trabzon'dan başbakanlığa gönderdiği bir yazı ile bütün çiftlikleri ve üzerindeki taşınmazları hazineye bağışladığını bildirdi.

Bu bağış ile ilgili işlemler 11 Mayıs 1938 günü tamamlandı. Aynı gün yanında Salih Bozok ve yaveri Celal Üner bulunan Atatürk, Ankara Orman Çiftliği'ndeki Marmara Köşkü'ne geldi. Burada Cumhurbaşkanlığı Genel Sekreteri Hasan Rıza Soyak, İçişleri Bakanı ve Cumhuriyet Halk Partisi Sekreteri Şükrü Kaya, Tarım Bakanı Faik Kurdoğlu, Ankara Valisi Nevzat Tandoğan'ı kabul etti.

Bir süre sonra Ankara Defterdarı ile Tapu Müdürü de geldiler. Atatürk, Hazineye çiftliklerin bağışlanması hakkındaki kanunun gereklerini yerine getirerek tamamlanan işlemleri imzaladı." [53]

Atatürk döneminde alınan arazilerin en büyüğü Ankara'daki Atatürk Orman Çiftliği (Ankara'da Orman, Yağmurbaba, Balgat, Macun, Güvercinlik, Tahar, Etimesgut ve Çakırlar çiftliklerinde kurulu) olmak üzere; Yalova (Millet ve Baltacı Çiftlikleri), Silifke (Tekir ve Şovalye Çiftlikleri), Tarsus (Piloğlu) ve Dörtyol'daki (Portakal Bahçesi ve Karabasamak Çiftliği) çiftliklerdi.

Bu çiftliklerde 582 dönüm meyve bahçesi, 700 dönümü çeşitli ağaç fidanlığı, 400 dönümü Amerikan asma çubuğu fidanlığı, 220 dönümü bağ, 220 dönümü zeytinlik, 375 dönümü portakallık, 15 dönümü kuşkonmazlık, 100 dönümü park ve bahçe, 2650 dönümü çayır ve yoncalık, 1450 dönümü yeni yetiştirilmiş orman ve 148 bin dönümü ziraate elverişli tarla ve mera olmak üzere toplam 154.729 dönüm arazi bulunuyordu.

---
[53] Güler, 2013, s.165.

Yine bu çiftliklerde, mefruşat ve demirbaşları ile beraber 45 ikametgâh ve daire binası, 7 ağıl, 6 mandıra, 8 ahır, 7 ambar, 4 samanlık ve otluk, 6 hangar, 4 lokanta ve gazino, 2 fırın, 2 ser olmak üzere toplam 91 bina bulunmaktaydı.

Bu çiftliklerde, yılda 7 bin hektolitre çeşitli bira yapacak kabiliyette bir bira fabrikası, malt fabrikası, günde 4 ton buz yapan bir buz fabrikası, günde 3 bin şişe soda ve gazoz yapan bir soda ve gazoz fabrikası, bir ziraat aletleri ve demir fabrikası, 2 modern pastörize süt fabrikası, 2 geniş yoğurt imalathanesi, 2 taşlı elektirkle işleyen bir un değirmeni, İstanbul'da bulunan bir çeltik fabrikasının yüzde 40 hissesi, iki kaşar ve beyaz peynir ile yağ imaline mahsus imalathane, 2 tavuk çiftliği, 5 satış mağazası, 13100 koyun, 443 baş sığır, 69 baş binek ve koşum atı, 2450 tavuk, 16 traktör, 13 harman ve biçerdöver makinesi, 35 tonluk bir deniz motoru, 5 kamyon ve kamyonet, 2 binek otomobili, 19 araba ve muhtelif sulama tesisleri ile hususi telefon şebekesi vardı." [54]

"Çiftliklerden sonra üzerinde kayıtlı diğer bazı taşınmazları da devletin ilgili kurumlarına bağışladı. 2 Şubat 1938'de, Bursa Belediye Başkanı Reşat Kiper'e gönderdiği bir mektupla, Bursa Kaplıcalarında yeni açılan Çelik Palas Oteli'nin ait olduğu şirketteki 34.830 liralık hissesini ve Çelik Palas Oteli bahçesine bitişik köşkü (bugün müze), Bursa Belediyesi'ne bağışladığını bildirdi.

11 Mayıs 1938'de Ankara'da Hipodrom ve Stadyum civarındaki arsalar ile çarşı içindeki bir oteli ve otelin altındaki dükkanları Ankara Belediye'sine, yine aynı gün Ulus Basımevi ve bir arsayı Cumhuriyet Halk Partisi'ne bağışladı…" [55]

---

54 Güler, 2013, s.163-164.
55 Güler, 2013, s.165-166.

Atatürk'ün bizzat el yazısı ile yazarak Beyoğlu 6. Noteri İsmail Kunter'e, Dolmabahçe Sarayı'nda teslim ettiği vasiyeti şöyleydi:

"Malik olduğum bütün nukut ve hisse senetleri ile Çankaya'daki menkul ve gayrimenkul emvalimi C.H.Partisi'ne atideki şartlarla terk ve vasiyet ediyorum.

1- Nukut ve hisse senetleri, şimdiki gibi İş Bankası tarafından nemalandırılacaktır.

2- Her seneki nemadan, bana nispetleri şerefi mahfuz kaldıkça, yaşadıkları müddetçe, Makbule'ye ayda bin, Afet'e sekiz yüz, Sabiha Gökçen'e altı yüz, Ülkü'ye iki yüz lira ve Rukiye ile Nebile'ye şimdiki yüzer lira verilecektir.

3- S. Gökçen'e bir ev de alınabilecek ayrıca para verilecektir.

4- Makbule'nin yaşadığı müddetçe Çankaya'da oturduğu ev de emrinde kalacaktır.

5- İsmet İnönü'nün çocuklarına yüksek tahsillerini ikmal için muhtaç olacakları yardım yapılacaktır.

6- Her sene nemadan mütebaki miktar yarı yarıya, Türk Tarih ve Dil Kurumlarına tahsis edilecektir.

K. Atatürk." [56]

Hangi devlet adamımızda bu kadar hassas bir ölçü görüyoruz.

Hangisi sahip olduklarını bu derece Türk milletine bırakabilmiş ve "Bana milletim bakar" diyebilmiştir.

Atatürk'ten sonra hiçbiri…

---

56 Güler, 2013, s.173-174.

ATATÜRK'ÜN GİZLİ VASİYETİ

Bazıları Atatürk'ün gizli vasiyetnamesi olmadığını söyler. Ancak bunların delilleri, ispatları yoktur.

Atatürk'ün gizli bir vasiyeti olduğunu ısrarla vurgulayan isim Meriç Tumluer'dir ve pek çok siyasîye bu konuda dosyalar dolusu bilgi göndermiştir.

Atatürk'ün gizli bir vasiyet bıraktığı ile ilgili araştırmaları bulunan Meriç Tumluer, Mustafa Kemal Atatürk'ün yanında görev yapmış eski jandarma istihbarat subayı ve sonra polis teşkilatının kurucu üyelerinden olan Mehmet Rıfat Efendi'nin ikinci göbek torunudur. Alaaddin Tumluer'in oğlu, Selahaddin Tumluer'in torunudur.

Gizli vasiyet hakkındaki bilgileri ilk kez 12 yaşındayken, 1978 senesinde babasından öğrendiğini belirtir. Vasiyetin Atatürk'ün ölümünden 50 sene sonra 1988'de açılması gerekirken, dönemin Cumhurbaşkanı Kenan Evren tarafından engellendiğini anlatır.

Türk İslam Birliği dergisinde, bu konuda geniş bir mülakatı vardır.

Vasiyet hakkında şunları söyler:

"Mustafa Kemal Atatürk'ümüzün, ölümünden 50 yıl sonra açıklanmasını istediği vasiyeti, kademe kademe yazılmış, bir kısmı eski Türkçe bir kısmı yeni Türkçe'dir.

En sonuncusu, 5 Eylül 1938'de Dolmabahçe Sarayı'nda yazılmış ve Cumhurbaşkanlığı Genel Sekreteri Hasan Rıza Soyak tarafından Beyoğlu 6. notere teslim edilmiştir. Vasiyetin zabıtlara katılım mührünün üstünde Hasan Rıza Soyak'ın ve Neşet Ömer İrdelp'in imzası mevcuttur.

Mustafa Kemal Atatürk, 12 Haziran 1933 tarihinde, Türk Medeni Kanunu'nun 452. maddesine ek olarak 2307 sayılı bir yasa çıkarttırıyor.

Yasada tüm Türk gençliğini kendisine yasal vasi tayin ediyor. Yani kurduğu kurumlardan toplanan gelirlerin tamamını Türk gençliğine miras bırakıyor. Biraz detaylandırırsak; Atatürk'ün başta İş Bankası, Ziraat Bankası, Etibank, Sümerbank ve üretim tesisleri, devlet üretme çiftlikleri, Anadolu Ajansı, Ankara Hukuk Fakültesi, Atatürk Orman Çiftliği ve devlet üretme çiftlikleri, Bursa Merinos Halı Fabrikası, Çocuk Esirgeme Kurumu, Demiryolları ve Limanlar Genel Müdürlüğü, Devlet Hava Yolları, Devlet İstatistik Enstitüsü, Elektrik İşleri Etüt İdaresi, halkevleri, Maden Tetkik Arama Enstitüsü, Merkez Bankası, Merkez Hıfzıssıha Enstitüsü, Köy Enstitüleri, Sağlık ve Sosyal Yardım Bakanlığı, Sanayi ve Maadin Bankası, Türk Dil Kurumu, Türk Tarih Kurumu gibi pek çok gelir getiren kuruluşlarda Türk milletine bağışladığı hisseleri vardır.

Atatürk, bu kurumlardan toplanan gelirlerin tamamını, Anadolu'daki fakir, mağdur, kimsesiz ailelerin çocuklarının eğitim ve öğretim hizmetlerinde kullanılmasını istiyor. Türk, Kürt Laz, Çerkez, Boşnak, Zaza, Roman, Alevî-Sünnî ve azınlıklar gibi hiçbir ayrım yapılmadan tüm çocukların giyim, kuşam, iaşe ve barınma bedelleri gibi giderler, geri ödenmesiz burslarla karşılanarak üniversite sonuna kadar okutulmasını, Türk milletine, Türk devletine ve Türk İslam âlemine faydalı birer birey olarak yetiştirilmesini istiyor.

(…) Vasiyetin yazılmasına 1918 senesinde başlanmıştır. Kademe kademe 1919'da, 1921'de, 1922'de Kurtuluş Savaşı'nda, Cumhuriyet kurulduğunda, 1927'de (Nutuk), 1932 ve 1933'de, 1937'de Trabzon'da Atatürk Köşkü'nde ve son olarak da 5 Eylül 1938'de yazmıştır.

Atatürk'ün vasiyeti tek konuyla ilgili değildir. Vasiyet askerî, siyasî, coğrafî, ekonomik, kültürel, sosyal, dinî konularla ilgili olup, içerisinde Kürt meselesinin de olduğu bir vasiyettir.

Vasiyetin devamında bu sorunların çözülmesi için görevli olan Hz. Mehdî, Hz. İsa ve Ayasofya ile ilgili yazılar mevcuttur.

(…) İlk başta seslendiği Türk İslam âlemi ve bu âlemi de yönetecek olan devletlerin, kurumların başındaki yöneticilerdir.

(…) Bu vasiyetin açıklanmamasının sebebi aslında engellenmesinden ziyade konu Rahman'dan yana olanlarla, Rahman'dan yana olmayanların bir savaşıdır, yani deccalizm konusudur.

(…) Şimdi Atatürk'ün Türk İslam Birliği Projesi'nin karşısındaki proje Büyük Ortadoğu Projesi'dir, Kürdistan hayalleridir. Sözde Kürdistan'ın kurulmasıyla bütün Asya, Ortadoğu ve Anadolu coğrafyasına maddî ve manevî anlamda hakim olma projesidir...

(…) Mustafa Kemal Atatürk, vasiyetin içeriğini, Kur'an terminolojisine dayanarak yazmıştır. Kur'an-ı Kerim'de Kehf sûresinde bazı gizemler vardır. Bu sûrede, Hz. Hızır'la Hz. Musa'nın yolculuklarını yazar ve orada bir duvardan bahsedilir. Ayrıca ayette ifade edildiği üzere iki kardeş vardır. Ve Hz. Hızır o duvarı onarmıştır.

Tabii, vakti zamanı gelsin demiştir. İşte vasiyet de bu onarılan duvardır. Altındaki hazine de içindeki bilgilerdir. O iki kardeş de Hz. Mehdî ve Hz. İsa'dır. (…) Yani birileri vasiyeti engelledik zannediyorlar.

Allah'ın Kur'an-ı Kerim'deki planı devam ediyor… Mustafa Kemal Atatürk de burada Yüce Allah tarafından Türk İslam âlemine gönderilmiş vazifeli manevî bir memurdur ve soy itibariyle kendisi Hz. Ali Efendimizin evladı olan cennetlik gençlerin Efendisi Kerbela şehidi Hz. Hüseyin Efendimizin soyundan olup, Ehl-i Beyt'tir. Evlad-ı Resûl'dendir, seyyiddir.

Genelkurmay Başkanlığı'nda, ATASE Dairesi Başkanlığı'ndaki gizli kayıtlarda, arşivlerde, kozmik odada şeceresi vardır." [57]

Röportajın devamında Sayın Tumluer, gizlenen vasiyet hakkında dönemin başbakanı Tayyip Erdoğan'a bizzat teslim edilmiş; CHP'li İsa Gök vasıtasıyla Kılıçdaroğlu'na gönderilmiş dosyalardan bahseder.

Yine CHP'li Muharrem İnce'nin ve emekli albay Ömer Cengiz'in konuyu çok iyi bildiğini anlatır. Rahmetli Turgut Özal'ın, Necmetin Erbakan'ın, Süleyman Demirel'in bildiğini aktarır.

---

57 Yakup Köse-Yasin Ertuğrul Özdemir, Türk İslam Birliği Derneği, Meriç Tumluer Röportajı, 23.03.2012, Mersin.

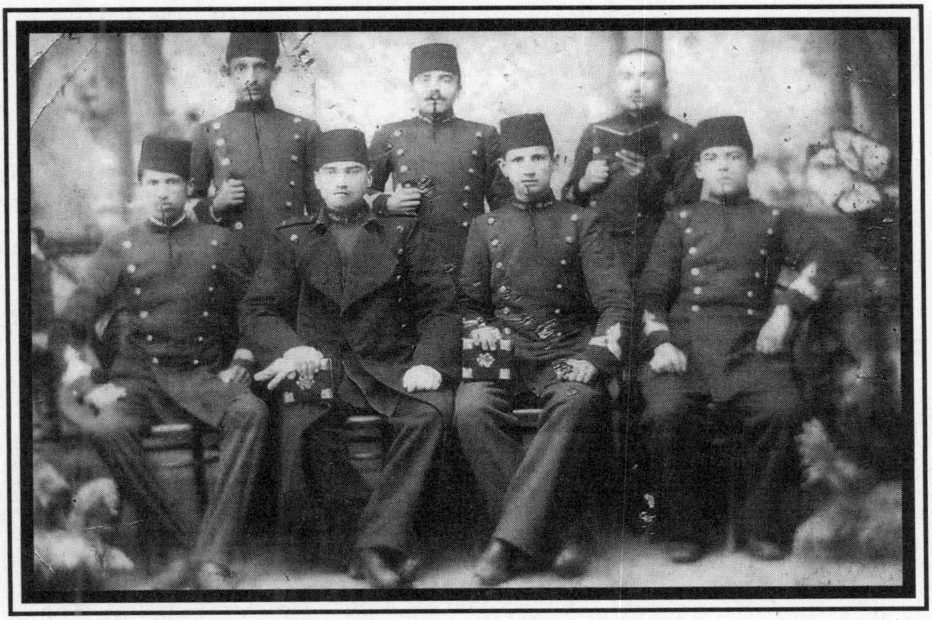

3. BÖLÜM

MUSTAFA KEMAL'İN FİKRÎ ALT YAPISI HANGİ KAYNAKTAN BESLENMİŞTİR?

- **Hürriyet ve Bağımsızlık Fikri Fransız İhtilali'nden Etkilenmiş Değildir**
- **Çöküş Döneminde Yetişen Askerî Bir Deha**
- **II. Meşrutiyet Dönemi ve Kolağası Mustafa Kemal**
- **Çanakkale Zaferlerini Kazandıran İman Gücü**
- **Çanakkale'de Olağanüstü Haller**

ATATÜRK'ÜN HÜRRİYET VE BAĞIMSIZLIK FİKRİ FRANSIZ İHTİLALİ'NDEN ETKİLENMİŞ DEĞİLDİR

Bağımsızlık ve hürriyet sevdalısı bir Mustafa Kemal var karşımızda. Büyük bir istiklal mücadelesinin lideri...

"Hürriyet ve istiklal benim karakterimdir. Bence bir millette şerefin, haysiyetin, namusun ve insanlığın vücut ve beka bulabilmesi mutlaka o milletin hürriyet ve istiklaline sahip olmasıyla kaimdir" diyor Mustafa Kemal, 1921 senesinde...

Yüzyıla damgasını vurmuş Mustafa Kemal'in hayatını ele alan hemen hemen tüm kalemler, sahip olduğu hürriyet fikrini Rousseau, Voltaire, Auguste Comte, Montesquieu gibi Fransız aydınlara mâl ederler. Hatta Lord Kinross gibi yabancı bazı yazarlar, "Fransız İhtilali'nden etkilenen görüşlerinin hayata geçmesinde önündeki tek set olarak İslam dinini görüyordu" gibi saçmalıkları kaleme alma noktasına kadar işi götürmüşlerdir.

Batılı yazarların İslam dinini hürriyet önünde engel gösteren ifadeleri tamamen Batı mantığının İslam dinini küçük düşürme çabası hezeyanlarıdır.

Denilmektedir ki, Manastır'da tanıştığı Ali Fethi'nin tesiriyle geliştirilen Fransızca daha sonra Beyoğlu'nda taşındığı bir Fransız madamın pansiyonunda pratiğe dökülerek ilerletilmiş ve Türk milletinin bağımsızlık meşalesini yakacak düşüncelerin temelini atmış...

Türk tarihi hakikaten yeniden yazılmalı.

Ehl-i Beyt soyundan gelen bir liderden bahsediyoruz.

Mevlana'nın hocası Şems-i Tebrizî'nin ve Seyyid Feyzullah Efendi'nin torunu bir anne ve İmam Rıza'nın torunu bir babadan doğan evladın her halinde elbette Ehl-i Beyt'in, İslam'ın etkisi olacaktır.

"Türk toplumunun ve Müslüman bir çevrenin üyesi olarak yetiştiği çağın din ve gelenek ağırlıklı ortamında Atatürk de bu kutsal bağlanıştan uzak kalmamıştır." [58]

Mustafa Kemal'in özgürlük ve hürriyet sevdası da ceddinden gelmektedir. O'nun hürriyet fikrine bir zemin aranıyorsa bu, Hz. Peygamberden, İmam Ali'den, Hz. Fâtıma'dan, İmam Hüseyin'den, İmam Rıza'dan örneklendirilmelidir.

Hz. Fâtıma, Peygamberin (s.a.v.) vasiyetini reddederek hilafeti gasp eden sahabiler cenazesine gelmesin, kabrini bilmesin diye gece defnedilmiştir. Bu sebeple kabrinin yeri halen tartışma konusudur.

---

[58] Reşat Kaynar-Necdet Sakaoğlu, Atatürk Düşüncesi: Sorular, Konferanslar, Millî Eğitim Bakanlığı Yayınları, Ankara, 1996, s.56.

Malum, İmam Hüseyin hakkını gasp eden Yezid'e karşı başkaldırmış, İslam tarihindeki halifeye karşı ilk silahlı isyanı gerçekleştirmiş ve yanlışı düzeltmek adına kanını bu uğurda feda etmiştir.

Ehl-i Beyt İmamlarının hemen hepsi bağımsızlık ve inandıkları doğrular uğruna verdikleri mücadelede şehit edilmişlerdir.

Atatürk de ceddi gibi doğruları uğruna baş kaldırmıştır.

Bakınız, Mustafa Kemal'in yaşamının 1896-1898 seneleri arasındaki dönemi Manastır'da geçmiştir.

Bu sırada Sırbistan ve Bulgaristan Manastır'daki Slavları kendine bağlamak için kiliseleri vasıtasıyla amansız bir mücadeleye girişmişti.

Yunanistan, Ortodoksları yanına çekmeye çalışıyordu.

Fener Rum Patrikhanesi Makedonya Ortodokslarının, Bulgar ve Sırp kiliselerine kayışına engel olmaya çalışıyordu.

Manastır'da o dönemde iki tane Amerikan misyoner koleji bulunmaktaydı.

Tarih boyunca savaşların inançların sözcülüğünü yaptığını ısrarla vurguluyoruz.

O dönemde de manzara böyleydi ve Mustafa Kemal inanç üzerinden devam eden ve bağımsızlık mücadelesine dönüşen kaynamayı müşahade ediyordu.

Manastır yıllarında, Osmanlı İmparatorluğu'nda Hıristiyan inancının öne çıkartılarak başlayan çözülmenin farkındaydı.

Mustafa Kemal'in Fransız devriminden etkilendiğini iddia edenler, İstiklal Savaşı'nın Hıristiyanlara karşı yapıldığını neden düşünmezler?

İddiaların tam tersine, Manastır dönemi Mustafa Kemal'in, İslam inancına daha da bağlandığı bir dönem olacaktır.

Genç subay adayı arkadaşlarına durum tespiti olarak neler söylemiştir:

"Altı yüz yıl kadar önce Anadolu'da doğan Osmanlı İmparatorluğu, 350 yılda Viyana kapılarına kadar ilerledi. İmparatorluğu güçlendiren manevî faktörler zayıfladığı için yavaş yavaş Viyana, Budapeşte, Belgrad elden çıktı. Artık bir avuç Rumeli toprağına sığındık." [59]

Mustafa Kemal genç subaylara, "manevî faktörler yani inanç zayıfladığı için çözülme başladı, dikkat edin" uyarısı yapmıştır.

Devrimlerinde İslam'ı engel görmesi konusu ise tamamen yalandır.

Zira, Atatürk'ün padişah ve saltanatta olan yetkileri kendinde toplamak yerine millet egemenliğine devretmesi dahi gördüğü İslam terbiyesi ile alakalıdır.

İslam inancında kul Allah'a karşı mesuldür. Kulluğun gereği aldığı nefesten verdiği nefese kadar yaptıklarının hesabını vereceği inancıyla yaşar.

Yine kişi sahip olduklarından hesaba çekilecektir. Yani eli olmayan bir kişiye eliyle yapabileceği hırsızlık için bir sual olmayacaktır.

Cenabı-ı Hakk'ın sünnetullahı her insan yeryüzünde Allah'ın halifesidir. Herkes Allah'a karşı aynı mesuliyetlere sahiptir.

İşte egemenliğin tek kişiden alınıp, milletin tamamına devredilmesi de, devlet idaresinden doğacak mesuliyetin herkese yayılması olarak okunmalıdır.

---

[59] Gündüz, s.34,35.

Bakınız Mustafa Kemal, egemenliğin millete devredilmesini kendi ifadeleri ile, Hz. Peygamberin, "Kavmine hizmet eden kavmin efendisidir" hadisine bağlamaktadır:

"... Biz ve bütün İslam âlemi için yüce ve mukaddes ve manevî bir irtibat noktası olan hilafet makamı dahi bütün İslam âlemiyle beraber, bütün milletimiz tarafından belki daha kuvvetli derin hissiyat ile yüce ve mukaddestir.

Fakat efendiler, bu yüce makamın kudsiyetini hürmetkârane takdis etmiş olmakla beraber, bu makamda oturacak zatı hiçbir vakitte efendi yapmak söz konusu değildir.

Şeriat-ı gara-yi Muhammediye (İslamiyet) ile bağdaştırılabilir değildir. 'Seyyidülkavim hadimihüm' buyurmuşlardır. Milete efendilik yoktur, hizmet etmek vardır. Bu millete hizmet eden onun efendisi olur." [60]

Burada Mustafa Kemal, egemenliğin bir kişiden milletin tamımına geçmesini, Hz. Peygamberin hadisi ile izah etmektedir.

"... Millî hakimiyetin tamamıyla tecelli etmesi, bunun aslî sahibi olan bütün insanların bir araya gelip bunu bilfiil kullanmasıyla mümkündür.

Fakat bütün Türkiye ahalisinin toplanması sûretiyle bu maksadın teminine pratik bir çare, olsa olsa bunların selahiyet sahibi vekillerinin bir araya gelip bu işi yapması olabilirdi.

Millî hakimiyetimizin bir zat yahut sınırlı şahıslarla kabine gibi bir heyet tarafından temsil edilmesi yüzünden memleketi ve milleti istibdattan kurtaramadığımız tarihî vakalarla ispatlanmış olduğundan, herhalde bu temsil hakkını mümkün olduğu kadar

---

60 Atatürk'ün Bütün Eserleri, cilt 12, 3. Baskı, Kaynak Yayınları, İstanbul 2015, s.124.

çok insanlardan meydana gelen ve vekalet müddeti az bir heyette temsil ve tecelli ettirmek, bence yegâne çare idi.

(…) Bir de biz Müslüman olduğumuz için hilafet makamıyla irtibatı muhafaza ve hatta o makama bütün milletçe dayanak noktası olmakta gerekli olduğundan, Avrupa ve Amerika'daki şekillerinden birini destekleyemezdik. Bu makamın korunması ancak bizim şekil ve idaremiz gibi bir halk idaresinin tesisi ile mümkündür." [61]

Batı'yı hiçbir zaman örnek almayıp, her zaman muasır medeniyetlerin üstünü hedef gösteren Mustafa Kemal'i, Rousseau gibi Batılı bir düşünürün öğrencisi olarak göstermek, O'nun şahsına yapılacak en büyük hakarettir bizce.

Hele hele Hz. Muhammed hakkındaki görüşlerini Leone Caetani'nin 'İslam Tarihi' kitabından etkilenerek oluşturduğunu, Hz. Muhammed'i bir Hıristiyandan öğrendiğini yazmak bardağı taşıran son damla olsa gerek…

Bunları yazarken bir hakikati ortaya koyuyoruz. Yoksa Batılı yazarları tekfir diye bir düşüncemiz asla bulunmamaktadır.

Bakınız, Mustafa Kemal, 1919 senesinde Anadolu ve Rumeli Müdafaa-i Hukuk Cemiyeti Temsil Heyeti adına İstanbul ahalisine bir genelge yayınlar. Tarih: 2.10.1919.

Burada, Saray'ın ve Hükûmetin yanlışlarını ve gelinen noktayı özetledikten sonra, milletin göstermesi gereken tavrı yine Hz. Peygamberin (s.a.v.) hadisi ile izah edecektir:

"… Eğer bu vazife bugün yapılmayacak olursa, yarın Ferit Paşa kabinesinin millî emellerimize aykırı olarak kabul edebi-

---
61 Atatürk'ün Bütün Eserleri, 2012, s.169.

leceği barış şartları karşısında Avrupa'ya karşı hiçbir itiraz hakkımız kalmaz; o zaman bize cihan kamuoyu 'vaktiyle bu itiraz hakkınızı neden kendi hükûmetinize karşı kullanmadınız?' diyecek ve bunu derken de herhalde pek haklı bir söz söylemiş olacaktır.

Çünkü Peygamberimiz, 'kema tekunu yüvella aleyküm' yani, 'siz ne mahiyette olursanız, işbaşındakiler de o mahiyette olur' buyurmuşlardır." [62]

Hatta, aynı genelgede Millî Mücadele'nin başlamasını dahi, Allah'ın emrini yerine getirme ve Peygamberin hadisine uymak olarak izah eder:

"... İşte saymakla tükenmez cinayetler ve hıyanetler işlemiş ve işlemekte olan hükûmetin, devleti çöküşe sürüklediğini takdir eden Anadolu halkı, bu hâle artık bir nihayet vermek mecburiyetini hissetmiş ve Allah'ın emrine ve Peygamberin hadisine uyarak zulme karşı harekete başlamış ve zalimlere her türlü münasebeti kesmiştir." [63]

Kişinin fikri ne ise zikri de odur denilir.

İcraatlarını, Millî Mücadele'yi hadisler ve ayetler ile temellendiren, konuşmalarında kullanan Mustafa Kemal mi dinsiz?

Harp Akademisi'ni bitirerek kurmay yüzbaşı diplomasını aldığı 1905 yıllarında Namık Kemal gibi hürriyetçilerin eserlerinden küçük bir kütüphaneye sahip olduğu bilinmektedir.

Büyük şair Namık Kemal de bir Bektaşî aileden gelmektedir.

18 yaşından itibaren Afyon Mevlevî dergâhına devam etmiş

---

[62] Atatürk'ün Bütün Eserleri, 2015, c.4, s.176.
[63] Atatürk'ün Bütün Eserleri, 2015, c.4, s.175.

olan Namık Kemal'in hürriyet anlayışının temelinde de İslam öğretisi vardır. Kerbela Mersiyesi, "Şahımdır Ali" şiiri, Alevi-Bektaşî çizgideki Namık Kemal'in manevî dünyasını anlatmaya yetecektir.

Şerif Mardin, onun Bektaşî bir aileden geldiğini ifade eder. [64]

Yine yazar, Namık Kemal'in cumhuriyet, parlementer sistem ve meclis gibi kavram ve kuramların içerik olarak Hz. Muhammed ve dört halife dönemlerinde görüldüğünü ileri sürdüğünü yazar. [65]

Namık Kemal'in, egemen güç olarak milleti hakim kılma düşüncesine dayanan hürriyet fikri de Atatürk'ün yukarıda kendi beyanı ile dile getirdiği İslam inanç temeli ile izah edilebilir. Atatürk'ün Namık Kemal'e ilgi duymasında da aralarındaki Bektaşîlik bağının etkisi elbette büyüktür.

Bektaşîlik inancına bir de din adamlarıyla başlayan ve temeli Kur'an'ın, Müslümanlığın elden gittiği manevî görüşü ile şekillenen Kuvva hareketini de eklerseniz, O'nun bağımsızlığının göğsündeki imandan gelen bir şevk olduğunu görürsünüz.

Kaldı ki, Mustafa Kemal'in Kurtuluş Savaşı'nda verdiği mücadelenin mesela Bolşeviklerden etkilendiği safsatası esasen ciddi bir ajan faaliyetidir.

Görüşlerini dış mihraklara veya yazarlara ait gibi gösterenler bilerek ya da bilmeyerek bu ajan faaliyetine dahil olmaktalar.

28 Aralık 1919'da, Ankara halkına yaptığı uzun bir konuşmada o günün şartlarını değerlendirir Mustafa Kemal.

---

64 Şerif Mardin, Yeni Osmanlı Düşüncesi'nin Doğuşu, İletişim Yayınları, İstanbul, 2004, s.320.
65 Mardin, 2004, s.414.

30 Ekim 1918 Mondros Mütarekesi şartlarından anlatmaya başlar ve şöyle der:

"Pek mühim olan yedinci madde, 'İtilaf Devletleri'nin herhangi stratejik noktayı işgal hakkına sahip olmalarını, müttefiklerin emniyetini tehdit edecek vaziyet ortaya çıktığında' açık şartıyla tayin etmiştir.

Mütarekenamenin ilk imzalandığı zamanlarda İngilizler Musul'u işgal etti.

Adana havalisini, Urfa'yı, Antep ve Maraş'ı evvela İngilizler, sonra Fransızlar işgal ettiler.

Buna dair mütarekede bir madde yoktur. İtalyanlar Antalya'yı işgal ettiler, Yunanlılar da İzmir ve havalisini işgal ettiler.

İstanbul'da mesela henüz barış yapmadığımız bir milletten, jandarmamıza kumandan tayin ettiler. Kömür tedarikindeki aciz yüzünden İstanbul'un tramvaylarını, su kumpanyamızı, bütün demiryolu hatlarımızı henüz mütareke halinde bulunduğumuz İtilaf Devletleri'nin idaresi altına verdiler.

Babıali'nin muhafazasını bile Ferit Paşa son zamanlarda yabancılara terk etmiştir.

Tevfik Paşa vatanımızın bir kısmını Ermenistan'a ilavede bir beis görmemekte idi.

Ferit Paşa resmi beyanatlarında doğu vilayetlerinde geniş bir Ermenistan özerkliğinden bahsettiği gibi, Paris'te de güney sınırımızın Toros olabileceğini söylemişti.

İzmir faciasından sonra milletimiz hakikaten hislendi ve uyandı. Erzurum ve Sivas Kongrelerinde genel birliğimiz vücuda geldi.

(…) Maksat, 'Osmanlı vatanının bütünlüğünü ve yüce hilafet ve saltanat makamının ve millî bağımsızlığın dokunulmazlığını temin için Kuvva-yi Milliye'yi hakim kılmaktır.'

(…) Bu mukaddes maksadın temini ile iştigal edildiği bir sırada, pekala hatırlarınızdadır ki Ferit Paşa buna mani olmaya kalktı. Bu teşebbüsleri memleket dahilinde kötüye yormaya uğraştı. İttihatçılıktır dedi. Bu isnad dahilî ve haricî kamuoyunda muvaffak olamadı.

Bunu gördükten sonra yeni bir silah aradı. Bolşeviklik dedi. Resmi telgraflarında Bolşeviklerin Karadeniz'den takım takım Samsun, Trabzon ve dahiline doğru yürüdüğünü, memleketi alt üst ettiğini resmen yaydı." [66]

Burada Mustafa Kemal, bir halk hareketi olarak başlayan Kuvva gücünün, Erzurum ve Sivas Kongrelerinde aldığı müdafaa kararlarına karşı Ferit Paşa hükûmetinin "Bolşevik hareketi" iftirasını attığını bizzat kendi ifşa etmektedir.

Kısaca Bolşevik ihtilalinden etkilendiği belirtilen Mustafa Kemal, bu beyanı ile ajan faaliyetini bozmaktadır.

Mustafa Kemal'in Fransızca'ya olan ilgisinde, özenmenin ötesinde bir sebep vardır.

Köşkte cereyan eden bir hadise şöyledir:

Ord. Prof. Dr. Sadi Irmak anlatıyor:

"O akşam geniş ölçüde başka mevzularla birlikte dil üzerinde durduk. Bana sualler yöneltti elimden geldiğince cevaplar verdim. Bir defasında da tahtaya kalkar mısınız, dedi. Bir de baktım ki tam benim arkamda kara tahta var.

---

[66] Atatürk'ün Bütün Eserleri, cilt 6, 3. Baskı, Kaynak Yayınları, İstanbul, 2012, s.26-31.

Sonradan öğrendim ki, bu kara tahta daima Atatürk'ün huzurunda bulunuyor.

'Lütfen yazar mısınız?' dedi. Tebeşir elimde dikkatle dinliyorum. Deniz, dedi yazdım. Su, dedi yazdım. Tuz, dedi yazdım. 'Bu üç kelimeden garp dillerinde kaç cümle yapılabilir bakalım' dedi.

Ben başladım yazmaya Fransızca, Almanca, İngilizce ikişer cümle yapılabiliyor.

Atatürk, 'Gelelim Türkçe'ye... Bu üç kelimeden kaç cümle yapılabiliyor?' dedi.

Hiç hayatımda böyle bir konuyla muhatap olmamıştım. Yazmaya başladım. Denizin suyu tuzludur. Baktım başkası da söylenebiliyor. Tuzludur suyu denizin. Denizin tuzludur suyu. Baktık Türkçe'de 6 cümle yapılabiliyor.

Atatürk, 'Şimdi enteresan güç bir soru daha. Bu durum Türkçe'nin hayrına mıdır, şerrine midir?' dedi.

Bir an düşündüm. 'Efendim, bu altı cümlede esasen aynı şeyi söylüyor ama farklılıkları var. Küçük ayrılıkları var. Suyu denizin tuzludur dediğimiz zaman suyu ön plana alıyoruz, onun için bir dil zenginliği gibi gelir bana' dedim.

Atatürk, 'Evet, ama bunun büyük bir sakıncası var' deyince, büsbütün şaşırdım ve doğrusu cevap bulamadım ve bekledim kendisi cevap versin diye.

Dedi ki: 'Dil, zenginliğini ne pahasına elde etmiştir? Türkçe'de kelimenin cümle içindeki yeri oynak kalmıştır' deyip bir suale daha geçti: 'Niçin milletlerarası anlaşmaların metni Fransızca yazılır, bir ihtilaf vukuunda Fransızca metin esas alınır?' diye sordu.

İtiraf ederim ki, bunu hiç düşünmemiştim. 'Olsa olsa 19. yüzyılda Fransız hegemonyası, Fransızların kuvvetli bir devlet oluşu bunda hakim' dedim.

Atatürk, 'Hayır, Fransız dilinin özelliğidir bunu yapan. Fransız dilinde kelimelerin cümle içinde yeri sağlamdır ve metindir. Öyle ki, aradan elli senelik bir süre geçtikten sonra dahi Fransızca metin okunduğu zaman değişik anlamlara gelmez. Bir anlaşmadan da bu beklenir' dedi." [67]

Tüm bunların yanı sıra, Atatürk, 1 Aralık 1921'deki Meclis konuşmasında Rousseau'nun tüm eserlerini okuduğunu ifade etmiştir.

Bu ve benzeri hürriyet sevdalısı yazarların kitaplarını okumuş olabilir ancak içindeki hürriyet düşüncesinin bunlara ait olduğu düşüncesi yanlıştır.

Kaldı ki, Rousseau, Voltaire gibi yazarlar İspanya'nın İslam medeniyetinden de istifade ederlerdi.

Bilindiği gibi karanlık çağ Avrupa'nın Hıristiyan dünyası içindir.

Maalesef, bu karanlık zihniyet, büyük İslam medeniyetini her zaman küçük düşürmeye çalışan zırvalarla doludur.

İslam'ın meyveleri; sanatta, edebiyatta, hekimlikte, hukukta vs. her sahada görülmüştür ve Batılılar için de ilham kaynağı olmuşlardır.

Avrupa karanlık çağı yaşarken, İslam dünyası İslam dininin medeniyetlerinden istifade ediyordu.

---

[67] Nazmi Kal, Atatürk'ten Duymadığınız Anılar, 2. Baskı, Ziraat Grup Matbaacılık, Ankara, 2016, s.177-178.

Mesela, İbn-i Sina, 980 ila 1037 seneleri arasında yaşamıştır. Tıp otoritesidir. el-Kanun fi't-Tıbb, Avrupa üniversitelerinde 600 sene kaynak tıp kitabı olarak okutulmuştur.

Cabir bin Hayyan, 720 ila 815 yılları arasında yaşamış, modern kimyanın kurucusu kabul edilmiştir. Kuramları çok az bir değişiklikle 18. yüzyıla kadar kullanılmıştır.

Cebir ilminin kurucusu Harezmî'dir. 780 ile 850 yılları arasında yaşamıştır.

Biruni, 973'de doğmuş, 1061'de ölmüştür. Matematik, astronomi ve coğrafyada otoritedir.

Uluğ Bey'e Batılı bilim adamları 15. asrın astronumu demişlerdir.

Karanlık çağ, 476 ile 1000 seneleri arası Ortaçağ'ın ilk dönemine verilen addır.

Yukarıdaki İslam âlimleri bu döneme hakikaten ışık tutmuştur.

İslam dini ilme Peygamberimizin hadislerinde örneğini gördüğümüz şekliyle büyük önem vermiş ve dünya insanlığının gelişmesine teşvik olmuştur.

Yoksa siz doğan çocuğun günahlarından temizlenmesi için onu yıkayan bir zihniyetin gelişmelere açık olmasını beklemeyin. Tam tersine, hürriyet konusunda da, gerçek hürriyet olan kulluğu ölçü bilen ve Allah'ın buyrukları istikametinde yaşamayı ilke edinen Müslümanın her hali Batı'ya örnektir.

Mustafa Kemal'in Ehl-i Beyt mantığıyla yaşadığı, düşündüğü ve ilkelerini hayata geçirdiği fikri Türk insanı için yeni ve farklı olsa da doğrudur. Hatta işin temelidir.

Ne yapalım, biz, AB'nin en güçlü döneminde, "AB 15 sene içinde yıkılacak" dediğimizde inanmayanlar ya da 1991'deki Körfez krizinde "asıl hedef Türkiye" öngörümüzü "bu kadar da olmaz" diyerek algılamayanlar veya bundan 10 sene evvel "Atatürk 7 yaşında Kur'an okudu, 8 yaşında hafız oldu" gerçeğini açıkladığımızda, "bu da nereden çıktı" diyenler; bugün "haklıymış" diyorlar.

Bugün söylediğimiz doğruları anlamak için yine uzun vakitler mi lazım!

ÇÖKÜŞ DÖNEMİNDE YETİŞEN ASKERÎ BİR DEHA

Hürriyet ve bağımsızlık noktasına işi taşıyacak şartlar henüz O doğmadan şekillenmişti.

Yeniçeri Ocağı'nı yıkan II. Mahmud, Prusya subaylarını Türkiye'ye yardıma çağırır. Bunlar arasındaki Moltke, 7 Nisan 1836'da Beyoğlu'ndan yazdığı mektupta, Osmanlı İmparatorluğu'nun durumunu şöyle anlatmaktadır:

"Uzun zaman Avrupa ordularının görevi, Osmanlı egemenliğine set çekmekti. Bugün ise Avrupa politikasının tasası bu devletin kendi varlığını koruyabilmesidir. İslam'ın, Batı'nın büyük bir kısmını hükmü altında tutacağından haklı olarak korkulduğu devir geçeli pek çok olmamıştır.

(...) Yunanistan bağımsızlığını kazanmıştır. Eflak ve Sırbistan Babıali'nin egemenliğini ancak görünüşte tanımaktadır. Türkler bu yerlerden sürüldüklerini görmektedir. Mısır bağımlı bir eyaletten fazla bir 'düşman hükûmet'tir.

Zengin Suriye ve Kilikya'nın alınışı, elli hücum ve yetmiş bin insan hayatına mal olan Girit, kılıç bile çekilmeden elden çıkmış ve bir asi Paşa'nın malı olmuştur.

Trablus'ta egemenlik henüz şöyle böyle kurulmuşken, yeniden gene elden çıkmak üzere. Akdeniz kıyılarındaki öteki Müslüman ülkelerin artık Babıali ile hemen hemen hiç bağlantısı yok. Medine ve Mekke'de çok eskiden beri padişahın gerçek hiçbir hükmü yok.

(...) Şimdilik Türk ordusu eski ve tamamıyla sarsılmış bir temel üzerinde yeni bir yapıdır. Osmanlı Hükûmeti bugün güvenliğini ordusundan fazla yapacağı anlaşmalarla sağlayabilir.

(...) Memleket fakir, devlet gelirleri azalmıştır. İhtiyaçları karşılamak için hükûmetin yapabileceği son şeyler, servetlere ve miraslara el koymak, devlet hizmetlerini satmak, hediyeler koparmak, paranın ayarını bozmaktır." [68]

Böyle bir dünyaya gözlerini açan Mustafa Kemal, Harp Okulu yıllarında ulusal bir irade ile yeni bir yönetimin şart olduğundan bahsederek bazıları için ileri giden, bazılarına ise liderlik yapacak görüşlerini anlatmaktadır:

"Arkadaşlar, bu gece sizleri toplamaktan maksadım şudur: Memleketin yaşadığı vahim anları size söylemeye lüzum görmüyorum. Buna cümleniz müdriksiniz.

Bu bedbaht memlekete karşı mühim vazifemiz vardır. Onu kurtarmak biricik hedefimizdir.

---

68 Falih Rıfkı Atay, Çankaya, Pozitif Yayınları, İstanbul, 2004, s.27-30.

Bugün Makedonya'yı ve tekmil Rumeli kıtasını vatan bütünlüğünden ayırmak istiyorlar. Memlekete yabancı nüfus ve hakimiyeti fiilen girmiştir. Padişah zevk ve saltanata düşkün, her zilleti yapacak, menfur bir şahsiyettir." [69]

Siyasetle iştigalini kendileri şöyle anlatır:

"Harbiye senelerinde siyaset fikirleri baş gösterdi. Vaziyet hakkında henüz nüfuzlu bir bakış hâsıl edemiyorduk. Sultan Hamid devriydi. Namık Kemal Bey'in kitaplarını okuyorduk. Takibat sıkı idi. Çoğunlukla ancak koğuşta yattıktan sonra okumak imkanı buluyorduk.

Bu gibi vatanperverane eserleri okuyanlara karşı takibat yapılması, işlerin içinde bir berbatlık bulunduğunu hissettiriyordu. Fakat bunun mahiyeti gözlerimizin önünde tamamen billurlaşmıyordu.

Kurmay sınıflarına geçtik. Alışılmış olan derslere iyi çalışıyordum. Bunların üzerinde olan bende ve bazı arkadaşlarda yeni fikirler peydah oldu. Memleketin idaresinde ve siyasetinde fenalıklar olduğunu keşfetmeye başladık.

Binlerce kişiden ibaret olan Harbiye talebesine bu keşfimizi anlatmak hevesine düştük. Mektep talebesi arasında okunmak üzere mektepte el yazısıyla bir gazete tesis ettik.

Sınıf dahilinde ufak teşkilatımız vardı. Ben idare heyetine dahildim. Gazetenin yazılarını çoğunlukla ben yazıyordum. O zamanlar mektepler müfettişi İsmail Paşa vardı. Bu harekâtımızı keşfetmiş. Takip ettiriyormuş. Mektebin müdürü Rıza Paşa isminde bir zattı. Bu zat, padişah nezdinde İsmail Paşa tarafından suçlanmış, 'mektepte böyle talebe var, ya farkında olmuyor, ya

---
69 Sadi Borak, Atatürk, Gençlik ve Hürriyet, İstanbul, 1998, s.16.

müsaade ediyor' denilmiş. Rıza Paşa mevkiini muhafaza için inkar etmiş.

Bir gün gazetenin icap eden yazılarından birini yazmakla meşguldük. Baytar dersanelerinden birine girmiş, kapıyı kapamıştık. Kapı arkasında birkaç nöbetçi duruyordu.

Rıza Paşa'ya haber vermişlerdi. Sınıfı bastı. Yazılar masa üzerinde ve ön tarafta duruyordu. Görmemezliğe geldi. Ancak dersten başka şeylerle iştigal vesilesiyle tutuklanmamızı emretti. Çıkarken, 'yalnız izinsizlik cezası ile yetinilebilir' dedi. Sonra hiçbir ceza takibine lüzum olmadığını söyledi." [70]

---

70 Atatürk'ün Bütün Eserleri, c.12, s.162.

II. MEŞRUTİYET DÖNEMİ
VE KOLAĞASI MUSTAFA KEMAL

Mustafa Kemal 11 Ocak 1904 senesinde kurmay yüzbaşı olarak harp akademisini bitirdi.

"... Kendileri Erkan-ı Harb'in son sınıfına geçtikleri zamanlarda memlekette artık tahammül edilemeyecek bir hale gelen Sultan Hamid istibdâdına, ecnebi müdahalelerine, tazyik idaresine karşı içindeki isyankâr his gittikçe genişlemeye başlamış. Bu arada binlerce kişiden ibaret olan Mekteb-i Harbiye talebesine fikirlerini, lazım gelen hareketlerini telkine ve bu sûretle memleket idaresindeki fenalıkları tenkid eden kendi el yazısıyla hazırlanan bir gazete dahi çıkarmaya başlamış.

(...) Mustafa Kemal'in bu hareketleri yakından takip edildiği için nihayet bir gün Zülüflü İsmail Paşa'nın adamları tarafından tevkif edilmiş, üç ay hapis yatmış.

(…) Hapisten serbest bırakıldıktan sonra 1320 (1904)'de erkan-ı harp yüzbaşısı olarak mektepten çıkmış.

Yüzbaşı Lütfi Müfit Beyle erkan-ı harp stajını yapmak üzere yedinci orduya memur edilerek ordu merkezi olan Şam'a gönderilmişler.

Atatürk'ün kanaatine göre bu tayin bir nevi sürgün mahiyetinde imiş." [71]

1908'de II. Meşrutiyet ilan edildi.

Bozok, anılarında, "Biz zannediyorduk ki Meşrutiyet bir gayedir... Fakat onu takip eden hırs, kin ve taassup ateşi memleketi anarşiye, çöküntüye götürüyordu" demiştir. [72]

O günlerde İttihat ve Terakki'nin merkezi Selanik, İstanbul'dan gelen haberlerle esasen Meşrutiyet'in hiçbir şikayete yeterli olmadığını gösteriyordu.

Meşrutiyet'in vaad ettiklerinden biri askerliğin teknik ve tatbikat kısımlarındaki noksanlıkları gidermekti. Bu dönemde Erkan-ı Harbiye Kolağası Mustafa Kemal'in ordu zabitleri arasında ünü artmış, askerlik konusundaki ve memleket meselelerindeki fikirleri büyük-küçük rütbeli zabitler için en kıymetli görüş halini almıştı.

"1908 inkılabının muvaffak olmasında 1. derecede ordunun tesiri olmuştu.

İnkılabın ilk günlerinde ordu zabitlerinin İttihat ve Terakki Cemiyeti'ne dahil olması tabii görünmüştü. Çünkü o zaman İttihat ve Terakki Cemiyeti siyasî bir parti olmaktan çok, memleketi

---

71 Kılıç Ali, 1955, s.19-21.
72 S. Bozok-C. Bozok, 1985, s.146.

istibdat idaresinden kurtarmaya memur vatanî ve millî bir heyetten ibaretti.

(...) Mustafa Kemal Bey, Meşrutiyet inkılabının başlangıcında ve inkılap mücadelesinde kendisi de bu cemiyetin sonradan iltihak etmiş bir azası değil en sıkı devirlerinde çalışmış hakiki kurucularından biri idi.

(...) Ordunun cemiyetten alakasını kesmesi icap edeceğine dair olan kanaatini her toplulukta ve her muhitte tekrardan geri kalmıyordu. Orduyu siyasetten ayırmak ve onu devrin icap ettirdiği fenni gelişmeler ile kuvvetlendirmek ona bir ideal olmuştu.

(...) İttihat ve Terakki Merkez-i Umumisi, kendisi için hayati bir mesele saydığı bu işin bir kongre tarafından verilmesini iltizam etti.

(...) Kongre, Mustafa Kemal'in talakatı ve mantığı karşısında kararını verdi: Ordu İttihat ve Terakki ile olan alakasını kesecek.

(...) Artık Mustafa Kemal'in vücudu, cemiyetin varlığı için muzır görülüyordu. Onu izale etmenin çaresini aradılar. Aleyhinde suikast tertip ettiler ve O'na kurşun attılar. Tertipler muvaffakiyetsizliğe uğradı."

327 (1911) senesinde Erkan-ı Harb Kolağası Mustafa Kemal Bey hem Selanik'teki kolordu erkan-ı harbiyesinde (kurmayında) hem de 38. Alay Komutanlığı'nda vazife görüyordu.

(...) O tarihlerde Hadi Paşa Ordu Müfettişi (Sevr Anlaşması'nı imzalayanlardan) Hasan Tahsin Paşa Kolordu Kumandanı (Selanik'i Yunanlılara teslim eden) 1907 Yunan muharebesinde adını işittiğim Enver Paşa da fırka kumandanıydı.

Mersinli Cemal Bey de müfettişlik (komutanlık) erkan-ı harbiye reisiydi, kurmay başkanıydı." [73]

Aynı günleri Cevat Abbas Gürer hatıratında anlatır:

"... Uzaktan bildiğim fakat bu zamana kadar tanışmak ve görüşmek fırsatından mahrum olduğum Lofçalı İsmail'in dostu 38. Alay Kurmay Vekili Kurmay Kolağası Mustafa Kemal gazinodan içeri girdi. Masamıza huzurlarıyla şeref verdiler.

İsmail 93 muhaciri bir ailenin çocuğu idi. Selanik'te doğmuş, büyümüş, Mustafa Kemal ile aynı mekteplerde yetişmişti.

(...) Lofçalı beni kıymet vererek Mustafa Kemal ile tanıştırdı ve 'bizdendir' şümullü kelimesiyle takdimini bitirdi.

Zekası gözlerinden okunan ve enerjisi her cümlesinde canlanan bu genç erkan-ı harb zabiti alay kumandan vekili bizden çok dertli idi.

O, ordunun tamamıyla siyasetten çekilmesini, ordu kumanda heyetinin gençleştirilmesini hatta kendisi kurmay subay olduğu halde, bütün kurmay subayların imtihana tâbi tutularak tasfiyesini istiyordu.

(...) Memleketin politikacılarını devlet mesuliyetini ellerine alamadıklarından aciz görüyordu. En ziyade affedemediği kusur yeni siyasî zümrenin başında gelenlerden birkaçının ilk günlerden itibaren entrika sellerine kendilerini kaptırmaları idi.

O, 'Ordu siyasetten çekilmez ve gençleşmez ise Rumeli elimizden mutlaka gidecektir' diyordu.

(...) Bu genç kurmay subayın sözlerinden bir yıl geçmişti. Kendisi Trablusgarp'ı kurtarmaya uğraştığı sırada idi ki, 66 zabiti geçmeyen halaskâr adlı bir askerî teşkilatın tehdidi karşısın-

---

[73] S. Bozok-C. Bozok, 1985, s.145-150.

da kalan, ayan-ı mebusan boyun eğdi, adl-ü isyan politikasına sadık hükûmet düştü. Ve bunların akıbeti olarak Rumeli elimizden çıktı." [74]

Celal Bayar, hatıratında bu teklif konusunda şunu yazar:

"Ankara'da Atatürk'ün sofrasında bulunduğumuz sıralarda bizzat kendisi bu bahsi açmış:

'O zaman yapmış olduğum bu teklif tam mânâsıyla kabul ve tatbik olunmuş bulunsaydı, birçok felaketlerin önü alınabilirdi' demişti." [75]

Aynı süreçte, Mustafa Kemal Selanik'te kumandanlıkları böyle kişilerin elinden kurtarmak, ordunun durumunu düzeltmek maksadıyla gizli bir cemiyet kurdu.

"... Cemiyetin ilk idare heyetinde (yönetim kurulunda) Nuri Bey (Nuri Conker), Fuat Bey (Fuat Bulca), Rasim Bey (Bilecik Mebusu), Mahmut Bey (Mahmud Soydan), Topçu Hamdi Bey bulunuyorlardı.

... Teşkilat bitmeden Harbiye Nazırı Mahmut Şevket Paşa'dan gelen bir telgrafnamede Mustafa Kemal Bey'in acilen İstanbul'a izamı (yollanması) emrediliyordu.

...Mustafa Kemal Bey'in, Selanik'teki faaliyeti, Selanik'teki kıtaat (askerî birlik) üzerindeki nüfuzu bazılarını korkutuyordu..." [76]

Bu gizli cemiyeti kurmadan evvel, İttihat ve Terakki Cemiyeti'nin mensupları onu öldürmek için birini tutar.

---

74 Gürer, 2007, s.119-121.
75 Bayar, 1955, s.15
76 Salih Bozok-Cemil Bozok, 1985, s.151-152.

"... Mustafa Kemal Bey, bir gün ordu Erkan-ı Harbiye Dairesi'ndeki vazifesinde meşgul olurken birdenbire odaya bir mülazım, Mustafa Kemal Bey'in konrgede ortaya attığı ve sonrada üzerinde ehemmiyetle durduğu 'ordunun siyasetle alakasını kesmek' tezi üzerinde kendisiyle uzun uzadıya görüşmüş.

Mustafa Kemal Bey kuşkulanmış, masasının çekmecesinde hazır bulunan tabancayı lüzumu anında kolaylıkla kullanabilmesi için çekmecenin gözünü usulcacık çekmiş ve mülazım efendinin sorduklarına bu şekilde cevap vermiş.

Mustafa Asım Efendi, hayret ve dikkatle dinledikten sonra;

'Mustafa Kemal Bey! Ben ne yazık ki, seni öldürmek vazifesi ile buraya gelmiştim. Anladım ki çok haklısın. Şimdi ben onları öldürmek isterim' demiş ve gitmiştir." [77]

Bu satırları okuduğunuzda, Mustafa Kemal Paşa'nın hayatının her döneminde vatan ve millet bağımsızlığının derdinde olduğunu ve hiçbir tehditten etkilenmediğini göreceksiniz.

Mustafa Kemal'in bağımsızlık fikrine bir örnek...

Bu şartlarda orduyu ve memleketi kurtarma hevesi ile Salih Bozok'a şunları yazmıştır:

"Salihciğim,

Erkan-ı Harbiye-yi Umumiye 1. Şube'ye memur edildim... Herkes birbirinden korkuyor. Abdülhamit devrinde olduğu gibi!

Orduyu, memleketi kurtarmak için çok fedakârane çalışmak lazım, başka çare yok..." [78]

---

[77] Kılıç Ali, 1955, s.27
[78] Kılıç Ali, 1955, s.153.

Aynı azim ve kararlılıkla Derne'de müdafaalarda bulunmuş, 25-26 Nisan 1912'de Trablusgarp Savaşı esnasında, Ayn-ı Mansur Karargâhı'ndan gönderdiği mektubunu büyük bir asker edası ile;

"Vatan mutlaka selamet bulacak. Millet mutlaka mesut olacaktır. Çünkü kendi selametini, kendi saadetini memleketin ve milletin selamet ve saadeti için feda edebilen vatan evlatları çoktur.

Derne Kuvvetleri Kumandanı M. Kemal" diye bitiriyordu. [79]

"İstanbul'a giden yüksek rütbeli bir kurmay subayı, merhum Mahmut Şevket Paşa'ya Mustafa Kemal'in faaliyetini kötü anlamlara büründürerek jurnal etmişti.

Telaşa düşen Nezaret de derhal Mustafa Kemal'i Yemen'e Asir Fırkası (tümeni) Kurmaylığına tayin etmişse ne adı geçen makam ne de Selanik garnizonuna bu nakil ve tayin işittirilmemiştir.

İstanbul'a varınca bu vazifeden vazgeçilmiş, Umumî Kurmay Heyeti şubelerinden birinde masasız ve sandalyesiz bir memuriyete naklolunmuştu.

İtalya'nın, Garp Trablus vilayetimize ani hücumu ile hükûmetten zorla izin alıyor ve Mısır yolu ile Tanin gazetesi muhabiri olarak Sirenaik'e (bugünkü Libya'dır) ulaşıyor.

Derne çöllerinde binbir mahrumiyet içinde, yerli askerlerle İtalyanları bir yıl şehirlerden dışarı çıkarmıyor...

Osmanlı'nın İtalyanlarla sulh akdi yaptığı sıralarda gene Mısır istikametinden anavatana dönüyor.

---

[79] Kılıç Ali, 1955, s.165.

... İskenderiye'de vapur beklerken Balkan felaketini öğreniyor... İtalya ve Romanya yollarıyla anavatana kavuşan Mustafa Kemal, düşmanı Çatalca ve Bolayır cephelerinde buldu.

Bolayır cehpesinde Bay Fethi Okyar'ın reis bulunduğu kuvvetlerin kurmay heyetinin harekât dairesine tayini tercih eden Mustafa Kemal, Balkan sulhune kadar Rumeli'nin istihlasına (kurtarılmasına) çalışanlar arasında Trakya'da muvaffakiyetli hareketler ifşa etmişti.

Balkan sulhundan sonra Sofya Ateşemiliterliği ile ordudan uzaklaştırılan Mustafa Kemal, umumi harbin başlaması ile vazife istemiş ve 19. Ordu Komutanlığı ile orduya dönmüştü." [80]

---

80 Gürer, 2007, s.123.

ÇANAKKALE ZAFERLERİNİ KAZANDIRAN İMAN GÜCÜ

Çanakkale savaşında yaşanan olağanüstü haller, tüm güçlüklere karşın kazanılan zafer dikkate alındığında; Ehl-i Beyt soyundan gelen bir liderin iman gücüyle verdiği mücadele fark edilir. Denilebilir ki bu savaş, O'nu Allah'a daha da yakınlaştırmıştır.

Yarbay Mustafa Kemal, bu savaşta 3. Kolordu Komutanı Mehmet Esad Paşa'nın emrinde savaşmıştır.

Onu meşhur eden, Arıburnu'nda Anzak (Avustralya ve Yeni Zellanda Kolordusu) birliklerini Conk Bayırı'nda durdurmasıdır.

Bu başarısı ile, 5. Ordu Komutanı Mareşal Otto Liman von Sanders tarafından takdir edilmiş, 1 Haziran 1915'te albaylığa yükselmiştir.

19. Fırka'ya Gelibolu'ya tayin edilmiş, Albay rütbesindeki Mustafa Kemal, generalleri dize getirmiştir.

Bazıları, O'nun bu savaşlardaki sadece askerî dehasını öne çıkarmak isterler. Oysa, Çanakkale'de karşımıza çıkan, "Allah Allah" nidalarıyla şehit olmak için en ön safa koşan bir ordunun, Allah için savaşan bir askeridir.

Başka türlü yedi düvele karşı zafer söz konusu olabilir miydi?

Yaklaşık bir yıl süren savaşlarda, İtilaf Devletleri 252 bin kayıp verirken, Osmanlı Devleti 251 bin şehit vermiştir.

19 Mayıs 1915'te cepheye katılan 100 kadar İstanbul Tıp Fakültesi öğrencisi 3 saat içinde şehit düşmüştür. Fakülte 1921 yılına kadar mezun verememiştir.

Savaşta 57. Alay'ın tüm askerleri şehit düşmüştür.

En fazla şehit veren iller: Bursa 3274; Balıkesir 3003; Konya 2683; Kastamonu 2527; Denizli 2258 şehit vermiştir.

Mustafa Kemal, 28 Eylül 1915'te Çanakkale'ye gittikten sonra Salih Bozok'a şu mektubu gönderir:

"… Bilirsin ki bizim maksudumuz vatana büyük bir mikyasta arz-ı hizmet eylemektir.

Bir aralık canım sıkıldı. Emekli olup bir kenara çekilmeyi de düşündüm, olmadı. Şimdilik Cenab-ı Hakk'ın azametine sığınarak çalışıyorum." [81]

Anılarda, "havadaki ölüm kokusu, cesetlerin çürümeye başlayan kokularıyla karışır, kan kokusu tahammülü imkansız bir kesiflikte her yeri sarmıştır" diye anlatılır.

Bu şartlarda bizim askerimizin psikolojisini, 10 Ağustos 1915'te gerçekleşen Conk Bayırı taaruzunu anlatışında verelim:

---

[81] S. Bozok-C. Bozok, 1985, s.170.

"... Bütün askerler, subaylar her şeyi unutmuşlar, bakışlarını, kalplerini verilecek işarete yöneltmiş bulunuyorlardı. Süngüleri ve bir ayakları ileri uzatılmış olan askerlerimiz ve onların önünde tabancaları kılıçları ellerinde subaylarımız kırbacımın aşağı inmesiyle demirden bir kitle halinde aslanca bir saldırıyla ileri atıldılar. Bir saniye sonra düşman siperleri içinde gökyüzüne yükselen bir sesten başka bir ses işitilmiyordu: Allah, Allah, Allah..." [82]

O'na dinsiz iddiasında bulunanlar, her taaruzdan önce askerlerine bizzat kendisinin, "Allah bizimle beraberdir ve bizi görmektedir. Haydi hücum Allah Allah!" emrini neyle izah ederler.

Ya da 1915 yılında yaptığı Mevlid Kandili hutbesini:

"İdrak şerefi ile övündüğümüz Mevlid-i Nebevî'yi, Hz. Risaletpenahinin vatan ve millet hakkında mütemeyyin ve mübarek olmasını Cenab-ı Hakk'tan tazarru eyler, yüce heyete tebrikler arzederim." [83]

Çanakkale zaferleri, büyük bir manevî gücün eseridir. Askerin bu zaferi dillerinde "Allah Allah" lafzı ile kazandığı ortadadır.

"Saldırının sürdürülmesini emrettim. Düşmanla aradaki mesafe 700-800 metre idi. Bu sırada birinci taburdan Allah Allah nidaları işitildi...

... Hemen şiddetle ilerlemeyi emrettim. Birinci taburdan yine bu sırada Allah Allah sesleri yükseliyordu." [84]

Mustafa Kemal'e ve askerlerine inanılması güç bir korkusuzluk veren de bu yüce maneviyattır.

---
82 Atatürk'ün Bütün Eserleri, c.1, s.447.
83 Atatürk'ün Bütün Eserleri, c.5, s.332.
84 Atatürk'ün Bütün Eseleri, c.1, s.308.

Kendisi ise, Çanakkale'yi kazandıran yüksek ruh olarak tarif ettiği ve kendisi dahil tüm askerlere yansıyan bu manevî atmosferi şöyle ifade etmektedir:

"... Biz ferdî kahramanlık sahneleriyle meşgul olmuyoruz. Yalnız size Bombasırtı vakasını anlatmadan geçemeyeceğim. Mütekabil siperler arasındaki mesafemiz 8 metre. Yani ölüm muhakkak, muhakkak...

Birinci siperdekilerin hiçbiri kurtulamamacasına kamilen düşüyor, ikincidekiler onların yerine gidiyor. Fakat ne kadar şayan-ı gıpta bir itidal ve tevekkülle biliyor musunuz? Öleni görüyor, üç dakikaya kadar öleceğini biliyor, hiç ufak bir futur bile göstermiyor; sarsılmak yok. Okuma bilenler ellerinde Kur'an-ı Kerim cennete girmeye hazırlanıyor. Bilmeyenler kelime-i şehadet çekerek yürüyorlar.

Bu, Türk askerindeki ruh kuvvetini gösteren şayan-ı hayret ve tebrik bir misaldir. Emin olmalısınız ki, Çanakkale muharebesini kazandıran bu yüksek ruhtur." [85]

Üstelik askerler, içinde bulundukları zor durumda cesareti, Mustafa Kemal'in maneviyatından almaktadır.

Bir kumandanın askerlerine manevî güç vermesi; bu hakikaten büyük bir hadisedir.

Cepheden Meclis'e 24 yılını Atatürk ile geçirmiş Cevat Abbas Gürer, Mustafa Kemal'in vazifeye getirilmesi ile değişen manevî havayı anılarında şöyle anlatmaktadır:

"Bundan 24 yıl evvel Çanakkale'de idik. Bir ağustos gecesinin yarısına doğru Kolordu Kumandanı Kurmay Albay Fevzi'ye

---

[85] Mustafa Kemal Atatürk, Anafartalar Hatıraları, Atatürk Kütüphanesi, Sel Yayınları, İstanbul, 1955, s.24.

işten el çektirilmiş ve yine o gece 19. Fırka Kumandanı Kurmay Albay Mustafa Kemal'e mensup bulunduğum kolordunun kumandanlığı verilmişti.

(…) Düşman 48 saat içinde Anafartalar garbında Suvla limanını teşkil eden küçük ve büyük Kemikli burunlarına, Kireçtepe istikametine ve Anzak vadisiyle Arıburnu'na mevcudu 60 bini geçen bir ordu çıkarmıştı.

26-27 Temmuz gecesi emir ve kumandasına girdiğimiz Mustafa Kemal günlerce ve aylarca evvel düşmanın Anafartalar'a çıkacağını görmüş ve görüşü de müspet olarak gerçekleşmişti.

(…) Yalnız Arıburnu'nda fırkasıyla düşmana göğüs geren Mustafa Kemal, ne Saroz'a ne de Edremit'e düşman ordusunun çıkacağını kabul etmemişti.

(…) Gerek kumanda vaziyetinde bulunanlar ve gerek O'nu yakından tanıyan arkadaşları, Mustafa Kemal'in bu isabetli görüşü ile O'nun askerî dehasının büyüklüğüne ikinci defa şahit oluyorlardı.

Atatürk bundan evvel de, Arıburnu'na düşmanın çıkacağını aynı veçhile anlamış ve hakikaten de öyle olmuştu.

O'nu Anafartalar kuvvetleri başında görmekle müsterih olan kalplerimiz Arıburnu kahramanı Mustafa Kemal'e tamamen bağlanmış, derhal maneviyatımız sağlamlaşmıştı." [86]

Feraset, başarı ve iman Mustafa Kemal'de birleşmişti.

Gelibolu'daki müzede halen sergilenen ve Çanakkale muharebeleri sırasında parçalanan saati hakkında General Armstrong, o anı şöyle kaleme almıştır:

---

86 Gürer, 2007, s.69-71.

"... Sabaha karşı 03.00'de Mustafa Kemal siperlerden çıktı, yürüyerek ilerledi. İngilizler ateş açtı. Bir kurşun saatini parçaladı fakat kendisine gene bir şey olmadı. Yaralanmış olsaydı, hücüm asla gerçekleşmeyecekti. Türklere zaferi kazandıran ve yarımada ile İstanbul'u kurtaran, eldeki bu bir avuç asker ile Mustafa Kemal'in olağanüstü kişiliği oldu." [87]

Bu olağanüstü kişilik hakkında, O'nun yanında bulunan bir tanık şöyle diyor:

Şefik Aker anlatıyor:

"8/9 Ağustos 1915 gecesi bana 19. Fırka Komutanlığını teslim edip Anafartalar Grubu Komutanlığını idareye giderken, Atatürk benim sol yanımda idi. Ağzından çıkan bir fısıltı dikkatimi çekti. O'nun selamet ve başarı için Allah'a fısıltı ile niyazda bulunduğunu görmüş ve anlamıştım." [88]

Liman von Sanders, Mustafa Kemal'i Anafartalar Grup Kumandanlığı'na getirmiştir. 9 Ağustos 1915 sabahı Mustafa Kemal, 1. Anafartalar muharebesini başlatır.

"9 Ağustos'ta hem Conkbayırı muharebeleri devam edecek, hem de 1. Anafartalar muharebesi yapılacaktır.

2. Anafartalar muharebesi 21 Ağustos'ta yapılırken 3. muharebe Kayacıkağılı ya da Bomba Tepe muharebeleridir ve 27 Ağustos'ta yapılacaktır." [89]

10 Ağustos muharebeleri hakkındaki raporunda Ian Hamilton şunları yazıyor:

---

87 H. C. Amstrong, Bozkurt, Çev: Gül Çağalı Güven, Arba Yayınevi, İstanbul, 1996, s.47.
88 İsmet Görgülü, "Sesli Belgelerden Mustafa Kemal", Atatürk Araştırma Merkezi Dergisi, cilt 4, sayı 11, Ankara, 11 Mart 1998
89 Erol Mütercimler, Gelibolu 1915, 11. Baskı, Alfa Yayınları, İstanbul, 2010, s.587.

"Ağustos'un 10. Salı günü Türkler şafakla beraber Conk Bayırı'na büyük ölçekte bir taaruz yaptılar. Bu muharebe Conk Bayırı'nı tutmak için yapılan dört günlük savaşın en şiddetlisi olmuştur.

Zamanımız teknolojisinin hazırlamış olduğu silahların hepsini ellerinden atarak hasımları ile boğaz boğaza savaşan erlerimizin yanına generaller de katıldılar. General Collie, Cooper ve Baldwin bügün ölenler arasındalar.

Türkler birbiri ardınca 'Allah Allah' haykırışlarıyla gerçekten pek yiğitçe saldırdılar ve savaştılar.

(...) Resmî kayıtlarda, beş gün süren muharebelerde, iki tarafın da ağır zayiat verdiğini ortaya koyuyor ama bu konuda kesin sayı verilemeyeceği de belirtiliyor. Türk tarafının toplam 20 bin (Kanlısırt'ta 2 bin, Conk Bayırı'nda 12 bin, Anafartalar'da 8 bin 400 ve 19. Tümen cephesinde 2 bin 600) olmak üzere iki tarafın toplam zayiatı 45 bini bulmuştur." [90]

Siz hem gözlerinizin önünde vatan evlatlarının birbir şehit olduğuna şahitlik edeceksiniz, hem de diğerlerini savaşmak için moral olarak diri tutabileceksiniz; bu, imandan başka neyle izah edilebilir?

Şöyle seslenir askerlerine:

"... Askerler, anamız bizi bugün için doğurdu. Düşman zayıf ve korkaktır. Tek bir tüfek patlatmadan yalnız süngünüzü kullanacaksınız. En ileride ben yürüyeceğim, acele etmeyin kırbacımı kaldırdığım zaman ilerleyeceksiniz. Beni takip ediniz" demiş ve yüzünü düşmana çevirmişti.

---

90 Mütercimler, 2010, s.608-609.

Mustafa Kemal ilerlemiş kırbacını kaldırmıştı.

Bir an geçmemişti ki Türk bahadırları en önde giden kumandanlarını geride bırakmışlardı. Düşmana öyle bir saldırıyorlardı ki bu manzarayı görseydiniz gururla karışık coşkunuz sizi hem ağlatır hem de güldürürdü.

(…) Mehmetçiklerimiz mübarek vatanlarını kurtarmak için Türk hamaset volkanının lavları olmuşlar, düşmanın üzerine yığılıyorlardı." [91]

Mustafa Kemal'in hayatı ve savaşları dikkate alındığında, Türklük ve Müslümanlık üzerine büyük bir ölçü sahibi olduğu görülür.

Bu ölçüsü telgraflarında, nutuklarında, hayatında örneklenir.

Yıllar sonra Anafartalar cephesinde kazandığı zaferi, işgal devletlerine karşı gururla hatırlatır:

"… İtilaf Devletleri kumandanlarının şerefine sarayda bir ziyafet verilmiş. Bu ziyafete bütün Fransız, İngiliz, İtalyan, Yunan kumandanları ile bizim Paşa ve kumandanlardan bazıları da davet edilmiş.

İtilaf Devletleri kumandan ve generalleri bu davete büyük üniformaları ile iştirak etmişler. Bizimkiler ise, küçük üniforma ile gelmişler.

Yalnız Mustafa Kemal Paşa, büyük üniformasını giyerek gelmiş, icap edenlerle selamlaşıp, ayak üzerinde kısaca görüştükten sonra, işgal orduları başkumandanının masasına karşı bir masaya yerleşmiş.

Mustafa Kemal Paşa'nın bu davete büyük üniforma ile iştirak

---

91 Gürer, 2007, s.81.

etmesi derhal İngiliz başkumandanının nazar-ı dikkatini celp etmiş; miralay rütbesi taşıyan başyaverini çağırarak ona bir emir vermiş.

Bu başyaver aldığı emri ifa etmek için derhal Mustafa Kemal Paşa'nın önüne gelmiş; dimdik durup bir resmi tazim ifa ettikten sonra, 'Galip ordular kumandanları şerefine verilen bir ziyafette, mağlup bir memleket ordusuna mensup bir generalin büyük üniforma ile bulunmasının doğru bulunmayacağı, başkumandanımdan telakki ettiğim emre binaen zat-ı alilerinize arza mecbur oluyorum' demiş. O anda, koca salonda ses seda kesilmiş; bütün gözler Mustafa Kemal Paşa'ya çevrilmiş... Mustafa Kemal Paşa söylenen sözleri büyük bir dikkatle dinledikten sonra, ağır ağır gayet fasih, her taraftan duyulacak ve işitilecek derecede berrak bir sesle şu cevabı vermiş: 'Yaver efendi, başkumandanınıza tebliğ ediniz ki, bu salonda resmi üniforması ile oturan Mustafa Kemal Paşa, mağlup edilmiş bir kumandan değildir!

Kendileri de bilirler ki, Mustafa Kemal Paşa, Anafartalar'da İtilaf ordularını mağlup etmiş, her yerde olduğu gibi burada da üniformasını taşımak hakkını ihraz etmiştir.'

O anda salonun her tarafından sürekli bir alkış kopmuş, yüksek sesle söylenen bu sözleri işiten İngiliz başkumandanı herkesle beraber bu hakikati kabul ederek kadehini kaldırmaya mecbur olmuş." [92]

Müthiş bir iman gücü...

Mustafa Kemal, tek bir Müslüman ülkeye karşı savaşmamış, Hıristiyan Batı'ya karşı Müslüman Türk'ü yüceltmek için mücadele vermiştir.

---

92 Gürer, 2007, s.224-225.

ÇANAKKALE'DE OLAĞANÜSTÜ HALLER

Mustafa Kemal'in hayatında çok önemli bir yeri olan Çanakkale muharebelerinde yaşanan ve pek çok kişinin şahitlik ettiği olağanüstü haller ile yine birçok kişinin gördüğü yeşil sarıklıların yardımı konusu O'nun üstün maneviyatının ifadesidir.

Allah'a inanmayan birine böyle bir manevî yardım gelebilir mi?

Savaşın çetinliğine dikkat ediniz:

Tarih: 3 Kasım 1914...

Aşağıda birkaçına yer verdiğimiz Allah'ın yardımının delili mucizeler ancak büyük bir iman sahibi kumandana gelebilir...

Elbette yaşanılan ve pek çok askerin şahit olduğu en büyük olağanüstü hal, bulutun içerisinde yok olan İngiliz taburudur.

Yeni Zelanda keşif birliği 3.takımından olan R. Reichart, K. Newnes, J. L. Newman adlı askerlerin, emekli asker lokalinde anlattıkları şöyledir:

"... Birkaç yüz kişiden oluştuğunu sandığımız İngiliz alayı First Fort Norfolk'un bu çökmüş yolda ve dere boyunca 60. tepeye doğru ilerlediklerini fark ettik. 60. tepedeki birlikleri takviye gidiyor gibiydiler. Ancak söz konusu buluta ulaştıklarında hiçbir çekince göstermeksizin doğrudan doğruya bulutun içine yürüdüler. Fakat sonunda 60. tepe üzerinde yayılıp savaşmak üzere kimse ortaya çıkmadı. Bir saat sonra yürüyüş kolundaki son askerler de bulutun içerisinde kaybolduktan sonra aynı bulut ya da sis yavaşça yükselmeye başladı ve raporun başında belirttiğimiz gibi diğer bulutların yanına katıldı.

Tüm bu süre zarfında bu bulut grubu aynı yerde kalmıştı ve o tuhaf yer bulutu kendi düzeylerine yükselir yükselmez hepsi birlikte Trakya'ya doğru ilerlemeye başladılar. Kırk beş dakika içerisinde de kayboldular."

Bu konu, "Sandringham bölüğü yok oldu" "Sandringham taburu yok oldu" veya "Sandringham alayı yok oldu" şeklinde başlıklarla yerel gazete makalelerinde yer bulmuştur.

Bayram namazının kılınışındaki olağanüstü hal de çok enteresandır.

1915 yılının Temmuz ve Ağustos aylarına rast gelen Ramazan ayının tamamını oruçlu geçiren Mehmetçiğin bayram namazını kılması:

"Gelibolu'da oturmakta idim. Çanakkale'de 9. Tümen teşekkül edince gönüllü olarak kıtaya kaydoldum. Savaş ilerledikçe din görevlilerinin yerleri de belirsiz olmuştu.

Bizim gibi gençler -o zaman 28 yaşındaydım- savaşın içinde görev yaparken, yaşlılar sargıyeri ve hastanelerde görev ifa ediyorlardı.

Ben Seddülbahir cephesinden savaş bitinceye kadar hiç ayrılmadım.

Miladi 1915 yılında Ramazan 13 Temmuz Salı günü başlamış, 11 Ağustos Çarşamba günü bitiyordu. Arefe günüydü, cephe kumandanı Vehip Paşa beni çağırdı. 'Hafız, askerin bir talebi var. Yarın Ramazan bayramı, sabahleyin hep beraber bayram namazı kılmak istiyorlar. Eratın toplu halde bulunmaları tehlikeli ve düşman için bulunmaz bir fırsattır. Tekliflerini kabul etmedim. Sen de münasip bir dille anlatırsın' dedi.

Paşa'nın yanından ayrılmıştım ki, zamanın ulularından gözü gönlü Hak adına bağlanmış ârif, zarif bir zat çıktı karşıma, bana dedi ki: 'Sakın ola ki erata bir şey söyleme, gün ola hayrola! Allah ne derse o olur.'

12 Ağustos Perşembe günü Ramazan bayramının sabahı erken kalktım. Türk askerleri, bayram namazını mutlaka eda edeceklerdi. Aynı göle dökülen sular gibi Allah sevgisinde birleşen yüzlerce asker de ayakta idi.

Hak katında birlikte secdeye varacaklardı. Hep beraber başımızı göğe kaldırdık, beyaz bulutlar göründü.

Biraz sonra da bu bulutlar yere çöktü. Herkes Allahuekber deyip yüzlerini toprağa sürdü. Hepimizin içinde ince bir huzur çöreklenmiş ve Yüce Allah bizi bulutlar arasında görünmez hale getirmişti.

Bir gün önce karşıma çıkan kişi askerin önünde imam olarak

duruyordu. Sonra, Hazret-i Kur'an'dan Fetih sûresinin 1'den 9'a kadar ayetlerini okudu. Sonra iki rekat bayram namazı eda edildi. Namaz bitiminde yüzlerce asker hep birden la ilahe illallah-Muhammedür-Resûlullah sözlerini devamlı tekrarlıyorlardı.

Sonra kısa bir sessizlik oldu ve arkasından düşman siperlerinden yükselen Allahuekber Allahuekber sesleri bize kadar bir uğultu şeklinde geldi.

Daha sonra öğrendik ki, İngiliz sömürgesinin Müslüman askerleri, Türk askeri karşısında savaştıklarını duyunca isyan etmişler ve derhal geriye alınıp cepheden uzaklaştırıldılar." [93]

"15 Temmuz sıcak bir yaz günü, bir taraftan düşmanın ateşi, öte yandan güneşin harı kavurur yarımadayı… Mehmetçiğin en büyük ihtiyacı su olur o günlerde. Cepheye yeni sevk edilen bir bölük asker, Bigalı köyüne doğru yola çıkarılır.

Askerlerimize susuzluğun harareti tam çökmek üzeredir ki, yolun sol tarafında sakallı bir dede seslenir onlara: 'Gelin evlatlarım, soğuk su vereyim. Gelin doldurun mataralarınızı.'

Koşarlar o tarafa doğru geri kalıp susuz kalmamak için gizli bir yarış başlar aralarında. Bir de bakarlar ki çeşme akmıyor. (Bu çeşme halen var olup haziran gelince suyu kesilir).

Dedenin elinde toprak testi vardır ama o da taş çatlasa 10-15 litre su alır. Hiç 300-400 kişiye ufacık testinin suyu yeter mi?

Kaşıkçı Dede, 'Acele etmeyin yavrularım, için kana kana, doldurun mataralarınızı' der. Ladikli Ahmed Efendi hiç acele etmez ve hep en sonu bekler. Anlaşılan haberdardır bazı şeylerden. Nihayet herkes matarasını doldurur ama su bitmez.

---

[93] Ali Kuzu, Mahşerin Kanlı Çiçekleri: Çanakkkale, Yılmaz Kitabevi, İstanbul, 2015, s.154-156.

Ahmed dayanamaz sorar: 'Dede senin adın nedir?' 'Kaşıkçı Dede derler evladım bana. Kilitbahir köyünde otururum. Evladım cephede yaralanırsan matarandaki sudan döküver yarana. Biiznillah şifa bulursun' der. Ahmed bu sözü unutmaz ve matarasındaki suyu saklar.

Bir müddet sonra arkadaşlarıyla beraber yaralanır, aklına mataradaki su gelir, döker kendi ve arkadaşlarının yaralarına; şifa bulurlar.

Çok geçmeden bir daha yaralanır ancak yarası ağırdır su da bitmiştir. Eceabat'taki vapur hastaneye getirilir.

Biraz iyileşince, Soğanlıdere'deki asker ağabeyini ziyaret etmek üzere bir günlük izin alır. Ağabeyinin şehit olduğunu öğrenir. İçinde fırtınalar kopar ve o duygularla dönerken Kilitbahir köyüne uğrar. Kaşıkçı Dede'yi sorar birkaç kişiye. 'Yüzlerce yıl önce yaşamış bir evliyanın kabri var. Biz ona Kaşıkçı Dede deriz' derler. O mübarek Allah dostunun kabrini gösterirler." [94]

Mustafa Kemal, her yıl Çanakkale şehitleri için Mevlid okutmuştur.

---
94 Kuzu, 2015, s.156-157.

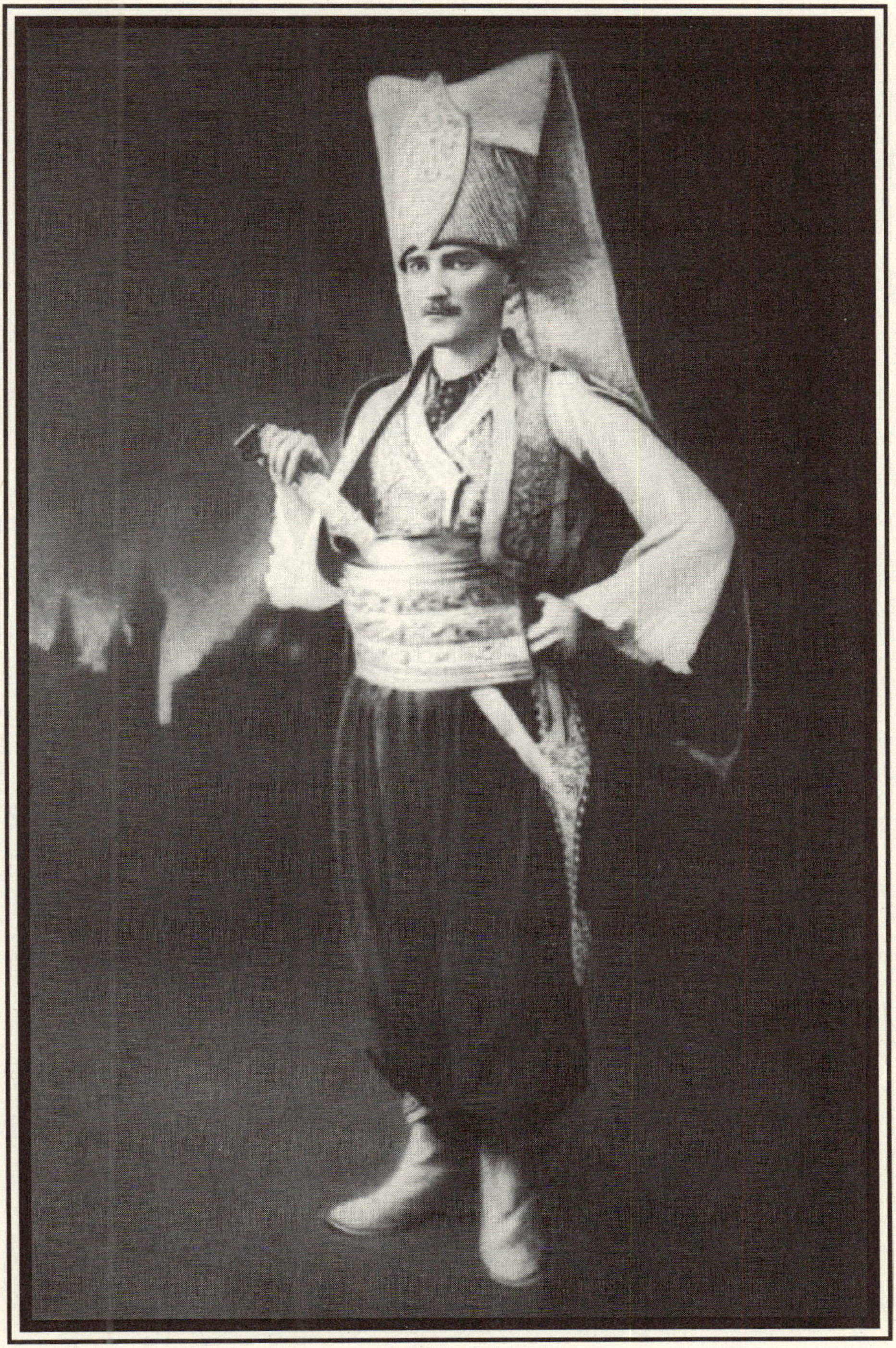

4. BÖLÜM

KURTULUŞ SAVAŞI'NA HAZIRLIK VE MÜDAFAA-İ HUKUK

- <u>Kurtuluş Savaşı'nda Bektaşilerin Desteği Büyüktür</u>
- <u>Kurtuluş Savaşı'nda Atatürk</u>
- <u>Kuvva-yi Milliye Kongreleri ve Düzenli Orduya Geçiş Dönemi</u>
- <u>Millî Mücadele'de Türk Basını Neler Yazıyordu?</u>
- <u>Milli Mücadele'nin İlk Kurşunu Dörtyol'da Atılmıştır</u>
- <u>Atatürk ve Ali Rıza Yılmaz Hoca</u>

KURTULUŞ SAVAŞI'NDA
BEKTAŞİLERİN DESTEĞİ BÜYÜKTÜR

Canlı şahitlerin beyanı ile Atatürk Ehl-i Beyt soyundan gelen bir Bektaşî'dir.

Burada önemli olan, Atatürk'ün bir Bektaşî olup, İmam Ali'nin vârislerinden kabul edilmesidir.

Asıl gizleme, Gazi ile İmam Ali arasında kurulacak bu bağın kesilmesi içindir. Oysa, Millî Mücadele'nin ilk anından itibaren Mustafa Kemal, manevî gücünü Bektaşî dergâhından almış, zâhirde de asker kuvveti olarak onlardan savaş boyunca destek görmüştür.

Zaten büyük mücadeleye de, Hacı Bektaş dergâhında "Evladını önüme rehber eyledim, meydana çıkıyorum. Yüzümü utandırma" duası ile başlaması da bunun ispatıdır.

Kendisi Erzurum Kongresi sonrasında 22 Aralık 1919'da Hacı Bektaş dergâhını ziyaret etmiştir. İmran Hanım'ın bahsettiği toplantı o zamana aittir.

Savaş esnasında buradan gelen "Mevleviler Alayı" buradaki dergâhın gayretiyle oluşturulmuştur.

Savaş zaferle kazanılıp ilk meclis açıldığında, Mustafa Kemal Meclis Başkanı seçilmiş; Konya Milletvekili aynı zamanda Konya Makam Çelebisi, postnişini Abdülhalim Çelebi başkanvekili olmuştur.

Bir diğer başkan vekili ise, Cemaleddin Çelebi'dir.

Kısaca o sürece değinelim:

Kurtuluş Savaşı esnasında Mustafa Kemal ve Kuvva hareketine karşı Anadolu'nun pek çok yerinde ayaklanmaların çıktığı bilinen bir hakikattir.

Ancak bu dönemde Bektaşilerin yaşadığı bölgelerde Atatürk'e karşı hiçbir olumsuz hareketin olmadığı bilinmektedir.

22 Aralık günü sabahı Mustafa Kemal ve arkadaşları Hacı Bektaş'a gitmek üzere Mucur'dan ayrıldılar. Zira Hacı Bektaş'ta Alevilerin merbut bulundukları Çelebi Cemaleddin Efendi ile Hacı Bektaş Dede Postu Vekili Niyazi Salih Baba bulunuyordu.

Burada Ankara yolcuları anılan zevat tarafından içtenlikle karşılandı.

Bu arada, Mustafa Kemal Paşa, Çelebi Cemaleddin Efendi ile görüştü. Bu görüşmeyi Mazhar Müfit Kansu'nun hatıratından izleyelim:

"... Ve Paşa, Çelebi ile görüşerek tamamen Kuvva-yi Milliye'ye taraftar olduğuna dair söz aldı ve buraya gelmekten maksadımız da hâsıl oldu.

Bu müzakere pek uzun sürmedi. Çelebi Efendi derhal vazifeyi kavradı ve adamlarına lazım gelen talimatı vereceğini vaad etti.

Paşa'nın vaziyet ve giriştiğimiz mücadele hakkında tafsilatı Çelebi'nin nazar-ı dikkatini celbetti. Hatta Çelebi daha ileri giderek Cumhuriyet taraftarlığını ihsas ettirdi ise de, Paşa zamanı olmayan bu mühim mesele için müspet veya menfi bir cevap vermeyerek gayet tedbirli bir sûrette müzakereyi idare etti.

Anlaşılıyor ki, Cemaleddin Efendi Cumhuriyete taraftar, hele Salih Baba hür fikirli, çok ileri bir zat.

Ertesi gün Hacı Bektaş türbesi ziyaret edildi. Ve Salih Niyazi Baba'nın öğle yemeği davetinde bulunduk.

Salih Baba, türbenin ve dergâhın her tarafını gezdirdi. Meydan evi denilen mahalde yere küçük ve alçak bir masanın üzerine konulan büyük bir sininin etrafına oturduk.

Hepimizin önünden dolaşan uzun bir havlu, yemekte çatal, bıçak vardı. Çok nefis bir yemek... Can denilen müridler pek mükemmel ve sessizce hizmet ediyorlardı. Doğrusu yemekteki bu intizama hayret ettik.

Yemeği müteakip ucu zıvanalı sigaralar ve kahveler de ikram edildi." [95]

Kansu, hatıratında o günü şöyle anlatır:

"... Hacıbektaş'a geldik. O bize veda ile dergâhına gitti. Biz de Çelebi Efendi'nin sarayı denilen harem selamlık büyük ve

---

[95] Ali Sarıkoyuncu (Prof. Dr.), Millî Mücadele'de Din Adamları, cilt 1, 3. Baskı, Diyanet İşleri Başkanlığı Yayınları, Ankara 2002, s.32.

fakat siyah toprak sıvalı binanın selamlığının önünde durduk.

Bizi istikbal ile, merdivenden çıkınca bir odaya aldılar. Oda eski usul sedirlerle çevrilmiş, birkaç iskemle konulmuş, sigara masaları vesaireden ibaret eşyasiyle, hiç de mükellef ve müzeyyen değildi. Bu mütevazi oda Çelebi'nin kabul odası imiş. Beş altı dakika sonra Çelebi Efendi geldi.

Çelebi Cemaleddin Efendi orta boylu, tıknazca ve kara sakallı, başında yeşil bir sarık sarılmış, cübbeye benzer siyah bir pardösü giymiş kıyafette idi. Paşa bizi takdim etti. İlk mülakatlara mahsus havai sözler söylendi. Ve bir müddet sonra 'İstirahat buyurunuz' diye Cemaleddin Efendi hareme gitti.

(…) Ve Paşa, Çelebi ile görüşerek, tamamen Kuvva-yi Milliye'ye taraftar olduğuna dair söz aldı ve buraya gelmekten maksadımız da hâsıl oldu. Bu müzakere pek uzun sürmedi.

Çelebi Efendi derhal vaziyeti kavradı ve adamlarına lazım gelen talimatı vereceğini vaadetti. Paşa'nın, vaziyet ve giriştiğimiz mücadele hakkında verdiği tafsilat Çelebi'nin nazar-ı dikkatini celbetti. Hatta Çelebi daha ileri giderek Cumhuriyet taraftarlığını ihsas ettirdi ise de Paşa zamanı olmayan bu mühim mesele için müsbet veya menfi bir cevap vermeyerek gayet tedbirli bir sûrette müzakereyi idare etti. Anlaşılıyor ki Cemaleddin Efendi Cumhuriyete taraftar, hele Salih Baba, hür fikirli, çok ileri bir zat.

Ertesi gün Hacı Bektaş Türbesi ziyaret edildi ve Salih Niyazi Baba'nın öğle yemeği davetinde bulunduk.

Salih Baba türbenin ve dergâhın her tarafını gezdirdi. Meydan evi denilen mahalde yere küçük ve alçak bir masanın üzerine konulan büyük bir sininin etrafına oturduk.

Hepimizin önünden dolaşan uzun bir havlu, yemekte çatal, bıçak vardı. Çok nefis bir yemek... Can denilen müritler pek mükemmel ve sessizce hizmet ediyorlardı. Doğrusu yemekteki bu intizama hayret ettik. Yemeği müteakip ucu zıvanalı sigaralar ve kahveler de ikram edildi.

O gün akşamüstü Mucur'a avdet edileceğinden, hareket zamanına kadar hoş bir sohbet ile vakit geçirildiği gibi, Çelebi ile Baba arasındaki ihtilaf bir derece halledilir bir şekle konuldu... Sonra Kırklar Meydanı'nı, camii, Balım Sultanı ziyaret ettik.

Her taraf temiz, işler büyük bir sükûnet ile, telaş gösterilmeyerek görülüyor. Herkes vazifesini biliyor. Doğrusu takdirde bulunduk.

Bir sıra Mustafa Kemal Paşa yanıma sokularak, 'Büyük babalara ellişer lira verelim' dedi. Ben de muvafık gördüm. Aş Baba'dan başlayarak ellişer lira verdik. Hizmet edenleri de sevindirdik. Fakat Aş Baba parayı alırken, 'Eyvallah, fakat bu benim şahsıma değil, dergâha aittir' dedi. Nihayet iyi bir intiba ile Hacıbektaş'tan ayrıldık ve Mucur'a geldik." [96]

Hacıbektaşlı bir yazar olan Gönül Akkuş'un "Sır Olan Gelenekler" adlı kitabında yer alan şu ifadelere yer vermek istiyorum:

"Cemalettin Çelebi Atatürk'ü karşılamaya geldiğini gören Mucur Kaymakamı Nihat Bey, Atatürk'ün kulağına eğilir ve 'Paşam, Çelebi'nin bu hareketi davamız için bir olumluluk belirtisidir' der. Gerçekten de Cemaleddin Çelebi davetini kabul ettiği kişilerden ilk defa birini karşılamaya gitmiştir.

Atatürk üç gün boyunca Hacıbektaş'ta Cemaleddin Çele-

---

[96] Mazhar Müfit Kansu, Erzurum'dan Ölümüne Kadar Atatürk'le Beraber, cilt 2, Türk Tarih Kurumu Yayınları, Ankara, 1986, s.494-496.

bi'nin evinde misafir olur. Yanlarına Cemaleddin Çelebi'nin oğlu Hamdullah Efendi'den başka kimseyi almazlar. Atatürk ile Cemaleddin Çelebi üç gece neler yapabileceklerini konuşurlar. Hamdullah Efendi de konuşulanları tek tek yazar.

Atatürk oradan ayrılırken Cemaleddin Çelebi,'Atam Cumhuriyeti ne zaman kuruyoruz?' diye sorar. Cumhuriyet kelimesini duyan Atatürk heyecanlanır ve Cemaleddin Çelebi'ye yaklaşarak, 'Aramızda kalmak kaydıyla en yakın zamanda' cevabını verir. Cumhuriyet ismi ilk olarak orada zikredilmiştir.

Yine bu görüşme sırasında Atatürk, Cemaleddin Çelebi'ye, annesi Zübeyde Hanım'ın gördüğü bir rüyayı anlatır. Zübeyde Hanım'a rüyasında Peygamber Efendimiz (s.a.v.)'in altın tepsi içinde Kur'an ve kılıç getirdiğini söyleyince Cemalettin Çelebi, Atatürk'e, 'Sen de rüyaya yat bakalım bugün. Yarın konuşalım' der. Atatürk o gece rüyasında Deliktaş'a girdiğini ve kollarının dirseklerine kadar kanla dolduğunu görür ve sabah rüyasını Cemaleddin Çelebi'ye anlatır. Cemaleddin Çelebi rüyaları şu şekilde yorumlar:

Peygamberimizin getirdiği Kur'an annene, kılıç ise sanadır. Aslında o kılıç sana verilmiştir ama annenin sütü sana helal olduğu için onun duasıyla sana gelecektir, senin savaşacağının işaretidir. Deliktaş'a girince kollarının kanla dolması ise bu savaşın zaferle sonlanacağını gösterir. Zaferin mübarek olsun.'

Atatürk bu görüşme sonrası Hacıbektaş'tan ayrılmadan Cemaleddin Çelebi ile birlikte Hacı Bektaş Veli Türbesi'ni ziyaret eder.

Atatürk, Hünkar Hacı Bektaş Veli Hazretleri'nin kabrine kapanır ve 'Evladını önüme rehber eyledim. Meydana çıkıyorum.

Yüzümü utandırma' diye dua eder.

Görüldüğü üzere, Atatürk'ün başlattığı bu Millî Mücadele Hacıbektaş'ta yaptığı ziyaretle manevî bir boyut kazanmıştır.

Kurtuluş Savaşı'nın temelleri Bektaşî dergâhında atılmıştır.

Genelkurmay Başkanlığı'nın yayımladığı belgelerden olan bir telgraf, Atatürk ile Bektaşîler arası bu ziyaretten sonra gelişen hukuku anlatır.

Mustafa Kemal Paşa, 26 Haziran 1919'da Tokat'a gelir. Buradan Konya'daki 2. Ordu Müfettişliği'ne telgrafla şunları bildirir:

"Tokat ve havalisinin İslam nüfusunun yüzde seksenini ve Amasya havalisinin de mühim bir kısmını Alevî mezhebinden olanlar teşkil ediyorlar ve Kırşehir'deki Baba Efendi Hazretleri'ne fevkalade bağlı bulunuyorlar.

Vatanın ve millî istiklalin bugünkü tehlikesini bilfiil görmekte olan müşarünileyhin kanaat-ı hazırası şüphe yoktur, buna pek müsaittir.

Binaenaleyh, söz sahibi ve emniyetli bazı zevatı görüştürerek kendilerince muvafık görülecek Müdafaa-i Hukuk-u Milliye ve Redd-i İlhak cemiyetlerini takviye edecek sûrette birkaç mektup yazdırılarak bu havalideki Alevî nüfuslarına dağıtmak üzere Sivas'a gönderilmesini pek faydalı telakki ediyorum. Bu babdaki muavenatı samilerini istirham ederim."

Cemaleddin Çelebi, Atatürk ile görüşmesinden sonra kasasındaki bütün altınları, ambarındaki tüm buğdayları Millî Mücadele için bağışlar. Ardından da fayton ile Tokat'a giderek gönüllü askerler toplar.

Gönüllü askerleri ile Sivas'ın Kabak yaylasında konaklar. Bu gönüllü askerlere "Mücahidîn Alayı" adı verilmiştir.

Mücahidîn Alayı Erzurum'a gider ve mücadeleye orada devam eder.

Cemaleddin Çelebi, Mustafa Kemal'e ve Kuvva hareketine olan desteğini göstermek için, Sivas ve Amasya'daki kongrelere de bizzat katılır.

Atatürk Büyük Nutuk'ta, Cemaleddin Efendi hakkında şunları belirtir:

"2 Ocak 1920 günü cemiyetin merkez kurullarına ve Hacıbektaş'ta Çelebi Cemalettin Efendi'ye, Mutki'de Hacı Musa Bey'e ayrıca bir bildirim yaptık.

Bu bildirimizin içindekiler ve yazılış biçimi şöyledir: Yolculuğumuz sırasında görüp incelediklerimiz bizlere, gerçek koruyucu Ulu Tanrı'nın yardımı ile meydana gelen millî birliğimizin dayanağı olan millî örgütün kök salmış, milletin ve yurdun geleceğini kurtarmak için gerçekten güvenilir bir güç ve erk durumuna gelmiş olduğunu sevinçle gösterdi.

Dış durum, bu ulusal dayanç ve birlik yüzünden, Erzurum ve Sivas Kongreleri ilkelerine göre ulusun ve yurdun yararına elverişli şekle girmiştir.

Kutsal birliğimize, dayanç ve inancımıza güvenerek töreye uygun isteklerimizin elde edileceği güne değin, hiç yılmadan çalışılması ve bu bildirimizin köylere varıncaya dek bütün ulusa duyurulması rica olunur.

Anadolu ve Rumeli Müdafaa-i Hukuk Cemiyeti Temsilciler Kurulu adına

Mustafa Kemal."

Buna göre Cemaleddin Çelebi, tüm Alevî-Bektaşî köylerine Millî Mücadele'ye katılmaları için telgraf çekmiştir.

Zafer kazanılana kadar Mustafa Kemal Paşa ile beraber hareket edilmiş; ilk Meclis açıldığında Ahmet Cemaleddin Çelebi Kırşehir Milletvekili olarak Meclis'teki yerini almıştır.

Meclis Başkan Vekilliği de kendine verilmiştir.

Kalp hastası olduğu için Ankara'ya gidememiş, Gazi ile telgrafla haberleşmiştir.

Tedavisi için özel doktor gönderen Mustafa Kemal, Çelebi Efendi'nin bu durumdan müteessir olması üzerine ona, "Sen gelemesen de üzülme, senin adın yeter. Sen postunda otur, bize dua et" diye haber göndermiştir.

Cemaleddin Çelebi, Atatürk'e söz verdiği şekliyle cumhuriyetten kimseye söz etmez. Ancak ölüm döşeğinde iken, yerine geçecek kardeşi Veliyeddin Efendi'ye bu büyük sırrı verir ve Atatürk'ü desteklemesini vasiyet eder.

Cumhuriyetin ilanını göremeden vefat eder. Yerine geçen Veliyeddin Çelebi, post'a oturduktan sonra bir bildiri yayınlar.

Tüm yurda dağıtılan, 25 Nisan 1923 tarihli bildiride şunları yazar:

"Anadolu'da bulunan ceddim Hacı Bektaş Veli Hazretleri'ne samimi muhabbeti bulunan bütün sevenlerimize ve bizden yana olanlara duyurulur ki:

Bu milleti yeniden yaratarak bağımsızlığımızı sağlayan; varlığı bütün İslam dünyasına onur kaynağı olan Türkiye Büyük Millet Meclisi Reisi, Gazi namlı Mustafa Kemal Paşa Hazretleri'nin yayınladıkları bildirge, tümünüzce bilinmektedir. Gazi Paşa'nın vatanın yücelmesi ve yükselmesi konusundaki her arzusunu yerine getirmek, bizlerin en birinci görevidir. Milletimizi kurtaracak, mutluluğumuzu sağlayacak, onun koruyucu düşünceleridir. Bunu inkâr edenlerin bizimle asla ilişkisi, ilgisi yoktur.

Yüce tarikatımızın bütün üyelerine, Gazi Mustafa Kemal Hazretleri'nin gösterdiği adaylardan başkasına oy vermemelerini, vatanımızın kurtulmasının ancak bu yolla gerçekleşebileceğini sizlere bütün önemiyle tavsiye ederim.

Hacıbektaş Çelebisi Veliyeddin."

Atatürk bu beyannamenin yayınlanması münasebetiyle Veliyeddin Çelebi'ye şu telgrafı gönderir:

"Çelebi Veliyeddin Efendi Hazretlerine,

Yayınlamış buyurduğunuz, insanlarımıza doğru yolu gösteren koruyucu bildirgenizin sûretini okudum. Ulusal zenginliğin doğmasına yardımcı olacak girişiminiz ve çalışmalarınız için, doğru yolu gösteren zatınıza saygılar sunarım. Söz konusu bildirgenin basılması ve her yana dağıtılması konusunda haber bekliyorum. Vatanın ve halkın mutluluğu için hizmet etmeyi kendilerine ülkü edinenler; Tanrı'nın sevabını kazanırlar ve sonsuza değin mutlu olurlar efendim.

Gazi Mustafa Kemal."

Mustafa Kemal, 22 Mart 1922'de Abdülhalim Çelebi ile Mevlana türbesine bir ziyaret yapmıştır:

"Atatürk dergâhta yapılan Mevlevî ayinini izlemiş, Mevlana için övücü sözler söylemiştir.

Atatürk'ü dergâh şeyhi ve Konya Milletvekili Abdülhalim Çelebi bütün dervişleriyle birlikte saygı ile karşılamıştır.

Atatürk ile birlikte onlarda huzur kapısından Mevlana Türbesi'ne girdiler. Bir müzeden farksız binlerce sanat eseri ile donanmış türbeyi ilgi ve hayranlıkla gezdi. Mevlana'nın merkatı önünde saygı duruşunda bulunarak Fatiha okudu ve daha sonra dergâh semahanesine geçti.

Bu sırada Çelebi'nin işareti ile musikî başlamış, semaya girecek dervişler yerlerini almışlardı.

Atatürk bu müzik, şiir ve sema ziyaretinde kendinden geçmiş, derin bir vecd ile yanındakilere, 'Mevlana büyük, çok büyük' diye seslenmiştir." [97]

Kısaca kurtuluş mücadelesinde, Kuvva hareketinin temeli Bektaşîlerin desteğidir, denilebilir.

---

97 İhsan Kayseri, Atatürk ve Konya, Arı Basımevi, Konya, 1981, s.74-75.

KURTULUŞ SAVAŞI'NDA ATATÜRK

Atatürk'ün dinsiz olduğunu söyleyenlere en güzel cevap Kurtuluş Savaşı'dır aslında.

Zira Batı'nın emperyalist işgaline karşı başlatılan bu savaş; büyük bir yokluk içinde, silahsız, cephanesiz ama tam bir iman gücüyle başlamış ve aynı ruhla kazanılmıştır.

Kuvva hareketi olarak ifade edilen ilk direnişlerde Millî Mücadele'yi başlatanlar arasında dönemin müftüleri, hocaları yani din adamlarının rolü yadsınamaz.

Nakşi şeyhlerin İngilizlere destek aradığı, "Mustafa Kemal'i idam edin" ve "Kuvva hareketini durdurun" fetvaları verdiği günlerde, gerçek iman ehli hocalar halkı Mustafa Kemal ile beraber olmaya çağırmıştır.

Hatta Isparta'da Hafız İbrahim Efendi "Demiralay", Afyonkarahisar'da Hoca İsmail Şükrü "Çelikalay" ismiyle gönüllülerden oluşan alaylar oluşturmuşlardır.

Göğsü imanla dolu bu vatanperver hocaların tavrı eşsiz Kurtuluş Savaşı'nın zeminini hazırlamıştır.

Bu bölümde bazılarını ele aldığımız hocaların halka yaptığı konuşmalar, miting bildirileri ve açıkladıkları beyanlar sizlere Kurtuluş Savaşı'nın iman gücüyle kazanıldığını gösterecektir.

Orijinal metinler, "Müslüman Türkler", "iman azmi" ve benzeri ifadelerle doludur.

Bu maneviyat ordusunun halka karşı takındığı tavır, aslında İstanbul Hükûmeti'nin vatanın kurtuluş ve milletin bekası için göstermesi gereken ve beklenilen ancak yapmadığı tavırdır.

Atatürk'ün dindarlığı hakkında yazılan kitapların bir kısmı bilinçli bir şekilde onun dini kullandığını ispatlamak için yazılmıştır.

Oysa Atatürk gerçek bir dindardır.

Kendi ifadesiyle; "Ben amel Müslümanı değilim, cihad Müslümanıyım" demektedir.

Kuvva hareketini başlatanların din âlimleri, hocalar olması ve Mustafa Kemal ile bu hareketin bir vücut bularak topyekün memleket sathına yayılması, Mustafa Kemal'in hocaları kullandığını değil; göğsündeki iman ve cesaretle bu din âlimlerine katılarak rehberlik ettiğini göstermektedir.

"Kur'an elden gidiyor, gavur çizmelerine vatanı çiğnetmeyelim" gerekçeleri ile başlayan bölgesel savunma hattı, Mustafa Kemal gibi iman eri bir neferle tam mânâsına kavuşmuştur.

Kurtuluş Savaşı kazanıldıktan sonra mecliste yaptığı şu konuşmaya bir bakınız:

"Muharebe meydanlarında emsalsiz kahramanlıklar ve şehamet (akıllıca yiğitlik) göstermiş olan zabitlerimizin, neferlerimizin ve kumandanlarımızın her biri ayrı ayrı bir menkıbe, bir destan teşkil eden harekatını tebcille (yüceltmeyle) ve hürmetle ve takdirle yâd ediyorum. Ve bu şehamet meydanlarında rahmet-i Rahman'a kavuşan şühedamızın ervahına (ruhlarına) hep beraber Fatihalar ithaf edelim." [98]

Yüce Türk milleti ile Ata'sının arasını açmak isteyen bazı çevreler, onun 1923-1938 yılları arasında gerçekleştirdiği devrimleri "dinsizliğine" örnek göstermektedirler.

Halifeliğin kaldırılması bunların başında gelir. Kaldırılma konusuna ileride değinilecektir. Atatürk bıraktığı vasiyette dahi hilafetin geri geleceği günlerden bahsetmektedir.

Tekke ve zaviyelerin kapatılması, kılık kıyafette yapılan değişiklikler, medeni kanuna geçiş, takvim, ölçü, saatte Avrupa sisteminin örnek alınması, Arap alfabesinin bırakılarak Latin harflerinin benimsenmesi buna delil gösterilir.

Oysa genç Cumhuriyetin ilanından sonra başlatılan bu devrim atağının İslam dinine aykırı bir yönü bulunmamaktadır.

Karşımızda ağzı dualı bir anadan doğmuş, Ehl-i Beyt soyundan bir asker var. Ancak bu hayat telakkisi anlaşılırsa, Kurtuluş Savaşı'nı başlatma cesareti de daha iyi kavranabilir.

Cephelerde askerin namaz kılabilmesi için yer ayıran, hafızları cepheye sokarak Kur'an okutan, ellerini kaldırarak askerine

---
98 Atatürk'ün Söylev Demeçleri, c.1, s.287.

dua eden ve bunlara herkesin şahit olduğu bir komutandır Mustafa Kemal.

Asker Mustafa Kemal, Kurtuluş Savaşı başlarken kendinin ve milletin sırtını dayadığı asıl gücü şöyle anlatmıştır:

"Türk Milleti, Allah'ın inayetine güvenerek hayatını kurtarmaya, yaşamak hakkına malik olduğunu dünyaya göstermeye azmettiği gün, bütün vesaitten mahrum, yalnız iman aşkı ve istiklal kuvvetine malik idi." [99]

İfade ettiğimiz şekli ile Kurtuluş Savaşı'na Hacı Bektaş dergâhında yaptığı dua ile başlamıştır:

"Evladını önüme rehber eyledim. Meydana çıkıyorum. Yüzümü utandırma."

Büyük Nutuk'ta, Samsun'a çıktığı günün Osmanlı'sını şöyle anlatır:

"1919 senesi Mayıs'ının 19. günü Samsun'a çıktım.

Umumi harpte Osmanlı Devleti yenilmişti.

Harbe katılmaya karar veren ve en başta gelen Osmanlı idarecileri kendi hayatlarının kaygısına düşerek memleketten kaçmışlardı.

Hilafet ve saltanat makamını işgal eden Vahideddin, soysuzlaşmış, şahsını ve yalnız tahtını kurtarabileceğini sandığı tedbirler düşünüyordu.

Damat Ferit Paşa'nın reisliğindeki kabine aciz, haysiyetsiz, korkaktı. Ordunun elinden silahı alınmıştı ve alınmaktaydı.

---

[99] Atatürk'ün Tamim, Telgraf ve Beyannameleri, cilt 4, Atatürk Kültür, Dil ve Tarih Yüksek Kurumu, Atatürk Araştırma Merkezi Yayınları, Ankara, 2006, s.513.

Galip İtilaf Devletleri mütareke şartlarına uymaya lüzum görmüyordu. Donanmaları İstanbul'daydı.

Adana vilayeti Fransızlar, Urfa, Maraş, Antep şehirleri İngilizler tarafından işgal edilmişti. Antalya ve Konya'da İtalyanlar, Merzifon ve Samsun'da İngiliz askerleri vardı.

Doğuda Ermeniler Kars'ı, Ardahan'ı almışlardı. Daha içeriyi istiyorlardı.

Karadeniz kıyıları Pontus Rum Devleti olacaktı. İzmir daha 15 Mayıs'ta işgal edilmişti.

Memeleket içinde beliren mukavemet, teşekkülleri dağınık, teşkilatsız, başsızdı.

Halk bitkin, bezgindi. Yeni bir savaşa karşı çekingendi."

Kurtuluş Savaşı'na karar verdiği sırada Anadolu ne haldeydi?

Doğu Anadolu illeri Erzurum Kongresi beyannamesinde bunu şöyle kaleme aldırmıştır:

"Mütarekenin imzalanmasından sonra gittikçe artan sözleşmeyi bozan davranışlar ve İzmir, Antalya, Adana ve yöresi gibi memleketimizin önemli parçalarının fiilen işgali ve Aydın ilinde yapılan dayanılmaz Yunan faciaları ve Ermenilerin Kafkas içinde sınırlarımıza kadar dayanan soykırım ve Müslümanların yok edilmesi politikasıyla istila hazırlıkları ve Karadeniz kıyısında Pontus hayalini gerçekleştirmek amacıyla hazırlıklar yapılması ve yalnızca bu amaçla Rusya kıyılarından akın akın göçmen adı altında gelen yabancı Rumları ve bu arada da silahlı eşkıya çetelerinin gönderilmesi ve çağrılması gibi olaylar…" [100]

---

100 Atatürkçülük: Atatürk'ün Görüş ve Direktifleri, cilt 1, Genelkurmay Basımevi, Ankara, 1983, s.469.

Peki o sıralarda Saray'ın tavrı ne idi?

İngiltere Dışişleri Bakanlığı arşivlerinde 3 Nisan 1919 tarih ve 453 numara ile kayıtlı bir belge bulunmaktadır.

Sadrazam Damat Ferit Paşa, 30 Mart 1919 günü İstanbul'daki İngiliz Yüksek Komiseri Amiral Caltrophe'a gitmiş ve bizzat hazırlanmış olan gizli bir anlaşma taslağının Fransızca çevrimini sunmuştur.

"Son Osmanlı padişahı Mehmet Vahdettin'in yabancılara karşı bağımsızlığını koruması, iç güvenliğini sağlaması karşılığında-Türkiye'yi on beş yıl süre ile İngiltere'ye sömürge olarak teklif etmiştir. İngiltere uygun gördüğü her yeri işgal edebilecekti." [101]

Aynı süreçte, İngiliz Muhipleri Cemiyeti'nin kurucusu Sait Molla, İstanbul gazetesinde aynı istekleri kaleme aldı:

"… Artık mukadderatımız üzerinde ne himaye, ne manda kelimeleri bahis mevzu olabilir. Şimdi İngiliz taraftarları, İngiliz dostlarınca bahis mevzu olacak şey, o istiklalcilerin takip ettikleri gibi beynelmilel bir vazifeyi intaç edecek olan istiklal değil, İngilizlerin yardımı ve himayesiyle teeyyüd edecek olan bir istiklaldir."

Mustafa Kemal, Kurtuluş Savaşı'na başlarken Samsun'a hareket etmeden bir gün önce annesinin ve kızkardeşinin hayır dualarını almıştır.

Samsun'a çıktığı günü yaveri Cevat Abbas şöyle anlatır:

"O, o zaman Şark vilayetleri sayılan ve Samsun'dan başlayıp, şark ve cenub-i şarki (doğu ve güneydoğu) hudutlarında nihayet bulan ve memleketin dörtte birini teşkil eden vilayetlerin üzerinde,

---

[101] Attila İlhan, Hangi Atatürk, 14. Baskı, Türkiye İş Bankası Yayınları, İstanbul, 2017, s.147.

halk, memur, asker kitlelerinin başına; İtilaf Devletleri'nin tamamıyla inkıyadına (boyunduruğuna) girmiş bir devletin aleti olur zannıyla (düşüncesiyle) umumi müfettiş olarak gönderiliyordu.

Mustafa Kemal, Samsun'a hareket edeceği gün Yıldız'dan evine döndüğü zaman eski Bahriye Nazırı Hüseyin Rauf Bey'i kapısı önünde buldu. Rauf Bey, ilk söz olarak şunları söyledi:

'Gitme Kemal, aldığım malumata göre bineceğin vapuru Karadeniz'de batıracaklar!'

Mustafa Kemal'in kafasından o anda şu düşünceler geçti:

'Gidersem tutacaklar! Gitmezsem ne olacak? Gene tutacaklar hem de daha kolaylıkla ve hapsedecekler. Kim bilir neler yapacaklar ve fakat memleket ve millet ne olacak?'

'Rauf ben gideceğim. Senin de başın sıkışınca hemen bana iltihak et (katıl)' dedi. İki arkadaş el sıkıştılar ve ayrıldılar.

Mustafa Kemal, yaveri ile birlikte sahile indi ve kendisini bekleyen bir motorla Kızkulesi açığında demirli bulunan Bandırma vapuruna gitti.

Bandırma vapuru İtilaf Devletleri'nin koyduğu rejim icabı olarak Kızkulesi önünde muayene olmak üzere durdurulmuştu.

Vapur kalktı. Boğaz geçildi.

Vapurun pusulası bozuk; paraketesi yoktu.

(…) Hep sahil boyunca yol alan Bandırma vapuru, bin müşkülat (zorluk) ile ve bata çıka üç günde Sinop'a varabildi.

Mustafa Kemal, Sinop'ta karaya çıktı. Samsun'a kara tarikiyle gitmek için yol ve vasıta sordu. Aldığı cevap şu idi: 'Ne yol var ne de vasıta!'

Bunun üzerine Mustafa Kemal, bir avuç karargâh arkadaşlarına 'çocuklar' dedi. 'Daha bir gecelik tehlike var. Onu da atlatabiliriz.'

Dalgalar arasında yuvarlanarak nihayet 1919 senesi Mayıs'ının 19. günü, Türk tarihinin en büyük kutsal günü, Salı sabahı Samsun'a varıldı.

Samsun'da ve Samsunlular arasında, hür vatan parçasının bu hür çocukları arasında o tarihlerde İtilaf askerleri ve mümessilleri vardı.

Buna rağmen Mustafa Kemal'in ilk planının tecelligâhı (gerçekleşme yeri) Samsun oldu.

Çünkü daha fazla bekleyemezdi. İzmir'de, Aydın'da, Ayvalık'ta ve havalisinde Türkler boğazlanıyordu." [102]

1927 nutkunda bunu şöyle anlatır:

"Beni İstanbul'dan sürmek ve uzaklaştırmak maksadıyla Anadolu'ya gönderenler tarafından, bu geniş ordu müfettişliğinin nasıl verildiğine belki şaşırırsınız.

Derhal ifade etmeliyim ki, onlar bana bu selahiyeti bilerek ve anlayarak vermediler."

Zaten, 23 Haziran 1919'da İstanbul Hükûmeti'nce geri çağrılmış; 8 Temmuz 1919'da ise hem askerlikten istifa etmiş, hem de padişah bütün rütbe ve nişanlarını geri alarak kendisini ordudan çıkarmıştır.

Artık, İslam dini ve Müslümanları kurtarmak için vardır.

Annesine cepheden yazdığı mektuplar, "Memleketimizin kur-

---

102 Gürer, 2007, s.191-192.

tuluşuna yönelik dualara devam etmenizi rica ile ellerinizden öperim" şeklinde ifadelerle biterdi. [103]

İçinde bulunduğu imkansızlık Nutuk'ta şöyle kaleme alınmıştır:

"Ben ilk defa bu işe başladığım zaman en akıllı ve düşünür geçinen birtakım kimseler bana sordular: Paramız var mıdır? Silahımız var mıdır? Yoktur dedim. O zaman, o halde ne yapacaksın, dediler. Para olacak, ordu olacak ve bu millet bağımsızlığını kurtaracaktır, dedim." [104]

---

[103] Utkan Kocatürk, Doğumundan Ölümüne Kaynakçalı Atatürk Günlüğü, Atatürk Araştırma Merkezi Yayınları, Ankara, 2007, s.267-268.
[104] Nutuk, Türk Tarih Kurumu, Ankara, 1989, s.516.

KUVVA-Yİ MİLLİYE KONGRELERİ
VE DÜZENLİ ORDUYA GEÇİŞ DÖNEMİ

30 Ekim 1918'de imzalanan Mondros Mütarekesi 1. Dünya Savaşı'nı bizim açımızdan yenik olarak bitirmiştir.

Celal Bayar, hatıratında milletin her şeyden vazgeçtiği bir sırada Mustafa Kemal Paşa'nın nasıl her şeyi tersine çevirdiğini anlatır:

"Mustafa Kemal, kendisine tebliğ edilen şartların muğlak olduğuna, bundan düşmanların aleyhimize kolayca istifade edebileceğine işaret ederek Sadrazam ve Başkumandanlık Erkan-ı Harbiye Reisi İzzet Paşa'dan mütarekenin bazı maddelerini tasrihini istiyor.

(...) İzzet Paşa, mütarekenin şartlarına her ne pahasına olursa olsun uymak lazım geldiğini, muğlak kısımların tavzihine imkan bulunmadığını, İngilizlere cemilekâr muamele etmek icap eylediğini bildiriyor.

Mustafa Kemal'in bu cevaplara karşılığı şöyledir:

Düşmanların her dediğine 'semina ve ata'na' demekle tevellüt edecek akıbet bütün memlekete müstevlileri sahip etmek olacaktır. Bir gün Osmanlı kabinesinin düşman tarafından tayin edileceğini göreceksiniz." [105]

Hakikaten de dediği gibi olacaktır.

Durumu değerlendirmek için Vahdettin ile görüşecek ancak neticenin değişmediğini görünce 18 Teşrinisani 1918'de Vakit'te bir beyanat verecek; bununla Vahdettin ve etrafındakilerle arasındaki görüş ayrılığını ortaya koyacaktır.

Mütareke sonrasında Yıldırım Orduları Komutanı Mareşal Liman von Sanders'in görevi mütareke ile sona erdi. Yıldırım Orduları Grup Komutanlığı'nı da Adana'da Mustafa Kemal devraldı fakat 7 Kasım 1918'de Yıldırım Orduları Grubu lağvedildiği için fiilen bu ordular yoktu.

Bundan sonra Mondros hükümlerine göre Anadolu coğrafyasında güvenlik endişesi duydukları yerleri işgal yetkisine sahip devletlerin memleketi istilası başlamıştı.

9 Kasım 1918'de İngilizler İskenderun'u işgal ettiler.

2 Aralık'ta Fransızlar Dörtyol'a çıktılar.

7 Aralık 1918'de Fransızlar Antakya'yı, müteakiben İskenderun'u,

15 Aralık 1918'de İngilizler Kilis'i,

---

105 Celal Bayar, 1955, s.21-22.

17 Aralık'ta Mersin'i işgal ettiler.

26 Aralık 1918'e kadar Adana ili Toroslar bölgesinden Pozantı'ya kadar yine Fransızlar tarafından işgal edildi.

29 Aralık'ta Fransızlar Tarsus'u işgal etti.

Adana'ya bir Ermeni polis müdürü tayin edildi.

3 Ocak 1919'da İngilizler Antep'i, 15 Ocak'ta Antep'i, 26 Şubat'ta Maraş'ı, 9 Mart'ta Samsun'u, 24 Mart'ta Urfa'yı işgal ettiler.

5 Kasım 1919'da İngilizler, Suriye toprakları gibi, Urfa, Maraş ve Antep'i Fransızlara bıraktılar.

Bu işgal sürecinde düzenli ordu dağıtılmış olmakla beraber, dinini, namusunu ve vatanını düşünen Türkler, bölgesel ve birbirinden bağımsız olarak Kuvva hareketine başlamışlardı ve bölgesel kongreler ile vatan müdafaasına ilk adımı atmışlardı.

Mustafa Kemal'in başlattığı Kurtuluş Savaşı'nın temellerini halk hareketi ve işgal tepkisi olarak aşağıdaki gelişmelerde görüyoruz.

Hocalar, din adamları, müftüler, Müslüman Türk'ün ruhunda mevcut olan, işgale karşı koyma gücünü ortaya çıkarmış; adeta Mustafa Kemal'e ve Kurtuluş Savaşı'na zemin hazırlamışlardır.

İlk direniş Dörtyol'da Fransızlara karşı gerçekleşti.

15 Mayıs 1919'da, İzmir'in işgalinden sonra resmen başladı.

Yoksa, bazılarının iddia ettiği gibi, Kuvva hareketi, Mustafa Kemal'in dini istismar ederek halkı galeyana getirdiği bir vaka değildir.

Tamamen tabandan; halkın içinden, zaten milletin sinesinde

meknuz millî ve dinî hassasiyetlerle doğmuş ve gelişmiştir.

Kısaca, Mustafa Kemal'in kalbindeki iman nuru, Müslüman Türk'ün göğsündeki imanla birleşmiştir.

"Mesela Balıkesir Cephesi ilk kumandanı olan Kazım Paşa (Millet Meclisi Başkanı ve Millî Müdafaa Vekili Orgeneral Kazım Özalp) hatıralarında şöyle demektedir:

"Aynı muhit içinde birbiriyle tezat halinde neticeler alıyorduk. Bunun başlıca sebebi; bazı yerlerde halka hakikatleri açıkça anlatacak vatanperver, cesur şahsiyetler bulabildiğimiz halde, bazı yerlerde gaflet, tereddüt, hatta ihanetle karşılaşmamız idi. En mükemmel ve emin neticeleri, halkın üzerine büyük tesir sahibi din adamlarımızın Millî Mücdeele'yi en geniş mânâ ve şümulü ile almalarıyla temin ediyorduk.

Bu meyanda vereceğim gurur verici misaller vardır.

Mesela, Burhaniye kazasında Şükrü ve Mehmet Hoca'lar, Müdafaa-i Hukuk Teşkilatı'nda evvel şahsî teşebbüsleriyle mukavemet teşkilatı kurmuşlardı. Bu mübarek insanlar, hayatlarını istihkar (hiçe sayarak) ederek vatan kurtuluşu için her türlü fedakârlığı kendi irade ve kararlarıyla yerine getirmişlerdir." [106]

Genelkurmay yayınlarında, "Mustafa Kemal kurtuluş mücadelerine başlamadan evvel, Cebel-i Bereket Kuvay-i Milliye kumandanlığına Yörük Selim Beyi (süvari binbaşısıdır), Kozan, Kadirli, Kilikya, şark mıntıkası kumandanlığına Aydınoğlu Tufan Beyi (General Osman Tufan) Kilikya Kuvva-yi Milliye kumandanlığına Kozanoğlu Binbaşı Doğan Kemal Beyi görevlendirdi" şeklinde yazar.

---

106 Sarıkoyuncu, 2002, s.285-286

MİLLÎ MÜCADELE'DE
TÜRK BASINI NELER YAZIYORDU?

İzmir'in işgali, basın üzerinde de derin etkiler bırakmış, birçok gazete halkı uyandırmak, Kuvva hareketi etrafında kenetlemek için makaleler kaleme almıştır.

Tasvir-i Efkar, Vakit, İkdam, İfham, İleri, Yeni Gün, Sebilürreşad gazetleri Millî Mücadele'yi savunmuştur.

"Tasvir-i Efkar, Ruşen Bey ve fotoğrafçısı Kenan Bey'i Sivas'taki Millî Mücadele'yi yürütenlerin yanına göndererek önemli bir atılımda bulunmuş. Mustafa Kemal Paşa, Rauf ve Refet Beylerle mülakatlar yapmış, bunlar Tasvir-i Efkar gazetesinde yayınlanmıştır." [107]

Yine bu gazetede, 18 Ekim 1919'da, gazete ile Mustafa Ke-

---
107 Zekai Güner (Yrd. Doç.), Millî Mücadele Başlarken Türk Kamuoyu, T. C. Kültür Bakanlığı Kültür Eserleri, Ankara, 1999, s.18.

mal Paşa arasında geçen telgraf görüşmesi ve millî hareketin hedeflerini açıklayan bir görüşme yayınlanmıştır. [108]

İkdam gazetesinin başyazarı Yakup Kadri Karaosmanoğlu'dur. İzmir'in işgali konusunda geniş bilgiler vermiş, işgali protesto mitinglerini yayınlamıştır.

Yeni Gün gazetesinin başyazarı Yunus Nadi'dir.

Millî Mücadele'ye İslamî açıdan bakan Sebilürreşad mecmuası hareketin destekleyicisidir.

Yine Kuvva hareketini destekleyen gazeteler arasında, Ahali (Samsun), Ahali (Edirne), Albayrak, Anadolu'da Yeni Gün, Antalya'da Anadolu, Babalık, Öğüd, Açıksöz, İstikbal, İzmir'e Doğru, Satvet-i Milliye, Yeni Adana gazeteleri vardır.

İrade-i Milliye, Mustafa Kemal Paşa tarafından, Heyet-i Temsiliye adına yayın yapmak için kurdurulan ilk Millî Mücadele gazetesi olarak 14 Eylül 1919'da Sivas'ta çıkmaya başlamıştır.

Baş yazılarının çoğu Mustafa Kemal Paşa'nın dikte ettirdiği yazılardan oluşmaktadır.

Hakimiyet-i Milliye; Mustafa Kemal'in direktifleri ile Sivas'ta yayınlanan İrade-i Milliye gazetesinin bir devamı olarak Anadolu ve Rumeli Müdafaa-i Hukuk Cemiyet-i Temsiliyesi adına 10 Ocak 1920'de Ankara'da çıkarılmaya başlanmıştır.

İlk önceleri yazılar imzasız olarak çıkıyordu. Bu imzasız yazıların çoğu Mustafa Kemal (Atatürk) tarafından dikte ettirilen yazılardır. [109]

"Memleket içinde muhalefet ve particilik hüviyeti arkasına

---
108 Tasvir-i Efkar, no: 2874, 18 Ekim 1335-1919.
109 Güner, 1999, s.19-35.

gizlenen her türlü hıyanet ve habaset şahlanmıştı. Hürriyet ve İtilaf Partisi'ne mensup Alemdar, Sabah, Peyam gibi gazeteler, akıl ve hayale sığmayan ve vatanseverlikle zerrece telif kabul etmeyen şekilde tahrikat yapıyorlar; 'İttihad ve Terakki valileri azlediliyor' diye manşetler koyuyorlar, valilerin hemen değiştirilmesini istiyorlar ve bilhassa Sabah ile Peyam, 'Bitlis Valisi Mazhar Müfid'in azli takarrür etmiştir' şeklinde devamlı haberler yayıyorlardı. Hatta, 'Azledilmiştir' diyenleri bile vardı.

Bu tarz neşriyat, yalnız beni mânen kırmakla kalmıyor, halk üzerindeki tesirleri ile çalışmama ve iş çıkarmama da mâni oluyordu. Bir sabah düşündüm, yapılacak iş yoktu.

Dahiliye Nazırı olan Mehmet Ali Bey'e bir telgraf çekerek, 'Bu neşriyat doğru ise azlimi tebliğ buyurunuz. Değilse, idare bakımından bilhassa zararlı olan bu neşriyata nihayet verdiriniz' dedim.

Özetini kaydettiğim bu telgrafıma Nazır, 19 Nisan 1335 tarih ve 5236 sayılı telgrafı ile cevap verdi. Nazır Bey, 'Gariptir ki, asayiş ve izale-i şekavet hususundaki himmetiniz şayan-ı teşekkürdür. Temin-i asayişe mütemadiyen itina olunması tavsiye olunur efendim' diyen bu cevabında azlime ait müspet veya menfi hiçbir işarette bulunmuyordu." [110]

Etki altındaki basın elbette sadece tabandan başlayan Kuvva hareketinin aleyhinde yalanlar yazmıyordu.

Mustafa Kemal'in hakkında da her türlü iftirayı ve yalanı yazdığı malumdur.

Bakınız, Erzurum Kongresi'ne Mustafa Kemal, askerî tüm

---

110 Kansu, c.1, s.8.

vazifelerini tamamen bırakarak girmiştir.

"... Paşa'nın, 'Kat'iyyen reddediyorum, İstanbul'a dönmiyeceğim' demesinden sonra, Padişah da Paşa'ya, 'O halde, resmi vazifeniz sona ermiştir' tebliğini yapmış bulunuyordu. Yani Mustafa Kemal, Ordu Müfettişliği'nden azlediliyordu.

Paşa, bu anda demir bir iradenin ve kesin bir kararın tesiri altındaydı, bize, 'Arkadaşlar, mesaimizin en ciddi ve en açık safhası işte şimdi başlıyor' diyerek tebliğ etti: 'Onlar beni azlediyorlar. Fakat ben hem memuriyetimden, hem de canım kadar sevdiğim mesleğimden, askerlikten de çekiliyorum.'

Ve derhal, yani Saray'la telgraf muhaberesinin sona ermesini ve bu sözleri bize söylemesini takiben Saray'a ve Harbiye Nezareti'ne istifasını bildirdi. Ve istifa telgrafnamesi saat on bire on kala Harbiye Nazırı'na, on birde de Padişah'a çekildi.

1335 yılı 7 Temmuzunu 8 Temmuza bağlıyan tarih gecesi, o anda muvaffakıyet kadar muvaffakıyetsizlik ihtimalini de sinesinde taşıyan bu hadiseye işte böylece sahne oldu.

Telgrafların çekilmesinden sonra, Paşa, en küçük bir tereddüt ve hatta teessür kaydetmiyerek, 'Aziz arkadaşlarım, bu andan itibaren hiçbir resmi sıfat ve memuriyetim yok, bir millet ferdi olarak ve milletten kuvvet ve kudret alarak vazifeye devam edeceğim' dedi." [111]

Bu hadise o vakit gerek hükûmet-i merkeziyenin resmi gazetesi olan Takvim-i Vekayi de, gerek diğer İstanbul gazetelerinde tamamiyle tahrif edilmiş olarak halk efkarına arzediliyordu.

Takvim-i Vekayi 9 Şevval 1337 ve 8 Temmuz 1335 tarihli

---

[111] Kansu, c.1, s.38-39.

nüshasında şu iradeyi neşrediyordu:

"Üçüncü Ordu Müfettişi Mustafa Kemal Paşa'nın memuriyetine hitam verilmiştir. İşbu irade-i seniyenin icrasına Harbiye Nazırı memurdur." Bu haber, Harbiye Nazırı Ferit Sadrazam Vekili Mustafa Sabri (Şeyhülislam) imzaları ile verilmişti.

İstifa eden Mustafa Kemal Paşa olduğu halde aşağı yukarı bir ay sonra 12 Ağustos 1335 tarihli İkdam gazetesinde şu manşeti okuyorduk:

"Mustafa Kemal Paşa silk-i askeriden tardolundu."

Ve yine büyük puntolu harflerle şu havadis neşrediliyordu:

"Müfettişliğe tayin olunduğu halde Anadolu'da harekat-ı milliye namı altında iğtişaşkarane hadiseler tevlit ve Erzurum'da akteylediği kongre karariyle bazı mutalebatta bulunmak suretiyle hükûmet-i merkeziyeyi müşkül bir vaziyet-i siyasîyeye ilkaya sebebiyet veren Mustafa Kemal Paşa'nın harekat-ı vakıası müstelzimi mücazat ahvalden bulunduğu cihetle kendisinin silki." [112]

Bazı gazeteler alenen İngiliz taraftarlığı yapmaktaydı.

Mesela Alemdar gazetesi, 21 Mayıs 1919'da yayınladığı nüshasındaki başmakalede: "İngilizleri istiyoruz" başlığını atmıştır.

"... Refi Cevad (Ulunay) tarafından yazılan makalede; Türklerin kendi güçleri ile adam olmalarına imkan blunmadığını, bunun acı olmakla beraber hakikat olduğu iddia edilmekte ve yatağımıza serilmeden önce bir kere daha Türklerin ellerini İngiltere'ye doğru uzatmaları istenmektedir.

Gazete üç günden beri şehrin her tarafında İngiliz mandasına Türkiye'nin terk edilmesi lehine imza toplandığını, halkın daha

---
112 Kansu, c.1, s.40.

çoğunlukla bunu istemekte olduğunu ileri sürmekte ve '24 saat içinde 40 bin imza toplandı' denilmektedir." [113]

Millî Mücadele başlarken basın, Kuvva hareketini ve Mustafa Kemal'i destekleyenler ile dış güçlerin himayesi için çalışanlar olarak ayrılmaktaydı. Bu ikinci guruba Saray da yardım ediyordu.

---

113 Alemdar, no:1459-149, 21 Mayıs 1335-1919.

MİLLÎ MÜCADELE'NİN İLK KURŞUNU DÖRTYOL'DA ATILMIŞTIR

Mondros'tan sonra, 9 Kasım 1918 günü öğleden sonra İskenderun'a 15 kişilik bir İngiliz müfrezesi çıktı ve resmen işgal başladı.

11 Aralık 1918'de İskenderun limanından çıkarma yapan Fransız askerlerine Dörtyol'da, 19 Aralık 1918'de Mehmet Kara tarafından sıkılan ilk kurşun Millî Mücadele'yi başlatmıştır.

3 Ermeni ile bir Türk'ün kavgası büyür, etraftan gelen Türkler; "Ömer Hocaoğlu Mehmet, kardeşi Ahmet ve arkadaşlarıyla bir Ermeniyi öldürürler. Diğer iki Ermeni ise kaçar. Yaralı bir Ermeni Dörtyol'da Fransız karargâhına giderek durumu anlatır. O sırada Mehmet, kardeşi Ahmet'le birlikte 'Fransızlar bizi yakalar' diyerek Karakese köyüne kaçarlar. Fransız üniforması giymiş Ermeni ve Fransız askerleri Özerli köyüne giderler.

Yaralı Ermeni'ye sizi kim dövdü diye sorduklarında Ermeni yanlışlıkla Özerli yerine Karakese köyünü gösterir.

Karakese köyünde Türkler, Dörtyol ve Özerli yollarına taşlardan barikat kurup beklerler.

Silahlanan halka Özerlili Hocaoğlu Mehmet emir verir: 'Ben ateş etmeden kimse ateş etmesin. Ellemeyin, iyice yaklaşsınlar. Ölen kardeşlerimizin intikamını alacağız' der. Fransız ve Ermeni askerleri 50 metre kadar yaklaşırlar.

İşte o anda Türkiye'de Millî Mücadele'nin ilk kurşununu düşmana Ömer Hocaoğlu Mehmet Kara sıkar." [114]

"Çete harbi; tankı, topu, teyyaresi, tüfeği ve cephanesi, doktoru ve ilacı olan düşmanla, bunlardan hiçbiri olmayan çetelerin, dolma tüfekle ve düşmandan alınan silah ve cephanelerle yarı aç, yarı tok olarak düşmanları perişan ettikleri bir kahramanlık destanıdır.

Çete harbi; Dörtyol'da atılan ilk kurşunla, Çukurova'da başlayan ve Anadolu'ya yayılan, Mustafa Kemal'in kurtuluş fikrine temel olan bir Kuvva-yi Milliye hareketidir." [115]

"Dörtyol'un Küllü köyüne gelip yerleşen Kadı Hacı Mustafa ile Hafız Hoca Hasan Polat adlı iki Ahıskalı Türkü, köyün cami imamlığını yapıyorlardı.

Millî Mücadele'nin başlamasında Kara Hasan Paşa'ya ve çetelerine dinî, millî, manevî yardım ve destekleri olmuştur.

Çaylı köyünden Hoca Mehmet Can, Özerli köyünden Hacı Emin Hoca, Kuzuculardan Hacı İlyas Hoca, Hacı Mustafa Er-

---

[114] Kadir Aslan, Yiğit Dörtyol: Çeteler Kuva-yı Milliyeciler, Dörtyol Belediyesi Kültür Yayınları, Hatay, 2008, s.21-22.

[115] Aslan, 2008, s.25.

dem, Çardaklı Hoca ile kapılı köyünden Ali Rıza Yılmaz Hoca (çifte tabancalı Hassa Müftüsü) Fransız ve Ermenilerin Dörtyol'u işgal etmeleri üzerine camileri kapatıp, silahını alarak Gavurdağlarında Kara Hasan Paşa çetesine katıldılar. Millî Mücadele'yi kazanıncaya kadar yiğitçe savaştılar." [116]

"Dörtyol'dan gelen Fransız ve Ermeniler İcadiye ve Kuzuculu'yu top ateşine tutuyorlardı. Halk dağdan Kuzuculu'nun yanışını seyrediyordu. Evler camiler ateşe verilip yakılıyordu.

Bu duruma dayanamayan halkın umudu ve manevî kahramanlarından Çardaklı Hoca ve Emin Hoca halka hitap ederler:

'Düşman evimizi yurdumuzu işgal etti. Şimdi yakıp yıkıyorlar. Evsiz, yurtsuz ne zamana kadar yaşayabiliriz?

Allah'ını, vatanını, milletini seven düşmana karşı koysun. Haydin hep beraber düşmanla savaşalım' dediler." [117]

"Atatürk'ü götüren tren Erzin'den sonra Dörtyol istasyonunda durur. Dörtyol halkı ve çeteler büyük bir bayram coşkusuyla karşılarlar Ata'sını...

Yolun bir tarafında Dörtyollu çeteler, diğer tarafında halk bulunuyordu.

Atatürk'ü ilk olarak Kaymakam Hafız Sadık Bey, Halk Fırkası Reisi Kara Hasan Paşa ve Halk Fırkası Katibi Emin Bey'le daire müdürleri karşıladılar.

Memur ve subayların da bulunduğu karşılamada çetecilerden Deliağa, İkizoğlu Hüseyin Efendi, Nazif Hoca, Mustafa Çavuş, Dudu Mehmet Ağa, Tellioğlu Osman Efendi, Hacı İlyas Efendi,

---

116 Aslan, 2008, s.30.
117 Aslan, 2008, s.38.

Esenin oğlu Ahmet Efendi, Divlimzade Hacı Efendi, Mehmet Emin Hoca, Resul Ağa ve Selim Çavuş da bulunuyorlardı." [118]

Yine bölgede, Kadı Hoca Mustafa Polat ve kardeşi Hafız Hoca Hasan Polat, Millî Mücadele'ye katılanlara yardımcı olmuş yiğit hocalardandır.

---

118 Aslan, 2008, s.191.

ATATÜRK VE ALİ RIZA YILMAZ HOCA

Hani, Atatürk için, "İstiklal Mahkemelerinde hocaları astırdı" derler ya, alın size böyle olmadığı ile alakalı bir örnek:

"Kuzuculu'da Hacı İlyas Aksoy Hocaefendi bir konuşmasında, 'don kısaldı, din kısaldı' diyerek yapılan bir şikayet üzerine İstiklal Mahkemelerinde idama mahkum edilir. Olayı duyan bir gurup insan, Ali Rıza Hoca'nın yanına giderek durumu anlatırlar.

Ali Rıza Hoca da, İlyas Hoca'yı yanına alarak Osmaniyeli Divlimzade Hacı Efendi'nin yanına giderler. Durumu anlatırlar.

Millî Mücadele'de Osmaniye ve çevresinin kurtarılmasında büyük yararlılıklar gösteren güçlü bir çete reisi olan ve Atatürk'ün çok samimi dostlarından Divlimoğlu Hacı Efendi'den, Atatürk'le konuşarak idamı durdurmasını isterler.

Ali Rıza Hoca, 'Hacı İlyas Hoca'nın Millî Mücadele'de büyük

emeği ve çalışmaları olmuştur. Halk tarafından çok sevilmektedir. Eğer, bir şikayet üzerine idam edilirse büyük bir yanlışlık yapılmış olur. O zaman o şikayet edeni vurur ve ben de idama giderim' der.

Divlimzade Hacı Efendi telefon açarak Atatürk'le konuşur. Durumu izah eder:

'Paşam, Hacı İlyas Hoca ile Ali Rıza Hoca da yanımda. Ali Rıza Hoca; affolmazsa, o şikayet edeni vurur, ben de idama giderim, diyor' der.

Bunun üzerine Atatürk, 'Şu çifte tabancalı hoca mı?' der.

'Evet' sözünün üzerine,'Onu Millî Mücadele'deki faaliyetlerinden, başarılı çalışmalarından tanıyorum' der.

Atatürk, 'O zaman, gidin şikayet edeni bulun, konuşun. Yeni bir dilekçe yazsın, ben yanlış anlamışım diye ifadesini değiştirip bana gönderin. Hacı İlyas Hocaefendi de mutlaka Ankara'ya gelecek' der.

Yeni ifadeli dilekçeyi yazıp Atatürk'e gönderirler. Hacı İlyas Aksoy Hoca da Ankara'ya gider. Atatürk'le görüşür, serbest bırakılır." [119]

Gelelim Kilis bölgesindeki Kuvva hareketine...

Genelkurmay Askerî Tarih ve Stratejik Etüd Başkanlığı'nca yayınlanan, 'Birinci Dünya Harbi, Sina-Filistin Cephesi' adlı kitapta şu bilgi vardır:

"Arap gurupların, Müslimiye'den Antep istikametlerini tuttuklarına ve bunları İngiliz kuvvetlerinin takip etmekte olduklarına dair bilgi alınması üzerine 7. Ordu Kumandanı, 28 Ekim

---
[119] Aslan, 2008, s.151.

1918 akşamı Kilis'e giderek, orada gereken teşkilatı kurmuş ve Antep'teki kumandanlığa gerekli emirleri vermiştir.

Mustafa Kemal Paşa'nın Kilis'e gelişinden sonra Kilis'te ikinci bir milis gücü oluşturulmuştur." [120]

Yine Kasım 1918'de, Adana'ya yaptığı bir ziyarette, mütareke hükümlerine kendilerinin riayet etmediklerini, daha ağır şartlar altında memleketi ezeceklerini, bu yüzden büyük felaketlere maruz kalan memleketlerden birisi olan Adana'nın büyük zaiyata uğrayacağını, şimdiden işgal kuvvetlerine karşı koymak ve hazırlıkta bulunmak için aralarında teşkilat kurmalarını, münasip yerlerde siper kazmalarını, lazım gelen silah ve malzemenin kendisi tarafından temin edileceğini söylemiştir." [121]

Bu sırada Mustafa Kemal, Yıldırım Orduları Grubu Komutanıdır.

Esasen Mustafa Kemal'in bu yaklaşımı, 1919'un 19 Mayıs'ında Samsun'a çıkmasından çok önce Kuvva hareketine destek olduğunu da göstermektedir.

Nutuk'ta da yer verdiği bir Yahya Kaptan vardır.

Hatta yaveri Cevat Abbas aracılığıyla emir verdiği ve küçük bir birlik kurdurduğu da yazmaktadır.

Zira Mustafa Kemal, 3. Ordu Müfettişi olarak Samsun'a tayin edilmemiş olsaydı, Anadolu'ya geçerek Millî Mücadele'yi başlatmak için Kocaeli üzerinden gizli bir plan hazırlamıştı.

"Yahya Kaptan ve arkadaşlarının görevi, Kocaeli yarımada-

---

[120] Türk İstiklal Harbi Güney Cephesi, Cilt 4, Genel Kurmay Başkanlığı Harp Dairesi Yayınları, Ankara, 1966, s.48.
[121] İbrahim Beşe, İşgalden Kurtuluşa Kilis: Aralık 1918-1920, Kilis Kültür Derneği Yayınları, Ankara, 2017, s.53.

sında asayişi temin etmek, Türk köylerine tecavüzde bulunan Ermeni ve Rum çetelerinin cinayet ve soygunlarına engel olmaktı. Ayrıca Mustafa Kemal Paşa'nın Anadolu'da güvenli bir bölgeye ulaşıncaya kadarki seyahatinde gerekli güvenliği sağlama ve koruma görevi için düşünülen Kuvva-yi Milliye müfrezesi Yahya Kaptan'ın milis kuvvetleri idi.

Mustafa Kemal Paşa bir gün Kocaeli yarımadasının taş köprüsü üzerinden veya İzmit Körfezi'nden istifade edilerek 20. Kolordu hudutlarına ulaşılacak bir yolun emniyetle alınması tedbirlerini bana emretti.

(…) Yahya Kaptan ile üç beş arkadaşı ilk müfrezemizi teşkil edecekti.

Değirmendere havalisinde 1. Dünya Savaşı içerisinde eşkıyalıkları ile Türk köylülerine zarar veren ve bahçıvanlıktan yetişmiş ve eşkıyalıktan vazgeçirdiğim üç beş kişilik kuvvetindeki çeteyi de müfrezemize ilave edecek ve İznik-Yenişehir havalisinden geçerek 20. Kolordu kıtaatından birine ulaşmak kararımız planlanmıştı.

(…) Anadolu'da Kocaeli yolu ile gizlice geçebilmek üzere bütün hazırlıklar tamamlandığı ve Kocaeli ormanlarındaki ağaçların yapraklanmasının beklendiği bir sırada, Padişah Vahdettin'in onayı alınmış ve Mustafa Kemal Paşa'ya 3. Ordu Müfettişiliği görevi verilmişti.

Bu görev Samsun yolu ile Anadolu'ya çıkabilme olanağı sağladığı için, aylar önceden gizlice hazırlanan Kocaeli üzerinden Anadolu'ya gizlice geçme planına da artık gerek kalmamıştı." [122]

---

122 Gürer, 2007, s.222-225.

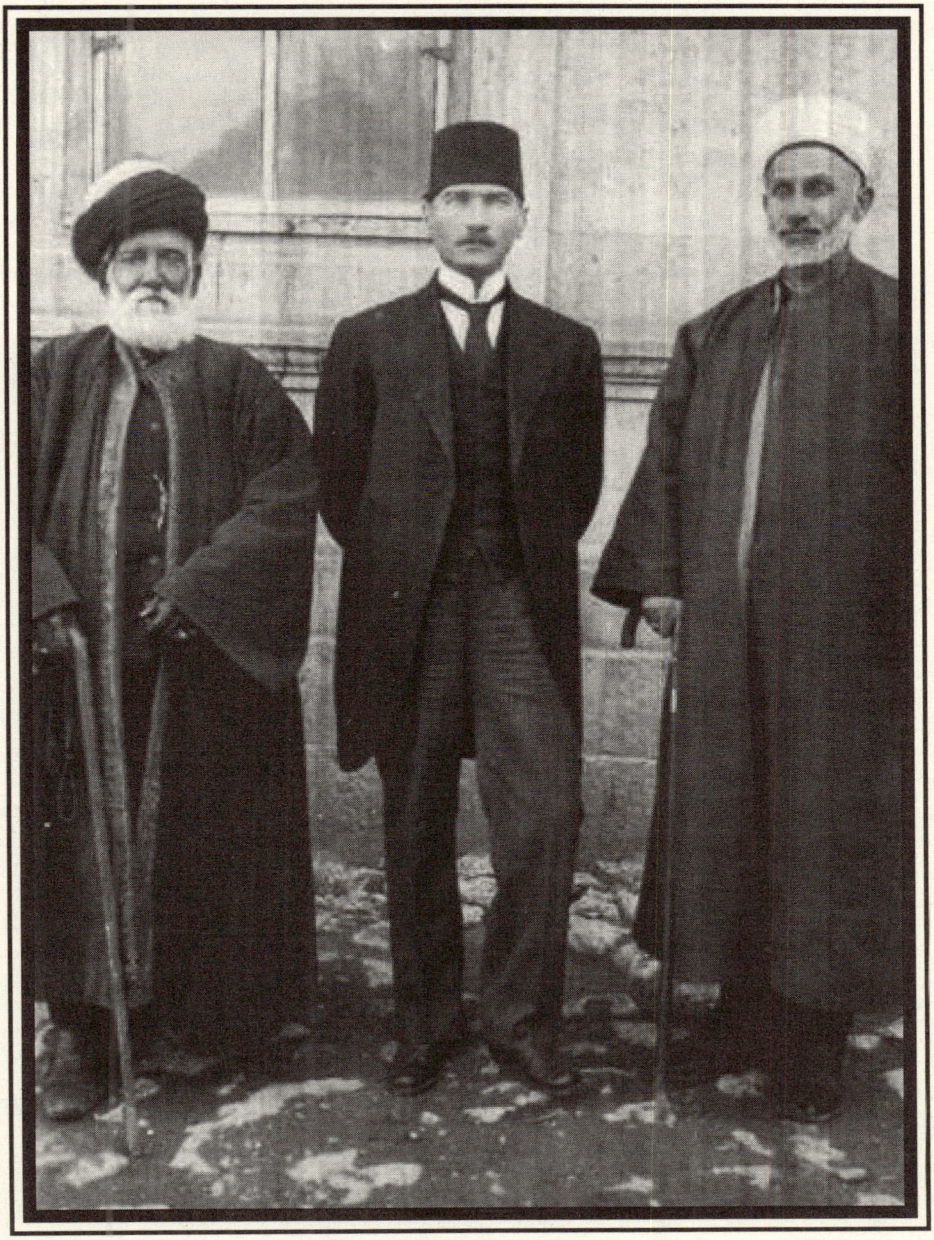

5. BÖLÜM

KURTULUŞ SAVAŞI'NIN MİLLÎ KAHRAMANLARI

- **Millî Mücadele'de Halkı Örgütleyen Din Adamları**
- **Amasya'da Müftü Hacı Tevfik Efendi**
- **Trakya Paşaeli Müdafaa-i Hey'et-i Osmaniyesi**
- **Redd-i İlhak Cemiyeti Kongresi**
- **Bilecik Müftüsü Mehmet Nuri Efendi**
- **Söğüt Müftüsü Mustafa Lütfi Efendi**
- **Urfa Müftüsü Hasan (Hüsnü) Efendi**
- **İzmir'in İşgali Diyarbakır'ı da Harekete Geçirir**
- **İzmir'in İşgali Sonrası Kilis'te de Miting Tertip Edildi**
- **İnebolu Müftüsü Ahmed Hamdi Efendi**
- **İzmir'in İşgali Sonrası Karadeniz'in Savunmaya Geçmesi**
- **Karadeniz Ereğlisi'nde Ahmet Nimet Hoca**
- **Ahmet İzzet Efendi (Çalgüner)**
- **Mehmet Esad Hoca Efendi ve Aydın'ın Millî Mücadele'ye Katkısı**
- **Ahmet Müfit Efendi (Kırşehir Mebusu)**
- **Balıkesir Kongreleri**
- **Ankara Millî Şahlanışa Katılıyor**
- **Alaşehir Kongresi**
- **Millî Mücadele'de Isparta ve Hafız İbrahim Efendi**
- **Afyonkarahisar ve Çelikalay**

MİLLÎ MÜCADELE'DE ÖNE ÇIKARAK HALKI ÖRGÜTLEYEN MÜFTÜLER VE DİN ADAMLARI

Bu bölümde yer verdiğimiz müftüler, müderrisler, din adamları; Mustafa Kemal'in liderliğinde, düzenli bir orduya dönüşene kadar kurdukları küçük birlikler ile, düşmanın Anadolu topraklarında ilerleyişini durdurmuş; düşman devletlere ve saraya kendi imkanları ile işgali durdurmaları yönünde önemli beyannameler göndermiş, telgraflar çekmişler, binlerce kişinin katıldığı mitingler tertiplemişlerdir.

Devrek Müftüsü Abdullah Sabri, müderrisînden Hacı Süleyman, Çine'de Millî Ordu Müftüsü Esad, İsmail Şükrü Efendi (Çelikalay), Hafız İbrahim Efendi (Demiralay), Karacabey müfti-i sabıkı Mustafa Fehmi, İnebolu Müftüsü Ahmed Hamdi Efendi, Urfa Müftüsü Hasan Hüsnü Efendi, Denizli Müftüsü Ahmed Hulusi Efendi, Amasya Müftüsü Hacı Tevfik, Kuvva hareketinin güçlenmesinde gayret eden, önde gelenlerindendir.

Bunlar Mustafa Kemal ile şahsen temasa geçmiş, orduya teçhizat, mühimmat yardımını örgütlemişlerdir.

Bu geniş bölüm, bazılarının "Mustafa Kemal din adamlarını kullandı" iddiasını da çürütmektedir. Zira pek çoğu ilk Meclis'te mebus olarak da yer alacak eğitimde olan müftülerin esasen son derece şuurlu bir şekilde "gavur çizmesi görmektense ölmeyi tercih ettiklerini" okuyacaksınız.

AMASYA'DA MÜFTÜ HACI TEVFİK EFENDİ

9 Mart 1919'da Samsun, İngilizler tarafından derhal işgal edildi. Aynı ay içinde Merzifon'da işgale uğradı ve Amasya ilini zorlamaya başladılar.

Din adamlarını burada da halkın önünde görüyoruz.

İngilizlerin saat kulesinin kapısını kırarak Türk bayrağını indirip, İngiliz bayrağı asmasından sonra halk galeyana gelmiştir.

"Topçu yüzbaşısı Cevat Bey, 'Biz muharebe meydanlarında bunun için mi cenk ettik?' diyordu.

Amasya şehir merkezi kısa sürede olayın yayılması ile çalkalanıyordu. Saathane önünde toplanan ahali hep bir ağızdan şiddetle protestoya başladı. Durumdan iyice korkan İngilizler saat kulesinin kapısını tuttular. Kendi bayraklarının kuleden indirilmesine engel olmaya çalışıyorlardı.

'Çıkaralım paçavrayı, yırtalım gardaşlar' sesleri arasında, 'Susun susun hocaefendiler geliyor' diye bağrıldı. Halk ise hem yol açıyor, hem de 'olmaz, olmaz böyle bir şey' diyorlardı.

Açılan yoldan da Müftü Hacı Tevfik Efendi, Kadı Ali Himmet Efendi, Hoca Bahaddin Efendi ve Vaiz Abdurrahman Kamil Efendiler, 'Sakin olalım, sakin olalım' diyerek geldiler. Hepsi de endişeliydiler.

Gözyaşlarını tutamayan Kadı Ali Himmet Efendi, 'Allah büyüktür. Bizim gibi bir asil milletin memleketinde böyle âlimler, evliyalar bulundukça, yabancı bayrağı buralarda dalgalanamaz' diye sesini yükseltti.

Halkın galeyanı arasında ansızın beklenmeyen bir uğultu oldu, peşinden de oldukları yere yattılar.

Kısa süren fırtınanın, saat kulesinin tepesindeki İngiliz bayrağını paramparça ederek Yeşilırmak üzerine savurup attığını, ayağa kalkan bütün ahali gördüğü zaman sevinç nidaları her yanı sardı.

Tekbir sesleri getirerek ayağa kalkanlar, İngiliz bayrağının yerinde olmadığını gördüler.

Halkın ani cesaret bulması ve bayrağın aniden sökülerek yok olmasından korkan İngiliz askerleri geri çekildiler. Kule kapısından kaçan askerler, hükûmet konağına koşarak girdiler. Halk ise kuleden indirilen Türk bayrağını besmele ve tekbir sesleri ile geri çektiler.

Hükûmet konağında mutasarrıfın odasında tartışan İngiliz temsilci Solter, dışarıda cereyan eden olay karşısında korkuya kapılıp yanındaki askerleri ile otomobile binip kaçtı." [123]

---

[123] Hüseyin Menç, Millî Mücadele Yıllarında Amasya, 5. Baskı, Amasya Belediyesi Yayınları, s.11.

TRAKYA PAŞAELİ
MÜDAFAA-İ HEY'ET-İ OSMANİYESİ

Mondros Ateşkes Andlaşması'ndan sonra, halkın işgale karşı direnişini simgeleyen ilk cemiyet budur.

1 Aralık 1918'de kurulmuştur. Edirne kongresi sonrasında, "Anadolu ve Rumeli Müdafaa-i Hukuk Cemiyeti" ile birleşene kadar faaliyetini bu isim altında sürdürmüştür.

Beyannamede şöyle yazar:

"Ecdadımızın celalet yadigârı olarak, Avrupa'da elimizde yalnız Edirne vilayeti kalmış iken, bu mübarek toprakların Müslüman olan mühim bir kısmı da kötü idare yüzünden Bulgar boyunduruğuna geçmiştir.

Bu da yetmiyormuş gibi son zamanlarda payitahtın bekçisi olan yurdumuza göz diktiğini görmekten elem ve ızdırap duymaktayız.

Türklerin gadre uğramış haklarını müdafaa etmek için Trakya Paşaeli Müdafaa-i Hey'et-i Osmaniyesi teşekkül etmiştir." [124]

Cemiyetin ilk reisi, Edirne Müftüsü Mestan Efendi, ikincisi Müftü Hilmi Efendi'dir.

Trakyalıların, Edirne kongresinde silahlı savunma kararı almaları Mustafa Kemal Paşa tarafından takdirle karşılanmıştır. [125]

---

124 Tarık Zafer Tunaya, Türkiye'de Siyasi Partiler, 5. Baskı, İletişim Yayınları, İstanbul, 2015, s.479.
125 Güner, 1999, s.179-207.

REDD-İ İLHAK CEMİYETİ KONGRESİ
21-22 MART 1919

"… İzmir'in (Yunan) işgalinden önce yapılan bu kongreden sonra Ege bölgesi şehir ve kasabalarında ayrıca Redd-i İlhak Cemiyeti veya şubeleri kuruldu.

İşgalden önce gerçekleşen bir mitingde, İzmir Müftüsü Rahmetullah Efendi, 'Kardeşlerim ciğerlerinizde bir soluk nefes kalmadıkça, damarlarınızda bir damla kan kalmadıkça, anavatanımızı düşmanlara teslim etmeyeceğinize Kur'an-ı Kerim'e el basarak birlikte yemin edelim' dedi.

Rahmetullah Efendi, İzmir Valisi İzzet Bey'in Yunan işgaline karşı çıkılmaması emri üzerine de, 'Vali Bey, bu sakalım, kanımla kızarabilir ama bu alna Yunan alçağını sükûnetle selamlamış olmanın karasını sürerek huzur-u İlahiye çıkamam' diye haykırmıştır." [126]

---

126 Sarıkoyuncu, 2002, c.1, s.22.

Redd-i İlhak ismi altında olmayan daha Kasım 1918'de Manisa'da kurulan 'İstihla-ı Vatan/Vatan Kurtarmak' grubu gibi çeşitli kuruluşlar da vardı.

İzmir'in işgali sonrasında kurulan Aydın ve yöresindeki Aydın Heyet-i Milliyesi de mahalli bir teşebbüstür.

Şehrin işgal edildiği gün, Müftü Ahmet Hulusi Efendi, 15 Mayıs 1919 günü düzenlediği mitingde, Denizli halkına, "İşgal edilen memleket halkının silaha sarılması dinî bir görevdir" diye konuşma yapmıştır.

"17 Mayıs'ta ise Denizli Çal Müftüsü Ahmet İzzet (Çalgüner) Efendi de halkın millî harekâta katılmasına gayrete başlamıştı.

Bir toplantısında, 'Allah'ımız bir, Peygamberimiz bir, Kitabımız bir, vatanımız bir olduğuna göre muhafazasına mecburuz.

Mukaddesatımızı müdafaa için Allah'ın ve Peygamberin emirlerine uymak gereklidir. Çöken saray saltanatının yerine milletin kalbindeki iman nuru bir kat daha parlamıştır' diye konuşmuştur.

Bu arada Müftü Ahmet İzzet Efendi, toplantıda hazır bulunanlardan bir de imzalı senet almıştır. Çal halkından 20 kişinin imzaladığı senette, 'Cümlemiz dinimizi, vatanımızı, namusumuzu vikaye için size iştirak etmeye söz veriyoruz' yazar." [127]

İşgalin tepkileri içinde 10 Haziran 1919'da kurulan Denizli Heyet-i Milliyesi şu beyannameyi yayınlamıştı:

"… Allah'ın büyüklüğüne güvenen namuslu ve mert kardeşler, silahlarıyla birer birer gelip bize el uzatıyorlar. Yarın Yunanlıların pis ve murdar ayakları altında inleye inleye ölmektense, bugün ya mertçesine ölmeye ya şerefle, namusla yaşamaya azmettik." [128]

---

127 Sarıkoyuncu, 2002, c.1, s.20.
128 Aydemir, 1976, c.2, s.158.

Denizli'de din adamlarımız gerçek aydınlar olarak halkı Millî Mücadele'ye karşı örgütlemeye çalışırken, İstanbul Hükûmeti bu başarılı girişimden korkmuştur.

Padişahın otoritesini kuvvetlendirmek maksadıyla Şehzade Abdürrahim Efendi başkanlığındaki heyet 25.4.1919'da Denizli'ye ulaşmıştır.

Heyet üyelerinden Süleyman Şefik Paşa, Denizli hükûmet konağı önünde toplanan halka bir konuşma yaptı. Bu konuşmada mütareke hükümlerine uymanın millet ve memleket selameti için gerekli olduğu, halkın sükûn içinde iş ve güçleriyle uğraşmaları ve Hıristiyanlarla iyi geçinmeleri halinde herhangi bir tehlikenin söz konusu olmadığı irade buyuruldu. Bu arada hatip tarafından sözlerinin başında padişahın bildirisi okundu ve selamı halka iletildi.

Kuvva hareketi imanlı vatanperverlerin gayretiyle büyürken, Müdafaa-i Hukuk ve Redd-i İlhak Cemiyeti, 12.7.1919'da Denizli Kuvva-yi Milliyesi olarak kuruldu.

İstanbul Hükûmeti'nin, Takvim-i Vekayi'nin 3 Ağustos 1919 tarihli nüshasında yayınlanan talimatında, Mustafa Kemal ve arkadaşları asayişi bozmak için çeteler kuranlar olarak vasfedilecektir. [129]

"Manisa'da Manisa Müftüsü Alim Efendi, Cemiyet-i İslamiyye adında bir örgüt kurmuş; işgal sonrasında Müftü Alim Efendi, Kırkağaç Müftüsü Hacı Rıfat Efendi, Burhaniye Müftüsü Mehmet Muhip Efendi, Edremit Müftüsü Hafız Cemal Efendi, Tire Müftüsü Sunullah Efendi Yunan işgalini dinî açıdan değerlendiren bir fetva vermişlerdir.

---

[129] Orhan Vural, "İstiklal Savaşı'nda Müftülerin Hizmetleri", Sebilürreşad, Cilt 1, Sayı 12, s.185- 187.

Ayrıca fetvada Yunanlılarla birlikte Damat Ferit hükûmetinin tel'in edildiği de vurgulanmıştır.

Bundan dolayıdır ki, fetvayı veren din adamları, hem Yunan makamları, hem de İstanbul Hükûmeti tarafından idama mahkum edilmişlerdir." [130]

---

[130] Teoman Ergül, Kurtuluş Savaşı'nda Manisa, Manisa Kültür Sanat Kurumu Yayınları, İzmir, 1991.

BİLECİK MÜDAFAA-İ HUKUK CEMİYETİ VE MEHMET NURİ EFENDİ (BİLECİK MÜFTÜSÜ)

Mili Mücadele'nin başlamasının ardından Bilecik'te Müftü Mehmet Nuri'nin öne çıktığını görürüz. Orhan Gazi Camii'nde yaptığı konuşma sonrasında kendi başkanlığında Ertuğrul Livası (Bilecik) Müdafaa-i Hukuk Cemiyeti kurulmuştur.

"Milletin haysiyeti, şerefi, hürriyeti ve istiklali gerçekten tehlikeye düşmüştür. Yunan gavurundan kurtulmak için gerekirse Bilecik'in bütün fertlerinin ölmeyi göze alması lazımdır.

Müftünüz olarak diyorum ki, alçak Yunan'ın zulüm ve vahşetine katlanmaktansa seve seve ölelim. Şehit olalım. Cennete gidelim ama önce düşmanı ata yadigârı yurttan kovalım. Bir ve beraber olalım. Bir araya gelip teşkilat kuralım. Gazamız mübarek olsun. Allah bizimle beraberdir."

O tarihlerde, Bilecik, Ertuğrul Livası adı altında Bursa vilayetine bağlıydı. Bursa'nın valisi Kuvva-yi Milliye karşıtı idi. Yerine geçen vali de ondan farksız olmadı. Ancak Mehmet Nuri Efendi Kuvva hareketine desteğini sürdürdü.

Bilecik ve çevresinde Kuvva-yi Milliye'nin personel, silah, cephane ve malzeme bakımından ikmal edilmesinde de önemli hizmetlerde bulunmuştur.

Mustafa Kemal Paşa'nın, 4 Mart 1920 tarihli bildirisi üzerine, yeni hükûmetin millî isteklere uygun nitelikte kurulması için Meclis-i Mebusan'a telgraf çekmiştir.

Ankara fetvasını, Bilecik Müftüsü olarak imzalamıştır.

TBMM başkanlığına çektiği 26 Nisan 1920 tarihli telgrafıyla, Millî Meclis'in Ankara'da toplanmasını içtenlikle kutlamıştır.

Birçok tanınmış şahsiyet, bu meyanda Mahmut Celal Bey (Celal Bayar) de, Mehmet Nuri Efendi'nin yardımı ile Ankara'ya gelebilmiştir.

Bölgedeki hizmetlerinden rahatsız olan Yunanlılar onu şehit etmiştir.

"… O gün öğleden sonra Bilecik Müftüsü Mehmet Nuri Hoca, silahlı ve yanında arkadaşı eşraftan Hacı Saffettin amca olduğu halde şemsiyesine dayanarak Bergoz Bağlarına doğru çıkıyorlardı. Uluyol'a kadar gitmişlerdi. Orada rastladıkları Yunan devriyeleri tarafından Müftü şehit edilmiş ve kendisini Deresakarı köyü mezarlığına defnetmişler, defin tabiatiyle köylüler tarafından yapılmıştır." [131]

---

[131] Kuzu, 2015, s.47-51.

MUSTAFA LÜTFİ EFENDİ BİLECİK-SÖĞÜT MÜFTÜSÜ

15 Ağustos 1911'de Söğüt Müftülüğü'ne tayin edilen Mustafa Lütfi Efendi, millî harekete katılmıştır.

Söğüt Müdafaa-i Hukuk Cemiyeti'nin kuruluşu ve faaliyetlerinde görev aldı. Söğüt Müdafaa-i Hukuk Cemiyeti'nin kurucuları; Abdullah (Timurlenkoğlu), azalar; Cevdet Baybura, Müftü Mustafa (Kileci), Nuri Büyüktuğrul, Sabri İpek, Mehmet (Madenoğlu), Ragıp (İpek), Nail (Kibaroğlu), Hazım (Şahin) ve Ali Osman (Yazgan)'dır.

Ayrıca Ankara fetvasını Söğüt Müftüsü olarak tasdik etmiştir." [132]

---

[132] Kuzu, 2015, s.63-64.

URFA MÜFTÜSÜ HASAN HÜSNÜ EFENDİ (AÇANAL)

30 Ekim 1919'da, Urfa'nın Fransızlar tarafından işgalinin başlamasıyla, Urfalılar adına şehrin ileri gelenleri ile birlikte yetkililere protesto telgrafları çekti.

"... Hükûmet dairelerine kontrol memurları koymak, kanunlara aykırı olarak istediklerini tutuklamak, v.s. sûretiyle padişahın hükümranlık hakkına karıştıkları gibi, bütün ruhumuzla bağlı olduğumuz bayrağımızı resmî dairelerden indirerek, kutsal yurdumuzu Fransız sömürgesi haline koymuşlardır Fransa'nın bu yolsuz işlemleri Türkiye'yi bu zorlu kavganın ebedi mağluplarından birisi saydıklarını açıkça ortaya koyuyor.

(...) Bu haksızlıklara karşı son ferdine kadar kanını dökmeye karar veren milletimiz, ülkemizde herhangi bir işgalin kaldırılmasıyla Fransız kötülüklerine bir son verilmesini, İtilaf Devletleri Yüksek Meclisi'ne bu telgraflarımızın arz buyurulmasını istirham ederiz."

Müftü Hasan Hüsnü Efendi, kendinden önceki Urfa Müftüsü Müslim ve Belediye Başkanı Mustafa Efendi'lerle birlikte imzaladığı protesto telgrafında da Ermenilerin tutumuna dikkat çekmiştir.

Urfa Müdafaa-i Hukuk Cemiyeti'nin, eşraf ve ileri gelenlerce benimsenmesinde Müftü Hasan Efendi'nin önemli katkısı olmuştur.

Millî hareket lehindeki bu gelişmelerden memnun kalan Mustafa Kemal Paşa, 31 Ekim 1919 tarihinde Müftü ve ileri gelenlere aşağıdaki telgrafı göndermiştir:

"Müftü-i Belde hazretleri ve eşraf-ı muteberan-ı kirame,

Vatan ve dinimizle ilgili hislerinize şükran duyuluyor. Meşru bir hükûmet ve bağımsız bir millet olarak yaşamaya azmetmiş olan hiçbir ecnebi ve işgal ve kontrolünü kabul edemez, millî teşkilatlanmayı genişletiniz. Mütareke hükümlerine aykırı olan her türlü haksızlığı protesto ve icabında fiilen reddetmeniz meşru ve kutsal amaçlarımızın gerçekleşmesi için şarttır.

Millet, maksadını gerçekleştirinceye kadar davasına devam edecektir." [133]

Daha sonra Ermenilerin tecavüzleri hakkında da şöyle bir telgraf hazırlamışlardır:

"1920 senesi Ocak ayının 17. günü saat 10'da meçhul bir sebep dolayısıyla Ermeniler, evvela fark edilmeyecek şekilde birer ikişer dükkanlarını kapatarak gitmişlerdi.

Biraz sonra bu hal, ani ve umumi bir şekilde yapılmış ve heyecanla koşup mahallelerine çekilmekle neticelenmişti.

---

133 Sarıkoyuncu, 2002, s.184-186

Ahali-i İslamiye, bu heyecanın sebebini bir türlü anlayamamıştı.

Buna rağmen o zaman bırakıp gitmek isteyenlere bir şey olmadığını ve heyecana gerek bulunmadığını söylemiş ve gerekli yardımı yapmış idik.

Aynı günden ta bugüne kadar erkek, kadın, çocuk, ihtiyar, ahali-i Hıristiyaniyeye sabahtan akşama kadar pazarda, hamamda ve serbest dolaşıp alışveriş etmekte oldukları ve hiçbir İslam'ın fena bir muamelesine maruz kalmadıkları ve vaktinde adi kavga bile görülüp, işitilmediği halde, Hıristiyanlar, memlekette asayişsizlikten bahsederek dükkanlarını açmamakta devam ediyorlar.

Urfa'nın, İngilizlerin taht-ı işgalinde iken, aynı hadise iki defa daha tekrar etmişti" denildikten sonra telgraf şöyle devam etmişti:

"... Daima mutlak bir sükûnet içinde yaşayan Urfa İslam ahalisi, bu hale hayretle bakmakta ve bir mânâ verememektedirler. Ahalinin sükûnet perverliğine bütün Hıristiyanlar şahit oldukları halde memleketin asayişini lekelemekte bir siyasî maksat olduğuna biz artık kanaat getirmiş bulunuyoruz.

İngilizlerin Urfa'dan çekileceği rivayeti söylenmeye başladığı zaman Fransızların işgaline dair henüz bir rivayet şayi olmamış iken bu hadise birkaç gün fasılayla iki kere tekerrür etti ve buna müteakip Fransız işgali vukû buldu.

Şimdi de anlaşılıyor ki...

Urfa'nın senelerce işgal altında bulundurmak zaruretine binaen havadis icadı hilesine teşebbüs ediliyor.

Medeniyet âleminin hakiki temsilcisi olan Amerika'nın sırf insanî prensiplerine ve bütün beşeriyetin tebcil ettiği düsturlarına karşı, siyasî dimağları istila emellerine çare bulmak istiyorlarsa, vatanını düşünen vatandaşlarıyla iyi ilişkilerden başka bir hisle mütehassıs olmayan ve bunu Hıristiyanlara sermaye vermek, ticarî ve ziraat akdetmek, cins ve mezhep tefrik etmeksizin memuriyetlere getirmek sûretiyle iyi niyetini ispat etmiş olan memleketimizin tarihini, şerefini, bu siyasetle medeniyet âleminde lekelemek usulünü takbih eder ve bütün medeniyet âlemine protesto ederiz." [134]

---

[134] Kuzu, 2015, s.76-77

İZMİR'İN İŞGALİ DİYARBAKIR'I DA HAREKETE GEÇİRİR

İzmir İlhak-ı Red Heyet-i Milliyesi'nden gelen 14.5.1919 tarihli bir telgrafta, "İzmir ve havalisi Yunan halkına ilhak ediliyor. İşgal başladı. İzmir ve yerleri tamamen ayakta ve heyecanda.

İzmir son ve tarihi gününü yaşıyor. Son imdadımız sizin göstereceğiniz muavenete bağlıdır. Mitingli telgraflarla her yere başvurunuz ve vatan ordusuna katılmaya hazırlanınız" deniyordu.

O tarihte Belediye Reisi olan Dellalzade Abdurrahman Efendi'nin daveti üzerine şehir halkının ileri gelenlerinden bir grup 22 Mayıs 1919'da belediye binasına toplanmış, İzmir işgalinin protestosu üzerine konuşmakta ve çekilecek tellerin kaleme alınması ile meşgul iken Sadrazam Ferit Paşa'nın ajan vasıtasıyla neşredilen tebliği -ki şark vilayetlerinde bir Ermenistan kurulmasından da bahsediyordu- halkı galeyana getirdi.

Eski belediye binası önünde büyük bir miting yapıldı. İzmir'in işgali protesto edildi. bununla ilgili protesto telleri çekildi. Sonra ajans haberi ele alınarak Sadrazam Ferit Paşa'ya, "Vilayet-i Şarkiyye, Arnavud babanızdan kalmış mülk-i mevrusunuz değildir ki, Ermenilere peşkeş çekiyorsunuz" ifadeli bir tel çekilmesine ve bir millî heyet seçilmek üzere ertesi (23 Mayıs 1919) Cuma günü saat yedide belediye binasında yeniden toplanılmasına karar verildi.

Seçilen on bir kişi rey sırasına göre şunlardır:

Müftü İbrahim Efendi Reis, Cemil Paşazade Mustafa Bey, Behram Paşazade Arif Bey, Garnizade Dr. O. Cevdet (Akkaynak) Bey, Piranizade Nazım (Önen) Bey, Hacı Niyazi (Çıkıntaş) Bey, Zülfüzade İhsan Hamid (Tiğrel) Bey, Hayalizade Kamil Bey. [135]

---

135 Şevket Beysanoğlu, Bütün Cepheleriyle Diyarbakır, Şehir Matbaası, Diyarbakır, 1963, s.165-166.

İZMİR'İN İŞGALİ SONRASI KİLİS'TE MİTİNG TERTİP EDİLDİ

İzmir'in işgali sonrasında hız kazanan Kuvva hareketinde, Kilis de sessiz kalmamış, Haziran 1919'da tüm Anadolu'da yapılmaya başlandığı gibi halkın uyanışı meydanlara yansımıştı.

İzmir'in işgalini protesto için Kilis halkı meydana inmişti.

"Tekye Camii önünde, bütün Kilis halkının katıldığı ve coşku ile destek verdiği bir miting düzenlendi.

Konuşmacılardan Hacı Ahmet Efendizade Galip Salihoğlu duygulu bir konuşma yaptı. Bu konuşmanın bir bölümü şöyledir:

'Uyanın ey gafil halk! Dedelerimizin, ölülerimizin gömülü olduğu bu kutsal topraklarımıza düşman giriyor. Siz ey, en büyük dinin sancağını açanlar. Siz ey tarihe destan yazanlar.

Şimdi istiklal günü, hakimiyet günüdür. Hür doğduk, hür yaşadık, hür ölmeliyiz. Düşman bu topraklara adım atarsa, hep beraber savaşalım, hep beraber ölelim.'

Cemiyet-i İslamiye üyeleri, Hacı Mustafa Beşe, Hacı İsmet Salihoğlu, Burhan Neci, Sadullah Salihoğlu, Galip Salihoğlu, Ziya Neci, Hafız Ahmet, Çırazoğlu Ziya, Mehmet Müslüman, Şerbetçi Akif tarafından imzalanan bir telgraf, Belediye Reisi Hacı Yusufoğlu Osman Efendi aracılığı ile Erzurum'da bulunan Mustafa Kemal Paşa'ya gönderilmiştir." [136]

---

[136] Beşe, 2017, s.86.

İNEBOLU MÜFTÜSÜ AHMED HAMDİ EFENDİ

İnebolu Müdafaa-i Hukuk Cemiyeti'nin kurulmasına yardımcı olan Ahmed Hamdi Efendi, camilerde Kuvva hareketine destek toplamak için vaazlar vermiştir.

Nurettin Peker, Müftü'nün gayretlerini şöyle aktarır:

"... 1 Haziran 1921 günü camide Müftü Ahmed Hamdi Efendi, her Cuma namazından sonra yaptığı gibi bugün de Çarşamba olduğu halde öğle namazından sonra kürsüde Kuvva-yi Milliye'yi övüyor; iskeleye gelen silah ve cephaneleri boşaltmanın, taşımanın sevabından bahis ile vaaz ediyordu...

Müftü (Ahmed) Hamdi kürsüden yüksek sesle, 'Ey ahali, çarşıyı kapayın, camileri kapayın, haydi peşime düşün' deyip camiden cüppesiz fırlayınca; camilerden, dükkanlardan çıkan halkın koşuştuğu; dükkan, kahve, mağaza kepenklerinin bir gürültü sağanağı halinde kapandığı; hastası, sağlamı, eli ayağı tutanın Müftü'nün peşine düşerek tekbirler ve tehlillerle yalıya yürüdüğü görüldü.

Müftü Ahmed Hamdi Efendi ile ihtiyar kayıkçılar, kahyalar, dükkancılar yanaklarından, sakallarından terler akarak çalışıyorlar, peş peşe karınca gibi taşınıyor; sandıklar, denkler omuzdan omuza uçuyor ve bu ateşli iman ve millî gayretler vapurlar, kayıklar, yalılar boşalıyordu.

Bu mucizeyi seyreden subaylar, kumandanlar, memurlar, İstanbul'dan gelmiş yerli, yabancı yolcular, Türk milletinde bu yurtseverlik oldukça dipdiri ayakta duracağına inanıyorlar ve yabancılar fotoğrafla resim çekerken Türkler de gözyaşları içinde yardıma katılıyorlardı..." [137]

---

[137] Nurettin Peker, İstiklal Savaşı, İnebolu ve Kastamonu Havalisi, Gün Basımevi, İstanbul, 1955, s.328

İZMİR'İN İŞGALİ SONRASI KARADENİZ'İN SAVUNMAYA GEÇMESİ

Esasen, Trabzon'dan işgale karşı yükselen ilk ses, Mondros sonrasında, 18 Kasım 1918'de, Meclis-i Mebusan'da Trabzon Mebusu olarak vazifeli Hafız Mehmet Bey'den gelmiştir.

Yaptığı konuşmada şöyle demiştir:

"Birçok yerler işgal olunuyor ve Dışişleri Bakanı henüz nerelerin işgal ediliğini bile bilmiyor.

Bu pek garip bir gerçektir. Mütarekenin bugünkü gibi uygulanması halinde memleketin askeri işgal altına girmekte olduğunu görmüyorlar ve bunu tetkik edip gerekli teşebbüslerde bulunmuyorlar.

Mütarekenin uygulanmasında bu kadar müsamaha gösteren bir hükûmet, yarın barış masasında acaba ne dereceye kadar haklarımızı koruyabilecektir. Hükûmetler mağlup olurlar fakat vatanın müdafaası sonunda bir millet ölse bile namusu ile şerefi ile ölür." [138]

Sakarya savaşı esnasında;

"... Hafız Mehmet Bey, Ankara'ya dönerek Trabzon havalisinde bin gönüllünün toplanması için Başkomutanlığa başvurmuş, Sakarya savaşının sürdüğü bir sırada Mustafa Kemal Paşa'ya birbiri peşi sıra telgraf çekmişti.

İlk telgrafta şöyle yazmıştı:

"Biz burada Sakarya muharebesini endişe ile takip ediyoruz. Cengaver gençlerden mürekkep milis bir alay teşkil etmekteyiz. Bu alayı İnebolu'ya kadar denizden nakil için her türlü vesaiti buluruz.

İnebolu'dan Ankara'ya nakli için de gereken vesaiti temin buyurmanızı..." [139]

Trabzonluların mütareke sonrasında millî uyanış ve millî savunma yolunda attıkları ilk önemli adım 10 Aralık 1918'de İstikbal gazetesini çıkarmaya başlamaları olmuştur.

"Trabzon'da yayınlanan iki Rum gazetesi Epuhi ve Farosianadolis'in bütün yayınlarını merkezi Trabzon olan bir Pontus Rum Devleti'nin kurulması hedefine yönelttikleri günlerde..." [140]

Bu gazete millî direnişin sembolü olmuştur.

---

138 Mahmut Goloğlu, Millî Mücadele Tarihi: Erzurum Kongresi, Nüce Matbaası, Ankara, 1968, s.7.
139 Şükrü Ali Ögel, "Millî Mücadele Sırasında Atatürk'ten Birkaç Hatıra", Türk Kültürü Dergisi, Sayı 25, Ankara, 1964, s.55.
140 Sabahattin Özel, Millî Mücadele'de Trabzon, Türk Tarih Kurumu Yayınları, Ankara, 1961, s.54.

Yine 10 Şubat 1919'da Trabzon'da Trabzon Muhafaza-i Hukuk-i Milliye Cemiyeti, Rumların ve Ermenilerin bölge üzerindeki emellerine karşı Türk ve Müslüman halkın haklarını korumak amacı ile kurulmuştur.

"... Ordulular, 16 Mayıs 1919'da Sadaret makamına ordu ilçesi bütün Türk ve Müslüman ahalisi adına Belediye Reisi Hacı İzzet imzasıyla çektikleri telgraflarında, 'İzmir vilayetinin herhangi bir toprağına dikilecek Yunan bandırası, Müslüman kalplerine saplanmış bir hançer demektir. Bunu biz Türkler ve Müslümanlar, bütün varlığımız ile ve büyük şiddetle reddediyor ve bu uğurda canımızı ve kanımızı feda edeceğimizi arz eyleriz' diyorlardı.

Giresunlular, 17 Mayıs'ta Belediye Reisi Osman Ağa (Topal Osman)'nın başkanlığında büyük bir miting düzenleyerek İzmir'in işgalini protesto etmişlerdi.

Çamlı Çarşı'da, camii-şerifte toplanan binlerce Giresunlu, Amerika, İngiltere, Fransa, İtalya'ya gönderilmek üzere protesto telgrafları hazırlamışlardı.

Sadrazama gönderdikleri telgrafta, 'Hükûmetinizi, idamımızı tebliğe memur görmek istiyoruz. Sizi Türk sadrazamı bilerek hitap ediyoruz. İzmir'de mavi mi sallanacak, al mı kalacak?

Hükûmetiniz buna boyun mu eğecek, İzmirli kardeşlerimizi Yunan palikaryalarına teslim mi edecek?

Dar ağaçları bizim de ufkumuzda belirmekte idam anımız yaklaşmaktadır. İzmir'in Yunan'a ilhak edildiğini öğrendimiz gün, Giresun muhiti akissiz kalmayacaktır ve hiçbir kuvvet bizi azmimizden çeviremeyecektir' diyen Giresunlular, Padişah'a çektikleri telgrafta da, 'Ey ulu hakan! Tacından İzmir elmasını Türk kanlarıyla boyayarak koparıyorlar. Sıra yarın bizlere gelecek. Senelerce serhadlerde dolaşan biz Türkler ipte değil, süngüde can vermek için hazırız. Semamızdan al bayrak alındığı gün zümrüt dağlarımıza kanlarımızla bir al bayrak serilecek. Dökeceğimiz kanlara iştirak edecek, bayrağımıza taç giydirecek Âl-i Osman'ın kanını taşır; Orhan'ı, Ertuğrul'un bir oğlunu göndeririz' diyorlardı.

Maçka'dan, Müdafaa-i Hukuk-i Osmaniye Heyet-i Milliyesi adına 18 Mayıs 1919'da, Sadaret'e gönderilen protesto telgrafında Müftü Kamil, eşraftan Numan, Raşit, Yusuf, Bilal, Şakir, Mehmet Hafız Fehmi, Kadri, Kemal, Eyyüp, Mehmet, Nazım, Ömer, Rıdvan imzaları mevcuttu." [141]

Tirebolulular, 19 Mayıs'ta, Ünyeliler 21 Mayıs'ta İzmir'i protesto eden telgraflar göndererek, kanlarının son damlasına kadar vatanı savunacaklarını ifade etmişlerdir.

Trabzon Muhafaza-i Hukuk-i Milliye Cemiyeti, İzmir'in işgali sonrasında 22 Mayıs'ta toplanmış, 28 Mayıs'ta işgale karşı silahla karşılık verilmesi, bütün Doğu Anadolu'yu temsil edecek geniş bir kongrenin tolanması kararlaştırılmıştır.

---

141 Özel, 1961, s.70-71.

KARADENİZ EREĞLİ'SİNDE AHMET NİMET HOCA

Kurtuluş Savaşı'nda Ereğli Müdafaa-i Milliye Derneği'nin kurulmasında rol oynamıştır.

Gürdal Özçakır'ın, Haber Zonguldak gazetesindeki 22 Haziran 2011'de yayınlanan "Karadeniz Ereğli'nin İşgalden Kurtuluşu" makalesinde Ahmet Nimet Hoca'nın konuşması geçer.

Karadeniz Ereğli Müdafaa-i Hukuk Cemiyeti'nin, İzmir'in işgali sonrasında bir Cuma namazı öncesi toplantısında Uzun Mehmet Parkı'nda yaptığı etkili konuşma şöyledir:

"Sayın dinleyiciler! Çanakkale ve Kafkas gazileri!

Bugün ulusça mübarek vatanımızın parçalanması, namus ve haysiyetimizin ayaklar altına alınması tehlikesi ile karşı karşıya bulunmaktayız. Her karış toprağı şehitler kanı ile yoğrulan kutsal vatanımıza el uzatılıyor. İzmirliler ve Batı Anadolu halkı silahlarıyla dağa çıktılar. Düşman Akdeniz'in çukurluklarında kahredecekler.

Aziz hemşerilerim!

Bizler de görkemli tarihimize ve atalarımıza layık olduğumuzu kanıtlayacağız. Sınav günümüz gelmiştir. Bu uğurda sizlerle birlikte canımı vermekten çekinmeyeceğim.

Genç yavrularım!

Sizleri bugün için yetiştirdik. Düşmana Bedir'in, Malazgirt'in, Fatih'in aslanları gibi kurşundan kenetlenmiş saflarınızla saldıracaksınız. Onları yok edeceksiniz. Şehit ve gazi olacaksınız. Bu ulus, bu vatan, bu tarih, bu şeref size emanet olacaktır.

Gaziler ve kahramanlar!

Dinimize göre esir bir hükümdara itaat caiz değildir. İtaat eden Peygamberimizin istediği ümmet değildir.

Büyük tehliyeyi önlemek, Kuvva-yi Milliye ruhuna sadık kalmakla kabil olacaktır. Çanakkale ve İzmir'de akan kanlarla, Batı Anadolu'nun tarihî sınırı çiziliyor. Biz de akıtacağımız kanlarla bu sınırı tamamlayacağız.

Karadeniz sahilini kanımızla yalazlayacağız. Misakımız bu olacaktır.

Pek yakında bu toprakta yükselen kurtarıcının, Mustafa Kemal'in emrinde 1200 yılından beri uğrunda mücadele ettiğimiz İslam dininin bugün içimizde yanıp tutuşan meşalesi bizi gazamızda, kutsal savaşımızda muvaffak ve muzaffer kılacaktır. Çünkü, Hak uğrunda, vatan uğrunda, din uğrunda, millet uğrunda savaşıyoruz. Cenab-ı Hak bizimle beraberdir."

AHMET İZZET EFENDİ (ÇALGÜNER)

Millî Mücadele'nin başlamasıyla ulusal hareketin yanında yer aldı.

Bu amaçla, İzmir'de Müdafaa-i Hukuk-i Osmaniye Cemiyeti'nin önderliğinde 17/19 Mart 1919 tarihleri arasında yapılan kongreye, Çal delegesi olarak katıldı.

Kuvva hareketinde üstün hizmetleri nedeniyle Kurtuluş Savaşı'na katılanlara ancak bir tek İstiklal Madalyası verilmiş olduğu halde, Müftü Ahmed İzzet Efendi'ye biri "Çal Müftüsü İzzet Efendi", diğeri de Çal kazası Müdafaa-i Hukuk Heyeti'nden Müftü İzzet Efendi" isimlerine düzenlenmiş iki madalya verilmiştir.

Çal Kaymakamı'nı harekete geçirmeye çalışmış, çok etkili olamayınca Çal dağlarında Dede Efe'nin barınağına kadar gitmiş, onu cepheye sevk etmede başarılı olmuştur.

Müftü Ahmet İzzet Efendi, 15 Temmuz 1919'da yirmi bir kişiden müteşekkil Çal Heyet-i Milliyesini kurdu.

"Bu yirmi kişi ve ilçenin önde gelenleri ile hemen hizmete başladık. Jandarma dairesinin kapısını kırarak sekiz sandık cephane ile 10-12 adet mavzeri aldık. Badehu (sonra) askerlik şubesinin deposunu kırarak, orada mevcut cephane, pala, silah ne varsa hepsini aldık. Çal merkez kasabası eşrafını Köşk eşraflarına yolladık. Oralardan silah ve gönüllü asker dercine himmet olundu. Hatta asker firarilerinin güzergâhları kesilerek silahları alındı. Bu sûretle hayli asker ve silah dercolundu (toplandı).

Bunların topunu alarak Köşk cephesine hareket ettim. Düşmanın Omurlu'yu işgali günü biz de cepheye varmıştık...

(...) 22 Aralık 1919'da Çal merkezinde 15 bin kişinin katıldığı bir miting düzenlemiştir. Yunan işgal ve zulmü bir kez daha protesto edilmiştir.

Ayrıca miting sonunda kararlar alınmış ve bu kararlar Müftü Ahmed İzzet ile yedi arkadaşının imzalarıyla Dahiliye ve Hariciye Nezaretlerine, sûretleri İstanbul'daki Amerika, İngiliz, Fransız, İtalyan siyasî yetkililerine, Yenigün, Tasvir, İkdam, Monitör ve Oryantal gazetelerine gönderildi." [142]

---

142 Sarıkoyuncu, 2002, s.267-272

MEHMET ESAD HOCA EFENDİ VE AYDIN'IN MİLLÎ MÜCADELE'YE KATKISI

Aydın'ın önemli bir direniş göstermeden Yunan birliklerince işgali sonrasında Mehmet Esad Hocaefendi 57. Tümen'in subayları ve Aydın'ın efeleriyle direnişe geçmiştir.

Savaş sırasında bizzat cephede görev almış, TBMM'de 1. ve 2. dönem Aydın ve Menteşe Milletvekilliği'nde bulunmuştur.

Esad Efendi, Aydın Hilal-i Ahmer Cemiyeti Başkanı sıfatıyla ve Aydın Belediye Reisi Reşat Bey ile Mütercim Şemseddin beylerle beraber, Rodos yolu ile İstanbul'a gelerek işgale karşı seslerini duyurmaya çalışmışlardır.

Heyet, Damat Ferit'in "bagilerin mümessillerini kabul etmeyiz" demesi üzerine Padişah da kabul etmemiş, İttihat ve Terakki mensubu bazı kişiler ve okul arkadaşlarıyla görüşebilmişler Akşam gazetesi sahibi Şinasi Nazım, Yahya Kemal, Necati ve Vasıf Bey'lerle buluşarak amaçlarını anlatmışlardır.

Bu çabaları neticesinde İtilaf Devletleri'nce tahkikat heyeti oluşturulup bölgeye gönderilmiştir.

Esad Efendi, güney-batı Anadolu yöresinde halktan yardım alınmasında başarılı olmuştur.

Ordumuz batı cephesinde başarı kazanıp İzmir'e doğru ilerlerken Esad Efendi de Birinci Ordu Karargâhı'nda bulunmaktaydı.

Nurettin Paşa, Mustafa Kemal ve diğer subayların konuşmalarına tanık olduğunu, Nurettin Paşa'nın, "Sırpsındığı muharebesi gibi bir Rumsındığı harbi yapalım. Bütün düşman kuvva-yı külliyesini esir etmek imkan dahilindedir" dediğine tanık olduğunu belirtmektedir. [143]

---

143 Kuzu, 2015, s.52-56.

AHMET MÜFİT EFENDİ (KIRŞEHİR MEBUSU)

Kırşehir müftülerinden Hacı Mahmut Efendi'nin oğlu olan Ahmet Müfit Efendi, Fatih Medresesi mezunudur ve hukuk mektebini de bitirmiştir.

1910 senesinde, halkın arzusu ile Kırşehir müftülüğünü üstlendi.

1. Dünya Savaşı mütarekesinden sonra Damat Ferit Hükûmeti tarafından tutuklanarak İstanbul'a gönderildi ve Divan-ı Harb'e sevk edildi.

Ancak kaçarak Kırşehir'e geldi ve Heyet-i Temsiliye ile temasa geçerek Kırşehir Müdafaa-i Hukuk Cemiyeti'ni kurdu.

İstanbul taraflısı Ankara Valisi Muhittin Paşa'yı, o günlerde Ankara'ya bağlı Kırşehir'e sokmadı. Yakın arkadaşı ve Birinci Millet Meclisi'nde kendisi gibi Kırşehir Mebusu olan Yahya

Galip Kargı ile beraber başardığı bu hizmet dolayısıyla Ali Fuat Paşa, hatıratında, "Meclis'in Ankara'da toplanmasını sağlayan neticelerden biri" olarak bahseder.

TBMM'nin 1. dönemi için yapılan seçimde Kırşehir Milletvekili oldu ve 23 Nisan 1920'de Meclis'in açılışında hazır bulundu. Mecliste, anayasa, adalet, şer'iye-evkaf, bütçe, tasarı ve içtüzük komisyonlarında çalıştı.

Meclis'in kabul ettiği ilk kanun olan Ağnam resmi kanunu, arkadaşlarıyla birlikte yaptığı öneri üzerine kabul edildi.

13 Kasım 1922'de izin alan 2. Başkanvekili Hüseyin Avni Bey'in yerine bir süre vekalet etti. 20 Kasım 1922'de Halife Abdülmecid Efendi'ye kutsal emanetleri teslim ve Meclis adına kutlama kurulunda bulundu. [144]

---

[144] Kuzu, 2015, s.57-58.

BALIKESİR KONGRELERİ

İzmir'in işgali sonrasında Balıkesir, Millî Mücadele'den başka çare görmeyenler için merkez olmuş; ilki 26-30 Temmuz 1919'da, ikincisi 10 Ekim 1919'da olmak üzere iki kongre ile millî tepkiyi duyurmuştur.

"Kongrede Balıkesir, Ayvalık, Soma, Akhisar, Bandırma, Edremit Redd-i İlhak Cemiyetleri temsilcileri toplandı.

Delegelerin 27'si mahalli müftü ve müderrislerden teşkil etmişti:

1- Keçizade Hafız Mehmet Emin Efendi-Balıkesir

2- Arabacızade Hacı Hafız Mehmet Efendi-Balıkesir

3- Beypazarlızade Hafız Mehmet Efendi-Balıkesir

4- Keşkezade Hacı Bahattin Efendi-Balıkesir

5- Müftü Hoca Mehmet Bey

6- Soma Müfti-i Sabıkı Osman Efendi-Soma

7- Soma Müftüsü İsmail Hakkı Efendi-Soma

8- Müderris Hüseyin Efendi-Kırkağaç

9- Müderris İbrahim Efendi-Fart Nahiyesi

10- Hafız Arif Efendi-Kepsut Nahiyesi

11- Abdulgafur Efendi-Giresun nahiyesi

12- Hafız Mehmet Efendi-Şamlı nahiyesi

13- Hafız Hamit Efendi-Ivrindi nahiyesi. [145]

Kararlara uyularak İngiltere, Amerika, Fransa, İtalya siyasî temsilciliklerine protesto notaları gönderildi.

Şu parçalar protesto bildirilerinden alınmıştır:

"Milletlerin hayat ve saadetleri namına savaş ettikleri bildirilen medeni devletlerin adalet hislerine itimat gösteren Türkler, dört senelik bir mütemadi mücadeleden sonra Cemiyet-i Akvam'ın yüksek fikirlerine itimat ederek (burada kast edilen Cemiyet-i Akvam Wilson prensipleri olsa gerektir) silahlarını teslim etmişlerdir."

"Anadolu Türk ve Müslümandır. Cihan sulhüne esas olan Wilson prensiplerine göre, Anadolu'nun hiçbir yeri, hiçbir yabancıya verilemez."

"Anadolu Türkleri yurtlarını kurtarıncaya kadar millî mücadeleye kesin olarak kararlıdırlar." [146]

---

145 Sarıkoyuncu,c.1, 2002, s.40.
146 Aydemir, 2017, c.2, s.160.

Aynı tarihte Mustafa Kemal Erzurum'a varmıştır. 23 Temmuz-7 Ağustos 1919 tarihleri arasında kongreyi yapar.

Temmuzdaki bildiriden önce, İzmir'in işgali üzerine 16 Mayıs 1919'da Denizli Sarayköy'de işgali tel'in mitingi düzenlenmiştir.

Bu mitingde ilçe müftüsü Ahmet Şükrü Efendi (ki meclis açıldığında 1. dönem Aydın milletvekilliği yapacaktır) halka, İzmir'in kafir Yunanlılar tarafından işgal edildiğini, bu kafirlerin bulunduğu yerde namaz kılınamayacağını ve kılınmasının caiz olmadığını bildirerek düşmana karşı korunmasını istemiştir. [147]

---

[147] Tarhan Toker, Kuva-yı Milliye ve Millî Mücadelede Denizli, Denizli, 1983, s.23.

ANKARA MİLLÎ ŞAHLANIŞA KATILIYOR

Ankara'da 29 Ekim 1919 tarihinde Ankara Müdafaa-i Hukuk Cemiyeti kuruldu.

Hoca Rıfat Efendi Başkanı seçildi.

Mondros'un imzalanmasının hemen ardından 19 Ocak 1919 tarihinde iki İngiliz subayı Ankara'ya gelmiştir. Aynı günlerde bir de Fransız subayı şehirde görülmüştür.

O günün şartlarında 20. Kolordu merkezinin Ankara'ya taşınmasının etkisinin yanı sıra, Ankaralıların Rıfat Hoca ile giriştikleri mücadele düşmanın şehri terk etmesine sebep olmuştur.

Müdafa-i Hukuk Cemiyeti'nin kurulmasından önce, İzmir'de olduğu gibi din adamlarının başlattığı millî heyecan Ankara'da bir din adamı ile, Rıfat Efendi sayesinde görülmüştür.

21 Mayıs 1919'da düzenlenen miting sonrasında Rıfat Efen-

di başta olmak üzere, miting heyeti İtilaf Devletleri'nin İstanbul'daki yetkililerine şu telgrafı göndermiştir:

"Sonunda felaket olacağına kani bulunduğu meşum harbe aleyhtar olduğunu yüzbinlerce firarisi ile millî bir sûrette ispat etmiş masum Osmanlı milletinin temiz alnına sürülmüş teçhil ve taktil fecaiinin faillerini içinden atarak adaletin pençesine ve kanunlara teslim etmekte ve bu sûretle de masumiyetini ispata çalışırken, tabiyyet vazifelerine müdrik olmayan bazı şahısların Yunan emeline alet olup, İzmir ve havalisindeki Rum vatandaşlarımızı tahrik neticesinde meydana getirilen, hazmı kabul edilemeyn tecavüz ve tahrikleri sinesine çekerek, sulh konferasınca hakkımızda adilane bir karar verileceğini beklerken, ister mütarekenin 7. maddesine müsteniden olsun, ister ilhak manasında olsun, İzmir ve havalisi gibi Anadolu'muzun tenkış-i bahriyesini teşkil eden bir vilayetimizin özellikle orada gayrimeşru olarak özel istekleri bulunan bir devletin askeri tarafından işgali, Reis Wilson'un prensipleri dahilinde hürriyet ve adaletin mazlum milletlere tatbikini esas ittihaz eden sulh konferansının dahi emel ve niyetine büsbütün muhalif olduğu gibi Anadolu'muzda kavga ve kargaşalık meydana getireceğinden asayiş endişesiyle İzmir'imizin de işgal edildiğine kani olarak, bu işgalin galip müttefik devletlerce yapılmasını isteyerek zaten dört seneden beri kanayan kalplerimizin yaralarının artmasına meydan verilmemesini istirham ederiz." [148]

Bundan sonra Ankara tam mânâsıyla mücadeleye dahil olmuş, hatta Rıfat Efendi ve diğer manevî zevat alaya yazılmıştır.

7 Ekim 1919 tarihli irade-i millîye nüshasında şu yazar:

---

[148] 21 Mayıs 1919 tarihli Yeni Gazete'de çıkmıştır.

"Evvelki günkü mitingden sonra Müftü Efendi hazretlerinin delalet ve irşadıyla, ihtiyaç görüldüğü takdirde meşru haklarımızı müdafaa için millî bir alayın teşkili tensip edilmiş, Müftü Rıfat Efendi Hazretleri alaya nefer sıfatıyla yazılmasını istemiş, vukû bulunan teklif üzerine alayın fahri komutanlığıyla sancaktarlığını kabul ettiği gibi, ulemadan Hacı Atıf Efendi Hazretleri de alayın müftülüğünü ve Hacı Bayram Hatibi Hafız Mehmet Efendi birinci taburun imamlığını üzerlerine almışlardır.

Buna müteakip ileri gelenlerden, yedek ve emekli subaylar büyük bir istekle komisyona müracat ile kaydolunmaktadırlar.

Hükûmet memurlarının pek çoğu bu alaya gönüllü yazıldıkları gibi, Ankara ilçelerinden gelen telgraflardan muhterem halkın ve ileri gelenlerin mahallerinden aynı teşkilatı yapmaya başladıklarını bildirmişlerdir." [149]

---

149 Sarıkoyuncu, 2002, c.1, s.145-146.

ALAŞEHİR KONGRESİ

Aynı günlerde 16-25 Ağustos 1919'da, Alaşehir, Soma, Salihli ve Uşak'tan gelen delegelerle Alaşehir kongresi gerçekleştirildi.

Bu kongre;

"... Türklük ve Müslümanlıktan başka kabahatleri olmayan dindaşlarımızı gaddar süngüleri ile parçalayan, bakire kızlarımızın ismetlerini bozan, beşikteki çocuklara kadar çeşitli zulüm ve işkenceleri reva gören Yunanlılara karşı Burdur, Bandırma, Afyonkarahisar'ına kadar olan kaza kongresinde bir heyet-i merkeziye teşkil edilerek..." [150] yapılmıştır.

Kısaca İzmir'in işgali ve sonrasında Mustafa Kemal'in Samsun'a çıktığı günlerde bölgede din adamlarınca başlamış bir Kuvva hareketi vardı.

---
150 Aydemir, 2017, c.2, s.161.

Alaşehir kongresine katılan delegelerin neredeyse yüzde 20'sinin müftü ve müderrislerin teşkil ettiği belirtilir:

1- Müftüzade Abdülgafur Efendi-Balıkesir

2- Müftü Ahmet Şükrü Efendi-Sarayköy-Denizli

3- Müderris İbrahim Ethem Bey-Ödemiş-İzmir

4- Müderriszade Süleyman Sami Efendi-Akhisar-Manisa

5 -Müderris Serdarzade Mustafa Efendi-Demirci-Manisa

6- Müfti-i Sabık Mehmet Lütfi Efendi-Salihli-Manisa

7- Kadı Zahid Molla-Salihli-Manisa

8- Müfti-i Sabık İsmail Hakkı Efendi-Soma-Manisa

9- Müftü Hacı Nazif Efendi-Eşme-Uşak. [151]

"Vilayet ve livalarda olduğu gibi, kaza ve nahiye merkezlerinde kurulan Müdafaa-i Hukuk şubelerinde de din adamları görev almıştır. Başka bir ifadeyle, içerisinde din adamı olmayan Müdafaa-i Hukuk şubesi hemen hemen yok gibidir. Bu cümleden olarak, Batı Anadolu'yu örnek olarak seçelim.

Denizli: Müftü Ahmet Hulusi Efendi, Başağazade Yusuf, Müftüzade Kazım, Hamamcı Şeyh Mustafa, Talat Osmanoğlu Emin, Tavaslızade Mustafa, Küçükağazade Ali, Doktor Kazım, Dalamanlızade Şükrü Bey ve Efendiler.

Acıpayam: Müftü Hasan Efendi, Mehmet Arif Efendi, Mehmet Kamil Bey, Kızılhisarlı Hasan Efendi.

Çal: Müftü Ahmet İzzet Efendi, Necip Bey, Hacı Mahmut Efendi, Emin Bey, Şakir Ağa, Belediye Başkanı Hacı Mehmet

---

151 Sarıkoyuncu, 2002, c.1, s. 41.

Ağa, Derviş Efendi, Damat oğlu Abdullah Efendi, Osman Efendi, İzzet Efendi, Abdurrahman Ağa, Sadık Efendi, Bekir Ağaoğlu Mustafa ve Rıza Efendiler, Hacı Mustafa oğlu Zekeriya, Arapzade Ahmet, İbrahim Çavuş, Ahmet Çavuşoğlu Hüseyin, Mehmet Ağaoğlu Derviş.

Buldan: Müftü Salih Efendizade Mehmet, Hacı Mollazade Necip, Kara Yusufzade Hacı Mehmet Efendi, Çopur Süleyman Efe ve Güneyli Kolağası Mehmet Efe.

Çardak: Rıza Bey.

Çivril: Çorbacıoğlu Hasan Ağa.

Sarayköy: Müftü Ahmet Şükrü Efendi, Belediye Başkanı Hoca Salihzade Halil, Müderris Hacı Halilzade İsmail Efendiler.

Tavas: Müftü Cennetzade Tahir Efendi, Belediye Başkanı Gerdekzade Hacı İsmail, Katırcızade Abdullah ve Şeyh Alizade Kemalettin Efendiler ve Müderris (Öğretmen) Mehmet Ali Bey.

Nazilli: Giritli İsmail Hakkı (Akdeniz), Avukat Ömer, Hoca Hacı Süleyman, Mollaoğlu Hasan, Palamutçu İbrahim, Tüccardan Ali Haydar, Müftü Salih ve Sultanoğlu Sadık Bey ve Efendiler.

Çine: Müftü Ahmet Zühtü Efendi, Kadıköylü Mustafa Efendi, Bozöyüklü Hacı Süleyman Efendi, Belediye Başkanı Hidayet Efendi. Alaşehir: Kadı Mehmet Münif Efendi, Müftü (Süleyman Şevki Efendi), Belediye Reisi Galip, Kuşakçızade Raşit, Hacı Musazade Eyüp, Hasağası Ömer gibi Alaşehir'in ileri gelenlerince kurulması muhtemeldir.

Kula: Keleşzade Mehmet Ağa (Keleşoğlu), Keleşzade Hakkı Ağa (Keleşoğlu), Palanduzzade Mehmet Şevki Efendi (Palanduz), Buruşukzade Halil Efendi (Taner) ve Müftüzade Sofi

Hakkı Hoca'dır. Ayrıca Kula Müdafaa-i Hukuk Cemiyeti'nde Avukat Abdurrahman Çil, Mehmet Gidişoğlu ve İsmail Tanıl da görev almıştır.

Salihli: Zahid Molla, Şabanzade Ali, Tomaslızade Ali Rıza, Refikzade Hasan Refik, Hacı İsmail Ağazade Hacı Mustafa, Pazarcıklıoğlu Süleyman Faik, Osmanağazade Münir.

Soma: Hacı Raşit Efendi, Osman Efendi, Bakırlı Hafız Hüseyin Efendi, Tırhalalı Osman Ağa, Giritli Hüseyin Efendi.

Gönen: Emekli Binbaşı Hasan Bey, Müftü Şevket Efendi, Belediye Başkanı Hüseyin Çavuş, Kalaycıoğlu Hacı Ahmet Ağa, Hacı Mecidin Lütfi, Burunoğlu Hafız Halil, Salih Efendi, Hafız Kazım Efendi, Uncu Ali Ağa, Avukat İbrahim Bey, Tabak Hacı Hasan Efendi, Çerpeşlî Hakkı Efendi.

Havran: Hasan Kamil Bey, Fahri Bey, Hatipzade Ali Efendi, Hecinoğlu Hüseyin Efendi, Muharrem Bey, Hocazade Abdurrahim Bey, Fevzi Bey, Seyit Bey, Kızılkeçili Fevzi Bey, Hamamzade Süleyman Efendi, Hacı Bey.

Afyon: Müftü Hüseyin ve Said Efendiler, Müderris Şükrü Efendi, Müderris Nebil Efendi, Turunçzade Yusuf Bey, Turunçzade İsmail Bey, Ethemzade Hacı Hüseyin Bey, Akosmanzade Hacı Hüseyin Efendi, Sarıhacı Alizade Hacı Mehmet Efendi, Gevikzade Hacı Hafız Efendi. [152]

Adana'da; Müftü Hüsnü, Müderris Abdullah Faik Çopuroğlu, Kozan Müftüsü Çamurzade Hafız Osman Efendi, Bahçe Müftüsü Abdülmecit Efendi, Osmaniye Müftüsü Yusuf Ziya Efendi, Karaisalı Müftüsü Mehmet Efendi.

---

152 Sarıkoyuncu, 2002, c.1, s.50-58.

Maraş'ta; Maraş Müdafa-i Hukuk Cemiyeti kurucularından Mehmet Alparslan, Hoca Hasan Rafet Seçkin, Hoca Ali Sezai Kurtaran.

Antep'te; Müftü Rıfat Efendi, imam-hatip Kazım, Mehmet, Abdülkadir ve Müezzin Kayyım Ahmet Efendiler.

Urfa'da; Müftü Hasan Hüsnü, Şeyh Saffet Yetkin, Siverek Müftüsü Osman, Müderris Alim Asım Efendiler.

Konya'da; Müderris Ali Kemali, Mehmet Vehbi, Müftü Ömer Vehbi ve Abdülhalim Çelebi.

Antalya'da; Müftü Yusuf Talat, Müderris Rasih (Kaplan), Hacı Hatip Osman.

Burdur'da; Müderris Hatipzade Mehmet ve Müftü Hüseyin Hüsnü.

Isparta'da; Müderris Hafız İbrahim (Demiralay), Müftü Hüseyin Hüsnü, Şeyh Ali, Müderris Şerif.

Afyon'da; Müftü Hüseyin (Bayık) Efendi, Müderris İsmail Şükrü, Müderris Boldovinli Yunuszade Ahmed Vehbi Efendiler.

Kütahya'da; Müftü Fevzi, Müderris İbrahim, Mazlumzade Hafız Hasan, Hacı Musazade Hafız Mehmet, Müftü Mehmet Akif (Simav Müftüsü).

Bursa'da; Müftü Ahmet Efendi, Gemlik Müftüsü Ahmet Vasfi, Şeyh Servet, Mudanya Müftüsü Mehmet Niyazi, Karacabey Müftüsü Mustafa Fehmi.

İzmit'te; Halil Molla, Rıfat Hoca, Osman Nuri.

Eskişehir'de; Müderris Veli, Müftü Salih, Müftü Mehmet Ali Niyazi.

Uşak'ta; Müftü İbrahim, Eşme Müftüsü Nazif Efendi.

Kırşehir'de; Müftü Halil, Çelebi Cemaleddin.

Niğde'de; Müftü Mustafa Hilmi, Müderris Abidin Efendiler.

Nevşehir'de; Müftü Süleyman.

Çankırı'da; Müftü Ata.

Kayseri'de; Müftü Nuh, Müderris Mehmet Alim Efendiler.

Kilis'te; Müderris Abdurrahman Lami.

Diyarbakır'a; Müftü İbrahim.

Erzurum'da; Kadı Hoca Raif, Müftü Sadık, Oltu Müftüsü Mehmet Sadık, Müderris Emin, Yakup ve Nusret (Alay Müftüsü) Efendiler.

Tokat'ta, Müftü Katipzade Hacı Mustafa Efendi, Hoca Fehmi Efendi, Hafız Mehmet Efendi.

Zonguldak'ta; Müftü İbrahim, Devrek Müftüsü ve Kadısı Abdullah Sabri ve Mehmet Tahir.

Amasya'da; Müftü Hacı Tevfik, Vaiz Abdurrahman Kamil, Gümüşhacıköy Müftüsü Ali Rıza.

Trakya'da; Edirne Müftüsü Mestan ve Saray Müftüsü Ahmet.

İstanbul'da; Şeyh Ata (Özbekler Tekkesi Şeyhi) Saadeddin Ceylan (Hatuniye Dergâhı Şeyhi), Vaiz Cemal Öğüt Efendi, Müftü Mehmet Rıfat, Müderris Hacı Atıf, Medreseler Müdürü Hoca Tahsin, Aslanhane Camii İmamı İmam-Hatip Ahmet, Müderris Hacı Süleyman, Müderris Abidin, Müderris Abdullah Hilmi. [153]

---

153 Sarıkoyuncu, 2002, c.1, s. 25-26.

Bazılarına yer verdiğimiz müftüler, müderrisler, imam efendiler Kuvva hareketini başlatmış, halkı dinî duygularla kuvvetlendirerek düşmana karşı cesaretini arttırmıştır. Ancak yerel Kuvva hareketleri özellikle Ege bölgesinde halkı soyan çetecilerin faaliyetlerine karışmış, bu da tepki ile karşılanmıştır.

General Fahrettin Altay, hatıralarında bu gerçeği şöyle belirtir:

"Şunu da ilave edeyim ki, çete ismi bizim bölgede (batı bölgesinde) ne kadar fena bir sıfat oldu ise, Adana cephesinde (güney cephesinde) o kadar şerefli bir sıfat olmuştur. Bu da oradaki çetelerin düşmanla ciddi bir şekilde dövüşmelerinin neticesidir." [154]

Kuvva hereketinin din adamlarının vasıtasıyla Mustafa Kemal etrafında kenetlenerek düzenli orduya geçişi, halkın bu bakışını değiştirmek için gerekliydi ve öyle de oldu.

Düzenli orduya geçiş adımları, Kuvva hareketine memleket nezdinde tam meşruluk kazandırmış; zafere giden yolun önünü açmıştır.

Nutuk'ta, Sivas Kongresi'nden sonra bu konunun ele alınışı şöyle yazar:

"…Sivas Kongresi'nden sonra, kongrelerin tüzük ve bildirilerinden başka, Heyet-i Temsiliye, sorumluluğu üzerine alarak, Sivas Kongresi tüzüğüne ek olmak üzere, 'Müdafaa-i Hukuk Cemiyeti kuruluş tüzüğüne ektir: 1' başlıklı, 'yalnız ilgililere özel ve gizlidir' işaretli, silahlı örgütler için gizli bir yönerge düzenledi. Düşmanla çatışılan yerlerde bu yönergeye göre silahlı birlikler kuruldu." [155]

---

154 Aydemir, 2017, c.2, s.165.
155 Nutuk, 1989, s.373.

MİLLÎ MÜCADELE'DE ISPARTA VE DEMİRALAY'IN KURUCUSU: HAFIZ İBRAHİM EFENDİ

Isparta Müftüsüdür. Millî Mücadele'nin başlamasıyla, Isparta ve çevresinde köylere kadar beyannameler dağıtarak halkı bilinçlendirmeye çalışmıştır.

Bu beyannamelerden 21 Haziran 1919 tarihli olanı şöyledir:

"Ey Müslümanlar!

Sefil ve çıplak Yunanlıların mülevves ayakları altında ezilen muazzez topraklarımızın hayat ve namusları perişan edilen zavallı dindaşlarımızın imdadına koşmak ve katiyen her bir ihtimale karşı kendi Ispartamızı da muhafaza ve müdafaa etmek üzere, Allah'ını, Peyamberini, dinini, vatanını bihakkın seven Müslümanlara hayatını, servetini fisebilillah feda etmek farz-ı ayn olmuştur.

Yoksa mahsus olan zillet ve meskenetle namus-ı vatan muhafaza edilemez.

Ecdadımız hayatlarını istihkar ederek parlak kılıçlarıyla kainata boyun eğdirmişlerdir.

Biz onların evladı değil miyiz? Eski Yunan muharebesinde Dömeke kalesini altı günde süngülerine itaat ettiren Isparta gazileri değil midir?

Çanakkale'lerde, Anafartalar'da aslanlar gibi çarpışarak düşmanın cehennem gibi ateşlerine göğüs geren ve milletin sine-i ihtiramında namını şerefle yad ettiren 35. Alay'ın efradı kimlerdir?

Evet, Isparta kahramanlarıdır.

Ve bugün de Isparta namına cami avlusunda ve kütüphane önünde cihad sancağı altında toplanacak olan mücahidlerimizin büyük bir fedakârlıkla namus-ı vatanı müdafaa ve İzmir vilayetimizi istirdat edeceklerine şüphe etmem, esasen vatanım uğrunda hayatımı fedaya hazır olduğumu huzurunuzda yemin ile beyan ettim.

Siz de kabul ettiniz. Başınızda olduğum halde Cenab-ı Hakka olan ahdimi ve din ve vatana karşı vazifemi halisane ifa etmek istiyorum.

Buradaki ailenizin maişeti temin, harçlığınız ve silahınız ihzar edilmiştir.

Memleketimizin eşrafı, muteberanı her veçhile fedakârlık eyliyorlar.

Artık eli silah tutanları vazife-i vataniyeye davet ediyorum.

21 Haziran 1919 Isparta Müdafaa-i Vataniye Heyeti namına Tahir Paşazade Hafız İbrahim."

6-8 Ağustos 1919 tarihlerinde toplanan Nazilli kongresine Isparta delegesi sıfatıyla eski müftü Hacı Hüsnü ile Uçkurzade Ali Efendi'yi gönderdi. Böylece Ege'deki millî faaliyetlerle irtibata geçti.

Öte yandan, başkanı bulunduğu Isparta'da ulusal örgütlenmenin öncülüğünü yapan Cemiyet-i İlmiye'yi Müdafaa-i Hukuk Cemiyeti adı altında yeniden kurdu.

Isparta'nın merkez ilçe ve köylerinden topladığı gönüllü kuvvetleri Isparta mücahidleri adı altında Nazilli cephesine gönderdi.

TBMM 1. dönemi için yapılan seçimlerde Isparta Milletvekili seçildi. 23 Nisan 1920'de açılışında Isparta Milletvekili olarak hazır bulundu.

3 Temmuz 1920 günü Hafız İbrahim Efendi mecliste şu konuşmayı yaptı:

"Bugünkü vaziyetimizin vehameti hakikaten teessüfe şayandır.İslamiyet'te büyük bir esas vardır ki, hiçbir şeyden meyus olmamaktır. Geçen sene bu sıralarda (Temmuz 1919) Yunan'ın aynı taaruzu cephelerimize vaki olmuştu.

Öyle bir taaruz ki, bütün İslamiyet'in hayatını, mukadderatını, mukaddesatını ayaklar altında eziyordu. Onların o sûrette devam eden harekâtı biz Müslümanlar üzerinde hiçbir tesir yapamıyordu.

Isparta'da akteddiğim 18 bin kişilik bir miting yaptık. Bir taraftan İtalyanlar Antalya'yı işgal ettiler, Burdur'a geliyorlardı.

O zaman biz Cenab-ı Hakka iltica ederek, azametine dayanarak İslamiyet'in hiçbir vakit küffarın ayakları altında kalmasına razı olmayarak bütün salabetimizle karşı istiladan kurtardık.

İslamiyet'e has olan bir feyz vardır ki, onu tetkik edelim.

Biz Isparta'da seferberlik ilan ettik, hem öyle bir seferberlik ki, ne vakit 39 köyümüzle beraber Sarayköy'e Yunan geldi; o zaman memleketi mıntıkalara taksim ederek ulemamızı, eşrafımızı topladık ve dedik ki: Ey Müslümanlar, artık nifak ve ayrılığı kaldıralım. Bundan sonra İslamlar arasında nifak yoktur; sadetiniz bugünkü kılıcınıza sarılmaktadır.

Bir taraftan memleketteki kötü ahlakı yıktık. Diğer tarftan bu tarzda ve her köyde teşkilat yaptık ve dindaşlarımızı düşmanın karşısına sevk ettik. 1896-1902 doğumlular hala cephededir efendiler.

Seferberlik ilanı tehlikeli imiş. Ne için tehlikeli olsun?

Seferberlik ilanını bir yapınca şubeler bizimle teşrik-i mesai etti. Davet olunanlar hangi sınıf erbabı ise muayene etti, muamelesini yaptı.

Kimsenin ırzına, izzet-i nefsine tecavüz ettirmeksizin bendeniz acizane yedi defa Müdafaa-i Hukuk başkanlığını deruhte ediyordum. Her gün iki yüz nefer sevkıyat yapıyorduk.

Fakat yanlarına bir tane muhafız nefer vermedik. Ne vakit kuleli istasyonunda bunları trene bindirdik, cepheye gidinceye kadar namusum hakkı için, yirmi tanesi de yolda katıldı. Bu ruhu söndürmeyelim. Kırk kişi ile bu İslamiyet neşir ve ilana başlanıldı. İslamiyet'teki bu ruhu düşünelim.

Biz burada beyhude yere değil, vatan ve namus uğrunda şehit

olmaya azmettik. Bugün burada durmamız lazım değilse, hanelerimize avdet edelim, biz İslamiyet'i tahrik edelim, burada çalışmaktan ise cephelere gidelim."

Mustafa Kemal Paşa'nın tensibiyle Millî Müdafaa Vekili tarafından Isparta ve havalisine gönderildi.

Kısa zamanda topladığı yüz atlı ve ikiyüz piyade ile bir birlik teşkil ederek Yunan kuvvetleriyle savaştı. Ekim'de bu kuvvet üçü atlı, üçü piyade ve biri makineli tüfek takımından ibaret yedi bölüklü bir alay haline geldi ve "Demiralay" olarak anıldı.

Daha önce Tepeköy'ü de işgal eden Yunan kuvvetlerine Demiralay tarafından 17 Eylül gecesi baskın yapıldı. Tepeköy düşman işgalinden kurtarıldı.

Başkan Mustafa Kemal Paşa vasıtasıyla Demiralay komutanı Hafız İbrahim Beye:

"12. Kolordu Kumandanlığı vasıtasıyla Isparta Millî Demiralay Kumandanı mebus İbrahim Bey'e, Isparta livasının müdafaa-i vatan hususunda gösterdiği fedakârlık teşekküre şayandır.

Bütün alay zevatı ve kendisine Büyük Millet Meclisi'nin takdirlerini ve teşekkürlerini takdim ederim.

14.8.1920, Büyük Millet Meclisi Reisi Mustafa Kemal." [156]

---

156 Kuzu, 2015, s.68-73.

AFYONKARAHİSAR VE ÇELİKALAY

Din adamlarımızın gönüllülerden kurduğu iki birlikten Demiralay, Hafız İbrahim Efendi tarafından Isparta'da; Çelikalay ise, Hoca Şükrü Efendi tarafından Afyonkarahisar'da ve civarında faaliyet göstermiştir.

"Dinsizdir" dedikleri Mustafa Kemal'e o dönemde "vatan müdafası imandandır" diyerek destek olanlar bu büyük din âlimleri olmuştur.

İşte sizlere bu vatanın nasıl kurtulduğuyla ilgili bir beyan:

"Depoya gittim, ne göreyim; 14 adet martinden muaddel tek ateşli bekçi silahlarından başka silah yok. Bunları aldım. Kırka iblağını istedim. Ankara Kolordu Kumandanı ve Vali Vekili Nuri Bey'in bunu bulacağını ümid ediyordum. Maalesef buna imkan olmadığını söyledi.

Resmi makamlardan ümid kesilince Allah'a dayanarak bir çare düşündüm. Hemen bir gün içinde bir asker elbisesi diktirdim. Başımdaki sarığı muhafaza ederek bu asker elbisesini giydim.

Hacı Bayram Camii'nde Cuma namazından sonra kürsüye çıktım.

'Ey cemaat-i müslimin' dedim... Coştum söyledim. Evde, duvarlarda asılı duran harp silahlarının boşuna asılı kalırsa ev sahibine lanet edeceğini anlattım.

Memleket ve din tehlikede kalırsa yedisinden yetmişine kadar bütün Müslümanların cihadla mükellef olduğunu anlattım. Mustafa Kemal Paşa'nın teminatını söyledim.

Cemaat ağladı ben ağladım. Nihayet arkamdaki ilmiye cübbesini çıkararak asker elbisesi ile başımda sarık olarak kürsüde ayağa kalktım.

'Ey cemaat-i müslimin' dedim, 'İşte ben asker kıyafetine girdim, cepheye gidiyorum. Memleket ve din kurtuluncaya kadar cephelerde düşmanla çarpışacağım. Memleketini, dinini seven benimle gelsin' dedim.

Herkes sağa sola koştu. O gün akşama kadar 700 silah, 600 mücahid, 120 at toplanmıştı. Ben miktarı kafi silahşör mücahidlerle Ankara'dan ayrıldım. Afyon'a gelir gelmez düşman bir taaruz daha yapmış, Uşak'a girmişti. Acele cepheye koştum." [157]

"Çelikalay'ın kurucusu Hoca Şükrü Efendi, TBMM üyesi sıfatıyla Ankara'ya geldiğinde öncelikle Mustafa Kemal Paşa'nın yanına gitmişti.

---

157 İ.Tekeli,S.İlkin, s.337-338.

Paşa kendisine, 'Nerede kaldın hocam? Dört gözle seni bekliyorduk' demiştir.

Bunun üzerine Şükrü Hoca da Afyon'daki çalışmalarını anlatarak Paşa'ya oradaki düşmanın durumu ve yapılması gereken işler hakkında bilgi vermiştir.

Bu sırada Mustafa Kemal Paşa tekrar, 'Var olunuz hocam. Sizin gibi din âlimlerinin bu hususta millete önayak olmanız memleketin ve dinin muhafazası için elzemdir.

Afyon'da nasıl çalıştığınızı; evlerde, camilerde, köylerde halkı düşmana karşı muakvemete nasıl hazırladığınızı işittim. Memleket ve din uğrundaki bu mücadeleniz şayan-ı takdirdir. Çok memnun oldum hocam. Yine sizin gibi bir din âlimi olan arkadaşınız Nebil Dehşeti Efendi'nin (1. dönem Afyonkarahisar Meb'usu) mesaisini de takdir ederim' demiştir." [158]

Yunan ordularının ilerleyip, Alaşehir'in elden çıktığı günlerde, Mustafa Kemal ve Fevzi Paşa'ların da bulunduğu bir meclis oturumunda İsmail Şükrü Hoca şu konuşmayı yapmıştır:

" Bugün benim memleketim istilaya maruzdur. Düşman şimendiferleri üç satlık mesafededir fakat ben üzgün değilim. Beni meyus edecek diğer mahallerin düşmesi. Bugün Uşak sükut edecek, yarın Karahisar.

Bir memleket yanarken diğerinin seyirci kalması İslamiyet'e göre şindir.

Efendiler! Bugün yapılacak bir vazife vardır. Öyle nazariyat peşinde koşulacak zaman değildir. Bundan evvel bizim kölemiz olan ve nüfusu bir buçuk milyondan ibaret bulunan hain bir Yu-

---

158 Sebilürreşad, c.2, s.334.

nan bugün yükselsin de, yüz yüzelli bin bir kuvvetle hücum etsin de bu kadar kuvveti mağlup etsin. Bu İslamiyet'le kabil-i tevfik değildir.

Bugün Millet Meclisi şu derde deva olmak için toplanmıştır. Biz de onun için buraya geldik. Bunun çaresi umum Anadolu kuvvetlerini tevhid etmek, cihad-ı mukaddes ilan etmektir.

(...) Millet kendini kuvvetli göstermeli." [159]

---

[159] TBMM Gizli Celse Zabıtları, cilt 1, Türkiye İş Bankası Yayınları, Ankara, 1985, s.59.

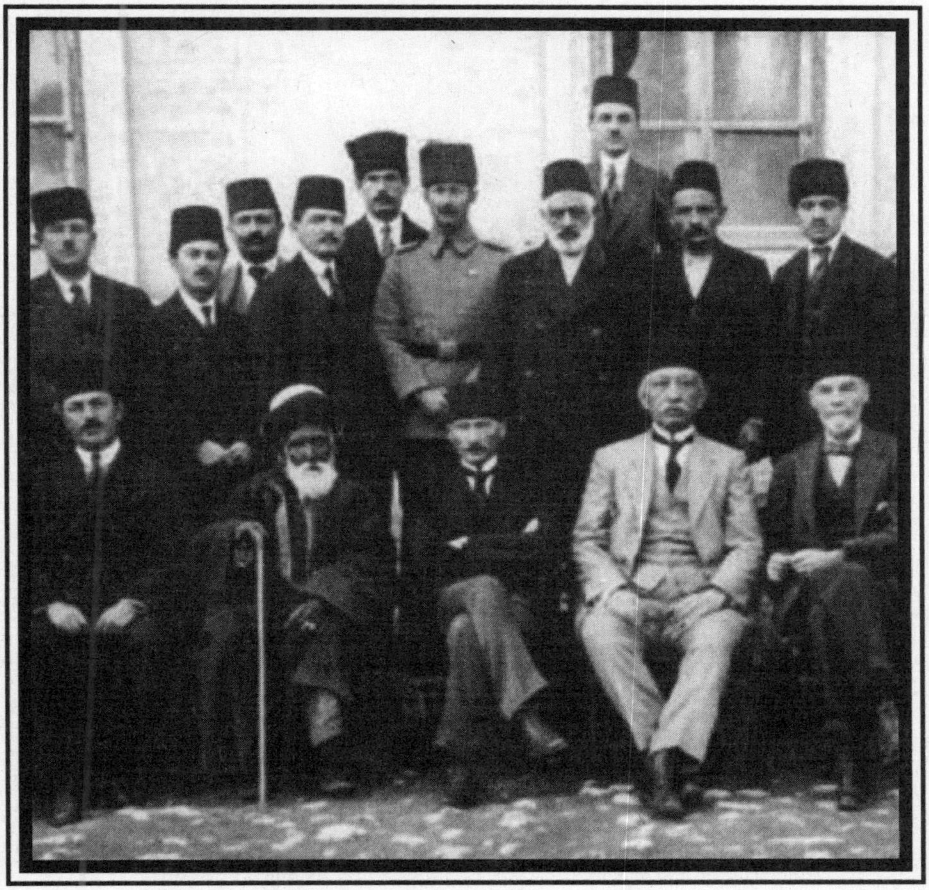

6. BÖLÜM

TAMİMLER VE ÇETİN KONGRELER SÜRECİ

- **Mustafa Kemal ile Beraber Hareket Dönemi**
- **Amasya Tamimi Öncesi**
- **Abdurrahman Kamil Efendi**
- **Niksar Mitingi**
- **Zübeyde Anneye Bir Mektup**
- **Müdafaa-i Hukuk Cemiyetlerinde Yer Alan Din Adamları**
- **Vilayet-i Şarkiye Müdafaa-i Hukuk Cemiyeti**
- **Müdafaa-i Hukuk Cemiyetleri**
- **Erzurum ve Sivas Kongrelerinde Yer Alan Din Adamları**
- **Erzurum Kongresi**
- **Erzurum Kongresi'nden Önce Durum Değerlendirmesi**
- **Kongreden Önce 'Yönetim Şekli Cumhuriyet Olacaktır' Görüşü Belli İdi**
- **23 Temmuz Erzurum Kongresi Başlıyor**
- **Sivas Kongresi'ne Hazırlık**
- **Sivas Kongresi'ne Giderken Nakşi Bir Şeyh de Onlarla İdi**
- **Sivas Kongresi'ni Erteletme Hamleleri**
- **Sivas Kongresi Günleri**

MUSTAFA KEMAL İLE BERABER HAREKET DÖNEMİ

Erzurum Kongresi'nde bir Temsil Heyeti meydana gelmişti. Ancak Kuvva hareketinin düzene girmesi, Sivas Kongresi'nde ve bu kongreyi izleyen kumandanlar toplantısında ele alındı. (16-20 Kasım 1919).

Şevket Süreyya Aydemir, özellikle güney cephelerinin bu tarihe kadar kendi başına hareket ettiğini yazar:

"O kadar ki, Sivas Kongresi'nde güney illerinden, hele savaş halinde bulunan cephelerden temsilciler bile yoktu." [160]

4 Aralık'ta Kayseri'de Ali Fuat Paşa, çalışmaları sonucunda Adana Umum Kuvva-yi Milliye, Antep Kuvva-yi Milliye cepheleriyle ilk birliği sağladı.

Mustafa Kemal, Samsun'a çıktığında, onu ilk karşılayanlar da din adamları olmuştur:

---
160 Aydemir, 2017, c.2, s.168.

"... Hasta olan mutasarrıf evinden çıkmadığı için 9. Ordu Müfettişi'ni karşılamaya gelememiştir. Belediye reisi yok... Vekalet eden zat da Çarşamba'da arazisinin bulunduğu köydedir.

Belediye meclisinden bir zat Hacı Molla, Atatürk'e şehir namına, 'hoş geldiniz' diyor." [161]

"... 25 Mayıs 1919 akşamüstü Havza'ya geldi. Ertesi gün başlarında ulemadan Hacı Mustafa Efendi'nin bulunduğu bir heyet kendisini ziyaret ederek memleket meseleleri hakkında görüşmelerde bulundular.

Bu zatlar, diğer bir gece belediye reisinin evinde toplanarak Müdafaa-i Hukuk Heyeti'ni teşkil ettiler." [162]

Samsun'a çıkıştan kısa bir süre sonra Mustafa Kemal, 1 Haziran 1919'da Diyarbakır, Erzurum, Van, Bitlis, Sivas, Erzincan, Kayseri illerine çekilen telgraflarda Vilayet-i Şarkiye Müdafaa-i Hukuk Cemiyeti'nin il merkezleri ile mutasarrıflıklarda ve yörelerinde örgütleri var mı şeklinde telgraflar çekmiştir." [163]

Bunlar Erzurum'da yapılacak kongrenin de hazırlığı olmaktadır.

20 Mayıs'a Sadaret'e gönderiği telgrafla, İzmir'in Yunanlılar tarafından işgalinin ordu ve miletçe kabul edilemeyceğini bildirmişti. [164]

Ağustos 1919'da Trabzon ve yöresindeki önemli faaliyetlerden birisi İstanbul'dan gönderilen Tahkik Heyeti'nin çalışmaları olmuştur.

---

[161] Enver Behnan Şapolyo, Kemal Atatürk ve Millî Mücadele, 3. Baskı, İstanbul, 1959, s.312.
[162] Şapolyo, 1959, s.315.
[163] Nutuk, 1989, c.3, s.1205, belge 3.
[164] Atatürk ile İlgili Arşiv Belgeleri, s.26.

Tahkik Heyeti'nin 22 Ağustos tarihli raporunda; bölge halkının Pontus ve Ermeni hükûmetlerinin teşkili tehlikesine karşı resmi izinle cemiyetler kurdukları, İzmir'in işgali üzerine Erzurum'da bir kongre toplayarak bazı kararlar aldıkları, yörede siyasî amaçla kurulmuş hiçbir Müslüman çetesinin bulunmadığı, Rumların teşkil ettiği çetelerin bulunduğu ifade edilmiştir. [165]

Şeyhülislam Dürrizade es-Seyyid Abdullah Efendi'nin yazdığı fetvaya karşılık, Mustafa Kemal'in hazırlattığı; "Millî fetva metnini telgrafla öğrenip, hemen katılan müftüler arasında Tirebolu Müftüsü Ahmet Necmettin, Maçka müftüsü Kamil Efendiler de yer almış, Trabzon Kadısı Süleyman Sırrı Efendi de fetvayı desteklemişti." [166]

---

165 Özel, 1961, s.85-86.
166 Naşit Hakkı Uluğ, Siyasi Yönleriyle Kurtuluş Savaşı, Milliyet Yayınları, İstanbul, s.207-208.

AMASYA TAMİMİ ÖNCESİ

Mustafa Kemal, Havza'daki gelişmelerden sonra Amasya'ya geçmiştir.

O günün şartları Nutuk'ta şöyle anlatılır:

"Anadolu'ya geçeli bir ay olmuştu. Bu süre içinde bütün ordu birlikleriyle temas ve bağlantı sağlanmış, millet mümkün olduğunca aydınlatılarak dikkatli ve uyanık bir duruma getirilmiş, millî teşkilat kurma düşüncesi yayılmaya başlamıştı.

Genel durumu artık bir komutan ile yürütüp, yönetmeye devam imkanı kalmamıştı.

Yapılan geri çağırma emrine uyulmamış ve onu yerine getirmemiş olmakla birlikte millî teşkilat ve hazırlıkların yönetimine devam etmekte olduğuma göre, şahsen asi durumuna geçmiş olduğuma şüphe edilemezdi.

O halde yapılacak teşebbüs ve faaliyetlerin bir an önce şahsi olmak niteliğinden çıkarılması, mutlaka bütün bir milletin birlik ve dayanışmasını sağlayacak ve temsil edecek bir heyet adına olması gerekliydi." [167]

Türkiye Cumhuriyeti'nin temellerinin atıldığı, ulusal egemenlik ve tam bağımsızlık vurgusunun ilk kez yer aldığı önemli genelge Amasya'da hazırlanmıştır.

Bununla, İstanbul Hükûmeti yok sayılmaktadır.

Rauf Bey, Refet Bey, Ali Fuat Paşa ile beraber düzenlenen, Kazım Dirik ve Hüsrev Gerede tarafından hazırlanan genelge daha sonra ilan edilmiştir.

Mustafa Kemal'in yaveri Cevat Abbas'ın anılarından, yazıldığı geceyi kısaca verelim:

"... Büyük Adam, Havza Camii'nde bütün millete, kurtulmak ve vatanı parçalatmamak için yapılacak vatanî ve millî ödevleri işaret ederek, milletleri bünyenin en büyük kuvveti olan birlik ve beraberliğe davet etmiş ve fiili müsellah (silahlı) harekete hemen geçmek maksadıyla Havza silah deposunun kapılarını halka açmakla teşkilata başlamıştır.

Havza'dan hareketimizden önce 20. Kolordu Kumandanı General Ali Fuat Cebesoy'dan, er kıyafetine girerek misafirleriyle birlikte Havza istikametine hareket etmesi bir şifre ile rica olunmuştu.

12 Haziran 1919 günü Havza'dan Amasya'ya hareket eden karargâhımız aynı gün akşamına doğru Amasya'ya vardı. Nacip (Soylu) ve fedakâr Amasyalılar, Atatürk'ü coşkun tezahüratla karşıladılar.

---

[167] Nutuk, 2004, s.27-28.

Havza'dan hareketimizden üç gün geçmemişti. Arandığım telefonda, 20. Kolordu Yaveri Üsteğmen, Bay İdris (Cura) kumandanının ve misafirlerinin Havza'nın 12 km cenubunda ve Havza-Amasya yolunun üzerinde bir noktada Müfettiş Paşa Hazretlerinin emirlerini beklediklerini haber veriyorlardı.

'Kumandanım, vakit geçirmeden Amasya'ya hareket etsinler. Nerede rastlarsan Fuat Paşa'yı, Rauf ve Süreyya Beyleri bizim otomobile al, emrini telefonda bekleyen yaver arkadaşa hemen bildirdim.'

(…) Vehip Paşa Değirmenleri denen mahalde muhterem General Ali Fuat Cebesoy ve arkadaşlarıyla karşılaşıldı. Atatürk'ün emri veçhile hareket edilerek Amasya'ya akşam başlarken dönüldü.

(…) 'İstanbul'da faaliyet ümitleriniz kalmadığı zaman bana mülaki olunuz' tavsiyesine riayet eden eski Bahriye Nazırı Albay Hüseyin Rauf Orbay'ın (Londra sefirimiz) Manisa ve havalisini ve oradan Ankara istikametindeki mıntıkaları tetkik ederek Atatürk'e mülaki oluşu (katılışı) Atatürk'ün hazzını katmerlendirdi.

Bay Hüseyin Orbay'a, Mutasarrıf İbrahim Süreyya Yiğit, Yüzbaşı Osman Nuri (General Osman Tufan) ve İhtiyat Zabiti Recep Zühtü Soyak (Zonguldak eski Mebusu) refakat ediyorlardı.

(…) Şimdi kesin hareket için Samsun'a çıkışımızdan Amasya'ya muvasalatımıza kadar geçen 23 günlük hadiseleri büyük bir salabet (manevî kuvvet) ve samimiyetle, saatlerce günlerce Atatürk arkadaşlarına izahta bulundu.

Kurmay Reisimiz Albay Kazım Dirik (Trakya Müfettişi merhum General Dirik) Sıhhiye Müfettişimiz Albay Doktor İbrahim Tali, Sıhhiye Müfettiş Muavini Yarbay Arif, Kurmay Binbaşı

Hüsrev Gerede (Berlin eski Sefiri) Atatürk'te gördükleri necat ümitleriyle İstanbul'dan hareket etmişlerdi. Bütün kalpleriyle Atatürk'e bağlanmışlardı.

Şevket Turgut Paşa'nın emri kısa idi. 'Mühim bir meseleyi görüşmek ve bilahare avdet etmek üzere emrinizdeki gambotlardan biriyle İstanbul'a hareket olunması' mealinde idi.

8 Haziran 1919 günü öğleden sonra Yaver Bay Muzaffer Kılıç tarafından açılan bu şifreyi, öğle yemeğinden sora istirahate koyulan kumandanıma sunduğum zaman, emirde gizlenmek istenen tuzağı derhal görmüş ve bana, 'Ben bu şifreyi görmüş olmayayım. Kurmay Reisi'nden başlayarak arkadaşlara sıra ile göster. Alacağın cevapları olduğu gibi bana getir' emrini verdiler.

Yalnız Kazım Dirik, 'Olur, Paşa Hazretleri ile ikiniz gidersiniz. Biz sizi burada bekleriz' mütalaalarında bulundu. Diğer arkadaşlar umumiyet üzerine, 'Bu nasıl şey! Paşa'yı İstanbul'a kapamak istiyorlar' demişlerdi.

Atatürk'e arkadaşlarının mütalaalarını arzettim. Atatürk mânâî bir gülümseme ile, 'Dikkat et Cevat! Kurmay Reisi ikimizi yalnız bırakıyor. Öyleyse arkadaşlar İbrahim Tali Beyn'in odasında toplansınlar' emrini verdi.

(...) Bu tarihten itibaren başında Atatürk bulunan ve büyük fedakârlık duygularıyla birbirine bağlanan serbestçe kanaatler, bir komite haline gelmişti.

21-22 Haziran gecesi saat 9'da, kumandanımın 'kalem, kağıt alsın gelsin' emri ile çağrıldım.

(...) Yaz bakalım:

'1- Vatanın tamamiyeti, milletin istikbali tehlikededir.

2- Hükûmet-i Merkeziye, deruhte ettiği mes'uliyetin icabını ifae edememektedir. (Merkez Hükûmet yüklendiği sorumluluğun gereğini yerine getirememektedir). Bu hal milletimizi madun tanıtıyor.

3- Milletin istiklalini yine milletin azim ve kararı kurtaracaktır

4- Milletin bu hal ve vaziyetini derpiş etmek (öne sürmek) ve sada-yı hukukunu cihana işittirmek için her türlü tesir ve murakabeden azade bir heyet-i millîyenin vücudu elzemdir.

5- Anadolu'nun en emin mahalli olan Sivas'ta millî bir kongrenin serian akdi tekerrür etmiştir (kararlaştırılmıştır).

6- Bunun için tekmil vilayetlerin her livasından milletin itimadına mazhar olmuş üç murahhasın sürati mümküne ile yetişmek üzere hemen yola çıkması icap etmektedir.

7- Her ihtimale karşı bu keyfiyetin millî sır içinde tutulması ve murahhasları lüzum görülen mahallere seyahatlerinin mütenekkiren (kıyafet değiştirerek) icrası lazımdır.

8- Vilayet-i şarkıyye namına 13 Temmuz 1919 Erzurum'da bir kongre inikad edecektir. Mezkur tarihe kadar vilayet-i saire murahhasları (delegeleri de) Sivas'a varid olabilirlerse Erzurum Kongresi'nin azası da Sivas içtima-i umumisine dahil olmak üzere hareket edecektir.'

Atatürk'ün bana, 'Arkadaşlara ver imza buyursunlar!' emrine karşı, Bay Hüseyin, Rauf Orbay imza buyurdular, General Ali Fuat Cebesoy huzuruna sunulan direktifi derhal imzalayarak, çekingen duran Albay Refet'e imza ettirdiler.

Atatürk, Kurmay Reisimiz Kazım Dirik'le Hüsrev Gerede de kurmay heyetinde tertip olunduğu şerefini esirgemediler." [168]

19 Mayıs'ta ateşlenen kurtuluş meşalesinin Amasya'da yakılmasında rolü büyük olan Abdurrahman Kamil Efendi'den bahsetmek gerekir.

Mustafa Kemal, gece Saraydüzü kışlasındaki misafirlik konusunda arkadaşlarına şunları anlatır:

"Geldiğimizde sizi karşılayanlar arasında sağ tarafta Amasya Müftüsü'nü gördünüz. Akşam yediğimiz iftar yemeği de evinden geldi. Samsun'a çıktığımdan beri mahallî din adamları, düşünce ve gayelerimize kalplerini ve imkanlarını açtılar. Halk da onlara inanıyor. Bu bizim manevî gücümüz." [169]

---

168 Gürer, 2007, s.232-237.
169 Cemal Kutay, "Millî Mücadelemizin Gerçek Öncüleri", Türk Dünyası Tarih Dergisi, sayı 8, s.30.

ABDURRAHMAN KAMİL EFENDİ

Amasya denilince Abdurrahman Kamil Efendi'den bahsetmek gerekiyor.

"Abdurrahman Kamil Efendi, ilk tanıştığı anda Mustafa Kemal Paşa'ya ve Kuvva hareketine inanmıştır. Mustafa Kemal Paşa, Kamil Efendi'yi, Sultan Beyazıd Camii'nde kılınacak Cuma namazında Amasyalıları bu kutsal harekete davetle vazifelendirmek istemiştir.

13 Haziran'da gerçekleştirilen bu tarihi konuşmadan önce 12 Haziran 1919'da Mustafa Kemal Paşa, Amasya'da halka hitap etmişti:

'Padişah ve hükûmet İtilaf Devletleri'nin elinde esir bir vaziyettedir. Memleket elden gitmek üzeredir. Bu kötü vaziyete çare bulmak için sizlerle işbirliği yapmaya geldim. Hep beraber aziz vatanımızı ve istiklalimizi kurtarmak için gayretlerimizle çalışacağız.

(…) Amasyalılar!

Burası, Havza'dan ötesi Pontus oluyor. Sivas'tan doğusu Ermenistan'a kalıyor. Memleket İngiliz mandası altına giriyor. Tarihi büyük Türk milleti böyle esareti kabul etmez, milletimizin tarihî şerefi vardır.

Muhterem Amasyalılar!

Memleketin her tarafında ateşli çalışmalar başladı. Türk vatanseverlerin gayretleriyle garp memleketlerimizde millî cepheler kuruldu. Cenupta Fransızlarla el birliği yapan Ermenilere karşı saldırmaya başladılar. Amasyalılar ne duruyorsunuz? Burada da mutlaka her türlü haklarımızı korumak üzere Müdafaa-i Hukuk Cemiyeti kurmalıyız' demişti." [170]

Abdurrahman Kamil Efendi'nin bir gün sonra Sultan Beyazıd Camii'nde yaptığı ateşli konuşmadan sonra bu hukuk cemiyeti kurulmuştur. 17 kurucusu arasında, Abdurrahman Kamil Efendi ile Müftü Hacı Tevfik Efendi'nin ismi ilk iki sırada yer almaktaydı. Hacı Tevfik Efendi ölene kadar cemiyete başkanlık etmiştir.

Mustafa Kemal Paşa, kışlada bulunan Veysibeyzade Nafiz Bey'e kısa bir notla pusula yazar. Konuşmaya davet pusulasının, komiser muavini Osman Bey'le Abdurrahman Kamil Efendi'nin evine götürülmesini ister.

Saraydüzü kışlasına yakın olan Kamil Efendi'nin evine pusulayı götüren Osman Efendi'den bu emaneti alan Kamil Efendi, okuduğu pusulayı öperek başına koydu ve 'başım gözüm üstüne' diyerek halkla konuşmayı kabul ettiğini belirtti." [171]

---

170 Hüseyin Menç, Millî Mücadele'nin İlk Kıvılcımı, Amasya, 1983, s.35-36, 43.
171 Menç, 1983, s.7.

Kamil Efendi'nin büyük oğlu Ahmet Emri Yetkin, babasının 13 Haziran 1919 Cuma günü verdiği vaazın, önceki gece Mustafa Kemal Paşa tarafından altı maddelik bir konu halinde pusula olarak gönderildiğini belirtiyor:

"Bir gün evde otururken kapımız çalındı. Kapıyı ben açtım. O zaman milletvekillerinden Amasyalı Nafız Bey ile karşılaştım.

Nafız Bey, o vakit Amasya Müftüsü olan babam Abdurrahman Kamil Efendi'nin evde olup olmadığını sordu. Kendisine, 'buyurun babam evde' dedim.

Nafız Bey'e yol göstererek yukarıda babamın yanına çıktık. Nafız Bey, babama Atatürk'ün altı maddelik bir konuyu halka vaaz olarak camide anlatmasını, selamları ile söyledi. Biraz sonra Nafız Bey, babamdan Atatürk'e selam ve muhabbetler ulaştırmak üzere evden ayrıldı.

Babam bu maddeleri sessiz şekilde okudu. 'Mustafa Kemal Paşa halka vaaz vermemizi emir buyuruyorlar' dedi." [172]

Bundan sonrasını Mençʼin eserinden verelim:

"Mustafa Kemal, Hoca Kamil Efendiye, 'Baba hazırlandın mı?' diye sordu.

'Tamamdır oğul, tamamdır' diyen Kamil Efendi, besmele çekerek caminin kapısına doğru ilerledi. Etrafı saran Amasyalılar, misafirlerine yol açarken 'Çanakkale kahramanı bu sarışın Paşa'ymış' cümleleriyle hayret ve merakla bakıyorlardı. Cami bir hayli kalabalıktı. Etraf köylerden dahi gelenler olmuştu.

Mustafa Kemal Paşa'yı kendisinden evvel camiye girmesi için Müftü Tevfik Efendi yol gösterdi. Bu haliyle Paşa'ya ve yüklenmiş olduğu vazifeye ne kadar önem verdiğini gösterdi.

---

[172] Atatürk'ün Bütün Eserleri, cilt 17, 2. Baskı, Kaynak Yayınları, İstanbul, 2012, s.55.

Paşa, Müftü Efendi ve yanlarında gelen 'ümit kafilesi'nin seçme subaylarıyla birlikte caminin müezzinler kısmına çıktılar. Cuma namazından önce kürsüye çıkan Abdurrahman Kamil Efendi, camide bulunanlara şöyle seslendi:

'Ey nas!

Allah, Kur'an-ı Kerim'de la taknetu min rahmetillah yani de ki; kendini tüketenler... Allah'ın esirgeciliğinden umut kesmeyin, çünkü Allah bütün günahları muhakeme (af) eder. Çünkü O, muhakeme (af) edicidir, esirgeyicidir, buyuruyorlar.'

Arkasından vatanımızın uğradığı haksız saldırı ve işgalleri kısaca anlattı. Allah'ın esirgeyiciliğinden umut kesmenin bir azgınlık, bir nankörlük ve küfür olduğunu, hep birlikte çalışarak, birleşerek vatanın kurtarılacağını söyledikten sonra coşkulu bir sesle şöyle sürdürdü konuşmasını:

Muhterem evlatlarımız!

Türk milletinin, Türk hakimiyetinin artık hikmet-i mevcudiyeti kalmamıştır. Mademki milletimizin şerefi, haysiyeti, istiklali tehlikeye düşmüştür.

Artık bu hükûmetten iyilik ummak bence abestir. Şu andan itibaren padişah olsun, isim ve unvanı ne olursa olsun, hiçbir şahsın ve makamın hikmet-i mevcudiyeti kalmamıştır. Yegâne çare-i halas halkımızın doğrudan doğruya hakimiyeti eline alması ve iradesini kullanmasıdır." [173]

Bu vaazdan sonra Amasya halkı millî müdafaa için harekete geçmiştir. Müdafaa-i Hukuk Cemiyeti'nin Amasya şubesi resmen açılmıştır.

---

[173] Menç, 1983, s.7.

Müftü Tevfik Efendi başkan, Hoca Abdurrahman Kamil Efendi, Hoca Bahaddin Efendi, Şeyh Cemaleddin Efendi, Harputzade Hasan Efendi, Topçuzade Mustafa Bey, Eytam Müdürü Ali Efendi, Topçuzade Hilmi Bey, Hacım Mahmudzade Mehmet Eendi, Miralay Zade Hamdi Bey, Şirinzade Mahmut Efendi, Kofzade Mustafa Efendi, Veysibeyzade Sıtkı Bey, Seyfizade Ragıp Efendi, Yumukosmanzade Hamdi Efendi, Arpacızade Hürrem Bey..." [174]

Amasya Genelgesi ile, Kurtuluş Savaşı resmen ilan edilmiştir.

Şehir, 30 Ocak 1920'de Müdafaa-i Hukuk Cemiyeti'nin öncülüğünde büyük bir miting tertip etmiş, Maraş'taki Fransız ve Ermeni işgalini kınamıştır.

Amasya'nın Mustafa Kemal ile müdafaasında Müftü Hacı Tevfik de öne çıkmış, ilk Meclis açıldığında da hem kendi adına, hem de Amasya Müdafaa-i Hukuk Cemiyeti adına tebrik telgrafı göndermiştir.

Mustafa Kemal, Amasya'da iken halen 9. Ordu Müfettişi'dir.

Yıllar sonra savaş zaferle taçlandıktan sonra 24 Eylül 1924 tarihinde Mustafa Kemal Reis-i Cumhur olarak Amasya'ya tekrar ziyarette bulunur.

Amasya Belediyesi'nde şerefine verilen ziyafette Kamil Efendi'yi yine yâd eder:

"Efendiler! Bundan beş sene evvel buraya geldiğim zaman, bu şehir halkı da bütün millet gibi hakiki vaziyeti almamışlardı. Fikirlerde karışıklık vardı, beyinler adeta bir durgun halde idi.

---

174 Menç, 1983, s.43.

Ben burada birçok zevatla beraber Kamil Efendi Hazretleri'yle de görüştüm.

Canlandırmak istediğim hatıra, Efendi Hazretlerinin bir camii şerifte hakikati halka izah etmiş olmasıdır.

Efendi Hazretleri halka dediler ki:

Milletin şerefi, haysiyeti, hürriyeti, bağımsızlığı hakikaten tehlikeye düşmüştür. Bu felaketten kurtulmak icap ederse vatanın son bir ferdine kadar ölmeyi göze almak lazımdır. Padişah olsun, halife olsun, isim ve unvanı her ne olursa olsun, hiçbir şahıs ve makamın mevcudiyetinin hükmü kalmamıştır. Yegâne kurtuluş çaresi halkın doğrudan doğruya hakimiyeti eline alması ve iradesini kullanmasıdır." [175]

---

[175] Atatürk'ün Bütün Eserleri, 2012, c.17, s.54.

NİKSAR MİTİNGİ

Bundan sonra, 20 Haziran 1919 Cuma günü Tokat Niksar'da miting yapılacağı Müdafaa-i Hukuk Cemiyeti tarafından halka duyuruldu.

Miting manzarası şöyleydi: "Kılınan namaz, kalabalık cemaatin topluca miting alanında toplanması, dualar, tekbir sesleri, cami önünde ve miting alanında kesilen kurbanlar, heyecan içinde çırpınan halk..." [176]

Önce Mustafa Kemal Paşa'nın halka hitap ettiği mitingde, sözü Abdurrahman Kamil Efendi aldı ve;

"Muhterem evlatlarım!

Paşa Hazretlerinin açıkça izahta bulundukları gibi, Türk milletinin Türk hakimiyetinin artık hikmet-i mevcudiyeti kalmadığı

---

[176] H. Menç, Millî Mücadele Yılarında Amasya, s.75.

tahakkuk edince ve milletimizin mukadderatı endişeli bir duruma düşünce, artık bir milletin mevcudiyetine hürmet etmek bence doğru bir yol değildir.

Mademki milletimizin şerefi, haysiyeti ve istiklali tehlikeye düşmüştür, artık başımızdaki bu hükûmetten bir iyilik ummak bence abestir. Şu andan itibaren padişah olsun, isim ve unvanı ne olursa olsun, hiçbir şahsın ve makamın hikmet-i mevcudiyeti kalmamıştır.

Yegâne çare-i halas halkımızın doğrudan doğruya hakimiyetini eline alması ve iradesini kullanmasıdır.

Binaaleyh, işte size Mustafa Kemal Paşa'yı gösteriyoruz" dedi ve kendileri de Paşa'ya yönelerek;

"Muhterem Paşa Hazretleri, şu görmüş olduğunuz Türk evlatlarının heyet-i umumimiyesi başta ben olmak şartıyla şu andan itibaren size biat etmiş bulunmaktayız. Vatan ve milletimizin refah yolunu buluncaya kadar sizlerle el birliği yapacaklarına söz veriyoruz" demekle hitabesine son veriyor ve bu sûretle Millî Mücadele'nin ilk temel taşı burada atılıyordu." [177]

---

[177] H. Menç, Millî Mücadele Yıllarında, Amasya, s.77.

ZÜBEYDE ANNEYE BİR MEKTUP

Mustafa Kemal, Amasya Genelgesi sonrasında askerlik vazifesinden ayrılmıştır.

Ağustos 1919'da, annesine Samsun'a çıkışından itibaren yaşadığı gelişmeleri, İngilizlerin padişah ile olan ilişkilerini kaleme alır:

"Muhterem validecigim,

İstanbul'dan mufarakatımdan beri sizlere ancak birkaç telgraftan başka bir şey yazamadım. Bu sebeple büyük merak içinde kaldığınızı tahmin ediyorum.

(…) Malumunuzdur ki, daha İstanbul'da iken ecnebi kuvvetlerin devleti, milleti fevkalade sıkıştırmakta ve millete hizmet edebilecek ne kadar adamımız varsa cümlesini hapis ve tevkif ve bir kısmını Malta'ya nefi ve tazip etmekte pek ileri gidiyorlardı.

Bana nasılsa ilişmemişlerdi. Fakat 3. Ordu Müfettişi olarak Samsun'a ayak basar basmaz İngilizler benden şüphelendiler. Hükûmete benim sebeb-i izamımı sordular.

Nihayet İstanbul'a celbimi talep ve bunda ısrar ettiler. Hükûmet beni iğfal ederek İstanbul'a celb ve İngilizlere teslim etmek istedi. Bunun derhal farkına vardım. Ve bittabi kendi ayağımla gidip esir olmak doğru değildi. Padişahımıza hakikat hali yazdım ve gelemeyeeğimi arz ettim. Nihayet o da İstanbul'a avdetimi irade etti.

Bu sûrette artık resmî makamımda kalmaya imkan göremediğim gibi askerliğimi muhafaza ettikçe İngilizlerin ve hükûmetin hakkımdaki ısrarına mukabele edilemeyecekti.

Bir tarafında bütün Anadolu halkı, tekmil millet hakkımda büyük bir muhabbet ve itimad gösterdi. Filhakika vatan ve milletimizi kurtarabimek için yegâne çare askerliği bırakıp, serbest olarak milletin başına geçmek ve milleti yekvücud bir hale getirmekle hâsıl olacak." [178]

---

[178] S. Bozok-C. Bozok, 1985, s.191-192.

MÜDAFAA-İ HUKUK CEMİYETLERİNDE
YER ALAN DİN ADAMLARI

Siz, Kurtuluş Savaşı'ndaki manevî boyutu çıkarırsanız, görmezden gelirseniz; Yunan'a, Fransız'a, İtalyan'a, Ermeni'ye karşı girişilen büyük mücadeleyi anlayamazsınız.

İman gücü ile kazanılan zafer, din adamlarının manevî sohbetleri, meydanlardaki çıkışları ile halka güç vermiş bu da savaşın kazanılmasını sağlamıştır.

Mustafa Kemal, Diyarbakır'da İngiliz etkisinde kurulan Kürt Teali Cemiyeti'nin kapatıldığını öğrenmiş ve Amasya'dan 15 Haziran'da Diyarbakır vali vekilliğine çektiği telgrafta Müdafaa-i Hukuk Cemiyetlerinin ve Redd-i İlhak derneklerinin gayesini şöyle ifade etmiştir:

"... Kürt kulübü konusundaki davranış biçimi bence de pek

uygun görülmüştür. Şu kadar ki, İtilaf Devletleri'nin hak çiğneyici işlemleri, İzmir'in Yunanlılara işgal ettirilmesi etkisiyle ülkenin en uzak köşesinde bile ortaya çıkan çok büyük uyanış her türlü siyasal tutku ve çıkarcı amaçtan arınmış olmak üzere Müdafaa-i Hukuk-i Milliye ve Redd-i İlhak derneklerini doğurmuş ve bu derneklere hangi siyasal kümeye bağlı olursa olsun, her Türk, her Müslüman katılmış ve ulusal vicdanın eylemli görünüşleri bütün dünyaya böylece duyurulmakta bulunmuştur." [179]

---

179 Nutuk, 1989, c.3, belge 9.

VİLAYET-İ ŞARKİYE MÜDAFAA-İ HUKUK CEMİYETİ

Şark vilayetlerinde kuruluş hakkında bizzat şahidi olarak, o dönemde Bitlis Valisi olan ve kendine de Damat Ferit'in bu mânâda bir telgrafı ulaşan Mazhar Müfit Kansu şu yorumu yapar:

"Damat Paşa'nın şark vilayetlerinin Ermenistan'a terki hakkındaki yumuşak ve mütemayil hareket tavrı sezilir sezilmez, teşekkül eden Vilayât-ı Şarkiye Müdafaa-i Hukuk Cemiyeti…"[180]

Halk padişahtan, saraydan, başbakandan ümidini keserek ve hatta onların vatan sathını vermeye başladığını görerek ayağa kalkmıştır. Mazhar Müfit, 2 Aralık 1918'de kurulan cemiyetin faaliyete geçiş günlerini şöyle anlatır:

"… Şubenin reisi Hoca Raif Efendi (şimdi Erzurum Milletvekili) idare heyeti azası da, Hacı Hafız Efendi, emekli Binbaşı Süley-

---
180 Kansu, 1997, c.1, s.12.

man ve Kazım Beyler, Necati Bey ve Dursun Beyzade Cevat (şimdi Erzurum Mebusu ve CHP Genel Sekreter Yardımcısı) Bey'di.

Cemiyet ve gayesi hakkında pek muhterem bir zat olan Raif Efendi, bana daha ilk mülakatımızda şu malümat ve izahatta bulunmuştu: Ermenistan'a şark vilayetlerinden toprak terk edilmesi şayiaları dolaşmaya başlar başlamaz içinde bulunduğumuz mütareke şartlarını da gözönüne getirerek hemen İstanbul'a gittim. İstanbul'da bir iki Türk gazeteci maalesef hezeyan halindeydi.

Şimdi mebus ve miralay (Albay) mütekaidi. Ve memleket bunaltıcı bir havanın sıkıntısı içindeydi. Memleketin kurtulması ilk hedefimiz olmalı ve şark vilayetlerimizden bir karış toprak dahi her ne şekil ve her ne vesile ile olursa olsun anavatandan ayrılmamalıydı. İstanbul'a varır varmaz temaslarıma başladım. Bu arada Ayasofya civarında merhum Süleyman Nazif Bey'e rastladım.

Selamlaştıktan ve hal hatır sorduktan sonra:

- Erzurum'dan yeni mi geldin, diye sordu.

- Evet.

- Halk nasıl ve ne düşünüyor?

- Maneviyat yüksek fakat bazı gazetelerin tehcir aleyhindeki ve Ermenileri mazlum mevkiinde gösteren yazıları ile doğu topraklarımızdan bir kısmının Ermenistan'a terki hakkındaki mütalaaları çok fena tesirler hâsıl etmekte ve zararlı akıbetler tevlit etmesinden hakkıyle endişe edilmektedir.

Üstad Nazif tereddütsüz:

- Haklısın, doğru düşünüyorsun. Ben de seninle beraberim, dedi.

Beyazıt'a kadar beraber yürüdük ve hep bu bahsi görüştük. Nihayet Beyrut eski valisi İsmail Hakkı, Hicaz eski valisi Mahmut Nedim, Bayezid (Ağrı) mebusu Şefik, Diyarbekir mebusları Zülfü ve Feyzi, Süleyman Nazif, Cevat Beyler ve ben, bir gün aramızda toplandık ve uzun görüşmelerden sonra, bir temel şart üzerinde mutabık kaldık.

Bu temel şart; kayıtsız ve şartsız Türk hukukunu muhafaza, doğu topraklarımızdan herhangi bir parçanın Ermenistan'a terk edilmesi gibi bir hal vukuunda veya herhangi bir fiil tecavüz karşısında doğu vilayetlerimiz halkının müttehiden silahlı müdafaasını temin eylemeye çalışmak üzere Vilayât-ı Şarkiye Müdafaa-i Hukuk-u Milliye Cemiyeti'ni kurmak ve buna ait diğer tali esasları tesbit etmek oldu." [181]

Müdafaa-i Hukuk Cemiyetleri daha sonra Anadolu ve Rumeli Müdafaa-i Hukuk Cemiyeti adıyla teşkilatlanmış ve amacı da vatan sathını korumak olarak netleşmiştir.

Türkiye Büyük Millet Meclisi de, bu teşkilatlar üzerine bina edilmiştir. [182]

---

181 Kansu, 1997, c.1,s.18-19.
182 BTTD, sayı: 19, s.8.

MÜDAFAA-İ HUKUK CEMİYETLERİ

Çoğunluğu müftülerden, imamlardan oluşan Müdafaa-i Hukuk Cemiyetlerinden bazıları şöyleydi:

Ankara Vilayeti: Müftü M. Rıfat Efendi (başkan) Kınacızade Şakir, Hanifzade Mehmet ve Hatib Hacı Ahmet Efendiler.

Edirne Vilayeti: Müftü Mestan Efendi (üye).

Erzurum Vilayeti: Hoca Raif Efendi (başkan), Müftü Sadık, Hacı İsmail Efendizade Tevfik, Leylizade İbrahim, Dervişağa Camii Hatibi Ahmet, Çitzade Ragıp Efendiler.

Bitlis Vilayeti: Müftizade Mahmut (başkan), Kalelizade Şevket, Hacı Babuzade Nuri, Şeyh Abdülgazi Efendiler.

Diyarbakır Vilayeti: Ahmet Hamdi Efendi.

Kastamonu Vilayeti: Müftü Salih Efendi, Şeyh Şemsizade Ziyaeddin Efendi.

Konya Vilayeti: Ali Kemalî Efendi (Başkan), Müftü Ömer Vehbi Efendi.

Mamuretilaziz (Elazığ) Vilayeti: Halil Efendi.

Sivas Vilayeti: Müftü Abdürrauf Efendi (Başkan).

Trabzon Vilayeti: Müftü Mehmet İzzet, Hafız Mahmud Efendi.

Van Vilayeti: Müftü Şeyh Masum Efendi (Başkan).

Aksaray Mutasarrıflığı: Müftü Kazızade İbrahim Efendi, Hacı Şerif Efendizade Hüseyin Efendi.

Amasya Mutasarrıflığı: Müftü Hacı Tevfik Efendi (Başkan).

Aydın Mutasarrıflığı: Müderris Hacı Süleyman Efendi, Hafız Ahmet Efendi.

Beyazıd Mutasarrıflığı: Şeyh İbrahim ve Abdülkadir Efendiler.

Bolu Mutasarrıflığı: Müderris Kürtzade Mehmet Sıtkı Efendi (Başkan).

Burdur Mutasarrıflığı: Müderris Hatibzade Mehmet Efendi.

Canik (Samsun) Mutasarrıflığı: Müftü Ömerzade Hoca Hasan Efendi, Müderris Adil Efendi.

Çorum Mutasarrıflığı: Müftü Ali Efendi.

Denizli Mutasarrıflığı: Müftü Ahmet Hulusi Efendi (Başkan), Müftüzade Kazım Efendi.

Erzincan Mutasarrıflığı: Müftü Osman Fevzi Efendi, Şeyh Safvet Efendi, Şeyh Hacı Fevzi Efendi.

Giresun Mutasarrıflığı: Müftü Lazzade Ali Fikri Efendi.

Gümüşhane Mutasarrıflığı: Mehmet Şükrü Efendi, Müftüzade Mehmet Efendi.

Ertuğrul (Bilecik) Mutasarrıflığı: Müftü Mehmet Nuri Efendi (Başkan), Hafız Arif Efendi.

Hakkari Mutasarrıflığı: Müftü Ziyaeddin Efendi (Başkan).

Hamidabad (Isparta) Mutasarrıflığı: Müftü Hüseyin Efendi, Şeyh Ali Efendi (Başkan), Hafız İbrahim Efendi, Müderris Şerif Efendi.

İçel Mutasarrıflığı: Hocazade Emin Efendi.

Karahisar-ı Sahib (Afyon) Mutasarrıflığı: Müftü Said Efendi (Başkan), Gevikzade Hacı Hafız Efendi, Nebizade Mehmet Efendi.

Kengiri (Çankırı) Mutasarrıflığı: Müftü Bekirzade Ata Efendi (Başkan).

Kırşehir Mutasarrıflığı: Müftü Halil Hilmi Efendi (Başkan).

Kütahya Mutasarrıflığı: Mazlumzade Hafız Hasan Efendi, Hacı Musazade Hafız Mehmet Efendi.

Lazistan Mutasarrıflığı: Müftü Mehmet Hulusi Efendi, Mataracızade Mehmet Şükrü Efendi, Şeyh İlyas Efendi.

Malatya Mutasarrıflığı: Müderris Tortumluzade Hacı Hafız Efendi.

Maraş Mutasarrıflığı: Müftü Abdullah Mehmet Efendi.

Mardin Mutasarrıflığı: Müftü Hüseyin Efendi.

Muş Mutasarrıflığı: Müftü Hasan Kamil Efendi.

Niğde Mutasarrıflığı: Müftü Süleyman Efendi.

Oltu Mutasarrıflığı: Müftü Mehmet Sadık Efendi, Müderris Emin ve Yakup Efendiler.

Ordu Mutasarrıflığı: Müftü Ahmet İlhami Efendi.

Siirt Mutasarrıflığı: Müftü Hoca Ömer Efendi.

Sinop Mutasarrıflığı: Müftü Salih Hulusi Efendi.

Teke (Antalya) Mutasarrıflığı: Müftü Yusuf Talat Efendi, Hacı Hatip Osman Efendi.

Tokat Mutasarrıflığı: Müftü Katibzade Hacı Mustafa Efendi, Habib Efendizade Hoca Fehmi Efendi, Hafız Mehmet Efendi.

Urfa Mutasarrıflığı: Müftü Hasan Efendi.

Yozgat Mutasarrıflığı: Müftü Mehmet Hulusi Efendi (Başkan).

Zonguldak Mutasarrıflığı: Müftü İbrahim Efendi (Başkan). [183]

Kurtuluş Savaşı bu inanan insanların gayreti, azmi, canını ortaya koyan iman gücü ile kazanılmıştır.

İşin başka bir cephesi de, Mustafa Kemal zafere giden yolda sadece askerî dehasını kullanmamış; hem kendisi dua etmiş Allah'a sığınmış, hem de ağzı dualı din adamlarından destek almış bunu önemsemiştir.

İstanbul Hükûmeti ise Mustafa Kemal'in şahsında vücut bulan, din adamlarının gayretiyle şekillenen müdafaadan son derece rahatsızdı.

15 Ağustos 1919'da Ali Kemal Paşa, kurmay subaylardan Mustafa Bey ile İstanbul Hükûmeti adına, Denizli'ye geldi ve Heyet-i Temsiliye Başkanı Hoca Ahmet Hulusi ile görüşmek istedi.

Kendilerini kabul etmeyen Ahmet Hulusi'nin ayağına giderek, padişahın yanında yer alması konusunda görüştülerse de, Hoca Ahmet Hulusi, vatan savunmasından vazgeçip padişah ya-

---
[183] BTTD, sayı: 19, Eylül 1986.

nında yer almayacağını açık şekilde bildirmiştir.

Bundan sonra İstanbul Hükûmeti, Bab-ı Fetva Memurîn kalemi Müdüriyeti'nce Meşihat Makamına 1 Ağustos 1920 tarihli bir yazı gönderdi.

Bu yazıda Müftü Ahmet Hulusi Efendi'nin müftülük görevi ile bağdaşmayan ve eşkıya çetesi olan Kuvva-yi Milliye hareketine silahlı olarak fiilen katıldığı, işlenen cinayet ve işkencelerin tertipleyicisi ve teşvikçisi olduğu güvenilir kaynaklardan öğrenildiği, bu nedenlerle de adı geçen şifahen alınan bir irade-i aliyye ile görevinden azledildiği bildirildi. [184]

Vatanperver din adamı ise, canını ortaya koyarak vatanı savunmaya devam etmiştir.

---

184 Sarıkoyuncu, 2002, c.1, s.123.

ERZURUM VE SİVAS KONGRELERİNDE YER ALAN DİN ADAMLARI

Mustafa Kemal, Erzurum ve Sivas Kongresi'ni gerçekleştirmeye nasıl karar verdiğini şöyle anlatır:

"İstanbul'da cereyan eden ahvalden, yapılan teşebbüslerden, bilhassa vaziyetin vehamet ve fecaatinden milletin haberi yoktu. İstanbul'da oturup milleti haberdar etme imkanı da kalmamıştı. Dolayısıyla yapılacak şeyin İstanbul'dan çıkıp milletin içine girmek ve orada çalışmak olduğuna karar verdim.

Bunun icra sûretini düşündüm ve bazı arkadaşlarla müzakere ettiğim sırada idi ki, hükûmet beni ordu müfettişi olarak Anadolu'ya göndermeyi teklif etti. Bu teklifi derhal memnuniyetle kabul ettim ve tam Yunanlıların İzmir'e girdikleri gün idi ki, İstanbul'dan ayrıldım.

Benim düşündüğüm şu idi: Her tarafta muhtelif namlar altında bir takım teşekküller başlamıştı. Bunları aynı program ve aynı nam altında birleştirerek bütün milleti alakadar etmek ve bütün orduyu da bu maksadın hizmetinde kılmak lazımdı.

Anadolu'ya girdiğim zaman daha Ordu Müfettişi sıfat ve selahiyeti üzerimde iken, bu noktadan işe başladım ve bu maksad az zamanda hâsıl oldu.

Takip ettiğim mesai tarzı İstanbul'da malum olunca beni İstanbul'a getirtmek istediler, gitmedim. Neticede istifa ettim.

Milletin bir ferdi sıfatıyla Erzurum Kongresi'ne iştirak ettim. Erzurum Kongresi'nde tespit edilen esasları bütün memlekete yaymak maksadıyla Sivas'ta da bir kongre yapıldı.

Bu kongrelerin doğurduğu Heyet-i Temsiliye namındaki heyetle kongrelerin esaslarını takip ettik." [185]

---

[185] Atatürk'ün Bütün Eserleri, c.12, 2012, s.168-169.

ERZURUM KONGRESİ

Mustafa Kemal, Erzurum'a geldiğinde Anadolu genelinde halkın din adamları öncülüğünde oluşturduğu yerel Müdafaa-i Hukuk Cemiyetlerini değerlendirdi. Bunun yanında, o günün şartlarında düşman ile işbirliği yapan cemiyetler de vardı.

M. Müfit Kansu, o günleri şöyle anlatıyor:

"Kürd İstiklal Cemiyeti adını taşıyan ve Osmanlı Meclisi ayanından Abdülkadir Efendi'nin başkanlığı altında kurulmuş bulunan bu cemiyetin devamlı mevcudiyetinden ve cemiyetin hüviyet vesikalarını hamil bulunan ajanlarından ancak nice yıllar sonra, benim Şark İstiklal Mahkemesi reisliğim zamanında haberdar olabildik.

Abdülkadir Efendi'nin muhakemesine ve Şeyh Said isyanının tenkil edilmesi zamanına kadar bu cemiyet olağanüstü bir muvaffakiyetle mevcudiyetini, faaliyetini gizliyebilmişti.

Buna benzer iftirakçı, taklibci, ihtilalci ve yıkıcı cemiyetlerden biri de Yunanlıların müzahereti ile Rumlar arasında teşekkül etmişti. Mavrimira adını taşıyan bu cemiyete Yunan Salib-i Ahmeri de bağlanmıştı. Salib-i Ahmer'in buna bağlanışının sebebi; tıbbî malzeme, ilaç, sıhhî levazım ithal ve sevki, muhacirlere bakılmak maskesi altında memleket içine silah, harp malzemesi sokmak, Osmanlı vilayetleri dahilinde iftirakçı ve yıkıcı propaganda ve mitingler yapmak, çeteler teşkil etmek, ihtilal ve isyanlar çıkartmaktı.

Bu cemiyetin başında Rum patrik vekili Droneüs, Atinafora, Yunan kaymakamı Katehaksi, Poliminisi ve saire gibi eşhas vardı.

Ayrıca, Trabzon'da da Pontus Cemiyeti kurulmuş, Kastamonu ve İnebolu'ya kadar bu cemiyetin şubeleri açılmıştı. Bu teşkilat içinde de bilhassa eski mebus Fokindis ve Andiryadis çalışıyorlardı." [186]

Mustafa Kemal, 19 Mayıs 1919'da Samsun'a çıkışından kısa bir süre sonra, Dahiliye Nazırı Ali Kemal Bey'in telgrafı ile azledildiğini öğrenecektir.

"27 Haziran 1335'te (1919) Sivas'a varmıştım. Azledildiğimden bahisle Ali Kemal Bey'in bir tamiminin daha varit olduğunu öğrendim. 23 haziran 1335 (1919) tarihli olan bu şifreli tamimde;

'İngiliz fevkalade temsilcisinin talep ve ısrarıyla azledildi. Adı geçenin İstanbul'a getirilmesi Harbiye Nezareti'ne ait bir vazifedir. Lakin Dahiliye Nezareti'nin size kati emri; artık o zatın azledilmiş olduğunu bilmek ve kendisiyle hiçbir resmî muameleye girişmemek ve hükûmet işleriyle alakalı hiçbir talebini kabul ettirmemektir' deniliyordu.

---

186 Kansu, 1997, s.29-30.

Bu muameleye dair Sadaret'e ve Harbiye Nezareti'ne 28 Haziran 1335'te (1919) şu telgrafı çektim:

"Müdafaa-i Hukuk-i Milliye ve Redd-i İlhak Cemiyetlerine yardımımdan ve İngilizler tarafından talep edildiğinden bahisle azlolunduğumu, Dahiliye Nazırı Ali Kemal Bey'in mülkiye makamlarına tamim eylediğini öğrendim.

Acizîlerini bu memuriyete veren ve tayin buyuran zat-ı hazreti padişanının bu konuda herhangi bir irade-i seniyelerine şeref telakki eylemediğim gibi ne makam-ı celil-i Sadaret'ten ve ne de Harbiye Nezaret-i celilesinden azlime dair hiçbir emir almadım' şeklinde bir karşı telgrafı Saray'a gönderir." [187]

---

[187] Atatürk'ün Bütün Eserleri, 2012, c.8, s.37.

ERZURUM KONGRESİ'NDEN ÖNCE DURUM DEĞERLENDİRMESİ

"Bir iki gün sonra, Mustafa Kemal Paşa'nın başkanlığı altında ve Erzurum Kalesi Muhafızlığı'na ait küçük bir binada ve geceleyin adeta gizli bir cemiyet kurmuşçasına ilk toplantımızı yaptık.

Bu toplantıya iştirak eden ve büyük ileri hareketlerin nüvesini teşkil eyliyen bu ilk gece toplantısında şu zevat vardı: Mustafa Kemal Paşa, On Beşinci Kolordu Kumandanı Kazım Karabekir Paşa, Hüseyin Rauf Bey, Erzurum Valisi Münir Bey (şimdi Milletvekili Münir Akkaya) İzmit Mutasarrıfı Süreyya Bey (şimdi Kocaeli Milletvekili Süreyya Yiğit), Ordu Müfettişliği Erkan-ı Harp Reisi Kazım Bey (Merhum General Kazım Dirik), Erkan-ı Harp Binbaşısı Hüsrev Bey (şimdi Kanada Büyükelçimiz Hüsrev Gerede), Doktor Binbaşı Refik Bey (Merhum Başbakan Refik Saydam) ve ben. Bu gizli ve ilk toplantıda Mustafa Kemal Paşa ilk sözü aldı. Uzun bir konuşma yaptı.

Görüş ve mütalaalarının özü şuydu:

1- Muhasım devletler Osmanlı vatan ve devletini mahv ve taksime karar vermiş bulunuyorlar. Bu kararlarını tatbik edebilmek için de her türlü maddî ve manevî tecavüzü yapmaktan geri kalmıyorlar. Hükûmet muhasımların her türlü tecavüz ve emirlerine miskince boyun eğmekte, her türlü zillete katlanmaktadır. Padişah ise unvanı mahfuz ve baki kalmak şartiyle her şeye razı bulunuyor.

2- Millet karanlık içinde mustarip ve perişan haldedir, akıbetin ne olacağını merak etmekte ve kurtuluş çaresi telakki ettiği her türlü hususi tedbire başvurmakta, memleketi kurtarmak ve müdafaa etmek ümidi ile muhtelif mahallerde, muhtelif namlar ile cemiyetler teşkil etmektedir.

3- Ordu, Harb-i Umumi'nin binbir meşakkati ile yorgundur. Yorgunluğuna ve hatta bitkinliğine rağmen vatanın parçalanmak istendiğini görerek önleyici çareler aramakla cidden meşguldür.

4- Günün içinde üç fikir çarpışmaktadır:

a- Galip devletlerle harp edemiyeceğimize göre uysal, fedakâr ve uyuşkan hareket etmek.

b- Padişahın etrafında toplanmak ve düvel-i muhasamanın padişah ve halife için hükümranlık hakkı tanıyacağı bölgede Osmanlı Devleti'ni idame etmeye gayret eylemek.

c- Osmanlı Devleti'nin taksimi mukarrer olduğuna göre, ırk ve bölge hususiyetlerine ehemmiyet vermek ve bu imkandan faydalanarak mevzii kurtuluş çareleri aramak." [188]

---
[188] Kansu, 1997, s.30-31.

KONGREDEN ÖNCE "YÖNETİM ŞEKLİ CUMHURİYET OLACAKTIR" GÖRÜŞÜ BELLİYDİ

Mahmut Esat Bozkurt, İzmir Mebusu iken, 31.3.1934 tarihinde Mazhar Müfit Kansu'dan öğrencilere doğru bilgiler vermek adına, cumhuriyet fikrinin ne zaman ilk defa bahsi geçtiğini sorar.

Sayın Kansu, Mustafa Kemal'den de aldığı izinle hatıratlarından şu bölümü gönderir:

"20 Temmuz 1335 (1919)...

Bugün Mustafa Kemal Paşa ile öğle yemeğinden sonra bazı meseleler hakkında müzakerede bulunduk. Kongrenin temmuzun yirmi üçüncü günü açılmasını muhakkak sayıyoruz.

Müzakerelerin sona ermesinden sonra, yine o kafamdaki her vakit ki fikr-i sabit harekete geçmiş olmalı ki Paşa'ya yine bir fırsatını getirerek;

'Paşam, muvaffak olacağımıza inanıyorum. Bu kanaatim kat'idir. Bunun için de emriniz altında bulunuyorum. Refakatinizde sonuna kadar çalışmaya ve gereğinde ölmeğe azim ve yemin etmiş bulunuyorum.

Arkadaşlarımız da bu inan ve bu imanı muhafaza ediyorlar. Aramızda her şeyi görüştük. Görüşmeye de devam ediyoruz. Fakat muvaffakıyet takdirinde, ki bundan şüphem yok, hükûmet şekli ne olacak?' diye bir kere daha sordum ve ilave ettim:

'Muhakkak ki, mevcut şekl-i hükûmet bu memleketin refah, saadet ve terakkisine kafi gelmiyecektir. Başka bir hükûmet şekli arayıp bulmamız lazım geldiği kanaatindeyim.'

Paşa, devamlı şekilde benim bu nokta üzerinde dolaşmamdan usanmış olacak ki gülerek ve fakat kat'i ifadesini vererek;

'Açıkca söyliyeyim: Şekl-i hükûmet zamanı gelince, Cumhuriyet olacaktır' dedi.

Çok sevinçliyim. Nihayet, bütün katiyeti ve ciddiyeti ile Paşa'ya bunu söyletmiş bulunuyorum. Bu satırlarımı yazarken gözlerimden adeta sevinç yaşları boşanıyor." [189]

Erzurum Kongresi'nden bir gün önce 22 Temmuz 1919'da bir İngiliz taburu Samsun'u işgal etmişti.

---

189 Kansu, 1997, s.74.

23 TEMMUZ ERZURUM KONGRESİ BAŞLIYOR

Bu kongre önce 10 Temmuz'da Vilayet-i Şarkıyye Müdafaa-i Hukuk Cemiyeti olarak yapılacakken, bu mümkün olmamış ve 23 Temmuz'a sarkmıştı.

Yani Vilayet-i Şarkıyye delegelerinin kongresi idi ve Mustafa Kemal bu delegeler arasında bulunmamaktaydı. Dahil olabilmesi için cemiyetin kurucusu Hoca Raif Efendi devreye girdi:

"… Hoca Raif Efendi'nin başkanlığında bulunan Erzurum Vilayat-ı Şarkıyye Müdafaa-i Hukuk-u Milliye Cemiyeti'nin bir içtimaı sonunda Mustafa Kemal Paşa'dan bir tezkere ile heyet-i faale reisliğini kabul etmesi rica edilmiş ve kendisine beş iş arkadaşı da gösterilmişti.

Bu beş arkadaş: Hoca Raif Efendi (Heyet-i Temsiliye azası ve Erzurum Milletvekili), emekli binbaşı Süleyman, Kazım, Necati

(Erzurum'da çıkan Albayrak gazetesi müdürü), Dursun Beyzade Cevat (maarifçi ve halen Erzurum Milletvekili) beylerdi.

Hüseyin Rauf Bey de heyet-i faale ikinci reisliğine seçilmişti. Heyet-i faaleyi bu şekilde seçen cemiyet, İstanbul'da bulunan umumi merkeze de bir telgraf çekerek kongrede umumi merkez adına rey, mütalaa, hak ve yetkilerinin Mustafa Kemal Paşa'ya verilmesini rica etmişti.

Bütün bu hareket ve teşebbüslere önayak olan Hoca Raif Efendi ile vatansever arkadaşları idi. [190]

"... Mütevazı mektep binasının salonu güzel hazırlanmış, bir de kürsü yapılmıştı. Delegeler mektep sıralarında oturuyorlardı.

Her türlü emniyet tedbiri de alınmış ve Ravlenson'un tehdidi hesap harici tutulmamıştı. Ayrıca Recep Zühtü (eski milletvekillerinden) Cevat Abbas (Paşa'nın yaveri ve merhum Bolu Mebusu), Şevket (Bilecik eski Mebusu) Beyler de ayrıca kapıda muhafız olarak yer almış bulunuyorlardı. En önce yoklama yapıldı." [191]

Yalnız Elaziz ve Diyarbekir delegeleri yoktu. 57 delege hazır bulundu.

Erzurum Kongresi'ne katılan din adamları ise şöyleydi:

Erzurum Kongresi'nin açılış ve kapanış duasını yapan Şiran Delegesi Müftü Hasan Efendi, Müftü Hacı Hafız Mehmet Cemil ve Müderris Hafız Cemil Efendiler, Erzincan Delegesi Meşahiyten Hacı Fevzi Efendi, Sivas Delegesi Müderris Fazullah Efendi, Kuruçay Delegesi Müftü Şevki Efendi, Of Delegesi Müftü Yu-

---

190 Kansu, 1997, s.75-76.
191 Kansu, 1997, s.78.

nus Efendi, Kelkit Delegesi Müftü Osman Efendi, Rize Delegesi Hoca Necati Efendi, Diyarbakır Delegesi Müftü Hacı İbrahim Efendi." [192]

7 Ağustos 1919'da kongre reisi Mustafa Kemal Paşa tarafından kongrenin sonunda söylenen nutkun tamamı Kansu'nun hatırlarında vardır.

Bir bölümünü vereceğimiz bu nutuk, tarihî değerdedir. Zira kurtuluşun ilk ciddi adımı bu nutukla olacaktır:

"… Gün geçtikçe artan bir şiddetle hukuk-u hilafet ve saltanat, haysiyet-i hükûmet, izzet-i nefs-i millîmiz tecavüz ve taaddilere uğradı. Teba-i Osmaniye'den olan Rum ve Ermeni anasırı gördükleri teşvik ve müzaheretin netayiciyle, namus-u millîmizi cerihedar edecek taşkınlıklardan başlıyarak nihayet hazin ve kanlı safhalara girinceye kadar küstahane tecavüzata koyuldular..

(…) Onların tatbikatına, İtilaf Devletleri'nce başlanmıştır. İnkisam-ı vatan mevzuu bahis ve karar olarak vilayât-ı şarkiyemizde Ermenistan ile, Adana ve Kozan havalisinde Kilikya nam Ermenistan, garbi Anadolu'nun İzmir ve Aydın havalisinde Yunanistan, Trakya'da payitahtımızın kapısına kadar kezalik Yunanistan, Karadeniz sahillerinde Pontus krallığı ve ondan sonra kalan bakıye-i aksam-ı vatanda da ecnebi işgal ve himayesi başlamıştır.

(…) Bu tatbikat bu anda gözümüzün önünde hazin bir sûrette cereyan ediyor: İzmir, Aydın, Bergama, Manisa ve havalisinde şimdiye kadar binlerle anaların, babaların, kahramanların, çocukların revan olan hun-u paki, Aydın gibi Anadolu'nun en güzide bir şehrinin Yunanlıların zalim ve ateşin tahribatına kurban olduğu, muhtelif aksam-ı memleketin İtalyan ve saire işgali altı-

---

[192] Sarıkoyuncu,2002, s.37-38.

na alınışı ve dahile doğru elim bir sûrette muhaceret yapılması, elbette gayret-i İlahiye ve gayret-i milliyeye dokunmuştur.

(...) Müdafaa-i Hukuk-u Milliye ve Muhafaza-i Hukuk-u Milliye ve Müdafaa-i Vatan ve Müdafaa-i Hukuk-u Milliye ve Redd-i İlhak gibi muhtelif namlarla fakat aynı mukaddesatın temin-i sıyaneti için tebarüz eden millî cereyan, bütün vatanımızda artık bir elektrik şebekesi haline girmiş bulunuyor.

Efendiler! Vaziyet-i umumiye ve hususiye hakkında cümlenizce malum olan bazı hususatı burada tekrar hatırlatmayı faydadan hali bulmuyorum:

1- Dört aydan beri Mısır'da istiklal-i millînin temin ve istirdadı için pek kanlı vakayi ve ihtilalat devam ediyor, nihayet İngilizler tarafından bittevkif Malta'ya götürülmüş olan murahhaslar tahliye olunmuş ve Paris Sulh Konferansı'na azimetlerine muvafakate mecbur olmuşlardır.

2- Hindistan'da istiklal için vasi mikyasta ihtilaller oluyor. Maksad-ı millîlerine vüsul için bankalar, Avrupa müessesatı, demiryolları bombalarla tahrip ediliyor.

Afganistan ordusu da İngilizlerin milliyeti imha siyasetine karşı harbediyor. İngilizlerin bel bağladıkları hudut kabailinin dahi Afganilere iştirak ettiğini ve bu yüzden İngiliz askerlerinin dahile çekilmeğe mecbur olduğunu İngiliz gazeteleri itiraf etmişlerdir.

3- Suriye'de ve Irak'ta İngilizlerin ve ecnebilerin tahakküm ve idaresinden tekmil Arabistan hali galeyandadır. Arabistan'ın her yerinde ecnebi boyunduruğu reddolunuyor. Yalnız refah ve saadet-i memleket için ecnebilerin iktisadî, ümranî, medenî vesaitinden muavenete rıza gösteriliyor. Bağdat ve Şam içtima-ı umumileri her tarafa bu kararı neşretmiştir.

4- Ahiren, devletler arasında hâsıl olan rekabet münasebetiyle İngilizlerin Kafkasya'dan kamilen çekilmesine karar verilmiş ve tatbikat bir müddetten beri başlamıştır. İtalyan kuvvetlerinin Batum tarikıyle Kafkasya'ya gelmesi mukarrer ise de İtalyanlar Kafkasya'daki ahval-i dahiliye münasebetiyle bu kararın tatbikinden korkuyorlar.

5- İstiklal-i millîlerini tehlikede gören ve her taraftan istilaya maruz kalan Rus milleti bu tahakküm-ü umumiye karşı bütün efrad-ı milletinin kudret-i müşterekesiyle çarpışıp umumun malumu olduğu veçhile bu kuvvet kendi memleketleri dahilinde galebe çalmış ve kendi üzerine musallat olan milletleri de daire-i nüfuz ve sirayetine almakta bulunmuştur.

6- Şimdi Kafkas, Azerbaycan ve Gürcistan birbirleriyle ittihad ederek mevcudiyet-i millîyeleri aleyhine yürümek isteyen Denikin ordusunu harben tazyik ve Karadeniz sahiline sürmüştür.

7- Ermenistan'a gelince… Bir fikr-i istila perverde eden Ermeniler, Nahcivan'dan Oltu'ya kadar bütün ahali-i İslamiyeyi tazyik ve bazı mahallerde katliam ve yağmagerlikte bulunuyorlar.

Hudutlarımıza kadar İslamları mahva mahkum ve hicrete mecbur ederek vilayat-ı şarkıyemiz hakkındaki emellerine doğru emniyetle takarrüp etmek ve bir taraftan da 400 bin olduğunu iddia ettikleri Osmanlı Ermeni'sini bir istinatgâh olmak üzere memleketimize sürmek istiyorlar.

Karadeniz'in garp tarafındaki vakayie gelince… Macar ve Bulgarlar memleketlerinin mühim bir kısmını istila etmek istiyenlere karşı bütün mevcudiyet-i millîyeleriyle çalışıyorlar. Meriç nehri garbında yani Balkan Harbi'nden evvel devletimizin malikanesi olan Garbi Trakya'nın Bulgarlardan alınarak Yunanlılara verilmesi düvel-i itilafıyyece karargir olmasından naşi harekat-ı tatbikiye başlamış ve Yunan işgal kuvvetlerine karşı Bulgar kuvayi millîyesi tarafından takviye edilen Bulgar kuvvetleri Garbi Trakya mıntıkası dahilinde verdikleri muharebat neticesinde müteaddit Yunan fırkalarını defetmiştir." [193]

Son kısım ise şu dualar ile bitmiştir:

"Milletimizin kurtuluş ümidi ile çırpındığı en heyecanlı bir zamanda fedakâr muhterem heyetiniz her türlü zahmete katlanarak burada, Erzurum'da toplandı. Bilhassa bütün cihana karşı milletimizin mevcudiyetini ve birliğini gösterdi.

(…) Bu kurtarıcı toplantımız sona ererken, Cenab-ı Vahibü'l-amal Hazretleri'nden (emelleri gerçekleştiren Yüce Allah'tan) yardım ve hidayet ve Peygamber-i Zişan'ımızın ruh-u pür futuhundan (şanlı Peygamberimizin rahmetle dolu ruhundan) feyiz ve şefaat niyazıyla…

Vatan ve milletimize sonsuza kadar yaşayacak devletimize mesut akıbetler temenni ederim." [194]

Kongrenin açılış gecesinde İstanbul hükûmeti "asi" dediği Mustafa Kemal ve arkadaşlarının tevkifini askerî ve sivil makamlara bildirmiştir.

İlerleyen günlerde kongre tartışmalarla geçmiştir.

"Kongreye gelmiş bulunan Ömer Fevzi (muharrir) tarafından ileriye sürülmüştü. Ne idüğü belirsiz olan bu zat;

'Kışlaları kapatalım, askerleri kamilen terhis edelim, sulh için-

---

193 Kansu, 1997, s.82-85.
194 Atatürk'ün Bütün Eserleri, 2012, c.3, s.231.

de yaşamanın şartlarını hazırlıyalım ve gereğinde askerî hizmetleri milis teşkilatı kurarak ona tevdi edelim' teklifinde bulunuyordu. Bolşevikliğin bir dünya saadeti propagandası halinde dünyaya yayıldığı o anlarda bu teklif kongreyi çıldırtacak hale getirmiş ve Ömer Fevzi'ye karşı birden bir kin ve nefret hâsıl olmuştu:

'Burada Bolşevik propagandası istemiyoruz. Biz vatanı kurtarmak için bu kongrede toplanmış bulunuyoruz. Orduyu terhis etmek, kışlaları kapatmak Bolşevikliktir' diye yükselen itham ve hücumlar karşısında kürsüden indirilen bu Ömer Fevzi, bütün tevil, tefsir ve yalvarışlarına rağmen bir daha dinlenmiyor ve kongrenin devamınca ağız açamaz hale girdi. Kongrede Bolşeviklik propagandası ve hararetli münakaşalar bulunuyordu." [195]

Yine, kongre esnasında nizamname yazılırken Mustafa Kemal'in hoca azaların görüşlerine verdiği değer takdire şayandır:

"Kongrenin hararetli sahnesini de nizamnamenin yedinci maddesinin müzakeresi teşkil etti. 7'nci maddede; 'İnsanî ve asrî gayeler tebcil ve...' ibaresi vardı.

Bu fıkradaki asrî kelimesi kıyamet kopmasına ve hocaefendilerin binbir çeşit tefsirine vesile oldu. Murahhas aza arasındaki hocalardan o kadar aşırı tefsirlerde bulunanlar vardı ki, bunları dinlerken şaşmamanın imkanı yoktu.

'Bu frenkleşmeyi kabul etmektir.'

'Küfüre kadar gider.'

'Bari Müslümanlığı terkedip Hıristiyanlığı kabul ettiğimizi ilan edelim' diyenler bile vardı. Nihayet asrî kelimesi maddeden çıkarıldı." [196]

---

[195] Kansu, 1997, s.103-104.
[196] Kansu, 1997, s.104.

Mustafa Kemal ve Rauf Beylerin Heyet-i Temsiliye'de yer alıp almaması konusunda da ciddi tartışmalar yaşanmıştır.

14 gün aralıksız süren çalışmalardan sonra Heyet-i Temsiliye oluşturuldu.

Üyeleri şunlardı:

Mustafa Kemal Paşa (sabık 3. Ordu Müfettişi ve askerlikten müstafi),

Hüseyin Rauf Bey (Bahriye Nazırı esbakı),

Hoca Raif Efendi (sabık Erzurum Mebusu),

Şeyh Fevzi Efendi (Erzincan'da Nakşi şeyhi),

Servet Bey (sabık Trabzon Mebusu),

Bekir Sami Bey (esbak Beyrut Valisi),

Sadullah Efendi (sabık Bitlis mebusu),

Hacı Musa Bey (Mutki aşiret reisi).

Heyet-i Temsiliye'ye seçilenlerden Bekir Sami Bey (bilahare Hariciye Vekili) Erzurum'a gelmemiş, kongreye iştirak etmemişti. Sivas'ta bekliyordu. Kazım Karabekir Paşa'nın ismi de Heyet-i Temsiliye'ye seçilmiş olmasına rağmen resmi listede, On Beşinci Kolordu Kumandanı ve Üçüncü Ordu Müfettiş Vekili bulunması hasebiyle zikredilmemişti. [197]

Kongre sonunda "Türk Basımevi"ne tabedilen beyanname daha o gece Türkiye'ye telgraflarla haber edilmiştir.

Neticede, Erzurum Kongresi, şark vilayetlerinde kurulmuş olan cemiyetleri, Şark Vilayetleri Müdafaa-i Hukuk Cemiyeti adıyla bir araya toplamıştır.

---

197 Kansu, 1997, s.112.

Erzurum Kongresi, millî direniş, millî hakimiyet, millî parlemento, millî hudutlar gibi millî unsurları vatan sathına yaymak ve mücadelenin temeline oturtmak noktasında tarihî bir dönüm noktasıdır.

Bu görüşler Sivas Kongresi'nde daha da kesin bir hal alacaktır.

Erzurum Kongresi'ni bitirirken, Mustafa Kemal'in kongre yorumunu yazalım:

"Erzurum'da ve kongrede gördüğüm samimiyet, mertlik ve fedakârlık, azim ve iman, beni doğrusu çok cesaretlendirdi. Memleketimi kurtarmak yolundaki cesaretimi arttırdı.

Erzurum'a ilk geldiğim günkü vaziyetimi biliyorsunuz. Ben burada rütbemi, Yaver-i Hazreti Şehriyariliği, resmi mevkiimi, üniformamı attım ve bütün kainata sine-i millette bir ferd olduğumu ilan ettim. Arkadaşlarım da böyle." [198]

---

198 Kansu, 1997, s.130.

SİVAS KONGRESİ'NE HAZIRLIK

Erzurum ve Sivas Kongresi'nin arasında esasen Erzurum Kongresi'nin hemen ardından İstanbul Hükûmeti Mustafa Kemal'e ve Kuvva hareketine adeta savaş açmıştır.

Ve ilk iş doğu illerindeki valiler değiştirilmiştir.

"Bilhassa Erzurum'a kemal-i debdebe ve tantana ile Reşit Paşa'nın (Sivas Valisi Reşit Paşa değil) ve Van Valiliği'ne de Haydar (İstanbul eski Valisi ve Milletvekilli merhum) Bey'in azli ile Mithat (Maraş eski Milletvekili) Bey'in tayin ve bu iki yeni valinin 8 Ağustos Cuma günü huzur-u hümayuna kabul edilerek kendilerine talimat verildiği ilan ediliyordu.

9 Ağustos tarih ve 8081 numaralı İkdam gazetesinde de muhalefet-i millîyeyi ifadelendiren bu haberin büyük manşetlerle ilan edildiği İstanbul'daki istihbarat servisimizden bildiriliyordu.

Yani valilerin değiştirilmesi tam Erzurum Kongresi'nin sona ermesi gününü takip ediyordu." [199]

Üstelik bu valileri Trabzon'a getiren İtalyan posta vapurudur.

Bu esnada bir de Karakol Cemiyeti adıyla bir cemiyet zuhur etmişti. Kansu anılarında şunu yazar:

"8 Ağustos 1335(1919)...

'Hoppala! Başımıza bir de Karakol Cemiyeti çıktı. Bu gizli bir cemiyetmiş, hem de orduları, kolorduları, başkumandanı, erkan-ı harbiye-i umumiyesi, sivil idare kadrosu olan cemiyet. Pek de esrarengiz ve tedhişkar bir teşekkül. İdamsız işi yok!"

Ve Mustafa Kemal'in yeni cemiyetle alakalı görüşleri:

"Erzurum Kongresi'ni muvaffakıyetle sona erdirmiş olarak Şark vilayetlerimizde tam bir ittihat temin etmiş ve diğer bütün teşekkülleri tevhid etmiş bulunurken, böyle esrarengiz bir cemiyetin ortaya çıkması vatan müdafaası yolunda sarfolunan gayretleri kuvvetlendirmez, bilakis zayıflatır." [200]

Üstelik bu Karakol Cemiyeti'nin Mustafa Kemal tarafından kurulduğu fitnesi her yere yayılmaya başlamıştı.

Tedbiren, kongrede alınan kararları ve durumu anlatan mektupları, "Mutki aşireti reisi Hacı Musa Bey'e, Şırnaklı Abdürrahman, Dirşevli Ömer, Misarlı Resul, Garzanlı Cemil Çeto Ağalara ve Bitlis sabık mebusu Sadullah, Şeyh Mahmut ve Nurşinli Şeyh Mahmut ve Nurşinli Şeyh Hayalettin Efendilere de gönderildi." [201]

Buraya kadarki manzara şudur:

---

199 Kansu, 1997, s.133.
200 Kansu, 1997, s.138.
201 Kansu, 1997, s.140.

Bir tarafta padişah, Damat Ferit ve İngiliz Muhipler Cemiyeti, Ali Kemal (Dahiliye ve Maarif Nazırı), Mehmet Ali ve Adil (Dahiliye Nazırı), Refik Halit (Posta ve Telgraf Müdürü Umumisi), Hoca Zeynelabidin (Hürriyet ve İtilaf Partisi Reisi) faaliyetleri ile parçalanmak ve düşmana sunmak için hazırlanan bir kadro; karşı tarafta millletin iradesi ile hareket eden milleti kurtarma kararı...

Yani Mustafa Kemal ve yanında yer alan başta din âlimleri olmak üzere, milletimiz bir yandan dışarıdan gelen düşman kuvvetleri ile uğraşırken, diğer yandan içeride başında Padişah Vahdettin'in yer aldığı bir gurupla mücadele etmiştir.

Aynı süreçte Padişah, Mustafa Kemal Paşa'ya, milletin sinesinden dönme karşılığında Sadrazamlık; Rauf Orbay'a da Bahriye Nazırlığı teklif etmişti. Ancak düşünülmemiştir bile...

Kansu'nun hatıratından geniş bir şekilde Sivas Kongresi'ne kadar gelişen Saray ve Kuvva hareketi arasında cereyan eden hadiseleri vermemiz, o tarihte Mustafa Kemal ve kadrosunun yaşadıkları baskıyı anlamamız için gereklidir.

Mustafa Kemal, bu esnada;

"Herşeyin başında millî bütünlüğe muhtacız. Erzurum Kongresi şark vilayetlerini birleştirmiş, muhtelif teşekkülleri bir gaye üzerinde derlemeye hizmet etmiştir. Fakat bu kâfi değildi.

Anadolu ve Şarki Trakya'nın vahdetini ve beraberliğini temin edebilmek için Sivas Kongresi'ni bütün vatan ve memleket adına millî bir kongre halinde toplamaya ve Millî Mücadele'yi bu kongrenin seçeceği Heyet-i Temsiliye'nin tek idaresine tevdi eylemek iktidarını kazanmaya mecburuz. Ancak, bu sayededir ki, mesaimiz bütün memleket ve millete şamil olarak seri netice verir" diyordu.[202]

---
202 Kansu, 1997, c.1, s.148.

"Sivas'ta Mustafa Kemal Paşa'yı ilk karşılayanlar arasında Müftü Abdurrauf Efendi bulunmaktadır. Müftü'nün bu konudaki faaliyetlerinden Vali Reşit Paşa hatıratında şöyle söz eder:

"(Sivas Kongresi'nin hazırlıklarıyla) Kolordu Komutanı Miralay İbrahim Tali Bey, sabık mebus Rasim Bey, Müftü Abdurrauf ve Emir Paşa gibi zevat meşgul oluyorlardı.

Kongrenin hazırlık çalışmalarında görev alan bir kısım zevat bunlar. Müftü, Erzurum yolcularını parlak bir karşılama merasimi yapmak vazifesini almıştı. Cübbesinin etkelerini toplayarak, ev ev, dükkan dükkan dolaşıyordu." [203]

Bozuk arabalarla ilerlenen Sivas yolculuğunda, 30 Ağustos günü, Erzincan'a yakın bir su başında;

"... Erzincan Mutasarrıfı ve Ahzıasker Kalemi Reisi ile sair zevat, Mustafa Kemal Paşa Hazretlerini ve heyeti karşılamaya gelmişlerdi. Bu su gazlı bir suydu. Belki de tahlili yapılmamış olduğu için ismi ve hususiyetleri memlekete meçhul en nefis bir maden suyu idi. Belki de Kisarna'dan, Afyonkarahisar'dan daha faydalı olan bu sudan bir hayli içtik ve başında bir müddet mola verdik. Paşa, Mutasarrıf'tan ve Kalem Reisi'nden vaziyeti, halkın düşüncelerini sordu. İzahat aldı. Sonra, hep beraber yola düzüldük ve akşam karanlığı basmadan Erzincan'a girdik. Kalem reisi bize yatacak yer hazırlamıştı. Mutasarrıf da belediyede bir akşam yemeği verdi" diyor Kansu: [204]

"2 Eylül 1919'da Mustafa Kemal Paşa, kongre için Sivas'a gelmişti. Paşa, kongre sonrası da bu kentte kalarak çalışmalarını 18 Aralık 1919 tarihine kadar burada sürdürdü.

---
203 Kansu, 1997, c.1, s. 23.
204 Kansu, 1997, c.1, s.198.

Bu tarihte Mustafa Kemal Paşa, Rauf (Orbay), Büyükelçi Ahmet Rasim, Vali Mazhar Müfit (Kansu), Hakkı Behiç Beyler ve diğer çalışma arkadaşlarından oluşan Heyet-i Temsiliye Ankara'ya gitmek üzere şehirden ayrıldı. Heyet 19 Aralık 1919 günü akşamüzeri Kayseri'ye ulaştı." [205]

---

205 Kansu, 1997, c.2, s.490.

SİVAS KONGRESİ'NE GİDERKEN NAKŞİ BİR ŞEYH DE ONLARLA İDİ

Mustafa Kemal'e dinsiz diyenlere en güzel cevabın Kurtuluş Savaşı olduğunun altını hep çiziyoruz.

Din adamlarının maddî ve manevî desteği ile gelişen Kuvva hareketinde Erzurum Kongresi'nden sonra bu şehirden ayrılarak Sivas Kongresi için Sivas'a ilerlenirken, Mustafa Kemal'in yanında hem Raif Efendi, hem de bir Nakşi şeyhi olan Fevzi Efendi de bulunmaktadır.

Nakşi Şeyhi Fevzi Efendi'nin Mustafa Kemal'in yanında yer alması, esasen hem Atatürk'ün Nakşilere şartlı bir şekilde karşı olmadığının ispatıdır; hem de vatana ihanet etmeyen tüm hocalarla Kurtuluş Savaşı'nda beraber hareket ettiğine delildir.

Sivas iline girerken ciddi bir pusu tehlikesi ile karşılaşırlar.

Şeyh Fevzi Hoca'nın canını hiçe sayarak yanlarında dua eden hali şöyledir:

"... Erzincan'dan ayrılalı bir saat kadar olmuştu ve Erzincan boğazına girmek üzereydik. Bu sırada uzaktan birtakım işaretler verildiğini dürbünle görüyorduk. İşaret verenlere biraz daha yaklaştığımız zaman bunların jandarma zabit ve neferleri olduğunu gördük. Kendilerine iyice yaklaştığımız zaman, 'Durunuz' dediler. Durduk. Koşa koşa Paşa'nın otomobiline giden jandarma zabitinin telaşlı telaşlı bir şeyler anlattığını ve eli ile boğazı, etraftaki yalçın dağları gösterdiğini müşahede ediyorduk. Merak ettik. Arabadan inerek, Paşa'nın yanına gittik.

Jandarma zabitinin söylediği kısaca şuydu :

'Müsellah Dersimli çeteler boğazı kapattılar. Boğazı geçmek imkansızdır. Merkezden kuvvet istedim. Kuvvet gelir gelmez hemen eşkıya üzerine hücum edip boğazı açacağım. Ancak bundan sonradır ki kafilenin emniyetle boğazı geçmesi mümkün olabilir.' Vaziyet mühimdi ve hatta tedhişkardı.

Paşa, çatılan kaşlarının altından güneş gibi süzülen gözleriyle jandarma zabitinin izahatını sükûnetle dinledikten sonra, otomobilden indi ve zabite sordu:

'Eşkıyanın miktarı hakkında malumatınız var mı?'

Zabit, 'Kat'i malumatım yok' cevabını verdi.

Müteakiben Paşa'nın sualleri ve zabitin cevapları şöylece devam etti:

- Eşkıya boğazın neresinde mevzi almış?

- Usulleridir. Boğazın içine girmeye müsaade ederler. Kafilenin sonu geldiği zaman yolun iki tarafını birden kapatırlar.

- Yani biz boğaza gireceğiz, çıkmadan yolumuzun kapatıldığını ve arkamızın kesildiğini göreceğiz, öyle mi?

- Evet.

- Fakat ne eşkıyanın miktarı, ne de nerede pusu kurduğu hakkında sahih malumatınız yok.

- Müşahadeye müstenid malumatımız yok. İstihbaratımızı arzettim.

- Merkezden ne kadar kuvvet istediniz?

- Bir tabur istedim. Bir iki bölük de gelse olur.

- Gönderdiğiniz haber kaç saatte merkeze vâsıl olacak ve takviye kıt'ası kaç saatte buraya gelebilecek?

- Kıt'a hemen yola çıkarılırsa yarın burada olur.

- Boğazı temizlemeniz ne kadar sürer?

Jandarma zabiti boğazın temizlenebileceğinden bile şüpheli görünüyordu. Söyledikleri belki doğru, belki yanlış, belki mübalağalıydı. Fakat herhalde tahminden ileriye geçmiyordu ve jandarma ile müsellah Dersim eşkıyası arasında yakın bir temas yapılmış değildi. Paşa bir saniye düşündükten sonra, bize döndü dedi ki:

'Biliyorsunuz ki işimiz acele. Sivas Kongresi'ne gününde yetişmek mecburiyetindeyiz. Yol programımızı değiştiremeyeceğimiz gibi, Kongre'nin açılmasını da geciktiremeyiz. Gecikmemiz, bilhassa yollarda eşkıya var diye gecikmemiz kongreyi felce uğratır ve çığ halinde büyültülerek şayialarla Sivas'ta siyasî bir panik olur. Ben, her ne pahasına olursa olsun vaktinde Sivas'ta bulunmak icap ettiği kanaatindeyim. Her ne olursa olsun, her türlü tehlikeyi göze alarak yolumuza devam etmeliyiz.'

Paşa, sözlerinin bu noktasında sesinin tonunu biraz daha yükselterek ve heyecanlandırarak;

'Otomobilin birinde hafif mitralyözlerimiz var. Osman Bey (O zaman yüzbaşıydı. Generalken öldü. Osman Tufan merhum) ve birkaç arkadaş mitralyözleri ateşe hazır bulundurarak önden ilerlesin.

Bizim arabalar da kendisini takip etsin. Etraftan gelecek ateşlere ehemmiyet vermeyerek otomobillerimiz bütün süratleriyle ilerlerler. Fakat önümüze eşkıya çıkar ve yol kapatılmış olursa o zaman da hemen otomobillerden atlayarak ve derhal birer mevzi edinerek mukabil ateşe başlarız. Müsademe sonunda ya yolu açmaya muvaffak oluruz yahut da ölürüz.

Ancak, tavsiyem şudur ki; böyle bir hal vukuunda aramızda yaralanan ve ölenler bulunursa onlarla asla meşgul olmayacağız. Sağ kalanlar için, tek kişi dahi olsa, hedefi Sivas'a ulaşmak teşkil edecektir' dedi ve gözlerimizin içine bakarak;

'Benim kararım bu, sizler de kabul ediyor musunuz?' diye sordu.

İstisnasız, 'Tabii Paşam' dedik. Arabalara atladık. Paşa, jandarma zabitine de şu emri verdi: 'Biz gidiyoruz. Allah'a ısmarladık. İsterseniz siz de boğaza doğru mevcut kuvvetinizle ilerleyiniz. Biz bir müsademeye tutuşursak, belki bizi takviye edebilirsiniz.' Mesele yoktu.

Hepimiz millî davanın yolunda hayatımızı feda etmeye hazırdık ve Mustafa Kemal'in emrindeydik. Müsterih ve soğukkanlıydık.

(...) Yanımızda Erzincan'dan aldığımız Heyet-i Temsiliye azası Şeyh Fevzi Efendi de vardı. Uzun boylu, kır serpmiş uzun sakallı, keskin bakışlı bir zat olan Şeyh Efendi, benim ve Süreyya'nın bindiğimiz otomobildeydi. Çok düşünüyor, az konuşuyordu.

Nakşi tarikati şeyh efendilerine mahsus kavuk ve libası ile seyahat ediyordu. Az konuşmasına rağmen daima nükteli cümleler tertip ediyor ve mümkün olduğu kadar ârifane ve mutasavvıfane bir üslup kullanıyordu.

Bilhassa daima, 'Fakiriniz' diye söze başlaması ve fevkalade mütevazı oluşu, hakkında hemen bir hissî hürmet tevlit ediyordu.

Jandarma subayının telaşlı ihbar ve mütalaaları, Mustafa Kemal Paşa'nın azim ve irade taşıyan heyecanlı kararı karşısında Fevzi Efendi de bihakkın metanet gösteriyor ve

'Dersim eşkıyasının taarruzu ile emr-i Hakka vüsul, şüphesiz mertebe-i şehadeti ihraz olur. Biz bir gaza-yi Hak, bir gaza-yi vatan ve millet uğruna yola çıkmış bulunuyoruz' diyor, maneviyatımızı takviye ediyor, boğazı geçerken sükûnla tesbihini çekerek harekat halinde bulunan dudaklarından kendi kendisine dualar ettiği anlaşılıyordu.

Fakat, Allah'a bin şükür ki, hiçbir arızaya uğramaksızın birkaç saatlik heyecanlı bir seyahat sonunda çoktan boğazı geride bırakmıştık." [206]

---

206 Kansu, 1997, c.1, s.199-202.

SİVAS KONGRESİ'Nİ ERTELETME HAMLELERİ

Mustafa Kemal ile beraber hareket eden valilerden olan Sivas Valisi Reşit Bey, Fransızların kendine yaptığı bir ziyaret sonrasında Sivas'a gelecek Mustafa Kemal ve arkadaşlarının burada öldürüleceği yönünde uzun bir telgraf çekerek, kongrenin yapılmamasını, yapılacaksa Erzurum veya Erzincan'ın seçilmesini tavsiye edecektir. Tarihler 20 Ağustos 1919'u göstermektedir.

Paşa, okuduklarından sonra şu yorumu yapar:

"Azizim Mazhar Müfit, bunlar hakikaten gülünç şeyler" diyerek devam etti:

"Fransızlar, Sivas'ı işgal edeceklermiş. Kongrenin toplanmasına müsaade etmiyeceklerimiş. Sonra, bu fikirlerini değiştirmişler, düvel-i itilafiye aleyhinde tezahüratta bulunulmamak şartiyle kongrenin toplanmasına müsait bir hal almışlar. Beni tevkif ettireceklermiş. Şuymuş, buymuş...

Fakat Vali Paşa'nın kanaatine ve Dahiliye Nazırı'ndan Fransız binbaşısının beyanatına uygun olarak aldığı şifre telgrafının münderecatından edindiği fikre nazaran kongreye müsaade etmeleri bir tuzakmış.

Bu vesile ile hepimizi bir arada yakalayıp, Millî Mücadele ruhunu da boğacaklarmış! Kongreyi Sivas'ta değil, Erzincan'da toplamalı imişiz...

Ne Sivas'ı işgal edebilirler, ne de kongreye mani olabilirler" diyerek ilave etti:

"Ancak, her ne olursa olsun, bizim bir an önce Sivas'a gitmemiz iktiza ediyor. Hareketimizi mümkün olduğu kadar tacil etmeliyiz. Göreceksiniz biz Sivas'a gitmeden önce Fransız binbaşısı Brüno (jandarma müfettişi ve Fransız yüzbaşısı) Efendi ve arkadaşları Sivas'ı terkedeceklerdir." [207]

Bu telgraf trafiğinden sonra Heyet-i Temsiliye azaları olarak Erzurum'da o anda bulunan, Paşa, Rauf, Hoca Raif Efendi ile toplantı yapılmış ve;

"Heyet-i Temsiliye namına ve Heyet-i Temsiliye imzası ile Sivas Valisi Reşit Paşa'ya, sabık mebus Rasim Bey'e ve yine ayrıca Mustafa Kemal Paşa tarafından Sivas Kadısı Hasbi Efendi'ye ve Üçüncü Kolordu Kumandanı Salahattin Bey'e birer telgraf çekilmesine karar verildi ve bunların hazırlanan müsveddeleri okunarak kabul edildi." [208]

Mustafa Kemal Paşa imzası ile Üçüncü Kolordu Erkan-ı Har-

---

[207] Kansu, 1997, c.1,s.154-155.
[208] Kansu, 1997, c.1, s.161.

biye Riyaseti vasıtasiyle Sivas Kadısı Hasbi Efendi'ye, 21 Ağustos 1919'da çekilen telgrafın sûreti de şudur:

"Vali Paşa ile telgraf başında Sivas Kongresi hakkında vaki görüşme malum-u alileridir. Vali Paşa'nın açık olarak telgrafla böyle bir görüşme yapmalarını, Mebus Rasim Bey'e de kongrenin Sivas'ta olmamaları hakkında telgraf çektirmelerini uygun görmemekteyiz.

İstanbul'daki yabancıların milletin bu gibi gösterilerini pek tabii ve meşru bulduğu haber alındığı gibi, Erzurum Kongresi'nin İngiliz ve Amerikalılara pek iyi bir tesir yaptığı ve hatta Amerika heyetinden iki mesul delegenin Sivas'a gönderilmek üzere bulunduğu da ayrıca kayda değerdir.

Sivas halkının beyhude yere endişeye düşürülmesine sebebiyet vermek esef verici bir hata olur.

Milleti sapkınlık içinde bırakmamak lazımdır.

Bu sebeple zat-ı fazılanelerince Sivaslıların uyarılıp aydınlatılarak Sivas Kongresi'nin millet ve vatan hakkında hayırlı tesirin izah ve bu sûretle halkın beyhude yere vehme kapılmamalarının temin buyurulmasını hassasiyetten rica eyler, hürmet arz ederim." [209]

Din adamları ile beraber Heyet-i Temsiliye'yi vücuda getiren ve yükselen Kuvva hareketinde onları muhatap kabul ederek, hürmet arz eden Atatürk mü dinsiz?

Üstelik bu süreçte Heyet-i Temsiliye azası Hoca Raif Efendi de, Sivas'taki eski mebus Rasim Bey'e destek telgrafı yollamıştır.

---

[209] Atatürk'ün Bütün Eserleri, 2012, c.3, s.286.

Yani Kuvva hareketinde asker ve din adamlarının bir ve beraber hareketinin eşsiz örnekleri vardır.

Telgrafın metni şudur:

"Rasim Bey, sabık Sivas Mebusu, Sivas...

Telgrafnamenizi aldım. İnşaallah kariben bizzat mülakatınızla teşerrüf edeceğim. Mevzuu bahsettiğiniz mesele ehemmiyeti nisbetinde ariz ve amik düşünülmüştür. Mülk-ü milletin herhangi bir sûretle mucib-i mazarratı olacak harekattan bittabi imtina edilir. Ancak, varid-i hatırınız olan hususat gayri vakidir. Bu bapta Vali Paşa Hazretleri'ne de cevaben maruzatta bulunulmuştur. Her hususta müsterih bulunmanızı rica eder ve gözlerinizden öperim.

Raif." [210]

Bu zor şartların aşılmasından sonra Erzurum'dan ayrılmadan,

"Sivas Kongresi'ne şark vilayetleri delegesi olarak kimlerin iştirak edeceği takarrür etti: Mustafa Kemal Paşa, Hüseyin Rauf Bey, Hoca Raif Efendi, Erzincan'da bulunan Şeyh Fevzi Efendi ve Sivas'ta bulunan Bekir Sami Bey." [211]

Erzurum'da kalınan sürede Mustafa Kemal'in cebindeki son 800 lirasını o esnada malî işlerini gören Müfit Kansu'ya verdiğini, paranın bittiğini ve emekli binbaşı Süleyman Bey'in verdiği 900 lira ile delegelerin ve Mustafa Kemal kadrosunun güçbela yola çıkabildiğini hatırlatalım.

"Sivas'ta Mustafa Kemal Paşa'yı ilk karşılayanlar arasında Müftü Abdurrauf Efendi bulunmaktadır. Müftü'nün bu konudaki faaliyetlerinden Vali Reşit Paşa hatıratında şöyle söz eder:

---

210 Kansu, 1997, c.1, s.167.
211 Kansu, 1997, c.1, s.168.

"(Sivas Kongresi'nin hazırlıklarıyla) Kolordu Komutanı Miralay İbrahim Tali Bey, sabık mebus Rasim Bey, Müftü Abdurrauf ve Emir Paşa gibi zevat meşgul oluyorlardı.

Kongrenin hazırlık çalışmalarında görev alan bir kısım zevat bunlar. Müftü Erzurum yolcularını parlak bir karşılama merasimi yapmak vazifesini almıştı. Cübbesinin etkelerini toplayarak, ev ev, dükkan dükkan dolaşıyordu." [212]

"Sivas'a beş kilometre bir mesafede çadırlar kurulmuş ve hemen hemen bütün Sivas ahalisi Mustafa Kemal Paşa'yı karşılamaya çıkmıştı.

Şeyh Fevzi Efendi Hazretleri, 'Fakiriniz çok mesudum. Bu kalabalık bir nişane-i sürûrdur. Halk tezahüratla Paşamızı beklemektedir. Bu kadar kalabalıkla, meydanı dolduran atlar, arabalar, çadırlar, davul ve zurnalarla Mustafa Kemal Paşa Hazretleri tevkif değil, ancak istikbal olunabilir. Bunu fali hayır addettim. İnşaallahü Teâlâ bütün işlerimizde muvaffakıyet rehberimiz olacaktır' dedi.

'Hoş geldiniz, safa geldiniz.' Herkes birbiri ile müsabaka eder gibi Paşa'nın otomobiline koşuyor, elini öpüyor ve sıkıyordu. Bu arada İstanbul'dan gelen bazı arkadaşlarla Bekir Sami (eski Hariciye Vekili merhum) Beyi de görüyorduk. Paşa imkan nisbetinde halkın gösterdiği coşkun tezahürata mukabele etmeye çalıştı." [213]

---

212 Kansu,1997,c.1, s.23.
213 Kansu, 1997, c.1, s.204-205.

SİVAS KONGRESİ GÜNLERİ

"Sivas Kongresi'ne, Erzurum Delegesi Hoca Raif Efendi; Erzincan Delegesi Şeyh Hacı Fevzi Efendi, Kütahya Delegesi Şeyh Seyfi Efendi, Ankara Delegesi Hoca Hatib Ahmet Efendi, Çorum Delegesi, 1924 yılında Çorum Müftüsü olan Mehmet Nazif Efendi katılmıştır.

Nutuk'ta, 13 Ağustos 1919 tarihli iki vesika yer almaktadır. Bunlar 3. Ordu eski Müfettişi Mustafa Kemal imzalıdır ve Şeyh Mahmut Efendi ile Nurşinli Şeyh Ziyaettin Efendi'yi Sivas Kongresi'ne davet içindir.

"Şeyh Mahmut Efendi Hazretleri ne…

Faziletlu efendim,

Yüce hilafet makamına ve Osmanlı saltanatına olan hakiki bağlılıkları ve aziz vatanımız hakkındaki kati alakaları herkesçe bilinmektedir.

(…) Hilafet ve saltanatın yok olmasına ve vatanımızın Ermeni ayakları altında çiğnenmesine ve milletimizin Ermenilere esir olmasına rıza gösterecek hiçbir Müslüman tasavvur edilemez. Düşmanlarımızın her taraftaki teşebbüsleri hep vatanın parçalanması ve milletimizin esir olması gayelerine yöneliktir.

Zatialileri gibi fedakâr, vatanperver dindaşlarımın benimle beraber çalışacağınıza eminim… Yakında Sivas'ta toplanacak olan genel bir kongre ile de daha faydalı ve kati neticeler elde edileceği şüphesizdir." [214]

"Nurşinli büyük şeyhlerden Şeyh Ziyaettin Efendi Hazretleri'ne…

Faziletlu efendim,

Bugün hilafet makamının, Osmanlı saltanatının ve mukaddes vatanımızın düşmanlarımız tarafından nasıl rencide edilmekte ve doğu vilayetlerimizin Ermenilere hediye edilmekte ısrar olunmakta olduğu malum-u ârifaneleridir.

Millete dayanmayan İstanbul'daki merkezî hükûmetin bütün bu düşman tecavüzleri karşısında aciz ve naçiz kalarak millet ve memleketin haklarını müdafaa edememekte olduğu tahakkuk etmiştir.

Elim vakalar tesiriyle her tarafta teşekkül eden millî ve vatanî cemiyetlerin delegelerinden meydana gelmek üzere, Erzurum'da toplanan bir kongre ile Şarkî Anadolu Müdafaa-i Hukuk Cemiyeti teşekkül etti ve millî birliğimizi dahil ve harice karşı temsil eylemek üzere bir Heyet-i Temsiliye kabul edildi.

(…) Birkaç güne kadar Batı Anadolu ve Rumeli'nin bütün vi-

---
[214] Atatürk'ün Bütün Eserleri, 2010, c.21, s.5.

layetlerinden gelmekte olan delegelerle de genel bir kongre Sivas'ta toplanacaktır.

Cenab-ı Hakkın yardım ve inayeti ve Peygamber-i Zişan'ımızın feyz ve şefaati ile bütün milletimizin bir noktada birlik olduğunu ve haklarını muhafaza ve müdafaya kadir bulunduğunu cihana göstereceğiz." [215]

Sivas Kongresi'yle başında Hoca Ahmet Hulusi Efendi'nin bulunduğu Denizli'deki teşkilat, Heyet-i Temsiliye'nin emrine girmiştir.

Dinsiz gösterilmek istenen Gazi, din adamlarının gayretlerini ilk andan beri bizzat taltif etmiştir.

Gayretlerinden dolayı, Anadolu ve Rumeli Müdafaa-i Hukuk Cemiyeti Heyet-i Temsiliyesi namına Mustafa Kemal, 10 Ekim 1919'da Hoca Ahmet Hulusi'ye şu tebrik mesajını göndermiştir:

"...6.10.35 (1919) tarihli telgrafnameleri şükran ve iftiharla okundu. Millet meşru emellerini kurtarmak uğrunda, böyle yekvücut bir halde, vatan düşmanlarına karşı mukaddes mücahedesine devam eyledikçe, elbette Cenab-ı Hakk'ın inayetine mazhar olacaktır.

Muhterem mücahitlere selam ve hürmetler eder ve muvaffakiyetinizi dileriz." [216]

Bundan sonra, 16 Nisan 1920'de Mustafa Kemal tarafından, Denizli Müdafaa-i Hukuk Cemiyeti'ne, "İdrak ettiğimiz yüce Mirac gecesinin uğur ve saadet getirmesi duasına tebriklerimi ekleriz" şeklinde bir mesaj da gönderilmiştir. [217]

---
215 Atatürk'ün Bütün Eserleri, 2010, c.21, s.57.
216 Atatürk'ün Bütün Eserleri, 2015, c.4, s.257.
217 Atatürk'ün Bütün Eserleri, 2015, c.7, s.314.

Sivas Kongresi, Erzurum Kongresi'nden de daha çetin geçmiştir. Kansu, günlüğünde açılışı ve takip eden üç günü şöyle anlatır:

"İstanbul Hükûmeti ve işgal kuvvetleri memleket içinde devamlı sûrette yaptıkları menfi propagandalarla Millî Mücadele ve mukavemetin İttihatçlığı diriltmek hareketinden ve İttihat ve Terakki'nin eseri olmaktan ibaret olduğunu vatandaşın zihninde yer ettirmek istiyorlardı.

Ali Kemal, Peyam gazetesinde bilhassa bu fikri şiddetle telkin etmeğe çalıştığı gibi; Sabah, Alemdar, Serbesti, Aydede vesaire gibi gazeteler de aynı propagandayı körüklüyorlardı.

Bunun içindir ki azadan bir kısmı haklı olarak, 'Sivas Kongresi'nin hiçbir parti fikrine dayanmaksızın sırf vatanseverler birliği olarak toplandığını ve tek gayesinin Türk vatanını kurtarmak olduğunu halka anlatmalıyız' fikrini müdafaa ve yemin teklif ediyorlardı.

Hemen hemen kongrenin ilk üç gününe bu ve Padişah'a arize takdimi meselesi hakim olmuştu. Nitekim, kongre için tesbit edilen ruznamenin müzakeresine ancak dördüncü gün başlanabilmişti. [218]

Tartışmalı geçen kongrenin sonunda, Vilayât-ı Şarkiye Müdafaa-i Hukuk Cemiyeti, Anadolu ve Rumeli Müdafaa-i Hukuk Cemiyeti'ne dönüşmüştür.

---

218 Kansu, 1997, c.1, s.218.

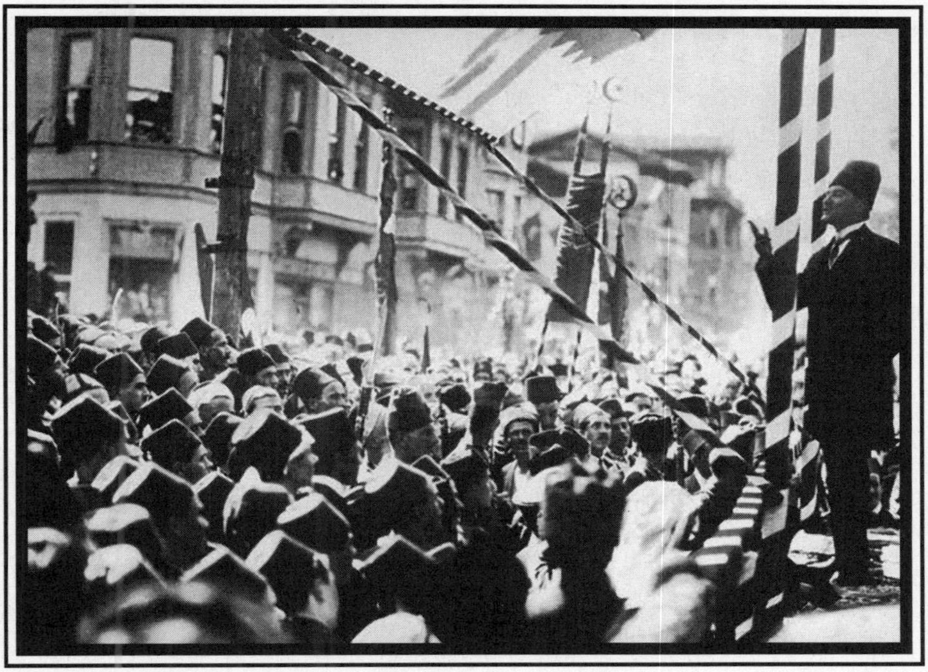

7. BÖLÜM

MİLLÎ MÜCADELE'DE MANDACILAR VE BAĞIMSIZLIK YANLISI DİN ADAMLARI

- **Amerikan Mandası**
- **Sivas Kongresi'nden Sonra Yine Ajan Bir Hoca: Şeyh Recep**
- **Maraş'ın İşgali ve Sütçü İmam**
- **Heyet-i Temsiliye Fransızlarca Muhatap Alınıyor**
- **Heyet-i Temsiliye Ankara'da**
- **Mustafa Kemal ve Din Adamlarının Vatan Savunmasına Karşı Olanlara Rıfat Börekçi ile Cevap**
- **Mustafa Kemal'in Yanında Yer Alan Hocaların Fetvalarından Sonra**
- **İstanbul'un İşgalinden Sonra I. Meclisin Açılmasına Doğru**
- **Bir Lider Portresi: Amerika'dan Rüşvet Aldı Demesinler**
- **Bu Süreçte İstanbul Hükûmeti'nin Oyunları**
- **Sait Molla Sahnede**
- **İskilipli Atıf Hoca**

AMERİKAN MANDASI

Kansu, hatıratında Sivas Kongresi'nde en önemli başlığın manda konusu olduğunu, henüz Erzurum'dan ayrılmadan konuştuklarını yazar ve Mustafa Kemal'in görüşünü aktarır:

"Ahmaklar, memleketi Amerikan mandasına, İngiliz himayesine terk etmekle kurtulacak sanıyorlar. Kendi rahatlarını temin etmek için bütün bir vatanı ve tarih boyunca devam edip gelen Türk istiklalini feda ediyorlar." [219]

Sivas Kongresi'nde konu tartışılana kadar üç aşamadan bahseder Kansu:

"Birinci safha: Bekir Sami Bey'in (o zaman Beyrut vali-i sabıkı, bilahare milletvekili ve Hariciye Vekili) Amasya'dan gönderdiği telgraflarla kendisine Mustafa Kemal Paşa tarafından verilen cevaplar.

[219] Kansu, 1997, c.1, s.171.

İkinci safha: İstanbul'daki durum ve Halide Edip Hanım'ın mektubu, partilerin ve rical-i siyasîye-i Osmaniye'nin teşebbüs ve kararları.

Üçüncü safha: Mustafa Kemal Paşa'nın, Rauf Bey ve arkadaşları ile kongrenin ve Heyet-i Temsiliye'nin ilk gününden bu ana kadar olan durumu, düşünceleri ve mukabil hareket tavrı." [220]

Yani Bekir Sami Bey, Amerikan mandasını istemiş hatta bu uğurda Sivas Kongresi'nde Mustafa Kemal Paşa'nın başkan seçilmesine engel olmaya çalışmış, İstanbul'dan gelen haberlerde, Ahmed Rıza Bey, Ahmed İzzet Paşa, Cevat Paşa, Çürüksulu Mahmut Paşa, Reşat Hikmet, Cami (Bozkurt), Reşit Sami Beyler ve Esat Paşa gibi birçok zevatın da Kara Vasıf Bey de dahil olarak Amerikan mandası tarafı olduğu anlaşılmıştı.

Yine Halide Edip İstanbul'un durumunu anlatan 10 Ağustos 1919 tarihli bir mektup gönderir:

"Mustafa Kemal Paşa Hazretlerine,

Muhterem efendim, memleketin siyasî vaziyeti en had bir devreye geldi. Kendimize bir istikamet tayini için Türk milletinin zarını atıp müsbet bir vaziyet almak zamanı ise geçmek üzere bulunuyor. Harici vaziyet, İstanbul'da şöyle görünüyor:

Fransa, İtalya, İngiltere; Türkiye'de mandaterlik meselesini Amerika senatosuna resmen teklif etmiş olmakla beraber, bütün kuvvetlerini senatonun kabul etmemesi için sarfediyorlar.

(…) Suriye'de hüsrana uğrayan Fransa, zararını Türkiye'de telafi etmek istiyor. İtalya namuskâr bir emperyalist olduğundan muharebeye ancak Anadolu taksiminde pay almak için girdiğini

---
220 Kansu, 1997, c.1, 179.

açıktan açığa söylüyor. İngiltere'nin oyunu biraz daha incedir. İngiltere Türk'ün vahdetini, asrîleşmesini, hakiki bir istiklal almasını, ati için bile olsa istemiyor. Yeni vesait ve fikirle tamamen asrî ve kavi bir Müslüman-Türk hükûmeti başında hilafet de olursa, İngiltere'nin Müslüman esirleri için bir suimisal teşkil eder. Türkiye'yi kül halinde İngiltere alabilse kafasını, kolunu koparır, birkaç senede sadık bir müstemleke haline koyar.

Buna en başta bilhassa (klerikal sınıflar) memleketimizde çoktan taraftardır. Fakat bunu Fransa ile döğüşmeden yapabilmek kabil olamayacağından taraftar olamaz.

Fakat Türkiye'yi vahdet halinde muhafaza zaruri görünürse, yani taksim ancak büyük askerî fedakârlıklarla husule geleceğini anlarsa Latinleri sokmamak için Amerika fikrine zahir ve taraftar olur. Nitekim İngiliz siyasî adamları arasında zaten bu fikre temayül mevcut. (Morison) gibi meşhur simalar Amerika'nın Türkiye'de umumi manda almasına taraftar oluyorlar. Diğer bir suret-i hal de, Türkiye'yi Trakya'dan, İzmir'den, Adana'dan belki de Trabzon'dan ve mutlak İstanbul'dan mahrum ettikten sonra, eski kapitülasyonları ve boğulmağa mahkum dahili hududu ile müstakil bırakmak. Biz İstanbul'da kendimiz için bütün eski ve yeni Türkiye hudutlarını şamil olmak üzere muvakkat bir Amerika mandasını ehven-i şer olarak görüyoruz." [221]

"Millî Mücadele'nin önde gelen isimlerinden Bekir Sami, İsmail Hami, Vasıf, Rafet Beylerle, İsmail Fazıl Paşa (Ali Fuat Cebesoy'un babası) mandayı savunanların başında gelmiştir. [222]

Kongredeki manda tartışmasından kesitler şöyleydi:

---

221 Kansu, 1997, c.1,s.187.
222 Kadir Kasalak (Dr.), Millî Mücadele Manda ve Himaye Meselesi, Genelkurmay Başkanlığı Yayınları, Ankara, 1993, s.141.

"İlk sözü Vasıf (Kara Vasıf) Bey almıştı. Kürsüye gelerek konuşmaya başladı. Vasıf Bey, uzun beyanatında, mandayı kabulden başka çare olmadığını söyledi.

(...) Sonra İsmail Hami Bey kürsüye geldi. Bu zat da mandaya taraftar, hatta en hararetli taraftar. Manda kabul edilmezse her şeyin başında malen iflas edeceğimizi, varidatımızın masrafımıza gayri kafi olduğunu, velhasıl varlığımızın muhafazası için mandadan başka çare olmadığını, İstanbul'da İzzet Paşa ile diğer rical-i kiramın aynı fikirde olduklarından uzun uzadıya bahsetti.

(...) Azadan Macit Bey de söz aldı. Ve dedi ki: 'Heyet-i umumiyece asıl müzakere edilecek mesele şudur: Bundan sonra biz yalnız yaşayamayacak mıyız? Mutlaka bir devletin mandasına mı muhtacız? Eğer bu ihtiyaçta isek, bu mandayı ne şekilde anlayacağız, mandaterle ne esaslar üzerinde görüşeceğiz; mandater kim olacak? Önce bunları görüşelim.'

Mustafa Kemal Paşa, bu sözler üzerine riyaset mevkiinden söze karıştı ve 'Bu raporda iki nokta-i nazar tezahür ediyor. Birincisi; devletin dahilî ve haricî istiklalinden vazgeçmemesidir. İkincisi; devlet ve milletin haricin tazyikat-ı musırranesine karşı bir muavenet ve müzaheret ihtiyacında bulunup bulunmamasıdır. Asıl tereddüd-ü mucip nokta budur. Müsaade buyurulursa bunun teemmülü için teklifi, encümene verelim. Sonra müzakere ederiz. Çünkü dahilî ve haricî istiklalimizi kaybetmek istemiyoruz' dedi.

Fakat Paşa'nın bu sözü biter bitmez hemen Bekir Sami Bey söz aldı: 'Deruhte ettiğimiz vazife çok ağır ve çok mühimdir. Beyhude vakit geçirmeyelim. Beyhude münakaşaya mahal yoktur. Boş geçirecek bir dakikamız yoktur. Muhtıramızı hemen müzakere ile serian bir karar ittihaz edelim' dedi ve ondan sonra İsmail Paşa da, 'Hemen karar verelim. Teklifi encümene havale ile vakit geçirmeyelim' sözleriyle, Paşa'nın teklifini reddettirmek istedi.

İsmail Fazıl Paşa, 'Mandayı mı kabul edeceğiz, istiklali mi? Mesele budur. Ben de Bekir Sami Bey'in fikrine iştirak ediyorum' dedi.

Mandacıların birbirini takip eden bu nutukları, istiklal taraftarlarının canını sıkmağa başladı.

Hoca Raif Efendi, artık tahammül edemeyerek söz istedi. Ve manda aleyhinde söyledi." [223]

Raif Efendi, Erzurum Delegesi ve Heyet-i Temsiliye üyesi olarak Sivas Kongresi'ne katılmıştı.

Şöyle bir konuşma yapmıştır:

"... Bendeniz de müzakerenin devamı taraftarıyım. Mesela, Vasıf Bey biraderimizin bir teklifi var; bir kere mandanın esas olarak kabul edilip edilmeyeceği taayyün etmelidir. Her şeyden evvel bunu halledelim.

İstiklaliyet ile manda arasında ne fark vardır? Daha doğrusu manda tabirini kullandığımız zaman artık istiklaliyet tabirini kullanmayacaksak, mandayı kabul etmeye burada karar verelim... Manda tabirini kullanmakla istiklali kullanamayacağımızdan herhalde bu manda tabirini reddetmeliyiz" deyince manda taraftarlarını öfkelendirmiştir." [224]

Sivas Kongresi'nde, Amerikan mandasını reddedenlerin ba-

---

223 Kansu, 1997, c.1, s.241-243.
224 Sarıkoyuncu, 2002, c.1, s.37.

şında ise bir din adamı, Hoca Raif Efendi'nin gelmesi, esasen Mustafa Kemal'in neden din âlimleriyle beraber yola çıktığını da göstermektedir. Özellikle İstanbul'dan gelen temsilciler manda konusunda ısrar ederken, bunlara dayanamayan Hoca Raif Efendi millî irade ve istiklalden bahsetmiştir.

"Kongrenin hitamı münasebetiyle neşredilen 11 Eylül Perşembe günlü beyannameden başka 12 Eylül Cuma günü de bütün Sivas ahalisinin davetiyle açık bir celse yapıldı. Bu açık celse, büyük millî ve vatanî tezahürata vesile oldu. Muhtelif nutuklar irad edildi, temenniler yapıldı ve kongrenin seçtiği Heyet-i Temsiliye ve Mustafa Kemal Paşa tebrik edildi.

Sivas Kongresi'nde Heyet-i Temsileye'ye; Mustafa Kemal Paşa, Hüseyin Rauf, Bekir Sami, Hoca Raif, Şeyh Fevzi, Mazhar Müfit, Hakkı Behiç, Hüsrev Sami, Kara Vasıf, Ömer Muhtar ve Niğdeli Mustafa Bey'ler seçildiler.

SİVAS KONGRESİ'NDEN SONRA
YİNE AJAN BİR HOCA: ŞEYH RECEP

Mustafa Kemal'in Millî Mücadele'de, hoca kisvesi ile ajanlık yaparak Kuvva hareketinin önünde engel olan hocalardan biri de Şeyh Recep oldu.

Nutuk'ta kendisi bu süreci detayları ile anlatır:

"19 Ekim günü, Sivas'taki arkadaşlar Heyet-i Temsiliye imzası ile şu telgrafı veriyorlardı:

'Amasya'da Mustafa Kemal Paşa Hazretlerine,

Şeyh Recep ve arkadaşlarımın zat-ı devletlerine çekilmek üzere telgrafhaneye şimdi verdikleri telgraf sûreti aynen aşağıda arz olunur. Bu konuda topçu binbaşısı Kemal Bey ayrıca soruşturma yürütmektedir.'

Sivas telgraf başmüdürü de aynı günde şu bilgiyi veriyor:

'Mustafa Kemal Paşa Hazretlerine,

Şeyh Şemseddin-i Sivasî soyundan Recep, İlyaszade Ahmet Kemal ve Zaralızade Celal imzaları ile yazılan telgrafnameleri takdim ederim.

Bu telgrafnameler gece getirilmiş ve memurlarımız korkutularak yazdırılmıştır.

Her ferdin özel şartlar altında telgraf yazma hakkı bilinmektedir. Fakat makine odasına rastgelenin girmesi yasak olmak şöyle dursun, memurların tehdit ve korkutulması gibi hükûmetin haysiyetini ve saygınlığını rencide edecek hareketlere cesaret vermek doğrusu kanuna isyan mahiyetindedir.

19 Ekim 1919, Başmüdür Lütfü.'

'İstanbul merkez Şefi Bey'e,

Halk ağzından arz olunan ve memleket ve halkın selameti adına takdim-i istirham olunan telgraflarımızın yerine ulaşmasına mâni olan din ve devlet hainidir.

Nihayet kan dökülmesine sebep olacaktır. Padişaha duyurmak konusunda azmimiz kesindir. Cevap bekliyoruz.

Mabeyn-i Hümayun yüksek katına,

Yüksek delaletinizle Padişah efendimize biz kullarına arz olunan yazımızın cevabını vatan ve millet adına makine başında bekliyoruz.

Mabeyn-i Hümayun başkitabeti delaletiyle halife hazretlerinin yüce katına,

Memleketimiz bulunan Sivas'ta, Anadolu ve Rumeli Müdafaa-i Hukuk Cemiyeti namıyla kurulan kongre heyeti reisi Mustafa Kemal Paşa, etrafa siz padişahımızın itimatname-i hümayunlarını taşımakta olduğunu yayarak memleketimizde suçlarını örtmek isteyen küçük bir toplulukla beraber, kendilerini millî iradeyi temsil ediyormuş gibi gösteriyorlar.

Halbuki şanlı halifemiz ve sevgili padişahımıza her şekilde bağlılığımız dinimiz gereği olduğundan, Bahriye Nazırı Salih Paşa ile Seryaver-i Hazret-i Şehriyari Naci Beyefendi'nin Amasya'ya gönderildiklerini haber aldık.

Halk arasında ortaya çıkan heyacanı yatıştırmak için ulema, eşraf ve tüccardan ikiyüzden fazla imzanın yer aldığı davetiye telgrafımıza cevap alamadık.

Efkâr-ı umumiyenin ne merkezde olduğunu bizzat gözlemlemek üzere Sivas'a kadar gönderilmesi için bütün bağlılığımızla eşiğinize yüz sürerek yalvarır ve niyaz ederiz. Bu konuda her halde emir ve ferman padişahımız efendimiz hazretlerinindir.'

Efendiler, düşmanlar Şeyh Recep'e hakikaten mühim bir rol oynatmış bulunuyorlardı.

Sırası gelince arz edeceğim vesikalarda, Sait Molla'nın Rahip Frew'e olan 24 Ekim tarihli bir mektubunda, Molla, papaza, 'Sivas olayını nasıl buldunuz? Biraz düzensiz ama yavaş yavaş düzelecek' diyordu.

Bütün milletin birlik ve dayanışmasından ve millî teşkilatın memleketin her köşesine yayıldığından bahseden, milletin ortak arzusuna uyarak, askerî ve millî teşkilata dayanarak kabineyi düşüren, yeni kabine ile karşı karşıya geçen bir heyetin başkanı aleyhinde -tam yeni kabine temsilcisi ile müzakereye girişeceği bir sırada ve bu maksatla Sivas'tan çıktığının hemen ertesi günü- bütün Sivas halkı adına ayaklanma çıktığını gösterir bir telgrafın, telgrafhane tehdit edilerek çektirilmesi elbette manidar idi.

(…) Sivas'tan yükseltilen bu sesin düşmanlar için ne kadar kuvvetli ve mühim olduğu takdir buyurulur." [225]

(Sait Molla'nın ilgili vesikası Molla Sait ile alakalı bölümde verilmiştir).

---

[225] Nutuk, 2017, Alfa Yayınları, s.195-196.

MARAŞ'IN İŞGALİ VE SÜTÇÜ İMAM

Bir yandan Müdafaa-i Hukuk Cemiyetleri süratla artıyor, halkın Mustafa Kemal etrafında kenetlenmesi vatan müdafaasını da güçlendiriyordu.

Bu esnada, 30 Ekim 1919'da Fransızlar Maraş'ı işgal ettiler. Sütçü İmam'ın başlattığı direniş ve gayretler 12 Şubat 1920'de şehri kurtardı.

"Ermeniler, Fransızların Maraş'ı işgalinin ikinci günü olan 31 Ekim 1919'da sokak ve caddelere çıkarak halkı rahatsız etmeye başladılar.

Sarhoş Ermeni askerlerden ikisi Uzunoluk hamamından çıkan Müslüman kadınlara 'çarşafa ihtiyaç yoktur, yüzünüzü açın' diye bağırarak sarkıntılık etti.

Bunun üzerine yakındaki bir dükkanda sütçülük yapan ve adı İmam olan bir Türk, tabancasını çekerek askerlerden birini öldürüp, diğerini yaraladı.

Sütçü İmam veya Uzunoluk olayı olarak tarihe geçen bu olay üzerine Müslümanlar ile Ermeniler arasında olaylar çıktı. Çıkan olaylarda iki Ermeni daha öldürüldü ve her iki taraftan 14 kişi yaralandı.

Fransızlardan arka bulan Ermeniler, karşılaştıkları Müslümanları kurşuna dizdiler, kadınlara da tecavüz ettiler. Müslümanlar korkudan evlerinden dışarı çıkamaz olmuşlardı." [226]

"Mustafa Kemal ile Kuvvacıları, işgal sürecinde omuz omuza görüyoruz. Tarihî vesikalarda ve yazışmalarda Kuvva hareketi ile Heyet-i Temsiliye Başkanı Mustafa Kemal arasındaki birlik ve birbirine sarılış maalesef bugüne kadar kaleme alınmamıştır.

"Maraşlı kardeşlerimize ulaştırılmak üzere, Elbistan Heyet-i Milliyesi adına Denizli Ziraat Bankası'na 400 lira yatırıldı." [227]

"Sivas Kongresi'nden sonra, 20 Aralık 1919 günü Mustafa Kemal Paşa, halkla ve bilhassa ulema ile toplu bir halde görüşmek istediklerinden başta, Kızıklı Hacı Kasım Efendi olduğu halde ilmiye sınıfının ileri gelenleri, tüccar ve esnaftan bazıları, Raşit Efendi Kütüphanesi'nde toplandılar.

Kütüphaneye gelen Mustafa Kemal Paşa, hocaların ve diğerlerinin ayrı ayrı ellerini sıkarak iltifatta bulundu.

Memleketin içine düştüğü bu durumdan ancak, birlik ve beraberlik içerisinde, milletçe kurtulanacağını söyledi.

---

226 15. Kolordu Kumandanı Miralay Kazım Karabekir tarafından 19 Kasım 1919'da Erzurum Valiliği'ne gönderilen 540 sayılı yazı, TİTEA, kutu no: 22, belge no: 16.

227 Sarıkoyuncu, 2002, c.1, s.107.

21 Aralık günü, bu defa Ankara yolunda Mustafa Kemal Paşa'yı Mucur'da başlarında Müftü İsmail Hakkı Efendi'nin olduğu kalabalık karşılıyor.

Müftü Efendi evvela bir dua okuyor, cemaatin amin sesleri arasında zafer niyaz ediyor.

Heyet-i Temsiliye 23-24 Aralık 1919 gecesini Mucur'da geçirmiş ve müftü efendinin başkanlığında Müdafaa-i Hukuk Cemiyeti Mucur Merkezi kurulmuştur.

24 Aralık 1919 günü Mucur'dan ayrılan Heyet-i Temsiliye aynı gün Kırşehir'e geldi.

Müdafaa-i Hukuk Cemiyeti'ni medrese binasında kurmuştuk. İlk toplantımız burada oldu. Daha sonra lise binasına naklettik. İlk Müdafaa-i Hukuk heyeti şöyle kuruldu:

Reis Müftü Halil, aza Ömer Aydın, Mehmet Ağa, imam Hayrullah, Hacı Nafi, Şube Reisi Haydar Beyefendiler.

Gecenin çok geç saatlerine kadar Müdafaa-i Hukuk'un çalışmasıyla meşgul olan Paşa, Kırşehir ve havalisi üzerinde izahat aldı, çok az uyudu.

Gönülden ve coşkun bir törenle uğurlandı. Kapıcı Camii çevresini dolduran binlerce halk alkış tuttu.

Hacı Ali, Mülazimin Ethem Hoca ile Termacının Hafız Şevket, karşılıklı tebriklerle kurban kestiler.

Kırşehir'den 24 Aralık günü ayrılan Heyet-i Temsiliye, Kaman, Çiçekdağı ve Beynam'dan sonra 27 Aralık 1919 günü Ankara'ya ulaştı.

HEYET-İ TEMSİLİYE FRANSIZLARCA MUHATAP ALINIYOR

Mustafa Kemal'in devlet adamlığı adına her görüşmesi, gelecek nesiller adına bir örnektir.

Georges Picot, 6 Aralık'ta Kayseri'ye gelerek önce Ali Fuat Paşa ile görüşür. Daha sonra Mustafa Kemal ile görüşmek üzere Sivas'a gelir.

Bu görüşmeyi, görüşmelere katılan Bekir Sami Bey, Hüseyin Rauf ve Ahmet Rüstem Beyler şöyle anlatırlar:

"Mösyö Picot Sivas'a akşamüzeri gelmiş ve Temsil Heyeti'ne bir kartvizit bırakmıştı. Kartvizitin üzerindeki 'Fransa Hükûmeti'nin Suriye ve Ermenistan mümessili' ibaresini gören Mustafa Kemal Paşa, Mösyö Picot'a haber göndererek Fransa'nın Ermenistan mümessili sıfatıyla gelmiş bir zatı kabul edemeyeceğini bildirmişti. Bunun üzerine Fransız diplomatı bizzat Heyet-i Temsiliye'nin ikamet ettiği Sultani binasına gelmiş ve Erivan'daki Ermenistan hükûmeti nezdinde mümessil bulunduğunu, yoksa bu hükûmetin hudutları dışında kurulması tasavvur edilen bir hükûmet ile hiçbir alaka ve münasebeti olmadığını izah eyledikten sonra Mustafa Kemal Paşa ve arkadaşları tarafından kabul olunmuştu.

Mösyö Picot sözlerine şöyle başlamıştı:

'Fransa Hükûmeti pek yakın bir zamanda değişecektir. Mösyö Briand başvekalete gelecektir. Yeni Fransız Hükûmeti'nin siyaseti, Türk millî siyasetine tamamen taraftar olacaktır.'

Bu kati teminattan sonra uzun münakaşalar cereyan etmiş, Türk-Arap-Ermeni meseleleri hakkında Paşa ile Picot arasında tam bir mutabakat hâsıl olmuştu.

Mösyö Picot, müstakbel Kilikya kurtuluş hareketimiz hakkında o kadar mübalağalı şayialara inanmıştı ki, Mustafa Kemal Paşa'ya, 'Türk-Fransız müstakbel dostluğu ve müşterek menfaati elimizdedir. Kilikya'ya doğru yürümekte olan millî ordularınızın bulundukları yerlerde kalmaları için derhal emir verirseniz her şey esasından halledilmiş olacaktır' dedi.

Fransız diplomatı bu talebi birkaç kez tekrarlamıştı.

Mustafa Kemal Paşa, bütün zeka ve kabiliyetini toplayarak Picot'un hayalinde çok büyütmüş ve ehemmiyet vermiş olduğu 'millî ordu'larımızın yaptığı tesirden istifadeler temin edebilmek için mülakatta hazır bulunan Hüseyin Rauf Ahmet Rüstem ve Bekir Sami Beyleri de inandıracak gibi biraz düşünceye daldıktan sonra Picot'a dönerek, 'Fakat benden mümkün olamayacak bir şeyi istiyorsunuz' demişti.

Bu cevap karşısında Picot şaşırmıştı. Mustafa Kemal Paşa'nın arkadaşları da mademki bu kadar büyük millî ordularımız varmış da neden şimdiye kadar kendilerinden saklanmış olduğunu anlayamamış gibi bir vaziyet almışlardı. Mustafa Kemal Paşa bu müsait havadan istifade ederek sözlerine devam eylemişti:

'Milletin istikbali tehlikeye girdiği vakit, millet, ordularını kendi toplar ve yalnız bir hareket tarzı kabul eder. O da kurtuluş uğrunda sonuna kadar kanını dökmek. Eğer Kilikya'da Türk'ün istiklalini almak gibi bir niyetiniz olmadığını fiilen ispat edecek oluranız, bu orduların üzerinize yürüyerek sizinle muharebeye tutuşacaklarını zannetmem. Görüyorsunuz istediğiniz şey hakikaten benim elimde değildir.' Mülakatta hazır bulunan Mustafa Kemal Paşa'nın arkadaşları Türkçe olarak, 'Paşam, bu kadar hüsniniyetle vaadlerde bulunmuş olan Mösyö Picot'a istikbal hakkında bir ümit verebilmek için ordularımızı durdurmaya gayret ederiz gibi bir şeyler söyleyiniz, müsterih olacaktır' demişlerdi.

Mustafa Kemal Paşa, 'İstedikleri benim elimde değil, onun elinde' cevabını vermişti.

Mösyö Picot, aldığı cevaplar üzerine bir hayli düşünmüş, sonra, 'Haklısınız' demişti, 'Avdetimde Kilikya'dan geçeceğim ve oradaki Fransız kumandanlarına, Fransa'nın müstakbel siyasetini anlatacağım. Kan dökmemenin de kendi ellerinde olduğunu hatırlatacağım.'

Konuşmanın sonunda da şu sözleri söylemişti:

'Türk milletinin istekleri ile İstanbul Hükûmeti'nin siyaseti başka başka şeylerdir. Türk millî siyaseti haklı ve meşrudur. Türkler tamamıyla birleşmişler ve azmetmişlerdir.'

Bu olaydan bir müddet sonra Mösyö Picot'un, Fransa'nın resmî gazetesi olan Temps'de Türk millî hareketi lehine başmakale yazdığı görülmüştür." [228]

Mustafa Kemal, bu konuşmadan sonra Fransa'nın tavrı karşısında, Urfa Müftüsü Hasan Efendi'ye 8 Aralık 1919'da, Anadolu ve Rumeli Müdafaa-i Hukuk Cemiyeti Heyet-i Temsiliyesi namına şu telgrafı çeker:

"Eşraf ve ileri gelenlerin imzalarını ihtiva eden telgrafname okundu:

Urfalıların dinî sağlamlıkları, mukaddes hilafet makamına sarsılmaz bağlılıkları ve mübarek vatan uğrunda her fedakârlığı göze alacak hamiyetkârlıkları tarihen bilinmektedir.

Mutasarrıflığa da vaki olan tebligatımız üzere, vatanımızı haksız olarak işgal eylemiş olan Fransızların vaziyetleri geçici olup, davamızın hak olması yönünden, Cenab-ı Hafız-ı Hakiki'nin inayet-i Rabbanisiyle (büyük hakiki koruyucu Allah'ın yardımıyla) oralarının tamamen tahliye olacağına kuvvetli itikadımız vardır. Dolayısıyla, Ermeniler veya Fransızlar tarafından sebebiyet verilmedikçe, tarafınızdan silahlı tecavüzlerde bulunulmamasını tavsiye eder ve fakat vatan mukadderatının dayanak noktası olan millî birliği sağlamlaştırmaya ve millî teşkilatınızı genişletmeye ve takviye etmeye son derece gayretle çalışılmasını, dinin ve vatanın selameti namına talep eyleriz." [229]

Mili Mücadele'de güney cephesi çok ciddi bir direniş göstermiş; Mustafa Kemal'in ince siyaseti ile de Fransızların Kilikya'yı boşaltmasını, yoksa Türk millî ordularının taarruza geçeceğini beyan etmiş ve kabul ettirmiştir.

---
228 Ali Fuat Cebesoy, Millî Mücadele Hatıraları, Temel Yayınları, İstanbul, 2007, s.305-307.
229 Atatürk'ün Bütün Eserleri, 2010, c.5, s.339.

HEYET-İ TEMSİLİYE ANKARA'DA

27 Aralık günü Temsil Heyeti Ankara'ya ulaşır.

Müdafaa-i Hukuk Cemiyeti azasından Müftü Hoca Rıfat Efendi başkanlığında; Binbaşı Fuat Bey, Kınacızade Şakir Bey, Aktarbaşızade Rasim Bey, Toygarzade Ahmet, Ademzade Ahmet, Hatip Ahmet, Kütükçüzade Ali, Hanifzade Mehmet, Bulgurzade Tevfik Beyler karşılama heyetindeydiler.

O günü Ali Fuat Paşa şöyle anlatır:

"... O günü hatırladığımda daima aynı heyecanı duyarım. 27 Aralık'ta saat 11'de Temsil Heyeti'nin üç otomobilden mürekkep kafilesi, Dikmen sırtlarından geçen Kırşehir-Ankara havzasına döndüğü yüksek noktada görünmüştü.

Burada yanımda Vali Vekili Yahya Galip Bey olduğu halde, Ankara namına kendilerini karşılamıştım. Birinci otomobilde

Mustafa Kemal Paşa, Hüseyin Rauf ve Ahmet Rüstem Beyler, yaver Yüzbaşı Cevat Abbas Bey vardı.

İkinci otomobilde Temsil Heyeti'nin diğer azaları; Süreyya, Mazhar Müfit ve Hakkı Behiç Beylerle katipleri yer almışlardı.

Üçüncü otomobilden üçüncü ordu müfettişliği karargâhından Paşa'ya refakat etmiş olan Doktor Binbaşı Refik (rahmetli Başvekil Refik Saydam), Erkan-ı Harp Binbaşısı Hüsrev (eski büyükelçilerden Sayın Hüsrev Gerede) Beylerle diğer zevat çıkmışlardı.

(…) Otomobillerimizden inmiş bulunduğumuz yüksek noktadan Ankara'yı seyretmiştik. Etrafta dağlar karla örtülmüştü. Bizi Ankara şehrine götürecek olan yol, bugünkü Dikmen şosesinin istikametini takip ediyor, beyaz karlı tepelerin üzerinde kıvrıla kıvrıla İncesu vadisine doğru iniyordu.

İstikbale gelenlerin bir ucu bugün Harp Okulu'nun bulunduğu tepeden başlıyor, dolaşa dolaşa istasyon civarına iniyor ve oradan kıvrılarak hükûmet konağına doğru uzanıyordu.

Karşılamaya gelenlerin adedini otuz kırk bine çıkaranlar olmuştur. O zamanlar Ankara şehrinin nüfusunun 22 bini geçmediği hatırlanırsa bu muazzam kalabalığın etraftan ve uzaklardan geldiği anlaşılır.

Millî müfrezelerimizin atlı miktarı da bini geçmişti.

İlk defa Ankara'ya gelen Mustafa Kemal Paşa, bu manzara karşısında fevkalade mütehassıs olmuş, adeta gözleri dolmuştu.

Kendisine, 'Ankara'yı nasıl buldunuz Paşam?' diye sorulunca heyecanla ellerimi sıkmış, 'Cidden fevkalade, tebrik ederim, Ankara hakikaten millî bir merkez haline gelmiş' cevabını vermişti. Paşa'nın bu sözleri günlerdir devam eden yorgunluğumu unutturmuştu.

(…) Mustafa Kemal, 'Karşıcı gelenleri bu soğukta bekletmeyelim' dedi. Otomobillere binerek hareket ettik. Paşa, vali vekili ile beni kendi arabasına almıştı.

Kalabalığa yaklaştığımız sırada başta Ankara Hukuk Cemiyeti Reisi Müftü Rıfat Efendi olmak üzere, Kaymakam Mahmut ve Erkan-ı Harp Reisi Binbaşı Ömer Halis Bey'ler karşıladılar.

Paşa yol yorgunluğuna bakmaksızın otomobilden inerek ellerini ayrı ayrı sıktı. Teşekkür etti, hatır sordu.

(…) İstikbale yaya olarak çıkan halkın baş tarafı, bugünkü Millî Savunma Bakanlığı'nın bulunduğu yerde idi. Bunlar yolun sağ tarafında mevki almışlardı. Aralıksız bir kütle halinde şehrin ta içlerine kadar uzanıyor, aylardan beri adını ve şöhretini işitmiş oldukları aziz misafirlerini ve arkadaşlarını bekliyorlardı.

Mustafa Kemal Paşa bazen arabadan iniyor, 'yaşasın, var olun' sedaları arasında halkı selamlıyordu." [230]

---

[230] Ali Fuat Cebesoy, "Büyük Önder'i Karşılarken", Ulus Gazetesi, 28.12.1937, s.265-267.

MUSTAFA KEMAL VE DİN ADAMLARININ VATAN SAVUNMASINA KARŞI OLANLARA RIFAT BÖREKÇİ İLE CEVAP

Mustafa Kemal'le beraber Kurtuluş Savaşı'nın yükünü sırtlanan din adamı ve hoca kadrosu ile lideri maalesef İstanbul Hükûmeti'nce vatan hainliğiyle suçlanmıştı.

Damat Ferit 1920'de dördüncü kez Sadrazam olduğunda, Kuvva hareketini durdurmak için yayınlattığı fetvaların dağıtımı maksadıyla İngiliz uçaklarından yardım istemiştir.

Şeyhülislam Dürrizade Abdullah Efendi'nin fetvası, İslam dinindeki halifelik kurumu kullanılarak Kurtuluş Savaşı'nı durdurmayı hatta bu işte yer alanların katlini emretmektedir:

"Dünya düzenini sağlayan İslam halifesinin yönetimi altında bulunan İslam ülkelerinde hak tanımayan bazı kimseler birleşip kendilerine başkanlar seçmiş, saltanatın sadık tebasını yalan ve dolanla aldatıp kandırarak, padişahın buyruğu olmaksızın halktan asker toplamaya kalkışmışlardır.

Görünüşte askeri yedirip, içirmek ve giydirmek bahanesiyle ve gerçekte ise mal toplamak sevdasıyla şeriata ve padişaha aykırı olarak birtakım vergiler, haraç ve para toplamakta, türlü baskı ve işkencelerle halkın mal ve eşyasını zorla almaktadırlar.

Böylece hükûmet merkezini tek başına bırakmak, halifeliğin yüceliğini zedelemek ve zayıflatmak sûretiyle yüksek hilafet katına ihanet etmektedirler.

Ayrıca padişaha itaatsizlik sûretiyle yüksek hilafet katına ihanet etmektedirler. Ayrıca padişaha itaatsizlik sûretiyle devletin düzenini ve asayişini bozmak için düzme yayımlar ve yalan söylentiler yayarak halkı azdırmaya çalıştıkları da açık bir gerçektir.

Ülkede fitne yaratmaya çalıştıkları ortaya çıkan ve gerginlik yaratan söz konusu yöneticiler ile onlara yardım edenler asi olup, dağılmaları yönünde yayınlanan padişah buyruğundan sonra da inan ve fesatlarında ısrar ederlerse, onların kötülüklerinden ülkeyi temizlemek ve halkı onların zararlarından kurtarmak vacip olup, katlolunmaları şeriata uygun ve zorunlu olur mu?

Cevap: Her şeyi bilen Yüce Allah'tır olur." [231]

Fetvanın devamı şöyledir:

"Böylece padişahın ülkesinde savaşma kabiliyeti bulunan Müslümanların adil halifemiz Sultan Mehmet Vahdettin han hazretlerinin etrafında toplanarak savaşmak için yapacağı davet ve vereceği emre uymak sûretiyle adı geçen asilerce çarpışmaları dince gerekir mi?

---

231 Şerafettin Turan, Türk Devrim Tarihi, 2. Kitap, Bilgi Yayınevi, İstanbul, 1998, s.116,117.

Cevap: Allah bilir ki gerekir. Dürrizade es-Seyid Abdullah.

Bu takdirde halife tarafından sözü edilen asilerle savaşmak üzere görevlendirilen askerler, çarpışmazlar ve kaçarlarsa büyük kötülük yapmış ve suç işlemiş olacaklarından dünyada şiddetle cezayı ve ahirette de çok acı azabı hak ederler mi?

Cevap: Allah bilir, ederler. Dürrizade es-Seyid Abdullah.

Bu takdirde halife askerlerinden asileri öldürenler gazi, asilerin öldürdükleri şehit sayılırlar mı? Beyan buyrula.

Cevap: Allah bilir ki, sayılırlar. Dürrizade es-Seyid Abdullah.

Bu takdirde padişahın asilerle savaşmak için verdiği emre itaat etmeyen Müslümanlar günahkâr ve suçlu sayılıp şeriat yargılarına göre yargılanmayı hak ederler mi?

Cevap: Allah bilir ki, ederler. Dürrizade es-Seyid Abdullah."[232]

Görülmektedir ki, halife, ülkeyi işgal eden düşmanı bırakmış, yazdırdığı fetvalar ile vatanı kurtarmaya çalışanların ölüm iznini aramaktadır.

Bu fetvanın etkisini kırmak için Ankara Müftüsü Rıfat Efendi'nin (Börekçi) başkanlığında 5 müftü, 9 müderris ve 6 ilmiye mensubundan oluşan toplam 20 kişiden oluşan bir grup karşı fetva hazırlamıştır.

Millî fetva 19-22 Nisan 1920 tarihlerinde Öğüt, İrade-i Millîye, Açıksöz gazelerinde yayınlandı.

Fetvadan önce, Mustafa Kemal'in, 26 Nisan 1920 tarihinde, Chicago Daily Tribune'e verdiği bir mülakatı aktaralım ki fetvada yazanlar konusundaki samimiyeti anlaşılsın.

---

[232] Ergün Aybars, Türkiye Cumhuriyeti Tarihi, cilt 1, Zeus Kitabevi, İzmir, 2007, s.369-370.

Bu mülakatta, yayınladıkları fetvada ifadesini bulan şekli ile padişahın üzerindeki İngiliz etkisini anlatır:

"Milliyetçiler, İstanbul'daki Türk hükûmetini nasıl görüyorlar?" sorusu üzerine;

"İngilizlerin hakimiyeti altındadır ve biz bu hükûmeti tanımıyoruz."

"Ya padişah?"

"İngilizlerin bir esiri. Çıkardığı her emir, burada bir İngiliz emri olarak değerlendirilmektedir ve Büyük Britanya bizim düşmanımızdır.

Hür bir hükümdar olmadığı sürece, halife selahiyetlerini icra edemez. Fetvaları, İslam tarafından İngilizlerden geldiği şeklinde sayılmaktadır.

Sultan bu durumu tahmin ediyor. Çünkü, bugün bulunduğu duruma düştüğü takdirde artık dinî lider kabul edilmeyeceği, bütün dünyadaki İslam liderler tarafından kendisine bildirilmişti. Şimdi halifenin halefini tartışmanın zamanı değildir.

Onu, Avrupa'nın etkisinden kurtarmak için mücadele etmeliyiz." [233]

Şimdi Mustafa Kemal'in 147 din adamının imzasını taşıyan fetvasına geçelim:

"1- Dünyanın nizamının sebebi olan İslam Halifesi Hazretlerinin, halifelik makamı ve saltanat yeri İstanbul, müminlerin emiri (padişahın) varlığının sebebine aykırı olarak, İslamların düşmanı olan düşman devletler tarafından fiilen işgal edilerek, İslam askerleri silahlarından uzaklaştırılıp, bazıları haksız olarak

---
[233] Atatürk'ün Bütün Eserleri, 2012, c.8, s.117.

şehit edilmiş, halifelik merkezini koruyan istihkamlar, kaleler, savaş aletleri zapt edilmiş ve resmî işleri yürüten ve İslam ordusunu donatmakla görevli Bab-ı Ali'ye (başbakanlık) ve Harbiye Nezareti'ne el konmuştur.

Bu sûretle halife, milletin gerçek menfaatleri uğrunda tedbir almaktan men edilmiştir.

Sıkıyönetim ilan edilip harp divanları kurulmuş, İngiliz kanunları uygulanarak kararlar verilmek sûretiyle halifenin yargı hakkına müdahale edilmiştir.

Yine halifenin rızası olmadığı halde, Osmanlı toprakları olan İzmir, Adana, Maraş, Antep, Urfa taraflarına düşmanlar saldırıp oradakileri Müslüman olmayan uyruklarımızla elele vererek İslamları toptan yok etmeye, mallarını yağmalamaya ve kadınlarına tecavüze, Müslüman halkın bütün kutsal inançlarına hakarete kalkışmışlardır.

Anlatılan şekilde hakarete ve esirliğe uğrayan halifelerini kurtarmak için ellerinden geleni yapmaları bütün Müslümanlara farz olur mu?

Cevap: Allah en iyi bilir ki, olur.

2- Bu sûretle halifeliğin meşru hakkını elinden alanlardan kurtarmak ve fiilen saldırıya uğrayan vatan topraklarını düşmandan temizlemek için uğraşan ve çalışan İslam halkı şeriatça Allah yolundan ayrılmış olurlar mı?

Cevap: Allah en iyi bilirler ki, olmazlar.

3- Halifeliğin gasp edilen haklarını geri almak için düşmanlara karşı açılan mücadelede ölenler şehit, kalanlar gazi olur mu?

Cevap: Allah en iyi bilir ki, olurlar.

4- Bu sûretle din uğrunda savaşan ve görevini yapan halka karşı düman tarafını iltizam ederek İslamlar arasında silah kullananlar ve adam öldürenler şeriat bakımından en büyük günahı işlemiş ve fesatçılık işlemiş olurlar mı?

Cevap: Allah en iyi bilir ki, olurlar.

5- Bu sûretle aslında istemediği halde düşman devletlerinin zoru ve kandırması ile, olaylara ve gerçeğe uymayarak çıkarılan fetvalar Müslümanlar için şeriatça dinlenir mi ve ona uyulur mu?

Cevap: Allah en iyi bilir ki, uyulmaz."

Bu fetvanın yanında, meclisin Cuma günü açılması da Damat Ferit'in halifeye isyan şeklinde ifade ettiği Kurtuluş Savaşı hareketinin meşruluğunu arttırmak içindir. [234]

16 Nisan 1920'de Heyet-i Temsiliye heyetince Anadolu'ya gönderilen ve özellikle müftülere tebliğ edilen bu fetvayı 153 müftü ve din âlimi tasdik etmiştir.

Ankara fetvasını tasdik eden din adamları şunlardır:

Vekil-i müfti bi-medinet-i Samsun (Samsun Müftü Vekili) Bahri

El-müfti bi-medinet-i Kütahya (Kütahya Müftüsü) Fevzi

El-müfti bi-medinet-i Sinop Salih

El-müfti bi-medinet-i Eskişehir Mehemt Salih

El-müfti bi-medinet-i Gümüşhane Mehmet Fehmi

El-müfti bi-medinet-i Bursa Ahmed Hamdi

El-müfti bi-medinet-i Bilecik Mehmet Nuri

---

234 Sabahattin Selek, Millî Mücadele:Ulusal Kurtuluş Savaşı, cilt 2, Örgün Yayınları, İstanbul, 1982, s.768-769.

Eddail müfti bi-medinet-i Mehmet Rif'at

El-müfti bi-medinet-i Denizli Ahmet Hulusi

El-müfti bi-medinet-i Tokat elhac Ömer

El-müfti bi-medinet-i Diyarbekir elhac İbrahim

El-müfti bi-medinet-i Çerkeş Mustafa

El-müfti bi-medinet-i Taşköprü Mehmet Emin

El-müfti bi-medinet-i Ayancık İsmail Hakkı

El-müfti bi-medinet-i İnebolu Ahmed Hamdi

El-müfti bi-medinet-i Boyabat Ahmet Şükrü

El-müfti bi-medinet-i Daday Rüştü

El-müfti bi-medinet-i Tosya Bahaeddin

El-müfti bi-medinet-i Araç Hasan Tahsin

El-müfti bi-medinet-i Tirebolu Ahmet Necmettin

El-müfti bi-medinet-i Bünyan İbrahim Hakkı

El-müfti bi-medinet-i İnegöl Fehmi

El-müfti bi-medine-i Yenişehir Hüseyin Hüsnü

El-müfti bi-medinet-i Narman İsmail Hakkı

El-müfti bi-medinet-i İspir Ahmed

El-müfti bi-medinet-i Akdağ Mehmet Edip

El-müfti bi-medinet-i İskilip İsmail

El-müfti bi-medinet-i Urfa Hasan

El-müfti bi-medinet-i Harran Mustafa Sırrı

El-müfti bi-medinet-i Maçka Kamil

El-müfti bi-medinet-i Gemlike Ahmed Vasfi

El-müfti bi-medinet-i Mihallıççık Abdülgafur

El-müfti bi-medinet-i Kirmastı Osman

El-müfti bi-medineti Söğüt Mustafa

El-müfti bi-medinet-i Tortum elhac Ali

El-müfti bi-medinet-i Gümüşhacıköy Ali Rıza

El-müfti bi-medinet-i Merzifon Vehbi

El-müfti bi-medinet-i Yusufeli Ahmed

El-müfti bi-medinet-i Hınıs Şeyh Bahaeddin

Vekil-i müfti bi-medinet-i Bayazıd Abdülhadi

El-müfti bi-medinet-i Diyadil Ömer

El-müfti bi-medinet-i Sivrihisar Mehet Ali Niyazi

El-müfti bi-medinet-i Orhaneli Yusuf Ziya

El-müfti bi-medinet-i Lice Ahmet

El-müfti bi-medinet-i Erbaa Abdullah Fehmi

El-müfti bi-medinet-i Yozgat Mehmet Hulusi

El-müfti bi-medinet-i Gürün İsmail Vehbi

El-müfti bi-medinet-i Boğazlayan Abdullah

El-müfti bi-medinet-i Bayburt Fahreddin

El-müfti bi-medinet-i Havza İsmail

El-müfti bi-medinet-i Pünhan Mehmet Tevfik

El-müfti bi-medinet-i Siverek Osman

El-müfti bi-medinet-i Direk İskender Kazım

Vekil-i müfti bi-medinet-i Haymana Ahmet Vehbi

El-müfti bi-medinet-i Devrek Abdullah Sabri

El-müfti bi-medinet-i Bozdoğan Hasan Tahir

El-müfti bi-medinet-i Mudanya Mehmet Niyazi

El-müfti bi-medinet-i Simav Mehmet Arif

El-müfti bi-medinet-i Karacasu Mustafa Hulusi

El-müfti bi-medinet-i Gediz Süleyman

El-müfti bi-medinet-i Demrci İbrahim Hakkı

El-müfti bi-medinet-i Viranşehir İbrahim

El-müfti bi-medinet-i Kayseri Nuh

El-müfti bi-medinet-i Maraş Hacı Ahmed

El-müfti bi-medinet-i Bahçe Mehmet Salim

El-müfti bi-medinet-i İncesu Mahmut

El müfti bi-medinet-i Bitlis Abdülmecid

Vekil-i müfti bi-medinet-i Uşak Ali Rıza

El-müfti bi-medinet-i Eşme Nazif

El-müfti bi-medinet-i Diyarbekir-Silvan Abdurrahman

El-müfti bi-medinet-i Hizan Abdülmecid

El-müfti bi-medinet-i Van Rıza

Vekil-i müfti bi-medinet-i Acıpayam Himmet Hulusi

El-müfti bi-medinet-i Balya Hüseyin

Müderrisînden Abdullah

El-müfti bi-medinet-i Niksar Mustafa Fehmi

Müderrisînden Hacı Süleyman

Müderrisînden Halil

Çal Müftüsü Ahmet İzzet

Çine'de Millî Ordu Müftüsü Gümülcüneli Es'ad

Çine Müftüsü Ahmed Zühdü

Yozgat Müftü Vekili Şükrü

El-Müfti bi-medinet-i Viranşehir

Meclis-i Millî azasından Isparta mufti-i sabıkı Hüseyin Hüsnü

Karahisarısahip Mebusu Müderrris Mehmet Şükrü

Sivas Mebusu ulemadan Mustafa Taki

Isparta Mebusu ulemadan Hafız İbrahim

Karahisarısahib Mebusu ulemadan Nebil

Silifke Mebusu Kuzaddan Hacı Ali

Kırşehir Mebusu mufti-i sabıkı Müfit

Bursa Mebusu Karacabey mufti-i sabıkı Mustafa Fehmi

Bursa Mebusu ulemadan Abdüllahat Servet

Kayseri Mebusu mufti-i sabıkı Ahmet Remzi

Kayseri Mebusu ulemadan Mehmet Alim

Ankara ulemasından Kocabey Medresesi Müderrisi Beynameli elhac Mustafa

Hacı Bayram Medresesi Müderrisi Müsevvit Hacı Süleyman

Molla Büyük Medresesi Müderrisi İsmail

Şahabiye Medresesi Müderrrisi Sadullah

Sarıyye Medresesi Müderrisi Mehmet Şevki

Aneka Medresesi Müderrrisi Ahmet Şefik

Zeynelabidin Medresesi Müderrisi Hamza

Yeşilahi Medresesi Müderrrisi Abidin

Sarı Kadın Medresesi Müderrrisi Tevfik

Zencil Medresesi Müderrisi Abdullah Hilmi

Bayazıd dersiamlarından Rıfat

Reisü'l-kurra Hüseyin Hilmi

Bursa ulemasınan reisü'l-müferrisi Hacı Yusuf

Bursa mufti-i sabıkı ve Çelebi Sultan Medresesi Müderrisi Ömer Kamil

Murad-ı Sani Medresesi Müderrisi elhac Sadık

Cami-i Kebir Mahallesi Şeyhi elhac Ahmed Efendi

Hüseyin Çelebi Medresesi Müderrisi Mehmet Kamil

Çendik Medresesi Müderrisi Mehmet Emin

Giridî Ahmed Paşa Medresesi Müderrisi Süleyman Vehbi

Bayazid Paşa Medresesi Müderrisi Abdülkadir

Vaiz Medresesi Müderrisi Hafız Faik

Mehmet Rani Medresesi Müderrisi Mehmet Sabit

İvaz Paşa Medresesi Müderrisi Sadık

Mekteb-i Sultani Ulum-i Diniye Muallimi Celaleddin

Müderrisînden ve medrese muallimlerinden Mustafa Rıf'at

Kurşunluzade Medresesi Müderrisi Ali Rıza

Dersiam ve medrese muallimlerinden Mehmet Hayati

Tarafiye Medresesi Müderrisi Ali Osman

Darü'l-hilafet'ül-Aliye Medresesi Bursa Şubesi Müdürü Abdullah

Arslanzade Medresesi Müderrisi Yusuf Kenan

Fazıl Abdurrahman Medresesi Müdürü Ramazan

Ulemadan Tayfur

Kazan ulemasından elhac Yahya

Ulemadan Abdurrahman

Darü'l-hilafet'ül-Aliyye Medresesi muallimlerinden Hafız Mahmut

Darü'I-Mezkur mauallimlerinden Hafız Kemal

Darü'I-Mezkur muallimlerinden Ahmed

Dersiamdan İlyas

Müderrisînden Muallim Mehmet Naci

Müderrisînden Mehmet

Müderrisînden Abdülaziz

Müderrisinden Hafız Hüseyin

Müderrisînden Ahmet Hamdi

Dar'ül-hilafet'ül-Aliyye Medresesi muallimlerinden elhac Ziya

Müderrisînden Muallim Ahmed Rüştü

Esatize-i ulemadan ve meşayih-ı Sadiyeden Erzurumlu İsmail Hakkı

Bursa Müftüsü müsevvidi Ahmed İzzet

Darü'l-hilafetü'l-Aliye Medresesi muallimlerinden İbrahim Hakkı

Mut müfti-i sabıkı Mustafa Kasım

Burhaniye müfti-i sabıkı Hoca Mehmet

Hamzabey Medresesi Müderrisi Abdurrahman Zühtü

Müderrisînden Ahmed Rüştü

Gümüşhane ulemasında Azmi

Gümüşhane ulemasından İmam Mustafa

Habsman ulemasından Osman Nuri

Habsman ulemasından Osman Şemseddin

Balıkesir Kadısı Mehmet Şükrü

Balıkesir kadı-ı sabıkı Alim. [235]

Bu fetva, esasen İslam dinini kullanarak halifenin yaptıklarını meşru göstermeye çalışan İstanbul Hükûmeti'nin planını bozmuştur.

Mesela, Ankara fetvası olarak bilinen Mustafa Kemal Paşa'nın hazırlattığı fetva, Hakimiyet-i Milliye, 5 Mayıs 1336 no: 27'de yayınlanmıştı.

"Latin harfleriyle ilk defa, Sebilürreşad, c.1, s.3 (Haziran 1948'de) tekrarlandı.

İmza koyan Seydişehir Müftüsü İsmail Hakkı Efendi, Sebilürreşad dergisine bir mektup göndermiştir.

---

235 Hakimiyet-i Milliye, no: 27, 5 Mayıs 1339 (1920).

İsmail Hakkı Efendi şöyle demektedir:

'Büyük Millet Meclisi Hükûmeti'nin temellerini kuran fetva-yı şerifede benim de imzam var. Sebilürreşad'ın üçüncü nüshasında, Anadolu İstiklal Savaşı'nda millî vahdeti temin ile yeni Türk devletinin temellerini atan ve istiklale kavuşturan fetva-yı şerifeyi imza ve tasdik edenler arasında ben de bulunmakla iftihar ederim.'

Matbu esami arasında iki İsmail Hakkı var ise de, biri Medine-i Ayancık Müftüsü, diğeri de Medine-i Narman Müftüsü denilmiş, Seydişehir Müftüsü İsmail Hakkı diye tasrih edilmemiş.

Halbuki Ankara Müftüsü merhum Mehmet Rıfat Efendi tarafından nakilsiz olarak verilmiş fetva-yı şerife sûretlerinin nakillerini yirmi dört saat içinde kütüb-ü mutebere tetkik olunarak mehazlarını göstermek sûreti ile yazdım, tasdik ederek gönderdim.

Bu kıymetli vesikaları kemal-i itina ile büyük bir hatıra olarak muhafaza etmekteyim. Tarih ve numaralarını bildiriyorum:

Vali Suphi imzası ile Seydişehir Kaymakamlığına gelen telgrafın tarihi 21 Nisan 1336, numarası 12922'dir.

Kaymakam Ragıp imzası ile bana havalesi 23 Nisan 1336, numarası 236'dır.

Benim fetvaların asıllarını naklederek imza ve tasdikimin tarihi 23 Nisan 1336, numarası 17'dir.

Bu millî harekete benim de iştirak etmiş olduğumu, bu sûretle bu tarihî şereften hissemend bulunduğumu iftiharla arz ederim.

Sabık Seydişehir Müftüsü İsmail Hakkı." [236]

---
[236] Kuzu, 2015.

Fetvanın millî duyguları uyandırarak halkı etkilemesinin ardından, Damat Ferit Hükûmeti, Rıfat Hoca'yı, 8 Haziran 1920'de, İstanbul Birinci İdare-i Örfiyye Divan-ı Harbi'nde gıyaben ölüme mahkum etmiştir.

Saray'ın fetvaları, İngiliz ve Yunan uçakları ile yurdun her tarafına ulaştırıldı.

Ayrıca elden dağıtımlar da yapıldı.

Bu olaylardan etkilenen halkta Kuvva hareketine karşı bazı yerlerde ayaklanmalar görülmeye başladı. Nutuk'ta bu yerler şöyle anlatılır:

"Bandırma, Gönen, Susurluk, Kirmazti, Karacabey, Biga dolaylarında, İzmit, Adapazarı, Düzce, Hendek, Bolu, Gerede, Nallıhan, Beypazarı dolaylarında, Bozkır'da, Konya, Iğdır, Kadınhanı, Karaman, Çivril, Seydişehir, Beyşehir, Koçhisar dolaylarında, Yozgat, Yenihan, Boğazlıyan, Zile, Erbaa, Çorum dolaylarında, İmranlı, Refahiye, Zira, Hafik ve Viranşehir dolaylarında alevlenen karışıklık ateşleri, bütün memleketi yakıyor, hainlik, cehalet, kin ve bağnazlık dumanları bütün göklerini yoğun karanlık içinde bırakıyordu.

İsyan dalgaları Ankara'da karargâhımızın duvarlarına kadar çarptı.

Karargâhımızla şehir arasında telefon ve telgraf hatlarını kesmeye kadar varan kudurmuşçasına kasıtlar karşısında kaldık.

Batı Anadolu'muzun İzmir'den sonra önemli bölgeleri de yeniden Yunan ordusunun taaruzlarıyla çiğnenmeye başladı." [237]

Bundan sonra Mustafa Kemal karşı fetvayı hazırlatmıştır.

---
237 Nutuk, 1969, c.2, s.303.

MUSTAFA KEMAL'İN YANINDA YER ALAN
HOCALARIN FETVALARINDAN SONRA

17 Mart 1920'de İstanbul'un işgalinin ertesi günü Müdafaa-i Hukuk Cemiyeti Heyet-i Temsiliye adına yayınladığı "İslam âlemine beyanname"de Mustafa Kemal, hilafete bakışı, İslamiyet ve haçlı taaruzu hakkında şunları yazmıştır:

"Mukaddes İslam hilafetinin yüksek merkezi olan İstanbul, Meclis-i Mebusan ve bütün resmî hükûmet müesseselerine de el konulmak sûretiyle, resmen ve cebren işgal altındadır. Bu tecavüz, Osmanlı saltanatından ziyade, hilafet makamında hürriyet ve bağımsızlıklarının yegâne dayanağını gören bütün İslam âlemine yapılmıştır.

Asya'da ve Afrika'da Peygamberin beğeneceği yolda yüksek bir gayretle, hürriyet ve bağımsızlık mücahedesinde devam eden İslam ehlinin manevî kuvvetlerini kırmak için son tedbir olarak

İtilaf Devletleri tarafından kalkışılan bu hareket, hilafet makamını esaret altına alarak, 1300 seneden beri payidar olan ve müebbeten yok olmaktan korunmuş kalacağına şüphe bulunmayan İslam hürriyetini hedef almaktadır.

(…) Osmanlı millî kuvvetleri; hilafet ve saltanatın uğradığı zincirleme suikastların başladığı günden beri devam eden samimi birlik ve dayanışma içinde vaziyeti bütün vehametine rağmen azim ve metanetle karşılamakta ve bu son haçlı hücumlarına karşı bütün dünya İslamlığının ortak mukavemet hissiyatına emin olmaktan doğan bir yardım hissiyle azim ve imanın etken olduğu mücahedede, İlahi inayet ve muvaffakiyete mazhar olacağına itimat eylemektedir.

(…) Devam eden haçlı feveranının bu son sefilane işi, İslamiyet'in irfan ve bağımsızlık nuruna ve hilafetin birleştirdiği mukaddes kardeşliğe bağlı olan bütün Müslüman kardeşlerimizin vicdanında kıyam vazifesini uyandıracağından emin olarak, Cenab-ı Hakk'ın mukaddes mücahedelerimizde cümlemize İlahi yardımlarını göndermesini ve ruhaniyet-i Peygamberiye dayanan birleşik teşkilatımıza yardımcı olmasını niyaz ederiz." [238]

Dinsiz anlatılmak istenen Mustafa Kemal'in kurtuluş mücadelesi; esasen Müslümanların ve onların başındaki padişahın taşıdığı hilafet makamının bir mânâda esir edilişinedir.

Çünkü Dürrizade Abdullah Efendi'nin adı ile yayınlanan fetvanın İngiliz etkisiyle hazırlandığı bilinmekteydi.

Fevzi Çakmak, 27 Nisan 1920'de TBMM'de bunu şöyle beyan eder:

" … Ancak tabii malumatınız var, bu kabinenin (Damat Ferit

---
[238] Atatürk'ün Bütün Eserleri, 2012, c.7, s.138-139.

Paşa Hükûmeti) teşekkülü ile beraber temasa geldiğim gerek o kabine erkanından olan zevattan, gerekse Harbiye Nezareti'nde bulunan bazı arkadaşlardan aldığım malumata nazaran o kabineye tazyik icra ettiler. Fetvayı veriniz diye.

Nihayet o fetvayı aldılar. Malumunuz veçhile o fetva İngiliz süngüsüyle alınmış, İslam'ı sinesinde birbirine düşürmek için, ilk defa yazılmış acı bir vesikadır." [239]

Bu arada Padişah'ın yayınlattığı fetvaların etkisi görülmüş, fetvalar ve Bab-ı Ali'nin beyanları ile aldatılan halk, Mustafa Kemal ve Kuvva hareketine yer yer isyan etmiştir.

Mustafa Kemal Paşa, 24 Nisan 1920'de TBMM'de yaptığı konuşmasında bu isyanlara da değinir:

"Ne yazık ki İstanbul muhitinde düşmanlarımıza düşmanlarımızdan daha çok hizmet edenler, maksatlarını kolaylaştıranlar bulunuyor. İşte onların yardımıyla vatanımızın bazı noktalarında milletin birliğini, dayanışmasını harice karşı vukû bulmamış gibi gösterecek ve memleketimizin içerisinde asayişsizliğe delalet edecek ahval vardır.

(…) Anzavur epeyce zamandan beri İngilizlerin parasıyla, silahıyla teşvikiyle ve bittabi İstanbul'da mahiyet ve ahlaklarını arz etmeye çalıştığım kimselerle birlikte faaliyet icra ediyordu.

(…) Anzavur Biga'da göründü. Gönen'i zaptetti. Balıkesir'i zaptetti. Bursa'yı tehlikeye düşürdü.

(…) Diğer taraftan Düzce, Hendek, Bolu, Adapazarı, İzmit havalisine de memleket ve milletin menfaati için zararlı fikirler safle faaliyet sahası bulmuş oluyor.

---

[239] TBMM Zabıt Cerideleri, cilt 1, devre 1, 23 Nisan 1920, s.92.

Bir aralık Adapazarı'nda bir isyan yapıldı. Bazı zevatı gönderdik. Nasihat ettirdik. Neticede aldatılmış olanlar aydınlatılmak ve uyarılmak sûretiyle sükûnet temin edildi.

Fakat İzmit'i doğrudan doğruya işgal etmiş olan İngilizler yakından para ile daima aynı ateşi körüklemekte devam ediyorlardı. Onun için Adapazarı vakasına müteakip Hendek'te, onu müteakip Düzce'de aynı tezahürat oldu. Birtakım insanlar toplanıyor, hükûmeti basıyor, telgrafhaneyi basıyorlar. Ne istediklerini anlamıyoruz ve bununla İngilizler Avrupa'ya, bu Osmanlı milletinde birlik ve dayanışma mevcut değildir, bunlar kendi kendilerini idare edemezler..." [240]

Milliyetçi ve vatanperver din adamalarımızın Mustafa Kemal ile beraber bu isyanları bastırmada gayretleri büyüktür.

25 Mayıs 1920'de Zile'de Avukat Ali denilen şahsın başlattığı isyan da Müftü Hacı Tevfik'in, Afyon'da Şükrü Hoca'nın ve Isprata'dan Hafız İbrahim'in yardımları önemlidir.

Mustafa Kemal Paşa, 5. Kafkas Tümen Komutanı Yarbay Cemil Cahit Bey'i bu ayaklanmayı bastırması için görevlendirdi.

"Hakikaten başka merkezlerden yardım görebilmem imkansızdı. İsyan her an genişliyor, tehlikeli hal alıyordu. Bu sırada Amasya'dan Müdafaa-i Hukuk Heyet-i Merkeziyesi Reisi Müftü Tevfik Efendi'den bir telgraf aldım. Geleceğini bildiriyordu, geldi. Amasya'da askerî tabirle 'esnan dışı' dediğimiz yeni yaşları ya çok genç, ya da geçkin olanlardan kurduğu milis kuvvetlerinin başında olarak isyanı bastırmaya geleceğini anlattı. Nasıl bahtiyar oldum, anlatabilmem mümkün değildir.

Gerçekten de çok kısa bir zaman sonra müftü efendi kendi-

---
240 Atatürk'ün Bütün Eserleri, 2012, c.8, s.87-88.

si at üzerinde kıyafeti ile ardında çoğu çirt hayvanlarını binek yapmış süvarilerin de ellerine ecdat yadigârı ne bulabilmişlerse hatta bulamayanlar da kazmalarla geldiler. Maddî bakımdan olduğu kadar mânen de kuvvetlenmiştik. Ayaklananların başlarında olanlar isimleri ve hüviyetleriyle tanınıyorlardı.

Müftü Efendi dedi ki: 'Kumandan bey, bunlar iğfal edilmiş biçarelerdir. Çoğu ne yaptığının farkında değildir. Hepsi milletimizin evlatları din kardeşlerimizdir. Ben onlarla konuşacağım, sizce mahsur var mı?'

"Hayatından endişe ettiğim' cevabını verdim.

Fakat o, emin vasıtalar bularak asilerin başlarındakilere haber gönderdi. Bazıları menfi cevap verdiler. Fakat temaslarını sürdürenler de oldu. Bunlar kısa zaman içinde çoğaldılar, affedilmek vaadi ile safımıza katıldılar.

Asilerde panik başlamıştı. Bunun üzerine Müftü Efendi'nin fetvasını yüksek sesle okuyan münadilerle, muhtelif istikametlerde bir umumi taaruza geçtik.

Hacı Tevfik Efendi at üzerinde ve yanımda idi. Yer yer beyaz bayraklar gözüktü. Teslim olanları tevkif ettik. Müftü Efendi bunlara ayrı ayrı nasihat etti. Büyük kısmı yalanlar ve tezvirlerle aldatılmıştı.

Aralarında daha sonra büyüme, yayılma ve var güçleriyle safımıza katılanlar oldu. Büyüme, yayılma ve menfi tesirleri tehlikeli olabilecek Zile isyanını emsaline pek rastlanılmayan böylesi tedbirlerle bastırmayı başardık." [241]

---

241 H. Menç, Millî Mücadele Yıllarında Amasya, s.210-211.

İSTANBUL'UN İŞGALİNDEN SONRA
1. MECLİS'İN AÇILMASINA DOĞRU

1. Meclis'in açılması 16 Mart 1920'de İstanbul'un işgalinden bir ay sonradır.

Yani İstanbul Hükûmeti'nin tamamen devreden çıkmasıyla, millet egemenliğini temsil eden Meclis dönemi başlar.

Mustafa Kemal, bir yandan vatanperver din adamları ile fetvalar yayınlayarak milletin Kuvva hareketine karşı çıkmasını engellemeye çalışırken, diğer yandan millet egemenliğine giden yolu hazırlamaktadır.

İstanbul'un işgalinden birkaç gün önce 12 Mart 1920 tarihinde Ankara'dan şu telgrafı çeker:

"İngiliz mümessili olarak Ankara'da bulunan (Vitol) dün buradan ağır eşyasını da alarak şömendöfere binip gitmiştir. Hükmetmek lazımdır ki, fevkalade hadiselerin arifesinde bulunuyoruz.

Daha ziyade İstanbul'da vukû ve tahakkukuna intizar olunabilecek bu hadiselerin tevlit edebileceği mühim ve vahim vaziyetler üzerine arkadaşların nazar-ı dikkatlerini celbe musaraat ederim.

Her ihtimale karşı bilhassa Anadolu'da bulunmaları faydalı olan arkadaşların gafil avlanmayarak sürat ve emniyetle Anadolu'ya geçmek için şimdiden tertibat almış olmaları lazımdır.

Mustafa Kemal."

"Bu telgraf ertesi 13 Mart akşamı o vakit Sivas Mebusu olan Kara Vasıf Bey'in Şişli'de Osmanbey karşısındaki evinde Hüseyin Rauf, Bekir Sami, Kara Vasıf Bey'lerle ben olduğum halde okunarak vaziyet mütalaa ve müzakere olunmuştur." [242]

"16 Mart günü İstanbul işgal edilir. İstanbul limanını dolduran harp gemilerinin en büyükleri köprüye ve rıhtımlara yanaştırılarak en büyük topları İstanbul üzerine tehditkâr bir vaziyette çevrilmişti.

(…) İngilizler ve hatta bütün yabancılar Türk milletini öldürmeye müekkel olan bu hareketlerine Saray'da kuvvetli bir müzahir ve muavin bulmuşlardı.

Saray devlet ve millet aleyhine yapılan ve yapılacak her hareketi tasvip ediyor, hatta bu hususta aklınca ecnebilere yol bile gösteriyordu." [243]

İşgal günü, İngilizler meclisi basarak Kara Vasıf Bey'i ve

---

242 Yunus Nadi, Ankara'nın İlk Günleri, Atatürk Kütüphanesi, Sel Yayınları, 1955, s.11.
243 Nadi,1955, s.12-13.

Rauf Bey'i alıp götürmüşlerdi.Ortalık karışıktı.

Kansu, hatıratında o sabahı şöyle anlatır:

"... Bu sabah (16 Mart 1336) bizim askerlerimiz uykuda iken evvela Şehzadebaşı'ndaki muzika karakolunu İngiliz askeri birden bire basarak uykudan uyanan askerimizle vukua gelen müsademe neticesinde altı şehit ve on beş yaralı verdiğimiz ve zırhlılardan karaya asker çıkarıldığı, bazı devair ve köşelere müfrezeler ve en ziyade mürur ve ubura mahsus kalabalık mahallerde de damlar üzerine mitralyözler konulmakta olduğu ve İngilizlerin bir taraftan zırhlılarını rıhtıma yanaştırıp Beyoğlu ciheti ile Tophane'yi işgal ettikleri ve bir taraftan da Harbiye Nezareti'ni işgal ederek ve Nezaret telgrafhanesine girerek telgraf tellerini kestikleri ve biraz sonra da Beyoğlu telgrafhanesine de girerek müdür ve memurları kovdukları, orasının da işgal edilmiş olduğu anlaşıldı.

Neticenin ne olacağını kimse bilmiyordu. Vükela meseleden haberdar değildi; Saray sükûnet içinde idi. Belki Padişah'ın malumatı vardı. Zira Meclis'ten gidip de ahval hakkında malumat talep edenlere Düvel-i İtilafiye Kuvvetleri güya İstanbul'u seyre gelmişler gibi soğuk bir tarzda cevaplar vermişler.

Hayret! İstanbul işgal olunuyor fakat makamat-ı resmiye ve Saray'da hiç telaş yok. Pek tabii bir hal karşısında imişler gibi, hiçbir teşebbüs ve tedbir yok." [244]

İstanbul'un işgalinden sonra işgal güçleri bir işgal tebliği yayınlar:

"... Düvel-i İtilafiye'nin bu tebliğ-i resmisi, Mustafa Kemal Paşa'nın ikaz ve ihtariyle Anadolu'da bir iki merkezden başka

---
244 Kansu, 1997, c.2,s.553.

hiçbir taraftan alınmamıştı. Alanlar ve cevap verenlerin de İzmit Mutasarrıfı Suat ve Konya Valisi Suphi Beyler olduğu Nutuk'ta zikredilmektedir.

(...) İstanbul'u muvakkaten işgal etmek idi.

İşbu karar, bugün mevki-i icraya vazedildiğinden, efkâr-ı umumiyeyi bera-yı tenvir nıkat-ı atiye tasrih olunur:

1- İşgal muvakkattır.

2- Düvel-i İtilafiye'nin niyeti, makam-ı saltanatın nüfuzunu kırmak değil, bilakis idare-i Osmaniye'de kalacak memalikte o nüfuzu takviye ve tahkim etmektir.

3- Düvel-i İtilafiye'nin niyeti, yine Türkleri Dersaadet'ten mahrum etmemektir.

4- Bu nazik zamanda, Müslim olsun, gayrimüslim olsun herkesin vazifesi, kendi işine gücüne bakmak, asayişin teminine hizmet etmek, Devlet-i Osmaniye'nin enkazından yeni bir Türkiye'nin ihdası için son bir ümidi cinnetleriyle mahvetmek isteyenlerin iğfalatına kapılmamak ve halen makarr-ı saltanat kalan İstanbul'dan ita olunacak evamire itaat etmektir.

Balada zikrolunan teşvikata iştirak eden eşhasın bazıları..." [245]

Evet, işgal kuvvetlerinin gayesi, onlarla beraber hareket eden saltanatın gücünü muhafazadır ve son bir ümid olarak yeni bir Türkiye kurmak isteyenlerle beraber hareket edilmemelidir.

"... İstanbul işgali resmi ve fiilisi üzerine, Paşa'nın ilk işi milletin talih ve mukadderatı üzerinde haiz-i tesir fevkalade kararlar ittihaz etmek üzere fevkalade bir meclis azasının intihabı ile Ankara'ya içtimaa sevkini talep olmuş.

---
245 Kansu, 1997, c.2,s.555-556.

Bu yeni intihabata eski müntehib-i sanilerden başka Müdafaa-i Hukuk'lardan başka belediyelerinde iştirakleri muvafık olacaklarını yazmış. Şimdi her tarafta bu yapılıyormuş.

(...) İntihabat her tarafta alaka ve ehemmiyetle ve süratle yapılıyor. Bu gidişle bir aya kalmaz Ankara'da Meclis toplanır." [246]

Kansu, hatıratında o dönemde işgalden kaçıp Anadolu'da Mustafa Kemal'in yanına gitmeye çalışanlara yardım eden bir Özbek tekkesinden bahseder:

"... Ondan sonra bazı mebuslar evvelce kendilerine tebliğ edilen karar veçhile ve muayyen parolalar ile Üsküdar'da Sultantepe'de Özbek dergâhına müracaatla, o vasıta ile Anadolu'ya geçirilmiş ise de İngilizler bu yolu keşfederek dergâh basılmış; ne şeyhi, ne de müridi kalmış, kapatılmış olduğundan Anadolu'ya geçmek isteyenler başka vasıtalarla, şahsi teşebbüslerle uğraşmağa başlamışlardı.

Ben de bu meyanda idim.

Bir gün tebdil-i kıyafetle Meclis'e geldim. Kapıda İhsan Bey'e tesadüf ettim (eski Bahriye Vekili merhum İhsan Bey). Kaçmanın yolu hakkında görüştüm. Bana şu tavsiyede bulundu:

'Dergâh tariki İngilizler tarafından kapatıldı. Şimdi sen hemen Üsküdar'a geç, Jandarma Tabur Kumandanı Remzi Bey'e git (Avcı Taburları Kumandanı merhum Remzi Paşa). Beni Fatih gönderdi, diyeceksin. Remzi ismini telaffuz etme, ismi şimdilik Bülent'tir; o seni kaçırır' dedi." [247]

Yunus Nadi, İstanbul'un işgalinden beş gün sonra şehri terk

---
246 Nadi, 1955, s.65).
247 Kansu, 1997, c.2,s.557.

ederek Anadolu'dan Ankara'ya Mustafa Kemal'in yanına gitmeye çalışır.

Mustafa Kemal'in vatan savunmasında yanında yer alan din adamlarından biriyle karşılaşır.

Yolda Geyve'de durum değerlendirmesi yaptığı vatanseverler arasında bir hafız dikkatini çeker.

"Hafız Fuat ismini taşıyan biri fevkalade nazar-ı dikkatimi celbetti. Bana, 'O, orada İngilizlerle yaşaya dursun, biz milletçe Ankara'da yeni hükûmetimizi kuralım o zaman görsün' diyordu.

O dediği padişahtı. Geyveli hafızın ifadesindeki derin idrak mânâsını bugün dahi hayret ve takdirle yadediyorum." [248]

Mustafa Kemal, İstanbul'un işgali sonrasında Meclis-i Mebusan'ın tekrar İstanbul'da faaliyet gösteremeyeceği itirazını yapıyordu. Ancak padişah İstanbul'da ısrar ediyordu:

"… Daima söylüyorum. Hükümet-i merkeziye ve İstanbul'daki bazı rical-i kiram ve hatta Padişah bile, meclisin İstanbul'da toplanmasını ısrar ve arzu ediyorlar.

Çünkü, istedikleri zaman, bilhassa Padişah, Düvel-i İtilafiye'ye güvenerek Meclis'i feshedebilecek. Ve tam bir serbesti ve hürriyet içinde söz söyleyen fakat işlerine gelmeyen mebusları da artık bilemem ne gibi cezalara, felaketlere uğratacaklar.

Ben (Mazhar Müfit Kansu), 'İstanbul Hükûmeti, her türlü tedabir ittihaz kılınmıştır, Düvel-i İtilafiye'den söz alınmıştır, hiçbir tehlike mutasavver değildir; yalnız sizin ile Rauf Bey gibi bir iki arkadaşın İstanbul'a gelmemesi lazım, zira bunun için Düvel-i İtilafiye'den söz alınamamıştır' diye yazıp duruyorum. Bu

---
[248] Nadi, 1955, s.70.

yazış, kabinenin bu teminatı kafi gelmez mi?

Mustafa Kemal Paşa, 'Hayır, üç kişi için teminat veremeyen bir hükûmet yüzlerce mebusu nasıl, her ne sûretle olursa olsun, taarruzdan koruyacak? Meclis'in muhafaza-i mevcudiyeti, mebusların vazife-i teşriiyelerini tamamen hür, serbest ve daimi bir emniyet içinde yapabilmeleri Düvel-i İtilafiye'nin keyfine tabii. Böyle emniyet olur mu? Pek bariz olan bu tehlikeyi bir türlü İstanbul'a anlatamadık gitti. Amma, Ankara'ya gitmek zamanı yaklaşıyor." [249]

Mustafa Kemal, her livadan beş azanın seçilmesini vaz etmiş, Müdafaa-i Hukuk'ların, belediyelerin dahi iştiraki ile geniş bir temsil kuvveti oluşturmasını amaçlamıştır.

Gönderdiği beyannamede, İstanbul'da tecavüze uğramış olan Meclis-i Mebusan'ın yok edildiğinden bahsediliyor, açmayı düşündükleri yeni Meclis'in, millletin mukadderatı hakkında onun yerine kaim olacağını ve belki ondan da mühim kararlar vermek hal ve mevkiinde bulunacağını ifade ediyordu.

Kendisi bu günleri şöyle anlatır:

"... İstanbul'un işgali üzerine derhal bütün teşkilata keyfiyetin telgraflarla protesto edilmesini yazdım.

Düvel-i İtilafiye'ye protesto telgrafları çekildi ve İstanbul'un işgali tarihi olan 16 Mart'tan üç gün sonra makine başında bütün kumandanlarla görüştüm. Mütalaalarını aldım. Ankara'da bir meclis-i müessesan açmak mukarrerdi.

Fakat Erzurum ve Sivas bir müessesan tabirini iyi bulmadılar; bu, salahiyet-i fevkaladeyi haiz bir Meclis'tir dedik ve mebu-

---
[249] Kansu, 1997, c. 2, s.463-464.

sandan Ankara'ya gelebilecekler dahil olmak üzere yeniden bir talimatla intihap emrini verdim.

Bu talimatta, livaları esas ittihaz ederek, her livadan beş mebus intihap edilmesi ve intihabın, her livada, kazalardan gelecek müntehib-i sanilerle merkez liva müntehib-i sanilerinden, liva idare ve belediye meclisler liva Müdafaa-i Hukuk Heyeti idarelerinden ve vilayet merkezlerinde aynı sûretle teşekkül edecek bir meclis tarafından icra edilmesi ve sair intihabata ait teferruat hakkında talimat verdim.

Bu intihap on beş günde bitecek, Ankara'da içtima edeceklerdi. Tamamen bu talimata riayet edilerek, mebuslar Ankara'ya geldiler. Bilirsin ya, kaç defa söyledim; İstanbul'da meclis olmaz, akıbeti vahimdir; dinletemedik. Beni reis yapınız dedik, bunu, ihtiras dediler, şu dediler, bu dediler, yapmadılar. Reis olmaktan maksadım, meclisin böyle bir felakete uğrayacağını bildiğim için reis sıfatiyle derhal meclisi Ankara'ya davet edebilmekti. Bu da olmadı." [250]

---

250 Kansu, 1997, c.2, s.566-567.

BİR LİDER PORTRESİ: AMERİKA'DAN RÜŞVET ALDI DEMESİNLER

Tarih kitaplarında, ınkılap derslerinde bizler, Atatürk Samsun'a çıktı, Sivas Kongresi yapıldı, Erzurum Kongresi oldu; şu kararlar alındı, Ankara'da 23 Nisan günü Meclis açıldı diye okuduk.

Oysa asıl anlatılması gereken, gençlerin bilmesi gereken; verilen mücadelede çekilen çiledir. Hangi zorluklar aşılarak yazılanlar yapılmıştır.

Mustafa Kemal, yılmayan, azmi ile yanındakilere her an örnek olan özel bir liderdir.

Bir taraftan işgal güçleri ile, diğer yandan Padişah ve Saray'la uğraşmış; birazdan aktaracağız ilk Meclis açıldığında vekillerle gelecek üzerine alınacak kararlarda ciddi tartışmalar yaşanmıştır.

Yokluk, mühimmatsızlık hatta açlık da cabasıdır.

Bu liderin Sivas'tan Ankara'ya gidebilmesi bile bakınız ne kadar zor olmuştur.

Ve O, tüm bu olumsuzluklara rağmen, halen çıktıkları yolda hiçbir iftiraya mahal vermemek için nasıl hassas davranıyordu?

Ankara'da meclisi açmak için toplanılacak ancak Ankara'ya gidecek tek kuruş para ceplerinde yok. Mazhar Müfit ile aralarında şu konuşmalar geçer:

"M. Müfit: Çaresi, bankalardan biraz ödünç para almak.

Mustafa Kemal Paşa: Bu kat'iyen caiz değildir. Malum bize İstanbul, yani Ferit Paşa 'Celali eşkıyası' diyordu. Şimdi de bankaları soymaya başladılar diye aleyhimizde propagandalara başlarlar. Başka bir care düşünelim.

M. Müfit: Bankalardan Heyet-i Temsiliye namına borç almayız. Şahsımız namına alırız. Mesela ben, sen veya diğer bir arkadaş bankadan para istikraz edemez miyiz? Bu da mı soygunculuk addedilecek?

Mustafa Kemal Paşa: Edebilir amma, bizim vaziyetimiz buna müsait değil; şahsımız namına da olsa, yine umumumuza teşmil ile soygunculuğa başladılar derler." [251]

Konuşmalar sonunda Mazhar Müfit'in şahsı adına bankadan borç almasına Mustafa Kemal ikna olur.

Yola çıkılacaktır, arabalarda benzin yok, lastik yok hatta arabaların farları da bozuktur.

"...Ben ertesi gün bankaya gittim. Direktör Mösyö Oskar'ın

---

251 Kansu, 1997, c.2, s.464-465.

hasta olduğunu, iki gündür bankaya gelmediğini öğrendim. Daha hareketimize dört beş gün var, o vakte kadar iyileşir, diyerek Amerikan mektebine gittim.

Müdire Bermutat beni büyük hürmetle kabul etti. Odasında oturduk, çay ısmarladı. Şundan bundan biraz bahsettikten sonra, ben hareketimizin yaklaştığını fakat benzin ve lastik bulmakta müşkilat çektiğimizi ve mümkün olur da esman-ı mukabilinde bize bu bapta muavenette bulunacak olurlarsa müteşekkir kalacağımızı söyledim. Müdire, 'Kolay. Para ne demek? Biz benzin ve lastik satıcısı değiliz. Hele çayınızı içiniz. Siz seversiniz, şu puroyu da tüttürünüz' diyerek güzel cinsten önüme bir puro kutusu koydu. Ben hayretle bir sigaralara, bir de Müdire'ye bakınca, 'Efendim biz ne sigaret ve ne de sigara içmeyiz. Bunlar bize Amerika'dan gelir. Sebebi de, buradan geçecek vatandaşlarımız bunlardan mahrum kalırlarsa kendilerine muavenet içindir. Bugünler gelen giden ve böyle bir müracaatta bulunan yok. Kısmet sizinmiş, kutusu ile takdim edeyim size, yolluk bir hediyemiz olsun' dedi. Doğrusu ben bu nefis puroları memnuniyetle kabul ederek, teşekkürlerde bulundum.

Hemen hemen altmış yaşında olan Müdire bir uzun nutka başladı.

Senelerce Türkiye'de bulunduğundan Türkçe'yi güzel söylüyordu. Sivas'taki mektebi hakkında pek centilmence hareket ettiğimizden, şöyle himaye, böyle muhafaza ettiğimizden bahisle Kuvva-yi Milliye'nin yağmacı, çapulcu olmayıp tamamen vatanı kurtarmak için çalıştıklarını söyledi ve teşekkürlerinin Mustafa Kemal Paşa'ya iblağını rica etti.

'İki çift iç lastik ile iki çift dış lastiği ve altı teneke benzin de emrinize hazırdır, aldırınız' dedi. Gerçi para için ısrar ettim. 'Lütfen faturasını himmet buyurunuz da almaya gelecek adamla parayı takdim edeyim' dedim.

Çünkü bende, hatta ikametgâhtaki kasamızda bile bunu ödeyecek paramız yoktu. Osmanlı Bankası direktörünün bankaya geldiği gün alacağımızı ümit ettiğimiz paradan gönderecek ve o vakte kadar lastikleri, benzini almak için mektebe bittabi adam göndermeyecektik.

Kadın tekrar ısrar ederek, paradan bahsetmeyi tahkir addedeceğini ve para göndermeye kalkarsak ne lastik ve ne de benzin veremeyeceğini kat'i bir lisanla anlattı. Ve derhal adamlarına emirler vererek bunları akşama bize götürmelerini söyledi.

Teşekkür ile ayrıldım. Filhakika akşama lastikler ve bir araba ile de benzinler geldi. Biz de lazımgelenlere teslim ettik.

Mustafa Kemal Paşa dedi ki: 'Şimdi para almıyorlar amma, Amerika'ya, Türkler cebren aldılar, diye bir döneklik yaparlar mı acaba? Buna mahal kalmamak üzere sen Müdire'ye, lastikler ve benzin de geldi, teşekkür ederiz. Fakat şifahen söylediğim veçhile bunların kaç kuruş tuttuğunu ve parasını derhal takdim etmek üzere, hatta hamal ve araba paralarının da ilavesini ve hareketimiz tekarrüp ettiğinden serian cevap verilmesini müşir bir tezkere yaz, tabii o yazısıyla para almayacağını bildirir.

Bunu vesaik meyanında sakla. Hakikaten biz parasız istemiyoruz, onlar almıyor, evet amma, ileride ne olur ne olmaz, onların, bizim ısrarımıza rağmen para almadıklarına dair elimizde bir vesika bulunsun.'

Çok ince düşünen Mustafa Kemal Paşa'nın bu ihtarını yerine getirdim.

Filhakika Müdire cevap verdi; para ile benzin, lastik satmak kendileri için mümkün olamıyacağını ve bu kadarcık hediyenin kabulünü ve binaenaleyh para vermek hususunda ısrar edilmemesini ve hatta kendi ihtiyaçlarından keserek daha da takdime amade olduğunu ve hayırlı yolculuklar dilediğini ve Mustafa Kemal Paşa'ya hürmetlerinin takdimini ve vatanî hizmetimizi takdirle, muvaffakıyetimizi temenni ediyordu.

Fakat biz de aldığımızdan fazla istemedik. Hakikaten Müdire'nin bu hizmeti, yardımı bizi mütehassis etti." [252]

---

[252] Kansu, 1997, c.2, s.484-485.

BU SÜREÇTE İSTANBUL HÜKÛMETİ'NİN OYUNLARI

Ders kitaplarında gençlerimize, yokluk içinde kazanılan bir Kurtuluş Savaşı anlatılıyor. Kağnı arabalarında mermilerin taşındığı, anaların evlatlarını vatana 13-14 yaşında feda ettiği, mermi ıslanmasın diye kundaklara sarıldığından bahsediliyor.

Bunlar doğru ancak eksik bir Kurtuluş Savaşı anlatımı bu...

Oysa iman gücü ile kazanılan bu mücadelede, vatanı istila eden düşmanla işbirliği yapan yerli işbirlikçiler, Saray'ın durumu ve onların Mustafa Kemal ve Kuvva hareketine karşı giriştikleri çirkin oyunlardan nedense bahsedilmiyor.

Mustafa Kemal, gençlere hitabede, "... cebren ve hile ile aziz vatanın bütü kaleleri zapt edilmiş, bütün tersanelerine girilmiş, bütün orduları dağıtılmış ve memlekerin her köşesi bilfiil işgal edilmiş olabilir.

Bütün bu şeraitten daha elim ve daha vahim olmak üzere, memleketin dahilinde, iktidara sahip olanlar gaflet, dalalet ve hatta hıyanet içinde bulunabilirler. Hatta bu iktidar sahipleri şahsî menfaatlerini müstevlilerin siyasî emelleriyle tevhid edebilirler..." derken bu zevattan çektiklerini anlatıyordu esasen.

Maalesef, gençlerimize bu konularda bilgi verilmiyor.

Mustafa Kemal, işgal güçleriyle uğraştığı kadar Saray'la da uğraşmıştır.

Saray ise büyük ölçüde İngilizlerin elindedir desek yanlış ifade etmeyiz herhalde.

Bakınız, 27 Nisan 1920'de henüz Meclis'in açılmasından birkaç gün sonra Mareşal Fevzi Çakmak Büyük Millet Meclisi'nde buna değinerek ne diyordu:

"...İngilizlerin istediği, Kuvva-yi Milliye'nin red ve suçlandırılması idi. Biz de Kuvva-yi Milliye'nin haksız işgallerden ve Yunanlılardan İzmir ve Aydın'daki zulümlerinden doğduğunu ve bu haklı savunmayı reddetmenin ulusumuza karşı bir hıyanet teşkil edeceğini, bunu yapamayacağımızı söylüyorduk.

(...) Nihayet İngilizler, Salih Paşa hükûmetini, Babıali'den süngü ile atmağa karar vermişlerdi... Diledikleri yolda bir hükûmeti getirip kendilerinden bir İngiliz erinin bile burnu kanamaksızın, bir savaşla bizi bize kırdırmak istiyorlardı.

(...) Malumunuz olan hatt-ı hümayunlar ve fetvalar, İslam'ı birbirine düşürmek için 1400 senelik İslam tarihinde misli görülmemiş bir İngiliz arabozuculuğunun acı bir belgesidir.

İngilizler bize açıkça söylediler: 'Biz dilediğimiz yolda yani en ağır şartları imzalayacak bir hükûmeti bulup getireceğiz' dediler. Bu tarihte İngilizlerin düzenledikleri planın esas hatları, önce ulusu iç ayrılıklara düşürmek ve bölmek idi. Gerçekten, iç ayrılıklarla ulusun bütünü ile çökeceğini ve tüm memleketin bir-iki ay içerisinde kölelik zincirine vurulacağını ümit ediyorlardı." [253]

---

[253] Hamdi Ertuna, Türk İstiklal Harbi: İstiklal Harbi'nde Ayaklanmalar 1919-1921, cilt 6, T.C. Genelkurmay Harp Tarihi Başkanlığı, Ankara, 1974 s. 32.

SAİT MOLLA SAHNEDE

Nutuk'ta Atatürk Sait Molla'dan özellikle bahseder. Bizler de Kurtuluş Savaşı döneminde ihanet içinde olan hocalardan biri olarak biliriz onu. Aşağıda onun nasıl ajanlık yaptığı, İngilizlere yaranmak için neleri jurnallediğini ve Kuvva hareketini bitirme gayratlerini okuyacaksınız.

Mektuplar bu şahsın Damat Ferit Paşa ile İngilizler arasında ilişkiyi sağladığını ve Ferit Paşa'nın ve Ali Rıza Paşa'nın İngiliz desteği ile Mustafa Kemal'den kurtulma planlarını da anlatıyor.

Sait Molla, Rahip Frew denilen bir zata mektuplar yazmıştır. Bu mektupların sûretlerinin ortaya çıktığını anlayınca Türkçe İstanbul gazetesinde 8 Teşrinisani 1335 tarihinde yalanlamaya çalışsa da olmamıştır.

Mektuplar Sait Molla'nın evinden ve mektupların müsveddelerinin yazılı olduğu defterden aynen alınmıştır.

Birinci mektuba "Aziz dostum" diye başlıyor ve verilen iki bin lirayı Adapazarı'nda Hikmet Bey'e gönderdiğini, işlerin yolunda gittiğini, birkaç güne kadar netayic-i müsmire elde edileceğini ve şimdi aldığı malumatı derhal tebşire müsaraat ettiğini, Kuvva-yi Milliye taraftarlarının Fransızlara inhimak gösterdiklerini, General d'Esperey'nin Sivas'a gönderdiği zabitlerin Mustafa Kemal Paşa ile görüştüklerini, İngiliz hükûmeti aleyhinde kararlar alındığını Ankara'daki (N.B.D. 285/3) adamımızın suret-i mahsusada bir kurye (özel bir kurye ile) ile bildirdiğini, (D.B.K. 91/3) cemiyete dahil ise de bu zatın Fransızlara casusluk ettiğini ve sizin (Frew'in) bu teşkilata riyaset ettiğinizi işaa ettiği (yazar notu: Teşkilata başkanlık ettiğinizi etrafa yaymış olduğu), [254] kanaatinin hasıl olduğunu ve dün sabah Adil Bey'le birlikte Damat Ferit Paşa hazretlerini ziyaret ettiğini, biraz daha sabır buyurmaları lüzumunu (Frew tarafından) kendilerine tebliğ ettiğini, Ferit Paşa'nın, cevaben size teşekkür ederek, Kuvva-yi Milliye'nin Anadolu'da kök saldığını ve mukabil bir hareketle rüesay-ı mel'unesi tepelendirilmedikçe kendilerinin mevkii iktidara gelemeyerek, zat-ı şahanenin de tasvibine iktiran eden mukavelenamenin konferansta müdafaasına imkan olmadığını söylediğini [255] ve buna mukabil bir hareketle hain liderleri tepelendirmedikçe kendilerinin iktidar mevkiine gelemeyeceklerini, zat-ı şahane'nin de kabulüne sunulan anlaşma hükümlerinin konferansta müdafaasına imkan olunmadığını ve Kuvva-yi Milliye'nin dağıtılması için İngiltere hükûmeti fahimesi nezdinde teşebbüsat-ı seriada bulunulmasını, müşterek bir notanın mebu-

---

254 Nutuk, Alfa Yayınları, 2017, s.224
255 Nutuk, Alfa Yayınları, 2017, s.224

sanın intihabından evvel Babıali'ye verilmesini ve çetelerin Adapazarı, Karacabey ve Şile'de Rumlara karşı ika edecekleri harekat-ı tecavüziyeyi esas ittihaz ile Kuvva-yi Milliye'nin asayişi ihlal ettiklerini ileri sürerek maksadın tesriine çalışılmasını ve Kuvva-yi Milliye'nin dağıtılması için İngiliz hükûmeti nezdinde süratle teşebbüse geçilmesi ve müşterek bir notanın, mebus seçimlerinden evvel Babıali'ye verilmesini ve çetelerimizin Adapazarı, Karacabey ve Şile'de Rumlara karşı gerçekleştirecekleri saldırıları doğru gibi göstererek Kuvva-yi Milliye'nin asayişi ihlal ettiklerini ileri sürerek maksadın meşrulaştırılmasına çalışılmasını ve [256] İngiltere matbuatının Kuvva-yi Milliye aleyhinde neşriyatta bulunmasının temin edilmesini ve sûret-i mahsusada torpido ile gönderilen (A.B.K 19/2) telsiz telgrafla dün görüştüğümüz mesai hakkında talimat verilmesini rica ettiğini yazıyor ve 'Bu gece saat 11'de Adil Bey (K) da sizi görecek, Ferit Paşa'nın hususi ricalarını tebliğ edecek, zat-ı şahane ile Mister (T. R.) görüşebilecektir, Refik Bey'e itimat etmeyiniz, Sadık Bey de bizimle çalışabilecektir' diyordu. (Tarihi: 11.10.19) ."

Haşiye (not): "Karacabey'le Bozkır'dan henüz bir haber alamadık."

İkinci mektubun hulasası:

Sivas Heyet-i Temsiliye'sinden ve Erkan-ı Harbiye miralaylığından mütekait Kara Vasıf Bey'in d'Esperey ile temas etmek üzere İstanbul'a gönderileceğini on iki tarihiyle Ankara'daki (N.B.D. 285/3)'ün mektupla bildirdiğini, Hikmet Bey'in paraları aldığını ve daha para istendiğini ve evvelki gün (Frew'in) ziyaretine geldiğinde takip edildiğini ve avdetinde biri sarı bıyıklı ve di-

---

[256] Nutuk, Alfa Yayınları, 2017, s.225.

ğeri kumral ve köse iki şahsın sokak başında beklediklerini, gece olduğu için epeyce korktuğunu ve bunlardan birinin, "Sait Molla bu imiş, artık gidelim" dediğini, fazla temasın hakkında hayırlı olamayacağını, Fuat Paşa türbesi civarındaki görüştükleri haneyi işgal ederse temas yapabileceğini, (Bu Sait Molla imiş, artık gidelim dediklerini işittim. Bu fazla temas benim için hayırlı olmayacak Fuat Paşa türbesi yakınlarında görüştüğümüz evi tutabilirseniz buluşabiliriz: [257] Nazım Paşa'nın cemiyetlerinden haberdar olduğunu ve kendisine çok teessüf ettiğini ve onu (N.B.S. 495/1) tertibine ithal ettiğini, hane meselesi halledilinceye kadar temas-ı müşarünileyhin yapacağını; (Nazım Paşa cemiyetimizden haberdar olmuş. Bana çok gücendi. İzninizle N.B.S 495/1 tertibine onu kattım. Ev işi haledilinceye kadar teması bu kişi yapacaktır. [258] Karacabey'den (N. B. D. 289/3)'e bin iki yüz lira gönderdiğini ve bu paranın mumaileyhe vasıl olduğunu ve hareket edeceklerini, Ferit Paşa'nın, Babıali'ye verilecek notaya her dakika intizar ettiğini, zat-ı şahanenin bu vaziyetten pek müteessir bulunduğunu, teselli ettirmelerinin ve daima kendisine ümitbahş beyanatta bulundurmalarının menafileri icabından olduğunu, bizim padişahların her şey'e karşı zayıf olduklarını, (Ferit Paşa Babıali'ye verilecek her notayı her dakika beklemektedir. Zat-ı şahane bu vaziyetten pek üzgündür. Teselli ettirmeniz ve daima kendisine ümit verici beyanlara bulunmamız menfaatimizin icabındandır. Bizim padişahların her şeye karşı zayıf olduklarını unutmayınız) Seyit Abdülkadir Efendi'nin o mesele hakkında pek tuhaf beyanatta bulunduğunu, güya arkadaşlarının "muhalifi hamiyet olur" (vatan perverliğe sığmaz) dediklerini yazıyor; "Artık siz icabına bakınız. Polis müdürü Nurettin Bey'in tebdili rivayet olunuyor.

---

[257] Nutuk, 2017, s.225.
[258] Nutuk, 2017, s.225.

Hepimizin hâmisi olan bu zat hakkında nazar dikkatini celbettiriniz" diyor ve hürmetlerini takdim ediyor. (Tarihi: 18/19.10.19).

Haşiye (not): "Ali Kemal Bey, o zatla görüşmüş; muhavereyi idare edemediğinden muhatabı maksadını anlamış ve hatta kendisine kemal-i hakaretle 'Biz sizin İngiliz hesabına çalıştığınızı anladık' demiş." (Ali Kemal Bey, o zatla konuşmuş, konuşmayı idare edemediğinden karşısındaki maksadını anlamış ve hatta kendisine esaslı bir hakaretle, biz sizin İngiliz hesabına çalıştığınızı anladık" demiş. [259]

Üçüncü mektupta, yapılan propagandaları göz tabibi Esad Paşa kolunun ve bilhassa Çürüksulu Mahmut Paşa'nın, malumat-ı resmiyeye istinaden, mütemadiyen tekzip ettirmekte olduklarını ve halkın teskini heyecanına çalıştıklarını, bu adamlara müracaatlarında cevap verilmemesini, dün kararlaştırılan zata, zat-ı şahane vasıtasiyle emir verilmesini rica ediyor. (Tarihi: 19.10.19).

(Yapılan propagandaları göz tabibi Esad Paşa kolu ve bilhassa Çürüksulu Mahmut Paşa, resmî bilgilere dayanrak durmadan yalanlattırıyor ve halkın heyecanını yatıştırmaya çalışıyorlar. Bu adamlara müracatlarına hiç cevap verilmemesini, dün kararlaştırılan kişiye, zat- ı şahane vasıtasıyla emir vermenizi rica eder, saygılarımı sunarım). [260]

Dördüncü mektup: Muhipler arasında Franmason teşkilatının badii itiraz olduğunu; İttihatçıların eserine imtisalden çekinildiğini ve teşkilatın idaresine kalb ve ruhiyle tenmiye edilmiş gençlerin ithali ile programı tatbik edebileceklerini, "kisve-i za-

---

259 Nutuk, 2017, s.226.
260 Nutuk, 2017, s.226.

hiriyesinin haylfileti hasebiyle" muhibbi kadim (K.B.V. 4/35)'in esasat-ı mukarrere dahilinde işe başlayacağını, Ankara ve Kayseri'den yine haber olmadığını yazıyor. (Tarihi: 19.10.19).

(Muhipler (İngiliz Muhipleri Cemiyeti) arasında Franmason teşkilatı istemeyenler oluyor. İttihatçıların yolundan gidilmesinden çekiniliyor.

Bu programı teşkilatın idaresine kalbi ve ruhuyla tam bir imanla yetiştirilmiş gençlerin alınmasıyla tatbik edebileceğiz.

Benim dış görünüşümün mani olması yüzünden eski dostunuz "K.B.V:4/35" kararlaştırılmış olan esaslar dahilinde işe başlayacaktır. Ankara ve Kayseri'den yine haber yok). [261]

Beşinci mektup: Kasidecizade Ziya Molla'nın dün Adam Block'a haber göndererek, (Sait Molla'nın) başta bulunduğu Muhipler Cemiyeti'nin mazhar olduğu himayenin İngilizlerin seciyesiyle gayri kabili telif olduğunu, efkâr-ı umumiyede fena tesir yaptığını, bu cihetle erbab-ı namusun temsil etmesi lazım geleceğini ve (Sait Molla'nın) aleyhinde pek fena şeyler ilave ettiğini, bu zatın husumet-i şahsiyesi olduğunu (Kasidecizade Ziya Molla dün Adam Block'a haber göndermiş. Kadim dostu olduğuna güvenerek benim başımda bulunduğum Muhipler Cemiyeti'nin mazhar olduğu himayenin İngilizlerin karakter yapısı ile bağdaştırılmadığını ve bunun efkâr-ı umumiyede fena tesirler yaptığını, bu cihetle cemiyeti namuslu kimselerin temsil etmesi lazım geleceğini bildirmiş ve benim aleyhimde pek fena şeyler ilave etmiş. Bu zatın bana karşı şahsi husumeti olduğunu hatırlatmak isterim) [262] çünkü Ziya Molla'nın damadının hemşi-

---

261 Nutuk, 2017, s.226.
262 Nutuk, 2017, s.226.

resinin evvelce zevcesi iken kendisini boşadığını Adam Block cenaplarına iblağını ve Ziya Molla'nın İngiliz taraftarı olmayıp harekat-ı millîye mürevviçlerinin propaganda vasıtası olduğunu ve Mustafa Kemal Paşa ile aralarında münasebet mevcut bulunduğunu yazıyor. (Tarihi: 21.10.19).

(Ziya Molla'nın damadının kardeşi eskiden benim karımdı. Kendisini boşadığım için bana böyle bir husumet yöneltildi. Vaziyetin Adam Block hazretlerine bildirilmesini ve Ziya Molla'nın halen İngiliz taraftarı olmayıp, Millî Mücadele'yi benimseyenlerin bir propaganda vasıtası ve Mustafa Kemal Paşa ile aralarında münasebet mevcut olduğunu yazıyor). [263]

Haşiye(not): "Mahzur yoksa Adam Block hazretlerine size olan (Rahip Frew'a) hizmetimi iblağ ediniz (bildiriniz)."

Altıncı mektup: Ankara'dan (N.B.D. 295/3)'ten kurye ile 20 Teşrinievvel (Ekim) 1919 tarihli mektubun geldiğini ve bunda, (N.D.S. 93/I)'in talimat veçhile orada bırakılıp kendisinin Kayseri'ye gittiğini; talimatın musaddak suretini Galip Bey'e gönderdiğini, evvelki tahsisatın sarfolunmasından dolayı yeniden tahsisat istendiğini, teşkilat-ı hafiyenin tevessü ettiğini, rüesay-i şerireden yakasını kurtaran muhiplerin şimdilik köylerde kalmak şartiyle el altından işe başladıklarını tebşir ile tertibat-ı üstadanelerinin (Frew'in) semere bahşolacağını (M.K.B)'nin fasih Türkçesi sayesinde mühim rol çeviriyor olduğunu, hele hocalığına diyecek olmadığını, talimatın (X.W) tertibinin tamamen ihzar edildiğini, aralarına yeni yabancılar girmemiş ise meydana çıkmadan maksadın fiilen temin edilmiş olacağını, yeni tahsisatın irsaline intizaren kurye (4.R.)'nin burada alıkonulduğunu

---

263 Nutuk, 2017, s.226.

yazıyor. (Tarihi: 23/24.10.19).

(Talimatın tasdikli bir sûretini de Galip Bey'e gönderdiğini bildiriyor. Evvelki ödenek harcandığı için yeniden ödenek isteniyor. Gizli teşkilatın yayıldığını, başındaki şirret reislerinden yakasını kurtaran, Muhiplerimizin şimdilik köylerde kalmak şartıyla el altından işe başladıklarını müjdeliyor ve zat-ı alilerinin son tertibatın iyi neticeler vereceğini bildiriyor. (M.K.B.) düzgün Türkçesi sayesinde mühim rol çeviriyormuş).

Haşiye (not): "Ahmet Rıza Bey'in İtalyan mandası hakkındaki beyanatını risalenin nihayetine ilave ettim. Kendisinin Fransa'ya geçmesi bizce tehlikeli olup bunu temin ediniz."

Yedinci mektup: Sait Molla bu mektubunda, Ali Kemal Bey'in dün o zatla görüştüğünden, matbuat meselesinde teenni (ihtiyat) lazım olduğundan, bir kere lehine yazı yazan erbab-ı fikir ve kalem-i evvelkine (bir kere bu görüşe inandırılmış olan fikir ve kalem erbabını Y.N.) muhalif bir gayeye sevk etmek kolayca mümkün olamayacağından, bütün resmî memurların harekat-ı millîyeyi şimdilik iyi gördüklerinden ve Ali Kemal'in talimata harfiyen riayet edeceğinden, Zeynelabidin partisiyle teşrik-i mesaiye çalıştığından bahsile diyor ki:

"... İşler bulandırılacak. Bugünlerde Fransa ve Amerika mehafilinde (çevrelerinde Y.N.) benim ismimden çok bahsediliyormuş. Bunun hikmetini anlıyamadım. Harekat-ı millîye taraftarlarının, bu hükûmetin siyasî memurları üzerinde yaptıkları tesir neticesi olarak hayatımın muhafazası size mevdudur (emanettir)."

Ayrıca, Hikmet ile bizzat görüştüğünü, bu defa Hikmet'i mütelevvin gördüğünü fakat teminat-ı kaviyye verdiğini, "Ben merdim, sözümden dönmem" dediğini, ve Sivas vak'asını nasıl bulduğunu sorarak, düzensiz olduğunu, amma yavaş yavaş düzeleceğini, Kadıköy'lünün de işi deruhte ettiğini fakat mel'un İttihatçı matbuatın bazan işlerine mani olduğunu, bunların yazılarına dikkat lazım olduğunu, Ferit Paşa'nın hala sinirli ve "Ne vakit olacak?" diye sormakta olduğunu, hane meselesinin hala hallolunmadığını, (N.B.S. 495/I)'in Konya'ya ehemmiyet verilmesini tavsiye ettiğini ve şifahen arzettiği mesele hakkında nazar-ı dikkatini celbetmeyi rica ettiğini, (Hikmet ile bizzat görüştüm. Bu sefer kendini kaypakça gördüm. Bununla beraber kesin olarak teminat verdi. "Ben merdim, sözümden dönmem" dedi. Sivas vakasını nasıl buldunuz? Biraz düzensiz ama yavaş yavaş düzelecek. Kadıköylü de işi üzerine alıyor fakat mel'un İttihatçı basın, bazen bizim işlere mani oluyor. Bunların yazılarına dikkat lazım. Paşamız hala sinirli. "Ne vakit olacak?" diyor. Ev meselesinin hala hallolunmamış bulunması, temas ve münasebetimizi güçlendiriyor. (N.B.S.495/I) Konya'ya ehemmiyet verilmesini tavsiye ediyor. Size kendisinin sözlü olarak anlattığı mesele hakkında dikkatini çekmemi rica ediyor) [264] Ali Kemal'in son felaketi üzerine (Frew'i) beyanı teessür ettiğini söylemiş olduğunu ve bu zatı elde bulundurmak lazım ve bu fırsatı kaçırmamak için bir hediye takdiminin en münasip zaman olacağını, yeni parola gönderilmesini, (Frew'in) 19 Teşrinievvel (Ekim) mektubunu almadığından müteessir olduğunu (üzgün olduğunu), vasıtanın sıkıştırılmasını, Kadıköylü'ye ve Hikmet'e numaralarını vereceğini bildiriyor. (Tarihi: 24.1O.19).

Haşiye (not): "Birkaç defadır söylemek istediğim halde unutuyorum. Mustafa Kemal Paşa'ya ve taraftarlarına biraz müsait

---

264 Nutuk, Alfa, 2017, s.228

görünmeli ki, kendisi kemal-i emniyetle (tam emniyetle) buraya gelebilsin. Bu işe fevkalade ehemmiyet veriniz. Kendi gazetelerimizle taraftarlık edemeyiz."

Sait Molla, Rahip Frew'e gönderdiği bu mektupta, isminden Fransa ve Amerika mehafilinde çok bahsedildiğinden ve bunun hikmetini anlıyamadığından bahsediyor. Bunda anlayamayacak ne var?

Bu mektuplar İstanbul'daki Düvel-i İtilafiye mümessilleri vasıtasiyle aynen devletlere gönderilmiş ve Sait Molla'nın kuryesi ve çevirdiği dolap meydana çıkmıştır. Bir de, "Sivas vakasını nasıl buldunuz, biraz düzensiz amma yavaş yavaş düzelecek" diyor.

Sivas vak'ası dediği, evvelce bahsettiğim veçhile, Mustafa Kemal Paşa Amasya'da Bahriye Nazırı Salih Paşa ile mülakata gittiği zaman, bir gece Sivas telgrafhanesine giderek An Evladı Şemseddin-i Sivasî Recep Kamil ve Zaralızade Celal, İlyaszade Ahmet imzalariyle Amasya'da Salih Paşa'ya ve Padişah'a, Kuvva-yi Milliye aleyhinde çekilen telgraflar meselesidir ki, Sait Molla'nın dediği gibi, hiçbir zaman ve yavaş yavaş düzenini alamamış ve yirmi dört saat sürmeden sönmüş bir şeydir. Bunu büyük muvaffakıyet addediyor.

Sekizinci mektupta: İntihabat-ı tavik ve talik için Mustafa Sabri ve Hamdi ve Vasfi Efendilerle uzun uzadıya (Frew'in) talimatı dahilinde görüştüğünü, muvafakatlerini aldığını, mahallatta propagandalar başladığını, icap edenlerin elde edileceğini, bol para tevzii sûretiyle aray-i teşettüte uğratacaklarını ve Padişah'ın da bu hususta tenviri lazım geldiğini yazıyor, maksada re'yü tedbir-i üstadaneleriyle (Rahip Frew'in tedbir-i üstadanesi) vasıl olunacağını temin ediyor. (Tarihi: 26.10.19).

(Seçimleri geciktirmek ve askıya almak için gerek Mustafa Sabri ve gerek Hamdi ve Vasfi Efendilerle talimatımız dahilinde uzun uzadıya görüştüm. Rızalarını aldım. Seçim bölgelerinde propagandalar başladı. İcap edenleri elde edecekler. Bol para dağıtmak şekliyle oyları bölmeye uğratacaklardır. Zat-ı şahanenin bu hususta aydınlatılması şarttır. Maksada sizin yüksek görüş ve tedbirlenizle ulaşacağımızı temin ederim). [265]

Dokuzuncu mektupta: (9. R.) kuryenin geldiğini, Keskin teşkilatının bittiğini, arkadaşlara propaganda için talimat verdiğini, muvaffakıyetin ilk semerelerini kariben iktitafedeceklerini (yakında toplanacağını) [266] bildiriyor ve teminat veriyor. (Tarihi: 27/28.10.19).

Onuncu mektup: Yine "Aziz üstad" diye başlıyor.

Mabeyinde yeni kabine teşkili tertibat ve tasavvuratının şayi olduğunu ve bu işin tesriinin elzem bulunduğunu, Anadolu teşkilatının bazı tertiplerinin Kuvva-yi Milliye'ce anlaşıldığını ve bahusus Ankara ve Kayseri'de aleyhlerinde faaliyet başladığını, Kürt cemiyetinin verdiği vadi hilafına faaliyet göstermediğini, çetelerinin bir kısmının tenkil olunduğunu, herçibadiibad mutasavver kabinenin mevki-i iktidara getirilmesinin mutlak elzem bulunduğunu; Ali Rıza Paşa'nın tertibatlarına karşı tedabir-i mania ittihaz edeceğini tahmin ettiğini, Bozkır'a gidecek adamların, tanınmış şahsiyetlerden oldukları için, korkmakta olduklarını ve Konya'da (K.B.81/l)'e, (Frew) vasıtası ile, hadisenin teşdidi hakkında tebligat icrasiyle propaganda heyetlerinin bu mesele

---
265 Nutuk, 2017, s.228.
266 Nutuk, Alfa, 2017, s.228.

için faaliyete davet edilmesinin lüzum ve zaruretini arz ettiğini yazıyor. (Tarihi: 29/30.10.1919).

(Saray'da yeni kabine kurulması ile ilgili tertip ve tasavvurun yer aldığı haberi etrafa yayılmıştır. Bu işin hızlandırılması elzemdir.

Anadolu teşkilatımızın bazı tertipleri Kuvva-yi Milliye'ce anlaşılmış, hususen Ankara ve Kayseri'de aleyhimizde faaliyet başlamıştır.

Kürt cemiyeti verdiği vaadine rağmen bir varlık gösteremedi. Çetelerimizden bir kısmı çekiliyor. Ne olursa olsun tasarlanan kabinenin iktidarı mutlak elzemdir.

Ali Rıza Paşa'nın tertibatımıza karşı tedbirler alacağını da tahmin ediyorum. Bozkır'a gidecek adamlarımız tanınmış kimseler oldukları için fazlasıyla korkuyorlar.

Konya'da, "K.B.81/1"e sizin vasıtanızla hadisenin kızıştırılması için tebligat yapılarak propaganda heyetlerinin bu mesele için faaliyete davet edilmesi lazım ve zaruretini arz eder, hürmetlerimi takdim ederim).

(Not: "Benim bir mektubumdan Hikmet'e bahsedilmiş. Bu mektupta yazılanları nereden öğrenmişler? Hikmet'le bizzat görüştüm. Bunun doğru olduğunu Hikmet'ten hayretle dinledim. Casus, benim çevremde midir? Yoksa sizin çevrenizde mi?")

On birinci mektupta ise: Kürt Teali Cemiyeti azasından samimi dostlarıyla görüştüğünü, birkaç gün sonra verilen talimat dairesinde tertibat alacaklarını, yalnız Kürdistan'a gönderilecek muhtelif arkadaşlar için büyük tahsisata ihtiyaç olduğunu, (D.B.R. 3/141)'den gelen mektubun gösterildiğini; Urfa, Ayıntap, Maraş'ta Fransızlar aleyhine lüzumundan fazla tahrikat yaptıklarının ve kolordu kumandanının siyaset-i hilafına ahaliyi imale ettiklerinin mezkur mektupta bildirilmekte olduğunu, kabine riyasetine Zeki Paşa'nın getirilmesi hakkında beyan olunan mütalaanın doğru olmadığını, bu zatın Kürtlerin üzerinde hakim olduğunu, eski Ermeni kıtalinin unutulduğunu, himmet-i üstadanelerine muntazır bulunduğunu yazıyor. (Tarihi: 4.11.19).

(Urfa, Antep, Maraş'ta Fransızlar aleyhine lüzumundan fazla kışkırtmalar yaptıklarını ve kolordu kumandanının takip ettiği yumuşak politikaya rağmen halkı kandırdıkları yazılıdır. Kabinenin başkanlığına Zeki Paşa'nın getirilmemesi ile ilgili görüş doğru değildir. Bu kişi Kürtler üzerinde hakimdir. Eski Ermeni katliamı unutulmuştur. Sizin ileri sürdüğünüz görüş herhalde bugün için zamansızdır). [267]

On ikinci mektup: Sait Molla bu mektubunda Ahmet Rıza Bey'den, Kuvva-yi Milliye'nin Fransızlara temayülünden, Irak'ta iğtişaş çıkardığından, Suriye'deki İngiliz hakimiyetine darbe vurmak istediğinden, âlem-i İslam'ı İngilizler aleyhine galeyana getirmek için çalıştığından, halbuki Türkiye üzerinde İngilizler'den başka bir kuvvetin idame-i nüfuz ve hakimiyetinin gaye-i siyasîyelerine mugayir ve münafi, Fransa, İtalya bilhassa Amerika'nın Kuvva-yi Milliye'ye karşı izhar eyledikleri temayülat-ı muhtelifenin İngilizlerin satvet-i siyasîye ve askeriyesini istirkap demek olduğundan bahsederek, (Kuvva-yi Milliye liderleri Fransa'ya son zamanlarda dikkate değer bir şekilde temayül gösterdikleri gibi, Irak'ta çıkardıkları karışıklığın yanı sıra, diğer cihedden Suriye'deki İngiliz hakimiyetine darbe vurmak istiyorlar. Bu kuvvetin devamında gösterilecek ihmal ve kusur,

---
[267] Nutuk, 2017, s.229.

İslam dünyasının İngiltere aleyhindeki fevkalade ayaklanmasına yol açacaktır. Üzerinde özenle durulmuş bu noktayı büyük bir önemle görmek ve yüksek seviyedeki siyasî şahsiyetlerinize göstermek elzemdir). [268]

"İleri sürdüğüm bu görüşle, ilmî kıymetinize karşı bir saygısızlıkta bulunduğuma hükmetmeyiniz. Çünkü Türkiye üzerinde sizden başka bir kuvvetin nüfuz ve hakimiyetini idame ettirmesi, siyasî gayemize aykırıdır.

Fransa, İtalya ve bilhassa Amerika'nın, gerek devlet adamları, gerek basınıyla bu kuvvete karşı gösterdikleri muhtelif temayüller, siyasî ve askerî üstünlüğünüze rekabete girişildiğinin açık bir delilidir.

Ahmet Rıza gibi, Clemenceau'nun, Pichon'un ve muhtelif siyasetçilerin eskiden beri süregelen en samimi dostluklarını kazanmış olan kişilerin Fransa'da mühim bir rol çevireceğinden ve efkâr-ı umumiyeyi tam mânâsıyla istedikleri tarafa çekebileceklerinden emin olunuz.

Bu zatın İsviçre'ye geçeceğine dair bilgi alındığına göre, oradan bir fırsatını bulup Fransa'ya geçmek emelinde olduğuna kani olabilirsiniz.

Balıkesir civarındaki kuvvetlerimiz bozularak firar etmiş ve "A.R." bölgesinde gizlenmiştir. Yeni kuvvetler hazırlanıyor.

Beş bin liradan aşağı olmamak üzere ödenek istiyor.

Karaman'dan "D.B.S.40/5"ten gelen mektupta, şimdilik beklemek zorunda olduklarını ve Kayseri'den "K.B.R 87/4"ten gelen mektupta da yakında harekata başlayacaklarını bildiriyor.

---

[268] Nutuk, 2017, s.229-230.

Ziya Efendi de "H.K", "C.H" mevkilerinde teşkilat bittiğinden yalnız ödenekle oraya hareket etmek mecburiyetinde olduğunu şifahen beyan ediyor.

Arzu ederseniz vaziyet hakkında şifahen ayrıntılı bilgi verecektir. Şiddetle takip edildiğimizi, tertibatımızdan ve hazırlıklarımızdan Sivas'ın düzenli olarak haber aldığını arz edebilirim.

Mehmet Ali'ye güvenmeyiniz. Ağzı sıkı değildir. Herhalde boşboğazlık ediyor.

Dışarıdaki planlama ve teşkilatlanmada bendenizden başkasını kullanmazsanız daha isabetli hareket edersiniz. Ali Kemal Bey'in listeye dahili zaruridir. Bu kadar sırrımızı taşıyan bu zatı gücendirirsek, tertibatımız tamamıyla düşmanların eline geçer. Bu zatı sıkça kollayınız. Hürmetlerimi takdim ederim.

5.11.1919, Sait." [269]

"Elimize geçen şu on iki mektuptan Sait Molla'nın nasıl bir adam olduğuna hükmetmek gayet kolaydır. Evet, biz Kuvva-yi Milliye aleyhindeki bu gizli ve aşikâr hareketlerden haberdar idik ve geniş ölçüde yapılmakta olan bu hainane tertibata karşı lazım gelen tedabir-i ittihazda gaflet etmeyerek çalıştık.

Bunca hainane isyanlar, tahrikler, tecavüzlerden başka bir de Ali Rıza Paşa kabinesiyle uğraşıyorduk.

Çünkü bu kabinede Kuvva-yi Milliye'yi keyfemayeşa hükümler verir ve saltanata mani addederek yok etmek azmindeydi. Hatta böyle bir buhranlı günlerde, yani Rahip Frew'in bu tertibat-ı hafiyeyi teşkil ve Sait Molla gibi hainleri para kuvvetiyle elde ederek ve ortalığa bol bol paralar saçarak Kuvva-yi Milli-

---
269 Nutuk, Alfa, 2017, s.230.

ye'yi mahvü izaleye gayret sarfettiği bir zamanda..." [270]

İşte Atatürk, din âlimi, sarıklı hoca gibi görünüp, İngiliz ajanlığı yapan, vatanın işgaline destek verip, müdafaya uğraşanların kuyusunu kazanlara savaş açmıştır. Yoksa O'nun din adamları ile bir derdi yoktur.

---

[270] Kansu,1997, c.2, s.473-480.

İSKİLİPLİ ATIF HOCA

Tıpkı Sait Molla gibi Kuvva hareketine karşı bir hoca da, Atıf Hoca'dır.

19 Şubat 1919'da, merkezi İstanbul'da olmak üzere, Teali İslam Cemiyeti'ni kurmuştur.

Teali İslam Cemiyeti iki beyanname yayınlamıştır.

"Teali İslamcılara göre, İttihadçılar, 31 Mart olayını çıkararak, Sultan Abdülhamid'i ve milleti aldatmışlardı... Teali İslam Cemiyeti beyannamesinde;

'Muharebe olur, harbi çıkarmayanlar kayıba uğrar, ciddentı azalır fakat İttihadçılar sanki eskisinden fazla çoğalır. Bu hal sihirbaz İttihadçılara mahsus bir sihirdir' demektedir.

(...) Cemiyet 'Mustafa Kemal ve Kuvva-yi Milliye maskaraları' gibi sözlerle itham ederek bu kişileri onların devamı saymıştır.

'Bu eşkıyaların, Yunanlılar önünde kaçarken, kendilerine ne hakla Kuvva-yi Milliye adını verdikleri sorulmalıdır' demektedir.

(…) Teali İslam, Yunanlılar dahil olmak üzere İngilizleri ön planda tuttuğu için, İslamcı görüşü Batı ile senteze başlamışlardır. 'Galip silahların arkasında cahilce bir cesaret değil, medeniyet dehası vardır. İslamiyet'le o dehayı birleştirmek bugünün en önemli görevidir' denmektedir." [271]

---

[271] Tunaya, 2015, c.2, s.387-396.

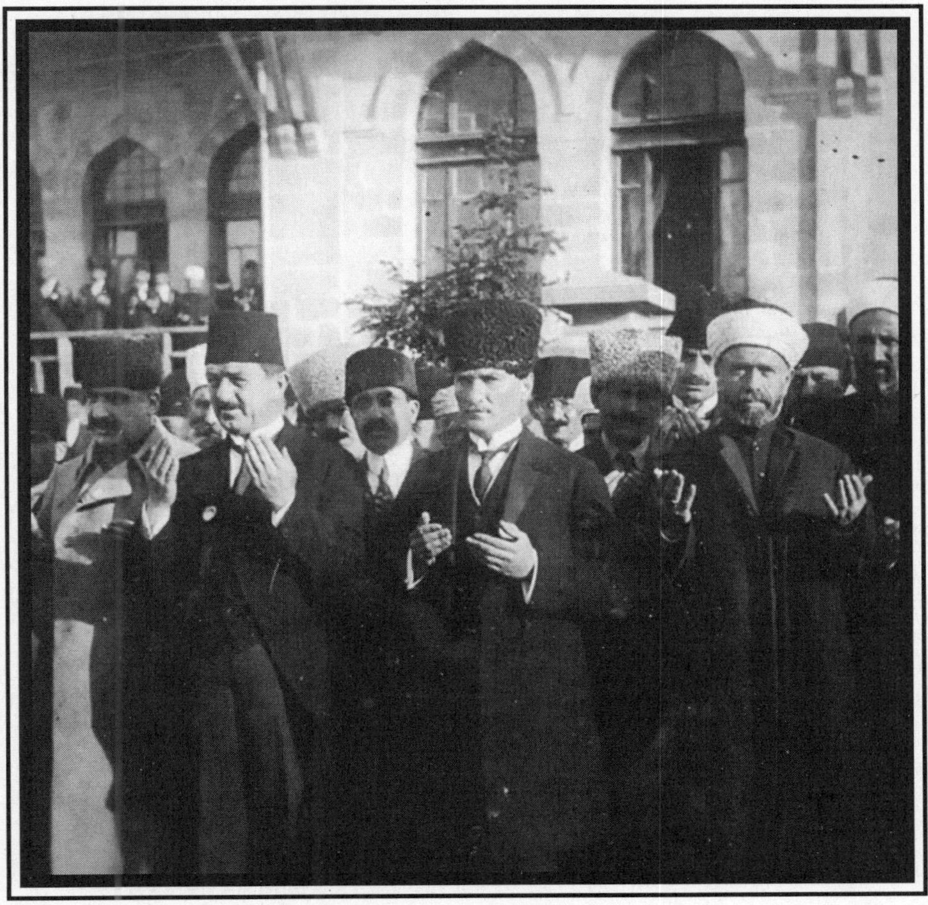

8. BÖLÜM

DUALARLA AÇILAN BÜYÜK MİLLET MECLİSİ

- **Ankara Günleri: Telgraf Diplomasisi**
- **Millet Meclisi Dualar ile Açılmıştır**
- **İlk Meclis'in Ağzı Dualı Kadrosu**

ANKARA GÜNLERİ: TELGRAF DİPLOMASİSİ

Bir yandan ilk Meclis'in kurulabilmesi için adaylar beklenirken, diğer yandan Anadolu'nun her yanından gelen telgraflar her gün okunuyor, karargâh olarak kullanılan Ziraat Mektebi'nde değerlendiriliyordu. Burada bir telgrafhane tesis edilmişti.

"Ayıntaptan, Kılıç Ali Bey'den rapor."

"Yeni bir şey var mı?"

"Amerikan mektebindeki Fransızları püskürtmüşler ama düşman faik kuvvetlerle avdet ederek şehri topa tutmuş ve epeyce tahribat yapmış."

"Yaz: Bu işin kısa bir müessir halli çaresi Urfa ile Ayıntap'ı birleştirmek olacaktır. Tedbirler alınmış ve talimat verilmiştir."

"Suruç Kuvva-yi Milliyesi, Fransızları püskürtmüşler fakat mühimmatısızlıktan müştekiler. Mardin tarafındaki depolarda silah ve mühimmat varmış, istiyorlar."

"Suruç'a ve Diyarbakır'a bu mühimmattan kafi miktarı onlara verilmelidir."

"Urfa muhasarası kuvvetle devam ediyor."

"Daha ziyade teşdit olunmak lazımdır. Tatbik etsin ve bildirsin."

"Adana Kuvva-yi Milliye'si sahile giden bir Fransız zırhlısına ateş etmişler."

"Düşmanın mütemadi izacı orası için en iyi harp usulüdür. İyi yapıyorlar."

"Demirci Mehmet Efe'nin selam ve ihtiram telgrafı."

"Yine biraderim Mustafa Kemal Paşa diyor mu?"

"Öyle diyor efendim."

"Ona da kocaman bir aferin."

Vatanın dört bir tarafı ile muharebe ediliyordu. [272]

---

[272] Nadi, 1955, s.90.

MİLLET MECLİSİ DUALAR İLE AÇILMIŞTIR

Mustafa Kemal, Meclis'in neden şart olduğunu şöyle izah eder:

"... Bir devre yetiştik ki, onda her iş meşru olmalıdır. Millet işlerinde meşruiyet ancak millî kararlarla istinat etmekle milletin temayülat-ı umumiyesine tercüman olmakla hâsıldır.

Milletimiz çok büyüktür. Hiç korkmayalım o esareti ve zilleti kabul etmez." [273]

Meclisin açılmasından iki gün önce 21 Nisan 1920'de yayınlanan bir telgraftan bahseder Mustafa Kemal Nutuk'ta:

"Kolordulara (14. Kolordu Kumandan Vekilliğine), bütün vilayetlere, bağımsız livalara, Müdafaa-i Hukuk merkez heyetlerine, belediye başkanlıklarına;

---
[273] Nadi, 1955, s.99.

1- Allah'ın lutfuyla Nisan'ın 23. Cuma günü, Cuma namazını müteakip, Ankara'da Büyük Millet Meclisi açılacaktır.

2- Vatanın istiklali, yüce hilafet ve saltanat makamının kurtarılması gibi en mühim ve hayatî vazifeleri ifa edecek olan Büyük Millet Meclisi'nin açılış gününü Cuma'ya tesadüf ettirmekle, o günün kutsallığından istifade edilecek ve bütün muhterem mebuslarıyla beraber Hacı Bayram Veli Cami-i Şerifi'nde Cuma namazı eda olunarak Kur'an'ın ve namazın nurlarından da feyz alınacaktır.

Namazdan sonra sakal-ı şerif ve sancak-ı şerif alınarak Meclis'in toplanacağı yere gidilecektir. Meclis'e girmeden evvel bir dua okunarak kurbanlar kesilecektir.

Bu merasimde cami-i şeriften başlayarak Meclis binasına kadar kolordu kumandanlığınca askerî birliklerle özel tören düzeni alınacaktır.

3- Açılış gününün kutsiyetini teyid için bugünden itibaren vilayet merkezinde, vali beyefendi hazretlerinin tertibiyle, hatim ve Buhari-i Şerif okunmaya başlanacak ve Hatm-i Şerif'in son kısımlarının bereketi gelsin diye Cuma günü namazdan sonra meclis binası önünde tamamlanacaktır.

4- Mukaddes ve yaralı vatanımızın her köşesinde bugünden itibaren aynı sûretle hatm-i şerifler ve Buhari-i Şerifler okunmasına başlanarak, Cuma günü ezandan evvel minarelerde Salavat-ı Şerife okunacak, hutbe esnasında halifemiz, padişahımız efendimiz hazretlerinin mübarek adları anılırken padişah efendimizin yüce varlıklarının, şanlı memleketlerinin ve bütün halkının bir an evvel kurtulmaları ve saadete kavuşmaları için ayrıca dua okunacak ve Cuma namazının edasından sonra da hatim tamamlanarak yüce hilafet ve saltanat makamı ile saltanatın ve bütün vatan topraklarının kurtuluşu için gerçekleştirilen Millî Mücadele'nin ehemmiyet ve kutsiyeti, milletin her bir ferdinin kendi vekillerinden meydana gelmiş olan bu Büyük Millet Meclisi'nin terdi eyleyeceği vatanî vazifeleri ifaya mecburiyeti hakkında vaazlar verilecektir. Her tarafta Cuma namazından evvel Mevlid-i Şerif okunacaktır.

5- Bu tebliğin hemen yayınlanarak her atrafa ulaşabilmesi için her vasıtaya müracaat ve seri biçimde en uzak köylere, en küçük askerî birliklere, memleketin bütün teşkilat ve müesseselerine ulaştırılması temin edilecektir.

6- Cenab-ı Hak'tan tam bir muvaffakiyete ulaştırması niyaz olunur.

Heyet-i Temsiliye adına, Mustafa Kemal." [274]

Cuma günü açılan ilk Millet Meclisi'nin o günü Yunus Nadi'nin hatıralarında şöyle yer alır:

"İstiap (içine sığdırma) kabiliyeti, nihayet bin, bin beş yüz kişilik olan Hacı Bayram Camii'nde ileri gelenlerden mevki almaya acele edenler çok olmuştu.

Öyle ki, Mustafa Kemal ve arkadaşlarına yer bulmak için bilahare hayli müşkülat çekilmiş hayli uğraşılmak mecburiyeti hasıl olmuştu. Meclis'in kapısında bir tarafta kurbanlar kesilirken, diğer taraftan gür sesli hocanın Türkçe duası bütün o muhitte amin sesleriyle dalgalanıyordu...

Hacı Bayram Camii'nde Cuma namazına iştirak edebilenler, caminin içinde yerlerinden kımıldayamayacak kadar kucak ku-

---
[274] Nutuk, 2017, s.325-326.

cağa idiler. Kapılardan taşmışlar, mermer avluya dolmuşlar, mezarların üzerlerine ilişmişler, sokaklarda mevkii almışlardı." [275]

Mustafa Kemal, aşağıdaki kadronun seçileceği Meclis'in açılışında şu tamimi yayınlamıştır:

1- Allah'ın izniyle, Nisan'ın 23. günü Cuma namazını müteakip Büyük Millet Meclisi açılacaktır.

2- Büyük Millet Meclisi'nin açılış günü, Hacı Bayram Cami-i Şerifi'nde Cuma namazı eda olunarak, Envar-ı Kur'an ve Salat'tan istifade olunacaktır.

3- Mezkûr günün kutsiyetini teyit için bugünden itibaren, merkez vilayetinde vali beyefendi hazretlerinin tertibiyle hatim ve Buhari-i Şerif tilavetine başlanacak ve Hatm-i Şerif'in son akşamı teberrüken Cuma namazından sonra mahsusa önünde ikmal edilecektir." [276]

"… Meclis açılınca istasyona ait boş üç dört odalı bir binaya nakletmiş ve bir müddet o binada oturmuştuk; bina, birçok mühim meclislerin ve toplantıların merkezi olmuştu.

Sonra Ankara Belediyesi, şimdiki Çankaya'yı Paşa'ya hediye etmiştir. Çankaya küçük bir bağ evi idi. Sahibi, Bulgur Tevfik Efendi'den dört bin küsur liraya alınmış ve esasen bu bağ evi veya köşkü Kasapoğlu Agob'un evi imiş, Tevfik Efendi Agop'tan satın almış ve ev Millî Mücadele'nin karargâhı olmuştu.

Meclis binasına gelince; bu bina, İttihat ve Terakki'ye ait kulüp binası olarak yapılmıştı fakat henüz tamam değildi. Hatta kiremitleri bile tamamen konulmamıştı. Halk, evlerinin kiremit-

---

[275] Yusuf Kemal Tengirşek, Vatan Hizmetinde, Kültür Bakanlığı Yayınları, s.132.
[276] Yunus Nadi, Birinci Büyük Millet Meclisi, Cumhuriyet Yayınları, İstanbul, 1998, s.31-32.

lerini sökerek bu binaya getirdiler.

Henüz memlekette elektrik de yoktu; bir kahvenin büyük bir lambası salonun ortasına asılmıştı.

Bu kadar mütevazı bir salonda yeni bir devlet kurulmuştu; encümenleri alacak oda olmadığından ekser encümenler binanın haricinde bazı mahallerde bir oda bulunarak oralarda içtima ederdi. Mesela Müvazene-i Maliye Encümeni dediğimiz (şimdiki bütçe encümeni) Koç apartmanının bulunduğu mahaldeki ahşap reji idaresinin bir odasında, sonra da Maarif Vekaleti'nde bir odada içtima ederdi." [277]

1. Meclis, dualarla ve çoğunluğu hoca milletvekilleri ile açılmıştır.

Meclis hakkında bilgi veren çok az yazar bu kısmı kaleme alır. Oysa Mustafa Kemal'in genç cumhuriyet dönemlerinde yanında kendisi gibi dindar vekiller yer almıştır.

Siz bu kadar din âliminin, sarıklı hocanın Meclis'te yer almasını, fikir beyan etmesini, söz sahibi yapılmasını 'iman'dan başka bir şeyle ifade edemezsiniz.

İleride değineceğimiz "İnönü'nün Atatürk'ü" denilen, Atatürk sonrası döneme kadar da, hayatının her safhasında ağzı dualı bu insanlardan destek görmüş, onlarla beraber olmuştur.

ABDULLAH FAİK ÇOPUROĞLU:

Osmanlı Meclis-i Mebusan'ında da görev yapan Abdullah Faik Efendi Karaisalı Müftüsü iken, 63 yaşında I. dönem Adana Milletvekili seçilmiştir. Şer'iye Encümeni'nde üyelik yapmıştır.

---
[277] Kansu, 1997, c.2, s.570-571.

MEHMET HAMDİ İZGİ:

İmam-hatiplik ve vaizlik görevlerinde bulunan Mehmet Hamdi Efendi, 42 yaşında I. dönem Adana Milletvekili seçilmiştir. Şer'iye ve İrşad Encümenlerinde üyelik yapmıştır.

ALİ RIZA ÖZDARENDE:

Gümüşhacıköy Müftüsü iken, I. dönem Amasya Milletvekili seçilmiştir, ikinci dönemde de milletvekilliği yapmıştır. Kanun-i Esasi ve Şer'iye Encümenlerinde çalışmıştır. Bir ara Şer'iye Encümeni Başkanlığı görevini yürütmüştür.

HACI MUSTAFA EFENDİ:

Osmanlı Meclis-i Mebusan'ında bulunmuştur. Müderris iken, 34 yaşında I. dönem Ankara Milletvekili seçilmiş, II. dönemde de Ankara Milletvekili olarak görev yapmıştır. Şer'iye ve İrşad Encümenlerinde çalışmıştır.

HACI ATIF EFENDİ:

Osmanlı Meclis-i Mebusan'ında bulunmuştur. Ankara Milletvekili seçilmiştir. Şer'iye Encümeni'nde çalışmıştır. Ankara Müftülüğünü tercih ettiğinden 1923'te istifa etmiştir.

ŞEMSETTİN BAYRAMOĞLU:

Hacı Bayram Şeyhi iken, I. dönem Ankara Milletvekili seçilmiştir. Şer'iye ve İrşad Encümenlerinde çalışmıştır.

RASİH KAPLAN:

Medrese ve hukuk mezunudur. 1, 2, 3, 4, 5, 6. ve 8. dönem Antalya, 7. dönem K. Maraş Milletvekilliği yapmıştır. Çeşitli encümenlerde ve Eskişehir İstiklal Mahkemesi üyeliğinde bulunmuştur.

AHMET ŞÜKRÜ YAVUZ YILMAZ:

Sarayköy Müftüsü iken I. dönem Aydın Milletvekili seçilmiş, 22.11.1920'de istifa etmiştir.

ESAT İLERİ:

İdadi ve medrese öğretmenliği yaparken, 38 yaşında I. dönem Aydın Milletvekili seçilmiştir. 2. dönemde de Menteşe Milletvekilliği yapmıştır. Şer'iye ve İrşad Encümenlerinde çalışmıştır.

MEHMET EMİN ERKUT:

Osmanlı Meclis-i Mebusan'ında bulunmuştur. Bozdoğan Müftüsü iken, 47 yaşında, I. dönem Aydın Milletvekili seçilmiştir. Defter-i Hakani, Nizamname-i Dahili, Şer'iye ve İrşad Encümenlerinde üyelik yapmıştır.

AHMET FEVZİ ERDEM:

Şavşat Müftüsü iken 35 yaşında I. dönem Batum Milletvekili seçilmiştir. Şer'iye ve İrşad Encümenlerinde görev almıştır.

ALİ RIZA ACARA:

Mekteb-i Kudat mezunu iken, 37 yaşında I. dönem Batum Milletvekili seçilmiştir. Hariciye, Şer'iye ve Adliye Encümenlerinde çalışmıştır. Cemiyet-i İslamiye İdare Heyeti üyesi idi.

AHMET NURİ:

İlmiyedendir ve 33 yaşında iken, I. dönem Batum Milletvekili seçilmiştir. Lahiya, Posta ve Şer'iye Encümenlerinde üyelik yapmıştır.

ABDULLAH SABRİ AYTAÇ:

Devrek'te şeyh ve müftü iken, 50 yaşında I. dönem Bolu Milletvekili seçilmiştir.

HALİL HULUSİ ERMİŞ:

Burdur Müftülüğü yapmıştır. I. dönem Burdur Milletvekili seçilmiştir.

MUSTAFA FEHMİ GERÇEKER:

Karacabey Müftüsü iken, Anadolu hareketi yanında yer aldığı için, 1919'da İstanbul Hükûmeti'nce Müftülük ve Evkâf Komisyonu Başkanlığı'ndan azledilmiştir. I. dönem Bursa Milletvekili olan Mutafa Fehmi Efendi, vefat tarihi olan 16 Eylül 1950'ye kadar milletvekilliği görevini sürdürmüştür. Umur-u Şeriye ve Evkâf Vekilliği (Bakanlığı) yapmıştır.

ŞEYH SERVET AKDAĞ:

I. dönem Bursa Milletvekili seçilmiştir. Hatay Müftülüğü de yapan Şeyh Efendi, Nakşibendi şeyhlerindendi. Çeşitli encümenlerde ve Diyarbakır İstiklal Mahkemesi üyeliğinde bulunmuştur.

HACI TEVFİK DURLANIK:

Osmanlı Meclis-i Mebusan'ında bulunmuş, Çankırı Müftüsü iken I. dönem Çankırı Milletvekili seçilmiştir. Konya İstiklal Mahkemesi üyeliği yapmıştır.

HASAN TOKCAN:

Acıpayam Müftüsü iken, I. dönem Denizli Milletvekili seçilmiştir.

MAZLUM BABA BABALIM:

Tavas'ta Bektaşî tekkesi postnişini iken, I. dönem Denizli Milletvekili seçilmiştir. İrşad Encümeni'nde görev yapmıştır.

ABDÜLHAMİT HAMDİ EFENDİ:

Diyarbakır Sultanisi Ulum-u Diniye ve Farisi Müderrisi iken, I. dönem Diyarbakır Milletvekili seçilmiştir.

ABDULLAH AZMİ TORUN:

Osmanlı Mesclis-i Mebusan'ında bulunmuş, adliye memuru iken, I. dönem Eskişehir Milletvekili seçilmiştir. II. dönemde aynı görevi sürdürmüştür. Adliye ve Kanun-i Esasî Encümenleri başkanlıklarında ve TBMM Başkan Vekilliği'nde bulunmuştur, iki defa da Şer'iye Vekili (Bakanı) olmuştur.

OSMAN FEVZİ TOPÇU:

Erzincan Müftüsü iken, I. dönem Erzincan Milletvekili seçilmiştir. Şer'iye ve İrşad Encümenlerinde çalışmıştır.

ŞEYH HACI FEVZİ BAYSOY:

Nakşibendi dergâhı postnişini ve Heyet-i Temsiliye üyesi iken, 56 yaşında, I. dönem Erzincan Milletvekili seçilmiştir.

NUSRET SON:

Alay Müftüsü iken, 43 yaşında, I. dönem Erzurum Milletvekili seçilmiştir. Adliye İrşad ve Maarif Encümenlerinde üyelik yapmıştır.

HAFIZ MEHMET ŞAHİN:

Eytam Müdürü iken, I. dönem Gaziantep Milletvekili seçilmiştir. II, III, IV, V, VI, VII ve VIII. dönemde de Gaziantep milletvekilliği yapmıştır. Şer'iye ve Evkaf Encümeni'nde bulunmuştur.

ABDURRAHMAN LAMİ HOCAZADE ERSOY:

Evkaf memuru ve müderris iken, 45 yaşında, I. dönem Gaziantep Milletvekili seçilmiştir. Şer'iye, Maarif ve İrşâd Encümenlerinde üyelik yapmıştır.

HAFIZ İBRAHİM DEMİRALAY:

Millî Mücadele'de Anadolu'nun bağrında ilk silahla karşı koyma hareketlerinden birisi olan Demiralay'ın kurucusudur. 37 yaşında müderris iken I. dönem Isparta Milletvekili seçilmiştir. II, III,1V, V. ve VI. dönemde de Isparta Milletvekilliği yapmıştır. Maarif ve İstida Encümenlerinde çalışmıştır.

HÜSEYİN HÜSNÜ ÖZDAMAR:

1875 Isparta doğumludur. Müderris ve Isparta Müftüsü iken, 46 yaşında, I. dönem Isparta Milletvekili seçilmiştir. II, III, IV, V. ve VI. dönemde de Isparta Milletvekilliği yapmıştır. Şer'iye ve İrşâd Encümenlerinde çalışmıştır.

HACI ALİ SABRİ GÜNEY:

Tarsus Kadısı iken, 35 yaşında I. dönem İçel Milletvekili seçilmiştir. Adliye Encümeni'nde üyelik yapmıştır.

ALİ RIZA ATAIŞIK:

Medrese mezunu olup, 4. dönem Osmanlı Meclis-i Mebusan'ında bulunmuştur. O, 55 yaşında, I. dönem İçel Milletvekili seçilmiş, Konya İstiklâl Mahkemesi üyeliği yapmıştır.

NAİM ULUSAL:

Müderris ve avukat iken, I. dönem İçel Milletvekili seçilmiştir. Adliye, istida ve Kavanini Maliye Encümeni üyeliklerinde bulunmuştur.

HÜSEYİN HÜSNÜ IŞIK:

1879 Gebze doğumludur. Gebze Müftüsü iken 41 yaşında, I. dönem İstanbul Milletvekili seçilmiştir. Şer'iye Encümeni'nde çalışmıştır.

HACI SÜLEYMAN BİLGEN:

Osmanlı Meclis-i Mebusan'ında bulunmuş, Nazilli'de müderris iken, 64 yaşında, I. dönem İzmir Milletvekili seçilmiştir. Şer'iye, Maarif ve Defter-i Hakani Encümenlerinde çalışmıştır.

HAFIZ ABDULLAH TEZEMİR:

Müderris iken 49 yaşında, I. Dönem İzmit Milletvekili seçilmiştir. Muvazene-i Maliye ve İktisat Encümenlerinde çalışmıştır.

MUSTAFA HULUSİ ÇALGÜNER:

Osmanlı Meclis-i Mebusan'ında bulunmuş, Karahisar Kadısı iken, 48 yasında, I. dönem Karahisarısahip Milletvekili seçilmiştir. Adliye ve Şer'iye Encümenlerinde bulunmuştur.

İSMAİL ŞÜKRÜ ÇELİKALAY:

Çelikalay'ın kurucusudur. Vaizlik yaparken 44 yaşında I. dönem Karahisarısahip Milletvekili seçilmiştir. Şer'iye ve Evkaf Encümeni Mazbata Muharrirliğinde bulunmuştur.

NEBİL YURTERİ:

Müderris iken 43 yaşında, I. dönem Karahisarısahip Milletvekili seçilmiştir. İktisat ve Nizamname-i Dahili Encümenlerinde çalışmıştır.

ALİ SURURİ TÖNÜK:

Müderris ve avukatlık yaparken 32 yaşında Karahisarışarkî Milletvekili seçilmiştir. Şer'iye, İrşad, Kanun-i Esasi Encümeni Başkanlığında bulunmuş, II. dönemde TBMM Başkanvekili iken 30.9.1926'da vefat etmiştir.

ABDÜLGAFUR IŞTIN:

Müderris iken 41 yaşında I. dönem Karesi Milletvekili seçilmiştir. Şer'iye ve Maarif Encümenlerinde üyelik yapmıştır. 26.3.1926-6 Şubat 1936 tarihlerinde Balıkesir vaizliği yapmıştır.

HAFIZ MEHMET HULUSİ ERDEMİR:

Medrese mezunu olup, Vilayet Daimi Encümen azası iken, 33 yaşında I. dönem Kastamonu Milletvekili seçilmiştir. En son Layiha ve Defteri Hakani Encümenlerinde bulunmuştur.

REMZİ AKGÖZ:

Müderrislik ve müftülük yapmıştır. 44 yaşında I. dönem Kayseri Milletvekili seçilmiş, müftülük görevini tercih ettiğinden 1920'de istifa etmiştir.

MEHMET ÂLİM ÇINAR:

Meclîs-i İdare Üyesi ve müderris iken 59 yaşında I. dönem Kayseri Milletvekili seçilmiştir. Şer'iye ve İrşad Encümenlerinde bulunmuştur.

AHMET MÜFİT KURUTLUOĞLU:

Medrese ve hukuk mezunu olup, avukatlık ve müftülük yapmıştır. Ankara Meclisi Umumi üyesiydi. 41 yaşında I. dönem Kırşehir Milletvekili seçilmiştir. Adliye Encümeni Katipliğinde ve TBMM İkinci Başkanvekilliği görevlerinde bulunmuştur.

CEMALETTİN ÇELEBİOĞULLARI:

Şeyh Feyzullah Çelebi'nin oğludur. Bektaşî şeyhi iken, 58 yaşında I. dönem Kırşehir Milletvekili seçilmiştir. Meclis 2. Başkanvekilliği görevini de yürütmüştür.

ABDÜLHALİM ÇELEBİ:

Mevlânâ dergâhı tekke şeyhi iken, 46 yaşında I. dönem Konya Milletvekili seçilmiştir. TBMM Başkanvekilliği ve İrşad Başkanlığı'nda bulunmuştur.

MEHMET VEHBİ ÇELİK:

Osmanlı Meclis-i Mebusan'ında bulunmuş, Mahmudiye Medresesi Müderrisi iken 58 yaşında I. dönem Konya Milletvekili seçilmiştir. TBMM 2. Başkanvekilliği, Şer'iye Encümeni Başkanlığında, Şer'iye ve Evkaf Vekilliği'nde (Bakanlığında) bulunmuştur.

MUSA KAZIM ONAR:

Medrese ve hukuk mezunudur. Osmanlı Meclis-i Mebusan'ında bulunmuş, avukatlık yaparken 39 yaşında I. dönem Konya Milletvekili seçilmiştir. 2. ve 3. dönemde de Konya Milletvekilliği yapmıştır. TBMM I. ve II. Başkanvekilliği, Şer'iye ve Evkaf Vekilliği görevlerinde bulunmuştur.

ÖMER VEHBİ BÜYÜKYALVAÇ:

Osmanlı Meclis-i Mebusan'ında bulunmuş, Konya'da İrfaniye Medresesi müderrisi iken, 50 yaşında I. dönem Konya Milletvekili seçilmiştir. Konya Müftülüğü'nü tercih ettiğinden 1922'de istifa etmiştir.

RIFAT SAATÇİ:

Medrese mezunu olup Türk Ticaret Bankası Müdürü iken, 51 yaşında I. dönem Konya Milletvekili seçilmiştir. Şer'iye Encümeni Katipliği yapmıştır.

ŞEYH SEYFİ AYDIN:

Belediye Başkanı iken 46 yaşında I. dönem Kütahya Milletvekili seçilmiştir. Şer'iye ve İrşâd Encümenlerinde çalışmıştır. II. dönemde de Kütahya Milletvekilliği yapmıştır.

İBRAHİM ŞEVKİ EFENDİ:

Medrese mezunu olan İbrahim Şevki Efendi, I. Dönem Lazistan Milletvekili seçilmiş, Temyiz üyeliğini tercihen, 1920'de istifa etmiştir.

MUSTAFA FEVZİ BİLGİLİ:

Osmanlı Meclis-i Mebusan'ında bulunmuş, 38 yaşında, I. dönem Malatya Milletvekili seçilmiştir. İrşâd Encümeni'nde çalışmıştır. Malatya Meclis İdare Üyeliği yapmıştır.

REFET SEÇKİN:

Medresede müderrislik yaparken, 57 yaşında I. dönem Maraş Milletvekili seçilmiştir. Eğitim, İrşad, Şer'iye Encümenlerinde çalışmış, müftülüğü tercihen istifa etmiştir.

M. RIFAT BÖREKÇİ:

Ankara Müftüsü iken 1. Dönem Menteşe Milletvekili seçilmiştir. Müftülüğü tercihen 27.10.1920'de istifa etmiştir. Diyanet İşleri Başkanı iken 5.3.1941'de vefat etmiştir.

MUSTAFA HİLMİ SOYDAN:

Medrese mezunu olup dava vekilliği yaparken, 39 yaşında, I. dönem Niğde Milletvekili seçilmiştir. Şer'iye Encümeni Başkanlığı ve katipliğinde bulunmuştur. Niğde Müftülüğü yapmıştır.

HACI MUSTAFA SABRİ BAYSAN:

Siverek Kadısı olarak görev yapmıştır. 33 yaşında I. dönem Siirt Milletvekili seçilmiştir. Adliye, Şer'iye ve Maliye Kanunları Encümenlerinde çalışmıştır.

HALİL HULKİ AYDIN:

Siirt Müftüsü iken Osmanlı Meclis-i Mebusan'ına seçilmiş, TBMM'ne iltihak etmiştir. II, III, IV, V. ve VI. dönemde de Siirt Milletvekilliği yapmıştır. Şer'iye Encümenliği üyeliğinde bulunmuştur.

SALİH ATALAY:

Müderris, Siirt Umumu Meclisi ve Encümeni Daimi Üyesi, 47 yaşında I. dönem Siirt Milletvekili seçilmiştir. Şer'iye Encümeni Katipliğinde ve İrşad Encümeni tutanak yazarlığı görevlerinde bulunmuştur.

MUSTAFA TAKİ DOĞRUYOL:

Medrese mezunu olup, müderris iken, 47 yaşında I. dönem Sivas Milletvekili seçilmiştir. Dilekçe Encümen Başkanlığı'nda bulunmuştur.

BEKİR SITKI OCAK:

Müderris Bekir Sıtkı, Osmanlı Meclis-i Mebusanı'nda bulunmuş, 39 yaşında I. Dönem Siverek Milletvekili seçilmiştir.

HOCA FEHMİ:

I. dönemTokat Milletvekili seçilmiş, mazereti dolayısıyla-Meclis'e katılamadığından yerine Mustafa Vasfi Bey seçilmiştir.

MEHMET HULUSİ AKYOL:

Müftülük yaparken 35 yaşında l. dönem Yozgat Milletvekili seçilmiş, müftülüğü tercihen 1921'de istifa etmiştir. [278]

"23 Nisan (1336) 1920 Cuma günü, saat 13:45'de toplanılmıştır.

Büyük Milllet Meclisi Reisi (en yaşlı) Sinop Milletvekili Şerif Bey, İstanbul'un yabancılar tarafından geçici kaydıyla işgal edildiğini, bu durumda hilafet ve hükûmet makamlarının özgürlüklerinin yok edildiklerini hatırlatarak başladığı konuşmasına, bu şartlara kayıtsız kalmanın esareti kabul etmek olacağını, ezelden beri hür ve huzur içinde yaşamış milletin bu şartları reddederek milletvekillerini topladığını hatırlatarak Meclis çalışmalarını başlattığını açıklamıştır.

Büyük Millet Meclisi Reisi Sinop Milletvekili Şerif Bey, bütün Müslümanların halifesi, Osmanlı padişahının yabancı esaretinden, payitaht İstanbul'un işgalden ve mezalimden kurtarılması çalışmalarının başarılması temennisiyle sözlerini alkışlar

---
278 Sarıkoyuncu, 2002, s.58-70.

arasında bitirmiştir." [279]

24 Nisan 1336 (1920) günü:

"Bundan sonra Birinci Meclis'in birinci söz söyleyeni Mustafa Kemal Paşa olmuştur.

Paşa, Ankara Mebusu sıfatıyla ilk sözü Nisan'ın yirmi dördünde (1920) cumartesi günü söylemiştir. Bu hitabesini üçe ayırmıştı. Mondros Mütarekesi'nden Erzurum Kongresi'ne ve Erzurum Kongresi'nden 16 Mart 1920'ye kadar ve 16 Mart'tan Nisan'a kadar olan vekayii gösteriyordu. Bunların tafsilatı Birinci Meclis zabıtlarında vardır.

Nutuk şöyle başlıyordu:

"Muhterem milletvekilleri! Bugün içinde bulunduğumuz vaziyeti, Meclis-i âlinizin nazarında tamamiyle tecelli ettirebilmek için bazı beyanatta bulunmak istiyorum. Vukû bulacak maruzatım birkaç devreye ayrılabilir. Birincisi; Mütareke'den Erzurum Kongresi'ne kadar geçen zaman zarfındaki ahvale dairdir. İkincisi; Erzurum Kongresi'nden 16 Mart tarihine kadar, yani İstanbul'un düşmanlar tarafından işgal edildiği güne kadar, üçüncü safhası da; 16 Mart'tan bu dakikaya kadar olan ahvale dair olacaktır." [280]

24 Nisan'daki konuşmasıda Mustafa Kemal, Sait Molla'dan da bahseder:

"... Bu sıralarda bütün belediye başkanlarımıza İstanbul'da İngiliz Muhipler Cemiyeti (İngiliz Dostları Derneği) kurulduğu ve her yerde derneğe katılarak İngilizlere yardım edilmesinin ge-

---

279 TBMM ZC, 23 Nisan 1336 (1920), c.1, devre 1, içtima senesi 1, 1. in'ikaf, s.2.
280 Kansu, 1997, c.2, s.587.

reği konusunda Sait Molla imzası ile bir telgraf geldi.

Bu olayda hükûmetin ilgi derecesini ölçmek için Ferit Paşa'dan bilgi istedim ama hiçbir cevap alamadım.

Bilinmeyen kişiler tarafından başlatılan böyle düzensiz ve çeşitli siyasî maceralara yönelik girişimlerin, büyük felaketlere sebep olacağını anlayan ulus, Said Molla'nın çağrısını önemsemedi." [281]

1. Meclis'in açılışının hemen ardından Mustafa Kemal, önemli bir hamle yapacaktır:

"... Maraş, Ayıntap ve Urfa'da Fransızlarla ciddi muharebeler oluyordu. Buralarda Kılıç Ali Bey çalışıyordu ve Fransız kuvvetlerini çekilmeye mecbur etmişlerdi.

Millî kuvvetler, yavaş yavaş nizamiye kıtaatiyle de takviye edildi. Fransızlar sıkı bir tazyik altında bulunuyordu. Ben, söze karışarak, 'Paşam, işte o sırada General Gouraud bizi Beyrut'a kaçırdı. Macera malum, biliyorsunuz ya, Mayıs 1336 iptidalarında Ankara'ya geldik. Beraberimizde bir sivil Fransız da vardı.

Sabık mebus Haydar Bey'in (Van eski valisi) delaletiyle burada bir mülakat vukua geldi, sonra da Fransızların Suriye Fevkalade Komiseri namına Mösyö Duke geldi. Bu heyetle yirmi gün için bir de mütareke yaptınız' dedim.

Paşa, 'Evet öyle oldu. Bu mütareke Büyük Millet Meclisi'nde itirazata uğradı. Halbuki, mütarekeden maksadım, evvela Adana mıntıkasında kuvvetleri tanzim ve takviye için sükûnete muhtaç olduğumdandır.

Saniyen, büyük ve mühim bir siyasî faydayı kazanmak iste-

---
[281] TBMM ZC, 23 Nisan 1336 (1920), c.1, devre 1, içtima senesi 1, 1.İn'ikad, s.2.

dim. Yani, henüz İtilaf Devletleri'nce tasdik edilmemiş olan Büyük Millet Meclisi ve hükûmetinin memleketin mukadderatına ait bu mesailde doğruca Fransızlarla müzakerede bulunabilmesi idi.

Zira İtilaf Devletleri hep İstanbul Ferit Paşa hükûmetiyle görüşmekte ve bizimle bu gibi meselelerin müzakeresine yanaşmamakta idiler.

İşte Fransızlar ile Büyük Millet Meclisi ve hükûmetinin müzakereye girişmesi siyasî mühim bir nokta idi. Ben bu heyete hemen Adana ve havalisini tahliye etmelerini teklif ettim. Bu hususta salahiyetleri olmadığını dermeyan ile salahiyet almak için Paris'e gitmeye mecbur olduklarını söylediler. Fransızlar bu mütarekeyi yalnız Adana için farz ile Zonguldak'ı işgal ettiler.

Ben bunu mütarekenin feshini mucip sebepten addederek, faaliyetimize devama karar verdim. Bu cihetle Fransızlarla anlaşmak bir müddet geri kaldı. Bütün bunları 9 Mayıs 1336 günü Meclis'in hafi celsesinde anlattım' dedi." [282]

Bu arada, Kuvva hareketinin kahramanları da millî gazetelerde yer alıyordu:

"Hakimiyet-i Milliye gazetesinin 7 numara ve 6 Şubat 1336 tarihli nüshasında bu hanım hakkında yazılan kısmı aynen dercediyorum: Maraş'ta Kayabaş mahallesinde sakin Bitlis defterdarının haremi hanım, Maraş'ta Avrupalıların ve yerli Ermenilerin iştirakiyle açılan mukatelede birçok Müslüman hanümanlarının sönmekte olmasından ve zavallı Müslüman ailelerinin her nevi tecavüz ve taarruz altında kan dökmeye mecbur kalmasından mütevellit ifrat-ı teessürle hanesinden açtığı mazgallardan İslam

[282] Kansu, 1997, c.2, s.579-580.

mahallafatına hücum eden düşman üzerine ateş açarak sabahtan akşama kadar müsademe etmiş ve sekiz kişiyi telef etmeye ve bir hayli mecruh verdirmeye muvaffak olmuştur.

Akşam üzeri karanlıktan bilistifade erkek elbisesiyle hanesini terketmiş ve safları arasına karışarak Maraşlı kardeşlerimizin teşkil ettiği abide-i hamiyet ve besalet-i tetviç etmiştir.

Osmanlılığın bu ulvi ve fedakâr kahramanını, Kuvva-yi Milliye'nin bu büyük ve mukaddes hemşiresini bütün mevcudiyetimiz ile tebcil ederiz." [283]

"... Bu günlerde ilk siyasî heyetimiz, yani Türkiye Büyük Millet Meclisi hükûmetinin hariç-i mesailinde ilk kararımız Moskova'ya bir heyet izamı idi. Vazifesi yeni Rusya ile irtibat tesis etmekti.

Buna Hariciye Vekili Bekir Sami Bey ve İktisat Vekili Yusuf Kemal Bey memur edildi. Aktedilecek muahedenin bazı esaslı maddeleri parafe edilmiş ise de (24 Ağustos 1336) her neden ise itilaf mümkün olmayan bazı cihetlerden dolayı tatbiki geri kalmıştı. Moskova Muahedesi ismi verilen mukavele ancak 16 Mart 1337'de imza edilebilmiştir. Rusya ile aramız çok dostane idi.

Hatta bir aralık Rusya'dan gelen külliyetli Rus altınları ile memurin maaşatı verilmişti." [284]

---

[283] Kansu, 1997, c.2, s.582-583.
[284] Kansu, 1997,c.2, s.591).

ŞEYH AHMET SENUSİ

Meclis açıldıktan kısa bir süre sonra 15 Kasım 1920'de Şeyh Ahmet Senusi Ankara'ya gelmiş ve Anadolu'da Millî Mücadele lehine vaazlar vermeye başlamıştır.

Şeyh Senusi'nin Mustafa Kemal hakkında gördüğü rüya meşhurdur:

"Bir gece rüyasında Hz. Peygamberimizi gören Şeyh Senusi, Peygamberimizin elini öpmek istemiş. Peygamber ona sol elini uzatmış.

Şeyh, Peygambere hitaben, 'Ya Resûlallah, niçin sağ elinizi vermediniz?' diye sormuş.

Hz. Peygamber, Sağ elimi Ankara'da Mustafa Kemal'e uzattım' buyurmuş."

Şeyh Senusi, 1920'de bir beyanname yayınlar:

"İslamî farzların namazdan sonra en önemlisi cihaddır. Hüküm-kuvvet sahibi TBMM çeşitli düşmanlara karşı müdafaada bulunup İslam mülkünü istiladan kurtardığından meşruiyeti her türlü şüphenin üzerindedir.

Bütün hukuk ve görevler Meclis'indir.

Millet Meclisi'nin başkanlığında bulunan Mustafa Kemal Paşa Hazretlerinin bu millî ve dinî mücadelelerini İslamî ölçü ile destekleyip adı geçen kişinin ve meclisin oluşturduğu dayanışmaya uygun olan bu usul dışında bir görüş yürütülmesi İslam'a aykırıdır."

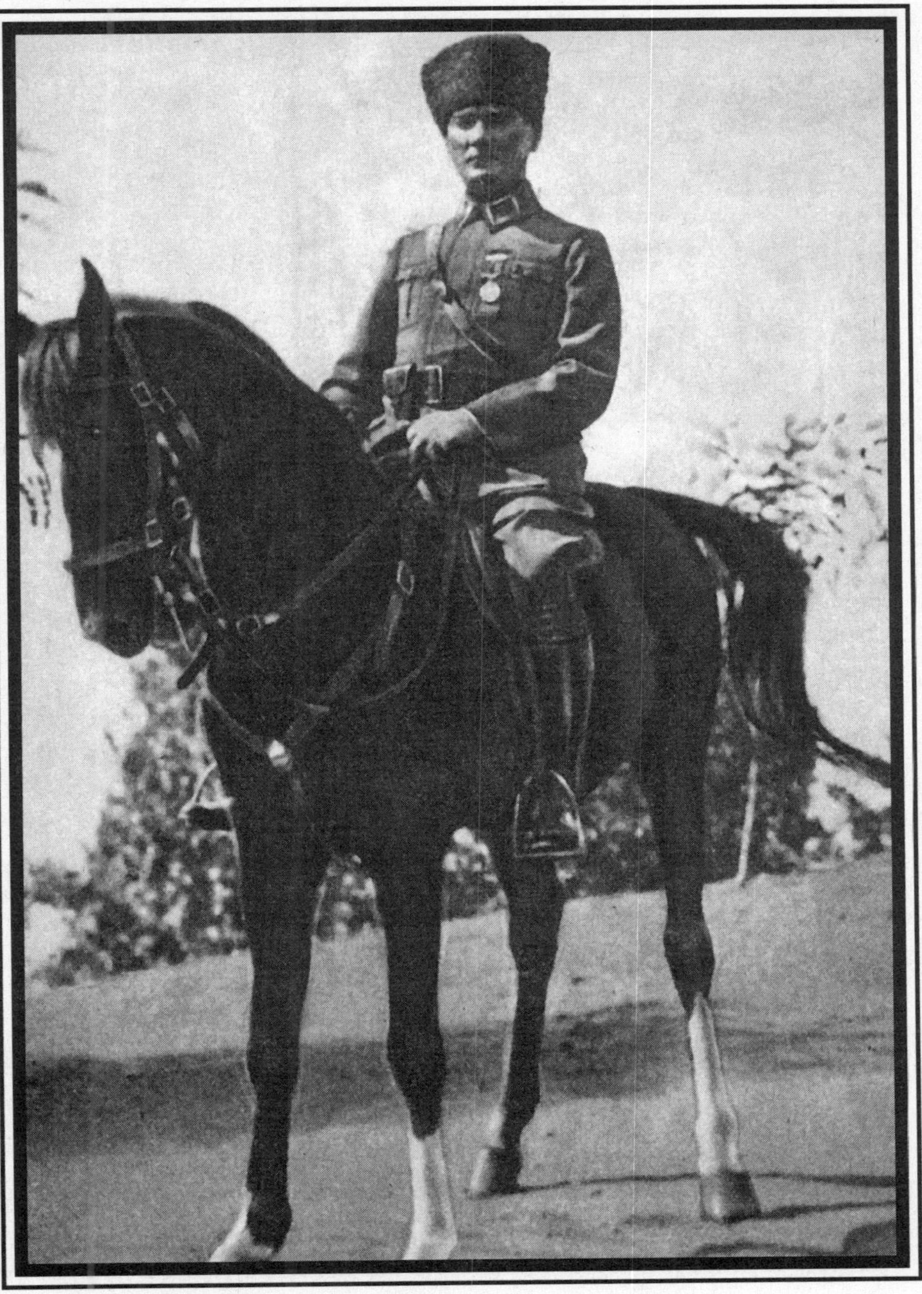

9. BÖLÜM

HAÇLI İŞGALCİLERİN İZMİR'DEN DENİZE DÖKÜLMESİ

- **I. İnönü Zaferi**
- **Cumhuriyet Fikri Teşkilat-ı Esasî'ye Giriyor**
- **Büyük Taarruz**
- **Düşman İzmir'de Denize Dökülüyor**

1. İNÖNÜ ZAFERİ

"15 Mayıs 1919'da İzmir'e çıkan Yunan kuvvetleri, İstanbul'daki işgalci güçlerin onayı ile, İzmir, Aydın, Manisa, Ayvalık ve Edremit'i ele geçirmiş, altı aylık bir sessizlikten sonra Yunan kuvvetleri 22 Haziran 1920'de saldırıya geçerek 8 Temmuz'a kadar Salihli, Akhisar, Alaşehir, Balıkesir, Bandırma, İznik ve Bursa'yı ele geçirmişti. Yine bir altı aylık durgunluktan sonra 6 Ocak 1921'de Bursa'dan Eskişehir'e doğru harekete geçtiler. 10 Ocak sabahı, Türk ve Yunan kuvvetleri İnönü'de karşılaştılar.

(…) 10 Ocak'ı 11 Ocak'a bağlayan gece Yunan kuvvetleri geri çekilmek zorunda kaldı. Tarihe 1. İnönü Savaşı olarak geçen bu savaş, ulusal Kurtuluş Savaşı'nın batı cephesindeki ilk büyük zaferiydi." [285]

---

[285] Atatürk, Belgeler, El Yazısı ile Notlar, Yazışmalar, Yapı Kredi Yayınları, s.118.

10 Ocak 1921'de TBMM riyaseti, dünya kamuoyuna bir bildiri kaleme aldı:

"... Hilafet ve saltanat makamı ve bu yüce makamda oturan zat-ı hümayun Büyük Millet Meclisi'nin kanunları dairesinde saklı ve korunmuştur.

Türkiye Büyük Millet Meclisi genel siyasetinde hiçbir sûretle kayıtlı olmayıp, tam serbestisini muhafaza eder.

(...) Türkiye Büyük Millet Meclisi, Misak-ı Millî ile tayin edilmiş millî sınırları dahilinde yaşayan halkın hayat ve tam bağımsızlıklarına kefil olan siyasî ve adlî ve askerî ve malî ve iktisadî şartları temin eden bir barışı memnuniyetle karşılar." [286]

Mustafa Kemal'e "din adamlarını kullandı" diyenler, canıyla mücadelede yer alan bu mümtaz kader arkadaşlarını zafer kutlamalarında da önde tuttuğunu hatırlasınlar.

Millî Mücadele'nin ilk zaferi 6-10 ocak tarihleri arasında yapılan 1. İnönü Savaşı'dır.

Bu savaş ve zafer için Mustafa Kemal Paşa'nın Garp Cephesi Kumandanı İsmet Bey'e gönderiği telgrafta dediği gibi; "Milletin makus talihi yenilmişti." [287]

Savaşın zaferi ile, resmi daireler okullar, bütün çarşı ve evler bayraklarla donanmıştı.

"O gün askerî birliğin mızıkası ile geçit töreni başladı. En başta sancak-ı şerif, onun arkasında din adamları, hocalar ve dervişler yürüyorlar ve ilahiler söylüyorlardı.

Paşa, Meclis balkonunda mebuslar arasında yer almıştı. Yedi-

---

[286] Atatürk'ün Bütün Eserleri, 2015, c.10, s.271.
[287] S. Bozok-C. Bozok, 1985, s.93.

den yetmişe Ankara halkı da Meclis'in karşısında millet bahçesini doldurmuştu.

Din adamlarının arkasından çarşı esnafı yaptıkları işleri gösterir levhalarla geçiyorlardı." [288]

---

[288] S. Bozok-C. Bozok, 1985, s.93.

CUMHURİYET FİKRİ, TEŞKİLAT-I ESASÎ'YE GİRİYOR

Mustafa Kemal, Nutuk'ta Sadrazam Tevfik Paşa ile aralarındaki görüş ayrılığına değinir.

Tevfik Paşa ve hükûmetinin İstanbul ile Anadolu'nun birleşmesi için çalıştığını; kendilerinin de buna gayret ettiğini belirtir.

"Şu ayrımla ki; Tevfik Paşa ve arkadaşları Anadolu'yu, eskiden olduğu gibi İstanbul'a bağlamak ve tutsak etmek istiyorlardı. O İstanbul ki, düşman kuvvetlerinin elinde bulunuyordu.

Tevfik Paşa ve arkadaşları Anadolu'yu İstanbul Hükûmeti'ne bağlamaya çalışıyorlardı. Öyle bir hükûmete ki, dünyada varlığına ses çıkarılmıyorsa düşman isteklerini kolaylaştırmaya yarayacak nitelikte görüldüğü içindi...

Tevfik Paşa'ya şöyle yanıt verdim:

Teşkilat-ı Esasiye Kanunu-Anayasa:

1- Egemenlik sınırsız ve koşulsuz olarak ulusundur. Yönetim yöntemi; halkın kendi alın yazısını eylemli olarak kendinin yönetmesi ilkesine dayanır.

2- Yürütme gücü ve yasama yetkisi, ulusun tek ve gerçek temsilcisi olan Büyük Millet Meclisi'nde belirir ve toplanır." [289]

1. Madde, 29 Ekim 1923'de ilan edilecek olan cumhuriyetten iki yıl önce, bu anayasaya konulan madde ile fiili olarak cumhuriyete işaret eder.

---

289 Nutuk, c.2, 1989, s.752-753.

BÜYÜK TAARRUZ

26 Ağustos; Malazgirt Meydan Muharebesi'nin zafer günü ve Türkiye'nin düşman işgalinden temizlenmesinde önemli bir dönüm noktası olan Büyük Taarruz'un başlangıç tarihi.

Büyük Taarruz'a geçmeden her iki zaferde de Ehl-i Beyt nefesi olması münasebetiyle ikisinden de bahsederek başlayalım.

Bizans İmparatoru Romen Diyojen, Ayasofya Kilisesi'nde düzenlenen bir törenle 13 Mart 1071'de Selçuklulara karşı savaşmak üzere 200 bin kişilik bir orduyla yola çıkmıştır.

Bu esnada Fatımî vezirinin daveti üzerine Mısır'ı almak için sefere çıkan Selçuklu Sultanı Alparslan, Diyojen'in büyük bir ordu ile Erzurum yönünden Anadolu'yu işgal ettiği haberini alınca Mısır seferini yarıda keserek, Anadolu'ya döndü.

50 bin kişilik Selçuklu ordusu, 26 Ağustos 1071 günü, Cuma namazından sonra taaruza geçti.

Alparslan'ın zafere ulaşmasında, Diyojen'in ordusunun sağ kanadını oluşturan Tamiş isimli Türk komutanın askerlerinin Selçuklu tarafına geçmesi etkili olmuştur.

Aynı zamanda Diyarbakır ve Silvan yöresinde 983 senesinde kurulmuş olan Müslüman Mervani Kürt Devleti de 10 bin askerle Alparslan'a katılarak zafere katkıda bulunmuştur.

Anadolu'da Kürt, Türk, Keldanî, Yezdanî vs. etnik grupları Hacı Bektaş'ın ve irşad ekibinin Müslüman Türk kimliğinde birleştirdiğini hep hatırlatıyoruz.

İşte Selçuklu ordusu Anadolu'ya girdiğinde 10 bin askerle ona yardım eden Mervani Kürt Devleti de, zaferden yaklaşık 40 sene evvel Horasan, Türkistan ve Nişabur'dan gelerek burada irşad vazifesini icra eden Horasan erenlerinin etkilediği devletlerdendir.

Yesevî-Ahi dervişleri, Gaziyan-ı Rum, Ahiyan-i Rum ve Alperen olan bu Horasan erenleri, Anadolu'daki medeniyetin görünmez yapı taşları olmuşlardır.

Aynı yapı taşı Mustafa Kemal'in başında bulunduğu kurtuluş mücadelesinde de etken güçtür.

Kuvva hareketi Mustafa Kemal'in Samsun'a çıkmasından evvel, İzmir'in işgali öncesinde ve sonrasında din adamları ve hocaların manevî sohbetleri ile bölgesel olarak başlamış; Sivas Kongresi sonrasında Mustafa Kemal'in başkanlığında vatan sathında kurtuluş savaşına dönüşmüştür.

Kendi de bir Bektaşî olan Atatürk'ü, Samsun'a çıktığında Hacı Molla karşılamış, Kurtuluş Savaşı'nda en büyük desteği din adamlarından görmüş, hatta 1. Meclis'in milletvekillerinin büyük çoğunluğu şeyhlerin, müftülerin yer aldığı bu maneviyat ehlinden teşekkül etmiştir.

Hacı Bektaş'ın huzurunda yapılan, "Evladını önüme aldım savaşa çıkıyorum, beni mahcub etme" duası da düşünüldüğünde; Ehl-i Beyt nefesi Mustafa Kemal'in hep yanında olmuştur.

Büyük Taarruz'un başladığı 26 Ağustos gününden itibaren yanında olan ve onun Kocatepe'deki halini anlatan yaveri Muzaffer Kılıç anlatıyor:

"28 Ağustos'ta bizim Kocatepe'deki topçu ateşimiz başladığı zaman, Mustafa Kemal, 'Ya Rabbi! Sen Türk ordusunu muzaffer et. Türklüğün, Müslümanlığın düşman ayakları altında, esaret zincirinde kalmasına müsaade etme' dedi.

O anda gözlerinden birkaç damla yaşın süzüldüğünü gördüm." [290]

30 Ağustos 1924 tarihinde, 30 Ağustos Muharebesi'nin 2. yıldönümü üzerine Dumlupınar'daki nutkunda zafere giden savaşı Atatürk şöyle anlatır:

"Beş gün fasılasız geceli gündüzlü devam eden bu büyük meydan muharebesinde, beni milletim, Türk milleti emniyet ve itimadına layık görerek bu harekatın başında bulundurdu.

Efendiler, 1922 senesi Ağustos'unun 30. günü saat ikide şimdi hepberaber bulunduğumuz bu noktaya gelmiştim.

(…) 29/30 Ağustos gecesi sabaha karşı, ordularımız düşmanın mühim kuvvetlerini kuzeyden, güneyden, batıdan kuşatmaya müsait bir vaziyet almış bulunuyorlardı. Türk'ün hakiki kurtuluş güneşi 30 Ağustos sabahı ufuktan bütün şaşası ile doğacaktır.

Fevzi Paşa hazretlerinden bizzat Altıntaş ve güneyinden hare-

---

[290] Yusuf Koç-Ali Koç, Tarihi Gerçekler Işığında belgelerle Mustafa Kemal Atatürk, Kamu Birlik Hareketi Eğitim Yayınları, Ankara, 2004, s.114.

ket eden 2. Ordumuzun ve bunun daha batısında bulunan süvari nezdine giderek tasavvurumuza göre harekâtı tanzim bulunmasını kendilerinden rica ettim.

4. Kolordusu ile hedeflediğimiz düşmanın ana kısmını güneyden takip eden 1. Ordu Karargâhı'na da ben bizzat gidecektim.

4. Kolordunun bütün fırkalarıyla ve sûret ve şiddetle işte bu köyün, Çal köyünün batısındaki düşmanın ana kısmını kuşatacak sûrette muharebeye mecbur etmesini emretim.

Ve ilave ettim ki, düşman ordusu mutlaka imha olunacaktır. Bizzat Trikopis ile beraber bütün düşman generallerini mutlaka esir etmesini söyleyiniz dedim.

(...) 4. Kolordu'nun fırkaları doğudan batıya güzergâhımızı katederek seri adımlarla ilerliyorlardı. 11. Fırka'nın kahraman kumandanı Derviş Bey bizzat ileri atılarak bütün kuvvetiyle düşman mevziine ilerliyordu. Kolordu Kumandanı Kemaleddin Paşa güneyden ve batıdan düşmana saldırdığı diğer fırkalarına yeniden yeniye harekatı şiddetlendirmek ve hızlandırmak için emirlerini ulaştırıyordu.

2. Ordunun 16. ve 61. Fırkaları düşmanla ciddi muharebeye girişiyorlar, diğer fırkaları da kuşatma dairesini farlaştırıyorlardı. Bunları görüyordum.

(...) Artık toplarının, tüfeklerinin, mitralyözlerinin ateşlerinde sanki öldürücü hassa kalmamıştı. Türk süngüleri düşman dolu o hatta hücum ettiler. Artık karşımda bir ordu, bir kuvvet kalmamıştı. Tamamen mahvolmuş, perişan bir kılıç artığı kitlesi bulunuyordu.

(...) Ertesi gün tekrar muharebe meydanını dolaştığım zaman

o karşıdaki sırtların gerilerindeki bütün vadiler, bütün dereler, bütün korunaklı ve gizli yerler; bırakılmış toplarla, otomobillerle ve sonsuz teçhizat ve malzeme ile ve bütün bu metrukatın aralarında yığınlar teşkil eden ölülerle, toplanıp karargâhımıza sevk olan sürü sürü kafilelerle hakikaten bir mahşeri andırıyordu.

(...) Çal köyüne girebilmek için yalnız Sakarya'dan itibaren sarf ettiğimiz zaman bir senedir.

Yeni Türk Devleti'nin, genç Cumhuriyetin temelleri burada sağlamlaştırıldı. Bu sahada akan Türk kanları, bu semada uçan şehit ruhları, devlet ve Cumhuriyetimizin ebedi muhafızlarıdır.

Bu muazzam zaferin muhtelif etkenleri üzerinde en mühimi ve en yükseği, Türk milletinin kayıtsız şartsız hakimiyetini eline almış olmasıdır." [291]

Ve Atatürk'ün zaferle taçlanan kurtuluş mücadelesi hakkındaki bu nutkunda bir savaş tanımı var:

"Meydan muharebesi yalnız karşı karşıya gelen iki ordunun çarpışması değildir; milletlerin çarpışmasıdır. Meydan muharebesi, milletlerin bütün mevcudiyetleri ile, ilim ve fen sahasındaki seviyeleri ile, ahlaklarıyla, kültürleriyle kısaca bütün maddi ve manevî kudret ve faziletleriyle ve her türlü vasıtalarıyla çarpıştığı bir imtihan sahasıdır.

Netice, yalnız cismanî kuvvetin değil, bütün kuvvetlerin; bilhassa ahlakî ve kültürel kuvvetin üstünlüğünü ispat derecesine vardırır." [292]

---

291 Atatürk'ün Bütün Eserleri, 2012, c.16, s.283-288.
292 Atatürk'ün Bütün Eserleri, 2012, c.16, s.286.

DÜŞMAN İZMİR'DE DENİZE DÖKÜLÜYOR

Büyük Taarruz zaferle neticelenip düşman takip edilip, İzmir'de denize döküldükten sonra Mustafa Kemal Paşa bir süre İzmir'de kalır. Sonra da Ankara'ya döner.

İnönü zaferinden sonra yapılan ilahili, dervişli karşılama bu sefer de tekrarlanır:

"... Müşir üniformasını giymiş olan Paşa, evvela vagonun penceresinde göründü, alkış ve varol sesleri, mızıkayı bastırıyor, istasyonda akisler yapıyordu.

Biraz sora Paşa trenden inerek mütebessim bir halde ön sıradakilerin ellerini sıkmaya başladı.

Bu protokol işini bitirdikten sonra askerî kıtayı selamlayarak istasyon dışına çıktı.

Biz de arkasından yürüyorduk. Daha istasyon önünde birkaç

kurban kesildi. Paşa yere serilmiş halıların üzerinde yavaş yavaş adımlarla yürüyor, ta Meclis'in önüne kadar sağlı, sollu dizilmiş halkı selamlıyordu.

(…) Kafilenin önünde yürümekte olan dervişlerin okuduğu ilahiler seslerine karışıyordu." [293]

---

[293] S. Bozok-C. Bozok, 1985, s.114.

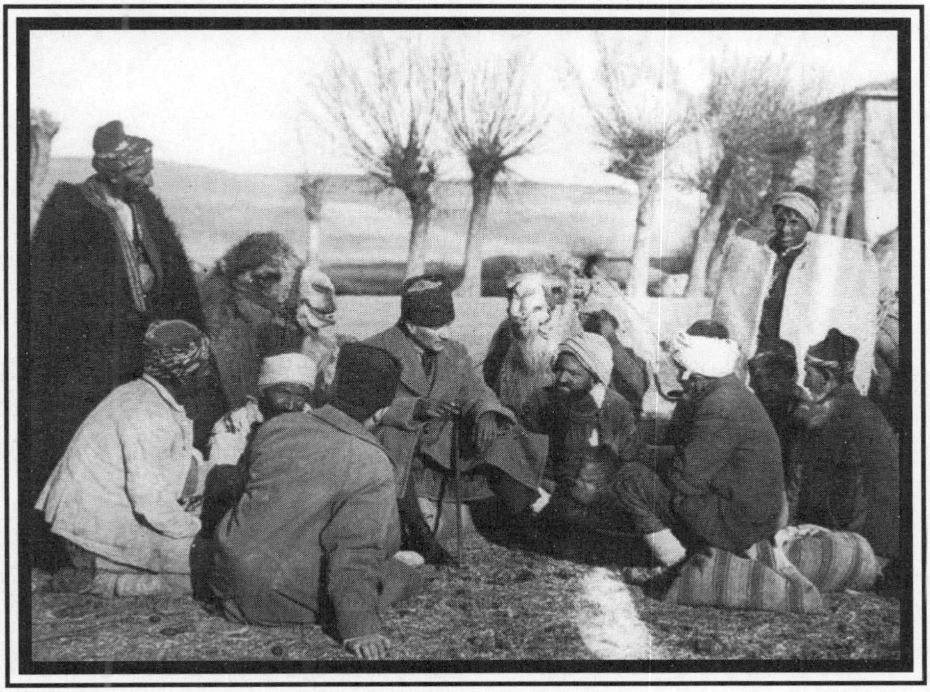

10. BÖLÜM
CUMHURİYET'İN İLANI VE DİN İSTİSMARCILARIYLA MÜCADELE DÖNEMİ

- **29 Ekim 1923 Cumhuriyetin İlanı**
- **Mustafa Kemal'in Saltanatı Kaldırması**
- **Mustafa Kemal'in Hilafetle İlgili Görüşleri**
- **Dini İstismar Edenlerle Savaşı**
- **Ne Türlü Olursa Olsun İstibdâda Karşı Olan Lider**

29 EKİM 1923 CUMHURİYETİN İLANI

1933 senesindeki bir konuşmasında Mustafa Kemal Paşa, Cumhuriyeti şöyle tarif eder:

"Cumhuriyet rejimi demek, demokrasi sistemi ile devlet şekli demektir."

29 Ekim 1923'te ilan edilen Cumhuriyet, millî iradenin tamamen hayata geçmesinin anahtarı olmuştur.

23 Nisan 1920'de Büyük Millet Meclisi açıldıktan üç sene sonra ilan edilen devlet şekli ile yetki tamamen millete geçmiştir.

Atatürk'ün bizzat el yazısı ile yazdığı veya söyleyerek yazdırdığı görüş ve direktifleri arasında Cumhuriyetçilik tanımı şöyledir:

"Demokrasinin tam anlamı ile ideali milletin tümünün aynı zamanda idare eden durumunda bulunabilmesini, hiç olmazsa devletin son iradesini yalnız milletin ifade etmesini ve göstermesini ister.

Cumhuriyette son söz millet tarafından seçilmiş Meclis'tedir.

Millet adına her türlü kanunları o yapar, millet egemenliğini devletin idaresine katılmasını ancak zamanında oyunu kullanmakla sağlar." [294]

Celal Bayar, anılarında, Cumhuriyet konusunda şunları yazar:

"... Erzurum ve Sivas Kongrelerinde tohumu atılan 'millî hakimiyet', 'millî irade', 'millî meclis' mefhumları nihayet tam semeresini vermiş, 29 Teşrinievvel (Ekim) gecesi, saat 8.30'da Cumhuriyet ilan olunarak Türkiye'nin zaten Anadolu hareketinin başından beri fiilen Cumhuriyet olan idaresi, resmen de cumhuriyet olmuştu." [295]

"... Atatürk, 1. Teşkilat-ı Esasiye Kanunu'nda hakimiyetin kayıtsız şartsız millete ait olduğunu kabul ettirdikten sonra, bunun son adımını atıp Cumhuriyetin de ilanını tasarlamıştı.

Bunun hazırlıklarına da Lozan sulhu sıralarında başlamıştı." [296]

Atatürk de Nutuk'ta der ki:

"... İsmet Paşa, Çankaya'da misafir kaldı. Onunla yalnız kaldıktan sonra bir kanun layihası müsveddesi hazırladık. Bu müsveddede 20 Kanunusani 1337 tarihli Teşkilat-ı Esasiye Kanunu'nun şekl-i devleti tespit eden maddelerini şu sûretle tadil etmiştim:

'Birinci maddenin nihayetine Türkiye Devleti'nin şekl-i hükû-

---

294 Atatürkçülük, 1983, s.41
295 Bayar, 1955, s.61.
296 Bayar, 1955, s.63.

meti cumhuriyettir' kelimesini ilave etmiştim" diyor.

"Üçüncü maddeyi şu yolda değiştirdim:

'Türkiye Devleti, Büyük Millet Meclisi tarafından idare olunur. Meclis hükûmetin ayırdığı idare kollarını ve icra vekilleri vasıtasıyla yönetir.' [297]

Böylelikle, tek kişinin hakimiyeti tamamen sona ermiş ve millî irade devreye girmiştir.

Esasen hayatı incelendiğinde henüz medresede iken kendisine haksız yere kızan hocası nedeniyle okula gitmeyi reddeden bir çocuk çıkar karşınıza.

Aynı çocuk gençlik dönemlerinden itibaren Padişah'ın ve etrafındakilerin umursamadığı, ezilerek ve fakir bir şekilde yaşam mücadelesi veren halkı gözlemlemiş, dini emellerine alet eden cahil halkı kullanmalarını reddetmiş ve Kurtuluş Savaşı'na giden süreçte ülkeyi işgal eden güçlerle işbirliğine giden Saray'ı kabul etmemiştir.

Bunun yanında, karşımızda Ehl-i Beyt soyundan gelen bir lider var.

Atatürk'ün padişah ve saltanatta olan yetkileri kendinde toplamak yerine, millet egemenliğine devretmesinde, İslam terbiyesinin etkisi vardır.

"Bağımsızlık fikri Fransız İhtilali'nden alıntı değildir" başlığında değindiğimiz gibi; İslam inancında kul Allah'a karşı mesuldür.

Yine kişi, sahip olduklarından hesaba çekilecektir.

---

[297] Nutuk, 2017, s.577

Cenab-ı Hakk'ın sünnetullahı gereği; her insan yeryüzünde Allah'ın halifesidir. Herkes Allah'a karşı aynı mesuliyetlere sahiptir.

İşte egemenliğin tek kişiden alınıp milletin tamamına devredilmesi de devlet idaresinden doğacak mesuliyetin herkese yayılması olarak okunmalıdır.

MUSTAFA KEMAL'İN SALTANATI KALDIRMASI

Birinci Meclis 1 Kasım 1922'de saltanatı kaldırarak Cumhuriyete geçişi hızlandırmıştır.

Saltanatın kaldırılması, Lozan görüşmelerine İstanbul Hükûmeti'nin de davet edilmesinden sonra hız kazanmış; iki başlılığı kaldırmak maksadı ile hayata geçirilmiştir.

Saltanatın kaldırılması ile ilgili görüşmeler 30 Ekim 1922'de açılmıştır.

En son Mustafa Kemal, kendi el yazısı ile 54 sayfa olarak hazırladığı notları okumuştur.

Bu konuşmada, İstanbul Hükûmeti'nin bağımsızlığı tehlikeye atan tutumlarını, Türklerin tarihî geçmişlerini, bağımsız yaşama azmini ve saltanatın, tek kişi egemenliğinin buna engel olduğunu vurgular.

"Türkiye Büyük Millet meclisi aza-yı kiramına mahsus takrir kağıdı" başlıklı kağıtlardan okuduğu notunun bazı önemli yerleri şöyleydi:

"İstanbul'da yasadışı bir sıfatı kendi üzerine alan Tevfik Paşa, önce özel ve gizli olarak ordularımız başkumandanına, daha sonra ona jurnal eder şekilde yüce Meclis'e başvurdu.

Gelen telgraf ile Müslüman kamuoyu karıştırılmak isteniyordu.

Bağımsızlığımızı yok etmek isteyen düşmanlarımıza karşı kutsal davamızı korumada fiilî ve hukukî olarak başarıya ulaşan millî hükûmetimizi zayıflatmaya yönelik ve fakat anlam ve mantıktan uzak bu telgrafın içeriği…

Yönetim biçimimize ilişkin olan gerçek, Türk halkının alın yazısına gerçek olarak kendisi el koyması, ulusal egemenliğini, ulusal saltanatını üç seneden beri kendi elinde bulundurarak kutsal davasını korumakta bulunmasıdır.

Bu gerçeğin ortaya çıkması bir yalanın yok olmasına yol açmıştır.

Bu yalan; yasadışı, akıldışı olan şeyde bir milletin egemenlik ve saltanatını bir kişinin üzerinde temsil edilmesine izin verilmesiydi.

(…) Allah, insanları yarattığı andan Cenab-ı Peygamberin ölümüne kadar onları aydınlatmak, doğru yolu göstermek ve geliştirmek için aracılarla onlarla ilgilenmiştir.

Onlara Hazret-i Adem Aleyhisselam'dan başlamak üzere sayıları bilinen ve bilinmeyen sınırsız peygamberler ve elçiler göndermiştir.

Son peygamber olan Muhammed Mustafa (sallallahü aleyhi vessellem) 1341 sene evvel Rumi Nisan içinde, Rebiülevvel ayının 12. Pazartesi günü sabaha doğru tan yeri ağarır iken doğdu.

Çocukluk ve gençlik günlerini geçirdi fakat henüz peygamber olmadı. Yüzü nurlu, sözü ruhanî, konuşması ve cevapları güzel, doğruyu ayırt etmede ve görüşlerinde benzersiz, sözüne güvenilir ve yumuşaklık ve iyilikseverlikte herkesten üstün olan Muhammed Mustafa, önce özel nitelikleri ve gelişmişliğiyle kabilesi içinde 'Muhammedü'l-Emin/güvenilir' oldu.

Kavminin sevgisine, saygısına, güvenine erişti. 43 yaşında peygamberlik geldi.

Fahriâlem, sonsuz tehlikeler içinde, sayısız zahmet ve zorluklar karşısında 20 sene çalıştı ve İslam dininin kurulması ile ilgili peygamberlik görevini başarıyla yerine getirdikten sonra öldü."[298]

"... Şimdi efendiler, halifelik makamı saklı kalarak onun yanına ulusal egemenlik ve saltanat makamı ki 'Türkiye Büyük Millet Meclisi'dir' elbette yan yana durur ve elbette Melikşah'ın makamı karşısında güçsüz ve önemsiz bir makam sahibi olmaktan daha yüce bir tarzda bulunur.

Çünkü bugünkü Türkiye Devleti'ni temsil eden Türkiye Büyük Millet Meclisi'dir.

Çünkü bütün Türkiye halkı bütün kuvvetleriyle o halifelik makamının dayanağı olmayı doğrudan doğruya yalnız vicdan ve din görevi olarak üstleniyor ve kefil oluyor.

(...) Türkiye Devleti'nin bağımsızlığına son veren, Türk halkını hayatını, namusunu, onurunu yok eden, Türkiye'nin ölüm

---

[298] Atatürk, Belgeler, El Yazısı ile Yazışmalar, Notlar, Yapı Kredi Yayınları, s.238-248.

kararını ayağa kaldırarak bütün görünümüyle kabul etmek eğiliminde olan kim olabilirdi?

Ne yazık ki, bu milletin hükümdar diye, sultan diye, padişah diye, halife diye başında bulundurduğu Vahdettin!

Vahdettin bu davranışıyla kendini öldürdü ve temsil ettiği yönetim biçiminin yok olmasını zorunlu hale getirdi.

Fakat efendiler, millet hiçbir zaman bu haince davranışın kurbanı olmayı kabul edemezdi. Çünkü millet şimdiye kadar olagelenin gereği olarak, başında bulunanın davranışının iç yüzünü, kolaylıkla kavrayacak olgunluk ve yetenekte idi.

Millet; kişilerin saltanat hırsı, zorbalık hırsı, yayılma hırsından başlayarak çıkar ve rahat sağlamak ve rezalet ve eğlencelerini genişletmek, har vurup harman savurmak gibi alçakça amaçları için araç ve kuvvet olması yüzünden kendi benliğini unutacak derecede geçirdiği gafletlerin üzücü sonuçlarını hemen özetleyecek yetkinlik ve olgunluktaydı.

Dünya tarihinde bir Cengiz, bir Selçuk, bir Osman Devleti kuran ve bunların hepsini yaşayarak tecrübe eden Türk milleti, bu defa doğrudan doğruya kendi nam ve sıfatında bir devlet kurarak bütün bu felaketlerin karşısında millet kaderini doğrudan doğruya eline aldı ve ulusal egemenliğini bir kişiyle değil bütün fertleri tarafından seçilen vekillerden oluşan bir yüce mecliste temsil etti.

Ulusal egemenliğinin makamı yalnız ve ancak Türkiye Büyük Millet Meclisi'dir ve bu egemenlik makamının hükûmetine, Türkiye Büyük Millet Meclisi Hükûmeti derler.

Bundan başka bir saltanat makamı, bundan başka bir hükûmet

yoktur ve olamaz.

Bugün dahi saltanat ve egemenlik makamıyla halifelik makamının yan yana bulunabilmesi en doğal durumlardandır. Şu farkla ki, Bağdat'ta ve Mısır'da saltanat makamında bir kişi oturuyordu.

Türkiye'de o makamda, asıl olan milletin kendisi oturuyor. Halifelik makamında da Bağdat ve Mısır'da olduğu gibi güçsüz veya sığıntı, aciz bir kişi değil, dayanağı Türk Devleti olan yüce bir kişi oturacaktır.

Böylece bir taraftan Türkiye halkı çağdaş ve gelişmiş bir devlet halinde her gün daha sağlam olacak, diğer taraftan bütün İslam dünyasının ruh ve duygularının, inancının bağlantı noktası, Müslümanların kalperini ferahlatabilecek bir yücelikte bulunacaktır.

Bundan sonra halifelik makamının da Türkiye Devleti için ve bütün İslam dünyası için ne kadar bereketli olacağını da gelecek günler bütün açıklığıyla gösterecektir." [299]

Yani Mustafa Kemal, tek kişinin iradesine milletin tamamını bırakmayı reddetmiştir. Saltanat, egemenlik yetkisinin millete geçtiği Millet Meclisi'nin açılmasından sonra kaldırılmıştır. Bunun nedenini yetiştiği İslam inancında aramak gerekir.

Zaten kendisi konuşmasının giriş bölümünde Peygamberimiz Hz. Muhammed'i övmüş, önemine değinmiştir.

Ancak Peygamberimiz son peygamberdir ve sonrasında zamanla egemen yetkinin bir kişide toplanmasının sakıncalarını en son Padişah Vahdettin üzerinden anlatmış ve millete dağılması-

---

[299] Atatürk, Belgeler, El Yazısıyla Notlar, Yazışmalar, Yapı Kredi Yayınları, s.249-342.

nın gereğine vurgu yapmıştır.

Bu sayede yetki ve sorumluluk milletin tamamına ait hale getirilmiştir.

Ancak halifeliği kaldırmamış; onu da milletin tamamına ait şekle koymuştur.

Aşağıda görüleceği gibi, 3 Mart 1924'te kalktığı iddia edilen hilafet makamı kalkmamış, sadece bir kişiden alınarak, Meclis'e tevdi edilmiştir.

Hilafet, 3 Mart 1924'te çıkarılan 431 sayılı Hilafetin İlgasına ve Hanedan-ı Osmaniye'nin T.C. Memaliki Haricine Çıkarılmasına Dair Kanun'un 1. maddesine göre;

"Halife halledilmiştir. Hilafet, hükûmet ve cumhuriyet mânâ ve mefhumunda esasen mündemiç olduğundan hilafet makamı mülgadır."

Mündemiç; varlığın içinde bulunan, varlığın yapısına karışmış olan demektir.

Meclis'in şahsında mündemiç hale getirilmiştir.

Mustafa Kemal, 19 Ocak 1923 tarihindeki İzmit konuşmasında, hilafet ve millî hakimiyet üzerinde durmuş, hilafetin Meclis'e mündemiç oluşu ile millî hakimiyetin esasen çelişkili olmadığını izah etmiştir:

"... Cenab-ı Risaletpenah Efendimiz, bütün ehl-i İslam'ın, ehl-i kitabın malumu olduğu üzere, Yaratan tarafından dinî hakikatleri insanlık dünyasına tebliğ ve anlatmaya memur buyuruldular.

Cenab-ı Peygamber, kendilerine tâbi olanlarla beraber teşekkül etmek, şekillenmek ve bizzat bir hükûmet yapmak için bir askerî kuvvet vücuda getirmek ve peygamberlik vazifesini böyle bir hükûmete ve kuvvete dayanarak yapmak mecburiyetinde kaldı. Bu sûretle aslolan ve hasrolan vazifesine, ikinci bir vazifeyi ilave etti.

Hz. Ömer'e, 'Halife-i Resûlullah' dediler, o ilk defa olarak minbere çıktı, 'Hayır ben halife-i Resûlullah değilim, siz müminlersiniz ve ben sizin emirinizim ve reisinizim.

Hükûmetin hangi esaslara dayanması lazım geleceği bellidir, açıktır, katidir. O esaslardan biri de şûradır. Şûra en kuvvetli bir esastır.

Diğer bir esas da, adalet esasıdır. Şûra, insanların muamelelerini yaparken adil yapacaktır. Çünkü adaletten uzaklaşmış olan şûra; Allah'ın emrettiği bir şûra olamaz.'

İşte bizim meclisimiz ve onun mutemedi olan zevattan meydana gelmiş olan hükûmet heyeti şer'in tamamıyla emretmiş olduğu bir şekilde ve mahiyettedir. Buna göre başkaca bir hilafet makamı söz konusu olabilir mi?

Efendiler! Milletimizin kurduğu yeni devletin mukadderatına, muamelelerine, bağımsızlığına; ismi halife olsun, padişah olsun, ne olursa olsun hiç kimseyi müdahale ettirmez.

Bu itibarla, millet tam Allah'ın emrettiği gibi kurduğu devleti ve onun bağımsızlığını muhafaza ediyor ve ilelebet muhafaza edecektir." [300]

Kısaca, Mustafa Kemal'in hilafeti mecliste mündemiç etmesi, saklaması, millî hakimiyetin mecliste toplanması; bir kişide de-

---

[300] Atatürk'ün Bütün Eserleri, 2012, c.14, s.334.

ğil, yetkinin milletin tamamına dağılması içindi.

Ve kendisi, yaptığı bu Meclis'in ve hükûmetin şer'in tamamıyla emretmiş olduğu şekil olduğunu belirtmektedir.

MUSTAFA KEMAL'İN HİLAFETLE İLGİLİ GÖRÜŞLERİ

Mustafa Kemal, Cumhuriyetin ilanından sonra hilafet ve saltanat makamını birbirinden ayırmıştır.

Nutuk'ta hilafetle ilgili görüşleri bizzat kendi kaleminden aktarılmıştır.

Bıraktığı ve bugüne kadar gizli tutulan vasiyetinde dahi hilafetin bahsi geçer ve devletin kurulmasından bir süre sonra hilafetin tekrar ilanını hesap etmektedir.

Bu bahislere geçmeden evvel, Millî Mücadele yıllarında yayınlanan bir fetvadan bahsedelim.

Her ne kadar, İstanbul Hükûmeti, 11 Nisan 1920'de Şeyhülislam Dürrizade es-Seyyid Abdullah imzasıyla yayınlattığı fetvada "hilafet katına ihanet etmektedirler" dese de, Mustafa Kemal ve Kuvvacılar, hilafetin de kurtarılması gereğine inanmaktaydılar.

Şeyhülislam'ın fetvasında şu ifadeler vardır:

"... Bu işleri yapan yukarıda söylenmiş elebaşılar ve yardımcıları ile bunların peşlerine takılanların dağılmaları için çıkarılan yüksek emirlerden sonra bunlar, hâlâ kötülüklerine inatla devam ettikleri takdirde işledikleri kötülüklerden memleketi temizlemek ve kulları fenalıklardan kurtarmak, dince yapılması gerekli olup, Allah'ın 'öldürünüz' emri gereğince öldürülmeleri şeriata uygun ve farz mıdır?

Cevap: Allah bilir ki olur." [301]

Kuvva hareketi, "Padişah ve halife dahi esirdir. Makam-ı hilafet ve saltanatın kurtarılması lazımdır" temelinde Ankara Müftüsü ve Ankara Müdafa-i Hukuk Cemiyeti Reisi Mehmet Rıfat Efendi ve beş müftü, 9 müderris ve medrese müdürü ile altı kişilik ilmiye sınıfından müteşekkil 20 kişilik bir grup hilafetle ilgili bir fetva yayınladı.

19-22 Nisan tarihinde Öğüt, İrade-i Milliye, Açıksöz gibi gazetelerde çıkan fetvanın önemli kısımları şöyleydi:

1- Dünyanın nizamının sebebi olan İslam halifesi hazretlerinin halifelik makamı ve saltanat yeri olan İstanbul, müminlerin emirinin sebebine aykırı olarak, İslamların düşmanı olan düşman devletler tarafından fiilen işgal edilerek, İslam askerleri silahlarından uzaklaştırılıp, bazıları haksız yere şehit edilmiş, halifelik merkezini koruyan bütün istihkamlar, kaleler, savaş aletleri zapt edilmiş...

Halifenin rızası olmadığı halde, Osmanlı toprakları olan İzmir, Adana, Maraş, Antep ve Urfa taraflarına düşmanlar saldırıp

---

[301] Ergün Aybars, Türkiye Cumhuriyeti Tarihi, cilt 1, 9 Eylül Üniversitesi Yayınları, İzmir, 1998, s.369-370.

oradakileri Müslüman olmayan uyruklarımızla el ele vererek İslamları toptan yok etmeye, mallarını yağmalamaya ve kadınlarına tecavüze kalkışmışlardır.

Anlatılan şekilde harekete ve esirliğe uğrayan halifelerini kurtarmak için ellerinden geleni yapmaları bütün Müslümanlara farz olur mu?

Cevap: Allah en iyi bilir ki, olur.

Halifeliğin gasp edilen haklarını geri almak için düşmanlara karşı açılan mücadelede ölenler şehit, kalanlar gazi olur mu?

Cevap: Allah en iyi bilir ki, olurlar.

Bu sûretle din uğrunda savaşan ve görevini yapan halka karşı düşman tarafını iltizam ederek silah kullananlar ve adam öldürenler şeriat bakımından en büyük günahı işlemiş ve fesatçılık etmiş olurlar mı?

Cevap: Allah en iyi bilir ki, olurlar."

Bir tarafta halifeye başkaldırı olarak değerlendirilerek halkı Kuvva hareketine karşı kışkırtan bir İstanbul Hükûmeti; diğer yanda halifeye saldırı var, halifeyi kurtarmak lazım şeklinde anlatılarak halkın desteği alınarak oluşturulan bir Kuvva-yi Milliye...

Hatta Kurtuluş Savaşı'nda İslam'a ve halifeye yönelik bir saldırıya olan müdafaadaki samimiyet o kadar gerçektir ki, o tarihte İngiltere'nin işgalindeki Türkiye'ye, bir İngiliz sömürgesi olan Hindistan'daki samimi Müslüman Hindular, esir edilen halifenin kurtarılması için "hilafet fonu" oluşturmuştur.

Hinduların da "Ankara'ya yardım fonu" adı ile biriktirdiği paralar, "İslamiyet'in kılıcı" ilan ettikleri Mustafa Kemal'in adına ve şahsına gönderilmiştir.

Genelkurmay Harp Tarihi Başkanlığı tarafından hazırlanan "Türk İstiklal Harbi İdari Faaliyetleri" isimli 1975 yılında basılmış eserde Hindistan'dan, halifenin kurtuluşu için 1921 Aralık'ından, 12 Ağustos 1922'ye kadar 675 bin Türk Lirası karşılığı 106.400 İngiliz Lirası gönderilmiştir.

1 Kasım 1922'de saltanat, 3 Mart 1924'de halifelik kaldırılmıştır.

Atatürk, her ikisi hakkında da Millet Meclisi'nde yapılan görüşmelerde, Hz. Muhammed'den örnekler vermiştir:

"Mazhar-ı nübüvvet ve risalet olan Fahr-i Âlem Efendimiz bu kütle-yi Arap içinde Mekke'de dünyaya gelmiş bir vücud-u mübarek idi.

Ey arkadaşlar! Allah birdir, büyüktür.

Muhammed Mustafa, peygamber olmadan evvel, kavminin muhabbetine, hürmetine, itimadına mazhar oldu. Ondan sonra ancak kırk yaşında nübüvvet ve kırk üç yaşında risalet geldi."

Atatürk, saltanat ve halifelik makamını samimiyetle kaldırmıştır. Yani halifelik unvanı kaldırılmıştır.

Ancak hilafete dokunulmamıştır.

Gerek saltanat ve gerekse halifeliğin kaldırılması, tek kişide toplanan egemenliğin sona erdirilmesi maksadıyladır. Halifeliğin bir şahsın temsilinde bulunması, kaldırılmasıyla sona ermiştir.

İlan edilen Cumhuriyet ile egemenlik millete geçmiş; hilafet de tek kişiye ait olmaktan çıkarılarak, Cumhuriyetin ve hükûmetin şahsında koruma altına alınmıştır.

Dediklerimizin ispatı Atatürk döneminde, 3 Mart 1924'te çıkarılan 431 sayılı Hilafetin İlgasına ve Hanedan-ı Osmaniye'nin T.C. Memaliki Haricine Çıkarılmasına Dair Kanun'dur.

Bu kanunun 1. maddesi şöyledir: "Halife halledilmiştir. Hilafet hükûmet ve cumhuriyet mânâ ve mefhumunda esasen mündemiç olduğundan hilafet makamı mülgadır."

Mündemiç; varlığın içinde bulunan, varlığın yapısına karışmış olan demektir.

Yani hilafet tamamen kaldırılmamış; Meclis'e ve Cumhuriyete ait olarak bırakılmıştır.

İzmit sinema binasında 19 Ocak 1923 tarihinde yaptığı mülakatta bağımsız İslam devletlerinin seçeceği halife-i müslimin hakkında şunları söyler:

"Bağımsız İslam hükûmetlerinin selahiyet sahibi delegeleri bir araya gelip bir kongre yaparlar ve derlerse ki, Türkiye ile İran arasında, İran ile Afgan arasında, Mısır, Hint arasında veya bütün bunlar arasında şu veya bu münasebetler teessüs etmiştir.

Bu ortak münasebetleri muhafaza etmek için bu ortak münasebetlerin ihtiva ettiği şartlar dahilinde hareketi temin etmek için bütün İslam devletlerinin delegelerinden meydana gelen bir şûra teşekkül edecektir. Ve o şûranın bir riyaset makamı olacaktır. İşte o makama seçilecek olan zat halife-i müslimin olacak zattır." [302]

Hilafet konusu Nutuk'ta bizzat Atatürk tarafından şöyle ele alınır:

"Ortaya atılan görüş şuydu: Avrupa'da, Asya'da, Afrika'da ve diğer kıt'alarda yaşayan Müslüman toplumları, gelecekte her-

---

302 Atatürk'ün Bütün Eserleri, 2015, c.14, s.338-339.

hangi bir gün kendi irade ve arzularını kullanacak bir güç ve özgürlüğe kavuşurlar ve o zaman lüzumlu ve yararlı görürlerse, çağın gereklerine uygun birtakım uyuşma ve birleşme noktaları bulabilirler.

Şüphesiz, her devletin, her toplumun birbirinden karşılayabileceği ihtiyaçları vardır. Karşılıklı çıkarları olacaktır. Tasarlanan bu bağımsız İslâm devletlerinin yetkili temsilcileri bir araya gelip bir kongre yaparlar ve 'falan ve filân İslâm devletleri' arasında şu veya bu ilişkiler kurulmuştur. Bu ortak ilişkileri korumak ve bu ilişkilerin gerektirdiği şartlar içinde birlikte hareket sağlamak için, bütün İslâm devletlerinin temsilcilerinden kurulu bir meclis oluşturulacaktır.

'Birleşmiş olan İslâm devletleri bu meclisin başkanı tarafından temsil edilecektir' derlerse ve isterlerse, işte o zaman, o 'Birleşik İslâm devletine hilâfet ve ortak Meclis'in başkanlığına seçilecek zata da halife unvanını verirler." [303]

Rahmetli Adnan Menderes, Ata'nın Nutuk'ta altını çizdiği görüşlerini devam ettirmek maksadıyla, 1958 senesinde, "Eğer isterseniz hilafeti de getirebilirsiniz" demiş ve bir rivayet, 27 Mayıs'a giden süreç bu açıklamadan sonra başlamıştır.

Hilafet bahsinin Atatürk'ün bıraktığı ve gizliliği halen muhafaza edilen vasiyetnamesinde de yer aldığını söyleyen pek çok araştırmacı vardır.

1988'de açıklanması gereken vasiyetnamenin, Kenan Evren'in talimatıyla 25 sene daha gizlenmesine karar verildiğini

---

[303] M. Kemal Atatürk, Nutuk, Türk Devrim Tarihi Enstitüsü, 9. Baskı, Millî Eğitim Basımevi, İstanbul 1969, c.2, s.713. Bölüm 14: Lozan Barış Konferansı ve Saltanatın Kaldırılmasına İlişkin Gelişmeler, Hilafet Meselesi. Konu 24: Hilafet Konusunda Halkın Şüphe ve Endişesini Gidermek İçin Yaptığım Açıklamalar.

belirten Aytunç Altındal, Mustafa Kemal'in vasiyetteki hilafet projesini şöyle aktarır:

"Atatürk'ün hilafet sisteminde, İslam ülkeleri aralarında Şûra oluştururlar. Beş ülkeyi daimi yönetici seçerler, meclisleri sırayla hilafet makamını temsil eder şeklinde..."

Sonuç olarak hilafet, Atatürk'ün ömrü vefa etseydi hayata geçireceği ve İslam devletlerini birleştirmek için kullanacağı bir sistem ve yol olacaktı.

Tekrar edelim ki; 3 Mart 1924'te çıkarılan 431 sayılı Hilafetin İlgasına ve Hanedan-ı Osmaniye'nin T.C. Memalik-i Haricine Çıkarılmasına Dair Kanun'un 1. maddesi ne göre; "Halife halledilmiştir. Hilafet hükûmet ve cumhuriyet mânâ ve mefhumunda esasen mündemiç olduğundan hilafet makamı mülgadır."

Mündemiç; varlığın içinde bulunan, varlığın yapısına karışmış olan demektir.

Yani hilafet tamamen kaldırılmamış, hükûmete ve cumhuriyete ait olarak bırakılmıştır.

Bunu, 10 Ocak 1921'de, 1. İnönü Savaşı'nın başladığı gün kaleme aldıkları muhtıra da da beyan ederler:

"... Hilafet ve saltanat makamı ve bu yüce makamda oturan zat-ı hümayun, Büyük Millet Meclisi'nin kanunları dairesinde saklı ve korunmuştur.

İmza: Büyük Milllet Meclisi Reisi Mustafa Kemal." [304]

Hilafetin arkasına sığınarak bundan dolayı Atatürk'ü dinsizlikle itham edenler son derece büyük bir İngiliz oyununun ve de ahiret vebalinin içindedirler.

---
304 Atatürk'ün Bütün Eserleri, 2015, c.10, s.271.

Kaldı ki, bir Bektaşî olan Atatürk'ün, hilafetin Hz. Ali'nin hakkı olduğuna dair beyanları da vardır:

"... Vaktaki Muaviye ile Hz. Ali karşı karşıya geldiler, Sıffin vakasında... Muaviye'nin askerleri Kur'an-ı Kerim'i mızraklarına diktiler ve Hz. Ali'nin ordusunda bu sûretle tereddüt ve zaaf husule getirdiler.

İşte o zaman dine fesat, İslamlar arasında münaferet (ayrılık) girdi ve o zaman Hak olan Kur'an, haksızlığı kabule vasıta yapıldı." [305]

Siz Mustafa Kemal'in, Hz. Ali'nin olan halifeliği hakkı gasp edilerek Muaviye'nin aldığı inancından yola çıkarsanız, hilafetin mecliste mündemiç olması zaten hakkı olana verilmeyen hilafetin emanet edilmesi mânâsına da gelir.

Bu görüş O'nun inanç dünyasına da uygundur.

---

305 Hüseyin Bahar, Atatürk'ün İnanç Dünyası, Biltek Yayınları, Ankara, 2001, s.3.

DİNİ İSTİSMAR EDENLERLE SAVAŞI

Hayatı boyunca Allah lafzını, Kur'an'ı, duayı eksik etmeyen Atatürk'ün, bazı yazılarında veya icraatlarında dindar gözükenlere karşı takındığı tavır aslında İslam dininin muhafazası içindir.

Bakınız, 1909'da, 10 numaralı not defterine, 31 Mart vakası olduğunda, dini alet edenler için neler yazmıştı:

"... Sarık saran hafiyelerin din perdesi altındaki icraatları menfaatten başka bir şey değildir. Faziletli din heyeti başımızın tacı, yüceltilmeye ve saygıya değerdir fakat melanet sağlamak, adi menfaat maksadıyla din kisvesine bürünerek, Hz. Muhammed'in mübarek dinini karalayıp, küçük düşürmekten çekinmeyen birtakım menfaatçiler..." [306]

Henüz hayatta iken arkasından konuşulan "dinsiz" iftirasına

---
306 Atatürk'ün Bütün Eserleri, c.1, s.37,39.

karşı, O, her fırsatta Müslümanlıktan bahseder ve kötü niyetliler konusunda halkı ayıktırmaya çalışırdı:

Bakın, 16 Mart 1923 senesinde Adana'da Türk Ocağı'nda esnafla yaptığı konuşmada ne diyor:

"Bizi yanlış yola sevk eden kötü niyetliler, bilesiniz ki çoğu zaman din perdesine bürünmüşler, saf ve temiz halkımızı hep şeriat sözleriyle aldatmışlardır. 'Hafta tatili dine aykırıdır' gibi hayırlı, akla ve dine uygun konular hakkında, sizi kandırmaya çalışan kötü niyetlilere inanmayın. Hangi şey ki; akla, mantığa, halkın menfaatlerine uygundur, biliniz ki o bizim dinimize de uygundur.

Bir şey akla ve mantığa, milletin çıkarlarına, İslam'ın çıkarına uygunsa; kimseye sormayın, o şey dinîdir. Eğer bizim dinimiz akla, mantığa uygun düşen bir din olmasaydı, en mükemmel olmazdı." [307]

Mustafa Kemal'in hayatı incelendiğinde, gerek gençlik yıllarında, gerek harp döneminde ve sonrasında genç Cumhuriyetle beraber gelişen süreçte dine aykırı bir tek sözü yoktur.

İslam dini için söylenmiş övgü dolu sözler O'na aittir:

"Din insanların gıdasıdır. Dinsiz adam boş bir eve benzer. İnsana hüzün verir. Mutlaka bir şeye inanacağız. Bu dinlerin en sonuncusu elbette en mükemmelidir. İslam dini hepsinden üstündür." [308]

Din perdesini kullananların İslamiyet'i saptırdığını ifade eder:

"... Tereddütsüz diyebilirim ki, bugünkü İslam dini başka,

---

307 Atatürk'ün Bütün Eserleri, c.15, s.218-219.
308 Erol Mütercimler, Fikrimizin Rehberi, 8. Baskı, Alfa Yayınları, s.1080.

Peygamberin zamanındaki İslam dini başkadır. Gerçek İslamiyet, yaradılışından gelen mantıklı bir dindir. Hayalleri, yanlış düşünceleri, boş inançları hiç sevmez, özellikle nefret eder." [309]

Yine din istismarcıları hakkında saltanatın kaldırılmasıyla alakalı Meclis'te yaptığı konuşmada;

".... Böyle adi ve sefil hilelerle hükümdarlık yapan halifeler ve onlara dini alet yapmaya tenezzül eden sahte ve imansız âlimler tarihte daima rezil olmuşlar, terzil edilmişler ve daima cezalarını görmüşlerdir" der. (Saltanatın kaldırılması hakkında Meclis'te yaptığı konuşmadan).

Mustafa Kemal, bu beyanları ile gerçek din âlimleri ile din istismarcılarını, dini siyasete alet eden dincileri ayırmaktadır.

Yine şöyle der:

"Tarihimizi okuyunuz, dinleyiniz... Görürsünüz ki; milleti mahveden, esir eden fenalıklar hep din kisvesi altında, küfür ve melanetten gelmiştir. Onlar her türlü hareketi dinle karıştırırlar. Halbuki elhamdülillah hepimiz Müslümanız, hepimiz dindarız." [310]

Mustafa Kemal, Anadolu'nun kurtuluşunda din adamlarından destek almasına rağmen sadece Nakşi olanlarından bu desteği görmemesi de, İslamiyet'i değiştiren hocaların anlaşılmasında önemlidir.

"Zira vatan sevgisi imandandır" buyurur, Hz. Peygamberimiz (s.a.v).

Kurtuluş Savaşı döneminde ve Cumhuriyetin ilk yıllarında çıkan ve isyancı şeyhlerin öldürüldüğü bazı isyanlar Mustafa Ke-

---

309 Reşat Genç, Türkiye'yi Laikleştiren Yasalar: 3 Mart 1924 Tarihli Meclis Müzakereleri ve Kararları, Atatürk Araştırma Merkezi Yayınları, Ankara, 1988, s.147.
310 Atatürk'ün Söylev ve Demeçleri, c.2, s.131.

mal'e dinsiz denilmesine bahane edilmiştir. Ancak, sabittir ki; bu isyanların tamamı İngiliz etkisindeki Nakşilerin çıkardığı, kurtuluş hareketini baltalamayı amaçlayan bilinçli isyanlardır.

Mesela Konya'da bir Nakşibendi şeyhi olan ve Konya halkı üzerinde derin tesiri bulunan Zeynelabidin Hoca örneği...

"Zeynelabidin Hoca, Kuvva-yi Milliye aleyhine aleni cephe almıştır. Millî Mücadele yılları boyunca bilhassa İngilizler ve Saray'la yakın bir ilişki içerisinde olan Zeynelabidin Hoca gerek Padişah Vahideddin'in ve gerekse muhaliflerin bir numaralı gözdesi durumuna gelmişti. Ona bütün Gonneyi tek hamağının ucunda çeviren adam gözüyle bakılıyordu." [311]

Nakşibendi şeyhleri Koçgiri isyanına, Menemen isyanına, Şeyh Sait isyanına destek gösterilmektedir.

Musul ve Kerkük konusunda İngilizlerle yapılan görüşmeler sırasında patlak veren Şeyh Sait isyanı, Musul ve Kerkük'ün elimizden çıkmasına sebep olmuştur.

Bruinessen, "Nakşibendi ağı olmasaydı bunca savaşçıyı harekete geçiremeyecekti; bu insanlar onun kutsal bir kişi olduğuna inanmasalar, bu derece fanatikçe savaşmayacaklardı" itirafında bulunmuştur. [312]

O'na bu gelişmeler karşısında takındığı tavır nedeniyle dinsiz diyenler, Nakşilerin Kurtuluş Savaşı ve sonrasında İngilizlerle yaptıkları işbirliğini iyi incelemeliler.

"Atatürk'ün Nutuk'ta yazdığına göre, Nakşi şeyhi Şeyh Taha

---

311 Tarık Mümtaz Göztepe, Osmanoğullarının Son Padişahı Vahidettin Mütareke Gayyasında, Sebil Yayınları, İstanbul, 1969, s.79-82.

312 Mehmet Emin Koç-Emre Polat, Ehl-i Beyt'e Karşı Bir Akım Olarak Nakşibendilik, İcmal Yayınları, İstanbul, 2014, s.327.

Nehri'nin torunu Seyyid Abdülkadir, Kürt Teali Cemiyeti'nin başkanıydı. Koçgiri isyanının ele başı idi ve idam edildi.

Vatan haini Şeyh Sait ve 46 yoldaşı, 28 Haziran 1925'te Diyarbakır'da asıldılar.

Menemen isyanının elebaşı Şeyh Muhammed Esat Erbili'nin dedesi Şeyh Hidayetullah da Şeyh Halid-i Bağdadi'nin halifelerindendi.

İstiklal Harbi esnasında İngilizler tarafından kışkırtılarak Delibaş Mehmet isyanını çıkartan Konyalı Zeynelabidin ve kardeşi de Nakşibendi idi." [313]

Musul meselesinin halledilmesine çalışıldığı bir dönemde Kürt aşiretler, İngilizlerin desteği ile Nakşi şeyhi Sait önderliğinde ayaklanırlar.

13 Şubat 1925 tarihinde 350 atlı ile ilçe merkezine doğru yola koyulan isyancılar, Diyarbakır'a saldırırlar. Nisan'ın ikinci haftasından itibaren Türk ordusu duruma hakim olur.

"Din elden gidiyor" denilerek isyana girişenler, ayaklanmaya dahil olmayan Kürt aşiretlerine, "melun" veya "Türk" denmesi; Şeyh Sait'e ait belgelerin üzerinde "Kürdistan reisi" veya "hükûmeti" şeklinde imzalar bulunması, kullanılan silahların ve askerî malzemenin yabancı olması, olaylardaki İngiliz kışkırtmasına delildir.

Neticede isyan bastırılır, 29 Haziran 1925'te 47 asi idam edilir.

Mustafa Kemal 1920 senesinde Hakimiyet-i Milliye gazetesinde uzun bir yazı kaleme alır ve özetle şöyle der:

---

313 M. Emin Koç, E. Polat, 2014, s.340, 341.

"… İstanbul'u, Müslümanları müşterek ve hür bir beldesi, hilafetin ve İslam bağımsızlığının bir bayrağı diye elde etmek istediler.

Türkleri İslam'ın bağımsızlığı için son dövüşen, yeni düşünceli ve İngilizlerin melanetini öğrenmiş bir millet diye imha etmek istiyorlar.

Fakat bunun Müslüman dünyasına fena tesiri olacağını bildiklerinden, bunu güya, İslamiyet'i müdafaa eder gibi görünerek yapmak istiyorlar.

Bunun için bir defa halifeyi ellerine almak, onu milletinden ayırmak vasıtalarını bulmak lazımdı.

İstanbul'u Anadolu'dan ayırdıktan sonra, Anadolu'yu da birbirine katmak için kendi fikirlerinde bir kabine getirdiler.

(…) Halifemizi ellerine aldıktan sonra memleketimizdeki Müslümanların silahlarını tamamen ellerinden alacaklar, ticaret ve iktisadî işlerde Müslümanlara baskı yapıp malum vasıtalarıyla Müslümanları fakir ve aciz bir hale koyacaklar…

Milletin ve İslam'ın namus ve haysiyeti ile hayat hakkı için haykıran Türkiye Müslümanlarını böylece yok edebilirse, Hindistan'a dönüp diyecek ki: 'İşte halife elimizde bağımsızlık davasında olan bu Türkiyeliler birbirlerini parçaladılar. Barış ve sükun tesisi için İngiltere gelip bu memleketi işgal etmeye mecbur oldu.

İslam için bağımsızlık bitmiştir ve İslam İngiltere'nin boyunduruğu altına girmiştir." [314]

Söyler misiniz, her satırında İslam'ın savunucusu olan bu asker, nasıl dinsiz olabilir?

---

[314] M. Emin Koç, Emre Polat, 2014, s.323-324.

15 yıl yanından ayırmadığı Hafız Yaşar Okur Hoca, "Atatürk'le On Beş Yıl: Dinî Hatıralar" isimli küçük bir kitapçık kaleme almıştır.

Başlangıç kısmında şunu yazar:

"Öteden beri Atatürk'ün dine karşı güya kayıtsız kaldığını iddia eden birtakım bedbahtlar, hem bu eşsiz kahramanın hem de asil Türk milletinin mukaddes inançlarına saygısızlık göstermişlerdir.

15 yıl yanlarında bulunmamın bana verdiği hak ve selahiyetle diyebilirim ki; Atatürk dine karşı hiçbir zaman kayıtsız kalmamış, yalnız dini istismar edenlere cephe almıştır." [315]

Denilebilir ki; Mustafa Kemal'in davası İslam'ın ve Müslümanların korunmasıdır.

Bakınız, İngiliz etkisindeki Vehhabiliğin İslam'la olan bağları hakkında henüz Selanik yıllarında neler düşünür:

"Ahmet Fuat Bulca, Mustafa Kemal'in Suriye'den Selanik'e döndüğünde şunları değerlendirdiğini anlatır:

... Bizlerle sohbetlerinde sık sık Arapların din yapıları ve bize karşı bu faktörü kısıtlı kullandıklarına dair dinledikleri ve gördükleri vardı.

Hususiyetle Suriyelilerin İslamiyet'i telakki ve tatbik tarzlarının bize hiç benzemediği yolunda misaller veriyordu.

İngilizlerin Vehhabiliği bir mezhepten farklı olarak, adeta bir din yapısına sahip düşüncelerin esas İslamiyet'le alakasını münakaşaya değer buluyordu."

---

315 Yaşar Okur Hoca, Atatürk'le On Beş Yıl: Dinî Hatıralar, Sabah Yayınevi, başlangıç bölümü.

İslam dini hakkında tam bilgi sahibi olmayan bir kişi, İngiliz etkisindeki Vehhabiliği gerçek İslam'la karşılaştırabilir mi?

Ya da İslam itikadında samimi olmayan, İslam adına bir soru işareti olan Vehhabilik üzerinde durabilir mi?

Cumhuriyetin ilanından sonra da aynı tavrı devam etmiştir:

"1. Tarih Kongresi, 1930 senesinde Ankara Halkevi'nde toplanmıştı.

Muallimlerden birisi, 'Din lüzumlu bir şey midir?' diye sorar.

Atatürk bu suale gayet sakin bir tavırla hemen cevap verir:

Evet, din lüzumlu bir müessesedir. Dinsiz milletlerin devamına imkan yoktur. Yalnız şurası var ki; din, Allah ile kulu arasındaki bağlılıktır. Softa sınıfının din simsarlığına müsaade edilmemelidir.

Dinden maddî menfaat temin edenler menfur kimselerdir. İşte biz bu vaziyete muhalifiz ve buna müsaade etmiyoruz.

Bu gibi din ticareti yapan insanlar saf ve masum halkımızı aldatmışlardır. Bizim ve sizlerin asıl mücadele edeceğimiz ve ettiğimiz bu kimselerdir." [316]

Bu ve benzeri sözleri ve din ticareti yapan vatan hainlerine karşı takındığı haklı tavır değil midir ki, pek çok zaman O'nu en yakınındakilerce bile "dinsiz mi acaba?" sorusunu sordurmuştur.

---

316 Kılıç Ali, 1955, s.114-115.

NE TÜRLÜ OLURSA OLSUN İSTİBDÂDA KARŞI OLAN LİDER

Türkçe Kur'an okutulması, Kur'an'ın Türkçe tefsiri ve Türkçe ibadet konularına geçmeden evvel, Mustafa Kemal ile alakalı bir özelliğin altını çizmek yerinde olacaktır.

Zira Türkçe ibadet ile "dinsizdir" denilerek üzerine gidilen liderin, esasında bir cihad Müslümanı olduğu eserimizin başından sonuna kadar ortaya konulmaktadır.

Mustafa Kemal, henüz öğrencilik yıllarından itibaren her türlü baskıya karşı çıkan bir karaktere sahiptir.

"… Bir gün derste ayağa kalkmıştı. Hocaefendi yerine oturmasını buyurunca bacaklarının tutulduğunu ileri sürerek oturmayı reddetti.

Hoca, 'Bana karşı geliyorsun, öyle mi?' diye bağırdı.

Mustafa, 'Evet, karşı geliyorum!' diye cevap verdi.

Bunun üzerine, sınıftaki diğer çocuklar da ayağa kalkarak, 'Biz de size karşı geliyoruz' dediler ve hoca onlarla uzlaşmaktan başka çare bulamadı.

(...) Arkadaşları birdirbir oynamak isteyince çömelmeyi öfkeyle reddeder ve ayakta dururken 'üstümden atlayın' diye onlara meydan okurdu." [317]

Yine, Selanik Mülkiye Rüştiyesi'nde Mustafa'ya, sınıfta bir arkadaşıyla biraz dalaştığı için kötü muamele eden, onu aşırı derecede döven Kaymak Hafız'ın, çevresinde kendine verilen lakaptan da anlaşılacağı gibi, her halde lenfatik, bıngıl bıngıl, alelade bir adam olması mümkündür.

Hafız, sınıfta Mustafa'yı dalaşma halinde yakalayınca, fena halde hırpaladı. Çok zaman sonra ve bizzat Mustafa'nın anlattığına göre, onun vücudunu kan içinde bıraktı. Hocanın, bundan sadist bir zevk almak istemesi de mümkündür.

Mustafa, annesinin daha onu doğurmadan tahayyül ettiği gibi sarı saçlı, mavi gözlü, pembe yüzlü fakat hakarete tahammül etmeyen ciddi ve haysiyetli bir çocuktu. Şemsi Efendi mektebinde gene sarıklı ve anlaşıldığına göre yüzü çiçekbozuğu Çopur Hafız Nuri Efendi'ye isyan ettiği gibi, bu sefer de Kaymak Hafız'ın hakaretine tahammül etmedi. Gerçi Çopur Hafız işi örtbas etmişti. Ama Kaymak Hafız işinde Mustafa dayattı. Günlerce mektebe gitmedi." [318]

Bakınız, Mustafa Kemal, 1 Aralık 1921'de Büyük Millet

---

[317] Lord Kinross, Atatürk: Bir Milletin Yeniden Doğuşu, Sander Yayınevi, İstanbul, 1966, s.28-29.

[318] Aydemir, 1976, c.1, s.51.

Meclisi'nde, heyet-i vekile'nin vazife ve salahiyetine dair kanun teklifi hakkında yapılan görüşmelerde Kanun-i Esasî'den bahseder ve şöyle der:

"... Hakikaten bu kitabın son rolü; milletvekillerini, hilafet ve saltanat makamını elinde tutan zatın en büyük düşmanlarla birlikte dağıtmasıyla nihayet bulmuştur ve onun üzerine milletimiz çocukçasına aldanmaktan ibaret olan bu hareketi artık tekrar etmemeye tövbe ve istiğfar etmiştir ve bu defa hakikaten Kuvva-yi Milliye'yi etken ve millî iradeyi hakim kılmak üzere yüksek heyetinizi buraya göndermiş ve bügünkü hükûmet şeklimizi tayin, tespit eylemiş ve bugünkü faaliyet şekline koymuştur."

Cumhuriyete geçiş öncesinde millî iradeyi hakim kılan, padişahın yetkisini sona erdiren Mustafa Kemal ile, tek adamın padişahın emri ile halkı din baskısı altında ezen cahil hocalara hayır diyen Mustafa Kemal arasında bir fark yoktur.

Her iki icraat da esasen ezilen milletin iradesini hakim kılmak içindir.

Birbirinden farklı iki Atatürk anlayışı olduğundan bahsedebiliriz. Birisi; Kurtuluş Savaşı'nda Türk milletine örnek olan, liderlik yapan ve düşmanı denize döken, Cumhuriyeti ilan eden, Millet Meclisi'ni açan Mustafa Kemal; diğeri devrimleri yapan dinsiz Atatürk.

Oysa onun henüz Kurtuluş Savaşı devam ederken açtığı Millet Meclisi, meşruiyeti milletten alması, tüm yetkileri Meclis iradesine bırakması ve henüz savaş zaferle neticelenmeden konuşmaya başladığı devrimleri de Meclis çatısı altında onaylatarak hayata aktarması esasen iki değil, tek Mustafa Kemal olduğunun göstergesidir.

Kurtuluş Savaşı'nda yanında olan millet, bu sayede devrimlerde de yanında olmuş, yetkiyi milletten almasını sağlamıştır.

Türkçe ibadet, Osmanlı döneminde hocaların dediklerinin doğruluğunu araştıramadan kabule mecbur kalan millet, ne okuduğunu anlasın, kanmasın düşüncesi ile hayata geçirilmek istenmiş, ancak zorlanmamıştır.

Atatürk 1936'da, Bursa'da güvenliğinden sorumlu Teğmen Hayrullah Soygür'e, askerlerini yetiştirirken din eğitimi de vermesinin vatan savunmasına etkisi ile alakalı şunları söylemiştir:

"Büyük Tanrı diyor ki; insanlar doğacaklar ve yaşayacaklardır ama bu insanlar arasında en az hüsrana uğrayacak olanlar hak yemeyenler ve sabredenlerdir.

Şimdi namaza dursan ve Türkçe, 'Büyük Tanrım! Senin yap dediğini yapıyorum, yapma dediğini kesinlikle yapmıyorum, kendimi kötülüklerden korumaya çalışıyorum, hak yemiyorum, sabrediyorum' dersen; sonra Allah'tan her şey istenir, sen de bir şey istersen kabul edilmez mi? Ben kabul edileceği kanısındayım.

Eğer böyle uygulansa idi, Türk İslamlığı çok daha çabuk yayılırdı. Şimdi Mehmetlerini seni yetiştirenler gibi yetiştir.

Bir subay ki, askerlerinin dini ve milliyeti ile en iyi bir şekilde ilgilenir ve onları öyle yetiştirir işte o millet yıkılmaz." [319]

---

319 Büyük Kurultay Gazetesi, 16 Şubat 1998.

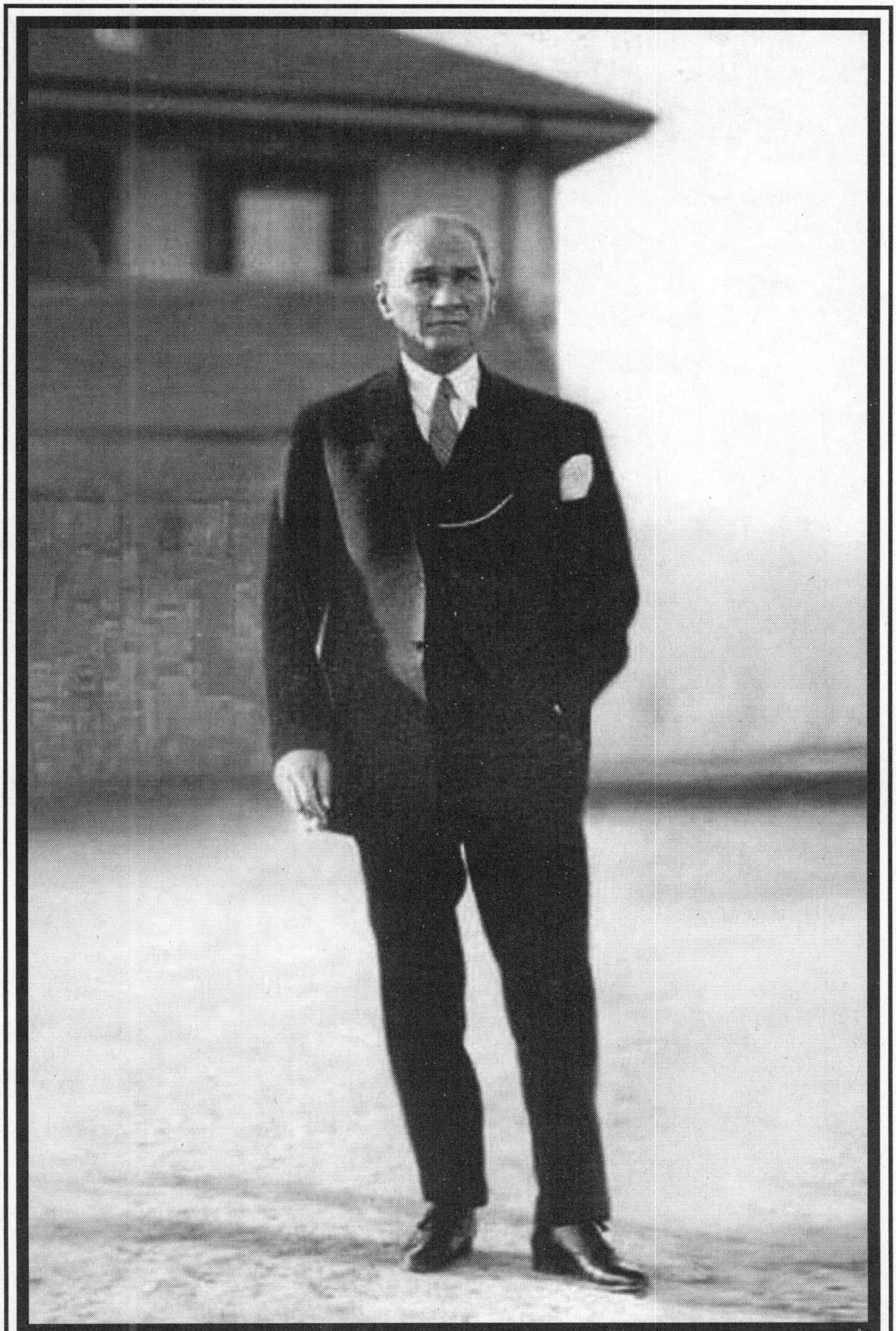

11. BÖLÜM

TÜRKÇE KUR'AN, TÜRKÇE EZAN, TÜRKÇE MEVLİD

- **Türkçe Kur'an-ı Kerim Yazdırması, Türkçe Mevlid Okutturması, Hutbelerin Türkçeleştirilmesi Konusu**
- **Türkçeleştirme Çalışmalarında İzlenen Yol**
- **Hafız Yaşar Yerebatan Camii'nde Yasin Tercümesi Yapmıştır**
- **Ramazan'da Atatürk**
- **Ayasofya'da Türkçe Mevlid**
- **Türkçe Bayram Tekbiri**
- **Mihrabları Ehline Vermek**
- **Ezanın Türkçe Okunması**

TÜRKÇE KUR'AN-I KERİM YAZDIRMASI, TÜRKÇE MEVLİD OKUTTURMASI, HUTBELERİ TÜRKÇELEŞTİRMESİ KONUSU

Atatürk'ün Arapça olan Kur'an'ı Türkçe yazdırması O'nun için "kâfirdir" diyenlerin dayanak noktalarından biridir.

İbadette de Türkçe ayetlerin mealinin bilerek yapılmasının önünü açmış ancak Arapça'daki manevî haz duyulmuyor gerekçesi ile tekrar Arapça okunmasını istemiş, ibadet diline karışmamıştır.

Bu iki gelişme O'nun dinsizliğini göstermez. Tam tersine İslam dininin cahil halk tarafından daha güzel anlaşılmasına bir vesile olarak denenmiştir.

Yoksa O'nun İslam dinini değiştirmek gibi bir derdi olmadığı gibi, asıl mücadelesi din yobazları ve cahil hocalardır.

On beş yıl yanından ayrılmadan hizmet eden Hafız Yaşar da, Türkçe Kur'an konusunda, "Arapça sûrelerin aslı okunsun, Türkçesi de halka öğretilsin" şeklinde yapılmak isteneni özetlemektedir.

Bakınız, İslam dininin kullanılması hakkında Mustafa Kemal neler diyor:

"... Hz. Peygamber, hayatta olduğu dönemlerde hutbeyi kendisi söylerdi.

Gerek Peygamber (s.a.v.) Efendimiz, gerek dört halifenin hutbelerini okuyacak olursanız, görürsünüz ki; gerek Peygamberin gerek dört halifenin söylediği şeyler o günün sorunlarıdır, o günün askerî, idarî, malî sorunlarıdır.

İslam toplumunun çoğalması ve İslam ülkeleri genişlemeye başlayınca, Cenab-ı Peygamberin ve dört halifenin hutbeyi bizzat kendilerinin her yerde söylemelerine imkan kalmadığından halka söylemek istedikleri şeyleri bildirmeye birtakım kişileri memur etmişlerdi.

Bunlar herhalde en büyük ve ileri gelen kişilerdi.

Bu şeklin devam edebilmesi için bir şart lazımdı. O da milletin lideri olan kişinin halka doğruyu söylemesi, halkı dinlemesi ve halkı aldatmaması.

(...) Hutbelerin halkın anlamadığı bir lisanda olması ve onların da bugünün gereklerine ve ihtiyaçlarına temas etmemesi, halife ve padişah sıfatını taşıyan despotların arkasında köle gibi gitmeye mecbur etmek içindi. Din lüzumlu bir müessesedir. Dinsiz milletlerin devamına imkan yoktur. Yalnız şurası var ki; din Allah ile kulu arasındaki bağlılıktır.

Sofu sınıfının din simsarlığına müsaade edilmemelidir. Dinden maddî menfaat temin edenler iğrenç kimselerdir. İşte biz bu vaziyete muhalifiz ve buna müsaade etmiyoruz.

Bu gibi din ticareti yapanlar saf ve masum halkımızı aldatmışlardır. Bizim ve sizlerin asıl mücadele edeceğimiz ve ettiğimiz bu kimselerdir." [320]

Halkı esir eden ve dili sebebiyle anlaşılamayan fetvalar içinse; "Müslümanlık, son beş on asır içinde hükümdarların onu kendilerine iktidar vasıtası olarak kullanmak istemeleri ve sözde din adamlarının imanlarını menfaatlerine feda ederek istenilen fetvaları vermeleri yüzünden esas kuruluşundan o kadar ayrılmıştır ki, Peygamber devirlerine ermiş olanlar yeniden dünyaya gelseler, bu hurafelerle dolu itikatları görünce, mutekidlerini müşrik sanacaklardır" der Gazi... [321]

Zaten bundan sonra 1927 senesinde camilerde okutulacak hutbeleri içeren 50 hutbelik bir kitap hazırlatmıştır.

Esasen biz, "Mustafa Kemal için saltanatın kaldırılması, millet egemenliğinin tesisi, din yobazları ile mücadele, Kur'an'ın Türkçeleştirilmesi gayretleri bir amaca hizmet etmiştir" diyoruz. Sözlerini okuyalım:

"... Milletimizin uzun asırlardan beri; hanlar, hakanlar, sultanlar, halifeler elinde onların tahakküm ve istibdâdı altında ne kadar ezildiğini, onların hırslarını temin yolunda ne kadar büyük felaketlere ve zararlara uğradığını düşünürsek, milletimizin hakimiyetini eline almış olması hadisesinin büyük azamet ve ehemmiyeti gözlerimizde tecelli eder." [322]

---

320 Kılıç Ali, 1955, s.116.
321 Hikmet Tanyu, Atatürk ve Türk Milliyetçiliği, Elips Yayınları, İstanbul, 2007, s.196.
322 Atatürk'ün Bütün Eserleri, 2012, c.16, s.287.

Kendisi de bir Bektaşî olan Atatürk'ün bu sultan istibdatı görüşüne, Bektaşî tarihinden acı bir örnek verelim:

"II. Mahmud'un resmi tarihçisi olan Esad Efendi, Bektaşî katliamının üzerini örtmek için Hacı Bektaş Veli'nin yolu dergâhlar hakkında neler uydurmuş:

Bektaşîler ve yeniçeriler birleşerek hem devlete, hem de dine karşı çeşitli ihanet işlerine girişmişlerdir.

Dine karşı ihanetleri halk arasında dinsizliği yaymak, tekke ve zaviyelerde ayinler yaparak içki içmek, namaz kılmamak, ramazanda oruç yemek, sünnet ehlinin inançlarıyla açıkça alay etmek gibi şeyler…" [323]

Atatürk, dinin siyasî ve şahsî menfaatlere alet edilmesine, anlaşılamayan ifadelerle dolu fetvalar ile halkın ezilmesine karşıdır.

1920 senesinde Hakimiyet-i Milliye gazetesinde kaleme aldığı makalede, İslam'ın anlaşılmasını yorumlamıştır:

"Hint; doğunun en zengin, efsanevî ve mamur bir parçasıdır. Bu kıtaya sahip ve hakim olan her devlet yenilmez bir kudret ve servet kaynağına sahip oluyordu.

Bunu İngilizler çok iyi anladılar. Evvela Hindistan'da birkaç yüzyıllık bir Türk imparatorluğunun enkazını tarumar ettikten sonra, hakim millet sıfatıyla en cesur, maddiyatı en kuvvetli olan Müslümanları elde etmek istediler.

Müslümanlara ve dolayısıyla Hindistan'a sahip olabilmek için, Müslümanların ellerinde silah bulundurmamak, ahaliyi iktisaden dilenci bir vaziyete sokmak ve bu ahaliyi en derin bir cehalet içerisinde bulundurmak lazımdı.

---

[323] M. Emin Koç-Emre Polat, 2014, s.271.

Esasen Müslümanlar nerede Fransız, Moskof, Hollandalı hangi devlet ve milletin esareti altına girdilerse, bu cahil oldukları zamanlarda ve cahil oldukları için vaki olmuştur.

Ve hangi Müslüman millet yabancı ve Hıristiyan tahakkümüne isyan ettiyse, İslam'ın azamet ve vakarını anlayabilecek ilmi elde ettikten sonra isyan etmiştir."

İşte Atatürk'ün, Türkçeleştirme çalışmalarının gayesi İslam'ın azamet ve vakarını anlayabilecek bir seviyeye Müslüman Türkleri getirme çabasıdır.

Bizlerin bakış açısından O, aldığı nefesten verdiği nefese Allah'a hesap verme şuuru ile yaşamıştır.

İslam dininin muhafazası için verdiği mücadele de bu hesap şuuru içindedir elbette... Notlarında, işgalin bir inanç savaşı olduğunun altını çizer:

"... İstanbul'u Müslümanların müşterek ve hür bir beldesi, hilafetin ve İslam bağımsızlığının bir bayrağı diye elde etmek istediler.

Türkleri, İslam'ın bağımsızlığı için son döğüşen yeni düşünceli ve İngilizlerin melanetini öğrenmiş bir millet diye imha etmek istiyorlar.

Fakat bunun Müslüman dünyasına fena tesiri olacağını bildiklerinden, bunu güya İslamiyet'i müdafaa eder gibi görünerek yapmak istiyorlar.

Bunun için bir defa halifeyi ellerine almak, onu milletinden almak vasıtalarını bulmak lazımdı.

İstanbul'u Anadolu'dan ayırdıktan sonra Anadolu'yu da birbirine katmak için kendi fikirlerini kabul etmiş bir kabine getirdiler.

Hilafeti esaretten kurtarmak ve bağımsız bir millet olarak yaşamak isteyen millet fertlerini yine kendi cahil vatandaşlarına kırdırmak için Anzavur gibi mahlukatlar satın aldılar. Şimdi artık Türkiye Müslümanlarına karşı siyasetleri de bütün açıklığıyla meydana çıktı.

Mümkün olduğu yerde Müslümanların silahlarını alıp Hıristiyanlara kırdırmak; Adana ve İzmir'de olduğu gibi...

Mümkün olmadığı yerde Çerkez, Kürt, Türk diye Müslüman kardeşleri birbiri üzerine saldırtıp bu sûretle de yine Müslümanları mümkün olduğu kadar kırdırmak ve zayıf bir dakikalarında Yunan ordusu üzerine götürüp son vazifelerini yapmak, Türkiye Müslümanlarını yok etmek...

(...) 'Mektep, ilim, medeniyet esasen sizin dininize yakışmaz. Hadi bakalım artık haçın iradesine geçtiniz.'

(...) Arş, milletin ve İslam'ın namus ve haysiyeti ile hayat hakkı için haykıran Türk Müslümanlarını böylece yok edebilirse, İslam için bağımsızlık bitmiştir ve İslam İngiltere'nin boyunduruğu altına girmiştir." (Aynı gazete yazısından).

Atatürk'ün verdiği büyük kurtuluş mücadelesine bakışı işte budur.

Müslümanı ve devleti savunmak ile İslam'ın müdafaasını yapmak...

Yalnız bu ulvi hayat telakkisinde, Atatürk'ün ibadet anlayışını Bektaşî bir mantıkla ele almak gerekmektedir. Kendi beyanı ile O, cihad Müslümanıdır. İbadet konusunda eksiklikleri vardır ancak hayatının hiçbir döneminde bir haramı helal ya da bir helali haram yapmaya kalkışmamıştır.

Bektaşî değerleriyle hareketin ne mânâya geldiğini anlamak için önce 1826 senesine gidelim.

Osmanlı döneminde Vaka-i Hayriye (hayırlı vaka) olarak tarihe geçen kara lekeyi değerlendirelim.

1826 senesinde binlerce yeniçeri katledilmiş, binlercesi sürgüne gönderilmiş ve tüm Bektaşî tekkeleri için yıkılma kararı alınmıştır.

İstanbul'da 3 bin yeniçeri çatışmalarda, 8 bin yeniçeri ise idam edilerek katledildiler. Onbinlerce yeniçeri ise sürgün edilerek cezalandırıldı.

II. Mahmud özellikle dinî unsurları kullanmış; sancak-i şerif Sultan Ahmed Camii minberine konulmuş olup, tüm İstanbul'da münadiler tarafından sancağın altında yeniçerilere karşı toplanılması noktasında çağrılar yapılmıştır.

Ayrıca yeniçeri ocağının kaldırılmasıyla ilgili şeyhülislam ve diğer tarikatları da işin içine dahil eden II. Mahmud, ocağın kapatılmasını her yönüyle dinî argümanlar üzerine oturtmuştur.

Yeniçeri ocağı imha edilirken yaşanan vahşete tanıklık eden dönemin İngiliz Büyükelçisi Lord Stanford Canning yeniçeri katliamını şöyle anlatıyor:

"Kurbanların yalvarıp yakarması hep boşunaydı. Kimi Sultan'ın top ateşi altında biçilmiş, kimi kılıçtan geçirilmiş bu insanlar çoluk çocuk sahibi kimselerdi.

Nasılsa o arbededen kurtulanların çilesi daha hafif olmadı.

Acele bir mahkeme kuruldu, yakalanan her yeniçeri kadı'nın önünden geçip kendini celladın önünde buldu. Halk bu içler acısı olayları görmemek için sokağa çıkmaz olmuştu.

Marmara denizi ölülerle beneklendi." [324]

Dergâhlar kapatıldığında, babalar ve müridleri tutuklanarak darphane mahzenine hapsedilirler. Kıncı Baba, İstanbul ağası Ahmed Baba ve Salih Baba idam edilir. Diğerleri sürgün edilir.

"II. Mahmud, Rumeli'deki Bektaşî tekkelerinin yıkımının ve Bektaşîlerin durumlarının kontrolünü sağlamak için Hacı Ali Bey ve ulemadan Pirlepeli Ali Ağa'yı, Anadolu tekkelerini yıktırmak için de Cebecibaşı Ali Ağa ve müderrislerden Çerkeşi Mehmed Efendi'yi 1 Ağustos 1826'da tayin etti." [325]

İşte bu baskı ortamında Aleviler ve Bektaşiler, imanlarını korumakla beraber dinlerini öğrenememiş, kaynakları yakıldığı için bilgisiz kalmış, babalar idam ve sürgün edildiği için gizli bir şekilde dilden dile dolaşanlarla inançlarını muhafaza etmişlerdir.

Atatürk, tam bir Müslümandı. Ancak bildiği ve yaşadığı baskı ortamından kurtuluşun çaresini, hakimiyet-i millîyede ve Kur'an-ı Kerim'in Müslümanlarca öğrenilmesiyle fetva tahakkümünü bitirmekte görmüştür.

Bu gerekçe ile hutbeleri de tam bir Türkçe ile hazırlanmasına ve halkın anlamasına açmıştır.

Çalışmalar daha sonra netleşecektir fakat dediklerimize kendisi henüz 1 Mart 1922'de Meclis'in 3. toplanma yılını açarken temas eder:

"Efendiler! Camilerin mukaddes minberleri halkın ruhanî, ahlakî gıdalarına en yüce kaynaklardır. Dolayısıyla, camilerin ve mescidlerin minberlerinden halkı aydınlatacak ve doğru yolu

---

324 M. Emin Koç, Emre Polat, 2014, s.268-269.
325 M. Emin Koç, Emre Polat, 2014, s.277.

gösterecek kıymetli hutbelerin muhteviyatını halkın öğrenmesi imkanını temin Şer'iye Vekaleti celilesinin mühim bir vazifesidir.

Minberlerden halkın anlayabileceği lisanla ruh ve beyne hitap olunmakla ehl-i İslam'ın vücudu canlanır, beyni saflanır, imanı kuvvetlenir, kalbi cesaret bulur."

Bir zat Atatürk'e bir mektup yazar:

"Sevgili Paşam! Yüksek vasıflarını pek iyi bildiğimiz Türk milleti, İstiklal Savaşı'nda ne istedinizse size verdi. Para istedin, varını yoğunu verdi. Can istedin, en kıymetli evlatlarını verdi. Fedakârlık istedin, kadınlar omuzlarında cephane taşıdı.

Bu millet, vatan uğrunda, istiklal uğrunda her şeyini verdi. Gene verir.

Ancak, bir şeyini vermez Paşam! O da göğsündeki imanıdır. Bu millet bu imanla dünyaya meydan okudu. Dünyanın en muazzam orduları da bu imanı yıkamadı."

Atatürk o sırada yanında bulunanlardan birisine bu mektubu açıktan okutur, sonra da şu açıklamayı yapar:

"Bu adamın yazdığı doğrudur. Milleti kendi haline bırakınız. Kur'an'ı Arapça okusun. İbadetini; dininin, Kur'an'ın lisanıyla yapsın." [326]

Hepimiz dindarız, elhamdülillah Müslümanız. Hangimiz yanında yaver gibi hafız taşırız? Hangimiz eksiklerimizi derhal düzeltmek ve bilmediklerimizi öğrenmek için hafız ile yaşarız?

Hafız Kemal Bey'in kızı Velice Hanım şu anıyı aktarır:

"Atatürk çağırırmış, babam da giderdi. Çok zevkli ve şık bir adamdı. Atatürk'e giderken en iyilerini giyerdi.

---

[326] Halil Altuntaş, Kur'an'ın Tercümesi ve Tercüme ile Namaz Meselesi, Türkiye Diyanet Vakfı, Ankara, 2001, s.108.

Dolmabahçe'de sofradan kalkar, başka bir mekana geçerlermiş. Babamı sofraya oturtmazmış. Babam geldiğinde alır, başka bir odaya geçerlermiş.

Atatürk, 'oku bana' dermiş. Babam da döndüğünde Atatürk için dermiş ki: Kur'an'ı bu kadar güzel tefsir edeni ben görmedim. O kadar güzel Arapçası var. Hafız Kemal Bey'e Gürses soyadını da Atatürk vermiş." [327]

Mustafa Kemal için özel hafızının olması bir kıvanç vesilesidir aynı zamanda. İran Şahı Pehlevi'nin ziyaretinde bunu görürüz:

"İran Şahı Pehlevi, 16.6.1934 tarihinde Atamızı ziyarete gelmişlerdi. İki kardeş milletin devlet reisleri birbirlerini çok sevmişlerdi. Aralarında resmî protokolün haricinde, kardeşçesine bir samimiyet havası esiyordu.

Gazi, 16.6.1934 tarihinde Şah şerefine Beylerbeyi Sarayı'nda bir ziyafet tertip etti. İki yüz kişilik davetli arasında ben de vardım.

Bir yanda Riyaset-i Cumhur orkestra heyeti çalıyordu.

Atatürk Şehinşah Hazretleri ile salonun yüksek bir locasında oturuyorlardı.

Bir aralık seryaver vasıtasıyla beni huzurlarına çağırdılar.

Şah hazretlerine, 'Benim hafızımdır' diye takdim ettiler ve yanlarına oturttular.

Kemal-i hürmet ve ta'zimle misafir hükümdarın ellerini öptüm.

---

327 Ersin Kalkan, "Mevlid Okuduğunda Kuşları Sustururdu", Hafız Kemal Bey, *Hürriyet Pazar*, 8 Ekim 2006, s.18.

Ata, 'Şah hazretlerine Kerbela şehadetine ait bir mersiye okuyunuz' dediler.

Emirleri üzerine mersiyeyi Isfahan makamından okudum:

Kurretü'l-ayni habib-i kibriyasın ya Hüseyin

Nur-u çeşm-i şah-ı merdan Mürteza'sın ya Hüseyin

Hem ciğer pare-i Zehra Fâtıma hayrünnisa

Ehl-i Beyt-i mücteba âl-i abasın ya Hüseyin

Sana gülle dokunan mü'min eder mi mağfiret

Gonca-i gülşen sarayı Mustafa'sın ya Hüseyin

Ehl-i mahşer dest-i Hayder'den içerken Kevser'i

Sen susuzlukla şehid-i Kerbela'sın ya Hüseyin.'

Beyitleri okurken Şah hazretleri dinî bir vecd içinde sağ elini göğsüne koymuş olduğu halde dinliyordu.

Gözlerinin yaşardığına da şahit oldum.

Mersiye bitince Atatürk, 'Nasıl efendim?' diye sordular. 'Güzel okuyor mu benim hafızım?'

Pehlevi hazretleri kendilerine has o Azeri şivesiyle, 'Hub hub... Teşekkür ederim' diye mukabelede bulundular.

Biraz istirahat ettikten sonra, bir de Farisî ayini okumaklığımı emir buyurdular. Farsça hüzzam ayinini okudum.

Şah hazretleri fevkalade mütehassis oldular ve elimi sıkarak beni tebrik ettiler.

Sonra Atam, misafirine dönerek, 'Bir de bizim Türkçe Mevlid'imiz vardır. Dinlemek arzu eder misiniz?' dediler.

Şah'ın gösterdiği arzu üzerine Mi'rac Bahri'ni bilhassa Isfahan makamından okudum:

'Söyleşirken Cebrail ile kelam

Geldi Refref önüne verdi selam...'

Mi'rac Bahri bitince Şehinşah hazretleri, 'İlk defa Türkçe Kur'an dinliyorum. Çok hoşuma gitti. Hafızınızı, müsaade ederseniz, İran'a bekliyorum' dediler.

Atatürk de vaad ettiler.

O gece Şah hazretlerinin gösterdiği ilgi üzerine Mevlid şairi Süleyman Çelebi hakkında kendilerine malumat verdiler.

Orkestra terennüme başlarken elerini öperek yanlarından ayrıldım.

Atatürk sabaha karşı Şah hazretlerine veda ederek maiyeti ile Dolmabahçe Sarayı'na döndüler." [328]

Mahmut Bey, Florya Cumhurbaşkanlığı Köşkü'nde geçen şöyle bir olayı aktarır:

"Atatürk, yaveri gibi adeta yanından hiç ayırmadığı Hafız Yaşar'a,

'Sen neredesin be adam! Hafız nerede diye ne zaman sorsam seni bulamazlar hasta derler. Ama yalan, sen hasta numarası yapıyorsun, senin bir şeyin yok' sözleriyle çıkışır.

Hafız, Atatürk'e cevap verecek gibi olursa da Atatürk, 'Yeter, fazla konuşma bir iskemle al, masanın sonundaki köşeye otur. Uşşak makamında Kur'an oku' der.

Atatürk, Kur'an okunmasını, dinlemesini hele iyi okunursa çok beğenirdi.

---

328 Yaşar Okur Hoca, 6. anı.

Hafız, 'Hangi sûreyi okumamı emredersiniz' diye sorduğunda, Atatürk, 'Ne istersen onu oku' karşılığını verir. Hafız okurken, Atatürk Hicaz makamına geçmesini emreder fakat bir süre bocalayan Hafız beklenen geçişi yapamaz.

Bunun üzerine Atatürk, Mahmut Bey'e dönerek, 'Kur'an okur musunuz?' diye sorar.

Mahmut Bey, 'okurum' cevabını verince Atatürk de okumasını ister.

Mahmut Bey ezbere iyi bildiği bir sûreyi okumaya başlar. Atatürk ondan Hicaz makamına geçmesini ister. Hüzzam makamında okumakta olan Mahmut Bey, musikî tecrübesine dayanarak duraksamadan Hicaz makamına geçiş yapar.

Bir süre sonra Hafız Yaşar'a çıkışarak, 'Buraya bak! Sana Kur'an oku dedim. Hangi sûre diye sordun. Bu şarkı değil ki beğendiğimizi okuyalım. Allah'ın kelamı, ne diye soruyorsun nereden istersen oradan oku. Sonra Hicaz makamına geç dedim. Makamı bulmak için Kur'an'ın azametini ve zevkini berbat ettin' der." [329]

Siz hangi dinsizlikten bahsediyorsunuz? Kur'an okutmaktan, dinlemekten bu kadar zevk alan ve doğru okunduğunu takip eden, ona gereken manevî değeri veren bir insan...

Karşınızda, birçok hafızdan daha iyi Kur'an okuyan ve mealini de bilen dindar bir Mustafa Kemal var.

O'nun Kur'an-ı Kerim dinlerken gözlerinden yaşlar akıtmasını, savaş günlerinde dahi hafızları yanında bulundurarak Kur'an okutmasını hangi kâfirlikle izah edersiniz?

---

329 Rahmi Vardı, Atatürk'ün Manevî Dünyası, Şeyh Yahya Efendi Kültür ve Araştırma Vakfı, İstanbul, 2006, s.91-92.

Kütüphanecisi Nuri Ulusu anlatıyor:

"Atatürk bazı kereler çalışırken okuduğu tefsirlerin çok tesirinde kalırdı ve de 'Hey büyük Allahım... Kur'an'a inanmayan kafirdir, bize nasıl yol gösteriyor? Bunları tüm dünyaya okutmalıyız' diye de söylenirdi.

Sonra o an yanındaki bizlere, 'Okurken ruhum coşuyor, size de oluyor mu?' diye sorardı.

Ama o anlarda gözleri hafifçe dalar ve kızarırdı." [330]

O'nu dinsiz diye anlatan sakallı, cüppeliler acaba Kur'an-ı Kerim'e onun kadar hakim midirler?

Atatürk, Kur'an-ı Kerim'i yanındaki hafızlara doğru okuduğunu teyid ettirecek kadar kurallarına göre okumayı bilen bir hafızdı.

Sadettin Kaynak bu konuda şu anısını paylaşır:

"... Bir gün Dolmabahçe Sarayı'nın büyük muayede salonunda saz takımını toplamıştı. Kanuni Mustafa, Mısırlı İbrahim Nobar, Hafız Kemal, Hafız Rıza, Hafız Fahri hep orada idik.

Atatürk bir imtihan ve tecrübe yapmaya hazırlanmış görünüyordu. Elinde, Cemal Sait'in Türkçe Kur'an tercümesi vardı. Evvela, Hafız Kemal'e verdi, okuttu fakat beğenmedi.

'Ver bana' dedi, 'Ben okuyacağım.'

Hakikaten okudu ama -hâlâ gözümün önündedir- askere kumanda eder, emirler verir gibi bir ahenk ve tavırla okudu. Kendisi de farkına vardı. Elham'ı sırayla dolaştırmaya başladı. Hafızlara birer birer okutuyordu.

---

[330] Mustafa Kemal Ulusu, Atatürk'ün Yanıbaşında: Çankaya Köşkü'nün Kütüphanecisi Nuri Ulusu'nun Hatıraları, 15. Baskı, Doğan Kitap, İstanbul 2008, s.185

Solunda Hafız Kemal, sağında ben vardım. Hepsi okuduktan sonra sıra bana geldi. Hiç unutmam, Elham'ı ötekilere verdiği gibi kapalı değil de açmış, evvelden tespit ettiği sayfanın alt kısmını göstererek, 'Bu işaret ettiğim ayeti okuyacaksın' diyerek vermişti. Nisa sûresinin 27. ayetiydi, okumaya başladım."

Saadettin Kaynak, Nisa Sûresini okuyup bitirdikten sonra, Atatürk sûrede geçen bazı ifadelerin yanlış tercüme edildiğini belirterek itiraz etmiştir.

Atatürk daha sonra konu üzerinde küçük çaplı bir araştırma yaparak, gerçekten de Saadettin Kaynak'ın okuduğu tercümenin hatalı bir tercüme olduğunu ispatlamıştır. Atatürk Kur'an okurken tespit edip, daha sonra ispatladığı bu yanlışlığın, Kur'an'ın aslından değil, Fransızca tercümesinden kaynaklandığını belirtmiştir." [331]

Abdülkerim Paşa'ya yazdığı bir mektupta, Fetih Sûresinin 10. ayetini kullanmıştır:

"... En güzel ve yakın olan Hüda emrinin tecellisi ile bedbaht ve mazlum asil milletimizin kurtuluş ve selamete mazhar olmasını derya-yı rahmet-i izzetten yalvararak bekleriz.

(...) Azizim! 'Yedullahi fevka eydihim/Allah'ın eli her elden üstündür' [332] fakat bununla beraber müşkülatı ve meseleleri halle girişenlerin kararlaştırılmış bir hedefi olmak gerekir. Millet İlahi azamete ve hilafetpenahinin hakiki emellerine dayanarak ve sığınarak maksadına ulaşacak ve taleplerini temin eyleyecektir." [333]

Yine Cemal Sait'in Kur'an-ı Kerim tercümesini okurken Ba-

---

[331] Sadi Borak, Atatürk ve Din, Anıl Yayınevi, İstanbul, 1962, s.71-73.
[332] Fetih, 10.
[333] Atatürk'ün Bütün Eserleri, 2015, c.4, s.136-137.

kara sûresinin şu ayetlerini işaretlemiştir:

11- Onlara yeryüzünde fesat çıkarmayın denildiği zaman, 'hayır biz ıslah ediyoruz' derler.

12- Bozgunculuk yaparlar fakat anlamazlar.

13- Kendilerine, herkes gibi iman ediniz denildiği zaman 'biz aptallar gibi mi inanacağız' derler. Halbuki, kendileri aptaldır ve fakat bilmezler." [334]

Atatürk, önemli görerek bu ayetlerin altını boydan boya çizmiştir." [335]

Dinsiz iftirasına uğrayan Atatürk'ün anılarında Kur'an-ı Kerim'den sûreler okuttuğu ve tefsirini bilmeyenlere kendi açıkladığı pek çok örnek vardır.

Eylül 1924'te Trabzon'a ilk ziyaretlerinde, din öğretmenlerinin yetersizliği hakkında tespitlerde bulunduktan sonra, Türkçe meal konusuna ağırlık vermiştir:

"İlk olarak öğretmenler odasına giden Mustafa Kemal, orada bulunan bütün öğretmenlerle birer birer tanışıp bir süre sohbet ettikten sonra sorular sormaya başlıyordu.

Sıra din dersi öğretmeni Ahmet Hamdi Efendi'ye gelmişti. Ondan da, 'Ve't-tini ve'z-zeytun' ayetinin açıklamasını yapmasını istemiş, öğretmenin soruyu cevaplamak için yarım saat süre istemesi üzerine, 'Kaç yıldan beri öğretmenlik yapıyorsunuz?' diye sormuştu.

Öğretmenin, 'On beş yıldan beri' diye cevap vermesi üzerine,

---

[334] Atatürk'ün Bütün Eserleri, 2015, c.4, s.10.
[335] Atatürk'ün Okuduğu Kitaplar, cilt 8, Anıtkabir Derneği, Ankara, s.456.

'On beş yıldan beri bu ayetin açıklamasını okumadınız mı?' diye soran Mustafa Kemal'e öğretmen, 'Kendisine haksızlık yapıldığını ve öğretim yönteminden dolayı Rize iline atandığını anlatarak' mazeret beyan ediyordu." [336]

Atatürk Trabzon Lisesi'nde din dersi öğretmenine sorduğu ayet açıklamasına gerekli yanıtı alamadığını, bu durumun genç kuşakların eğitimi açısından önemli bir olumsuzluk olduğunu, bu eksikliğin süratle giderilerek anlaşılabilir bir Türkçe ile eğitim yapılması gerektiğini Trabzon gezisi dönüşü uğradığı Samsun'da İstiklal Ticaret Lisesi'nde yaptığı konuşmada açıklamıştır." [337]

"Trabzon'un Kavak Meydanı Ortaokulu'nda birinci sınıfta öğrenciydim. Atatürk bize gelmişti, sınıfımızın kapısı birden açıldı. Kurtuluş Savaşı'mızı zaferle kazandıran eşsiz kahraman karşışımızda duruyordu. Hep birlikte ayağa kalktık ve hazırol durumuna geçtik.

Atatürk'ün sağında Trabzon'un yetiştirdiği din bilgini Tevfik Hoca, arkasında da kendisine eşlik eden kişiler vardı.

Atatürk 'buyurunuz' dedi, Tevfik Hoca'ya yol gösterdi. Tevfik Hoca, 'önce siz buyurunuz Paşam' diye saygıyla eğildi. Atatürk içtenlikli ricasını tekrarladı, önce Tevfik Hoca sonra Atatürk, sonra diğer konuklar sınıfımıza girdiler.

Dersi Vasıf Hoca veriyordu. Atatürk dersin konusunu sordu. Vasıf Hoca, siret-i Nebi ve Kur'an okuttuğunu açıkladı.

Atatürk, bir öğrencinin Kur'an okumasını istedi. Bu ağır gö-

---

[336] Veysel Usta, Atatürk ve Trabzon: Fotoğraflar, Belgeler, Demeçler, Serander Yayınları, Trabzon, 2011, s.47-48.
[337] Usta, 2011, s.48.

rev benim üzerime düştü. Hemen besmele çektim ve okumaya başladım. Okurken alnımda boncuk boncuk ter toplandı. Yüreğim göğüs kafesime durmadan yumruk attı. Kulaklarım boşa dönen bir değirmen gibi uğuldadı.

İyice bunaldığımı gören Atatürk sevecen bir sesle okumamı kesti. Bana, 'Okuduğun sûrede Semiun Basir kelimesi geçti. Bu kelime tecvidde ne olur' diye sordu.

Bu soruyu cevaplarken ses tonumu ayarlayamadım. Bütün gücümle,

'Tersine çevrilir' diye haykırdım.

Atatürk, 'Niçin?' diye gülümsedi.

Yeniden, 'Tenvin b'ye uğradığında tersine çevrilir' diye bağırdım.

Büyük Önder, 'Doğru' diye başını salladı, eliyle başımı okşadı.

Atatürk benden sonra öğretmenimize döndü ondan İnşirah sûresini okumasını ve yorumlamasını istedi.

Vasıf Hoca yeninden heyecana kapıldı, yüzü sarardı.

'Yanımda tefsir kitabı yok. Bu yüzden sizi memnun edecek bir cevap veremem' diye cevap verdi.

Atatürk, 'Birkaç satırlık bir sûreyi yorumlamak için, yorum kitabına ne gerek var' diye kaşlarını çattı.

Söz konusu sûreyi tecvid kurallarına uyarak kendisi okudu. Sûreyi hepimizin anlayacağı Türkçe kelimelerle yorumladı.

Tevfik Hoca'ya, sûreyi okurken ve yorumlarken bir yanlışlık yapıp yapmadığını sordu. Tevfik Hoca önce ak sakalını sıvazladı. Atatürk'ün yüzüne, gözlerinin içi gülerek baktı.

Atatürk'ün sorusuna şöyle yanıt verdi: Paşam, kutsal dinimiz yalan söylemeyi ve iki yüzlülük yapmayı bağışlanmayacak suçlardan sayar. Bu gerçeği göz önünde tutarak konuşuyorum. İnşirah sûresini tecvid kurallarına uyarak ve her kelimenin hakkını vererek okudunuz. Yorumunu da halkımızın konuştuğu arı ve duru Türkçe ile yaptınız. Siz Allah'ın milletimize armağan ettiği eşsiz bir lidersiniz." [338]

Laiklik anlayışını da dinsizlik olarak değil; devlet idaresinde dinî hükümlerin "din adına" uygulanmaması olarak anlamakla sınırlı tutmak gerekir. Yoksa dinsiz olmak değildir.

Dinsiz olduğu iddia edilen Atatürk'ün, yakınlarına Kur'an-ı Kerim'ler hediye ettiği bilinen bir hakikattir.

Yine Enver Behnan Şapolyo, Atatürk'ün Kur'an-ı Kerim'e gösterdiği saygı konusunda bakınız nasıl bir örnek anlatır:

"...Ankara uleması, şimdiki Dil Tarih Fakültesi'nin bulunduğu yerde toplanmıştı. Mustafa Kemal yanlarına gelerek hepsinin elini sıktı. Kendisini Ankara'ya davet eden Müftü Rıfat Efendi'ye iltifat etti.

O da arkadaşları adına hoşgeldiniz diyerek, kendisiyle birlikte çalışmaya dair azim ve kararlılığını bildirdi.

Seymen alayının idarecilerinden Güvençli İbrahim, bir elinde bayrak, diğer elinde altın işlemeli bir pala olduğu halde alayın önünde duruyordu. Göğsünde bir hamaylı şeklinde Kur'an-ı Kerim asılı idi. Mustafa Kemal kendisine yaklaşarak, Kur'an-ı Kerim ile bayrağın ucunu öpüp başına koydu." [339]

---
338 Ahmed Bekir Palazoğlu,A tatürk'ün Okul Gezileri, Millî Eğitim Bakanlığı Yayınları, Ankara, 1999, s.98-99
339 Şapolyo, 1959, s.183.

TÜRKÇELEŞTİRME ÇALIŞMALARINDA İZLENEN YOL

Kur'an'ın Türkçeleştirilmesi çalışmaları vardır. Bu doğrudur. Bunu kendisi şöyle gerekçelendirir:

"... Ayasofya'dan döndükten sonra çalışmak üzere beni özel bürosuna çağırdı. İkimizdik. Bana, 'Ayasofya için ne düşünüyorsun?' dedi.

Bir binanın tarihî ve mimarî kıymetinden bahsetmemi arzu ettiğini sandım. Fazla incelemem olmadığını söyledim.

'Hayır Reşit Galip' dedi. 'Cami olarak ne düşünüyorsun?'

Maksadını anlayamadım.

Bana şöyle birtakım fikirler anlattı: 'Fatih Mehmet orada İstanbul'u zaptettiğini ve Bizans İmparatorluğu'nun sonunu ilan etmiş. Kendi geniş ve müsamahalı anlayışıyla orada İstanbul'daki ilk namazını kıldırmıştır.'

(…) Gazi, benim düşündüğümü anlamış gibi fikrini açıkladı: 'Reşit Galip' dedi. 'İstanbul'daki din ulemasını toplayalım. Halka da ilan edelim herkes gelsin, camiye hoparlör koyduralım.'

Gazi düşündü: 'Bu konunun halk önünde münakaşası çok güzeldir. Emin olun Türk halkı o kadar selim his sahibidir ki, bu endişelerin asla varid değildir.'

(…) 'Bu işi yine sarayda yapalım' dedi.

Hazırlanan plan şöyleydi:

1- Müslümanlığın bir Türk dini olduğu ispat edilecek,

2- Dinde ibadetin Allah ile kul arasında bir kalp bağı olduğu tezi geliştirilecek,

3- Kulun Tanrısına ibadet ederken söylediklerini kalbinden söylemesi lazımdır. Kalbin dili de ana dildir. İnsan en güzel hislerini ana diliyle en iyi ifade eder.

4- Bu fikirde ittifak hâsıl olduktan sonra duaların Türkçeleştirilmesi hususunda bir iş bölümü yapılacaktır." [340]

Mustafa Kemal'in muradı, cahil olan halkın okuduğunu anlamasını sağlamakla, aslında dinî emellerine alet edenlere kanmalarının önüne geçmekti.

Türkçe Kur'an okuma konusunu, birilerinin dinsiz bir Atatürk gösterme gayretine hizmet eder mahiyette ele almak yerine, bir de Hafız Yaşar'ın dediklerini dinleyelim.

Yukarıdaki çalışmalardan sonra Hafız Yaşar, hatıratında, Yasin sûresinin Türkçe okunması konusunu anlatır. Burada da göreceksiniz, maksat Arapça'nın bırakılıp Türkçe ibadete geçilmesi değildir.

---

[340] Egeli, 1959, s.75-77.

HAFIZ YAŞAR YEREBATAN CAMİİ'NDE
YASİN TERCÜMESİ YAPMIŞTIR

Tarih 23 Ocak 1932... Türkçe Kur'an okunmasına tepkili olan halk, Yerebatan Camii'nde toplanmıştı. Oysa Atatürk bu işin başından beri, halkın okuduğunu anlamasına gayret ettiği gibi, Yasin sûresini de önce Arapça okutmuş sonra mealini verdirmiştir.

"Atam'ın Yerebatan Camii'nde Yasin sûresinin tercümesini okumamı emretmesi üzerine keyfiyet matbuata aksettirilmişti.

Ertesi gün bütün sabah gazeteleri bu haberi şu başlık halinde veriyorlardı:

'Hafız Yaşar bugün Yerebatan Camii'nde Türkçe Kur'an okuyacaktır.'

Bu haber İstanbul'da bomba tesiri yaptı ve taassubu gıcıkladı.

Kur'an'ın Arapça nazil olduğu, tek kelimesine dokunulmayacağı gibi fısıltılar kulaktan kulağa dolaşıyordu. Nitekim aynı gün tramvayda da böyle bir konuşmaya şahit oldum:

'Nasıl olur' diyorlardı, 'Kur'an nasıl Türkçe okunmuş?'

Halbuki gazeteler haberi yanlış aksettiriyorlardı.

Ben Türkçe Kur'an okumayacaktım. Yasin sûresini Arapça okuyacak, Cemil Sait Bey'in tercümesini de cemaate nakledecektim.

Cuma günü Yerebatan Camii'ne gittiğim zaman kalabalık camiden taşmış, trafik durmuştu.

Halkı yarmaklığıma imkan yoktu. Başkomiserin yadımıyla bin bir müşkülatla içeriye girebildim. Cami pencere içlerine kadar doluydu. Bir köşeye etrafı şallarla süslü bir kürsü konulmuştu. Etrafı da gazeteciler ve foto muhabirleriyle çevriliydi.

Cemaatin arasından kürsüye doğru ilerlemeye çalışırken dışarıdan kuvvetli bir korna sesi geldi, kalabalık, 'Gazi geliyor' diye dalgalandı. Halbuki gelenler Maarif Vekili Reşit Galip ve Kılıç Ali Bey'lerdi.

Kürsüye çıktım. Nefesler kesilmişti. Bütün gözler bende idi.

Arapça besmele-i şerifi çekip arkasından yine Arapça olarak Yasin sûresini okumaya başladım.

Kur'an'ı Türkçe okuyacağımı zannedenlerin gözlerindeki hayret ifadesini görüyordum. Sûreyi 'sadakallahülazim' diyerek bitirdikten sonra, 'Vatandaşlar!' diye söze başladım. 'On altıncı sûre olan Yasin seksen üç ayettir. Mekke-i Mükerreme'de nazil olmuştur. Şimdi size tercümesini okuyacağım: Müşfik ve Rahim olan Allah'ın ismiyle başlarım. Hakim olan Kur'an hakkı için kasem ederim ya Muhammed! Sen tarik-i müstakime sevk eden bir Resul'sün. Kur'an sana Aziz ve Rahim olan Tanrı tarafından nazil olmuştur.'

Sûreye böylece devam ederek seksen üçüncü ayetin sonunu şöyle okudum: 'Her şeyin hükümdar ve hakim-i mutlakı olan Tanrı'ya hamd olsun. Hepiniz O'na rücû edeceksiniz.'

Yasin sûresi böylece hitama erdikten sonra, Türkçe olarak şu duayı yaptım:

Ulu Tanrım! Bu okuduğum Yasin-i Şerif'ten hâsıl olan sevabı Cenab-ı Muhammed Efendimiz Hazretlerinin ruh-i saadetlerine ulaştır. Tanrım! Hak ve adalet üzere hareket edenleri sen payidar eyle!

Türkiye Cumhuriyeti'ni ilelebet payidar kıl! Türk milletini Sen muhafaza eyle.

Şanlı Türk ordusunu ve onun değerli kahraman kumandan ve erlerini karada, denizde, havada her veçhile muzaffer kıl ya Rabbi.

Vatan uğrunda feda-yı can ederek şehit olan asker kardeşlerimizin ruhlarını şad eyle!

Vatanımıza kem gözle bakan düşmanlarımızı perişan eyle! Topralarımıza bol bereket ihsan eyle.

Milletin ve meleketin refahına çalışan büyüklerimizin umurlarında muvaffak bilhayr eyle, amin." [341]

"Atatürk bir Ramazan ayında bütün ordu müfettişlerini davet etmiş ve Saadettin Kaynak'tan, Kur'an'dan bir hutbe irad etmesini istemiştir.

---

341 Okur, 4. anı.

O da Kur'an'daki muharebeye, askerliğin faziletine ve şehitliğin üstünlüğüne dair bazı ayetlerin tercümelerini okumuştur. Bu ayetler Âl-i İmran 169. ayet, Enfal 45. ve 60., 65. ve 66. ayetler, Saff sûresi 4., 10., 12. ayetler, Adiyat sûresinin tamamıydı.

Komutanlar ayet mealinden oluşan hitabeyi büyük bir dikkat ve ilgiyle dinledikten sorna, Saadettin Kaynak'ı alkışlamışlar ve Atatürk,

'Kur'an'da neler varmış, bunlardan bizim haberimiz yoktu' der." [342]

Hafız Saadettin Kaynak Türkçe Kur'an okunması konusunda şunları anlatır:

"Türkçe Kur'an okunması tecrübelerine nihayet verildiği gecenin (4 Şubat 1932 Perşembe) ertesi günü (5 şubat 1932 Cuma) Ramazan'ın son cuması idi.

O gün Süleymaniye Camii çok kalabalık olur… Atatürk halkın bu toplantısından istifade edilerek ilk Türkçe hutbenin Süleymaniye'de okunmasını arzu ve emir buyurdular. Hutbenin konusunu da kendileri elindeki Kur'an tercümesinden seçtiler.

(…) Ertesi sene Atatürk, Ankara'dan İstanbul'a bir Ramazan için gelmişti. Bu sene camilerde halka Türkçe Kur'an okuma tecrübelerini yaptırdı. Bu işte çalışacak olan arkadaşlara birer vesika verildi." [343]

---

342 Dücane Cündioğlu, Türkçe Kur'an ve Cumhuriyet İdeolojisi, 2. Baskı, Kitabevi Yayınları, İstanbul s.243-245

343 Atatürk'ün Bütün Eserleri, 2012, c. 25, s.297.

RAMAZAN'DA ATATÜRK

Hafız Yaşar, hatıratında, Ramazanların Mustafa Kemal için önemini özellikle vurgular:

"Ramazanların Atam için çok büyük bir önemi vardı... Ramazanlarda bir ay müddetle Hacı Bayram-ı Veli ve Zincirlikuyu camilerinde şehitlerimizin ruhuna hatm-i şerif okumamı emrederlerdi.

O günlerde civar kasaba ve köylerden gelenlerle de cami hınca hınç dolardı.

Atam'ın emriyle şehitlerimizin ruhuna hediye edilen bu hatm-i şerif kıraatlarında İlahi nağmeler cami duvarlarında ihtizazlar yaparak dalga dalga yayılırdı.

Bu esnada cemaat huşû içinde dinler, şehit kardeşlerinin, babalarının ve dedelerinin ruhlarının istirahati için dua ederler, sıcak gözyaşları dökerlerdi." [344]

Yine Ramazan ayında özellikle Kadir Gecesi'nde, kız kardeşi Makbule Hanım'a iftara gittiği meşhurdur.

"… Her Ramazan'ın bir günü ve ekseriyetle Kadir Gecesi bana iftara gelirdi. O gün, imkan bulabilirse oruç da tutardı. İftar sofrasını tam eski tarzda isterdi. Oruçlu olduğu zaman iftara başlarken dua ederdi." [345]

---

[344] Okur, s.2.
[345] Kutay, 1998, c.2, s.301.

AYASOFYA'DA TÜRKÇE MEVLİD

Atatürk döneminde Türkçe Kur'an okunması ve Türkçe Mevlid'in okunmasına bir örnek, Türkçe Yasin-i Şerif okunmasından 10 gün sonra 3 Şubat 1932 günü, Kadir Gecesi'nde Ayasofya Camii'nde gerçekleşmiştir.

O güne ait Cumhuriyet gazetesinde Kadir Gecesi yaşananlar şöyle anlatılır:

"Dün gece Ayasofya Camii'nde toplanan ellibine yakın kadın, erkek Türk Müslümanlar, on üç asırdan beri ilk defa olarak Tanrı'larına kendi lisanlarıyla ibadet ettiler. Kalplerinden, vicdanlarından kopan en samimi, en sıcak muhabbet ve ananeleri ile Tanrı'larından mağfiret dilediler.

Ulu Tanrı'nın ulu adını semaları inleten vecd ve huşû ile dolu olarak tekbir ederken, her ağızdan çıkan bir tek ses vardı. Bu ses, Türk dünyasının Tanrı'sına kendi diliyle taptığını anlatıyordu.

(…) Ayasofya Camii daha gündüzden, saat 4'ten itibaren dolmaya başlamıştı. Mihrabın bulunduğu hattan son cemaat yerine kadar caminin içinde iğne atılsa yere düşmeyecek derecede insan vardı. Kadın erkek hep bir arada idi.

Herkes birbirine sevecen bir lisan ile muamele ediyor, yer olmadığı halde çekilerek yer vermeye çalışıyordu.

Yatsı namazı yaklaşmıştı Ayasofya artık dışarıdaki kapılarına varıncaya kadar insanla dolmuştu ve bütün kapılar kapanmış ve binlerce halk dışarıda kalmıştı. Yalnız caminin içinde 40 bin kişi vardı. İçeride ve dışarıda olmak üzere 70 bin kişi bu yirmi asırlık ibadetgahı ihata etmişti (doldurmuştu).

Ezan okundu. 30 tane güzel sesli hafızın iştirak ettiği bir müezzin heyeti ile teravih kılındı. Müteakiben 30 güzel sesli hafız hep bir ağızdan tekbir almaya başladılar:

'Tanrı uludur

Tanrı'dan başka tanrı yoktur

Tanrı uludur Tanrı uludur

Hamd O'na mahsustur.'

Kırk bin kişi salavat getirdi, 40 bin kişi Türkçe tekbir aldı…

Mevlid'den sonra Hafız Yaşar Bey Türkçe Kur'an'a başladı. Tebareke sûresini okudu. Müteakiben Hafız Rıza, Hafız Seyit, Hafız Kemal Burhan, Fethi Turhan Bey'lerle otuz hafız hep birer birer muhtelif makamlardan Türkçe Kur'an okudular. Her sûreden sonra Türkçe tekbir alınıyordu…" [346]

Türkçe Kur'an okunmuş, namaz kılınmıştır ancak Arapça ibadet katiyyen yasaklanmamıştır.

---
346 Cumhuriyet gazetesinin o günkü nüshasından.

Nitekim, camilerde Türkçe Kur'an ve Türkçe Mevlid uygulaması sırasında, Atatürk hafızlara, ayetlerin önce Arapça haliyle okunmasını ve namazın bu şekilde kılınmasını fakat daha sonra ayet ve sûrelerin Türkçe karşılıklarının verilerek halka öğretilmesini emretmiştir.

Bu olaydan iki gün sonra 5 Şubat 1932'de, Süleymaniye Camii'nde ilk Türkçe hutbe irad edilmiştir.

TÜRKÇE BAYRAM TEKBİRİ

Hafız Yaşar Okur, 1932'de bayram tekbirinin Türkçe okunmasıyla alakalı bir anı aktarır:

"1932'de Ramazan'ın ikinci günüydü. Atatürk'le Ankara'dan Dolmabahçe Sarayı'na geldik. Beni huzurlarına çağırdılar.

'Yaşar Bey' dediler. 'İstanbul'un mümtaz hafızlarının bir listesini istiyorum ama bunlar musikîye de aşina olmalıdırlar.'

Listeyi hemen hazırladım. Bu listede şu isimler vardı: Hafız Saadettin Kaynak, Sultan Selimli Rıza, Beşiktaşlı Hafız Rıza, Süleymaniye Camii Baş Müezzini Kemal, Beylerbeyli Fahri, Darüttalimi Musikî Azasından Büyük Zeki, Muallim Nuri ve Hafız Burhan Bey'ler...

Listede ismini yazdıklarımın hepsi ertesi akşam saraya geldiler. Kendilerini Bolu Mebusu Cemil Bey karşıladı ve doğruca

Maarif Vekili Dr. Reşit Galip Bey'e götürdü. O ana kadar bunların niçin çağrılmış olduklarını ben de bilmiyordum. O gün anladık ki, tercüme ettirilmiş olan bayram tekbiri kendilerine meşk ettirilecektir.

Hafızlar ikişer ikişer oldular ve şu metin üzerinde meşke başladılar:

'Allah büyüktür, Allah büyüktür.'

Sultan Selimli Hafız Rıza Efendi bu tercümeye itiraz etti. Bolu Mebusu Cemil Bey'e dönerek, 'Efendim' dedi, 'Türk'ün Tanrısı vardır. Bu Tanrı şeklinde okunursa daha muvafık olur kanaatindeyim.'

Rıza Efendi'nin bu teklifini Cemil Bey çok ilgi çekici bulmuş olmalı ki, arz etmek üzere hemen Atatürk'ün huzuruna girdi.

Döndüğü zaman hepimizi Gazi'nin yanına götürdü. Atatürk tekbir tercümesinin sadeleştirilmesi hususunda gösterilen arzu üzerine, 'Peki arkadaşlar' dedi. 'Tekbirin tercümesini okuyunuz bakalım.'

Okundu: 'Tanrı uludur, Tanrı uludur. Tanrı'dan başka tanrı yoktur. Tanrı uludur, Tanrı uludur ve hamd O'na mahsustur.'

Atatürk bu tercüme şeklini çok beğendi. O gece geç vakitlere kadar huzurlarında kalındı, hep bu konu üzerinde saatler süren direktiflerde bulundular ve hafızların ertesi akşam yine gelmelerini emir buyurdular.

Ertesi akşam aynı zevatla Atatürk'ün huzurunda toplandık. Gazi, Cemil Sait Bey'in Kur'an tercümesini getirtti. Ayağa kalkıp Kur'an-ı Kerim'i ellerine aldılar. Ceketinin önlerini iliklediler.

Fatiha sûresinin tercümesini açıp halka hitap ediyormuş gibi okudular. Bu davranışlarıyla onlara halka hitap sanatını öğretmiş oluyorlardı.

Sonra hepsine ayrı ayrı hangi camide mukabele okuduklarını sordu. Aldığı cevap üzerine şu tavsiyelerde bulundu:

Arkadaşlar hepinizden ayrı ayrı memnun kaldım. Bu mübarek ay vesilesiyle camilerde yaptığınız mukabelenin son sayfalarını Türkçe olarak cemaate izah ediniz. Halkın, dinlediği mukabelenin mânâsını anlamasında çok fayda vardır." [347]

Kur'an'ın Türkleşleştirilme çalışmalarına son noktayı yine Atatürk'ün kendi yorumuyla koyalım:

"Türk bunun (Kur'an'ın) arkasından koşuyor fakat onun ne dediğini anlamıyor, içinde neler var bilmiyor ve bilmeden tapınıyor.

Benim maksadım, arkasından koştuğu kitapta neler olduğunu Türk anlasın. Evet, ben de bilirim ki insan dinsiz olmaz." [348]

---

[347] Okur, 3. hatıra; Atatürk'ün Bütün Eserleri, 2012, c.25, s.296.
[348] Atatürk'ün Bütün Eserleri, 2012, c.25, s.298.

MİHRABLARI EHLİNE VERMEK

Hafız Yaşar'ın hatıratından devam edelim:

"Büyük Atatürk birçok vesilelerle şöyle demiştir:

'Mukaddes mihrabı cehlin elinden alıp, ehlinin eline vermek zamanı gelmiştir.'

Bunu, din davranışlarına daima düstur yapmışlardır.

O, camileri ibadet için olduğu kadar; düşünmek, meşrevet etmek içinde birer mukaddes yer olarak telakki ederdi." [349]

Nazif Külünk, sabık Beykoz imamından dinlediği bir hatırayı nakleder. Bu hatıra, mihrabı ehline vermek isteyen Atatürk'ün hassasiyetini anlatır:

"Bir hafta kadar kalmak üzere Ankara'ya eniştemin yanına

---
[349] Okur, s.3.

gitmiştim. İlk gece bazı komşular ziyaretime geldiler. Bir ara kapı çalındı ve içeriye beyaz top sakallı, yaşlı bir adam girdi. Bu nurani yüzlü ihtiyarı, eniştem takdim etti: 'Sabık Beykoz imamı Hafız Efendi.'

Hafızın meclise katılmasıyla konuşmamız dinî konulara döküldü. Tarihî büyük adamların din inanışlarından bahsediyordu.

Hafız Efendi şöyle dedi:

Sıra gelmişken sizlere bütün ömrümce unutamayacağım bir hatıramı anlatayım da dinleyiniz. Büyük inkılapların birbirini takip ettiği günlerdi. Ben o zaman Beykoz Camii'nde imamlık yapıyordum. Sarıkların yalnız vazife başında sarılacağı bildirildiği için camiden çıkınca şapka giyiyorduk.

Bir ikindi vakti iskelenin yanındaki kahvede oturuyordum. Bir an kahvenin önünde birkaç otomobil birden durdu. En önde duran otomobilden, o zamana kadar karşılaşmamış olduğum fakat görür görmez tanıdığım Atatürk çıktı. Sevincimden şaşkına dönmüştüm. Onun geldiği haberi o kadar çabuk yayılmıştı ki, bütün Beykozlular bir an içnde etrafını sardılar. Ben de kendimi toplayarak kalabalığın arasına karıştım. Onu çok yakından görebilmek için çok yakınlarına kadar yanaştım. Halkın sevinç nidaları uğultu halinde yükseliyor ve herkes biraz daha ileriye yaklaşmaya çalışıyordu. Atatürk, etrafına baktıktan sonra halkı sükûta davet ettikten sonra şöyle dedi: 'Beykoz imamı burada mı, gelsin de konuşalım.'

Zaten tam karşısındaydım. Kalabalıktan ayrılarak ileriye çıktım ve şöyle dedim: 'Buyur Paşam, konuşalım.'

Atatürk, sol avucumda duran üzümleri bana göstererek şöyle sordu: 'Hoca, bu helal de bunun suyu niçin haram, bize anlatsana.'

Birden bire şaşırmıştım. Bu güç suale ben nereden cevap bulacaktım. Bir müddet düşündüm. Aklıma bir şey gelmiyordu. Allah'tan imdat bekliyordum. Bir ara nasıl oldu, bilmem, aklıma gelen bir cümle dudaklarımdan döküldü: 'Paşam, karın sana helal de kızın niçin haram?'

Atatürk, bu sözümü işitince hafifçe gülümseyerek yüzüme baktı ve başını sallayarak şöyle dedi: 'Hoca sen âlimsin, ben softaları arıyorum. Yarın saraya gel de seninle konuşalım.'

Ertesi gün saraya gittim. Beni karşısına oturttu; saatlerce bana Kur'an'dan ayetler okutarak kendisi tefsir etti." [350]

Çanakkale zaferinin Mustafa Kemal Paşa için ayrı bir önemi olduğu malumdur. Hani Mustafa Kemal'e "dinsiz, inanmaz" diyorlar ya, O'nun Çanakkale'de şehit olanlar için her yıl Mevlid okuttuğuna ne diyecekler?

Hafız Yaşar, anılarında Çanakkale Mehmet Çavuş abidesinde okunan büyük Mevlid'i yazar:

"Sene 1932...

Her sene Çanakkale şehitlerimiz için okunan Mevlid-i Şerif'te İstanbul'un mümtaz hafızları bulunmaktaydı.

O sene Atatürk'ün emriyle şehit Mehmet Çavuş abidesi önünde okunması muvafık görüldüğünden beni huzurlarına çağırdı. Bu seneki merasime riyaset etmemi söyledi ve İstanbul Müftüsü Hafız Fehmi Efendi'ye de Dolmabahçe Sarayı'ndan telefonla bildirilmişti.

Hareketimizden bir gün evvel bu emri alıp, tanzim ederek akşam saat altı buçukta Galata rıhtımına yanaşmış olan Gülcemal

---

[350] Nazif Külünk, Atatürk'e Ait Anılar.

vapuruna gittim. Vapurun salonunda İstanbul'un mümtaz hafızlarından Sadettin Kaynak, Süleymaniye baş müezzini Hafız Kemal, Beşiktaşlı Rıza, Sultan Selimli Rıza, Beylerbeyli Fahri, Aşir, Muallim Nuri, Hafız Burhan, Hasan Akkuş, vaiz Aksaraylı Cemal Bey'lerle karşılaştım.

Akşam saat yediye doğru Galata rıhtımından ayrılan Gülcemal vapuru hınca hınç doluydu. Kamaralar da evvelden tutulmuş.

O kadar kalabalık ki, mevlidhanların bazıları güvertede sabahı ettiler.

Gece yatsı namazından sonra vapurun salonunda iki hatm-i şerif ve bir mevlid okundu. Altı hafızdan mürekkep bir heyet tarafından vapurun kaptan güvertesinde okunan salâ ve tekbir sedaları semaya yükseliyordu.

Sabah saat dokuzda motörlerle Gelibolu'ya çıkıldı. Kadın, erkek geniş bir kalabalık bizi karşıladı. Tahsis olunan otomobillerle Mehmet Çavuş abidesine gidildi.

Açık bir ovadayız. Zümrüt gibi yeşillik. Her taraf bayraklarla donatılmış ve misafirlere mahsus defne dallarıyla süslenmiş çardaklar yapılmış, ovanın ortasına kırmızı şanlı sancağımıza sarılmış bir kürsü vazolunmuştu.

On hafızdan mürekkep bir heyet kürsünün etrafında toplandı. Hep bir ağızdan tekbir alındı, arkasında tevşih okundu. Sıra ile hafızlar kürsüye çıkıp Mevlid'i kıraat ediyorlardı.

Tam veladet-i Peygamberi okunacağı zaman İstanbul'dan beri merasime riyaset eden Müftü Hafız Fehmi Efendi'nin tensibiyle,

'Yaşar Bey buyurun, Veladet Bahri'ni siz okuyacaksınız' dediler.

Kürsüye çıktım, başladım okumaya, 'Bir acep nur kim güneş pervanesi' mısraına gelince bir fırtına koptu. Her taraf toz duman içinde kaldı.

Zaten epeydir kara bulutlarla kapalı gök, bütün bütün karardı. Arkasından bardaktan boşanırcasına bir yağmur başladı.

Kürsünün etrafında İlahi ve tevşih okuyan hafızlar koşarak çardak altlarına sığındılar. Meydanda kimse kalmadı fakat ben Mevlid'e devam ettim. Sırılsıklam olduğum halde kıpırdamadım.

Beş dakika sonra yağmur dindi, hava açıldı. Her taraf güneş içinde idi. O zümrüt yeşil ovada şehitlerimizin kokuları esmeye başladı. Mevlid de hitama erdi.

Hatm-i şerifler kıraat edildikten sonra İstanbul Müftüsü Hafız Fehmi Efendi tarafından yapılan beliğ ve veciz bir dua ile merasim hitam buldu. Bundan sonra şehitlerimizin kabirleri ziyaret edildi.

Ve nutuklar irad olundu.

Tahsis edilen otomobillere binilerek Gelibolu'ya geldik. Motorla Çanakkale açıklarında hazır bulunan Gülcemal vapuruna binerek akşam üstüne doğru İstanbul'a döndük.

Ertesi akşam Dolmabahçe Sarayı'na gittim. Atam'ın huzurlarına kabul edildim.

Çanakkale merasiminin tafsilatını verirken bu fırtına bahsine gelince, Atatürk o yağmura ve rüzgara rağmen Mevlid'e devam edişime o kadar mütehassis oldu ki hiç unutmam.

Elini tekrar tekrar masaya vurarak, 'Aferin hafızım, çok güzel yapmışsın, vazife başında iken taş yağsa insan yerinden kıpırdamaz' diye iltifatta bulundular." [351]

---

351 Okur, 9. anı.

EZANIN TÜRKÇE OKUNMASI

İlk din kongresinden sonra, 1932 senesinin ilk günlerinde, Vakıflar Genel Müdürlüğü'nce bütün cami ve mescitlerde Türkçe ezan okunması konusunda hazırlıklara başlanmıştır.

İlk Türkçe ezan, 3 Şubat 1932'de Ayasofya Camii'nde teravih namazından sonra okunmuştur.

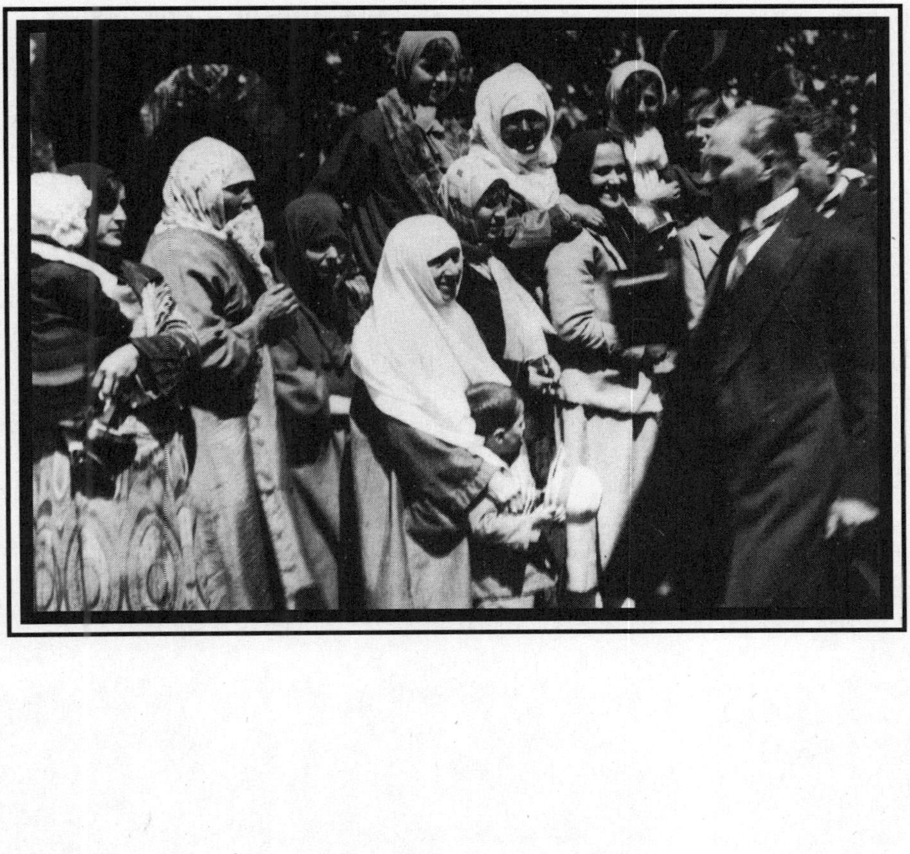

12. BÖLÜM

DİNDAR ATATÜRK

- **Mustafa Kemal Bir Mersiye Yazmıştır**
- **Elmalılı Hamdi'ye Yazdırılan Tefsir**
- **Kazım Karabekir'in Anılarına Sığınan Ajanlar**
- **Din Eğitiminin Verilmesi**
- **Gazi Mustafa Kemal Namaz Kılardı**
- **Mektuplarında ve Konuşmalarında Allah'ı Anan Lider**
- **Misyoner Çalışmaları Reddetmiştir**

MUSTAFA KEMAL BİR MERSİYE YAZMIŞTIR

Siz, Mustafa Kemal'in bir mersiye yazdığını hiç duymuş muydunuz?

Hafız Yaşar anlatıyor:

"Atatürk hassastı. Bunu birçok vesileyle gördük. Bazı olaylar karşısında gözlerinin yaşardığına çok defa şahit olduk.

Atam, Ankara'dan İstanbul'a gelmişti. O günlerde, Edirne'deki merasim esnasında Şükrü Naili Paşa vefat etmişti. Bu haberi duyar duymaz çok üzüldüler. Bu üzüntü bütün saraya sirayet etmişti.

Bir matem havası esiyordu. O akşam beni yalnız olarak huzurlarına kabul ettiler.

'Saz filan istemiyorum' dediler. 'Çok üzüntülüyüm bu akşam. Şükrü Naili Paşa seni de çok severdi. Yarın kabrinin başında bir

Yasin oku.'

O akşam hep Şükrü Naili Paşa'nın meziyetlerinden bahsetti. Anlatırken sesi titriyordu.

Ertesi gün Beyazıt Camii'nde kılınan öğle namazından sonra muazzam bir cemaatle Edirnekapı Şehitliği'ne gidildi.

Yüksek sesle Yasin sûresini okudum, Atam'ın emirlerini yerine getirdim.

O akşam sarayda huzurlarına girdiğim zaman dinî merasim hakkında izahat verdim.

'Kabrin başında okuduğun gibi burada da Yasin sûresini oku bakalım' buyurdular. Sûreyi yine gözleri yaşararak nihayetine kadar dinlediler. O akşam da saz heyetini istemediler ve erkenden yemeklerini getirttiler.

Ertesi sabah Yalova'ya teşrif ettiler. Bir hafta sonra döndükleri zaman bu sefer de huzurlarına çıktığımda çok üzüntülü idiler, 'Al kağıt kalem, söylediklerimi not et' diye emir buyurdular.

Hemen o anda söyedikleri şu sözleri tesbit ettim:

'Büyük Türk ordusu

Büyük bir kahramanını toprağa veriyor

Ulu Türk milleti

Değerli bir evladını toprağa veriyor

Toprak!

Bu değerliyi koynuna almaktan zevk mi duyuyorsun?

Bize dersin ki

Bu kıymetliniz bağrımda

Açacaktır kahraman çiçekleri

Sükûn buluruz

Ancak o zaman

Gözlerimizin yaşı

Seni sular.'

Dikte ettirdikleri bitince şu emri verdiler: 'Şimdi kütüphaneye gidiniz, bu güfteyi mersiye şeklinde besteleyip bana getiriniz.'

Güfteyi pek kısa bir zamanda besteledim. Huzurlarında okudum, çok memnun ve mütehassis oldular. Birkaç defa tekrar ettirdikten sonra,

'Bu mersiyeyi yarın Millî Müdafaa Müsteşarı Derviş Paşa'nın kabrine koyunuz' emrini verdiler.

Ertesi gün Derviş Paşa'nın cenazesi büyük bir merasimle Maçka Mezarlığı'na götürüldü.

Merasim sırasında mersiyeyi segâh makamında okudum. Gözlerimizin yaşı toprağı suladı, ancak o zaman sükûn bulduk." [352]

---

[352] Okur, 8.anı.

ELMALILI HAMDİ'YE YAZDIRILAN TEFSİR

Atatürk, Elmalılı Muhammed Hamdi Yazır'a nasıl hazırlanacağını kendinin belirlediği şekilde bir tefsir hazırlatmıştır.

1924 senesinde, TBMM'de, Diyanet İşleri bütçesi görüşülürken, Eskişehir Mebusu Abdullah Azmi Efendi ve 50 arkadaşının teklifiyle, "Diyanet İşleri bütçesine Kur'an-ı Kerim ve hadis-i şeriflerin Türkçe tercüme ve tefsir heyeti için ücret ve masraf olarak 20 bin TL ödenek eklenmesi" istenmiştir ve bu onaylanmıştır.

Atatürk'ün, tefsirin hazırlanması için bizzat hazırladığı maddeler şöyledir:

"1- Ayetler arasında münasebetler gösterilecektir,

2- Ayetlerin nüzul (iniş) sebepleri kaydedilecektir,

3- Kıraat-i aşereyi (10 okuma tarzını) geçmemek üzere kıraatler hakkında bilgi verilecektir,

4- Gerektiği yerlerde kelime ve terkiblerin dil izahı yapılacaktır,

5- İtikadda Ehl-i Sünnet ve amelde Hanefî mezhebine bağlı kalınmak üzere ayetlerin ihtiva ettiği dinî, şer'î, hukukî, içtimaî ve ahlakî hükümler açıklanacaktır. Ayetlerin ima ve işarette bulunduğu ilmî ve felsefî konularla ilgili bilgiler verilecek, özellikle tevhid konusunu ihtiva eden ibret ve öğüt mahiyeti taşıyan ayetler genişçe izah edilecek, konuyla doğrudan ve dolaylı ilgisi bulunan İslam tarihi olayları anlatılacaktır.

6- Batılı müelliflerin yanlış yaptıkları noktalarla okuyucunun dikkatini çeken noktalarda gerekli açıklamalar yapılacaktır.

7- Eserin başına Kur'an hakikatini açıklayan ve Kur'an'la ilgili bazı önemli konuları izah eden bir mukaddime (önsöz) yazılacaktır."

Siz bu yazılan şartları bugünün hangi siyasîsi anlayabilir, bir düşününüz?

Ya da bugünün hangi dindarı bu kadar hassas bir din bilgisine sahiptir?

Bazıları Atatürk'ün dindarlığını izah etmeye çalışırken, Batılı yazarları örnek aldığını yine Batılı yazarların kitaplarından alıntılarla örnekler getirmeye çalışıyorlar.

Oysa Atatürk, 6. şartta "Batılı müelliflerin yanlış yaptıkları noktalara" izahlar getirilmesini istiyor.

İnanınız, bu yazarlar ne Atatürk'ü, ne İslam inceliklerini biliyorlar...

Elmalılı Hamdi Efendi'ye hazırlattırılan bu eser, 9 cilt olup, 6433 sayfadır.

1936-1939 seneleri arasında Diyanet İşleri Başkanlığı tarafından 10 bin takım olarak basılmış ve ücretsiz dağıtılmıştır.

KAZIM KARABEKİR'İN
ANILARINA SIĞINAN AJANLAR

Bazı İngiliz ve Yunan ajanları Kur'an-ı Kerim'i Türkçe'ye çevirtme işini, Kazım Karabekir'in anılarını dayanak göstererek, "İslam'lık aleyhtarı kimselere tercüme ettirecekti" diye anlatmaktadırlar.

Oysa Atatürk bu işi, Mehmet Akif Ersoy, Elmalılı Hamdi Yazır ve Kamil Miras gibi dindar kişilere vermiştir.

Yine aynı iftiracılar, Mehmet Akif Ersoy'un vazife gereği yaptığı tercümeyi "namazda da Türkçe okunur" endişesi ile bazı kişilerin huzurunda yaktırdığını yazmaktalar.

Bu yalanı Prof. Kamil Miras Hoca'nın anıları ortaya çıkarmaktadır.

Prof. Kamil Miras Hoca, Mehmet Akif 1936'da hasta bir halde Mısır'dan vatana döndüğünde onu ziyaret ettiğini anlatır:

"Mehmet Akif, Mısır'dan hasta geldikten sonra, Kuşadalı Rıza Efendi merhumla Şişli'deki şifa yurdunda ziyaret ettik.

İçeri girince merhum hemen yatağından doğrularak neşe ile karşıladı.

Hoşgeldiniz, geçmiş olsundan sonra Akif, Rıza Efendi'ye öteden beri mutadı olan ihtiyarlık latifesiyle söze başlayarak, 'Hocam, bizim ihtiyar şair maşaallah hâlâ genç' diyerek güldü, bizi de güldürdü.

Rıza Efendi de, 'Bu sene oldu yaşım tam elli/Elli olduğu yüzümden belli" beytiyle sevgili dostunu karşıladı ve kahkahalar tazelendi. Çünkü Rıza Efendi'nin o sırada yaşı yetmişe merdiven dayamıştı. Bununla beraber üzüm gibi siyah sakalında bir tel beyaz yoktu.

İstiklal Marşı şairi kırk yıllık şiir yoldaşını cevapsız bırakmadı ve irticalen;

'İhtiyarlıkla yüzün saçmada nur,

Fakat üstad sakalın şahid-i zor'

beytini söyleyerek mukabele etti. Bana da bu latif konuşmayı muhtıra defterime kaydetmek vazifesi düştü.

Sonra uzun bir tahassürün hararetli muhasebesi başladı. Bu sırada Akif, son derece teessür irade eden bir eda ile son mektubumuza cevap veremediğinden itizar ederek Kur'an tercümesiyle iştigalini ve neticesini şöyle anlattı:

Cevap yazamadığıma mütessirim fakat mazurum. Çünkü

Kur'an'ı tercüme edemedim. Hayır, ettim. Hem de bir değil, iki kere tercüme ettim.

İlk tercümeyi yaptım, hiç beğenmedim. İkinci bir tercüme daha yaptım, onu da bir türlü beğenemedim.

Ahmet Naim merhumun hadis tercümelerinde yaptığı gibi kavis içinde muavin kelimeler kullanarak eksikliğini tamamlamak istedim, bu da olmadı. Bu da Kur'an-ı Kerim'in aslındaki belagatini bozuyordu. Bazı kelimelerin ve umumi sûrette edatların mukabillerinin bulunmaması, edebî birer vecize olan bazı cümlelerden olan o kısa ayetlerde müteaddit edatın içtima etmesi tercümeyi imkansız hale koyuyordu.

Kur'an'ın tam tercümesindeki imkansızlık ne benim kusurum, ne de dilimizin. Ben tercüme ile meşgul olurken, Farsça ve Fransızca tercümeleri de gördüm. Benim Türkçe tercümem onlardan yüksekti.

Fakat bu nispi yükseklik benim edebî zevkimi tatmin etmiyordu. Kur'an'ın nazmındaki icazkâr belagata baktıkça hayranlığım artıyordu. Tercümemden utanıyordum. Birisi Allah'ın kelamı, öbürü Akif kulunun tercümesi.

Bu vaziyette ben bu tercümeyi İslam ümmetinin ve Türk milletinin eline nasıl sunabilirdim? Bu cihetle onu Mısır'dan getiremedim." [353] Yani, Akif'in Türkçe ibadet endişesi ile vazifeyi bırakarak Mısır'a kaçtığı bir yalandır. Tam tersine o, bu vazifeyi hakkıyla yapamadığının suçluluğu içindedir.

Vazife kendine verilen Elmalılı Hamdi bu tefsir işini tamamlamış ve onun yaptığı tercüme ibadet hayatında kullanılmamıştır.

---

353 Kamil Miras, "Kur'ân Tercümesi Hakkında Tarihî Hatıralar ve İlmî Hakikatler, Sebilürreşad, cilt 2, sayı 38, Nisan 1949, s.195-196.

Kullanılmamasını da Sadettin Kaynak'ın şu sözlerinden anlıyoruz:

"Atatürk'ün arzusu, Kur'an'ın Türkçe'sinin de aslı gibi makam ve (lahn) ezgi ile okunması merkezindeydi. Fakat bu bir türlü olmuyordu. Çünkü tercüme nesirdi (düz yazı). Bununla beraber, iyi bir nesir de değildi. Kur'an'ın edaya gelmesi, lahn ile okunmaya uyması, Arap dilinin medler, gunneler, idgamlar ve bunlara benzer hususiyetleri oluşundan başka bir de Kur'an'ın kendisine has olan nefes alma için secaventleri (duraklama işaretleri), seci ve kafiyeye benzeyen fakat nesir olmayan, sözün kısası her şeyiyle, her haliyle metni gibi okunmasının da bir mucize oluşundan ileri geliyordu.

Türkçe tercümesinde bu vasıfların hiçbiri yoktu ve bir türlü de olamıyordu." [354]

Atatürk de bu konuda bir zorlamada bulunmamıştır.

Bütün bu anlattıklarımızdan Atatürk'ün Türkçeleştirme çalışmalarından çıkan netice İslam dinini ortadan kaldırmak olmayıp; tam tersine, cahil halk dinini öğrensin, nasıl ve ne şekilde ibadet ettiğini öğrensin; hurafelere aldırmasın gayreti idi.

Yine aynı gerekçelerle, Atatürk'ün emri ile "Sahih-i Buhari ve Tecrid-i Sarih" adlı eserin tercüme işi Babanzade Ahmed Naim Hoca'ya verilmiştir. Ahmed Naim Hoca, 1934 senesinde vefat edene kadar üç cildin tercümesini tamamlamıştır. Daha sonra bu şerhi Prof. Kamil Miras Hoca tamamlamıştır. Atatürk hayatta iken, 12 ciltlik bu eserden 60 bin adet basılarak ücretsiz dağıtılmıştır.

---

[354] Sadettin Kaynak, Hatıralar, Osman Ergin, Türkiye Maarif Tarihi Dahilinde, İstanbul, 1943, c.5, s.1633-1634.

DİN EĞİTİMİNİN VERİLMESİ

1 Mart 1922'de Meclis'in 3. toplantı yılının açılış konuşmasında şunları söyler:

"... Camilerin mukaddes minberleri halkın ruhanî, ahlakî gıdalarına en yüce, en bereketli kaynaklardır. Dolayısıyla camilerin ve mescidlerin minberlerinden halkı aydınlatacak ve doğru yolu gösterecek kıymetli hutbelerin muhteviyatını halkın öğrenmesi imkanını temin Şer'iye Vekalet-i Celilesinin mühim bir vazifesidir.

Minberlerden halkın anlayabileceği lisanla, ruh ve beyne hitap olunmakla ehl-i İslam'ın vücudu canlanır, beyni saflanır, imanı kuvvetlenir, kalbi cesaret bulur.

Fakat buna göre değerli hatiplerin sahip olmaları lazım gelen ilmî vasıflar, özel liyakat ve dünya durumunu bilme önemlidir.

Bütün vaiz ve hatiplerin bu arzuya hizmet edecek sûrette yetiştirilmesine Şer'iye Vekaleti'nin kuvvet sarf edeceğini ümit ederim." [355]

Yani, Mustafa Kemal'in hurafelerle mücadelesinde camilerden halka vaaz eden hutbelerin, onları yetiştirecek tarzda yapılması, aydınlatıcı olması temel nüktedir.

3 Mart 1924'de ise, 430 sayılı Tevhid-i Tedrisat Kanunu yürürlüğe girdi.

Bu kanunun 4. maddesinde şu yazar:

"Maarif Vekaleti yüksek diyanet mütehassısları yetiştirmek üzere Darülfunun'da bir ilahiyat fakültesi tesis ve imamet, hitabet gibi hidemat-ı diniyenin (din hizmetlerinin) ifası vazifesiyle mükellef memurların yetiştirilmesi için, ayrı mektepler küşat edecektir (açılacaktır)." [356]

İslam dininin doğru anlaşılmasına ve öğrenilmesine verilen önem elbette dinî eğitim veren okulların açılmasını da gerektiriyordu.

"…1924 senesinde, öğretim yılı 4 yıl olan imam ve hatip mektepleri açılmaya başlanmıştır.

21 Nisan 1924 tarihinde, Darülfünun'a bağlı olarak İstanbul'da bir de ilahiyat fakültesi açılmıştır. Öğretim süresi 3 yıldı…" [357]

Cumhuriyetin ilk Kur'an kursu Atatürk'ün emri ile açılmıştır.

---

355 Atatürk'ün Bütün Eserleri, 2012, c.12, s.284-285.

356 Bekir Sıtkı Yalçın-İsmet Gönlüal, Atatürk İnkılabı, Kültür ve Turizm Bakanlığı Yayınları, Ankara, 1984, s.94-306.

357 Mustafa Öcal, "Türkiye'de Kur'ân Eğitimi ve Öğretiminde Görülen Gelişmeler ve Bir İcazetname Örneği", Uludağ Üniversitesi İlahiyat Fakültesi Dergisi, sayı 2, cilt 13, Bursa, 2004, s.113-114.

"İlk Diyanet İşleri Başkanı Rıfat Börekçi tarafından daru'l-kurraların yerine Kur'an kursu adıyla yeni Kur'an eğitim merkezleri açılması için girişimler başlatılmış, 1925'te hafız-ı Kur'an yetiştirmek üzere bütçeden 50 bin lira tahsisat ayrılmıştır.

1925-1926 öğretim yılından itibaren 6 yıl boyunca 10 olan Kur'an kursu sayısı, 1935-1936 öğretim yılından başlayarak 2 yıl boyunca 14'e çıkmış; daha sonra 21 olmakta(dır)." [358]

1929'da Diyanet İşleri Başkanlığı, merkezde 53, illerde 485 olmak üzere 518 kişiden oluşan bir kadroya sahipti.

---

358 Mustafa Öcal, "İlahiyat Fakültelerinin Tarihçesi", Uludağ Üniversitesi İlahiyat Fakültesi Dergisi, sayı 1,cilt 1,yıl 1, Bursa, 1986, s.87.

GAZİ MUSTAFA KEMAL NAMAZ KILARDI

Bazıları Mustafa Kemal'in savaşlarda hafızlara Kur'an okutmasını, askerlerini savaş meydanına gönderirken "Allah Allah" diyerek onlara güç vermesini, el açıp dua etmesini istiklal mücadelesinde yapılmış bir takiye diye yorumlar.

Yine bazıları illa ki, "dinsiz bir Atatürk" ortaya çıkarabilmek için namaz kıldığı anıları kaleme alırken bile namazdan uzak bir insan anlatmaya çalışırlar.

Atatürk namaz kılardı.

Bu O'nun aldığı İslam terbiyesinin bir yansımasıydı.

Eğer, Mustafa Kemal dinsiz idiyse, askerî okullarda dahi namaz kıldığı ile alakalı anılar neyle izah edilebilir?

"... Birkaç gün daha geçti, vakitsiz kimseyi ürkütmek istemediğimden cumaları selamlık resminde Yıldız'ın Sultan Ahmed yapısı camiinde ben de ordu komutanları sıfatıyla hazır beklemekteydim.

Bir gün namazdan evveldi bir sabah Başkumandan Vekili Enver Paşa, İzzet Paşa, Vehip Paşa Balkan Muharebesi'ni idare etmiş büyük kumandanlarla namaz vaktini bekliyorduk. Namazdan sonra Naci Paşa, zat-ı şahanenin özel salonunda beni görmek istediğini bildirdi." [359]

Atatürk dindardı.

Ve o dindar Atatürk'ün "Selanik Askerî Rüştiyesi 4. sınıfında okutulan Tarih-i İslam dersinden 45 üzerinden 43; Harp Okulu 1. sınıfında okutulan "Akaid-i Diniyye" dersinden ise 45 üzerinden 42; Harp Okulu 2. sınıfta okutulan "Akaid-i Diniyye" dersinden ise 45 üzerinden 45 aldığı ortadadır. [360]

Ancak çocukluğundan itibaren İslam terbiyesi ile büyüyen ve emir ve yasakları bilen bir genç bu yüksek notları alabilir.

Falih Rıfkı Atay, Çankaya eserinde bakın hangi anıyı kaleme almıştır:

"Çocukluğunu ve gençliğini yakından bilen Kılıçoğlu Hakkı bana yazdığı mektupta der ki:

Ailece pek yakındır. Zübeyde Molla'yı ikinci defa kocaya veren benim büyük kaynatam Şeyh Rıfat Efendidir.

Mustafa Kemal tatillerde Selanik'te sılaya geldiği vakit büyük kaynatamın tekkesine gelir, ayin günlerinde dervişler halkasına katılarak, 'Huuuu, Huuuu' diye kan ter içinde kalıncaya kadar döner, dururmuş." [361]

---

[359] Atatürk'ün Bütün Eserleri, c.3, s.48.
[360] Sinan Meydan, Atatürk ile Allah Arasında, 6. Baskı, İnkılap Kitabevi, İstanbul, 2009, s.162.
[361] Falih Rıfkı Atay, Çankaya, Pozitif Yayınları, İstanbul, 2006, s.36.

Atatürk'ün hayatında her dönemde namaz kıldığıyla alakalı anılara rastlamaktasınız.

O, bazılarının işine geldiği şekliyle anlattığı gibi, dini, namazı bir istismar aracı olarak kullanmamış, Allah'a kulluğu her devir ve şartta yerine getirmiştir.

Mesela, Padişah Vahdettin ile son görüşmesi dahi bir Cuma namazı sonrasına rastlar:

"... Mayıs'ın 15'i Cuma'ya tesadüf eylemişti. Padişah'a 3. Ordu Müfettişi'nin vedası tabiyatıyla camide oldu.

Namazı müteakip huzura çağırılan Mustafa Kemal'in bir saatten fazla Padişah'la konuşması herkesin dikkat nazarını çekti. Vahdettin, İzmir işgalinden dolayı teessürler izhar etmiş fakat Samsun ve havalisinde bir an evvel sükûnet teminine uğraşılması aksi halde orası da işgal edilebilir demiş ve 'Bütün kabahatler İttihat ve Terakki'nin...' (diye eklemiştir).

(...) Atatürk camiden ayrılır ayrılmaz, 'Çok alçak bir adam! Çok mel'un! Millet, memleket mahvoluyor, o yalnız kendini düşünüyor' diyordu." [362]

Yine Millî Mücadele'nin ilk günlerinde, bayram namazını kılışını Kılıç Ali şöyle anlatır:

"Millî Mücadele'nin ilk günleriydi. Memleket içeriden dışarıdan düşmanların tazyiki altında bulunuyordu. İşte o günlerin birinde Mustafa Kemal Paşa ile bayram namazını kılmak için yanımızda bazı arkadaşlarda olduğu halde Ankara'da Hacı Bayram-ı Veli Camii'ne gitmiştik. Cami hınca hınç dolmuş, halk cami dışında sokaklarda hasır, kilim, hatta paltolarını sererek

---

[362] Gürer, 2007, s.218.

üzerlerinde namaz kılmaya hazırlanmıştı..." [363]

"Hastalığımın tedavisinden sora kıtaya geri döndüğümde Çanakkale cephesi hâlâ adeta cehennemî bir ateş içerisinde kaynıyordu.

Taburun hesap memur vekili olarak göreve başlamıştım. Görev icabı geri planda olmama rağmen yine de harbin bütün şiddetini ve korkunç yüzünü gördüm ve yaşadım.

(...) Müttefik kuvvetlerin Çanakkale'den çekilmelerini müteakip birliğimiz de istirahat için Edirne'ye sevk edildi. (Ocak 1916).

Bir müddet Edirne'de kaldık. Bu arada Anafartalar 19. Fırka Kumandanı Mustafa Kemal'in de Edirne 16. Ordu Kumandanlığı'na tayin edildiğini duydum. Çok sıkıntılı ve zor günlerin ardından Edirne'de rahat ve sakin bir hayata kavuşmuş olmamıza rağmen yine de savaşın acıları dinmemiş, izleri silinmemişti.

Soğuk bir kış günü Cuma namazı için hazırlık yaptıktan sonra biraz erken Üç Şerefeli Cami'ye gittim. Cami avlusu Cuma namazı için hareketlenmiş, cemaat camiye girmeye başlamıştı. İçimden camiye girip Kur'an okumak arzusu uyandı.

Doğruca müezzin mahfilinde yer almış bulunan müezzinlere yaklaşarak hafız olduğumu ve Kur'an okumak istediğimi söyleyip izin istedim.

'Bir subay, hem de hafız' diyerek çok sevindiler ve 'Tabii lutfedersiniz, buyurunuz okuyunuz efendim' dediler.

Mahfile çıktım, aralarında yer açtılar. Oturdum ve Kur'an okumaya başladım. Kısa zamanda cami tamamen doldu. Cema-

---

363 Kılıç Ali, 1955, s.57.

at huşû içinde sessizce beni dinliyordu. Cuma saati geldi, ezan okundu ve ilk sünnet kılındı. Müezzin başı iç ezanı da benim okumamı işaret etti. Bütün vücudumu dinî bir heyecan sarmıştı, hicaz makamında müessir bir ezan okudum.

Namaz bittikten sonra cemaatin büyük ilgi ve sevgi gösterisi arasında kalmışken bir er bana yaklaşarak, 'Efendim, kumandanım sizi istiyor' deyince, 'Eyvah, resmi elbise ile ezan okuduğum için usule aykırı bir iş yaptık' diye endişe ve korkuya kapıldım.

Maiyeti ile avluda bekleyen kumandana yaklaştım. Bu, Anafartalar'da savaşın akışını değiştiren dahi, efsane kumandan Albay Mustafa Kemal'di.

Bana, 'Oğlum, terbiye görmüş güzel bir sesin var. Okuduğun ezanı çok beğendim ve duygulandım. Seni tebrik ederim' deyince biraz rahatladım.

'İsmin?'

'Kemal, efendim.'

"Adaşmışız. Hangi kıtada bulunuyorsun?'

'Efendim, 16. Telgraf Bölüğü'nün hesap memuru olarak tayin edildim.'

Yaverine, 'İsmini ve kıtasını yaz' dedi.

Sonra bana dönerek, 'Oğlum, Edirne'de kaldığımız süre içinde ben Cuma namazına hangi camiye gidersem sen de o camiye gelecek iç ezanı okuyacaksın' dedi.

'Baş üstüne efendim' diyerek kumandanı selamladım.

Hafta içinde yaveri Ali Rıza Bey beni arayarak Mustafa Kemal'in Cuma namazı için Selimiye Camii'ne gideceğini ve benim de orada hazır bulunmamı Kur'an ve ezan okumamı, ayrıca durumun cami görevlilerine de bildirildiğini söyledi.

(…) Namaz çıkışı etrafımı saran meraklı, takdir ve hayranlıklarını ifade eden cemaatin arasından yine avluda maiyeti ile beni bekleyen Mustafa Kemal'e selam verdim. Elini uzattı, hemen öptüm.

'Oğlum, bugün yine bizi yaktın. Gelecek haftaya hangi camiye gidersem, sen de oraya geleceksin' dedi.

Ertesi hafta Eski Cami'ye gitmem emredildi. Orada da Kur'an ve ezan okudum." [364]

"Atatürk devrinde namaz kılan memurların işten atıldığı kesin olarak yalandır. Ordunun başı rahmetli Fevzi Çakmak, yardımcısı Orgeneral Asım Gündüz namaz kılarlardı.

Atatürk devrinde TBMM Başkanı olan Abdülhalik Renda Cuma namazlarını Hacı Bayram Camii'nde kılardı.

Yıl 1930, Atatürk Fevzi Çakmak'la birlikte yurt gezisine çıkıyorlar, yolculuk trenle yapılıyor. Vagonda Atatürk, Fevzi Çakmak'la baş başa vermiş, memleket meselelerini görüşüyorlar.

Bir milletvekili içeri giriyor, Atatürk'ün kulağına bir şeyler fısıldıyor. Mustafa Kemal birden kaşlarını çatıyor, Fevzi Paşa'ya dönerek, 'Paşam lütfen beni takip ediniz, arkadaş bir haber getirdi, birlikte inceleyelim' diyor.

Atatürk ile Çakmak, Cumhurbaşkanlığı Maiyet Erkânı'na ait vagona geçiyorlar. Atatürk, vagonun kapısını yavaşça açıyor ve Fevzi Paşa'ya gösteriyor.

---

[364] Muhittin Serin, Türk Hat Üstadları: Kemal Batanay, Denizler Kitabevi, İstanbul, 2006, s.28-32.

Yüksek rütbeli bir subay kanepe üzerinde namaz kılmaktadır. Atatürk vagonun kapısını kapadıktan sonra milletvekilinin yüzüne tükürüyor ve Mareşal'e diyor ki: 'Paşam, bu adamın biraz evvel kulağıma gizli bir şeyler söylediğini gördünüz. Bu adam muhafız kıtasına mensup yüksek rütbeli bir subayın vagonda namaz kıldığını gammazladı. Bu adam namaz kılmayı kendi aklınca suç görüyor. Durumu size göstermek için sizi buraya kadar zahmet ettirdim.'

Atatürk ilk istasyonda milletvekilini trenden indiriyor ve gelen devrede milletvekili seçtirmiyor.

Bu satırların aciz yazarı Atatürk devrinde hem devlet memuru, hem de din görevlisi idi.

Camilerde minberde hutbe okur, kürsülerde dua yapardı. Neden bize baskı yapılmadı? İşimizden atılmadık...

Atatürk devrinde General Kerameddin Kocaman, resmi general elbisesi ile Teşvikiye Camii'nde Kur'an okurdu. Neden emekliye sevk edilmedi?

Cumhuriyetin ilk Diyanet İşleri Başkanı Rıfat Börekçi'den defalarca dinledik.

Börekçi bize şöyle demişti:

Ata'nın huzuruna girdiğimde beni ayakta karşılardı. Utanır, ezilir, büzülür, 'Paşam beni mahcub ediyorsunuz' dediğim zaman 'din adamlarına saygı göstermek Müslümanlığın icaplarındandır' buyururlardı." [365]

"Atatürk için dinsiz diyenler oldu. Bunu bir moda imiş gibi yayanlar oldu. Onun laik anlayışını dinsiz gibi göstermekte fay-

---
[365] Ercüment Demirer, Bakış, Aralık, 1969.

da umanlar oldu fakat hakikat hiç de böyle değildi.

"Atatürk, laikti ve yobaz aleyhtarıydı. Size başımdan geçen bir vakıayı naklederek başlayayım:

Bir gün Necip Ali, ona, 'Efendim Münir Hayri namaz kılar' dedi.

En yakın bir dostumun beni bu şekilde takdimini gören beni sevmeyenlerin yürekleri ağızlarına geldi. Şimdi kovulacağıma hükmedenler gülüştüler.

Atatürk'le aramızda şu konuşma geçti:

'Sahi mi?'

'Evet Paşam.'

'Niçin namaz kılıyorsun?'

'Hiç, namaz kılınca içimde bir huzur ve sükûn hissederim.'

Atatürk demin gülenlere döndü:

Bir gemide kalsanız ve batmak tehlikesinde olsanız hiçbir ümidiniz kalmasa, ne diye haykırırsınız? Herhalde yetiş Gazi demezsiniz, Allah dersiniz. Bundan tabii ne olabilir?" [366]

---

[366] Egeli, 1954, s.63.

MEKTUPLARINDA VE KONUŞMALARINDA ALLAH'I ANAN LİDER

Atatürk'e "inanmıyor" diyenlerin eline ne geçiyor sizce?

Mustafa Kemal; devleti, vatanı, milleti, dini satmamıştır, pazarlık konusu da yapmamıştır.

Bir haramı helal göstermemiştir.

Ona "dinsiz" diyenlerin tek gayesi; kurucusu dinsiz olan devletin milletinin de dinsiz olması gerektiğine milleti ikna etmektir.

Türkiye Cumhuriyeti Devleti'nin kurucusuna "dinsiz" diyenler ya da kitaplarında, O'nun dini kullandığını ima edenler, ikili ilişkilerinde kaleme aldığı hatıra mektuplarındaki maneviyatı nasıl inkar ederler?

"1911 yılında Atatürk, bir Rus vapuru ile Trablusgarp'a giderken Urla karantina istasyonundan arkadaşı Fuat Bulca'ya gönderdiği bir mektuptan;

Nuri'ye ayrıca mektup yazamayacağım. De ki; benim için hatırası kalp ve vicdanımdan bir an çıkamayan bir öz kardeş varsa Nuri'dir. Bu, sonu karanlık seferi onunla yapmak isterdim.

Allah izin verirse harp meydanında birleşiriz.

Cenab-ı Hak takdir etmişse, ahirette kavuşuruz." [367]

20 Temmuz 1915 tarihinde Madam Corinne'ye askerleri hakkında bakın neler yazmış:

"Aziz madam,

Karargâhın katiplerinden Hulki Efendi'nin İstanbul'u seyahatinden faydalanarak size bu mektubu yazıyorum.

(...) Çok şükür! Askerlerim pek cesur ve düşmandan daha kuvvetlidirler. Bundan başka hususi inançları, çok defa ölüme sevk eden emirlerimi yerine getirmelerini çok kolaylaştırıyor. Filhakika onlara göre iki semavî netice mümkün:

Ya gazi veya şehit olmak...

Bu sonuncusu nedir bilir misiniz? Dosdoğru cennete gitmek... Orada Allah'ın en güzel kadınları, hurileri onları karşılayacak ve ebediyen onlara tâbi olacaklardır. Yüce saadet..." [368]

Sınıf arkadaşı Ali Fuat Cebesoy, O'nun, çocukluğuyla ilgili günlerini şöyle anlattığını yazar:

---

[367] Salih Bozok-Cemil S.Bozok, 1985, s.9.
[368] Sadi Borak, Atatürk'ün Özel Mektupları, 4. Baskı, Kaynak Yayınları, İstanbul,1998, s.7.

"Babamın vefatı, bizi ayakta tutan kuvvetli bir desteğin yıkılması gibi bir şey oldu. Adeta kendimi yalnız hissettim. Dayım bize çok iyi davrandı. Acımızı unutturabilmek için gayret gösterdi. Allah razı olsun. Çiftlik hayatına karıştım. Tarla bekçiliği de yaptığım oldu..." [369]

"... Böyle gece vakti çağrılan öğrencilerin bazılarının geriye dönmediğini duymuştum. Giyinmeye başladım. Bu sırada Mustafa Kemal de uyanmış, tedirgin bakışlarla bana bakıyordu. Başıma bir kaza gelmesi ihtimalinden endişe ediyor, bununla beraber renk vermemeye çalışıyordu.

Koğuştan çıkarken yavaşça, 'Merak etme kardeşim, Allah büyüktür' dedi ve metin olmamı tavsiye etti." [370]

" ...Çapakçur dağlarının en yüksek bir noktasında buluştuğumuz akşam, O, savaş alanlarında kolağalığından generalliğe, ben de albaylığa yükselmiş bulunuyordum. Şimdi O bir üstün rütbede, benim üstüm ve kumandanım durumundaydı.

'Hoşgeldiniz Ali Fuat Beyefendi' dedi sonra birden bana doğru yürüdü.

'Fuat kardeşim' diye boynuma sarıldı.

Durumu kısaca anlattı:

İkinci Ordu Kumandanı'nın, seni iki piyade alayı ile dikkatsiz davranarak yalnız bırakmış olmakla Boğaz'ın stratejik değerini değerlendiremediğini gördüm. Yardım için ordu kumandanına önerdim ve onun buyruğunu beklemeden hemen harekete geçtim. Tanrı'ya şükürler olsun, seni kurtardım." [371]

---

369 Ali Fuat Cebesoy, Sınıf Arkadaşım Atatürk, İnkılap Yayınları, İstanbul, 2017, s.13.
370 Cebesoy, 2017, s.33.
371 Cebesoy, 2017, s.187.

Salih Bozok'a 4 Ekim 1911'de İstanbul'a geri dönmesi ile alakalı yazdığı uzun bir mektupta şunları yazmıştır:

"2 Ekim 1911'de İstanbul'dan hareket olundu. Harbiye Nazırı da ister istemez muvafakat olundu. Maksadımız ebedî bir sahayı mücadeleye açmaktır.

Muvaffakiyet Allah'tan.

Lüzum ve faide görürsem seni ve daha bazı arkadaşları da isteyeceğim...

Allah nasip ederse saha-i mücadelatta (savaşımlar alanında) birleşiriz. Cenab-ı Hak takdir etmişse ahrette buluşuruz." [372]

Ayn-ı Mensur karargâhından 25-26 Nisan 1912'de gece saat 6'da Salih Bozok için kaleme aldığı bir mektuptan;

"...Ah Salih, Allah bilir hayatımın bugüne kadar orduya bir uzuv olabilmekten başka bir emel-i vicdani edinmedim. Çünkü vatanın muhafazası, milletin saadeti için, her şeyden evvel ordumuzun o Viyana surlarına süngüsünü saplayan ordu olduğunu dünyaya bir daha ispat lüzumuna çoktan beri kani idim." [373]

18 Ekim 1914'te Fuat Bey'in evliliği ile alakalı da şunları yazmıştır:

"Kardeşim Fuat,

Mektubunu aldım. Cenab-ı Hak'tan izdivacının mesud ve müteyemmen olmasını kemal-i hulus ile niyaz ederim.

Cenab-ı Hak bahtiyar etsin kardeşim." [374]

---

[372] S. Bozok-C. Bozok, 1985, s.155-156.
[373] S. Bozok-C. Bozok, s.164-165.
[374] S. Bozok-C. Bozok, 1985, s.172.

20 Ağustos 1919'da, Erzurum'dan, Sivas Valisi Reşit Paşa'ya çektiği telgraf:

"İngilizler bu husustaki tehdidâtında daha ileri giderek Batum'daki askerlerinin Samsun'a ihracına karar verdiler. Hatta mahza bendenizi tehdit için bir tabur çıkardılar. Fakat bu teşebbüse karşı, milletin kavi bir azim ve iman ve ateş ile mukabele edeceği hakikati kendilerince tahakkuk ettikten sonra, hem kararlarından sarf-ı nazar etmeğe ve hem de Samsun'a çıkarmış oldukları askerleriyle beraber orada bulunan taburu nakletmeğe mecbur oldular." [375]

Savaşları kazandıran da O'ndaki ve milletindeki bu imanla mukabele gücü değil midir?

Meclis konuşmalarında da aynı şekilde Cenab-ı Hakkı anan bir liderdir. İnanınız, bugünkü siyasîlerde olmadığı kadar Allah'ı hatırlatan hitabeleri vardır.

Atatürk çok şuurlu bir Müslüman ve askerdir.

Bugüne değin uzanan medeniyetler mücadelesinin inanç temelli olduğunun farkındadır ve yaptığı savunmanın haçlı ile İslam dünyası arasındaki savaş olduğunu bilerek Millî Mücadele'de yer almıştır.

Millî Mücadele ve Meclis'in açılışından sonra izlediği siyaset, İslam âlemi ile bütünleşmek ve haçlıya karşı savaşmak çizgisinden ayrılmamıştır. Konuşmalarında ve yazışmalarında da bundan başka bir şey işlememiştir.

19 Eylül 1921'de, Büyük Millet Meclisi'ndeki konuşmasında bakın neyin altını çiziyor:

---
[375] Kansu, 1997, s.158.

"... Kral Konstantin bazı hükûmetlerin hoşuna gitmek için Venizelos tarafından açılan deftere daha büyük bir hız vermek istediği zaman gasp ve istila seferine gayet derin bir dinî taassup ile girişmişti.

Haçlının asırlarca evvel takip ettiği dinî gayelerini canlandırmak için Mesih tarafından kendisini memur zannetti. İzmir'de ilk karaya çıktığı zaman İzmir şehrine değil, vaktiyle haçlının çıktığı yeri seçerek oraya çıkmıştır.

O mahallin, Eskişehir ve diğer Müslüman Türk şehirlerinin isimlerini değiştirdi.

Kral Konstantin'in arzusu haçlı kahramanları sırasına geçmek ve eski istilacı zalimleri taklit etmekti.

Avrupa bu serserilikleri uzaktan seyretti. Fakat efendiler, Cenab-ı Hak bize yardım etti..." [376]

Ve 24 Nisan 1920'de Meclis yeni açıldığında, savaş devam ederken, Büyük Millet Meclisi gizli oturumunda söylediği sözlerdeki ölçüye bakınız:

"... Maddî ve manevî kuvvetler karşısında bütün cihan ve Hıristiyan siyasetinin en şiddetli hırslarla haçlı muharebesi yapmasına karşı sınır haricinde bize yardımcı olacak, birer dayanak noktası teşkil edecek kuvvetleri düşünmek mecburiyeti de pek tabii idi.

İşte haricen ifade etmemekle beraber, hakikatte bu dayanak noktasını aramaktan geri durmadık. Bittabi, selamet ve kurtuluş için yegâne kaynak İslam âleminin kuvvetleri olmuştu.

İslamiyet âlemi birçok bakımdan, milletimizle devletimizin

---
[376] Atatürk'ün Bütün Eserleri, 2015, c.11, s.409-410.

bağımsızlığıyla yakından ve fevkalade bir sûrette alaka ve dinî bağlılığı olmakla ve bu veçhile bütün İslam âleminin mânen bize yardımcı ve destek olduğunu zaten kabul ediyoruz." [377]

14 Eylül 1921, Millete Beyanname'den:

"... Bu derece azim bir fedakârlık hissi ile topraklarını müdafaa eden milletimiz ne kadar iftihar etse haklıdır. Bağımsızlık mücadelemizde inayet-i semadaniyesini Türk milletinden esirgemeyen Cenab-ı Hakk'a hamd ü sena etmeyi asla unutmayalım..." [378]

16 Nisan 1921, Dersaadet'te Müşir Fuat ve Ferik Rıza Paşalar ve eski Ayan Reisi Rıfat Beyefendi hazretlerine;

"... Teşekkürler arz eder ve Allah'ın yardımının devamlı olarak, millî azmin coşkun timsali olan ordumuzun yanında olması hususunda dualarınızı rica eylerim, efendim." [379]

13 Ağustos 1919 Sivas Kongresi'ne davet için Şeyh Mahmut Efendi Hazretlerine;

"... O havalide İngilizlerin aldatıcı telkinlerinin önüne geçilmesi pek ziyade lazımdır. Cenab-ı Hak cümlemize muvaffakiyetler ihsan buyursun." [380]

13 Ağustos 1919'da Sivas Kongresi'ne davet için, Nurşinli büyük şeyhlerden Şeyh Ziyaeddin Efendi Hazretlerine;

"... Birkaç güne kadar Batı Anadolu ve Rumeli'nin bütün vilayetlerinden gelmekte olan delegelerle de genel bir kongre Sivas'ta toplanacaktır.

---

[377] Atatürk'ün Bütün Eserleri, 2015, c.8, s.79.
[378] Atatürk'ün Bütün Eserleri, 2015, c.11, s.393.
[379] Atatürk'ün Bütün Eserleri, 2015, c.11, s.138.
[380] Atatürk'ün Bütün Eserleri, 2015, c.3, s.267.

Cenab-ı Hakk'ın yardım ve inayeti ve Peygamber-i Zişan'ımızın feyiz ve şefaati ile bütün milletimizin bir noktada birlik olduğunu ve haklarını muhafaza ve müdafaaya kadir bulunduğunu cihana göstereceğiz." [381]

12 Nisan 1921, Efgan Heyeti Reisi Sultan Ahmet Han'a;

"... Cenab-ı Hak'tan tazarru ve niyaz ederim ki, yüksek heyetimizin memleketimize ayak basması ve iki dost ve kardeş memleketi yek diğerine bağlamaya vasıta olması, memleketlerimizin geleceği için daimi bir hayır ve saadet sebebi olsun." [382]

20 Eylül 1921, neferlere;

"... Cenab-ı Hak, giriştiğimiz kurtuluş mücadelesinde şerefli silah arkadaşlarımıza, kendilerini seçkin hale getiren asaletin, civanmertliğin, kahramanlığın hakkı olan kati kurtuluşu da nasip etsin..." [383]

8 Aralık 1919 Urfa Müftüsü Faziletlu Hasan Efendi Hazretlerine;

" ... Vatanımızı haksız yere işgal etmiş olan Fransızların vaziyetleri geçici olup, davamızın hak olması yönünden Cenab-ı Hafız-ı Hakiki'nin inayet-i Rabbanisiyle oraların tamamen tahliye olunacağına kuvvetli itimadımız vardır..." [384]

10 Aralık 1919, Adana Müdafaa-i Hukuk Cemiyeti Heyet-i Merkeziyesi'ne;

"Vatanın kurtulmasına, milletin selamet ve kurtuluşuna yönelik faydalı mesailerinde muvaffakiyete nail olmaları, Yüce Al-

---

[381] Atatürk'ün Bütün Eserleri, 2015, c.3, s.268.
[382] Atatürk'ün Bütün Eserleri, 2015, c.11, s.132.
[383] Atatürk'ün Bütün Eserleri, 2015, c.11, s.414.
[384] Atatürk'ün Bütün Eserleri, 2015, c.3, s.339.

lah'ın lutfundan niyaz edilir." [385]

23 Mayıs 1920'de, Hazro'da Mehmet Bey'e;

"... Yabancıların vatanımızı içinden yıkmak için ümit besleyen alçaklardan yakında memleketimizin tamamen temizlenmesine muvaffakiyet husulü Allah'ın lutfundan beklenmektedir." [386]

11 Haziran 1920, Umum Kumandan Demirci Mehmet Efe kardeşime;

"... Aydın'ın bu doğru özlü ve fedakâr evlatları, Bolu ve Düzce havalisinde memleketimizi gâvurların esaretine düşürmeye çalışan hainleri, pek kahramancasına ve fedakârane tedip ettiler (bastırdılar), vatanımıza büyük hizmetler yaptılar. Allah iki cihanda aziz etsin." [387]

2 Temmuz 1920, Büyük Millet Meclisi İcra Vekilleri Heyeti Beyannamesi:

"... Milletimiz Anadolu gibi geniş ve verimli bir faaliyet muhiti içinde yalnız münafık Yunan kuvvetleriyle istila ve imha edilemez. Bütün ahalimizde münafıklara ve Yunanlılara karşı sönmez bir azim ve kin uyanmalı, Yunan ordusunun ilerisinde, gerisinde nerede kalırsa kalsın her Müslümanın vazifesi Yunan neferlerine hücum olmalıdır. Cenab-ı Hak, Yunan hayal binasının mahvını bize nasip edecektir..." [388]

19 Mart 1920, Sivas Anadolu Kadınları Cemiyeti'ne;

"... 4- Başta İngilizler olmak üzere, İtilaf Devletleri'nin bütün mukaddes medeniyet ve insaniyet esaslarını yıkan, vaki olan

---

[385] Atatürk'ün Bütün Eserleri, 2015, c.5, s.351.
[386] Atatürk'ün Bütün Eserleri, 2015, c.8, s.235.
[387] Atatürk'ün Bütün Eserleri, 2015, c.8, s.306.
[388] Atatürk'ün Bütün Eserleri, 2015, c.8, s.383.

harekâtından dolayı çok geçmeden pişmanlık göstereceklerine şüphe edilmemelidir. Tevfik Allah'tandır." [389]

12 Nisan 1920, Tamim:

"… Millî bağımsızlık uğrunda kati mücahedemizde her zaman olduğu gibi bundan sonra da tevfikât-ı Subhaniyeye (Allah'ın yardımlarına) mazhar olacağımızdan eminiz. Cenab-ı Hak bizimle beraberdir." [390]

Kasım 1921-Nisan 1922, 19 numaralı not defteri:

"Giriş: Bugün ikinci toplantı senemizi tamalayarak üçüncü millî seneye giriyoruz. Bu mazhariyetinden dolayı Cenab-ı Hakka hamd ü sena eder ve bu geçen sene zarfında yüce Meclis'çe, milletçe ve orduca harcanan fedakârane mesaiyi tebcil ederim." [391]

Yine aynı not defterinde 2. İnönü Zaferi öncesinde cephede bulunan Mustafa Kemal Paşa cephe günlüğünde şunları not eder:

9 Mart 1922 Perşembe: "… ondan sonra hafıza Kur'an okuttuk…"

10 Mart 1922 Cuma: "… bazı telgraflar gelmişti gördüm, hafıza Kur'an okuttum…"

17 Mart 1922 Cuma: "… Mustafa Abdülhalik Bey geldi, hafıza okuttuk…"

20 Mart 1922 Pazartesi: "… Fahreddin Paşa ve erkân-ı harbini yemeğe davet etmiştim. Hafız Kur'an okudu…"

23 Mayıs 1919, Sadaret'e telgraf:

---

389 Atatürk'ün Bütün Eserleri, 2015, c.7, s.156.
390 Atatürk'ün Bütün Eserleri, 2015, c.7, s.289.
391 Atatürk'ün Bütün Eserleri, 2015, c.12, s.68.

"... Cenab-ı Hak bu zor anlarda her türlü vatanseverlik gayreti ile dopdolu olarak milletin başında bulunan lutufkâr zatlarınızı, devlet ve milletin mutlu bir sona kavuşması ve kurtuluşa ermesi ile zafere ulaştırsın..." [392]

28 Eylül 1919, Isparta Müdafaa-i Hukuk Cemiyeti Heyet-i Merkeziyesine;

"Mukaddes millî cereyanın kati azmi karşısında, hain Ferit Paşa kabinesinin er geç düşmesi muhakkaktır. Millet böyle yek-vücut oldukça meşru emellerinin elde edilmesinde Cenab-ı Allah'ın inayetine mazhar olacağı şüphesizdir..." [393]

7 Ekim 1919, Beyanname:

"... Lakin bugün Cenab-ı Hakk'a ve kendi hakkına dayanan büyük miletimizin gösterdiği mutlak iman karşısında engeller devrilip nihayet aynı kurtuluş gayesi etrafından devletimizin de genel birliği tamam oldu..." [394]

16 Mart 1920, protesto:

"... Davamızın meşruiyet ve kutsiyeti, bu müşkül zamanlarda Cenab-ı Hak'tan sonra en büyük yardımcımızdır." [395]

İzmit konuşmalarından;

"Kılıçzade Hakkı Bey: Paşa hazretleri, yeni hükûmetin dini olacak mı?

Gazi Mustafa Kemal: Vardır efendim. İslam dinidir. İslam dini fikir hürriyetine sahiptir.

---

[392] Atatürk'ün Bütün Eserleri, 2015, c.2, s.323.
[393] Atatürk'ün Bütün Eserleri, 2015, c.4, s.150.
[394] Atatürk'ün Bütün Eserleri, 2015, c.4, s.230.
[395] Atatürk'ün Bütün Eserleri, 2015, c.7, s.121.

Hakkı Bey: Yani hükûmet bir dine bağlı olacak mı?

Gazi Mustafa Kemal: Olacak mı olmayacak mı bilmem! Bugün mevcut olan kanunlarda aksine bir şey yoktur. Millet dinsiz değildir. Dinine bağlıdır ve dini İslam dinidir. Yani komünistlik gibi dini reddedecek ortada bir meslek yoktur." [396]

---

[396] Atatürk'ün Bütün Eserleri, 2015, c.14, s.288.

MİSYONER ÇALIŞMALARI REDDETMİŞTİR

Mustafa Kemal için İslam inancına sahip çıkmak, vatanın kurtuluşu ve Müslümanların birliği ve milletin devamı için şarttır.

Siz, Nutuk'a azınlıkların misyonerlik faaliyetlerinin bölücü etkileri ile başlandığını bilir misiniz?

"1919 senesi Mayıs'ının ondokuzuncu günü Samsun'a çıktım" diye başlar Nutuk ve işgali birkaç cümlede özetledikten sonra şöyle devam eder:

"... Memleketin her tarafında Hıristiyan azınlıklar gizli veya açıktan açığa kendi hususi emel ve maksatlarının temini için, devletin bir an evvel çökmesi için yoğun çaba sarf ediyorlar.

Sonradan elde edilen güvenilir malumat ve vesikalarla iyice anlaşılmıştır ki, İstanbul Rum Patrikhanesi'nde kurulan Mavri Mira heyeti, vilayetler dâhilinde çeteler teşkil ve idare etmek, mitingler ve propagandalar yaptırmakla meşgul.

Yunan Kızılhaç'ı ve Resmî Muhacirler Komisyonu, Mavri Mira Heyeti'nin faaliyetlerine hizmet ediyor.

Mavri Mira heyeti tarafından idare olunan Rum okullarının izci teşkilatları, yirmi yaşından yukarı gençler de dâhil olmak üzere her yerde ikmal olunuyor.

Ermeni Patriği Zaven Efendi de, Mavri Mira heyetiyle hemfikir olarak çalışıyor. Ermeni hazırlığı da tamamen Rum hazırlığı gibi ilerliyor.

Trabzon, Samsun ve bütün Karadeniz sahillerinde teşekkül etmiş ve İstanbul'daki merkeze bağlı bulunan Pontus Cemiyeti hiçbir maniyle karşılaşmadan kolaylıkla ve başarıyla çalışıyorlar." [397]

Atatürk'ün Nutuk'u kaleme alırken ilk sayfada değinmek ile dikkat çektiği Patrik Atinegoras, biraz aşağıda ele aldığımız Said Nursi tarafından "gizli Müslüman" olarak tanıtılacaktır...

Atatürk'ün bir inanç problemi yoktur. O, Müslüman bir Türk'tür ve Müslüman Türk'ün vatanını işgal eden haçlı zihniyetinin çeşitli dernekler ve heyetler vasıtasıyla misyonerlik faaliyetlerini yürütürken diğer taraftan işgalcilere destek verdiğinin farkındadır.

Bugün, Dinlerarası Diyalog'un ve misyonerliğin ne demek olduğunu anlayamamış "dindar"lara karşı; dinsiz diye itham edilen Atatürk, inanç üzerinden yapılmak istenenlerin farkında, çok şuurlu bir Müslüman'dır.

Nutuk'un ilerleyen sayfalarında, Pontus konusuna bir kez

---

[397] Nutuk, 2017, ilk sayfa.

daha değinir Gazi:

"... 1840 senesinden beri; yani üç çeyrek asırdan beri Rize'den İstanbul Boğazı'na kadar Anadolu'nun Karadeniz havzasında, eski Yunanlılığın ihyası için çalışan bir Rum zümresi mevcut idi.

Amerika Rum göçmenlerinden Rahip Klematios adında biri, ilk Pontus toplantı yerini, şimdi halkın Manastır dediği bir tepede İnebolu'da kurmuştu.

Bu teşkilat mensupları zaman zaman münferit eşkıya çeteleri şeklinde faaliyet gösteriyorlardı.

... Ethniki Hetairia (Etniki Eterya) Cemiyeti propagandacıları ve Merzifon'daki Amerikan müesseseleri tarafından mânen yetiştirilen ve yabancı hükûmetlerin silahlarıyla maddeten takviye edilip cesaret verilen bu havalideki Rum kütlesi de bağımsız bir Pontus hükûmeti kurma emeline düştü.

... Amasya, Samsun havalisi Rum Petropoliti Yermanos'un idaresinde, muntazam bir program halinde faaliyetlerine başladılar.

Samsun'daki Rum komitecilerin başkanı olan Reji Fabrikası direktörü Tokamanidis bir taraftan da merkezî Anadolu ile haberleşme tesisine çalışıyordu.

...Birkaç bin Rumu Sohum'da Haralambos isminde bir adamın başına topladılar.

... Yabancıları Kızılhaç heyetleri arasından gelen subayların da teşkilat kurmak, çetelerin askerî talim ve terbiyeleriyle iştigal etmek ve gelecekteki Pontus hükûmetinin temelini kurmak ile memur oldukları anlaşılıyordu.

4 Mart 1919 tarihinde, İstanbul'da Pontus adıyla yayımlanmaya başlayan bir gazetenin baş makalesinde, 'Trabzon vilayetinde Rum cumhuriyetinin tesisine çalışmak maksadıyla yayımlandığı' ilan edilmişti.

… Bafra ve Çarşamba havalisindeki yerli Rumlar sürekli kiliselerde toplanıyor, teşkilatlanmalarını ve teçhizatlanmalarını takviye ediyorlardı.

23 Ekim 1919 tarihinde, Doğu Trakya ve Pontus için merkez olarak İstanbul kabul edilmiş idi. Venizelos, İstanbul'un merkez olarak kabul edilme meselesinin daha sonraki bir tarihe ertelenerek, bunun yerine Pontus hükûmeti kurulması düşüncesini ortaya atmış ve İstanbul patrikhanesine buna göre talimat vermişti…

18 Aralık 1919'da Pontus Rum hükûmeti ismiyle bir hükûmet teşkil etmiş ve teşkilatlanmaya başlamıştı.

… Pontus eşkıyasının kuvveti başta 6 bin-7 bin silahlı idi. Daha sonra her taraftan katılanlarla 25 bin raddesini buldu.

… Pontus çetecilerin icraatı İslam köylerini yakmak, Müslüman halka karşı akıl ve hayale sığmaz zulümler yapmak, cinayetler işlemek gibi hunhar bir sürünün icraatından başka bir şey değildi…" [398]

Bazıları Atatürk'ün din anlayışını kaleme aldığı kitaplarında, O'nun Hıristiyan din adamlarından etkilendiğini yazarlar.

Batı'nın, haçlı zihniyetinin temsilcisi olduğunu gördüğü halde bunlara özenmesi, Müslüman hocaların onlara benzemesini istemesi söz konusu olabilir mi?

Nutuk'ta yer verdiği konulara bakıldığında, Atatürk hakkındaki bu görüşler zırvadan başka bir şey değildir.

---
398 Nutuk, 2017, s.457-459.

Bakınız, Amerika Yakındoğu Heyeti, Anadolu'da yetimhaneler ve numune çiftlikler ve hayır müesseseleri açmak ve yetim çocukları yetiştirmek için izin ister.

3 Ocak 1921'de konu Meclis'te değerlendirilir ve ilgili karar çıkar.

Dört gerekçe ile reddedilen taleplerinde, dördüncü gerekçe şöyledir:

"Sırf ilmî ve insanî gayretlerle memleketimizde çalışmakla beraber ruhlarında yerleşmiş bulunan Hıristiyanlık güdüsüyle hemen sırf Hıristiyan azınlıklarla meşgul olmak ve onlara ister kasıtlı ister kasıtsız Müslüman kitlelerden ayrılmak arzusunu aşılamak."

"Hiçbir hükûmet kendi tebaasından olan onbilerce çocuğu kendi memleketi dahilinde bir yabancı heyeti tarafından her türlü teftişten azade olarak büyütülüp onlara istediği gibi telkinlerde bulunulmasına müsaade edemez..." [399] hükmü ile yabancı dine mensup kişilerin Türk evlatlarını yetiştirmesine izin vermez.

Buna karşılık, diğer dinlere mensup kişilerin ülkemiz sınırlarında serbestçe yaşamalarının önünü de kesmez. Tek şart, misyonerlik faaliyetlerine yönelmemeleridir.

Bunun gibi, ülke bütünlüğünü tehdit eden, işgalci güçlerle beraber hareket eden çalışmaların önüne geçmek maksadıyla; 1923 yılında Merzifon Amerikan Koleji, Atatürk tarafından kapatılmıştır.

13 Ekim 1935'te tüm Mason locaları, Atatürk'ün emri ile İçişleri Bakanlığı'nca resmen kapatılacaktır.

Mustafa Kemal, henüz 28 Aralık 1919'da Ankara'da halka

---
399 Atatürk'ün Bütün Eserleri, 2012, c.10, s.243.

yaptığı bir konuşmasında, 30 Ekim 1918 sonrasında İtilaf Devletleri'nin işgal gerekçelerinden biri olarak gayrimüslim unsurlardan yararlanmalarının altını çizer:

"… Mütarekename imzalandığında hür ve bağımsız bir Osmanlı milleti kabul ettikleri halde, aradan bir iki ay geçtikten sonra bu kanaatlerden uzaklaşıyorlar… Yabancılar kendi iktisadî ve siyasî menfaatlerini tatmin edebilmek için aleyhimizde icat ettikleri iki görüşü yürütmeye başladılar.

Bu görüşlerden birincisi güya milletimizin gayrimüslim unsurları eşitlik ve adalet düsturuna uygun olarak idareye muktedir olmadığı…

… Efendiler hiçbir millet, milletimizden ziyade yabancı unsurların inançlarına ve adetlerine riayet etmemiştir.

Fatih, İstanbul'da bulduğu dinî ve millî teşkilatı olduğu gibi bıraktı. Rum Patriği, Bulgar Eksarhı (pisikoposu) ve Ermeni Kategigosu (patriği) gibi Hıristiyan dinî reisleri imtiyaz sahibi oldu. Kendilerine her türlü serbestî bahşedildi.

İstanbul'un fethinden beri gayrimüslimlerin mazhar bulundukları bu geniş imtiyazlar milletimizin dinen ve siyaseten dünyanın en müsaadekâr ve civanmert bir milleti olduğunu ispat eder en bariz delildir.

… Memleketimizde yaşayan gayrimüslim unsurların başına ne gelmişse, kendilerinin yabancı entrikalarına kapılarak ve imtiyazlarını suistimal ederek vahşiyane sûrette takip ettikleri ayrılık siyaseti neticesidir..." [400]

Kısaca Gazi Mustafa Kemal, bölücü ve yıkıcı etkilerinin farkında olduğu misyonerliğe karşıdır.

---

400 Atatürk'ün Bütün Eserleri, 2012, c.6, s.28-29.

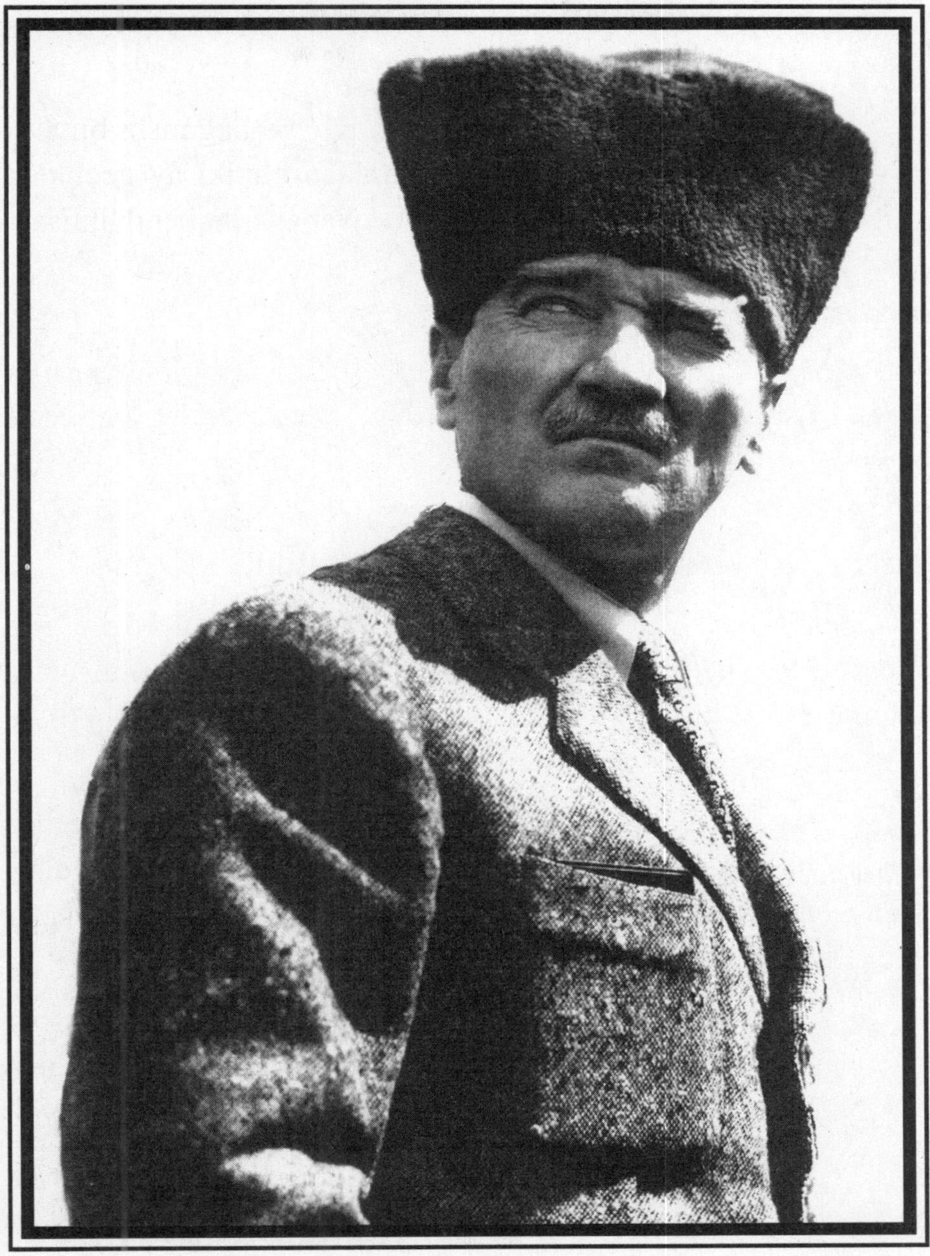

13. BÖLÜM

KURTULUŞ SAVAŞI'NDA SAİD NURSİ'NİN GERÇEK YÜZÜ

- **Kurtuluş Savaşı'nda Misyoner Hoca: Said Nursi**
- **Atatürk'ün Nutuk'ta, Mavri Mira'yı Kurduğunu Yazdığı Patrik Athenagoras Said Nursi'ye Göre Gizli Müslüman**
- **Said Nursi'den Fetullah Gülen'e**

KURTULUŞ SAVAŞI'NDA
MİSYONER HOCA: SAİD NURSİ

Kurtuluş Savaşı'nda Nakşîlerin İngilizlerle beraber hareket ettiğini biliyoruz.

Yine Said Molla adındaki hocanın, alenen İngilizler adına casusluk yaptığı, Mustafa Kemal ve Millî Mücadele hakkında raporları ingilizlere ulaştırdığı ile ilgili bilgileri yukarıda vermiştik.

Kurtuluş Savaşı yıllarında Said Molla'nın yanında, Said Nursi (Kürt Said) ve Şeyh Said'den de bahsedilir.

Bugün FETÖ olarak karşımıza çıkan ve kalkışma hamlesi ile vatanın birliğine ve milletin canına kast eden darbe girişiminin fikrî temelleri esasen FETÖ'nün hocası Said Nursi'de aranmalıdır.

Bakınız Nursi, Haçlı İttifakı'na dair neler demiştir:

"Misyonerler ve Hıristiyan ruhanileri, hem Nurcular çok dikkat etmeleri elzemdir. Çünkü, her halde şimal cereyanı; İslam ve İsevî dininin hücumuna karşı kendini müdafaa etmek fikriyle, İslam ve misyonerlerin ittifaklarını bozmaya çalışacak." [401]

Hangi İslam ve misyonerlerin ittifakından bahsedilmektedir. Mustafa Kemal ve Millî Mücadele'de canını esirgemeyen vatanperverlerin tek savaşı zaten Hıristiyan Batı ile olmamış mıdır? Hoca Said Nursi ise işgal güçleri ile ittifaktan bahsetmektedir.

Ülkemizi Hıristiyan güçler işgal etmiş; Gazi riyasetinde bunların işgaline engel olunmuştur.

FETÖ'nün darbe kalkışmasında bulunmasına şaşırmamak gerekir. Zira, dinsiz diye gösterilmeye çalışılan Gazi Mustafa Kemal "Vatan sevgisi imandandır" hadisine uygun hareket ederken, Türk ve Müslüman olmakla övünürken; Said Nursi, İslam kisvesi altında bakınız Hıristiyan dünyaya nasıl kucak açmıştır:

"Elbette şimdi fetret gibi karanlıkta kalan ve Hz. İsa'ya mensup Hıristiyanların mensuplarının çektikleri felaketler, onlar hakkında bir nevi şehadet denilebilir." [402]

"İşte bu günde meydana çıkan bu dehşetli cereyanı (Komünizm) ancak ve ancak Hıristiyanlık âleminin Müslümanlıkla ittihadı (birleşmesi) yani İncil Kur'an ile ittihad ederek..." [403]

"Şimdi ehl-i iman, değil Müslüman kardeşleriyle, belki Hıristiyan'ın dindar ruhanileriyle ittifak etmek ve medar-ı ihtilaf meseleleri nazara almamak, niza etmemek gerekir. Çünkü, küfrü mutlak hücum ediyor." [404]

---

401 Emirdağ Lahikası, c.1, s.150.
402 Kastamonu Lahikası, 114-115.
403 Emirdağ Lahikası, c.1, s.62.
404 Emirdağ Lahikası, c.1, s.194.

Neredeyse cumhuriyet tarihi boyunca "dinsizdir" damgasını yiyen Mustafa Kemal, hiçbir haramı helal, hiçbir helali haram yapmamıştır.

Oysa Nurculuk hareketinin başı Said Nursi, Cenab-ı Hakkın Yahudi ve Hıristiyanlarla ilgili hükümlerini reddetmekte, onları da iman dairesine almaktadır.

"Yahudiler 'Üzeyir Allah'ın oğludur, demişler; Hıristiyanlar da, 'Mesih Allah'ın oğludur' demişlerdi. Bu, onların kendi ağızları ile geveledikleri sözleridir ki, kendilerinden önceki kâfirlerin sözlerine benzetiyorlar. Allah onları kahretsin; nasıl da uyduruyorlar." [405]

"Rahman çocuk edindi, dediler, and olsun ki, siz pek kötü cürette bulundunuz! Neredeyse o (sözün dehşeti)nden gökler çatlayacak, yer yarılacak ve dağlar yıkılıp dağılacaktı. Rahman için çocuk iddia ettiklerinden ötürü. Çocuk edinmek Rahman'a yakışmaz." [406]

"Şurası muhakkaktır ki, 'Meryem'in oğlu Mesih, Allah'ın ta kendisidir' diyenler küfre girmişlerdir." [407]

"Onlar Allah'ı bırakıp hahamlarını, rahiplerini ve Meryem'in oğlu Mesih'i kendilerine Rab edinmişlerdir. Hâlbuki onlar da tek ilaha ibadet etmekten başka bir şeyle emrolunmamışlardı." [408]

"Allah'ın, Meryem oğlu Mesih olduğunu söyleyenler, muhakkak küfre girmişlerdir. Hâlbuki Mesih, 'Ey İsrailoğulları, Rabbim ve Rabbiniz olan Allah'a ibadet edin! Zira her kim Allah'a şirk koşarsa, Allah ona cenneti haram kılar ve varacağı yer de

---

[405] Tevbe, 30.
[406] Meryem, 88-92.
[407] Mâide, 17.
[408] Tevbe, 31.

ateş olur. Zalimler için hiçbir yardımcı yoktur' demişti. 'Allah üçün üçüncüsüdür' diyenler elbet kâfir olmuşlardır. Oysa yalnız bir Tanrı vardır, başka Tanrı yoktur. Bu dediklerinden vazgeçmezlerse, elbette onlardan inkâr edenlere acı bir azap dokunacaktır." [409]

Said Nursi, Hıristiyan dindarlara karşı bu ayetleri inkâr ederek kucak açarken, Kurtuluş Savaşı döneminde işgalci Hıristiyan Batı ile savaşan Kuvva-yi Milliye'yi çetecilik olarak nitelendirmiştir.

Mondros Mütareke'siyle savaş sona erince İstanbul'da bulunan Kürt liderler, Kürdistan'ın ulusal bağımsızlığını elde etmek amacı ile Kürdistan Teali Cemiyeti adıyla siyasî bir cemiyet kurdular.

Bu cemiyetin kurucuları olan Said Nursi, Müküslü Hamza, Botkili Halil Hayali Beyler, faaliyete geçerek cemiyete üye kaydetmeye başladılar.

Kürdistan Teali Cemiyeti yönetim kurulunda:

Birinci Başkan: Şemdinanlı Seyyit Ubeydullah'ın oğlu Seyyit Abdulkadir,

Birinci Başkan Vekili: Bedirhan Emin Ali,

İkinci Başkan Vekili: Süleymaniyeli Eski Dışişleri Bakanı Said Paşa'nın oğlu Fuat Paşa, Üyeler, Dersimli Miralay Halil Paşa, Babanzade Şükrü, Tüccar Fethullah, Mehmet Şükrü vd."

Kürt Teali Cemiyeti'nde yönetim kurulu seçilen kişilerin İstanbul'daki ABD, İngiliz, Fransız işgal komiserlerini ziyaret ederek bazı taleplerde bulunmuşlardır.

ABD İşgal Komiseri ile yapılan bir toplantıya Seyyit Abdulkadir, Emin Ali Bedirhan, Prof. Mehmet Şükrü ve Said Nursi de

---

[409] Mâide, 72-73.

yer almıştır. Bu heyet, ABD İşgal Komiseri'nin karşısına çıkıp yalvar yakar "Kürt millî haklarının sağlanmasına yardımcı olmaları" ricasında bulunmuşlardır.

Millî Mücadele yıllarında Fener Rum Patrikhanesi de Kuvvayi Milliye hareketini barbarlık olarak niteliyordu. [410]

Kürt Said'in yani Said Nursi'nin, İngilizler tarafından kurdurulan Cemiyet-i Müderrisîn namlı Teâl-i İslam Cemiyeti'nin yönetim kurulunda bulunduğu sır değildir.

26 Eylül 1919'da İkdam gazetesinde "fetva ilanâtı" yayınlayarak, Türk milletini Kuvva-yi Milliye'ye destek vermemeye, hatta "hain, eşkıya, katil canavarlar ve lanetlik" ilan ettikleri M. Kemal Atatürk önderliğindeki Kuvva-yi Milliye kadrosuna karşı mücadele etmeye çağırıyor, kesinlikle İngiliz ve Yunanlılara karşı gelinmemesini tavsiye ediyordu. [411]

Tarihçi Tarık Zafer Tunaya, "26 Eylül 1919'da bu cemiyet, (Teali İslam'ın ilk adı olan Cemiyet-i Müderrisîn) İkdam gazetesinde, Anadolu hareketi aleyhinde ilk beyannamesini, daha sonra ikinci ve üçüncüsünü yayınlamıştır.

İlk yönetim kurulunda Mustafa Sabri (Başkan), İskilipli Mehmet Atıf (İkinci Başkan), Said-i Kürdî (İttihad-ı Muhammediye önderi olarak) bulunuyorlardı" diye yazmaktadır. [412]

Said Nursi imzası ile 16 Eylül 1919'da İkdam gazetesinde

---

410 Erol Cihangir, Papa Eftim'in Muhtıraları ve Bağımsız Türk-Ortodoks Patrikhanesi, Turan Yayınları, İstanbul, 1996, s.5; Mesut Çapa, Pontus Meselesi: Trabzon ve Giresun'da Millî Mücadele, TKAE Yay. Ankara, 1993, s.38.

411 İkdam Gazetesi, 26 Eylül 1919; Yücel Özkaya,"Ulusal Bağımsızlık Savaşı Boyunca Yararlı ve Zararlı Dernekler", Atatürk Araştırma Merkezi, cilt IV, Sayı: 10, Kasım 1987; Genelkurmay Başkanlığı Askerî Tarih ve Stratejik Etüd (ATESE) Arşivi, Klasör 86, Dosya: 144 (1318), Fihrist 240; M. Latif, Yeni Asya gazetesi, 11 Mayıs 2005.

412 Tunaya, 2015, c.II, s.384-396.

çıkan ilk bildiri de Türk milletinin Kuvva-yi Milliye'ye destek vermemesi açıkça istenmektedir. Hatta onlara karşı mücadele edilmesi gerektiği yazılmıştır. Altında Said Nursi'nin de imzası bulunan bildirinin bir bölümü şöyledir:

"Ey Anadolu'nun masum ve mazlum ahalisi!

Bir zamanlar ne kadar şen ve bahtiyar idiniz. Hemen hepiniz çoluğunuz ve çocuğunuzun yanında tarlalarınızın, bağlarınızın başucunda çiftinizle, çubuğunuzla uğraşıp vaktinizi hoşça geçirir idiniz. Bir müddetten beri size ne oldu? Niçin böyle boynunuz bükük, tıpkı bir yetim gibi mahzun duruyorsunuz.

(...) Acaba şu halin neden ileri geldiğini biliyor musunuz? Bunun için cümlemizin yani aziz milletimizin ve mukaddes vatanımızın bir vakitten beri başına gelen belaların (...) esbabını size biraz anlatayım.(...)

Selanik dönmeleriyle asl ü nesli ve mezhep ve meşrebi belirsiz ecnas-ı muhtelife türedilerden mürekkep olan bu cemiyet, 'istibdadı kaldıracağız, meşrutiyet ve hürriyet getireceğiz, hükûmet ahaliye zulmetmeyecek' diye bizi aldattılar.

(...) Bu hainler, bu hinoğlu hinler memleketin başına kendi elleriyle getirdikleri her belada, her muharebede âlemi ölüme teşvik etmek, halkı kırdırarak kendi canlarını beslemeyi çok iyi biliyorlardı.

(...) Nitekim bu defa da Anadolu'da Mustafa Kemal ve Kuvva-yi Milliye maskaraları Yunan askerlerinin önünden nâmerdane bir sûrette kaçarken, zavallı saf ve gafil ahali ve askerden cem ettikleri kuvvetleri düşmanla harbe tutuşturarak...

(...) Yalanlar ve hilelerle savuşup kaçtılar.

Biçare millet! Bu yankesicilerin hilelerini, desiselerini hâlâ tamamen anlayamamıştır.

Yazık bin kere yazık ki, gerek harb içinde, gerek mütarekeden sonra memleket bunların fitne ve fesadı uğruna milyonlarca evladını telef ediyor da Enver, Cemal, Mustafa Kemal vesaire beş on eşkıyanın vücudunu ortadan kaldırmak için icab eden küçük fedakârlığı göze almıyor.

Millet (...) hâlâ kendisini aldatan bu heriflere niçin diyemiyor ki; 'Ey hainler, ey Allah'tan korkmayan ve Peygamberden hayâ etmeyen mahlûklar, muharebe ettiniz başımızı bin türlü belalara soktunuz, mağlup oldunuz, şimdi niye tekrar, gücünüz yetmediğini ikrar ve imza ettiğiniz devletleri yeniden kızdırarak üzerimize husumet ve gazaplarını davet ediyorsunuz?

İngilizleri kızdırdınız, üzerimize Yunanlıları musallat ettiler. Harpte mağlup olduktan sonra uslu oturmak ve mağlubiyetin neticesine katlanarak telafisini sabru sükûn ve akl-u tedbir dairesinde izale etmekten başka çare var mıdır?'

Düşünmüyor musunuz ki Yunanlılara fazla zayiat verdirmek bile bundan sonra bizim için hayırlı ve menfaatli bir şey olmaz. Hem sizler ey yalancı ve deni şâkiler! (...)

Kendinize ne hakla, ne yüzle Kuvva-yi Milliye namını veriyorsunuz? Utanmaz hainler, artık yetişir, yakamızı bırakın. Cenab-ı Hakk'ın gazap ve laneti sizin üzerinize olsun. Şimdi sulh imzalandı Kuvva-yi Milliye belasının tevlid ettiği mecburiyetle galip devletlere karşı yeniden taahhüt altına girdik.

Devletler şimdi bize 'Eğer Anadolu'da Kuvva-yi Milliye isyanını bastırmazsanız İstanbul'u da elinizden alacağız' diyorlar. Ey Anadolu'nun mazlum ve muhterem ahalisi! Elinize aldığınız bu fetva-yı şerife göre, bu katil canavarları (Kuvvacıları kastediyor) daha ziyade yaşatmamakla memur ve mükellefsiniz. (...) Allah'ını, Peygamberini ve padişahını seven bu tarafa gelsin..."

Said Nursi Kurtuluş Savaşı'nda Kafkas cephesinde bulunarak; burada yazdığı İşaratü'l-İcaz'da yine Hıristiyanlara seslenir ve şöyle der:

"Kur'an size bütün bütün dininizi terk etmeyi emretmiyor. Ancak itikadınızı ikmal ve yanınızda bulunan esasat-ı diniyye üzerine bina ediniz diye teklifte bulunuyor." [413]

---

413 İşaratü'l-İcaz, s.55.

ATATÜRK'ÜN NUTUK'TA, MAVRİ MİRA'YI KURDUĞUNU YAZDIĞI PATRİK ATHENAGORAS SAİD NURSİ'YE GÖRE GİZLİ MÜSLÜMAN

Kurtuluş Savaşı döneminde kurulan ve Anadolu'daki Rum azınlıkları kışkırtarak isyan ettiren Mavri Mira cemiyetinin kurucusu Patrik Athenagoras aynı zamanda Rum çetesinin başıdır.

Atatürk'ün, Nutuk'un ilk sayfasında bu isme yer verdiğini yazmıştık.

Said Nursi, bu Patriğin gizli Müslüman olduğunu iddia edecek kadar ileri gitmiştir. [414]

Athenagoras, yetkisi olmadığı hâlde kendisini "Konstantinopolis Ekümenik Patriği" ilân etme cüretinde bulunmuştur. [415]

---

414 M. İsmail Tezer, Mehmet Emin Birinci ile röportaj Yeni Asya, 23 Mart 2005; Abdülkadir Badıllı, Bediüzzaman Said Nursi: Mufassal Tarihçe-i Hayatı, İstanbul 1990, c.2, s.1479.

415 Doç. Dr. M. Süreyya Şahin, Fener Patrikhanesi ve Türkiye, Ötüken Neşriyat, İstanbul 1996,

Time ve Fortune dergileri, Kıbrıs meselesinde EOKA katilleriyle işbirliği yapmış baş tahrikçinin Patrik Athenagoras olduğunu, Makarios ve beraber çalıştığı papazların Patrik Athenagoras'a bağlı bulunduğunu, dolayısıyla ondan emir aldıklarını ilân etmişlerdir. [416]

Bu kişinin ansızın patrik yapılmasını izah ise Said Nursi'ye kalmıştır.

Said Nursi, bu misyoner papazı şöyle anlatır:

"Birgün yine Muhsin'le Üstadın yanına geldiğimizde görüşürken farklı bir hâlet-i ruhiye hissettim, merak ettim ve sordum. Üstad Hazretleri o gün Fener Patrikhanesi'ne giderek Patrik Athenagoras'ı ziyaret etmiş ve ziyaret esnasında kendisine hitaben, 'Siz Kur'ân'ı Allah'ın kitabı, Hz. Peygamberi de peygamber kabul etseniz ve Hıristiyanlığın da din-i hakikîsiyle amel etseniz ehl-i necat olacaksınız' demiş.

O da 'Ben kabul ediyorum' diye cevap vermiş.

Üstad tekrar 'Dünyadaki diğer ruhanî reisler de kabul ediyorlar mı?' diye sormuş. O, 'Onlar kabul etmiyorlar' demiş. Üstad kendisini gayet hürmetle karşılamış olduklarını söyledi." [417]

Said Nursî Amerika ile ilgili şunları söyler:

"...Kürre-i Arz'ın şimdiki en büyük devleti Amerika'nın bütün kuvvetiyle din hakikatlerine taraftar çıkması ve İslamiyet'le Asya ve Afrika'nın saadet ve sükûnet ve müsalaha bulacağına (barış bulacağına) karar vermesi ve yeni doğan İslam devletleri-

---

s.309.

416 Şahin, 1996, sonuç böl.

417 Bkz. M. İsmail Tezer, Mehmet Emin Birinci ile röportaj Yeni Asya, 23 Mart 2005; Badıllı, 1990, c.2, s.1479.

ni okşaması ve teşvik etmesi ve onlarla ittifaka çalışması, kırkbeşsene evvel olan müddeayı isbat ediyor, kuvvetli şahit olur." [418]

FETÖ'nün lideri de yıllardır Amerika'da yaşamaktadır, hatırlatalım.

Son olarak bir Cizvit papazı olan Thomas Michel'in, "Said-i Nursi'nin İslam tarihinde ilk defa Hıristiyanlara şehadet mertebesi lutfettiğini keşif ve ilan ederek kendisine methiyeler" düzmesiyle izah edilemez elbette... Bu aşk, "Papalık misyonunun bir parçası olmak"tan [419] gelmektedir.

Ve bu aşk, karşılıklı semeresini vermektedir; Diyalogcu Nurculardan "Müslüman rahip"ler ve "Nurcu papaz"lar türediği gibi, [420] Hıristiyanlar arasından da "Hıristiyan Nur talebeleri" türemiştir diyerek Said Nursi misyonerliğini özetlemektedir.

Şimdi de, Amerika'nın özel uçakla yolladığı ve Atatürk'ün hakkındaki ikazlarına rağmen bir gecede Türk vatandaşı yapılan Patrik'in, Müslüman Türkler kabul etsin diye Müslüman göstermeye çalışan Said Nursi'den, 1998'de 'Rabbin aciz kulu' olarak Papa'ya mektup yazan ve Dinlerarası Diyalog'un bir parçası olmak istediğini ağlayarak dile getiren FETÖ'nün liderine geçelim.

---

418 Tarihçe-i Hayat, 88, Arabi Hutba-i Şamiye Eserini tercümesi/Birinci Kelime/Haşiye, İçtima-i Reçeteler II/101, Arabi Hutbe-i Şamiye Eserinin Tercümesi/Birinci Kelime/Haşiye.
419 Bkz. Zaman, 10 Şubat 1998, F. Gülen tarafından Papa'ya sunulan mektup.
420 Bkz. Hürriyet, 4 Eylül, 2000; Milliyet, 15 Aralık 2001; Tempo, 28 Mart 2005; Zaman, 1 Nisan 2005.

SAİD NURSİ'DEN FETULLAH GÜLEN'E

Bizler 20 yıldır, FETÖ ile deyim yerindeyse tek başımıza mücadele ediyoruz.

Fetullah Gülen de 9 Şubat 1998 günü Papa'yı ziyaretinde sunduğu mektubunda "Papalık misyonunun bir parçası olmak üzere huzurda bulunduğunu" ilan etmiştir. Bu mektubu, 10 Şubat 1998'de Zaman gazetesi ve aynı haftaki Aksiyon dergisi yayınlamıştır.

Dinlerarası Diyalog, Papalığın II. Vatikan Konsili'nin 4. oturumunda kabul edilen, "Nostra Aetate" diye maruf Konsil metninde aktarılan ve 28 Ekim 1965'te Papa VI. Paul'un onayıyla ilan edilen, "Papalığın 3. bin yıl hedefi olarak açıkladığı Asya'nın Hıristiyanlaştırılması projesi"nin bir yöntemidir.

Papalığın "çağdaş Hıristiyanlaştırma ve misyonerlik usûlü" dür. [421]

---

[421] John W. O'Malley, "Reform, Historical Conciousness And Vatikan Ii's Aggiornamento", Theological Studies, 1971 XXXII/4; M. Raukanen, The Catholic Doctrin of Non-Christian Religions According to The Second Vatikan Council, New York 1992, 35; The Second Vatikan Council, Nostra Aetate, 1-4.

Müslümanların kalbinden ve kelime-i tevhid'de İslam'ın temel rüknü olan Hz. Muhammed'e imanı sökme gayreti, kişiyi İslam dairesinden çıkartır, küfre sürükler. [422]

1998 senesinde Papa'ya yazılan ve Müslümanların aciz olduğundan bahisle, Dinlerarası Diyalog çalışmalarına destek vermek istenen mektuptan beri, yapılmak istenenin millî ve dinî bütünlüğümüzü yok etmek olduğunu ısrarla anlatıyoruz.

1998 senesinde önemli kanaat önderlerine, sivil toplum örgütü temsilcilerine, siyasî parti liderlerine dosyalarla bu tehlikeyi anlattık.

O tarihlerde yükselen yıldız olan Nurculuk hareketine karşı dediklerimizi dinlemeyenler, 15 Temmuz 2016 darbe kalkışmasından sonra, bendenizin ve kadromun doğru dediğine ancak ikna olabildiler.

Herkes inancında serbesttir. Bizim üzerinde durduğumuz nokta, milletimizin inancından edildiği bir süreçte, ülke bütünlüğünün de tehlikeye gireceği bahsi idi ve maalesef korkup ikaz ettiklerimiz başımıza gelmiştir.

Said Nursi'nin talebesi FETÖ'nün lideri, bakın misyonerlik çalışmalarına nasıl sahip çıkıyor:

Küresel Barışa Doğru adlı kitabın 131'inci sayfasında Fetullah Gülen, Kelime-i Tevhid'in ikinci bölümünü söylemeyenler için rahmet nazarıyla bakılmasını istiyor:

"... Herkes kelime-i tevhidi esas alarak çevresine bakışını yeniden gözden geçirmeli ve ıslah etmelidir. Hatta kelime-i tev-

---

[422] Muhammed b. İsmail er-Reşîd, Tehzîb'ü Risaleti'l-Bedri'r-Reşîd fi Elfâz'il-Mükeffirat, vr 12, Yahya bin Ebi Bekr, Esir'ul-Melahide, vr 11b.; A. Z. Gümüşhanevî, Camî'ül-Mütûn, c.1, Elfaz-ı Küfür, b.2.

hidin ikinci bölümünü, yani 'Muhammed Allah'ın Rasûlüdür' kısmını söylemeksizin sadece ilk kısmını ikrar eden kimselere rahmet ve merhamet bakışıyla bakmalıdır." [423]

Fetullah Gülen, Kur'an-ı Kerim'deki Hıristiyan ve Yahudilerle ilgili ayetlerin bugünküleri içine almadığını anlatıyor: "Kur'ân-ı Kerim'de Hıristiyanlık ve Yahudilik hakkında kullanılan ifadelerin çok sert olduğu söylenir...

... Geçmiş dönemlerde, belli Hıristiyan ve Yahudilerin apaçık gerçek karşısında gösterdikleri inat, ayak direme ve düşmanlığı ifade için Kur'ân'ın kullandığı aynı üslûp, bugünün Yahudi ve Hıristiyanları için de kullanılacak diye bir şart, bir mecburiyet olamaz...

O âyetlerin ilk günden bu yana her Yahudi ve Hıristiyan'ı içine aldığı kesin değildir." [424]

Bu zihniyet, sadece evlatlarımızı inancından etmekle kalmayarak, millî bütünlüğe de kast edeceği için bizler buna karşı durduk.

---

[423] Bkz.http://tr.fgulen.com/content/view/3759/5/
[424] Fetullah Gülen, Fasıldan Fasıla 4, s.95.

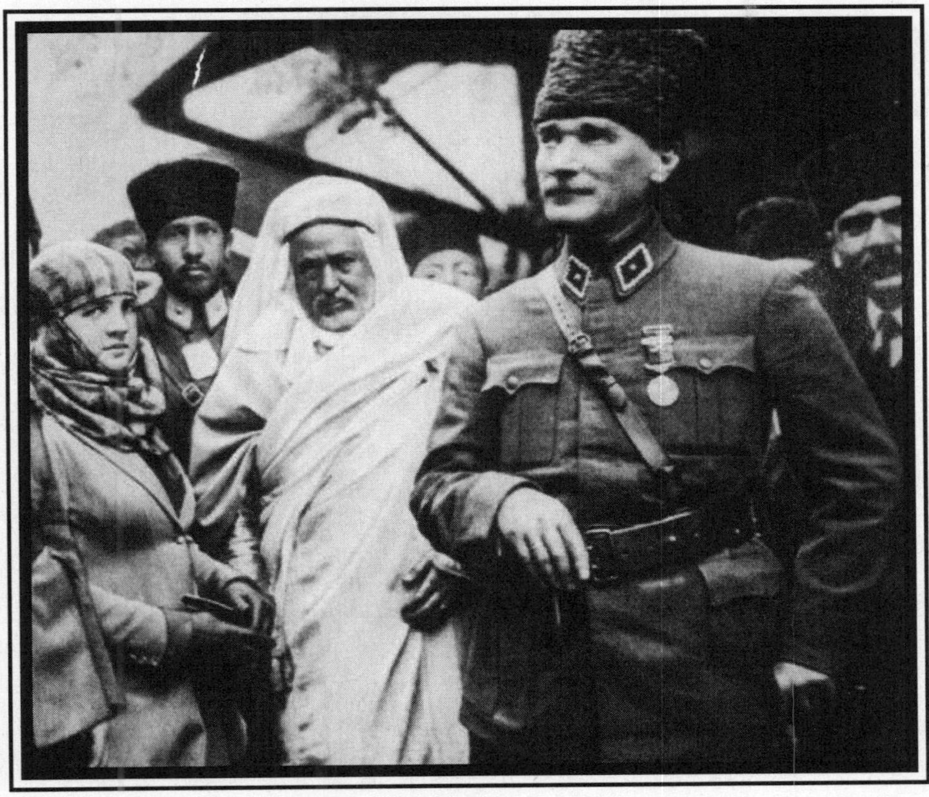

14. BÖLÜM

ATATÜRK'ÜN HAZIRLATTIĞI HUTBELER

- **Atatürk Döneminde Camilerde Okutulmak Üzere Türkçe Bir Hutbe Kitabı Yazdırmıştır**
- **Hutbe 1: Allah'a Kulluk ve Hamd**
- **Hutbe 2: Vatan Müdafaası**
- **Hutbe 7: İman ve Amel**
- **Hutbe 9: Namazın Hikmeti**
- **Hutbe 10: Namaz ve Hikmeti**
- **Hutbe 11: Peygamberimizin Ahlakı**
- **Hutbe 19: Ticaret**
- **Hutbe 24: Öksüzleri Himâye Etmek**
- **Hutbe 25: Allah'ın ve Peygamber'in Hayat Verecek Emirleri**
- **Hutbe 27: Ramazan ve Oruç**
- **Hutbe 29: Kötü Huylardan Sakındırma**
- **Hutbe 32: Eksik Ölçenler, Yanlış Tartanlar**
- **Hutbe 34: Nifak ve Haset**
- **Hutbe 36: Emanete Riayet**
- **Hutbe 37: İçkinin Kötülüğü**
- **Hutbe 42: Herkes Yaptığının Cezasını Bulacak**
- **Hutbe 45: Mevlid**
- **Hutbe 46: Mi'rac**
- **Hutbe 47: Kadir Gecesi**
- **Hutbe 48: Ramazan Bayramı**
- **Hutbe 49: Kurban Bayramı**
- **Atatürk, Harabe Haline Dönen Pek Çok Camiyi Tamir Ettirmiştir**
- **Kendisinin Okuduğu Hutbelerinden Örnekler**
- **Balıkesir Zağnos Paşa Camii'nde İrad Ettiği Hutbenin Bir Bölümü**
- **Atatürk'ün Peygamberimiz Hakkındaki Sözleri**
- **'Ben Cihad Müslümanıyım'**
- **Dualar ile Allah'tan Yardım İstemek**

ATATÜRK, DÖNEMİNDE CAMİLERDE OKUTULMAK ÜZERE TÜRKÇE BİR HUTBE KİTABI YAZDIRMIŞTIR

"... Aradan bir zaman geçtikten sonra bir başka seyahatinde yine bir camiye gidilmişti. Burada da bazı cahil vaizler birtakım uydurmaları saf halka nakledip duruyordu... Mustafa Kemal ayağa kalkmış, 'Efendiler, camiler birbirimizin yüzüne bakmaksızın, yatıp kalkmak, saçma sapan konuşmak için yapılmamıştır.

Camiler, itaat ve ibadetle beraber, din ve dünya için neler yapılmak lazım geldiğini düşünmek için kurulmuştur.

İşte biz burada din ve dünya için, istikbâl ve istiklâl için bilhassa hakimiyetimiz için neler düşündüğümüzü meydana koyalım' demiş ve hocalara örnek olacak şekilde Türkçe vaazda bulunmuştur." [425]

Atatürk hurafelere, yobaz takımına, dinin alet edilerek saf halkın kandırılmasına karşıdır.

---
425 Kılıç Ali, 1955, s.58.

1926 senesinde "Hutbe Hocası" isimli eser yayınlanmış, bunun içerisinde Atatürk'ün adının da geçtiği dualar yazılmıştır.

Mesela;

"Fecr Sûresi...

Aziz Müslümanlar!

Okuduğum ayet-i kerimede Cenab-ı Hak geceleyin seyr ü sefer edileceğini bildirmiştir. Manevî karanlıkları ancak Allah-u Teâlâ giderir.

Bizim için büyük bir nimet olan Gazi Mustafa Kemal Paşa'yı ve İsmet Paşa'yı ancak Allah yetiştirdi. Onlar ile Türk ve Müslüman topraklarını aydın ve temin etti. Harp planlarını hazırlamayı o aslanlara nasip etti.

Binaenaleyh, onlara o secianede teşekkür, Allah-u Teâlâ Hazretlerine teşekkür etmektir. Türkiye Cumhuriyeti, dünya durdukça dursun. Cenab-ı Hak, Gazi Mustafa Kemal Paşa'mızı, ektar-ı maneviye ve maddiyeden masun ve mahfuz eylesin. Âmin" [426]

Atatürk'ün isteği üzerine dönemin Diyanet İşleri Başkanı Rıfat Börekçi tarafından hazırlanan bu Türkçe Hutbeler kitabı, ilk baskısını 1928 senesinde yapmıştır.

Vefatından sonra ortadan yok edilen kitap, 2005 senesinde Emine Şeyma Usta tarafından Türkçeleştirilerek tekrar bastırılmıştır.

İçinde, Allah inancı, Kur'an-ı Kerim, Peygamber sevgisi, ibadet ve güzel ahlâk üzerine 51 hutbe vardır.

Bazılarını aktaralım:

---

[426] Hacı Hayri Efendi, Hutbe Hocası, İstanbul, 1926.

HUTBE: 1
ALLAH'A KULLUK VE HAMD

"Bismillahirrahmanirrahim...

(1-2-3) (Hamd ü senâ) O Allah'a mahsustur ki âlemlerin Rabbidir; esirgeyendir, bağışlayandır, ceza gününün mâlikidir.

(4) Kulluğu yalnız Sana ederiz, yardımı da ancak Senden dileriz.

(5-6-7) Bizleri doğru yola, gazaba uğrayanların, sapıkların yoluna değil, kendilerine in'am ettiklerinin yoluna götür.

Ey cemaat-i Müslimîn!

Bütün âlemleri, görülen görülmeyen, bilinen bilinmeyen, her çeşit yaratığı yaratan yalnız Cenab-ı Allah'tır. Allah-u Teâlâ Hazretleri bizleri topraktan, bir damla sudan insan haline getirmiş; akıl vermiş, fikir vermiş, kudret ve irade vermiş; göz kulak, el ayak gibi sayısız nimetler ihsan etmiştir. Bunları iyilere de vermiş, iman etmeyenlere de! Bu nimetleri verirken hiçbirini ayırt etmemiştir.

Ancak bilmiş olunuz ki; akıl, irade, ihtiyaç sahibi olarak yarattığı insanlara sonraki nimetleri bir değildir. Onlara vereceği nimetleri gayret ve çalışma kanununa bağlamıştır.

Dünyada çalışan kazanır ve çalıştığının karşılığını alır. Çalışmayanlar da tembelliğinin cezasını muhakkak görür. Bunun içindir ki Allah-u Teâlâ Hazretleri âhirette vereceği nimetleri de herkesin gayretleri ve çalışmasına göre verecektir.

Kullarına iradelerinin sarf ettikleri kâmil iman ve güzel amele göre âhirette mükâfat olarak bağışlayacak ve ihsanda bulunacaktır. Dünyada hayır işleyen, iyi ve güzel işlerle uğraşlarda bulunanlar âhirette Allah'ın nimetlerine kavuşacaklar, mükâfatını da göreceklerdir. Salih işleri olmayanlara âhirette nimet de yoktur.

Cemaat-i Müslimîn!

Mademki her şeyi yaratan, terbiye eden kemale erdiren ve öldüren yalnız Cenab-ı Allah'tır. Mademki Rûz-ı Ceza'nın, hesap gününün tek sahibi de O'dur; âhirette herkes yaptığı işe göre ya mükâfat görecek ya da suçunun karşılığı ceza ile karşılaşacaktır. Öyleyse hamd ve şükür yalnız Allah'adır.

Bize sayısız nimetleri bol bol veren Allah'ımıza daima hamd ve şükür etmek, daima ibadet ve taatte bulunmak ve hiçbir zaman O'nun emirleri haricine çıkmamak en önemli vazifemizdir. Buna aykırı hareket etmek hem nankörlüktür, hem de dünya ve âhirette çok ağır cezayı gerektirmektedir. Yaratıcımıza karşı kulluğumuzu böyle göstereceğiz.

Dünyada ve âhirette kurtuluş için yapın dediklerini yapacağız. Şunu da biliniz ki; bir mü'min yalnız Allah'ına kulluk eder, yalnız Allah'ından yardım ister. Başkasına kulluk etmek, taşlardan ağaçlardan medet ummak, bunlara yüz göz sürmek en büyük şirktir. Bunu böylece kalbinize yerleştiriniz ve Cenab-ı Hakk'a şu şekilde dua ediniz:

Yâ Rab! Bizlere doğru yolu, nimetine eren, gazabına uğramayan, azıp sapmamış olanların yoluna sok; bize hidâyet et. Azıp sapmış, olanların gittikleri yola sapmaktan bizleri koru.

Cemaat-i Müslimîn!

Her namazda okuduğumuz Fatiha sûresi işte bize bu gerçekleri, bu söylediklerimi öğretmekte ve bunları daima bizlere hatırlatmaktadır.

Al-i İmran, 20: Onlar sana karşı çal çene ederlerse kendilerine, 'Ben, bana tâbi olanlar ile beraber kendimi Allah'a teslim ettim.' Kitaba nail olanlar ile ümmilere de 'İslam'ı kabul ettiniz mi' dersin. Eğer İslâm'ı kabul ederlerse onlar doğru yolu bulmuşlar demektir. Şayet yüz çevirirlerse Sana düşen yalnız risaleti tebliğdir. Allah kullarını görür." [427]

---

[427] Emine Şeyma Usta, Atatürk'ün Cuma Hutbeleri, İleri Yayınları, İstanbul, 2005, s.19-21.

HUTBE: 2
VATAN MÜDAFAASI

"Enfal, 60: 'Onlara (düşmanlara) karşı gücünüz yettiği kadar kuvvet ve cihad için bağlanıp beslenen atlar hazırlayın, çünkü onunla Allah'ın düşmanını, sizin düşmanınızı ve onlardan başka sizin bilmediğiniz, Allah'ın bildiği (düşman) kimseleri korkutursunuz. Allah yolunda ne harcarsanız size eksiksiz ödenir, siz asla haksızlığa uğratılmazsınız.'

Cemaat-i Müslimîn!

Cenab-ı Hakk, Kur'an-ı Kerîm'inde ve şimdiki âyet-i kerimede şöyle buyuruyor:

'Düşmanlarınıza karşı gücünüzün yettiği kadar kuvvet hazırlayınız!'

Bu âyet-i kerime biz Müslümanlara daima hazırlıklı bulunmanın lüzumunu hatırlatıyor. Memleketin, istiklâlin, şeref ve namusun nasıl muhafaza edileceğini gösteriyor.

Mülkü muhafaza etmek için hem düşmana karşı, hem de düşmanlığı açık olanları değil, açıktan dost görünüp de içinden düşman olanları da hesaba katın, bunların hepsini korkutacak, hepsini sindirecek, hepsinin gözlerini yıldıracak kuvvet hazırlayın diyor. Öyle ise, bu uğurda var gücümüzü, var kuvvetimizi sarf etmek, üzerimize farzdır. Bu hususta ne kadar çalışır, ne kadar emek verirsek o nispette faydasını görürüz. Emeklerimiz kesinlikle boşa gitmez.

Din kardeşlerim!

Dikkat ediniz ki, Cenab-ı Allah bir taraftan kuvvet hazırlayın diye bize kesin bir emir veriyor; diğer taraftan o hazırlanacak kuvvetin ne olduğunu belirtmiyor. Öyleyse hazırlayacağımız kuvvet nedir?

Kılıç mı, kalkan mı, ok, yay, süngü mü, top ve tüfek mi, deniz altı mı, tayyare mi, zırhlı mı, şarapnel mi? Bunun ne olduğunu söylemiyor. Bu kuvvetin derecesini miktarını ve nasıl olacağını, takatin müsaadesine, zamanın gereklerine, hücumundan korkulan 'düşmanların haline' bırakıyor. Bununla düşman ne çeşit kuvvet hazırlıyorsa, zamanın son sistem harp kuvvetleri ne ise, düşman ne ile korkutulacaksa, siz de bütün gücünüzü harcayıp o kuvveti hazırlayın diyor.

İşte Allah kelâmı böyle olur, böyle taklit edilemez ve böyle mânâlı olur. Allah-u Teâlâ Hazretleri biliyor ki: Her zamanın âletleri bir değildir. Onun için mutlak olarak, düşmanı korkutacak, kuvvet hazırlayın buyurmuştur.

Peygamberimiz (s.a.v.) Hazretlerine buradaki kuvvetten sormuşlar:

'Yâ Rasûlallah' demişler, 'Allah, kuvvet hazırlayın diyor, kuvvetten maksat nedir?'

Efendimiz üç defa buyurmuşlar ki: 'Kuvvet atmaktır, kuvvet atmaktır, kuvvet atmaktır.'

Ama neyi atmak? İşte onu da zamanın ve şartların gereklerine bırakmışlar, her zamana göre bir silah vardır. Kuvvet o silahı kullanmaktır.

Öyle ise ey cemaat-i Müslimîn!

Dinimizi, memleketimizi, istiklâlimizi, şerefimizi ve namusu muhafaza etmek için her zaman kuvvetli bulunmaya mecburuz. Gücümüz kuvvetimiz yettiği kadar çalışmak vazifemizdir.

Düşmanın ne çeşit kuvveti varsa, zamanın muharebeleri neyi gerektiriyorsa, onları hazırlamak, bunun için her fedakârlığı göze almak üzerimize farzdır. Bize yakın ve uzak milletler neye önem veriyorlarsa biz de onlara önem vereceğiz. Vatan müdafaası için ne silah hazırlıyorlarsa onları biz de hazırlayacağız. Topa topla, uçakla karşı duracağız. Kitabımız, Peygamberimiz bu şekilde emrediyor.

Zamana göre düşmanı yenebilecek, memleketi düşman hücumundan koruyabilecek kuvveti hazırlayın diyor.

Kısaca, düşmanlara icabında haddini bildirecek ne ise onu kesin bir kararlılık ile elde etmeye çalışmak ve bu uğurda hiç yılmamak hem de düşmandan daha fazla sebat göstermek lazımdır. Başka şekilde ne dünyada rahat yüzü görürüz ne de âhirette kurtuluşu buluruz." [428]

---

428 Usta, 2005, s.23-26.

HUTBE: 7
İMAN VE AMEL

"Ankebût 1-3: 'Eif, Lâm, Mim. Nâs meşakkat ve mihnete düşmeksizin mücerred iman getirdik demekle bırakılacaklar mı sandılar? Onlardan evvelkilerini de mihnet ve meşakkate uğratmıştır. Allah elbette sadıkları da bilip, kâzipleri de bilir. Ona göre ceza verir.'

Ey cemaat-i Müslimîn!

Pekâlâ, bilirsiniz ki, bir kimse şehadet getirmekle Müslüman olur.

'Lâilaheillallah Muhammedün Resûlullah' demek sûretiyle Müslümanlardan sayılır. Lâkin şunu da bilmiş olun ki, o Kelime-i Şehadeti sadece ağzında gezdirip bir türlü gönlüne indiremeyenlerin de sonlarından korkulur.

O Kelime-i Tevhidin gösterdiği yolu tutmayanların da imanı daima tehlike altında bulunur. Çünkü sadece şahadet getirmekle, sadece bir kere iman etmekle iş bitmez. Marifet o imanı daima muhafaza etmekte, âhirete de o inanç ile gitmektedir. Böyle olursa insan kurtuluşu bulur.

Uygulamasız bir iman açıkta yanan bir kandile benzer. Hafif bir rüzgâr bile onu söndürür. O kandil güzel bir fenerin içine konulursa artık hiçbir tehlike kalmaz. İşte imanı böylece ibadetlerle, iyi işlerle daima muhafaza ederseniz kimse sizin imanınızı çekip çalamaz.

Siz kendi imanınıza sahip olmazsanız, iyi amellerde bulunmadığınız gibi gece gündüz fenalık içinde yüzerseniz, gitgide gönlünüz kararır, imanınız zayıflar. Günün birinde o devlet kuşu başınızın üstünden uçar gider de haberiniz olmaz.

O vakit sizin önceden getirdiğiniz şehadetler neye yarar. O kuru Müslümanlık davasının ne faydası olur?

Siz şehadet getirmekle Allah'ın bir, Peygamberin hak olduğuna inandığınızı ilan ediyorsunuz. Hâlbuki böyle iman eden, Allah'ın inanmış lâkin hiç emrini tutmamış, yapma dediğini de yapmış. Bu, imanın çürüklüğünden gelmez mi? Böyle hafif iman insanı cennete kadar nasıl götürür?

Bunun için ey Müslümanlar!

Sakın yanılıp da Müslümanlığı sadece şehadet getirmekten ibaret zannetmeyin! Yalnız Allah bir, Peygamber hak demekle kurtuluruz diye güvenip yatmayın!

Biliyorum; 'Lâilahe illallah' dediniz. Cennet anahtarını bir defa koynunuza koydunuz. Ama cennet nerede? Cenneti bir bulsanız bir cennete varsanız, kapısını açıp girebileceksiniz. Anladık! Ancak cenneti aramak, bulmak lâzım!

Cennet yolu pek uzak, pek dolaşık, çok çapraşıktır. Cennete gitmek için yürümek, yorulmak, koşmak, atılmak ister. Azık ister, ışık ister. Bunlarsız yola çıkarsanız, ya bir çukura tekerlenirsiniz. Veya kendi kendinizi hırsıza, haramiye, eşkıyaya kaptırırsınız. Sonra ne siz kalırsınız, ne de cennetin anahtarı. İşte bunu böyle bilin de ona göre davranın!

Fırsat eldeyken kurtuluşu bulmanın çaresine bakın. Bu da çalışmak, çabalamak, emek vermek sûretiyle olur. Ekmek bile çiğnenmeden yutulmaz. Hiç cennet tembellikle ele geçer mi? Hiç insan ekmeden biçer mi?

Kendilerine lafla kabul ettirmeyle ilimi, bilimi aramadan, çalışmadan ne dünya ne de âhiret güzelliği beklenemez. Her şeyde emek vardır. Emeksiz kazanılmaz.

Çalışma çabalama; temizlik nedir, taharet nedir bilme. Hak tanıma, hukuk gözetme; küçükleri çiğne, büyüklere hürmetsizlik et; her kötülüğü yap, her fenalığı işle. Bu hangi dinde vardır. Bu öğüdü sana kim verdi, bu aklı sen kimden öğrendin?

İslâmiyet diyor mu ki, sen tembel tembel otur, sakın yorulma, üzülme. Canın isterse kumar oyna, hayırsızlık et, sarhoş ol, âlemin malına, ırzına göz dik, her fenalığa dal, her renge boyan, hiç pişman olma, tövbe etme.

Sadece Allah bir, Peygamber hak de, ben seni kaptığım gibi doğruca cennetin ortasına götürürüm, artık cennet de senin. Bunlar dine de, insanlığa da ihanettir. Hangi kitapta böyle yazar.

Dinimiz, Peygamberimiz böyle mi yol gösteriyor? Hâşâ ve asla! Ne din öyle der, ne de öyle yol gösterir! Din, 'çalışın, çabalayın' diye kıyamet koparıyor, Peygamber, insanları tembellikten kurtarmak için söylemedik söz bırakmıyor. Bu böyle iken nasıl olur da yorulmadan, yolunda bulunmadan adama birden bire cennet verilir. Hiç sadece lafla iş biter mi? Hiç sadece konuşmakla borç ödenir mi? Hiç emeksiz yemek olur mu?

İşte bunu iyice bilin ey Müslümanlar! Yalnız bir kuru imana güvenmeyin! Daima çalışın, yorulun; yolunda bulunun! Dininize ve dünyanıza dört elle sarılın! Allah'ın emrini tutun!

Peygamberin gösterdiği yoldan gidin! İmanınızı daima iyiliklerle, ibadetlerle koruyun! Böyle yaparsanız cennete girip kurtuluşa erersiniz. Korumasız imanla, çivisiz tahtaya güvenenin eli koynunda kalır.

Asr, 1-3: Asr'a yemin ederim ki insan gerçekten ziyan içindedir. Bundan ancak iman edip salih ameller işleyenler, birbirlerine hakkı ve sabrı tavsiye edenler müstesnadır." [429]

---

[429] Usta, 2005, s.45-48.

HUTBE 9:
NAMAZIN HİKMETİ

"Bakara 238: 'Namazlara (özellikle) orta namaza (ikindiye) devam edin. Saygı ve bağlılık içinde Allah'a kulluk edin.'

'Namaz dinin direğidir' hadisinde izah edildiği üzere en büyük ibadet Allah rızası için kılınan namazdır. Ancak biz Müslümanlar bu namazı hakkıyla kılamıyoruz. Zira bunun da şartı, dürüst olmak, haramlardan kaçmak, güzel ahlâklı olmaktır. Kendisinde bu vasıflar bulunmadığı halde namaz kılan kimse gerçek mânâda muhsinlerden olamaz.

Ey cemaat-i Müslimîn!

Bilmiş olun ki, bu dünyada her kötülük Allah'ı unutmaktan çıkar. Her türlü fenalık, Cenab-ı Hakk'ı düşünmemekten ileri gelir. Allah'ını unutandan korkulur.

Çünkü öylesinden her şey umulur. İnsanoğlu bir kere Mevlâsını unutmasın, artık bir daha onun önüne geçilmez. Öyle bir insan kendi keyfinden, kendi çıkarından başka bir şey düşünmez. Canı ne isterse onu yapar. Gönlü neyi arzu ederse onu elde etmeye bakar. Hak gözetmez, hukuk tanımaz. Başkalarının kârını, zararını aklına bile getirmez. Fırsat bulunca, kabahatinin meydana çıkacağını aklı kesince, yapacağını yapar. Elinden geleceği şeyde asla kusur etmez.

İşte insanların bu hale gelmemesi için, herkese Allah'ını unutturmamak, herkesin göğsüne âdeta bir bekçi koymak lâzımdır. Bu da olsa olsa ancak namazla gerçekleşebilir. Çünkü namaz, insanın kötülük yapmasına engel olur. Namaz insana Mevlâ'sını unutturmaz. Namaz insanı çeker çevirir. Biraz düşündürüp kendine getirir.

Namaz insanı Hakk'ın divanına sokar. Daha doğrusu her zaman Allah'ın huzurunda bulunduğunu insanın zihnine koyar. Yirmi dört saatte hiç olmazsa beş kere dünya işlerini bırakıp Allah'ın divanına durmak az şey değildir.

Böylece sürekli Mevlâ'sını unutmayan kimse asla kötülük yapamaz. Böyle bir kimseye dünyanın hazineleri bile bırakılsa hıyanet etmesi, ona el sürmesi mümkün değildir. Çünkü o daima huzurda bulunur. O daima kendini Allah ile görür.

Artık böyle olan bir kimse, bir kere böyle dereceyi bulan kimse, âlemin malına, canına, ırzına, namusuna hiç göz diker mi? Hiç öyle fena şeylere tenezzül eder mi? Hiç öyle adilikleri kendine yakıştırır mı?

Gördünüz mü ey cemaat, namazın büyüklüğünü? Bu ilim dininin tevekkülünü insanlara bildiriyor. Bu şey boşuna mı ki Cenab-ı Hakk bize; 'Namaz kılın' buyuruyor? Namazın ne olduğunu bilmeyenler, işin zevkine iyice varmayanlar, namazı sadece yatıp kalkmaktan ibaret sanıyorlar.

Bilmiyorlar ki namaz, insanı melekleştirir. Namaz, insanı Mevlâ'sı ile birlikte bulundurur. Dünyada bundan daha büyük bir ibadet bulunamaz. Dünyada bundan daha büyük gönül sefası bulunamaz. İşte siz de namazı böyle bilin.

Siz de namazın zevkine böyle varın. Müezzin 'Allahüekber' dediği zaman, hemen kendinize gelin. Elinizi eteğinizi dünyadan çekin. O sırada iş, uyku, soğuk-sıcak demeyin, hemen namaza kalkın.

Hiçbir şekilde namazınızı geçirmemeye gayret edin. Elinizden gelen itinayı gösterin öyle baştan savma namaz kılmayın. Kalıbınızı secdede bırakıp aklınızı ve fikrinizi orada burada gezdirmeyin. Sadece vücudunuza değil, gönlünüze de namaz kıldırın. Gönülsüz kılınan namazdan fayda çıkmaz. Öyle kılınan bir namaz, insanı Allah'ın huzuruna çıkaramaz.

Bir insan kırk yıl böyle namaz kılsa, ne gönlü yumuşar, ne ahlâkı düzelir, ne de ruhu zevk alır. Bunun için ne yaptığınızı bilerek, kimin divanına varmak istediğinizi düşünerek namaza durun. Eğer böyle yaparsanız, namazı böyle kılarsanız, hiç şüphe etmeyin ki gökleri aşar, melekleri geçersiniz.

Hiç olmazsa bir anlık Allah ile bir olup kendinizi unutursunuz. İşte bu da sizin Miracınızdır. Ne mutlu namazı böyle bilip, böyle kılanlara. Yazıklar olsun Rahman'a secde etmeyip Mevlâsını unutanlara." [430]

---
[430] Usta, 2005, s.53-55.

HUTBE 10:
NAMAZ VE HİKMETİ

"Ankebût 45: 'Sana vahiy olunan kitabı oku, namazı dosdoğru kıl. Çünkü namaz hayâsızlığı, kötü işi nehyeder. Namaz kılmak, Kur'an okumak gibi Allah'ı anmaksa elbette sair ibadetlerinden büyüktür, faziletlidir. Allah işlediklerinizi bilir.'

Ey cemaat-i Müslimîn!

Allah-u Teâlâ Hazretleri Kur'an-ı Kerim'inde namazın büyüklüğüne, faydalarına işaret etmek için buyuruyor ki:

'Ey Rasûl-i zîşanım! Sana vahyolunan kitabı, Kur'an-ı Kerim'in âyât-ı beyyinatını oku. Namazı yol ve yordamıyla kıl. Şüphe yok ki namaz, fuhuştan, inkârdan alıkoyar; dinimize ve aklımıza göre çirkin ve kötü olan şeylere son verir. Daima Allah'ı hatırlamak elbette son derece büyüktür, Allah-u Azimüşşan sizin ne yaptığınızı, nasıl ibadette bulunduğunuzu bilir, amellerinize göre mükâfat verir.'

Bir mü'min riyadan ve gösterişten uzak, edeplerini ve şartlarını yerine getirerek, boynu bükük bir halde ihlâs ve samimiyet içinde namazına devam ederse, kalbinde zikrullah nurları parlamaya başlar. Kalbinde Allah korkusu oluşur.

Kendisinde yüksek duygular meydana gelir. Böyle bir mü'min kendisini yaratan yüce Allah'a isyan edemez. Böyle bir mü'min birtakım kötülüklere, ahlâk dışı şeylere niyet edemez. Namazın verdiği manevî mutluluk onun için bir kurtuluş rehberi olur. Onu Hakk yoluna, fazilet sahasına götürür. Bunun için namaz Allah'ı anmaktır. Yani Allah'ı zikirden ibarettir.

Bu mânâda en büyük ibadettir. Rasûl-i Ekrem Efendimiz buyuruyor ki:

'Allah-u Teâlâ beş vakit namazı farz kılmıştır. Bir kimse güzelce, şartlarını yerine getirmekle abdest alır, vaktinde kılar, edeblerine ve erkânına dikkat eder rükûunu ve secdelerini tamamlarsa huşû ve alçak gönüllülükle vaktinde kılarsa Cenab-ı Hakk mü'mini affeder. Bir kimse böyle yapmazsa, bu mukaddes görevi hakkıyla yerine getirmeye çalışmazsa, onun için Cenab-ı Hakk'ın sözü vaadi yoktur. Cenab-ı Hakk dilerse onu affeder, dilerse azab eder.'

Din kardeşlerim!

Namazın ne kadar ulvi ne kadar büyük bir ibadet olduğuna hiç şüphe yoktur. Öyleyse namazlarımıza dikkat edelim. Bu kutsal görevimizi yol ve yordamıyla huşû ve tevazu ile yerine getirmeye çalışalım. Böylece Allah'ımızın hesapsız lutuflarına, sayısız nimetlerine ulaşırız.

Bunların karşılığında şükretmemiz gerekmez mi? İşte namaz, şükrün bütün çeşitlerini içine alan bir ibadettir.

Eğer biz namaz kılmazsak, eğer kıldığımız namazların şartlarına ve farzlarına dikkat etmezsek, namaz gibi bir nimete karşı nankörlük etmiş oluruz. Cenab-ı Hakk hepimizi namaz farzını hakkıyla yerine getiren, salih kullarının topluluğuna dâhil etsin.

Nisa 103: 'Namazı bitirdiğiniz zaman Allah'ı ayak üzere iken, otururken, yanınız üzere iken anın. Mutmain ve emin olunca namazı dosdoğru kılın. Çünkü namaz mü'minin üzerine muayyen bir vakit ile farz olmuştur.'

Namazın sağlıklılar için ayakta kılınması emredilir. Ayrıca sağlığı bozuk olanlar, yataktan kalkamayanlar için de üzüntü yoktur. Onlar da yan üstü dönerek namazlarını kılabilirler. Bu kolaylıklar her zaman gösterilmiştir. Dinde zorluk yoktur." [431]

---

[431] Usta, 2005, s.57-59.

HUTBE 11:
PEYGAMBERİMİZİN AHLAKI

"Ahzâb, 21: 'Sizin için, Allah'ı, ahiret gününü umanlar, Allah'ı çok ananlar için, Allah'ın Peygamberinde uyulacak ne güzel şeyler vardır.'

Cemaat-i Müslimîn!

Cenab-ı Hakk, Kur'an-ı Kerim'inde buyuruyor ki:

'Allah'ın Rasûlü sizin için çok güzel bir davranış numunesidir. En yüksek ahlâkı nefsinde toplamış bir fazilet misalidir.'

Rasûl-i Ekrem de bir hadis-i şeriflerinde şöyle buyurmuştur:

'Beni Rabbim terbiye ettiği için güzel terbiye etti.'

Diğer bir hadis-i şeriflerinde şöyle buyurmaktadır:

'Ben ancak güzel ahlâkı tamamlamak için gönderildim.'

Öyle ise ey cemaat-i Müslimîn!

Dünyada ve âhirette mutlu olmak için Efendimizi kendimize örnek almak, O'nun ahlâkıyla ahlâklanmak, her hususta O'na uymak lâzımdır. İyi biliniz ki, Rasûl-i Ekrem'in ahlâkı Kur'an'dan ibarettir. Şimdi dinleyiniz de Efendimizi size biraz anlatayım:

Önce Peygamberimizin her hareketi akilâne ve doğru idi. Ömründe hiçbir defa yalan söylemediler.

Hiç kimse ile alay etmezdi, kimsenin gıybetini yapmaz, kimseyi kıskanmazdı. İftira ve hafiyelik gibi halleri hiç sevmez, bu gibi kötü huyları şiddetle yasaklardı.

Dünyaya ve âhirete faydası olmayan sözlerle vakit geçirmezdi. Kimseye küsmez, küs duranları sevmezdi.

Efendimiz ticaretle de uğraşırdı. Fakat doğruluktan ayrılmazdı. Ticaret konusunda kıl kadar hata yapmazdı. Aile hayatı son derece düzenli idi. Onlarla çok iyi geçinir, kendilerini asla gücendirmezdi, çocuklarını da çok severdi. Büyüklerine hürmet, küçüklerine şefkat gösterirdi. Yetim çocuklara, dul kadınlara çok fazla hürmet eder, yardımda bulunurdu. İş bitirmeyi çok severdi. Komşu hakkını pek gözetirdi. Komşularını asla incitmezdi. Hayvanların hakkına da dikkat ederdi. Onlara taşıyamayacakları yükü yüklemezdi.

Efendimiz cömert idi. Herkese ikram eder, bizlere de böyle yapmayı emrederdi. Hem mütevazı, hem ciddi, hem de ağırbaşlı idi. Birkimsenin evine, odasına girmek istediği zaman, önce kapısını çalarak izin ister, ondan sonra içeri girerdi. Selam vermeden oturmazdı. Gördüklerine selam verir ve ellerini sıkardı.

Bir meclise girdiği zaman nerede boş yer bulunursa hemen oraya otururdu. Bulundukları meclislerde her haliyle örnek olurdu. İnsanları sıkmak istemezdi. Meclis âdabını çok iyi bilirdi veya onlara sıkıntı verecek halleri bulunmazdı.

Efendimiz; iyi adam, kötü adam demez, hastaların yanına gidip hallerini hatırlarını sorardı. Ancak bulaşıcı hastalık olan yerlere girilmemesini tavsiye ederdi. Bulaşıcı hastalığı olan kimselerin eline dokunmazdı. Böyle adamların yanına da gerek olmadıkça pek sokulmazdı. Cenaze arkasından kabre kadar giderdi.

Efendimiz son derece temiz ve pak idi. Temizliği çok tavsiye ederlerdi, kendini temiz tutmayan kimsenin imanının noksan olduğunu söylerlerdi. Dişlerin misvak ile sık sık yıkanmasına çok önem verirlerdi. Ümmetine de bu yolda çok sıkı emirler vermiştir.

Gusül icap etmese bile haftada bir kere gerektiğini söylerlerdi. Saçını sakalını daima yıkar, tarar, güzel kokular sürerlerdi. Kötü kokulardan kirden, pastan hoşlanmazdı.

Efendimiz herkese karşı tatlı dilli, güler yüzlü idi. Kimseye kötü söz söylemez, kötü muamele yapmazdı. Kimsenin sözünü kesmezdi. Hiç kimsenin gizli hallerini, ayıplarını araştırmaz, bunun son derece kötü bir şey olduğunu söylerdi.

Hizmetçilerini son derece hoş tutar, onları incitmezdi. Kendisi ne yerse, hizmetçilerine de onu yedirirdi, Kendisi ne giyerse hizmetçilerine de onu giydirirdi.

Efendimiz çalışkan insanları çok sever, tembellikten asla hoşlanmazdı.

Şöyle buyururlardı: 'Hayırlınız ahlâkı güzel olan, dünyası için âhiretini, âhireti için dünyasını terk etmeyip her ikisi için çalışan ve insanların başına yük olmayandır.'

Kendisi için hoş görmediği bir şeyi başkaları için de hoş görmezdi.

Cemaat-i Müslimîn!

Peygamber Efendimizin ahlâkından belki binde birini bile söyleyemedim. Dünya ve âhiretimizin mamur olmasını istersek O'nun her hareketini kendimize bir örnek yapmalıyız.

O'nun yaptığını yapmalı, her dediğini tutmalı, işlemeyin dediklerini de asla işlememeliyiz. Dünyada ve âhirette en yüksek dereceyi bulmak, Allah'ın cennet ve cemaline nail olmak için her yönden Resûlullah'ı takip ediniz.

Her hususta O'nu kendinize rehber yapınız.

Ona uyunuz, O'nun izini bırakmayınız. İyi biliniz ki O'nun hayatı, bütün ahlâk ve adabın uygulamalı bir tecelli yeridir.

O güzel ahlâkın tamamını nefsinde birleştirmiş, seçkin bir şahsiyet, bir kemâl numunesidir." [432]

---

[432] Usta, 2005, s.61-64.

HUTBE 19:
TİCARET

"Nisa Suresi 29: 'Ey iman edenler, karşılıklı rızaya dayanan ticaret olması müstesna, mallarını bâtıl (haksız ve haram oylar ile aranızda alıp vererek yemeyin ve kendinizi öldürmeyin) şüphesiz Allah sizi esirgeyecektir.'

Cemaat-i Müslimîn!

Allah-u Teâlâ Kur'an-ı Kerim'inde buyuruyor ki:

'Ey mü'minler! İki tarafın rızası ile yapılan meşru ticaretin dışında, gasb, sirkat (yani çalmak) ve kumar gibi şer'an ve aklen reddedilmiş olan vasıtalarla birbirinizin malını yemeyiniz!'

Peygamber Efendimiz şöyle buyuruyor:

'Doğru olan tacir, ahirette peygamberlerle, sıdıklarla şehitlerle beraberdir.'

Ne büyük bir mertebedir bu. Ticarete teşvik hususunda daha birçok hadis-i şerif vardır.

Yukarıdaki yazıda emredildiği gibi dürüst ticaretçiler şehitlerle beraberdir. Buradan anlaşıldığı gibi tüccarın çalışması vatana, millete çok faydalıdır. Çünkü bu tüccarlar, işadamları ekmek kapısıdır. Birçok insan hem meslek bulur, hem ekmek. Vatana millete çok faydaları vardır iyi ve dürüst ticaret yapanların. Onlar, sıdıklarla şehitlerle beraberdir." [433]

---

433 Usta, 2005, s.95-96.

HUTBE 24:
ÖKSÜZLERİ HİMÂYE ETMEK

"Duhâ 9: 'Sakın yetime zûlüm ve kötü muamelede bulunma.'

Ey cemaat-i Müslimîn!

Allah-u Teâlâ Kur'an-ı Kerim'inde buyuruyor ki:

'Öksüzü incitme, kimsesiz çocukların haklarına tecavüz eyleme, onları perişan bir halde bırakma.'

Resûl-i Ekrem Efendimiz de buyuruyor ki:

'Allah'ın katında sizin hanelerinizin en sevimlisi, içinde öksüze ikram edilen hanedir.'

Efendimiz, diğer bir hadis-i şerifinde şöyle buyuruyor:

'Kalbinin ferahlanmasını, muhtaç olduğun şeyin gerçekleşmesini arzu edersen, yetime merhamet et, onun başını okşa, arkasını sığa, yemeğinden yetime yedir. Sahip olduğun nimetlerden yetimi faydalandır. Böyle yaparsan kalbin yumuşar, kalbinden kasvet gider, yumuşaklık ve ferahlık meydana gelir; ihtiyacını elde eder, maksadını gerçekleştirirsin.'

Ey Müslümanlar!

Allah'ın emirlerine, Peygamberin nasihatlerine iyi kulak veriniz! Yetimlerin hukukuna riayet ediniz, onlara şefkat ve merhamet nazarıyla bakınız. Onlara şefkatli bir baba gibi davranınız. Bilirsiniz ki yetimlere yardım etmek ve destek olmak, çeşitli şekillerde gerçekleşir: Yetimlerin yiyip içecekleri şeyleri temin etmek, yardımdır. Tahsil ve terbiyelerine bakmak yardımdır, onları koruyan hayır kurumlarına destek olmak yardımdır. Sözün kısası bunlar pek güzel, pek övülmüş birer insanî görevdir. Allah'ın rızası için yapılan yardımlar Allah'ın indinde asla boşa gitmez." [434]

---

[434] Usta, 2005, s.115-117.

HUTBE 25:
ALLAH'IN VE PEYGAMBER'İN, HAYAT VERECEK EMİRLERİ

"Enfâl 24: 'Ey İman edenler! Peygamber sizi ebedi dirlik için davet ettiği zaman, Allah'ın, Peygamber'in davetini kabul edin. Biliniz ki, Allah kişi ile kalbi arasına girer. Siz onun etrafına toplanacaksınız.'

Ey cemaat-i Müslimîn!

Cenab-ı Hakk Kur'an-ı Kerim'inde buyuruyor ki:

'Ey iman eden kimseler, Allah'ın ve Peygamberin size hayat verecek davetine icabet ediniz; emirlerine sımsıkı sarılınız; hem iyi biliniz ki Allah insanın düşüncelerini, kalbinde neler beslediğini, neler dönüp dolaştığını bilir; şu da malûmunuz olsun ki, sizler onun huzurunda toplanacaksınız; burada işlediklerinizden hesap vereceksiniz, âmelinize göre mükâfat ve ceza göreceksiniz!'

Müslümanlar!

Bilmiş olun ki: İlâhî emirlerin hepsi hayatımızla, refah ve saadetimizle ilgilidir. Allah'ın bütün emirleri, peygamberlerin sözleri ya doğrudan doğruya veya dolayısıyla bizi ölümden kurtaracak, gerçek bir hayatta yaşatacak mahiyettedir.

Bakınız, Allah ve Peygamberi bizi ilme davet ediyor. Bilenlerle bilmeyenler bir değildir.

'Dünya için de âhiret için de ilim lâzımdır, erkek ve kadın hepinize ilim tahsil etmek farzdır' buyuruyor.

Bu ise hiç şüphe yok ki bize gerçek hayat verecek bir davettir; O, çalışmaya ve gayret göstermeye, ticarete, sanata ve ziraata davet ediyor; düşmanlara karşı kuvvet hazırlamaya davet ediyor. Şimdi bunların hangisi bize hayat verecek mahiyette değildir? İşte İlahî emirlerin hepsi böyledir.

Namaz gibi, oruç gibi bedenî ibadetlerde bile büyük ve hayatî faydalar vardır. Çünkü; namaz insanı fuhuştan, dinin yasak ettiği şeylerden, rezilliklerden alıkor.

Fertleri namaz kılan milletin ahlâkı, genel anlamda düzgün olur. Genel ahlâkı düzgün olan bir toplulukta kötülük azalır; mal, can, namus tecavüzden kurtulur. Sonra millet fertlerinin belli zamanlarda aynı camilere ve mescitlere giderek, hepsi birden aynı kıbleye dönmeleri, Cenab-ı Hakk'a, aynı huşû lisanıyla yalvarmaları, bunların aralarındaki bağı daha da kuvvetlendirir. İşte namaz gibi dış görünüm itibariyle, faydası şahsa ait görünen ibadetlerde bile, böyle genel anlamda menfaatler vardır. Oruç da böyle, zekât da böyledir.

Demek ki Cenab-ı Hakk'ın ve sevgilisi Resûlü'nün bize olan bütün emirleri, bizim hayatımızla ilgilidir. Onlara sımsıkı yapışırsak, hem dünyada hem de âhirette kurtuluşu elde ederiz. Fakat Allah'ın bize hayat verecek olan emirlerine sarılmazsak, hem dünyada, hem âhirette hüsranımız ve helakimiz kesindir.

Ey cemaat-i Müslimîn!

Allah bize ilim öğrenin buyuruyor; Rasûl-i Ekrem Efendimiz; 'Hikmet, Müslüman'ın kaybolmuş bir malıdır, nerede bulursa orada alsın' diyor.

Allah bize, 'Dünya ve âhiretinizi mâmur etmek için çalışın, birbirinizin malına, ırzına, canına göz dikmeyin, düşmanı korkutacak, memleketi muhafaza edecek kuvvet hazırlayın, bunun için gücünüzün yettiği kadar çalışın' buyuruyor.

'Adaleti elden bırakmayın, emanete riâyet edin, birbirinize yardımda bulunun, hakkı tanıyın, fitneden ve ayrılıktan sakının' buyuruyor." [435]

---

[435] Usta, 2005, s.119-121.

HUTBE 27:
RAMAZAN VE ORUÇ

"Bakara 185: 'Ramazan ayı ki onda Kur'an nazil olunmuştur. Kur'an insanlar için aynî hidayettir; doğru yola götüren, doğru ile yanlış arasını ayıran açık delillerdir. İçinizden her kim Ramazan ayına erişse, onu oruçla geçirsin, her kim keyifsiz veya yolcu ise tutamadığı günler sayısınca oruç tutsun. Allah, sizin için kolaylık istiyor, güçlük istemiyor. Tutamadığınız günlerin sayısını sonradan sizi, hidayetine mukabil tekbil etmenizi, şükretmenizi de diliyor.'

Ey cemaat-i Müslimin!

Allah-u Teâlâ Kur'an-ı Hâkiminde buyuruyor ki:

'Ramazan ayı, insanları doğru yola götüren, hak ile bâtılı ayıran, Kur'an-ı Kerim'in nazil olduğu mübarek bir aydır. İçinizden her kim Ramazan ayına yetişirse onu oruçlu olarak geçirsin. Kim hastalanır yahut yolcu olur da orucu tutamazsa, tutamadığı günler sayısında diğer günlerde orucunu tutar. Allah sizler için kolaylık murad ediyor. Kolaylık istiyor, yoksa hakkınızda güçlük dilemez.'

Seyyidü'l-Enbiya Efendimiz bir hadis-i şerifinde söyle buyuruyor:

'İslâm dini beş şey üzerine bina edilmiştir: Allah-u Teâlâ'dan başka hak mabud olmadığına iman etmek, Hz. Muhammed'in (s.a.v.) peygamberliğine inanmak, zekât vermek, haccetmek, Ramazan'da oruç tutmaktır.'

Resûl-i Ekrem Efendimiz diğer bir hadis-i şerifinde buyuruyor ki;

'Ümmetimden her kim farz olduğuna inanarak ve sevabını Cenab-ı Hakk'tan dileyerek Ramazan-ı Şerif orucunu tutarsa geçmiş günahları affedilir.'

Ne büyük müjde!

Ey Müslümanlar!

Cenab-ı Hakk'ın bize farz kılmış olduğu Ramazan orucunun ne yüce bir ibadet olduğunu görüyorsunuz. Ramazan öyle feyizli bir aydır ki, bu ayda Cenab-ı Hakk'ın rahmet deryası coşar. Nuru ve mağfireti bütün İslâm âlemini aydınlatır. Ramazan orucu öyle büyük bir ibadettir ki, bu sayede mü'minlerin ruhları yükselir, kalplerinde rikkat ve merhamet gibi güzel duygular meydana gelir.

Ey mü'minler!

Bu mübarek ayı şânına layık bir şekilde ihya etmeye çalışınız, lisanlarınızı gıybetten, iftiradan ve diğer lüzumsuz şeylerden muhafaza etmeye gayret ediniz. İbadetlere tahsis edilmesi gereken kıymetli vakitlerinizi boş şeylerle, faydasız işlerle zayi etmeyin.

Aile fertlerinizin daha rahat bir şekilde yaşamasını temin etmek için meşru şekilde çalışmaktan geri durmayın. Geceleri sabahlara kadar şurada burada boş vakit geçirmeyin. Geceleyin ibadet ve uykunuzdan, gündüz de işlerinizden geri kalmayın. Cenab-ı Allah ibadet ve taatte bulunan, çalışıp helalinden kazanan kullarından razı olur." [436]

---

[436] Usta, 2005, s.127-129.

HUTBE 29:
KÖTÜ HUYLARDAN SAKINDIRMA

"Hümeze 1-2: 'Arkadan çekiştirmeyi, yüze karşı eğlenmeyi ve başkalarını ayıplamayı ve servet biriktirip onu saymayı âdet edinenlere yazıklar olsun.'

Ey cemaat-i Müslimîn!

Malûmdur ki Cenab-ı Hakk iki cihan güneşi Peygamber Efendimizi bize iyi huyları öğretmek için göndermiştir. Dünya iyi huylu insanların varlığıyla toplumsal düzenini bulur. İnsanlar arasında saadet güneşi iyi huylardan doğar.

Kötü huylu adamlar geceye benzetilecek olursa iyi huylu

insanlar da, nurlu gündüzler gibidir. İnsan insanlık zevkini iyi huylu insanların huzurunda duyar. İnsanı arkadan çekiştiren, yüz yüze geldiği zaman insana başka bir şekilde eziyet veren kimselere yazıklar olsun. İşte Cenab-ı Hakk şöyle buyuruyor:

'Ey iman edenler! Zanların çoğundan çekinin, çünkü; zanların bazısı günahtır. Gizli şeyleri araştırmayın, birbirinizin ardından söz söylemeyin, biriniz ölü kardeşinin etini yemesini ister mi? İşte bu, ondan iğrençtir. Allah'tan sakının, Allah tevbeleri kabul eder, merhamet eyler.'

Bu ayet-i kerimeyle, böyle hareket eden insanları kötülüyor, bunların çok şiddetli bir azaba yakalanacaklarını haber veriyor ve bizi böyle işler yapmaktan men ediyor. Meclisimizde hazır olmayan bir din kardeşimiz, kendi aleyhinde söylenen sözleri müdafâ etmeye gücü yetmediğinden, onun hakkındaki çekişmeleri, Allah bir ölünün etini yemeye benzetiyor.

Bir ölünün etini yemek ne kadar çirkin ve iğrenç ise mecliste hazır olmayan din kardeşimizin gıyabında, kötü sözler söylemek de o kadar çirkin ve fenadır.

Hakiki Müslümanlar onlardır ki, ellerinden ve dillerinden Müslümanlara bir kötülük dokunmaz.

Onlardan yalan, gıybet, iftira çıkmaz. Her işittikleri sözü araştırmadan ortaya yaymazlar. Kimsenin malına, ırzına ve namusuna saldırmazlar. Herkes kendilerini, kendileri de herkesi severler.

Efendimiz buyuruyor ki:

'Kıyamet gününde bana en yakın bulunacak olanlar, iyi ahlâk sahipleridir. Bunlar kibirsizliklerinden herkesle konuşur ve görüşürler. Kıyamet gününde Benden en uzak kalacaklar da kötü huylu olanlardır ki, bunlar yalan yanlış, ağızlarına her gelen sözleri söylerler ve sözlerini türlü türlü eğip bükenlerdir. Mü'minlerin îman bakımından kâmilleri ahlâkı en iyi olanlardır. Bunlar, başkalarıyla hoş geçinirler, insanlara yakınlık duyarlar, kendileriyle ülfet edilir.'

Dostluk etmeyen ve kendisiyle dostluk mümkün olmayan kimselerde hayır yoktur." [437]

---

437 Usta, 2005, s.135-137.

HUTBE 32:
EKSİK ÖLÇENLER, YANLIŞ TARTANLAR

"Mutaffifîn, 1-6: 'İnsanlardan, alırken ölçüyü tarttıklarında tam, onlara vermek için tarttıklarında ise noksan yapan hilekârlara yazıklar olsun! Onlar mı ki, kendileri büyük bir günde hesap vermek için diriltilecekler: Öyle bir gün ki insanlar o günde âlemlerin Rabbinin huzurunda divan duracaklar.'

Ey cemaat-i Müslimîn!

Cenab-ı Hakk, Kur'an-ı Kerim'inde buyuruyor ki:

'Vay o eksik ölçenlerin, yanlış tartanların haline! Onlar başkalarından alırken dolu dolu alırlar da, başkasına verirken eksik ölçerler yahut noksan tartarlar. Acaba bunlar büyük gün için; evet insanların Allah'ın huzurunda duracağı ve burada yaptıklarından hesap vereceği bir gün için, dirileceklerini hiç akıllarına getirmezler mi?'

Ey cemaat-i Müslimîn!

Ölçülerini, tartılarını tam yapmayanların kıyamet gününde ne kadar müthiş bir azaba giriftar olacaklarını bu âyet-i kerime haber vermektedir. Bunlar hakkındaki İlâhî azap çok şiddetlidir.

Muhakkak biliniz ki, alırken fazlasıyla ölçen, ziyadesiyle tartan, başkasına verirken ölçüsünü ve tartısını noksan yapanlar, dünyada ve âhirette hüsran içindedirler.

Bunlar Allah'ın en büyük, en dehşetli azabına uğrayacaklardır. Alırken bin türlü hile ile fazla alan, verirken noksan veren bu zavallılar hiç düşünmüyorlar mı ki, bir gün İlâhî huzurda hesaba çekileceklerdir. Acaba o büyük azap gününü akıllarına getirmiyorlar mı?

Biliniz ki, ölçüsünü ve tartısını tam yapmamak hıyanettir. Alışverişinde hile yoluna sapan bir adam, er geç zarar görür. Sonunda büsbütün işi bozularak perişan bir hale gelir. Hile ile aldığı beş kuruş, aldatarak çaldığı on santim, bütün malını kirletir; elinde avucunda olanı mahveder, dünyaya rezil olur, pişmanlık duyar.

Perişan ve sefil bir hale gelir. Allah'ın huzurunda ise şiddetli bir şekilde mes'ul olur. En büyük en şiddetli azaba duçar olur.

İbn-i Ömer, bir gün Mutaffifin sûresini okuyordu. Birdenbire, kendini tutamayıp yüksek sesle ağlamaya başladı. İlâhî huzurda hesap vereceğini, amellerinden dolayı ceza göreceğini düşündükçe, ağlaması arttı. Kendinde âyetin gerisini okuyacak güç kalmadı.

İşte imanı bütün olan insan böyle olur. Âhirete imanı sağlam olanlar için, insanları aldatmaya, dolandırmaya imkân yoktur.

Günün birinde insanların Allah'ın huzuruna çıkacağına imanı sağlam olan bir insan, böyle bir alçaklığı nasıl işler? Değil sağlam, gevşek, zayıf bir iman bile, bu gibi rezaletleri işlemeye engel olur. Bunu yapmak için insanların, âhiret duygusundan, ilahi huzurda hesap vereceği bir günü düşünmekten büsbütün mahrum olması gerekir.

Ey cemaat-i Müslimîn!

Teraziyi, ölçüyü biraz eksik tutanlara Cenab-ı Hakk o kadar acı bir sonuç hazırladı ki, kuvvetine ve despotluğuna dayanarak halkın malını mülkünü, ölçüsüz, tartısız, hesapsız, kitapsız, boğazına geçirenler acaba ne yapacaklar? Acaba mahşer günü onların hali ne olacak? Vay onların başına gelenlere!" [438]

---

438 Usta, 2005, s.147-149.

HUTBE 34:
NİFAK VE HASED

"Enfal 46: 'Allah ve Resûlüne itaat edin, birbirinizle çekişmeyin. Sonra korkuya kapılırsınız da devletiniz (gücünüz) gider. Bir de sabredin. Şüphesiz Allah sabredenlerle beraberdir.'

Ey cemaat-i Müslimîn!

Cenab-ı Hakk, Kur'an-ı Kerim'inde buyuruyor ki:

'Hem Allah'a, hem de O'nun Peygamberine itaat ediniz; birbirinizle uğraşmayınız, sonra güveniniz kaybolur, kuvvetten düşersiniz, heybetiniz de elinizden gider. Bir de hiçbir düşman, hiçbir tehlike karşısında dayanma gücünü elden bırakmayınız. Şüphe yoktur ki, Allah sabredenlerle beraberdir.'

Ey mü'minler, ey Allah'ın sevgili kulları!

Dünyada sefil, âhirette rezil olmayalım dersek bu âyet-i kerimenin gösterdiği yolu takip etmeliyiz. Evet Allah'a itaat eden,

Peygamber'in yolundan giden, fertleri arasında birlik beraberlik olan bir İslam milleti, ululuktan ve azametten mahrum kalmaz.

Lâkin Allah'a itaat etmeyen, Peygamberin emirlerini dinlemeyen, fertleri birbirlerini çekemeyen, birbiriyle boğuşan bir millet zayıf düşer, kudretten, kuvvetten kesilir. Harici düşmanlara karşı varlığını muhafaza edebilecek ne maddî kuvvetler hazırlamaya vakit, ne de iman bulabilir.

Sonra kendisine korkaklık gelir, malî gücü kırılır, böylece uçuruma yuvarlanır. İşte bunun içindir ki, Cenab-ı Hakk bizi kendisine ve Peygamberine itaate davet ve birbirimizle çekişmekten men ettikten sonra birbirinize sabırlı olun diye emrediyor.

Allah yolunda, hak yolunda, millet uğrunda her türlü mihnete, zorluğa göğüs geriniz; hiçbir düşman, hiçbir tehlike karşısında dayanma gücünü elden bırakmayınız. Ve biliniz ki Allah daima sabır ve metanet sahipleri ile beraberdir.

Rasûl-i Ekrem Efendimiz de bir hadis-i şeriflerinde şöyle buyuruyorlar:

'Birbirinize buğz etmeyiniz, birbirinize hased etmeyiniz, birbirinize dargın bulunmayınız, ey Allah'ın kulları, kardeş olunuz. Bir Müslüman için, darılıp da din kardeşini üç günden ziyade terk etmek, onunla görüşmemek helâl olmaz.'

Öyle ise cemaat-i Müslimîn;

Biz de Allah'a ve Resûlüne daima itaat edelim. Aramızda ayrılığa ve ikiyüzlülüğe meydan vermeyelim, her zaman sabır ve dayanıklılığı elden bırakmayalım, daima ileri gitmeye çalışalım." [439]

---

[439] Usta, 2005, s.155-157.

HUTBE 36:
EMANETE RİAYET

"Nisâ 55: 'Gerçekten Allah size, emaneti ehil olanlara vermenizi ve insanlar arasında hükmettiğiniz zaman adaletle hükmetmenizi emreder. Allah size ne kadar güzel öğütler veriyor! Şüphesiz Allah her şeyi işitici, her şeyi görücüdür.'

Ayetin emânet ve adalete riâyet emri ebedi ve genel bir düstur olmakla beraber güzel geliş sebebi vardır: Hz. Peygamber (s.a.v.) Mekke'yi fethedince Kâbe'ye bakar. Osman b. Talha kapıyı kilitlemiş, Kâbe'nin üzerine çıkmış ve anahtarı vermeyi reddederek, 'Senin peygamber olduğunu bilseydim onu verirdim' demişti. Hz. Ali anahtarı zorla ondan aldı, kapıyı açtı.

Hz. Peygamber içeri girerek iki rekât namaz kıldı, çıkınca amcası Abbâs, anahtarı ve şerefli bir görev olan bakıcılığı kendisine vermesini istedi, işte bu münasebetle yukarıdaki âyet nazil oldu. Efendimiz Hz. Ali'ye anahtarı eski vazifeliye vermesini ve ondan özür dilemesini emretti. Bu olay Osman b. Talha'nın da Müslüman olmasına sebep teşkil etmiştir.

Ey cemaat-i Müslimîn!

Cenab-ı Hakk, Kur'an-ı Kerim'inde buyuruyor ki:

'Emanetleri ehline veriniz, emanete hıyanet etmeyiniz. Bir de insanlar arasında hükmederken adaletle, Allah'tan korkarak hükmediniz.'

Evet, Allah-u Teâlâ; 'Emanetleri ehline veriniz' buyuruyor. Öyleyse kendisine bırakılan bir emanete hıyanet etmemek, bir kimsenin hakkını aramak, sonra her vazifeyi adamına vermek, kendisine emanet edilen bir görevi hakkıyla yerine getirmek her Müslüman için dinî bir borçtur. Sonra bütün işlerde adaleti gözetmek, haklıyı haksızı iyice ayırt etmek bir vazifedir. Allah-u Teâlâ bu şekilde emrediyor.

Bu iki emre uymak bir milletin selameti için mutlaka gereklidir. Çünkü fertlerin hukuku adalet ile, toplumun menfaati ise işleri, vazifeleri ehline vermekle gerçekleşir.

Birinin bize emaneten bıraktığı şeyi muhafaza edip gerektiğinde kendisine vermek üzerimize borçtur. Bunu yapmamak emanete hıyanettir. Emanete hıyanet edenin imanı noksandır. Millete ait işler de bir emanettir.

Onları ehline vermemek de emanete hıyanettir. Üzerine aldığı bir görevi hakkıyla yerine getirmemek, hile yollarına sapmak, işe önem vermemek emanete hıyanettir.

Allah'ın bu iki emrini tanımayan bir millet mümkün değil yaşayamaz. Hangi türden olursa olsun emanete hıyanet toplumu alt üst edecek kadar büyük kötülükler meydana getirir.

Peygamberimiz buyuruyorlar ki:

'Emanete zarar gelince kıyameti bekleyiniz. İşler ehli olmayan kimselere verildiği zaman artık kıyameti gözleyiniz.'

Bu hadis-i şerifin anlamından anlıyoruz ki, bir memlekette emanete riayet edilmez, vazifeye önem verilmezse, o memleketin nizamı ve intizamı bozulur, her şeyi alt üst olur.

Ey cemaat-i Müslimîn!

Allah'ın ve Peygamberin emirlerine daima iyi bir şekilde kulak veriniz, Onların dışına çıkmamaya çalışınız ki, dünyada ve âhirette kurtuluşa eresiniz." [440]

---

440 Usta, 2005, s.163-165

HUTBE 37:
İÇKİNİN KÖTÜLÜĞÜ

"Mâide 90: 'Ey iman edenler! Şarap, kumar, dikili taşlar (putlar) fal ve şans okları birer şeytan işi pisliktir; bunlardan uzak durun ki, kurtuluşa eresiniz.'

Ey cemaat-i Müslimîn!

Cenab-ı Hakk, Kur'an-ı Kerim'inde buyuruyor ki:

'Ey mü'minler! İçki, kumar, putlara saygı ve onlar adına kurban kesmek şeytanın vesvesesi ile olan iğrenç şeylerdir. Bunlardan sakınınız ki kurtulasınız.'

Bizim dinimiz insana zararı olan şeyleri haram kılmıştır. İçkinin de insana ne kadar zararlı olduğu bilinen bir gerçektir. İçki insanın dinini ve dünyasını mahveder.

Allah'ın insana verdiği en güzel nimet olan sağlığını yok eder, namazdan niyazdan alıkor. İnsan bir kere içkiye dayandı mı, bir kere akşamcılığa başladı mı artık geçmiş ola. Kolay kolay onu bir daha bırakamaz, Malından, canından, çoluğundan çocuğundan, dininden ve imanından olur da yine ondan vazgeçemez.

Bu öyle bir âfet, öyle bir musibet ki hiçbir hastalığa benzemez. İnsana bir kere bulaştı mı, insan ona bir kere dadandı mı, kolay kolay kurtuluş yoktur. İnsanda akıl fikir bırakmaz. İnsanın ahlâkını bozar. Malını mülkünü mahveder. Ailesini, ocağını perişan bir hale getirir.

İçki denilen belanın başının altından her kötülük çıkar. Ondan her kötülük gelir. Her kötülüğün başı budur. İnsanın her türlü hastalığa yakalanmasına, tımarhanelere, hastanelere gitmesine sebep olur. İçkiye dadanmış olanlar, sinir, verem, kalp, dalak, böbrek, mide, kansızlık gibi birçok hastalıklara tutulurlar.

En büyük hekimler diyorlar ki: 'Hastanelerde, hapishanelerde, tımarhanelerdekilerin çoğu içkiye düşkün insanlardır. Aptal, saralı, mecnun, cani, hırsız kabilinden ne kadar insan varsa yüzde 80'i içki düşkünleri ve bunların çocuklarıdır.'

Görülüyor ki, içki insanın dünyasını, âhiretini harab ediyor. İnsanı ibadetten alıkoyuyor. En büyük fenalıklara sebep oluyor. İşte bunun için dinimiz içkiyi kesin olarak haram kılmıştır.

Bundan korunmak, hem Allah'ımıza, hem Peygamberimize, hem nefsimize, hem ailemize, hem de devletimize ve milletimize karşı önemli bir görevi yerine getirmek demektir. Dolayısıyla içki belasından kendimizi kurtarmak birinci vazifemizdir.

Nefsinin kıymetini bilen, çoluğunu çocuğunu, ailesini, memleketini seven bir insan, şarap, rakı, konyak, esrar, afyon, morfin gibi insanı sarhoş eden şeylerden kesinlikle sakınmalı, bu gibi şeytanî işlerden uzak durmalıdır.

Peygamber Efendimiz buyuruyorlar ki:

'İçkiden sakınınız. Çünkü içki her türlü kötülüğün, her çeşit fenalığın anasıdır. Çoğu sarhoş eden şeyin azını da içmeyiniz.'

Allah'a, âhiret gününe imanı olan kesinlikle içki kullanmasın! Allah'a ve âhirete imanı olan, üzerinde içki bulunan yemek sofrasına oturmasın." 441

---

441 Usta, 2005, s.167-169.

HUTBE 42:
HERKES YAPTIĞININ CEZASINI BULACAK

"Nahl 128: 'Çünkü Allah, (kötülükten) sakınanlar ve güzel amel edenlerle beraberdir.'

Ey cemaat-i Müslimin!

Allah kıyametin herhalde kopacağını ve insanların tekrar dirileceklerini haber veriyor. Kıyametin bildirilmesi ve insanların öldükten sonra tekrar dirileceğini akıllarına sığdıramayanlar bir kere kendi yaratılışlarını düşünsünler!

Rasûl-i Ekrem Efendimiz buyuruyor ki:

'Kıyamet günü âdemoğlu beş şeyden soruya tutulmadıkça Rabbinin huzurundan, o büyük adalet mahkemesinden ayrılamaz: Ömrünü ne ile sona erdirdiğinden, gençliğini neyle yıprattığından, malını nereden kazanıp nereye harcadığından, ilmiyle ne türlü amel yaptığından.'

Peygamberimiz diğer bir hadis-i şerifinde şöyle buyuruyor:

'Ölüm gelmeden evvel hayatını, hasta olmadan evvel sağlığını, meşguliyet gelip çatmadan önce boş vaktini, ihtiyarlamadan önce gençliğini, fakirliğe düşmeden önce zenginliğini ganimet bil, bunların kıymetini anla ve fırsat eldeyken çalış.'

Ey Müslümanlar, ey Allah'ın kulları!

Düşünmesi bile tüyleri ürperten kıyametin o dehşetli günü hatırlayınız. Allah'ın emirlerine karşı gelmekten korkunuz! Bütün peygamberlerin 'nefsi nefsi' diye yerlere kapanacakları o gün için şimdiden kendinize yarayacak amelleri hazırlayın o gün gelmeden önce sağlığınızın, hayatınızın, gençliğinizin kıymetini bilin, vaktinizi dünya ve âhirete yarayacak şeylerle geçirmeye çalışın.

Namuslu bir şekilde kazanın hayırlı yerlere harcayın, fırsat eldeyken güzel ahlak sahibi olun. Dünyanızı ve âhiretînizi mamur edin. Kimseye kötülük yapmayın, kimsenin malına, canına, ırzına göz dikmeyin. Herkese elinizden geldiği kadar iyilik yapın. Kimsenin zerre kadar hakkını almayın.

Kendiniz için istemediğiniz, hoş görmediğiniz şeyleri başkaları için de hoş görmeyin. Fakirleri ve yetimleri koruyun. Büyüklere hürmet, küçüklere şefkat gösterin, yalan söylemeyin, hile yapmayın, kimseye iftira etmeyin.

Ölçü ve tartılarınızı noksan kullanmayın, kısaca Allah'ın ve Peygamberin emrinden dışarı çıkmayın. Kesin olarak biliniz ki, fırsatı kaçırdığınızdan dolayı pişmanlık duyacağınız ve bütün bunlardan hesap vereceğiniz dehşetli bir gün gelecek, o zamandaki pişmanlık fayda vermeyecektir. Öyle bir gün ki, ne evlâdın anasına babasına, ne de ananın babanın evlâda faydası olmayacak!

Lokman 33: 'Ey insanlar! Rabbinize karşı gelmekten sakının. Ne babanın evlâdı, ne evlâdın babası için bir şey söyleyemeyeceği günden çekinin. Bilin ki, Allah'ın verdiği söz, gerçektir.'" [442]

---

[442] Usta, 2005, s.189-192.

HUTBE 45:
MEVLİD

"Âli İmrân 31: "(Resûlüm!) De ki: Eğer Allah'ı seviyorsanız bana uyunuz ki, Allah da sizi sevsin ve günahlarınızı bağışlasın. Allah son derece bağışlayıcı ve esirgeyicidir."

Ey cemaat-i Müslimîn!

Bilmiş olun ki bu akşam Mevlid Kandili'dir. Yani Peygamber Efendimizin bin dört yüz sene evvel böyle bir Rebiülevvel ayının on ikinci gecesinde, sabaha karşı dünyaya gelmiştir.

O mübarek gecenin yıldönümü olduğu için her Rebiülevvel ayının on ikinci gecesini bütün Müslümanlar asla unutmazlar. Bu geceye çok hürmet ederler. Minarelerde kandiller yanar, herkes camilere dolar. Kalabalık cemaatlerle namazlar kılınır, mevlidler okunur.

Bu güzel âdet Peygamber Efendimize karşı gönüllerde muhabbet uyandırmak için pek uygun bir sebeptir. Daha doğrusu mü'minin ibadete sarılması için güzel bir fırsattır. Çünkü mü'minin imanı ancak Peygamberine muhabbet etmekle tamamlanır. Peygamberini sevmeyen kimsenin imanı iman değildir.

Ey cemaat-i Müslimîn!

Peygamberinizi iyice bilmeye bakın. O, iki cihan güneşine karşı muhabbetinizi artırmaya gayret edin. Dinleyiniz de ben size Peygamberimizi anlatayım.

Peygamber Efendimiz kendisini gayet temiz tutar, her hususla temizliğe son derece dikkat ederlerdi. Asla perişan gezmezlerdi. Üst dudaklarının kırmızısı görünecek kadar bıyıklarını güzelce kesip saçlarını bazen tıraş ederlerdi. Bazen de kulaklarının yumuşağını geçecek kadar uzatırlardı. Lakin sakallarını bir tutamdan fazla uzatmazlardı.

Sadece bayağı zamanlarda değil, hatta savaşa gittikleri zamanlarda bile tarak, makas, misvak, ibrik gibi temizliğe ait şeyleri yanlarından ayırmazlardı. Saçlarını sakallarını daima temiz tutar, aynaya bakıp taranırlardı. Hiç güzel koku sürünmeseler bile mübarek terleri de misk gibi kokarlardı. Öyleyken yine daima güzel güzel kokular sürünürlerdi. Dünyada iken en çok sevdiklerinden biri de güzel koku olduğunu söylerlerdi.

Peygamber Efendimiz dünyada eşi bulunmaz bir insan güzeli idi. Allah O'nu övmüş de öyle yaratmıştı, boy bos, endam hep yerinde idi. Hiçbir noksanı yoktu.

Peygamberimizin pembe beyaz olup pek sevimli ve güzel olan yüzünden nurlar akardı. Mübarek dişleri de konuşurken, gülümserken inci gibi parlardı. Bu bir Allah vergisidir ki, vücudu ne kadar güzelse ahlâkı da o derecede güzeldir. Güler yüzlü, tatlı sözlü olup ağzından fena laf çıkmazdı. Kimsenin gönlünü kırmaz, asla hırçınlık etmezdi. Kendine hizmet edenleri de pek hoş tutardı. Kibirlenmez ve kurum satmazdı. Daima ciddiyetini muhafaza ederdi.

Peygamberimizi ilk defa gören kimsenin içine bir korku düşerdi. Lakin görüşüp konuştukça kendisine gönül vermemek elden gelmezdi.

Peygamberimizin maksadı insanları selamete çıkarmaktan ibaretti. Onun için geceyi gündüze katarak çalışır, çabalardı. Kendi rahatını ve huzurunu hiç düşünmez, kendi çıkarını hatıra getirmezdi. Âhiret için dünyayı bir tarafa atmazdı.

Ümmetinin işini gücünü bırakıp da giysisini başına çekerek mağaralara kapanmazdı. Zalimlerin ve kötülerin vücudunu kaldırıp mazlumlara göz açtırmak için zırh giyer, kılıç kuşanır, haftalarca hayvanların üstünde gezerdi.

Peygamberimiz böylece bin türlü mihnet ve zorluğa katlanarak Allah'ın emrini yerine getirirdi. Müslümanlığı yayıp insanları selamete çıkardı. Lakin bu iş birkaç sene içerisinde böyle kolayca olup bitivermedi. Tam yirmi üç sene sürdü.

Peygamberimizin bu yirmi üç seneyi nasıl geçirip, nelere katlandığını bilmeyen kimse o büyük insanın kadrini layıkıyla anlayamaz. Taşa tahtaya hâşâ Allah diye tapacak kadar cahil bir halk ile yirmi üç sene uğraşmak kolay değildir.

İnsan sadece Arapların cahilliğini düşünmemelidir. O zamanlar öyle zamanlardı ki dünyanın tersi dönmüş, herkes çıkmaz bir yol tutmuştu.

Ne yaptığını bilen, hele fakirlerin halini hiç düşünen yoktu. İşte Peygamberimiz, dünyanın böyle perişan ve acayip bir zamanında âleme rahmet olarak gelip insanların imdadına yetişti. Allah'ın emriyle o kötülüklerin önünü aldı.

Herkes Mevlâ'sını tanıdı, herkes diktatörlere kölelik etmekten kurtuldu. Sadece Arabistan'ın değil, bütün dünyanın selamete kavuşmasına sebep oldu.

Peygamber Efendimizin bunca sene evvel, Hakk'a dayanarak, adaletin, hürriyetin temellerini attığı zaman şimdiki Avrupa'nın ismi bile okunmazdı. Bunun için Peygamberimizin insanlar üzerindeki hakkı pek büyüktür.

O'nun bütün dünyaya ettiği iyiliği kimse etmemiştir. Bunun için Peygamberinizi daha iyi öğrenmeye gayret edin, daima O'nu düşünün, O'nun o güzel sözlerini hatırınızda tutun, daima mübarek cemalini gözünüzün önünde bulundurun.

Böyle yaparsanız gitgide kendisine muhabbetiniz artar, günden güne gönlünüz pak olur, sözünüz sohbetiniz değişir, ahlâkınız, tabiatınız gittikçe iyileşir. Hep iyileri, iyi şeyleri düşünürsünüz, içinizde bir sevinç, bir ferahlık duyarsınız. Ömrünüzü lezzet ve neşe içinde geçirirsiniz. Hele bu gözler yumulunca Peygamberimizin iltifatı asıl o zaman başlar. O'na muhabbetin faydası asıl öyle bir zamanda görülür." [443]

---

[443] Usta, 2005, s.201-204.

HUTBE 46:
Mİ'RAC

"İsrâ, 1: 'Bir gece, kendisine âyetlerimizden bir kısmını gösterelim diye, (Muhammed) kulunu Mescid-i Harâm'dan, çevresini mübarek kıldığımız Mescid-i Aksâ'ya götüren Allah, noksan sıfatlardan münezzehdir; O gerçekten işitendir, görendir.'

Ey cemaat-i Müslimîn!

Bilmiş olun ki, bu ayın yirmi yedinci gecesi Mi'rac Kandili'dir. Bizce mübarek bir gecedir. Peygamberimiz bin üç yüz kırk küsur sene evvel böyle bir Receb-i Şerif'in yirmi yedinci gecesinde Allah'ın emriyle göklere çıkmış, Arş'ı ve Kürsü'yü seyretmiş, Mevlâ'sına kavuşmuştur.

Hiçbir peygambere nasip olmayan bir devlet o gece Peygamber Efendimize müesser olmuştur. Bunun için bütün Müslümanlar o geceye çok hürmet ederler. O gece çoluk çocuk sevindirilir, fakirlerin, kimsesizlerin gönlü hoş edilir. O gece camilerde cemaatle namaz kılınır, miraciyeler okunur, dualar edilir. Herkes birbiriyle kandilleşir, birbirlerini tebrik eder. Böylece o mühim gecenin büyüklüğü zihinlerde yer tutar.

Peygamber Efendimize herkesin muhabbeti artar.

Bunun için kandil gecelerine çok önem vermeli, böyle mübarek günleri, mübarek geceleri, daima hesap edip, hiç unutmamalıdır. İnsanın iki eli kanda bile olsa, ne yapıp yapıp, kendini biraz çekip çevirmelidir. Ortalığı derleyip toplamalıdır. Üstünü başını güzelce temizlemelidir. Hiç olmazsa bu akşam kandil akşamıdır diye ikindi vakti camiye gidip cemaatle namaz kılmalıdır.

Kur'an-ı Kerim okuyup veya dinleyip gönlünü nurlandırmalıdır. Geçmişleri hatırlayıp onların da ruhlarını şâd etmelidir. Yatsıyı da cemaatle kılıp dünyamız ve âhiretimiz için dua etmelidir. Kandil geceleri çok güzel bir Müslüman âdetidir.

Bir kandil gecesinin yerini, başka hiçbir şey tutamaz. Kandil gecesi deyip geçmemeli, onun Müslümanlığa ne kadar faydası olduğunu bir kere düşünmeli, her kandil gecesi, her köyde, her mahallede, bir kişi tövbekâr olsa sadece bu bile yetişir. Hâlbuki bu kadarla kalmadığı bir gerçektir.

Nice kimseler bu yüzden camiye ve cemaate ısınıyor ve böylece Müslümanlığa bağlanıp kalıyor. Çocuklar bile camiye alışıyor, araları açık nice kimseler, kandilleşme dolayısıyla birbirleriyle görüşüp barışıyor.

Böyle mübarek gecelerde camilerde, evlerde, bir araya toplanışlar, mevlidler, miraciyeler, okuyuşlar, yürekten dinleyişler o güzel kokulu şeyler yakmalar, o gül suları serpmeler, şekerler, şerbetler, serpmeler... Sonra ne kadar evliya varsa, ne kadar gelmiş geçmiş din kardeşi varsa hepsini anmalar, onların ruhlarına hediye göndermeler. Bunlar ne kadar güzel, ne kadar faydalı şeylerdir. Bunların hiçbiri boşuna değildir. Her birinin birçok sebebi ve hikmeti vardır.

Bunun için siz de ey cemaat!

Böyle mübarek geceleri boşuna geçirmeyin! Halinize göre çoluğunuzu çocuğunuzu sevindirmenin çaresine bakın! Üşenmeyin, camiye gidin, ibadet edin, eşinizle dostunuzla kandilleşin, dargınlarla barışın, elinizden geldiği kadar hayırda iyilikte bulunun."

Tevbe 120: 'Şüphesiz Allah, iyilik yapanların mükâfatını zayii etmez.'" [444]

---

444 Usta, 2005, s.205-207.

HUTBE 47:
KADİR GECESİ

"1- Biz onu (Kur'an'ı) Kadir Gecesi'nde indirdik.

2- Kadir Gecesi'nin ne olduğunu sana haber veren oldu mu?

3- Kadir Gecesi bin aydan daha hayırlıdır.

4- Zirâ o gecede, her iş hakkında birtakım emirler alarak Rabbinin izniyle melekler ve Ruh (Cebrail) yere iner.

5- O gece, selâmettir, esenliktir, güneşin doğuşuna kadar devam eder.

Ey cemaat-i Müslimîn!

Allah-u Teâlâ Kadir Gecesi'nin çok faziletli, takdir edemeyeceğimiz kadar büyük ve mübarek bir gece olduğunu Kur'an-ı

Kerim'inde haber veriyor. Kadir Gecesi mü'minler için idrakin üstünde mübarek bir gecedir. Cenab-ı Allah, Kur'an-ı Kerim'i Kadir Gecesi'nde indirdiğini, bu gecede yapılan ibadetin bin aylık ibadetten hayırlı olduğunu söylüyor.

Evet, Kur'an'ın âyetleri Peygamberimize bu geceden itibaren inmiştir. Bütün insanların hidayet sebebi olan Kur'an-ı Kerim'in indirilmeye başlandığı bu gece elbette idrak ve takdir edemeyeceğimiz kadar şerefli ve yücedir. Cenab-ı Hakk, Kadir Gecesi bin aydan hayırlıdır buyuruyor.

Müslümanlar!

Kadir Gecesi Muhammed (s.a.v.) ümmetine mahsus İlahî yardımlardandır. Bu mübarek gecenin şerefi ve şanına nihayet yoktur. Bu şerefli geceyi ibadet ve itaatle geçiriniz. Bu kutsî gecenin feyizlerinden istifadeye gayret ediniz.

Biliniz ki, Kadir Gecesi, içinde Kadir Gecesi bulunmayan binlerce aydan daha şereflidir. Bu gece yapılan ibadetlerin sevabı binlerce ayda yapılan ibadetlerden daha çoktur.

Hakk Teâlâ, Kadir Gecesinde mü'minlerin geçmiş hatalarını günahlarını affediyor.

Şu kadar ki, içki içenler, anasına babasına asi olanlar, akrabanın hukukuna tecavüz edenler, din kardeşlerine düşmanlık edenler ilahî affa mahzar olamazlar.

Rasûl-i Ekrem şöyle buyuruyor:

'Ümmetimden her kim, faziletini tasdik, sevabını Cenab-ı Hakk'tan isteyerek Kadir Gecesi'ni ibadet ve taatle geçirirse geçmiş günahları af olunur.'

Öyleyse ey Müslümanlar!

Uyanalım, bu gibi mübarek geceleri kendimiz için ganimet bilelim. Böyle geceleri boşa geçirmeyelim. Günahlarımızı affettirmek için ibadette ve taatte bulunalım.

Böyle mübarek bir gecede bile affedilmeyecek günahlardan, dinimizin yasakladığı içki gibi, kumar gibi zararlı şeylerden sakınalım.

Hiç kimsenin hakkına tecavüz etmeyelim, annemizin babamızın kalbini kırmayalım. Akrabamıza, komşularımıza ve bütün din kardeşlerimize elimizden geldiği kadar iyilikte bulunalım.

'Yâ Rab! Sen affedicisin. Affı seversin, beni affet' duasına devam edelim." [445]

---

[445] Usta, 2005, s.209-211.

HUTBE 48:
RAMAZAN BAYRAMI

"A'lâ 14-15: 'Kendini pâk tutan, Rabbinin adını anıp namaz kılan elbette umduğuna ermiştir.'

Ey cemaat!

Bakın Receb, Şaban derken Ramazan geldi geçti ve bayram oldu. Sağ olana göre bunun gibi daha nice bayramlar gelir geçer. Ama asıl marifet böyle günleri gönül uyanıklığıyla geçirmektir. Gafletle geçen bayramların, Ramazanların insana bir faydası yoktur.

Bir Müslüman ki, kendi zevkinden, kendi keyfinden başka bir şey düşünmez, milletinin ve memleketinin uğrunda bir fedakârlıkta bulunmaz; fenalık ve tembellik derken hepsi mükemmel;

iyiliğe gelince hiçbir şey.

Müslüman'ın böylesi ha olmuş, ha olmamış, ikisi de birdir. Biz hamd olsun Müslüman'ız ama ibadetsiz, amelsiz, ilimsiz, ahlâksız, işsiz güçsüz Müslümanlık olmaz.

Olsa bile öyle bir Müslümanlığın adama faydası dokunmaz. Bir ağacın ağaçlığı dalıyla, budağıyla, meyvesiyle yaprağıyla değil midir? Dalsız, budaksız, meyvesiz, yapraksız ağaç olur mu? Olsa bile ona odundan başka bir şey denir mi? Şimdi ey Müslümanlar bilmiş olun ki, bayram demek, Ramazan demek, din iman demektir.

Ramazan'ı Ramazan bilen, bayramı bayram bilen kurtuluşa erdi demektir. Çünkü öyle bir insan hayrını şerrini bilir, Allah da öylesine her tuttuğunu kolay getirir. Bakarsın o adam artık işinde gücünde feyiz ve bereket bulur. Asla sıkıntı yüzü görmez olur. Ahlâkı düzelir. Açgözlülük etmez, hilekârlık yapmaz, kimseye bir zarar vermez. Her şeyde hakkına razı olur, kimseye kin beslemez, herkesle sohbet eder. Böylece insan adeta melek haline gelir. İşte Ramazanların, bayramların ve bütün mübarek günlerin faydası budur." [446]

---

[446] Usta, 2005, s.213-215.

HUTBE 49:
KURBAN BAYRAMI

"Kevser, 1-3: '(Yâ Muhammed!) Biz sana Kevser'i verdik. Onun için Rabbine kulluk et ve kurban kes. Asıl sonu kesik olan, şüphesiz seni kötüleyendir.'

Ey cemaat-i Müslimin!

Kurban koyundan, keçiden, deveden, sığırdan olur. Başka hayvanlardan kurban kesilmez. Bu dediğim hayvanların erkeğinden, dişisinden kurban olursa da devenin, sığırın dişisini, koyunun ve keçinin erkeğini kurban etmek daha makbuldür.

Kurban edeceğiz diye bu hayvanların yavrularını kesmek olmaz. En aşağı devenin beş seneliği, sığırın iki seneliği, koyunun ve keçinin de birer seneliği kurban olur. Bundan küçüğünü kurban etmek olmaz. Sadece altı ayı bitirip yedinci aya basmış olan ve bir senelikten farklı olmayan gösterişli bir kuzuyu kurban etmek mümkündür.

Yedi kişinin ortaklaşarak bir deveyi veya bir sığırı kurban etmesi de olabilir. Bir koyunu veya bir keçiyi ancak bir kişi kurban edebilir. Dişleri dökülmüş, kuyruğunun yarısından fazlası kesilmiş, bir gözü veya iki gözü kör olan ve yürüyemeyecek derecede topal, hasta ve zayıf bulunan hayvanlardan kurban olmaz."

Halkın dinini anlaması için hutbe kitabı yazdıran Mustafa Kemal, 20 Haziran 1928'de İstanbul Darülfunun'u İlahiyat Fakültesi'nde vazifeli hocaların hazırladığı "dini ıslah beyannamesi" adlı çalışmayı İslam'a aykırı bularak reddetmiştir.

"Camilerde sıralar ve elbiseliklerin konulması, ayakkabı ile girilecek bir düzenlemenin yapılması, ibadetin de Türkçe yapılması, camilere müzik aletleri sokulması, musiki bilen müezzinler yerleştirilmesi, İlahi müziğinin konulması gibi önerileri, İslam dini ile alakalı bulmadığı için reddetmiştir." [447]

---

[447] İsmail Kara, Türkiye'de İslamcılık Cereyanı, cilt 2, Dergah Yayınları, İstanbul, 1987, s.497.

ATATÜRK, HARABE HALİNE DÖNEN PEK ÇOK CAMİYİ TAMİR ETTİRMİŞTİR

Mustafa Kemal, 1922 yılında Bakanlar Kurulu'nun ilk toplantısında, Yunan çekilişi sırasında birkaç bin caminin yakılıp, yıkıldığını belirterek; "Bu camileri yenilemek görevimizdir. Bu hizmeti nutuk atmadan, gösterişe kaçmadan, siyasete alet etmeden yerine getirelim" demiştir.

O dönemde Hindistan'dan gelerek şahsı adına hesaba yatan paradan 110 bin lirayı, Yunan ordusunun çekilirken yakıp yıktığı yerlerin onarılmasına harcadığı bilinmektedir. [448]

Bu ve benzeri sözleri ve icraatları, O'nun bu hizmeti Allah rızası için yaptığını göstermektedir.

Bugün dindar gözüken siyasîlerin cami yıktığına, Kur'an kur-

---
[448] Dr. İsmet Görgülü, Atatürk'ün Özel Yaşamı Uydurmalar-Saldırılar-Yanıtlar, Bilgi Yayınevi, İstanbul, 2003, s.153.

su kapattığına şahit oluyoruz. Oysa dinsiz diye yaftalanmaya çalışılan Atatürk cami onarmış, savaştan çıkmış devlet bütçesinin önemli bir bölümünü bu tamire ayırmayı uygun bulmuştur.

Mesela, 1 Mart 1923 tarihinde Meclis'in 4. toplantı yılını açış konuşmasında bakın ne diyor:

"Efendiler! Geçen sene zarfında Evkaf Vekâleti din ve hayır işleriyle ilgili binaların tamirat ve inşaatında oldukça mühim bir faaliyet göstermiştir. Vukû bulan tamirat yekûnu, memleketin muhtelif noktalarına ait olmak üzere 126 cami ve mescid-i şerif ile 31 medrese ve mektep; 22 suyolu ve çeşme, 175 akar ve 26 hamama ulaşmıştır..." [449]

Atatürk'ün, senelerce hizmetinde bulunan emir çavuşu Mihalıççıklı Ali Metin aracılığıyla 5 bin lira göndererek kasabanın tek camiini yaptırdığı bilinmektedir.

Bu cami bugün Mihalıççık Atatürk Cami olarak anılmaktadır.

Yine, kasırga nedeniyle zarar gören Edirne'deki, Selimiye Camii Atatürk'ün talimatıyla onarılmıştır.

23 Ekim 1929 tarihinde kabul edilen kararla;

"... Bir sûrette tamirine lüzum görülen ve bilkeşif 30.000 lira ile kabil olacağı anlaşılan Sultan Ahmed Camii tamiratının Evkaf Umum Müdürlüğü'nün 22/9/929 tarih ve 68476/93 numaralı tezkeresiyle yapılan teklifi üzerine icra vekilleri heyetinin 23/10/929 tarihli içtimaında tasvip ve kabul olunmuştur.

İmza: Gazi Mustafa Kemal." [450]

25 Aralık 1930'da camiyi ziyaret etmiş ve burada, "Beyler,

---

449 Atatürk'ün Bütün Eserleri, 2012, c.15, s.175.
450 Başbakanlık Cumhuriyet Arşivi, Başvekalet Muamelat Müdürlüğü, sayı no: 8476.

hiçbir dine bağlı olmayan kalp istirahatten mahrumdur. Bakınız, ecdadımız İstanbul'un fethinden tam 125 sene sonra, bu şaheser camiyi İstanbul'da değil de Edirne'de yaptırmış; böylece Edirne'ye mührünü basmış, tapulamıştır" demiştir.

22 Mart 1931'de dönemin başbakanı İsmet Paşa'ya çektiği telgrafta Konya hakkında şunları ister:

"... Konya'da asırlarca devam etmiş ihmaller sebebiyle büyük bir haraplık içinde bulunmalarına rağmen, sekiz asır evvelki Türk medeniyetinin hakiki mimarî şaheserleri sayılacak kıymette bazı binalar vardır.

Bunlardan bilhassa Karatay Medresesi, Alaeddin Camii, Sahip Ata Medresesi, Cami ve Türbesi, Sırçalı Mescit ve İnce Minareli Cami derhal ve acilen tamire muhtaç bir haldedirler.

Bu tamirin gecikmesi bu abidelerin tümüyle yok olmasına sebep olacağından, evvela asker işgalinde bulunanların tahliyesinin ve tamamının mütehassıs zevat nezaretiyle tamirinin temin buyurulmasını rica ederim." [451]

9 Aralık 1931'de Eyüp Camii'nin tamiri için şu kararı çıkarmıştır:

"1999 lira ve 70 kuruş bedeli keşfi bulunan İstanbul Eyüp Camii kurşun ve sıva tamiratının teahhüde talip çıkmadığından emaneten yaptırılması, Evkaf Umum Müdürlüğü'nün 6/12/1931 tarih ve 160 numaralı tezkeresiyle vukû bulan teklifi üzerine İcra Vekilleri Heyeti'nin 9/12/1931 tarihli içtimaında tasvip ve kabul olunmuştur.

---

[451] Atatürk'ün Bütün Eserleri, 2012, c.25, s.107.

İmza: Gazi Mustafa Kemal." [452]

16 Temmuz 1936'da yine cami onarımları için;

"İstanbul'da tarihî ve mimarî kıymetleri ile yaşatılmaları gereken eserlerden Mesih Paşa Camii'nin 11.225,05; Süleymaniye Camii'nin 30.349,95; Mahmutpaşa Camii'nin 14.183,42; Azapkapı Camii'nin 10.783,96; Sultan Selim Camii'nin 17.320,50 ve Laleli Camii'nin de 15.160,35 lira masrafla tamir edilebileceği anlaşılmasına ve güzel eserlerden olan bu camilerin eski şekillerini ve tarihî kıymetlerini bozmayacak bir sûrette tamir ettirilmesi zarureti dolayısıyla emaneten yaptırılmasına Vakıflar Umum Müdürlüğü'nün 14/7/936 tarih ve 188773/122 sayılı tezkeresiyle yapılan teklif üzerine icra vekilleri heyetinin 16/7/1936'da onanmıştır.

İmza: K. Atatürk." [453]

26 Ağustos 1937'de;

"Çankırı Ulu Camii'nin son cemaat yeri kurşunları ile dahilindeki çatlakları takviyesi ve yağlı boya kalem işleri için yapılan keşfi dairesinde 12.965 lira 68 kuruşla emaneten bu eserin tamiri Vakıflar Genel Müdürlüğü'nün 216455/146 sayılı ve 23/8/1937 tarihli teklifi üzerine icra vekilleri heyetince 26/8/1937 tarihinde onanmıştır.

İmza: K. Atatürk." [454]

10 Haziran 1938'de;

"... Tarihî ve mimarî kıymeti haiz Ankara Cebeci civarında

---

[452] Başbakanlık Cumhuriyet Arşivi, Başvekalet Muamelat Müdürlüğü, sayı: 11987.
[453] Başbakanlık Cumhuriyet Arşivi, Başvekalet Kararlar Müdürlüğü, karar sayısı: 2/5022.
[454] Başbakanlık Cumhuriyet Arşivi, Başvekalet Kararlar Dairesi Müdürlüğü, karar sayısı: 2/7297.

Cenabi Ahmed Paşa Camii'nin tamiri esnasında 155 metro murabbaı bir saha ile minaresinin şerefe ve petek kısmında taşlardan bazılarının da çürüdüğü görülmüş ve bunların tamamının değiştirilmesinde zaruret bulunduğundan, 8.216 liraya yapılabileceği anlaşılan bu işlerin Vakıflar Umum Müdürlüğü'nün 10/6/1938 tarih ve 13934/103 tezkeresi üzerine İcra Vekilleri Heyetince 10/6/1938 tarihinde onanmıştır.

İmza: K. Atatürk." [455]

1924-1935 yılları arasında tamir edilen cami ve mescidler şöyledir:

Edirne: Selimiye, Üç Şerefeli Bayezid ve Süleymaniye minareleri, toplam 20.000 lira harcanmıştır.

İstanbul'da: Sultanahmet Camii, 50.535 lira harcanmıştır.

İstanbul: Kandilli Cami inşası, 17.000 lira harcanmıştır.

İstanbul: Fıstıklı Camii inşası, 17.000 lira harcanmıştır.

İstanbul: Ayasofya Camii, 52.000 lira harcanmıştır.

İstanbul: Piri Mehmet Paşa Camii, 5.638 lira harcanmıştır.

İstanbul: Cedit Ali Paşa Camii, 10.000 lira harcanmıştır.

Kırklareli: Sokullu Camii, 12.995 lira harcanmıştır.

Manisa: Muradiye Camii, 12.000 lira harcanmıştır.

Edirne: Üç Şerefeli Camii, 7.000 lira harcanmıştır.

İstanbul: Ayakapı'da Gül Camii, 2.000 lira harcanmıştır.

İstanbul: İmrahor Camii, 1.500 lira harcanmıştır.

---

[455] Başbakanlık Cumhuriyet Arşivi, Başvekalet Kararlar Dairesi Müdürlüğü, karar sayısı: 2/8988.

İstanbul: Beylerbeyi Camii, 4.000 lira harcanmıştır.

İstanbul: Cihangir Camii, 2.844 lira harcanmıştır.

İstanbul: Zeynep Sultan Camii, 4.300 lira harcanmıştır.

İstanbul: Sultan Bayezid Camii,12.000 lira harcanmıştır.

İstanbul: Selimiye Camii, 4.620 lira harcanmıştır.

İstanbul: Yeni Camii, 1.506 lira harcanmıştır.

İstanbul: Balipaşa Camii, 8.000 lira harcanmıştır.

İstanbul: Mecidiye Camii, 2.500 lira harcanmıştır.

İstanbul: Nusratiye camii, 2.200 lira harcanmıştır.

İstanbul: Molla Çelebi Camii, 5.000 lira harcanmıştır.

İstanbul: Büyük Piyale Camii, 1.696 lira harcanmıştır.

İstanbul: Rumi Mehmet Paşa Camii, 1.800 lira harcanmıştır.

İstanbul: Mihrimah Camii, 2.071 lira harcanmıştır.

İstanbul: Teşvikiye Camii, 1.422 lira harcanmıştır.

İstanbul: Hazreti Halid Camii, 7.000 lira harcanmıştır.

İstanbul: Rüstem Paşa Camii, 8.344 lira harcanmıştır.

İstanbul: Küçük Ayasofya Camii, 2.820 lira harcanmıştır.

İstanbul: Mimar Sinan Türbesi, 6.617 lira harcanmıştır.

İstanbul: Süleymaniye Camii, 6.300 lira harcanmıştır.

1924-1935 seneleri arasında Atatürk'ün emri ve izni ile cami tamirlerine toplam 293.608 lira harcanmıştır. [456]

---

456 İhsan Özkes, Dünden Bugüne Cami Yalanları, İstanbul, 2014, s.37-38.

HUTBELERİNDEN ÖRNEKLER

Bugün Diyanet İşleri Başkanlığı, bizim anlattığımız gerçek Atatürk'ten sonra, Atatürk'ün hutbe irad eden tek cumhurbaşkanı olduğunu dile getirmeye başladı.

Karşınızda 7 yaşında Kur'an-ı Kerim'i hatmeden, 8 yaşında hafız olan ve İslam dinine vâkıf bir cumhurbaşkanı var.

Kutbu'l-Aktab yani irşad makamında bir veli var.

BALIKESİR ZAĞNOS PAŞA CAMİİ'NDE İRAD ETTİĞİ HUTBENİN BİR BÖLÜMÜ

7 Şubat 1923 günü öğleyin, Paşa Camii'nde okunan Mevlid'den sonra Zağnos Paşa Camii'ndeki hutbesinde halka şöyle seslenmiştir:

"Ey Millet! Allah birdir, şanı büyüktür. Allah'ın selameti, sevgi ve iyiliği üzerinize olsun.

Peygamber Efendimiz Hazretleri, Cenab-ı Hak tarafından insanlara dinî hakikatleri tebliğe memur edilmiş ve resûl olmuştur. Temel nizamı hepimizin bildiği Kur'an-ı Azimüşşan'daki açık ve kesin hükümlerdir.

İnsanlara manevî mutluluk vermiş olan dinimiz, son dindir, mükemmel dindir. Çünkü dinimiz akla, mantığa ve gerçeklere uymamış olsaydı bunula diğer İlahî tabiat kanunları arasında birbirine zıtlık olması gerekirdi. Çünkü bütün tabiat kanunlarını yapan Cenab-ı Hak'tır.

Arkadaşlar, Cenab-ı Peygamber çalışmalarında iki yere, iki eve sahipti. Biri kendi evi, diğeri Allah'ın eviydi. Millet işlerini Allah'ın evinde yapardı. Hazreti Peygamber'in mübarek yollarını takip ederek bu dakikada milletimize ve milletimizin şimdiki ve geleceğine dair konuları görüşmek üzere bu kutsal yerde, Allah'ın huzurunda bulunuyoruz.

Beni bu şerefe kavuşturan, Balıkesir'in dindar ve kahraman insanlarıdır. Bundan dolayı çok memnunum. Bu vesile ile büyük bir sevaba nail olacağımı ümit ediyorum.

Efendiler! Camiler birbirimizin yüzüne bakmaksızın yatıp kalkmak için yapılmamıştır. Camiler, söylenenleri dinleme ve ibadet ile beraber din ve dünya için neler yapılması lazım geldiğini düşünmek, yani birbirimizin görüş ve düşüncelerini almak için yapılmıştır.

Millet işlerinde her ferdin zihninin başlı başına faaliyette bulunması lazımdır. İşte biz de burada din ve dünya için her şeyden önce hâkimiyetimiz için neler düşündüğümüzü meydana koyalım.

İşte bizim burada din ve dünya için; istikbâl ve istiklâlimiz için, bilhassa hâkimiyetimiz için neler düşündüğümüzü ortaya koyalım.

Ben yalnız kendi düşüncemi söylemek istemiyorum. Millî emelleri, millî iradeyi yalnız bir şahsın düşüncesinden değil, bütün millet fertlerinin arzularının, emellerinin bilinmesi neticesinden çıkarmak gerektir. Binaenaleyh benden ne öğrenmek, ne sormak istiyorsanız serbestçe sormanızı rica ederim."

Atatürk, Balıkesir Paşa Camii'ndeki 70 saatlik hitabesini yaptıktan sonra halkın suallerine cevap vereceğini söyleyerek minberden inmiştir.

Gazi'ye halk tarafından 20 ayrı sual sorulmuştur. Bunların hepsini tespit eden Atatürk hutbeler hakkında soruyu şöyle cevaplandırmıştır:

"Hutbeler hakkında sorulan suallerden anlıyorum ki, bugünkü hutbelerin tarzı milletimizin hissiyat-ı fikriye ve lisanıyla, medeni ihtiyaçlarıyla mütenasip görülmemektedir.

Efendiler! Hutbe demek halka hitap etmek yani söz söylemek demektir. Hutbenin mânâsı budur. Hutbe denildiği zaman bundan birtakım mânâlar ve mefhumlar çıkarılmamalıdır.

Hutbeyi irad eden hatiptir. Yani söz söyleyen demektir.

Biliyoruz ki, Hz. Peygamber zaman-ı saadetlerinde hutbeyi kendileri verirlerdi.

Gerek Peygamber Efendimiz, gerekse Hulefa-i Raşidin'in hutbelerini okuyacak olursanız, görürsünüz ki, gerek Peygamberin, gerek Hulefa-i Raşidin'in söylediği şeyler, o günün meseleleridir.

İslam ümmeti çoğalıp, İslam memleketleri genişlemeye başlayınca, Cenab-ı Peygamber ve Hulefa-i Raşidin'in hutbeyi her yerde bizzat kendilerinin irad etmelerine imkân kalmadığından halka söylemek istedikleri şeyleri bildirmeye birtakım zevatı memur etmişlerdir.

Onlar cami-i şerif ve meydanlarda ortaya çıkar, halkı aydınlatmak ve doğru yolu göstermek için ne söylemek gerekiyorsa söylerlerdi. Bu tarzın devam edebilmesi için bir şart lazımdı.

O da milletin reisi olan zatın halka doğruyu söylemesi ve halkı aldatmaması, halkı umumi ahvalden haberdar etmek son derece ehemmiyetlidir...

Ancak millete ait işleri milletten gizli tuttular. Hutbelerin halkın anlamayacağı bir dilde olması ve onların da bugünkü icabat ve ihtiyaçlarımıza temas etmemesi, halife ve padişah namını taşıyan müstebitlerin arkasından köle gibi gitmeye mecbur etmek içindi.

Hutbeden maksat halkın aydınlatılması ve doğru yolun gösterilmesidir.

Yüz, iki yüz hatta bin sene evvelki hutbeleri okumak, insanları cehl ve gaflet içinde bırakmak demektir.

Hutbeyi okuyanın herhalde halkın kullandığı dili kullanması lazımdır.

Geçen sene TBMM'de irad ettiğim bir nutukta demiştim ki, 'Minberler halkın dimağları, vicdanları için bir feyz menbaı, bir nur menbaı olmuştur.'

Böyle olabilmesi için, minberlerde aksedecek sözlerin bilinmesi ve anlaşılması, fennî ve ilmî hakikatlere uygun olması lazımdır.

Hatiplerin siyasî, içtimaî ve medenî ahvali her gün takip etmeleri zaruridir... Binaenaleyh hutbeler tamamen Türkçe ve zamanın icaplarına uygun olmalıdır."

Hutbelerin dili ve konusu hakkında Atatürk'ün son paragrafta belirttiği fikirler herhangi şüphe ve tereddüde yer vermeyecek kadar açık ve kesindir. [457]

---

[457] Okur, 7. hatıra.

Hutbeler hakkındaki bu düşüncelerinden sonra 1927'de Rıfat Börekçi Hoca'ya camilerde okunacak hutbeleri kaleme aldırmıştır.

Balıkesir'de halka hitaben;

"Arkadaşlar! Cenab-ı Peygamber çalışmasında iki yere, iki eve sahip bulunuyordu. Biri kendi evi, diğer Allah'ın eviydi. Millet işlerini Allah'ın evinde yapardı.

Hz. Peygamber'in mübarek yolunda bulunduğumuz bu dakikada milletimize; milletimizin bu gününe ve geleceğine ait hususları görüşmek maksadıyla bu kutsal yerde Allah'ın huzurunda bulunuyoruz.

Beni buna eriştiren Balıkesir'in dindar ve kahraman insanlarıdır. Bundan dolayı çok memnunum.

Bu fırsat ile büyük bir sevap kazanacağımı ümit ediyorum efendiler." [458]

---

458 Atatürk'ün Söylev ve Demeçleri, cilt 1-3, Atatürk Araştırma Merkezi, Ankara, 1997, s.99.

ATATÜRK'ÜN PEYGAMBERİMİZ HAKKINDAKİ SÖZLERİ

Ölümüne yakın bir zamanda, ölümünden 15 gün kadar önceki bir zamanda Peygamberimiz hakkında şu veciz sözü söylemiştir:

"Bütün dünya Müslümanları, Allah'ın son peygamberi Hz. Muhammed'in gösterdiği yolu takip etmeli; İslamiyet'in hükümlerini olduğu gibi yerine getirmeli ve verdiği talimatları tam olarak tatbik etmeli; İslamiyet'in hükümlerini olduğu gibi yerine getirmeli; zira ancak bu şekilde insanlar kurtulabilir ve kalkınabilirler." [459]

Peygamberimizi en önde gören bir liderdir Atatürk:

"Hz. Muhammed (s.a.v.) Allah'ın birinci ve en büyük kuludur. O'nun izinde bugün milyonlarca insan yürüyor. Benim senin adın silinir. Fakat sonsuza kadar O ölümsüzdür." [460]

---

[459] Urduca Yayınlarda Atatürk, Ankara Üniversitesi Dil ve Tarih Coğrafya Fakültesi Yayınları, Ankara, 1979, s.102.
[460] Atatürk Düşüncesinde Din ve Laiklik, s.127; Atatürkçülük, c.1, s.455.

Mustafa Kemal, Filibeli Ahmet Hilmi'nin, müsteşrik Dr. Dozy ve benzeri Batılıların İslamî mukaddesatı tahkir edici, gerçekleri saptıranlara cevap niteliğindeki "Tarih-i İslam" eserini okumuştur.

Bu eserde, birinci cildin 128. sayfasında geçen, "Kavm-i Arab'da fazilet-i hakikiyeyi ibda eden, ahlakı icad eyleyen din-i İslam ve tabir-i aherle Zat-ı Al-i Nebevi'dir" cümlesinin altını çizmiştir.

Altı çizilen cümleler arasında aynı eserin 129. sayfasında geçen "Kabul olunur ki, İslam demek Muhammed demektir" cümlesi de vardır. [461]

Saltanatın kaldırılması konusunda yapılan oturumda şu konuşmayla İslam dinini, Hz. Peygamberi anlatan O'dur:

"... Allah insanları yarattığı andan Cenab-ı Peygamberin ölümüne kadar onları aydınlatmak, doğru yolu göstermek ve geliştirmek için aracılarla onlarla ilgilenmiştir.

Onlara Hazret-i Adem aleyhisselâmdan başlamak üzere sayıları bilinen ve bilinmeyen sınırsız peygamberler ve elçiler göndermiştir.

Son peygamber olan Muhammed Mustafa sallallahü aleyhi ve sellem 1341 sene evvel Rumi Nisan içinde, Rebiyülevvel ayının 12. Pazartesi günü sabaha doğru tan yeri ağarır iken doğdu.

Çocukluk ve gençlik günlerini geçirdi fakat henüz peygamber olmadı. Yüzü nurlu, sözü ruhani, konuşması ve cevapları güzel, doğruyu ayırt etmede ve görüşlerinde benzersiz, sözüne güvenilir ve yumuşaklık ve iyilikseverlikte herkesten üstün olan Muhammed Mustafa, önce özel nitelikleri ve gelişmişliğiyle kabilesi içinde Muhammedü'l-Emin (güvenilir) oldu.

---

461 Mehmet Bulut, "Şer'iye Vekâletinin Dinî Yayın Hizmetleri", Diyanet İlmi Derneği, c.30, sayı 1, s.3-16.

Kavminin sevgisine, saygısına, güvenine erişti... 43 yaşında peygamberlik geldi.

Fahri Âlem, sonsuz tehlikeler içinde, sayısız zahmet ve zorluklar karşısında 20 sene çalıştı ve İslam dininin kurulması ile ilgili peygamberlik görevini başarıyla yerine getirdikten sonra öldü..." [462]

Atatürk, Bedir Savaşı'nı özellikle çokça anlatırdı:

"Dinî tarihimizi ve bilhassa Peygamberimizi, savaşlarını tarih kitaplarından çokça okur ve hayranlığını sıkça dile getirirdi, hele hele Bedir Savaşı'nı hep hayranlıkla anlatırdı. 'En büyük bir zaferdir' derdi.

Yavuz Sultan Selim ve Timurlenk de hayran olduğu komutanlardı ama takdir ettiği kişiyse Hz. Muhammed'di (s.a.v.) 'O, zoru başarmıştır' der ve takdir hislerini çokça zaman arkadaşlarına anlatırdı. Hatta zaman zaman TBMM'de dile getirdiğine şahit olmuşumdur." [463]

Yine, 1930 yıllarında İslam düşmanı bir şarkiyatçının Hz. Muhammed hakkında yazdığı bir kitabı tercüme eden bir yazar eserini Atatürk'e takdim eder.

Atatürk kitabı inceledikten sonra tarihçi Prof. Dr. Şemsettin Günaltay'ı çağırtır ve kitap hakkında fikrini sorar.

Günaltay'ın cevabı, "Ele alınacak bir şey değil, bir facia olur, Paşam" şeklindedir.

Atatürk, Günaltay'ın sözünü bitirmesini beklemeden yerinden fırlar ve yanında bulunan Başvekil İsmet Paşa'ya dönerek;

---

462 Atatürk, Belgeler, El Yazısı ile Yazışmalar Notlar, Yapı Kredi Yayınları, s. 238-248.
463 Ulusu, 2008, s.185.

"Bu paçavrayı toplatın ve tercümeyi yapanı da devlet hizmetinde kullanılmamak üzere hükûmet kapısından uzaklaştırın" dedi. [464]

"Hz. Muhammed'i bana, cezbeye tutulmuş, sönük bir derviş gibi tanıttırma gayretine kapılan bu gibi cahil adamlar, O'nun yüksek şahsiyetini ve başarılarını asla kavrayamamışlardır...

Cezbeye tutulmuş bir derviş, Uhud Muharebesi'nde en büyük bir komutanın yapabileceği bir planı nasıl düşünür ve tatbik edebilir?" [465]

Bu hadisenin devamı da şöyledir:

"Daha sonra önündeki kâğıda Uhud Muharebesi'nin planını çizdi. Her iki tarafın kuvvet ve durumlarını, alınan tedbirleri, Peygamber'in savaştan önceki ve sonraki kararlarını izah etti. Sonra Başbakan'a hitaben;

'O zaman orada siz komutan olsaydınız; bundan başka mı hareket ederdiniz?' diyerek alınan tedbirlerin isabetini o büyük askere de onaylattırdı.

Şöyle dedi: Tarih, hakikatleri tahrif eden bir sanat değil, belirten bir ilim olmalıdır. Bu küçük harpte bile askerî dehası kadar siyasî görüşleriyle de yükselen bir insanı, cezbeli bir derviş gibi tasvire yeltenen cahil serseriler, bizim tarih tartışmalarımıza katılamazlar.

Muhammed bu harp sonunda çevresindekilerin direnmelerini yenerek ve kendisinin yaralı olmasına bakmayarak, galip düş-

---

464 Ahmet Gürtaş, Atatürk ve Din Eğitimi, Diyanet İşleri Başkanlığı, Ankara, 1981, s.35; Atatürk Düşüncesinde Din ve Laiklik, s.127.

465 Kemal Arıburnu, Atatürk'ten Hatıralar, İnkılap Yayınevi, İstanbul, 1998; Şemsettin Günaltay, Ülkü Dergisi c.9, sayı: 100, s.3, 1945.

manı takibe kalkışmamış olsaydı, bugün yeryüzünde Müslümanlık diye bir varlık görülemezdi." [466]

Atatürk, "Tarih 2, Orta Zamanlar" kitabında Hz. Muhammed hakkında şu bilgileri yazdırır:

"Hz. Muhammed'in koyduğu esasların toplu olduğu kitaba Kur'an denir. Bu esasları ihtiva eden cümlelere ayet, ayetlerden mürekkeb parçalara da sûre derler.

Kur'an'ın içindekiler başlıca üç bahisle incelenebilir.

Birincisi ve önemlisi; Allah'ın bir olduğuna ve O'ndan başka bir Allah olmadığına ve (Hz. Muhammed'in) O'nun Resûlü olduğuna inanmak,

İkincisi; hukukî hükümler ve ibadet.

Üçüncüsü; tarihe ait bilgilerdir." [467]

Peygamberimizin özellikle Bedir Savaşı'ndaki zaferini defalarca övdüğü bilinen Atatürk, bu savaş hakkında aynı kitapta şunları ifade etmişti:

"(Hz.) Muhammed ve O'nun nasıl bir din müessesesi ve devlet reisi olduğunu anlayabilmek için O'nun bilhassa askerî faaliyetlerini tetkik etmek lazımdır.

(…) Hâlbuki Hz. Muhammed denilen şahsiyet, bizatihi mütehassıs, mütefekkir, müteşebbis ve muasırlarının en yükseği olduğunu yaptığı işlerle ispat etmiş bir varlıktı.

Bedir Muharebesi (624). Burada Hz. Muhammed'e muvaffakiyet temin eden, askerine iyi tertibat aldırması ve muharebeyi

---

[466] M. Şemsettin Günaltay, Atatürk'e Ait İki Hatıra, Ülkü Dergisi, c.9, sayı: 100, 16 Kasım 1945, s.3-4.

[467] Tarih 2, Orta Zaman, s.90-92.

bizzat iyi idare etmesi oldu. Muhammed, askerlerine daima birlikte sımsıkı durmalarını, düşman hücumlarına ok atarak mukabele etmeyi emretti.

Kılıçlar ancak son dakikada kullanılacaktı. Müslümanlar Muhammed'in verdiği talimatı dikkatle takip ettiler. Kureyşliler yalın kılıç hücum ettikleri zaman bir ok yağmuru ile karşılandılar. İslamlar intizamı muhafaza ettiler. Son safhada Hz. Muhammed'in askerlerinden biri Muhammed'in yanına koşarak kırılmış silahı gösterdi. Muhammed ona bir sopa vererek, 'bununla vuruş' dedi.

Kureyşlilerin bozulduğu çok seri ve hezimetleri tam oldu. Müsademe esnasında Kureyşlilerin gösterdiği harikulade cesaret Müslümanları dehşet ve hayret içinde bıraktı, hiç kimse O'nun kadar cesur olmadı ve düşmana O'nun kadar yaklaşamadı." [468]

Uhud Savaşı'nda, Allah Resûlü'nün izlediği taktik konusunda hayranlığını ifade ederek;

"2 Şubat 1923'te İzmir'de halka hitaben yaptığı bir konuşmada; 'Çok iftihara şayandır ki, milletimiz ancak 1300 sene sonra bu Kur'an hakikatlerini fiili halde göstermiş oldu' demiştir." [469]

---

468 Tarih 2, s.94-95.
469 Sadi Borak, Atatürk'ün Resmî Yayınlara Girmemiş Söylev, Demeç, Yazışma ve Söyleşileri, 3. Baskı, Kaynak Yayınları, İstanbul, s.187.

'BEN CİHAD MÜSLÜMANIYIM'

Mustafa Kemal, meşhur "Zabit ve Kumandan ile Hasbihal" kitabında, İslam dininin ve Müslümanların muhafazası üzerine bina edilen savaş taktiklerini yazmıştır.

Bu kitap, silah arkadaşı Nuri Conker'in Zabit ve Kumandan eserine tamamlayıcı olarak yazılmıştır.

"… Herhalde askerlerimizin ruhunu kazanmak bizim için bir görev olduğu gibi; öncelikle onlarda bir ruh, bir emel, bir kişilik yaratmakta, Allah'tan ve Medine-i Münevvere'de yatan Cenab-ı Peygamber'den sonra bize düşüyor…" [470]

Atatürk, emrindeki askerine vatan savunması ruhunu kazandırmasını dahi, Allah'tan ve Hz. Peygamber'den sonra kendilerine verilen kutsi bir vazife kabul etmektedir.

---

[470] Borak, s.14.

Ancak dinine ve dindaşına samimiyetle bağlı olan bir asker, canını bu uğurda kahramanca feda edebilir.

Aşağıda İslam dini hakkındaki sözlerini bir de bu bağlılıkla okuyunuz.

İnanınız, cephede askerin önünde en önde savaşması, cepheden cepheye koşması; Allah'ı anması, Hz. Peygamber'imizi övmesi, gözleri yaşararak Kur'an-ı Kerim dinlemesi kadar kutsallaşacaktır gözünüzde...

"Bizim dinimiz en makul ve en tabii bir dindir. Ve ancak bundan dolayıdır ki son din olmuştur" diyor 1923 senesinde; [471]

"Atatürk'ün huzurunda bulunan birisi Türklerin millî dininin Şamanlık olduğunu söyler.

Atatürk buna hiddetlenerek, 'Ahmak! Müslümanlık, Türk'ün millî dinidir. Müslümanlığı Türkler yaymışlar ve Türkler kendilerine göre en geniş mânâsıyla anlamışlar ve benimsemişlerdir' demiştir." [472]

"Ey millet! Allah birdir, şanı büyüktür. Allah'ın esenliği, sevgisi ve iyiliği üzerinize olsun. Peygamberimiz Efendimiz Hazretleri, Cenab-ı Hak tarafından insanlara dinî gerçekleri duyurmaya memur ve elçi seçilmiştir.

Temel kanunu hepimizce bilinmektedir ki, yüce Kur'an'da mânâsı açık olan ayetlerdir. İnsanlara feyz ruhu vermiş olan dinimiz son dindir. En mükemmel dindir.

Çünkü dinimiz akla, mantığa, gerçeğe tamamen uyuyor ve uygun düşüyor. Eğer akla, mantığa, gerçeğe uymamış olsaydı,

---

471 Atatürk'ün Söylev ve Demeçleri, c. 2, s.90.
472 Münir Hayri Egeli, Bilinmeyen Yönleriyle Atatürk.

bununla diğer İlahi tabiat kanunları arasında çelişki olması gerekirdi. Çünkü tüm evren kanunlarını yapan Cenab-ı Hak'tır." [473]

Bakınız; "Hiç bilenle bilmeyen bir olur mu?" ayetini [474] askerî hayata nasıl uygulamıştır:

"... Sözgelimi, senin yaralandığın bir muharebede, sağ kanat alaylarından birinin cesur komutanı düşman topçu ateşi altına girdiği sınırdan, Doğan Aslan sırtlarında, düşman piyadesinin yoğunlaşan ateşi altında, alayının geri dönüp kendisini yalnız bıraktığı noktaya kadar daima kılıcı elinde ve kendisi, avcı hattının önünde bulunmuştu. Bu cesaretine hayranım fakat ne yazık ki bu cesaret ve kahramanlık alayın zafere ulaşmasını sağlayamadığı gibi dağılmasına da engel olamadı.

Ortaya çıkan bu tavır ve hareketlere karşılık, alay topçu ateşi altında amaca ve araziye uygun olarak açılsa ve daha sonra yayılsaydı ve ardından kendine ayrılan cephede taarruz ve hücum edebilse; komşu kıtalarla bağlantı sevk ve idare edilerek korunsaydı...

Ve bunun için elde kılıç yerine dürbün bulundurulsaydı ve bu sûretle alayını durdurup tekrar düşmana yöneltseydi...

İşte o zaman bir alay komutanına yaraşan cesarete yüce bir örnek gösterilmiş olurdu.

İşte böyle bir cesaretin kurbanı olan alay komutanının adına heykel dikmeye Cenab-ı Peygamber de razı ve ümmeti tarafından 'hel yestevi'llezine ya'lemune ve'llezine la ya'lemun/hiç bilenle bilmeyen bir olur mu' kavramına fiili bir iman gösterilmiş olmasından, ruhen hoşlanırdı." [475]

---

473 Atatürk'ün SDV, c.2, s.98.
474 Zümer, 9.
475 Mustafa Kemal Atatürk, Zabit ve Kumandan ile Hasbihal, Türkiye İş Bankası Yayınları, İstanbul 2015 s.9.

Askerliğe, vatan müdafaasına bakıştaki nükte, hangi dinsizlikle izah edilir?

Karşınızda, "vatan sevgisi imandandır" hadisinin muhatabı; iman dolu göğsü ile cepheden cepheye koşan bir kahraman duruyor.

Atatürk'ün "Ben cihad Müslüman'ıyım" sözündeki nükte de askerliğe olan bu bakış açısıdır.

"Atatürk, Kütahya-Eskişehir savaşlarından sonraki buhranlı günlerde Ankara Tren İstasyonu'ndaki binada kalırken, bir sabah erken kalkmış ve Ali Metin Çavuş'a 'Acele olarak Fevzi Paşa'yı ara bul ve hemen buraya gelmesini söyle' demiştir.

Ali Metin Çavuş, Fevzi Paşa'ya ulaştığında Fevzi Paşa da Atatürk'ün yanına gelmek üzere evden çıkmıştı.

Fevzi Paşa, Atatürk'ün yanına gelince Atatürk ona bir kâğıt, kalem uzatarak, 'Dün gece gördüğün rüyayı yaz ve bana ver' demiştir.

Kendisi de bir kâğıt kalem alıp aynı şekilde dün gece gördüğü rüyayı yazmıştır.

Yazma işi bitince paşalar karşılıklı olarak kâğıtları değişmişler ve yazdıkları rüyaları okumuşlardır.

Her iki paşa da gülümsemeye başlamıştır.

Daha sonra her iki kâğıdı da görüp okuyan Ali Metin Çavuş, kâğıtlarda aynı rüyanın yazılı olduğunu görmüştür.

(Rüya şöyledir):

Hz. Muhammed, Hacı Bayram-ı Veli'ye diyor ki: Mustafa'ya söyle korkmasın, sonunda zafer onların olacaktır." [476]

---
476 Gürtaş, 1981, s.161-162.

DUALAR İLE ALLAH'TAN YARDIM İSTEMEK

"En son olarak niyaz ederim ki, Cenab-ı Vacibü'l-amal Hazretleri, Habib-i Ekrem hürmetine, necip milletimizi muvaffak buyursun, âmin."

Erzurum Kongresi'nin açılışında Şiran Müftüsü bir dua yapmış ve Mustafa Kemal'in de içinde bulunduğu hazırûn âmin demiştir:

"Allah'a hamd olsun ki büyük kitabında, 'Onlar ağızlarıyla Allah'ın nurunu söndürmek isterler. Hâlbuki, inkârcılar istemeseler de yine Allah'ın nuru, dinini tamamlayacaktır' [477] buyurdu.

Salât ve selam ol Zat'a ki, O'na indirilen Kur'an'da, 'Kitab'ı Biz indirdik, onun koruyucusu elbette Biziz' [478] buyruldu. Salât ve selam Peygamberimizin âline ve ashabına olsun.

---
477 Saf, 8
478 Hucurât, 9

Ey yardım edici Allah'ım! Şu Müslümanlar topluluğuna yardım et. Nasıl ki, Bedir gününde, maharetli, hünerli meleklerle yardım ettiğin gibi. Kur'an-ı Mûbin hürmetine ve Sana yakın olanların ruhaniyetinin imdadıyla...

Allah'ım! İstediklerimizi anlatmak, gayelerimizi elde etmek ve mukadderatımızı sağlamak sûretiyle güçlüklerimizi yenmeye bizleri muvaffak eyle, burada verilen kararlarda bizleri isabetli kıl!

Allah'ım! Bütün şehirlerimizi ve toprağı, şehitler kanı ile evliya cesetleri ile yoğrulmuş şu Erzurum şehrini Müslüman kullarına iyilik ve lutuf olarak, düşmanların ayakları altında çiğnenmekten ve zalimlerin zorla almak için gösterdikleri hırs ve tamahlardan kurtar!

Allah'ım! Şu toplulukta bulunup âmin diyen devlet adamlarının ve memleketlerinden hicret etmek zorunda bırakılmış olan vatandaşların muratlarını kolaylaştır. Bizlere selametle ve sevinçli olarak memleketlerimize avdet etmek nasip eyle. Kıyamet gününün Efendisi olan Peygamberimiz hürmetine! Selam bütün peygamberlere. Hamd ve sena âlemlerin Rabbi olan Allah'a." [479]

7 Ağustos 1919'da Erzurum Kongresi'ni kapatırken şu duayı etmiştir:

"Bu birleştirici kurtuluş toplantımız sona ererken, istekleri gerçekleştiren Allah Hazretlerinden doğru yolu göstermesini ve şanlı Peygamberimizin ruhunun bütün üstünlüklerden, bereketinden bağışlanması dileğiyle vatan ve milletimize ve sonsuz devletimize mutlu gelecekler dilerim." [480]

---

[479] Cemal Kutay, Kurtuluşun ve Cumhuriyet'in Manevi Mimarları, Diyanet İşleri Başkanlığı Yayınları, Ankara, 1973, s.260-262.

[480] Atatürk'ün Söylev ve Demeçleri, c.1, s.5.

Hacı Bayram Türbesi'nde edilen dualardan sonra, TBMM'nin açılışında da dualar edilir ve Mustafa Kemal ilk hükûmetin kuruluşunu müteakip yaptığı konuşmada;

"Cenab-ı Hakk'ın avn ü inayeti bizimledir" diyerek ihlâsını göstermiş olur.

Büyük Taarruz Zaferi kazanıldıktan sonra da Eylül 1922'de, "Büyük asil Türk milleti" hitabıyla başlayan tamiminde;

"TBMM ordularının şecaati, sürati, tevfikat-i Sübhaniyeye vesile-i tecelli oldu... Milletimizin istikbali emindir ve nusret-i mevudiyyeyi ordularımızın istihsal etmesi muhakkaktır" şeklindeki sözleriyle salabet-i imaniyesini ifade etmiş oldu. [481]

Atatürk duanın gücüne her zaman inanmıştır. Bunu çocuklara da tavsiye eder:

"Mustafa Kemal, Konya Yetimler Yurdu ziyaretinde, çocuklarla birlikte yemek yemiş, her birinin tabağından birer kaşık pilav alarak, saçlarını ve omuzlarını okşayarak yetim yavruları sevindirmiş ve onların gönlünü kazanmıştır.

Çocuklar yataklarına giderken Mustafa Kemal onlara, 'Çocuklarım, her gece dua edin' demiştir.

Birkaç gün sonra çocuklar Mevlâna Türbesi'ni ziyarete götürülmüşlerdir. Bu sırada çocukların Mustafa Kemal Atatürk için dua ettikleri gözlenmiştir.

Mustafa Kemal, Kurtuluş Savaşı sonlarına doğru bir gün yine bu yurda gelip, çocuklara,'Dualarınız kabul oldu çocuklarım, vatanımız kurtuluyor' demiştir." [482]

---

[481] Neda Armener, Atatürk ve Din, 10.11.1971'de A.Ü., İlahiyat Fakültesi'nde yapılan konuşma, s.2.
[482] İsmet Kür, Anılarıyla Mustafa Kemal Atatürk, Kür Yayınları, İstanbul, 1971, s.13-17.

Atatürk 1923'te, Kütahya'da öğretmenlerle bir araya geldiğinde, "Cenab-ı Hakk'a binlerce hamd ü sena olsun ki, düşman karşısındaki aziz ordular için sarf ettiğimiz bütün emekler mes'ut semeratını verdi" şeklinde konuşmuştur. [483]

Yine 1923 senesinde Afyonkarahisar ziyaretinde;

"Elhamdülillah bugün cümlenizi çok şen, çok şatır, çok sevinçli görüyorum. Sizi böyle görmekle ben de sizinle beraber bahtiyarım, mes'udum.

Bütün o elemli, karanlık günlerden sonra elhamdülillah, işte size şetaret, saadet bahşeden güneşli günlere erdiniz.

Bizi bu günlere mazhar eden Cenab-ı Hakk'ın sizlerden bundan sonra beklediği noktayı da tabii iyi biliyorsunuz" demiştir. [484]

1 Eylül 1922'de zafer sonrasında millete yayınlanan beyannamede şöyle der:

"Büyük ve asil Türk milleti!

Batı cephesinde 26 Ağustos 1922'den beri başlayan taarruz harekâtımız, Afyonkarahisar-Altınbaş-Dumlupınar arasında büyük bir meydan muharebesi halinde beş gün beş gece devam etti.

Türkiye Büyük Millet Meclisi ordularının kahramanlığı, şiddeti, sürati, tevfikat-i Sübhaniyye (Allah'ın yardımlarına) tecelli vesilesi oldu." [485]

---

[483] Atatürk'ün Söylev ve Demeçleri, c. 2, s.168.
[484] Atatürk'ün Söylev ve Demeçleri, c. 2, s.160.
[485] Atatürk'ün Bütün Eserleri, 2012, c.13, s.232.

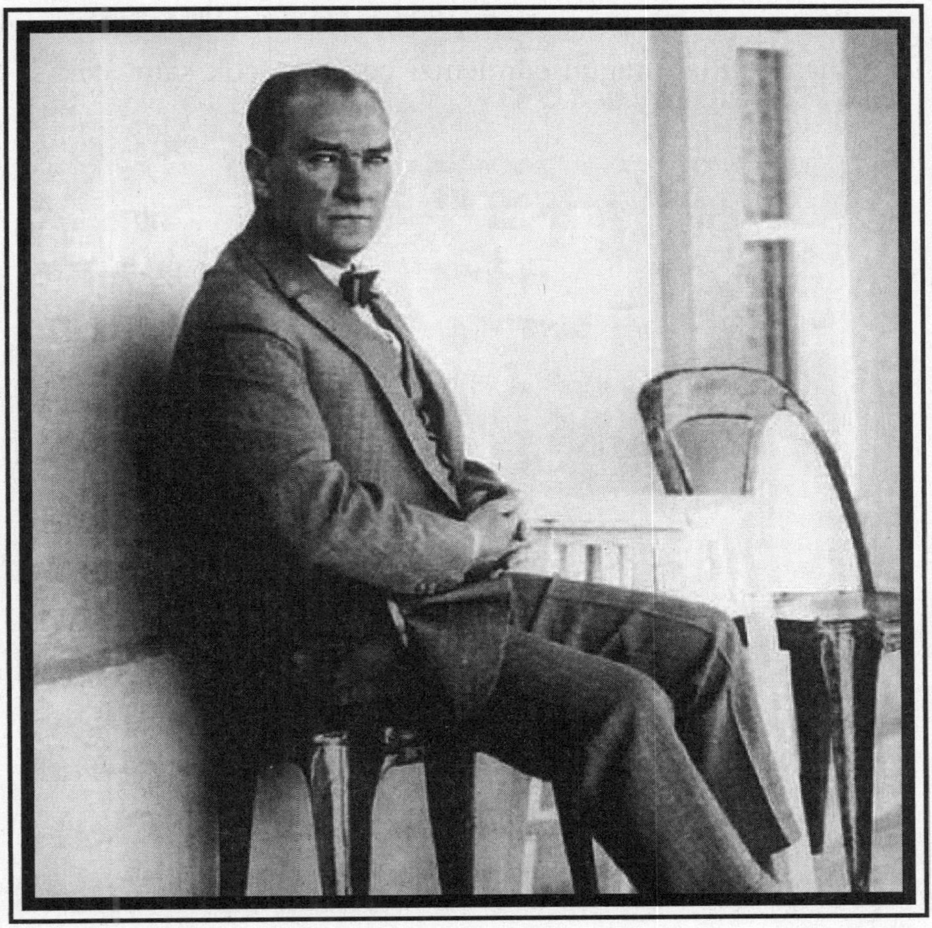

15. BÖLÜM

DEVLETİMİZİN TAPUSU LOZAN, TÜRK MİLLETİ VE İSLAM DÜNYASI

- **Lozan Antlaşması ve Azınlık Tarifi**
- **Lozan'a Göre Kürtler de Müslümandır ve Türk'tür**
- **Döneminde Müslüman Devletlerle Hukuku**
- **Atatürk'ün Maaşı**

LOZAN ANTLAŞMASI VE AZINLIK TARİFİ

Türkiye'nin tapu senedi Lozan'dır.

Lozan Sulh Muahedenamesi, 24 Temmuz 1923'te İsviçre'nin Lozan şehrinde imzalanmıştır.

Nutuk'ta Mustafa Kemal Paşa, konferans görüşmelerinin iki dönem halinde 8 ay devam ettiğini yazar.

Türkiye Büyük Millet Meclisi temsilcileri ile Birleşik Krallık, Fransa, İtalya, Belçika, Japonya, Yunanistan, Romanya, Bulgaristan, Portekiz, Yugoslavya arasında imzalanmıştır.

Şartlarına bakarsak:

1- Fransızlarla imzalanan Ankara Anlaşması'nda çizilen sınırlar kabul edilmiştir.

2- Irak sınırı: Musul üzerinde anlaşma sağlanamadığı için, bu konuda İngiltere ve Türkiye hükûmeti kendi aralarında görüşüp anlaşacaklardı.

3- Türk-Yunan sınırı: Mudanya Ateşkes Anlaşması'nda belirlenen şekliyle kabul edildi.

4- Adalar: Gökçeada ve Bozcaada özerk bir yönetime tâbi tutulmak şartıyla (Türkiye anlaşmanın bu maddesini uygulamadı) Türkiye'de, diğer adalar İtalya'ya kaldı.

5- Türkiye-İran sınırı: Osmanlı İmparatorluğu ile Safevi Devleti arasında 1639'da imzalanan Kasr-ı Şirin Anlaşmasına göre belirlenmiştir.

6- Kapitülasyonlar tamamen kaldırıldı.

7- Savaş tazminatları: İtilaf Devletleri 1. Dünya Savaşı'nda talep ettikleri savaş tazminatlarından vazgeçtiler. Yalnızca, Yunanistan'a Karaağaç bölgesi verildi.

8- Osmanlı'nın borçları: Osmanlı İmparatorluğu'ndan ayrılan devletler arasında paylaştırıldı.

Türkiye'ye düşen bölümün, taksitlendirme ile Fransız Frangı olarak ödenmesine karar verildi. 45-56. maddeler..

9- Boğazlar: Barış zamanı askerî olmayan gemi ve uçaklar Boğaz'dan geçebileceklerdi.

Boğazların her iki tarafı da askersizleştirilip, geçişi sağlamak için başkanı Türk olan uluslararası bir kurul oluşturuldu ve bu düzenlemelerin Milletler Cemiyeti'nin güvencesi altında sürdürülmesine karar verildi.

Bu hüküm, 1936 Montrö Boğazlar Sözleşmesi ile değiştirilmiştir.

10- Yabancı okullar: Eğitimlerine Türkiye'nin koyacağı kanunlar doğrultusunda devam etmesi kararlaştırıldı.

11- Patrikhane: Siyasî yetkilerinden arındırılarak İstanbul'da kalmasına izin verildi.

12- Azınlıklar: Lozan'a göre, Mustafa Kemal'in azınlık tanımı, Müslüman olanların dışındakilerin azınlık sayılmasıdır.

Türkiye adına katılan İsmet Paşa, hatıratında azınlıklar bahsi için şunları yazar:

"Bu konuda Lozan'da büyük baskılara maruz kaldık. Cihan Harbi içinde bütün dünyaya karşı padişah hükûmetinin yardımı ile haksız iftiralara uğradık.

Padişah hükûmeti, millete tevcih edilen suçları kabul edip, birtakım insanlara yükleyerek, memleketi bu suçların bahanesi altında hazırlanan suikastlara karşı koruyabileceğini zannetmiştir.

Karşımızda bulunan galipler, suçları bir defa memlekete yükledikten sonra onu yapanları adlarına ehemmiyet vermeksizin cezayı tabiatıyla millete yükleyeceklerdi.

Bu sebeple biz Lozan'da ekalliyetler meselesinden dolayı büyük sıkıntı çekmişizdir." [486]

Azınlıklara kötü davranıldığı konusu, devletlerin Osmanlı'ya müdahalesine bir bahanesi yapılmıştır.

Mesela, Lord Curzon Lozan Konferansı'nda yaptığı konuşmada gayelerinin, "Anadolu'daki Hıristiyan azınlıkları himaye etmek, mümkün ise kurtarmak, Ermeniler'e yurt sağlamak" olduğunu belirterek, Türkiye'deki himaye görmesi gereken azın-

---

[486] İsmet İnönü, İsmet İnönü'nün Hatıraları Lozan Antlaşması, c.1, Yenigün Haber Ajansı Baskı ve Yayıncılık, İstanbul,1998.

lıkları Rumlar, Yahudiler, Asuriler, Keldaniler, Nasturiler ve özellikle Ermeniler olarak göstermektedir. [487]

Azınlıkların haklarına sahip çıkan devletler, onların yardımı ile hem Türkiye'nin iç işlerine müdahale, hem de bölücü faaliyetlerine yerli destek bulmuş oluyorlardı.

Katolikler Fransa, İtalya ve Avusturya; Protestanlar İngiltere, Almanya ve A.B.D., Ortodokslar da Rusya tarafından himaye ediliyorlardı.

Mustafa Kemal Paşa, daha Nutuk'un ilk sayfasında Rum okullarından, Ermeni Patriği'nin kurduğu Mavri Mira'dan söz eder; Pontus tehlikesine değinir.

Ve Nutuk'un pek çok yerinde Ermenistan hayalinden, Kürdistan faaliyetlerinden bahseder.

Vilayât-ı Şarkiye Müdafaa-i Hukuk-i Milliye Cemiyeti'nin amacını; "Cemiyetin kuruluşuna yol açan asıl sebep ve düşünce, Doğu illerinin Ermenistan'a verilmesi ihtimali oluyor. Tarihî ve ilmî olarak millî hakları savunmaya çalışıyor" diye özetler.

Yine Trabzon ve havalisi Adem-i Merkeziyet Cemiyeti'nin Pontus devleti hayalini engellemek için kurulduğunu ifade eder.

Devletlerin müdahalesinin sosyal hayata yansımaları, Nutuk'ta, yeni Türk devletinden önceki dönem olarak anlatılır:

"Efendiler, malumdur ki, yeni Türk devletinin yerini aldığı Osmanlı Devleti, Uhud-ı Atika (eski anlaşmalar) adı altında birtakım kapitülasyonların esiri idi.

Hıristiyan halkı birçok imtiyazlara ve istisnailiğe sahip bulunuyordu.

---

[487] Cemil Bilsel, Lozan cilt 2, İstanbul 1933, s.93.

Osmanlı Devleti, Osmanlı memleketlerinde bulunan yabancılara karşı yargı hakkını tatbik edemezdi; Osmanlı tebaasından aldığı vergiyi, yabancılardan almaktan men edilmiş bulunuyordu.

Devletin hayatını kemiren ve kendi sınırları dâhilinde yaşayan azınlıklarla ilgili tedbirler alması mümkün değildi..." [488]

Çok çetin geçen müzakereler sonrasında anlaşmanın 38. maddesi şöyle kabul edilmiştir:

"Türkiye hükûmeti, doğum, milliyet, dil, soy veya din ayrımı yapmaksızın Türkiye halkının tümünün yaşam ve özgürlüklerini tam olarak korumayı yükümlenir."

39. maddesi şudur:

"Müslüman olmayan azınlıklara mensup Türk uyruklular, Müslümanlarla özdeş medenî ve siyasî haklardan yararlanacaklardır."

Anlaşma'nın 40. maddesinde şu hüküm yer alır:

"Müslüman olmayan azınlıklara mensup Türk uyrukları, hem hukuk bakımından hem de uygulamada öteki Türk uyrukları ile aynı işlemlerden ve aynı güvencelerden yararlanacaklardır.

Özellikle giderlerini kendileri ödemek üzere her türlü hayır kurumlarıyla, dinsel ve sosyal kurumlar, her türlü okullar ve buna benzer öğretim ve eğitim kurumları kurmak, yönetmek ve denetlemek ve buralarda kendi dillerini serbestçe kullanmak ve dinsel ayinlerini serbestçe yapma konularında eşit hakka sahip olacaklardır."

Batı Trakya'daki Türklerle, İstanbul'daki Rumların dışında, Anadolu ve Doğu Trakya'daki Rumlar dışında Yunanistan'daki Türklerin mübadele edilmeleri kararlaştırıldı.

---
488 Nutuk, 2017, s.509.

Mübadele maddesi gereği; Batı Trakya'daki Türk azınlığı ile İstanbul'daki Rum azınlığı dışında Türkiye'de Yunanlı ve Yunanistan'da Türkiyeli kalmayacaktı.

Yani Türk, Kürt, Çerkez vs. etnik kimlikler üzerinden ayrıştırmalara gidilerek yapılmayan azınlık tanımı, Müslüman ve gayrimüslim olarak sınırlandırılmıştır.

Mustafa Kemal'in, inanç temeline dayalı azınlık tanımı, esasen Erzurum Kongresi'nde de vardır.

Erzurum Kongresi sonrasında alınan kararlardan 5'incisi, "Hıristiyan azınlıklara siyasî hâkimiyet ve içtimai dengemizi bozacak imtiyazlar verilemez"dir. (Beyanname, madde: 4). [489]

---

[489] Nutuk, 2017, s.61.

LOZAN'A GÖRE KÜRTLER DE MÜSLÜMANDIR VE TÜRK'TÜR

Bir Bektaşî olan Atatürk, tıpkı Hacı Bektaş gibi, etnik kimlikleri İslam potasında eritmiş ve etnik ayrım yapmadan Müslüman olanların Türk olduğu bir kimlik ortaya çıkarmıştır.

Malûm, Hacı Bektaş'ın Anadolu'ya geldiği dönemlerde, burada Keldani, Yezdani, Türk, Kürt vs. etnik kimlikler mevcuttu.

O, İslam hamuru ile yoğurarak burayı Türk ve Müslüman hale getirmişti.

Mustafa Kemal'in Lozan'da, "azınlık olanlar, sadece gayrimüslimlerdir" ayrımı da Hünkâr'ın geleneğinin devamıdır. Anadolu birliğinin de anahtarıdır.

Lozan'da yapılan tarihî millet tanımı; İngilizlerin, Kurtuluş Savaşı boyunca ve hatta günümüze kadar uzanan Kürtleri, "azınlıksınız" diyerek ayaklandırma çalışmalarının da önüne geçmiştir.

Zaten Mustafa Kemal, Kürtler üzerinden planlanan bölücü faaliyetlerin önünü henüz savaşın başında, 1919'da kesmiştir.

Nutuk'ta, İngilizlerin tüm faaliyetlerine karşı Kürtlerin Türklerle beraber Kuvva hareketinde yer aldığının altını çizer:

"… İngiliz koruyuculuğunda bağımsız bir Kürdistan kurulmasına ilişkin İngiliz propagandası ve bundan yana olanlar etkisiz kılındı. Kürtler de Türklerle birleşti…"

Bakınız, Kürtlerin İslam temelinde diğer etnik kimliklerle beraber düşmana karşı savunma yaptığını, 15 Eylül 1919'da Malatya Mutasarrıfı Vekili vasıtasıyla Hacı Kaya ve Şatzade Mustafa ağalara yazdığı telgrafta şöyle vurgulamıştır:

"Padişah ve millet hainlerinin aldatmalarına kapılarak, maazallah İslam arasında kan akıtılması ve günahsız zavallı Kürt kardeşlerimizden birçoğunun padişah askerleri tarafından telef edilmesi gibi, dünya ve ahiret pek acı bir akıbetin ortaya çıkmasının engellenmesi emrinde geçen vatanperverane çalışmalarınız, Sivas Genel Kongre heyetince takdire ve şükrana değer görülmüştür.

Sizler gibi din ve namus sahibi büyükler oldukça, Türk ve Kürdün yekdiğerinden ayrılmaz iki öz kardeş olarak yaşamakta devam eyleyeceği ve hilafet makamı etrafında sarsılmaz bir vücut halinde dâhil ve hariç düşmanlarımıza karşı demirden bir kale halinde kalacağı şüphesizdir…" [490]

Garzan'da başkanlarından Cemil Çeto Bey'e, 13 Ağustos 1919 tarihli telgrafı İngilizlerin emellerini ortaya koymaktadır:

"… Bildiğiniz ve bundan böyle öğreneceğiniz gibi, ateşkesten

---

[490] Atatürk'ün Bütün Eserleri, 2015, c.4, s.39.

sonra İtilaf Devletleri devlet ve ulusumuzun haklarına hiç saygı göstermeyip, ülkemizi parçalamak ve doğu illerini Ermenilere vermek, Batı illerimizden İzmir gibi en bayındır yerleri Rumlara bağışlamak, Karadeniz kıyılarında bir Pontus hükûmeti kurmak amaçlarına düştüler.

Bir yandan da İngilizler Diyarbekir ve yöresi halkını aldatarak türlü türlü biçimler vermeye kalkıştılar...

... Birkaç güne değin bütün Batı Anadolu ve Rumeli illeri delegelerinden oluşmak üzere Sivas'ta genel bir kongre toplanacaktır. Böylece bütün ulus tek bir beden olarak haklarını savunacak hale gelecektir.

... Yardım ve çabanızla o dolaylarda az zamanda örgütün, sunduğum tüzüğü hükümlerine uygun olarak oluşturulacağına ve İngilizlerin ulusumuzu parçalamaya ve yurdumuzu Ermeni ayakları altında çiğnemeye yönelik olan dolaplarına meydan verilmeyeceğine inanıyorum.

3. Ordu Eski Müfettişi." [491]

Hatta Mustafa Kemal, İngilizlerle beraber hareket eden Kürtlerin dinlerini satmış olduğunu vurgulayarak, Türk milleti tanımında yer alan Müslüman Kürt ve Türklerin Türk olduğu tezini daha 1919'da vurgulamaktadır:

"Kemah'ta eski milletvekili Sağırzadelerden Halet beyefendiye;

İngiliz koruyuculuğunda bağımsız bir Kürdistan kurulması amacıyla propaganda yapmakta olan İngiliz binbaşılarından Mister Noel'in, din ve uluslarını satmış Kürt beylerinden Ekrem,

---

[491] Nutuk, c.3, 1989, s.1287.

Kamran Ali, Celadet'le Malatya'ya geldiğini, İstanbul hükûmetinin düşüncelerini yürüten Harput valisinin de bunlara katıldığı…

Sivas, 9-9-1919, Mustafa Kemal." [492]

Yine Nutuk'ta, Erzurum Kongresi'nden sonra Kürt aşiret liderlerinden bazılarına gönderdiği ve Ermenistan hayaline ve işgale karşı, bir millet olarak müdafaa çağrısında bulunduğu telgraflara yer verir.

Mutki aşiret başkanı Hacı Musa Bey'e, 10 Ağustos 1919'da gönderdiği telgraf örneği şöyledir:

"Saygıdeğer efendim,

2. Ordu Komutanlığı'nda bulunduğum sırada ve pek ağır durumlarda aramızda oluşan gönül bağlarının değerli anıları her zaman bende saklı kalmıştır.

(…) Bu arada son zamanlarda Bitlis'in düşmandan geri alınmasında orduya yaptığınız eylemli yardımın değeri, Mutki bölgesinin düşmana karşı korunmasında harcadığınız çaba ve çalışmaların önemi her zaman beğeni ve teşekkürle anılmaktadır…

(…) Ne yazık ki, düşmanlarımızın bugün devlet ve ulusumuza karşı pek haince bir durum alarak ülkemizi tümüyle parçalamak, İslam dünyası için yüzyıllardan beri kanlarını akıtan ulusumuzun egemenlik hak ve bağımsızlığını elinden alarak köle durumuna düşürmek için çalıştıkları, atalarımızın bıraktığı anayurtta Ermenistan yapmaya çalıştıkları pek açık olarak görünüyor.

Pek büyük üzüntülerle karşılanacak alçakça durumlardandır ki, ulusun gücüne dayanmayı yurt görevi ve gerçek ödev bilmesi gereken İstanbul'daki hükûmet, tümüyle güçsüzlük ve miskinlik

---
[492] Nutuk, c.3, 1989, s.1313.

içerisinde yönetiminin dizginlerini, etkileri önünde baş eğdiği düşmanlarımıza bırakıyor...

(...) Birçok savunma derneklerinin katılmasıyla ulusu birleştirmek ve yaşamımıza kıymak isteyen düşmanlarımıza karşı güçlü bulundurmak amacı ile Erzurum'da bir kongre toplanmıştır... Yüksek kişiliğiniz de kongrenin oy birliği ile bu Heyet-i Temsiliye üyeliğine seçildiniz..." [493]

Yine 13 Ağustos 1919 tarihli Bitlis, Kührevizade Şeyh Abdülbaki efendi hazretlerine yazılan telgraf şöyleydi:

"Faziletlu efendim,

... Yüce halifelik ve saltanat katının, yurt ve ulusumuzun içinde bulunduğu güç durum sizce bilinmektedir... Bugün için tek kurtuluş umarı ulusun birliğini bütün dünyaya göstermek ve haklarımızı ve kutsal bildiklerimizin ulusun göstereceği güç ile kurtarmaktır...

3. Ordu Eski Müfettişi, Mustafa Kemal." [494]

13 Ağustos 1919 tarihli başka bir telgraf ise, Şırnaklı Abdurrahman Ağa, Dirşulu (Dirveşli) Ömer Ağa, Muşarlı Resul Ağa'ya çekilmiştir.

"Yurtsever efendim" diye başlar;

"Yüksek kişiliğinizin yüce halifelik ve saltanata olan bağlılıkları ve kutsal yurdumuzun Ermeni ayakları altında çiğnenmesine kesinlikle razı olmayacakları herkesçe bilinmektedir.

(...) Örgütlerin o çerçeve uygulanmasının hızlandırılması ve kolaylaştırılması(nı) ve dokuncalı düşman aşılanmalarına kesin-

---

[493] Nutuk, c.3, 1989, s.1273-1275.
[494] Nutuk, c.3, 1989, s.1277.

likle engel olmak konularında bilinen ulusal onur ve çabalarının verimlerini tam inancımızla bekler ve gözlerinizden öperim efendim.

3. Ordu Eski Müfettişi, Mustafa Kemal." [495]

Nurşinli büyük şeyhlerden Şeyh Ziyaettin Efendi'ye de 13 Ağustos 1919'da telgrafla Millî Mücadele'ye destek mesajı vermiştir:

"... Bugün halifelik katının, Osmanlı saltanatının ve kutsal yurdumuzun düşmanlarımızca nasıl incitilmekte ve doğu illerimizin Ermenilere armağan edilmesinde direnilmekte olduğu sizce bilinmektedir. Ulusa dayanmayan İstanbul'daki hükûmetin bütün bu düşman saldırıları karşısında güçsüz ve geçersiz kalarak ulusun ve ülkenin haklarını savunamamakta olduğu gerçekleşmiştir...

Ulusumuzun varlığını ve birliğini bütün dünyaya göstermek ve haklarımızın tek yanlı ve kişisel kararlarla yok edilmesine izin veremeyeceğimizi anlatmak amacıyla övücünüz ben, resmi makam ve sanımdan sıyrılarak ulusun içinde ve ulusla birlikte çalışmaktan başka umar göremedim ve hemen askerlikten isteğimle ayrıldım...

Erdemli kişilikleri derneğimizin en saygıdeğer üyelerinden bulunduğunuzdan, kutsal amacın elde edilmesi için herkesçe bilinen yardım ve çabalarınızın, örgütlerimizin o dolaylarda çabuklaştırılmasına ve doğuncalı düşman aşılamalarının yok edilmesine harcanacağına inanıyorum...

3. Ordu Eski Müfettişi, Mustafa Kemal." [496]

---

[495] Nutuk, c.3, 1989, s.1277-1278.
[496] Nutuk, c.3, 1989, s.1283.

Kansu, hatıratında Kürtleri ayaklandırmaya uğraşan İngiliz binbaşısı Noel hakkında, Sivas Valisi Reşit'in telgrafına yer verir:

"10 Eylül 1335 (1919).

Evvela infisalim hakkındaki irade-i seniye-i hazreti hilafetpenahinin resmen tebliğini rica ederim.

Saniyen suret-i mevsukada haber alındığına göre vali-i lahik Galip Bey'in Sivas'a beraber girmek üzere Malatya'da birtakım eşkıya ve eşirrayı başına toplamak ihanetinde bulunduğu görülmesi üzerine derdestine teşebbüs olunmuş ise de, refakatinde bulunan İngiliz binbaşısı Noel, Malatya Mutasarrıfı Bedirhanilerden Halil ve mazhar-ı teshilat olmaları için taraf-ı devletlerinden yedlerine vesika verilen Kamuran ve Celadet ve Diyarbekirli Cemil Paşazade Ekrem Bey'lerle beraber Kahte istikametine doğru firar etmişler ve el'an takip edilmekte bulunmuşlardır...

Sivas Valisi Reşit." [497]

Nutuk'ta, 9.9.1919 tarihli 62 no'lu belge aynı konuyu anlatır:

"... Bağımsız Kürdistan kurulması propagandası yapmakta olan İngiliz binbaşısı Mister Noel, yanında Mevlanzade Rifat, Bedirhanlılardan Kamran, Celadet ve Cemilpaşazade Ekrem Beyler adlarındaki kişilerle Malatya'ya gelerek Elaziz Valisi Ali Galip Bey de kendilerine katılarak, Bedirhanlılardan olan Sancak Mutasarrıfı Halil Bey'le birlikte ulus ve yurdun kötülüğüne işler çevirmeye yeltendikleri ve sözde postayı vuranları izlemek amacıyla çevreden Kürtler getirtmeye kalkıştıkları haber alındığından..." [498]

---

[497] Kansu, 1997, c.2, s.351.
[498] Nutuk, c.3, 1989, s.1310-1311.

Önceki bölümlerde Said Molla'nın İngiliz ajanlığı yaparken yazdığı mektupları verdik. Bu mektuplara göre Molla Said ile İngilizler arasında bir rahipten; rahip Frew'den bahsedilir.

Mustafa Kemal Nutuk'ta, Kürt aşiretleri kışkırtmakla görevli bu rahibe yazdığı bir mektuba yer verir:

"... Efendiler, bütün bu gizli tertibat kaynaklarının, Rahip Frew'in kafasında toplandığı ve oradan din kardeşlerimiz olacak hainlerin kafalarına akıtılarak fiiliyata dönüştüğü tahmin olunduğundan, Rahip Frew'in bir zaman için olsun bu işlerden uzak kalmasını sağlar düşüncesiyle bizzat kendisine bir mektup yazdım. Mektubun iyi anlaşılabilmesi için bizzat şu bilgiyi de ilave edeyim ki, ben Mister Frew ile İstanbul'da bir iki defa görüşmüş ve tartışmıştım. Frew'e Fransızca gönderdiğim mektubun Türkçesi şudur:

Mister Frew'e,

Zat-ı âlinizle Mösyö Martin'in vasıtasıyla yaptığımız görüşmelerin hatırasını memnuniyetle muhafaza etmekteyim.

Senelerce memleketimizde ve milletimiz arasında yaşamış olan zat-ı âliniz, hakkımızda en doğru fikir ve kanaatleri taşıyacağınızı ümit ederdim.

Hâlbuki, ne yazık ki, İstanbul çevresinde sizinle temasa geçen bazı gafil ve menfaat perest kimselerin sizi yanlış istikametlere sevk ettiklerini pek büyük bir esefle anlıyorum.

Bunlar arasında Said Molla ile takip ve tatbikine başladığınız, güvenilir kaynaklardan haber alınan planın, İngiltere milletinin cidden kabul edemeyeceği bir mahiyette olduğunu arz etmekliğime müsaadenizi rica ederim.

Milletimiz, Said Mola'nın değil, fakat gerçek vatanperverlerimiz gözüyle görüldüğü takdirde böyle planların artık memleketimiz ve milletimiz üzerinde tatbik alanı kalmadığına kolaylıkla hükmolunabilir.

Nitekim daha bugünlerde yaşanmış olan Adapazarı ve Karacabey hadiselerinin başarısızlığa uğramış olması sözümüzü teyide kâfidir. Fakat buna ne hacet vardı?

İngiliz subayı Noel'in, Diyarbakır havalisinde Müslüman Kürt halkını kışkırtmak için birçok kez çalıştıktan sonra, Malatya'da eski Elaziz Valisi Galip ve Malatya Mutasarrıfı Halil beylerle Sivas aleyhine yaratmaya çalıştığı olay, netice itibarıyla medeniyet dünyasına karşı utanç verici değil midir?

Said Molla vasıtasıyla Adapazarı'na gönderilen iki bin liranın yakında müspet netice vereceği hakkındaki vaadin asılsızlığını olaylar size ispat etmiş olacağından fazla söze lüzum görmem..." [499]

Aynı dönemde, Said Molla'nın da içinde bulunduğu guruba Kürt Teali Cemiyeti kurdurulmuştur.

Said Molla'nın Kuvva hareketine ve Mustafa Kemal'e hainlikleri ve İngilizlerle işbirliği, Said Molla ve Said Nursi ile ilgili bölümlerde detaylı şekilde verilmiştir.

Kürt Teali Cemiyeti hakkında 1919 senesinde İngiliz Tuğgeneral J. Dunkan raporunda, "Kürt Teali Cemiyeti'nin İngilizlerin desteği ile bağımsız Kürdistan" için mücadele ettiğini Diyarbakır, Dersim, Siirt, Harput ve Malatya'da şubelerinin olduğunu yazar. [500]

---

[499] Nutuk, 2017, s.231-232.

[500] Salahi Sonyel, Mustafa Kemal Atatürk ve Kurtuluş Savaşı, cilt 1,Türk Tarih Kurumu Yayınları Ankara, 2008, s.52, İDA, FO 371/4191/91082: İngiliz askerî istihbarat şefinin İngiltere Dışişleri Bakanlığı'na gizli yazısı. Londra, 17/6/1919.

DÖNEMİNDE MÜSLÜMAN DEVLETLERLE HUKUKU

Atatürk'ün hayatı incelendiğinde;

Hıristiyan Batı'nın işgal ettiği Anadolu coğrafyasını kurtarmak için onlarla savaşan,

Hitabetinde Müslüman Türk'ü yücelten,

Gerçek İslam'ı ve gerçek din âlimlerini öven ve yanından ayırmayan,

Kur'an okuyan, namaz kılan, oruç tutan bir lider çıkar karşımıza.

Ve farkında mısınız bu lider, döneminde hiçbir Müslüman devlete savaş açmadığı gibi, Kurtuluş Savaşı ile ezilen Müslüman devletler için bir örnek olmuştur.

Bu örnek oluşta Batı'nın emperyalist yayılmacı zihniyetine karşı bir başkaldırı ile onlara sahip çıkış da vardır.

Ancak bu sahip çıkış, enkazından yeni bir devleti oluşturduğu Osmanlı dönemindeki siyasetten farklı bir seyir izlemiştir.

Adeta o dönemin Türkiye'si, Arap İslam devletlerine, şimdiki Türk cumhuriyetlerine, İslam âlemine bir ağabey olmuştur.

Bakınız, Osmanlı padişahlarının siyasetlerini nasıl eleştirir:

"... Efendiler, Osmanlı tarihini tetkik edersek görürüz ki, bu bir milletin tarihi değildir. Milletimizin mazideki halini ifade eden bir şey değildir. Belki milletin ve milletin başına geçen insanların hayatlarına, ihtiraslarına, teşebbüslerine ait bir hikâyedir... Belki devletin ve milletin başına geçen insanların kendilerine mahsus siyasetleri vardı veyahut hiç siyasetleri yoktu.

Mesela, Fatih Sultan Mehmet, kendi ecdadından tesis etmiş olduğu Osmanlı Devleti ile Selçuklu Devleti tacına tevarüs etmişti ve İstanbul'un fethiyle Şarkî Osmanlı İmparatorluğu'na da tevasü etmişti. (genişlemişti).

Bundan sonra garba doğru tevasü (genişlemek) istiyordu.

Fatih arzu ediyordu ki, Roma'yı da alsın ve Garbî İmparatorluğu tacını da başına koysun.

Birçok Avrupa ülkeleri zaptolundu fakat oralarda İslam anasırı yoktu; milet-i muhtelife (değişik milletler) vardı.

Denilebilir ki, Fatih'in siyaseti bir Garp siyaseti idi...

Fatih'in ölümünden sonra Bayezid başka bir siyaset takip etti. Bu siyasetin rengi kabil-i ifade değildir. Bayezid çok mütedeyyin ve itikadı taassub derecesinde idi. Fatih'in siyasetini takip etmedi...

Sonra Yavuz Sultan Selim geldi. O da başka bir siyasete teveccüh etti. Garp siyasetini bıraktı. Şark siyaseti, ittihad-ı İslam (Müslümanların birleşmesi) siyaseti takip etti. İran istikametinde nüfuz-u iktidarını ibraz etti ve Mısır seferi neticesinde de hilafeti aldı.

Vefatında yerine geçen Kanuni başka bir siyaset takip etti. Yani hem Şark, hem Garp siyasetini takip eyledi, iki cepheli siyaset...

Belli başlı dört sultandan başka diğerlerini nazar-ı itibare alırsak onların hiçbir siyaset takip etmedikleri görülüyor." [501]

Atatürk özellikle Müslüman dünya ile yakın ilişkiler kurmuş; onlara örnek bir lider haline gelmiştir. Bu örnek oluş Türk ve Müslüman kimliğin öne çıkarıldığı; diğer halkların haklarına saygılı, onları egemenlik altına almak üzerine kurulu olmayan, bağımsızlıklarına saygılı bir dış politikadır.

Bir Bektaşî olan Atatürk'ün Şii dünyanın başı İran'ın şahı Rıza Pehlevi ile olan dostluğu bilinmektedir. Öyle ki, Şah Pehlevi Atatürk'e "menim birader" diyecek kadar yakın hissetmektedir kendisini...

Bakınız, henüz Meclis yeni açıldığı zamandan bahsediyoruz. 1920 senesinden... Siz hangi "dinsiz" Atatürk'ten bahsediyorsunuz.

Atatürk, henüz 1920 senesinde, İslam devletleri ile ileride kurulabilecek birlikteliklerden bahsediyor.

Ülkeyi işgal eden güçleri şuurlu bir şekilde haçlı olarak vasfeden ve işgali haçlı işgali olarak değerlendiren Atatürk, İslam devletleri ile inanç temelinde birleşerek birliktelikler kurmaktan söz ediyor.

---

[501] Arı İnan, Mustafa Kemal'in Eskişehir İzmit Konuşmaları, Türk Tarih Kurumu Yayınları, Ankara, 1982, s.27-28.

24 Nisan 1920'de Meclis yeni açıldığında, savaş devam ederken, Büyük Millet Meclisi gizli oturumunda söylediği sözlerdeki ölçüye, İslam âlemine bakışına dikkat ediniz:

"... Maddî ve manevî kuvvetler karşısında bütün cihan ve Hıristiyan siyasetinin en şiddetli hırslarla haçlı muharebesi yapmasına karşı sınır haricinde bize yardımcı olacak, birer dayanak noktası teşkile edecek kuvvetleri düşünmek mecburiyeti de pek tabii idi.

İşte haricen ifade etmemekle beraber, hakikatte bu dayanak noktasını aramaktan geri durmadık. Bittabi, selamet ve kurtuluş için yegâne kaynak İslam âleminin kuvvetleri olmuştu.

İslamiyet âlemi birçok bakımdan, milletimizle devletimizin bağımsızlığıyla yakından ve fevkalade bir sûrette alaka ve dinî bağlılığı olmakla ve bu veçhile bütün İslam âleminin mânen bize yardımcı ve destek olduğunu zaten kabul ediyoruz.

Düşmanların maddî kuvvetleri karşısında biz de bu manevî kuvvetlerin maddî tecelliyatına gelmek zaruretinde idik.

Dolayısıyla evvela, sınırımızla temasta bulunan bölgedeki dindaşlarımızla temasa gelmek lazım geldi.

Onsan sonra doğuda Kafkasya İslam milletleri ve batıda Batı Trakya; bunların hepsiyle muhtelif sûrette münasebetlere girişmiş bulunuyoruz.

(...) Herhalde Suriyeliler, herhangi bir yabancı devlet ile münasebetinin kendileri için neticede esaret olacağına kani oldular...

Dedik ki: Birlik kuvvet teşkil edeceğinden, bütün İslam âleminin mânen olduğu gibi maddeten de, müttefik ve birleşmiş olmasını şüphe yok ki büyük memnuniyetle karşılarız ve bunun içindir ki, bizim kendi sınırımız dahilinde ve millî hakimiyet esasına dayanmış olmak üzere serbest ve bağımsız olabilirler. Bizimle anlaşmanın veya ittifakın üstünde bir şekil, ki federatif yahut konfederatif denilen şekillerden birisiyle irtibat peyda edebiliriz.

(…) Irak'a gelince: Irak'ta İngilizlerin muameleleri İslam ahaliyi fevkalade gücendirmiş oldu… Fakat biz onlara karşı, Suriyelilere söylediğimiz görüşü söylemekten başka bir şey yapmadık. Ettiğimiz kendi dâhilinizde, kendi kuvvetlerinizle, kendi mevcudiyetinizle bağımsızlığınızın teminine çalışıyoruz.

Ondan sonra birleşmemiz için hiçbir mani kalmaz.

(…) Malumunuz Kafkasya; Kuzey Kafkasya, Çerkezistan, Gürcistan ve Ermenistan parçalarından meydana gelmektedir. Çerkezler başından beri fevkalade hassas bulundular, herhalde eskiden beri kendi vatanları olan Kuzey Kafkasya'da bağımsız yaşamak arzusunu, zevkini duymuşlar ve bunun için çalışmakta bulunmuşlardır.

Rusya malum ahvali Kuzey Kafkasya'daki bu emellerin bir an evvel tecelli mevkiine geçmesi için Çerkezleri teşvik etmiştir…

Kendi hayatlarını, kendi mevcudiyetlerini Türkiye'nin kurtuluşu, mevcudiyeti ve bağımsızlığı ile yakından alakadar görmüşler ve buraya gönülden bağlanmışlardır.

Oradaki dindaşlarımıza tavsiyemiz dahi yine kendi dahillerinde yine kendi kuvvetleriyle mevcudiyetlerini göstermek ve ispat etmek ve ondan sonra İslami bölgeler… yapabilecekleri sûrette birleşmek noktası olmuştur…" [502]

---

502 Atatürk'ün Bütün Eserleri, 2015, c.8, s.79-81.

Buradaki İslam birliği fikri Atatürk'ün gizli vasiyetinde bahsi geçen Birleşmiş Milletler benzeri bir yapının hazırlanması ve hilafetin bu devletler arasında sıra ile uygulanması fikrine de uygundur.

Atatürk'ün devletlerle olan ilişkilerinde inanç esaslarına göre, İslam devletlerini yakın görmesi elbette ondaki Müslümanlık hislerinin kuvveti ile alakalıdır.

Bugün Türk siyaseti, yarım asırdan fazla bir zamandır "bir Hıristiyan birliği" olduğunu defaatle ifade eden Avrupa Birliği'ne girmeye uğraşadursun veya koltuk için önce okyanus ötesinden icazet arasın, Atatürk, Müslüman Türk olduğunu ısrarla her ortamda vurgulamış ve ilişkilerinde bunu ölçü edinmiştir.

Atatürk şuurlu, gerçek bir Müslüman'dır. Onun Bolşevizm'den etkilendiğini uyduranlara kendisi şu konuşmasında nasıl cevap veriyor:

"... Yüksek malumunuz, Bolşeviklerin kendilerine mahsus birtakım esasları görüşleri vardır. Ben şahsen bütün açıklığıyla ve teferruatlarıyla bunlara vâkıf değilim ve yakın zamana kadar Bolşevikler nereye temas ederse, nereye gelirse, daima kendi görüşlerini kabul ettirme azminde idiler.

(…) Milletimizin âdetleri, dinî gelenekleri ve memleketimizin icapları vardır ki; biz her ne yaparsak kendimizi, kendi âdetimizi, dinî gereklerimizi nazarı dikkate tutmak, ona göre kendimize mahsus esaslar koymak mecburiyetindeyiz…" [503]

Kendileri dinsiz olanlar, olaylara bakışında böyle bir ölçüye sahip olan Atatürk'ü yıllarca bize "dinsiz" diye yutturdular.

16 Mart 1920'de İstanbul malum işgal edilmiştir.

---
[503] Atatürk'ün Bütün Eserleri, 2015, c.8, s.82.

Mustafa Kemal, 17 Mart 1920'de "İslam âlemine beyanname" adı ile Müdafaa-i Hukuk Cemiyeti Heyet-i Temsiliye namına bir beyanname yayınlayarak, Hıristiyan haçlı ittifakı ile gerçekleşen işgale karşı İslam âlemine çağrıda bulunmuştur:

"Mukaddes İslam hilafetinin yüksek merkezi olan İstanbul, Meclis-i Mebusan ve bütün resmi hükûmetmümessillerine de el konulmak sûretiyle, resmen ve cebren işgal edilmiştir. Bu tecavüz Osmanlı saltanatından ziyade, hilafet makamında hürriyet ve bağımsızlıklarının yegâne dayanağını gören bütün İslam âlemine yapılmıştır.

(...) Mısır'ın on bine varan aziz şehitlerine, Suriye ve Irak'ın binlerce fedakâr olan muhterem evladına, Azerbaycan'ın, Kuzey Kafkasya'nın, Türkistan'ın, Afganistan'ın, İran'ın, Hind'in, Çin'in velhasıl bütün Afrika'nın ve bütün doğunun bugün büyük bir birlik heyecanı ve derin bir kurtuluş emeli ile titreyen, ortak fikirlerine havale edilmiş olan bu aşağılayıcı darbe ve tecavüzün, düşmanlar tarafından tahmin edildiği gibi maneviyatı haleldar etmek değil, belki bütün şiddetiyle mucizeler gösterecek bir gelişme kabiliyetine mazhar eylemek neticesini doğuracağına şüphemiz yoktur.

Osmanlı millî kuvvetleri hilafet ve saltanatın uğradığı zincirleme suikastların başladığı günden beri devam eden samimi birlik ve dayanışma içinde vaziyeti bütün vahametine rağmen aziz ve metanetle karşılamakta ve bu son haçlı hücumlarına karşı, bütün dünya İslamlığının ortak mukavemet hissiyatına emin olmaktan doğan bir yardım hissiyle azim ve imanın etken olduğu mücahedede, İlahi inayet ve muvaffakiyete mazhar olacağına itimad eylemektedir…

Cenab-ı Hakk'ın mukaddes mücahedelerimizde cümlemize İlahi yardımlarını göndermesini ve Ruhaniyet-i Peygamberine dayanan birleşik teşkilatımıza yardımcı olmasını niyaz ederiz." [504]

Bütün bu yaklaşımlardan sonra O'nun Hıristiyan âleminden etkilendiğini nasıl söyleyebilirler?

Millî Mücadele'nin temeli, bu zihniyete karşıdır.

Yine, 29 Kasım 1920'de Necef Arap hükûmeti heyetine şunu yazmıştır:

"… Cenab-ı Hak, uzak memleketteki mümin kardeşlerimizin halis ve tam bir iman ile sevgili vatanına bağlı bulunan hepsini İlahi yardımlarına mazhar ve İslam camiasını her yerde arzu fahr buyursun, âmin.

Buradaki ahvalimize gelince, İngilizlerin yardımıyla donatılmış olan Ermenistan'ın ordularını Hakk'ın yardımı ve inayetiyle hezimete uğratarak, bu inatçı düşmanı barış talebine mecbur eyledik. Yunan hainleri de inşaallah yakında bu akıbete uğrayacaklardır.

Bağdat'ta İngiliz eliyle vücut bulmuş hükûmetin kısa ömürlü olduğuna hükmediyoruz.

(…) Afrika mühim kıtasında milyonlarca manevî evladı olan Kadiri büyük şeyh Ahmedü'ş-Şerifü's-Sunusi Hazretleri de, El-cezire'nin güneyine doğru hareket etmişlerdir…

(…) Iraklı din kardeşlerimizin ulvi maksatlarına nail olmaları için elden geleni hiçbir vakit sakınmayacağımızdan katiyen emin olunuz…" [505]

---

[504] Atatürk'ün Bütün Eserleri, 2015, c.7, s.138-139.
[505] Atatürk'ün Bütün Eserleri, 2015, c.10, s.122.

Birinci İnönü Zaferi'nden sonra tebrik eden Afgan Sefirine Atatürk şöyle demiştir:

"İslamları en kuvvetli kardeşlik bağıyla kendisine bağlayan Afganistan'ın İslam sevgisini dile getiren ve iki kardeş memleket arasında doğrudan doğruya bağlantı kurmak mutlu imkânını yaratan yüksek heyetinizi vatan toprağında kabul etmek iftihar ve sevinmemize sebep olmuştur.

Ulu Tanrı'dan dileriz ki, yüksek heyetinizin memleketimize ayak basması, iki dost ve kardeş memleketi birbirine bağlamaya vasıta ve memleketlerimizin geleceği için daima bir hayır ve saadet sebebi olsun." [506]

Atatürk, 1931 Haziran'ında, Irak Kralı Faysal Türkiye'yi ziyaret etmiş, Başbakan Nuri Said Paşa da Ankara'da görüşmelerde bulunmuştur.

Atatürk döneminde, 8 Temmuz 1937'de Sadabat Paktı imzalanmıştır.

Dört Müslüman devlet arasında imzalanan bu barış paktında, Türkiye, Irak, İran ve Afganistan birbirlerine saldırıdan kaçınmayı ve bölgede barışı tesis etmeyi imzalamıştır.

Bugün de olduğu gibi bir Filistin meselesi vardır ve Atatürk tavrını çok net olarak ortaya koymuştur.

20 Ağustos 1937'de Meclis'te konuyla ilgili olarak şu konuşmayı yapar:

"Arapların Avrupa siyasetine nüfuz edemeyip bu sözde istiklâl kelimesine inandıkları ve bu uğurda Arap memleketlerini Avrupa emperyalizmine esir kıldıkları çok şayan-ı tesadüftür.

---
506 Atatürk'ün Bütün Eserleri, 2015, c.11, s.132.

Arapların arasında mevcut olan karışıklığı ve hoşnutsuzluğu kimse bizim kadar bilemez.

Biz vakıa birkaç sene Araplardan uzak kaldık. Fakat şimdi kendimize kâfi derecede güvenip ve kudretimizi bildiğimiz için İslamiyet'in mukaddes yerlerinin Musevilerin ve Hıristiyanların nüfuzunun altına girmesine mani olacağız.

Binaenaleyh şunu söylemek istiyoruz ki; buraların Avrupa emperyalizminin oyun sahası olmasına müsaade etmeyeceğiz.

Biz şimdiye kadar dinsiz ve İslamiyet'e lakayt olmakla itham edildik (suçlandık).

Fakat bu ithamlara rağmen, Peygamberin son arzusunu, daima İslam hâkimiyetinde kalmasını temin için hemen bugün kanımızı dökmeye hazırız. Cedlerimizin, Selahaddin'in idaresi altında, uğrunda Hıristiyanlarla mücadele ettikleri topraklarda yabancı hakimiyet ve nüfuzunun tahtında (altında) bulunmasına müsaade etmeyeceğimizi beyan edecek kadar, bugün Allah'ın inayeti ile kuvvetliyiz.

Avrupa bu mukaddes yerlere temellük etmek için yapacağı ilk adımda bütün İslam âleminin ayıklanıp icraata geçeceğine şüphemiz yoktur." [507]

O'nun İslamiyet'e ve o dönemde esir olan halifeye karşı başlattığı Kurtuluş Savaşı, o tarihlerde İngiliz sömürgesi olan Hindistan'da takdirle karşılanmıştır.

Hindular, Atatürk'ü, İngilizlere karşı bağımsızlık hamlelerinde bir örnek kabul etmişler; Müslüman Hintliler de İslamiyet'i ve halifeyi savunduğu için Atatürk'ün yanında yer almışlardır.

---

507 Ankara, Milli Arşiv, İçişleri Bakanlığı Matbuat Umum Müdürlüğü, 20 Ağustos 1937, dosya no: 030 10 266 793 25.

O tarihlerde Hindistan, Mustafa Kemal'i, "İslamiyet'in kılıcı" ilan etmiştir.

Hatta kongre kararı ile halktan paralar toplanmış, Türkiye'ye gönderilmiştir.

Hindular, "Ankara'ya yardım fonu"; Müslüman Hintliler, "hilafet fonu" oluşturmuş; toplanan paralar bizzat Mustafa Kemal Paşa'nın şahsı adına gönderilmiştir.

Gönderilen paranın miktarı ve hangi tarihte gönderildiği Cumhurbaşkanlığı Arşivi'ndeki belgelerde mevcuttur.

"Türk İstiklâl Harbi İdari Faaliyetleri" isimli 1975 tarihli eserde yardımın dökümü verilmektedir:

Sıra	İngiliz lirası	Türk lirası	Tarihi
1	26 bin	144.400	26 ARALIK 1921
2	6 bin	36.300	6 ŞUBAT 1922
3	4 bin	25.320	18 ŞUBAT 1922
4	5 bin	32.300	20 ŞUBAT 1922
5	10 bin	64.600	22 ŞUBAT 1922
6	5 bin	32.300	2 MART 1922
7	20 bin	131.500	28 MART 1922
8	5 bin	33.150	18 NİSAN 1922
9	5 bin	32.100	2 MAYIS 1922
10	4 bin	26.800	31 MAYIS 1922
11	6 bin	42.100	26 HAZİRAN 1922
12	5 bin	35.500	5 TEMMUZ 1922
13	4 yüz	2.904	17 TEMMUZ 1922
14	5 bin	35.900	12 AĞUSTOS 1922
Toplam:106.400		675.494 [508]	

---

508 Ali Güler, 2013, s.160

ATATÜRK'ÜN MAAŞI

Mustafa Kemal Atatürk ile ilgili araştırmalarımız esnasında malî durumu ve vefatındaki banka hesaplarıyla ilgili bilgilere de ulaştık.

Türkiye Cumhuriyeti Devleti'nin kurucusu ve ilk Reis-i Cumhuru, elindeki imkanları kendi menfaatine sarf etmek, şahsî hesabına aktarmak bir yana, bazı aylar giderlerinin gelir kalemini aşması nedeniyle borç dahi almak durumunda kalmış...

Köşk'teki görevli personelin yeme içme giderleri ile Köşk'ün diğer masraflarının dahi Atatürk tarafından karşılandığını biliyor muydunuz?

Gelen misafirlerle beraber sadece bir günde neredeyse 90-100 kişinin köşkte sabah ve akşam yemek yediğini bir düşününüz...

Veya seyahatlerinde devletçe kendilerine yalnız tren veya

vapur gibi vasıtaların temin edildiğini, diğer bütün masrafların Mustafa Kemal Paşa tarafından karşılandığına ne dersiniz?

Mustafa Kemal, Latife Hanım'dan ayrıldıktan sonra ölünceye kadar bu ağır masraflarının takibi işini yürüten Cumhurbaşkanlığı Genel Sekreteri Hasan Rıza Soyak, anılarında bu hususta şunları yazar:

"… Hele hele İstanbul'da bulunduğumuz aylarda, elimize geçen maaş ve tahsisatı masrafları karşılamaz olurdu, borçlanırdık ve sıkıntıya düşerdik.

Böyle durumları kendilerine izah etmeye çalıştığım zaman, sözümü keser, gülümseyerek, 'Peki peki, Ankara'da kendimizi biraz sıkar, açığı kapatmaya çalışırız' der geçerdi.

Filhakika, Ankara'da masraf daha az olduğundan birkaç ay için de vaziyeti düzeltirdik."

Atatürk, Cumhurbaşkanı olarak 1927 senesine kadar ayda 5 bin lira maaş ve 7 bin lira olağanüstü ödenek olmak üzere toplam 12 bin lira maaş almıştır.

1931 senesinde eline geçen aylık maaş 13.186 liradır.

1932 yılında yürürlüğe giren yüksek maaş ve ücretlere vergi getiren kanundan sonra O'nun da maaşı kesintiye uğramış ve aylık 9078 tl'ye düşmüştür.

Bu maaşından yaptığı özel tasarrufları İş Bankası 4 numaralı hesaba yatırmıştır.

Vefatında hesapta 53.463 tl 18 kuruş birikmiştir.

Vefat ettiğinde şahsî banka hesabında ve emekli aylığının bulunduğu emekli hesabında toplam 73 bin 019 tl ve 98 kuruş vardı.

Aylık ortalama geliri 10 bin lira olduğu kabul edildiğinde yaklaşık 7 aylık geliri kadar bir birikim demektir." [509]

Hasta olduğu döneme denk gelen bu rakam, Ata'nın imanî bir hassasiyetle harama el uzatmadığını, maaşı dışında malî bir birikim elde etmeye çalışmadığını gösterir.

Mustafa Kemal'e hayatı boyunca, bugün bazıları için dendiği gibi ne rüşvetçi denilmiş, ne zimmetine para geçirdiği iddia edilmiş, ne de hangi konuda olursa olsun bir haramı helal kabul edip ona göre kılıf uydurduğu görülmüştür.

Bu durum birilerine örnek olmalıdır.

Ancak Allah korkusu olan bir lider, kendine teslim edilen paranın kuruşu kuruşuna hesabını verebilir.

Hindistan'dan gelen yardım parası, 675.494 TL'dir. Mustafa Kemal adına yatırılmış bu paranın nerelere harcandığı kuruş kuruş verilmiştir.

Tamamı vatanın imarı ve kalkınmasına gitmiştir.

"...Ordunun taarruza hazırlık ihtiyaçları için Maliye Bakanlığı yetersiz kalınca, Millî Savunma Bakanı Kazım Özalp, Mustafa Kemal'in emrinde bulunan bu paradan 600 bin lira ister. Mustafa Kemal de kabul eder ve verir.

Büyük Taarruz öncesi tuttuğu not defterlerinde bizzat Mustafa Kemal, 'harekata başlayabilmek için, 200 bin cepheye, 300 bin başkumandanlık nakliyatı için verdim' diye yazmıştır.

... Hint parasından 500 bin lira ordu için, 110 bin lira da Mustafa Kemal Paşa'nın emriyle Yunan ordusunun yakıp yıktığı şehir, kasaba, köylerde aç ve açıkta kalan insanlarımız için harcanmış, geriye 65 bin lira kalmıştır.

---
509 Soyak, 1973, s.683-691.

Zaferden sonra Atatürk'ün emrinde kalan paradan, 120 bin lirası ile toprak satın alarak çiftlikler kurmuş, buralara imalathane ve fabrikalar yaptırmıştır.

Yine bu paranın 250 bin lirası, Türkiye'nin ilk millî bankası olan Türkiye İş Bankası'nın kuruluşunda kullanılmıştır.

Geri kalan 75 bin lirayla, İş Bankası ve Maden Kömürü T.A.Ş'den hisse senetleri aldığı bilinmektedir.

Gelen paraları da sadece Türkiye'nin kalkınmasına harcamıştır." [510]

---

[510] Güler, 2013, s.161-162.

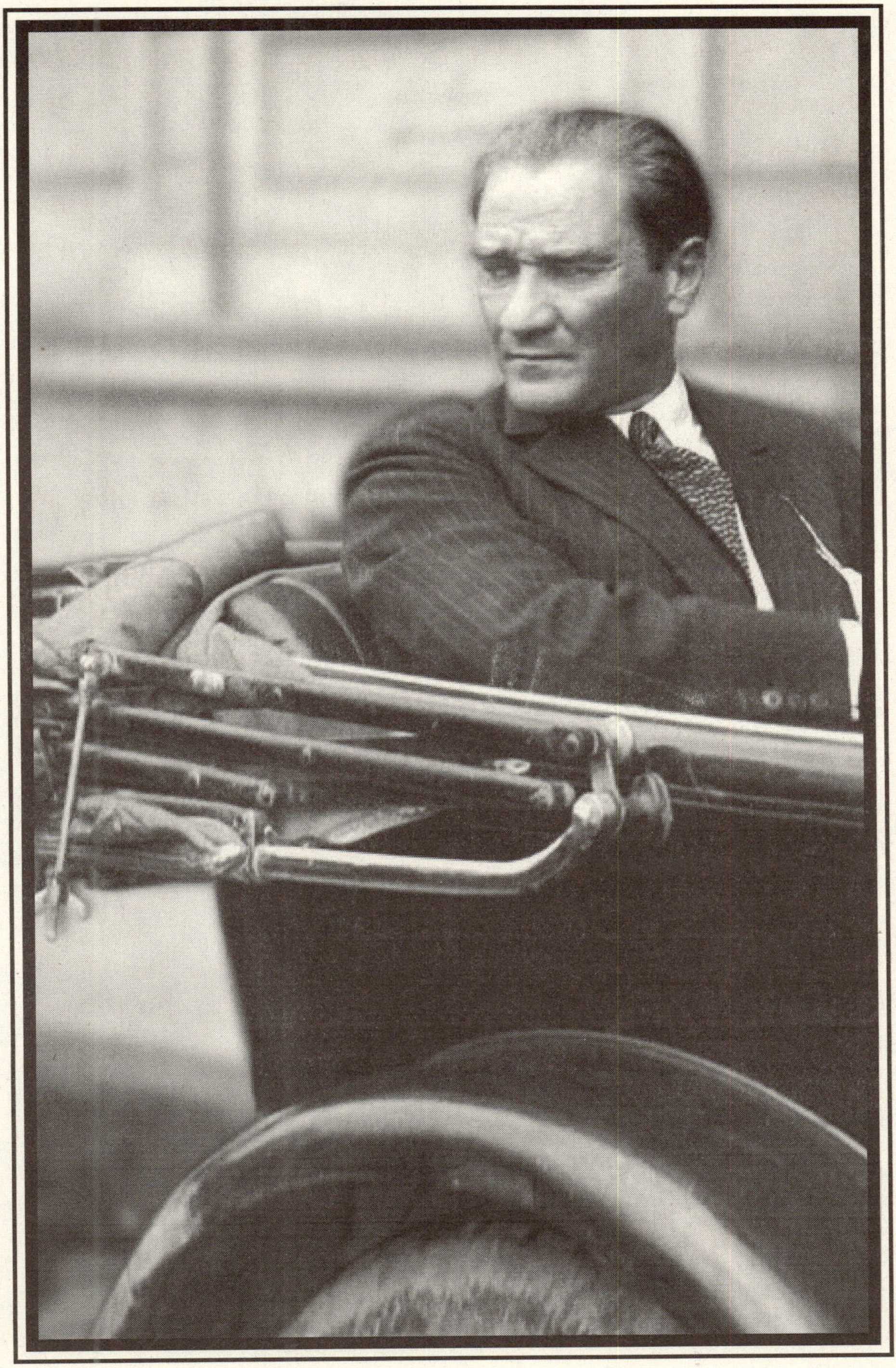

16. BÖLÜM

HANGİ ATATÜRK? ATATÜRK-İNÖNÜ İLİŞKİLERİ

- İnönü'nün Atatürk'ü
- Mustafa Kemal'in Nutuk'ta Çeteci Olarak Bahsettiği Patriği İnönü Türk Vatandaşı Yaptı
- Atatürk'ün İnönü ile Kavgaları
- İsmet Paşa'nın Başvekillikten Ayrılmasında, Serbest Fırka Kurulduğu Zaman Tavır Alması Etkilidir
- Başvekillikten Ayrılış Hadisesi
- İsmet Paşa'nın Başvekillikten Ayrılmasından Sonra Atatürk Aleyhine Slogan Atılması
- İnönü, Atatürk'ten Hemen Sonra Atatürk'e Yakın Vekilleri Uzaklaştırmıştır

İNÖNÜ'NÜN ATATÜRK'Ü

Atatürk konusundaki araştırmalarımız yıllara dayanır.

Rahmetli Attila İlhan hayatta iken kendisini ziyarete gönderdiğim Sayın Muharrem Bayraktar ve Sayın Selim Kotil beylere, "Attila Bey'e, Atatürk'ün manevî yönünü sorunuz. O'nun kadar büyük bir mücadeleyi veren bir zat dinsiz olamaz. Kalben ben bunu kabul etmiyorum" diye haber gönderdiğimde, O da bu fikrimi tasdik ederek, "Bugün bilinen Atatürk, İnönü'nün Atatürk'üdür" demişti.

Pek çok kez TV ekranlarında bahsi geçen bu sohbeti Selim Kotil şöyle anlatır:

"Rahmetli Attila İlhan Bey'i, Prof. Dr. Haydar Baş Hocamın selamı ile Taksim'deki ofisinde ziyarete gitmiştik. Kendisi ile geniş bir sohbet yapma imkanımız oldu.

Prof. Dr. Haydar Baş'tan övgü ve sitayişle bahsederek, 'Prof. Dr. Haydar Baş ulusal duruşun merkezidir' demişlerdi.

Sözlerine şöyle devam etmişti: 'Maalesef ülkemizdeki herkes dışarıdan destek almanın peşinde, bunun tek istisnası Prof. Dr. Haydar Baş'tır. O, millet ve vatan için mücadele ediyor, tek çıkış yolu O'ndadır bunu hepiniz göreceksiniz' öngörüsünde bulunmuştu.

Yine Atatürk konusundan bahsederken Atatürk'ün gerçek bir Müslüman olduğunu ifade ederek, 'Bugün gösterilmeye çalışılan dinsiz Atatürk, İnönü tarafından ortaya konmuş hayali bir kişidir. İnönü'nün dinsiz Atatürk'ü ile gerçek dindar Atatürk'ün uzaktan yakından bir alakası yoktur' demişti.

Sayın Muharrem Bayraktar, 'Attila İlhan ile Sohbet' isimli kitabında İnönü Atatürk'ü hakkında Sayın İlhan'ın şu ifadelerine yer verir:

"Şöyle söylemek lazım: Benim 'Hangi Atatürk' kitabında 'İnönü Atatürkçülüğü' diye bir bölüm vardı. İnönü'den itibaren Atatürkçülük muhtevasından boşaltılmış şekle sokulmuştur. Atatürkçülük demek sadece laiklik sorunu haline indirgenmiştir.

O zamana kadar Türk kültürü, Türk tarihi üzerine olan lise tahsili birden bire Yunan-Latin eğitimine dönmüştür.

Bu dönüş yeni yetişecek öğrencileri Batılı heves ve heyecanlarına kaptırmaya başladı.

Atatürk'ün dinden ve İslam'dan tamamen uzak olduğu fikri işlenmeye başlanmıştır. Bu konuda yayınlar yapıldı. Bu durum gerçek Atatürk'ün değil İnönü döneminin eseri olan Atatürk modelinin bir yansımasıydı.

Mustafa Kemal Paşa'ya soruların büyük ekseriyeti -halk inanmış olduğu için- dinle ilgili geliyor. Sorular soruyorlar. Hayretler içinde gördüm ki; Mustafa Kemal Paşa dinî konuları çok iyi biliyor. Hepsine gereğince cevabı veriyor, hepsini tatmin ediyor. Bunu mukabil bunların önceden yayınlanmış olan kısımlarında o bölümler hep çıkarılmış! Yok!

Sanki o sorular sorulmamış, Gazi o cevapları vermemiş gibi. Ancak yeni çalışmalarla, yani mesela Balıkesir çalışması... Balıkesir çalışmasının daha evvel çıkmış olan metni Gazi'nin söylev ve demeçlerindedir. Yanlış hatırlamıyorsam 6-7 sayfalık bir metindir. Bunun tamamını sonra bastılar. O çıkan metne baktığım zaman dehşet içinde kaldım. 70 küsur sayfalık söz etmiş Mustafa Kemal Paşa, 7 sayfasını seçmişler!

Onların canının istediği gibi, Gazi'nin söylediği gibi değil!

Peki, 70 sayfayı nereden buldular diyeceksin. İcat mı ettiler? Dehşet verici bir şey. Aslında o zaman gazeteciler Mustafa Kemal Paşa ile beraber dolaşıyorlar. Ne söylerlerse sitoneyle tutuyorlar ve bunların hepsi gazetelerde yayınlanıyor.

Dönemin gazetelerinde bunlar çarşaf çarşaf var.

Fakat sonraki rejim bunların hiçbirini yayınlamıyor. (Yani İnönü dönemi CHP'si!) Yayınladığı zaman da çok azını yayınlıyor."

MUSTAFA KEMAL'İN NUTUK'TA 'ÇETECİ' OLARAK BAHSETTİĞİ PATRİĞİ İNÖNÜ TÜRK VATANDAŞI YAPTI

Biz de yaptığımız araştırmalar neticesinde Mustafa Kemal'in Kurtuluş Savaşı'ndan itibaren ısrarla üzerinde durduğu misyonerlik çalışmalarına karşı duruşun, İnönü döneminde yok edildiğine de rastladık.

Nutuk'un ilk sayfasında, Rum azınlığı kışkırtan Mavri Mira Cemiyeti'nden bahsedilir ve Patrik Athenagoras ismi geçer.

Bu kişi Mavri Mira'nın kurucusu ve Rum çetelerin başıdır.

Atatürk, ilk olarak bu ismin faaliyetlerine dikkat çeker.

Bu isim Atatürk'ten sonraki dönemlerde daha da öne çıkartılır.

Time ve Fortune dergileri, Kıbrıs meselesinde EOKA katilleriyle işbirliği yapmış baş tahrikçinin Patrik Athenagoras olduğunu, Makarios ve beraber çalıştığı papazların Patrik Athenagoras'a bağlı bulunduğunu, dolayısıyla ondan emir aldıklarını ilân etmişlerdir. [511]

Athenagoras'ın vaziyetini eski diplomat Oğuz Gökmen'den ve Necip Fazıl'dan dinleyelim:

Savaş sonrasında ABD, New York Metropoliti Athenagoras'ı Patrik yapmak istiyordu. Amerikalılar, 1948'de Rus yanlısı olarak gördükleri Patrik Maksimos'un görevinden alınıp yerine Athenegoras'in getirilmesi için yoğun bir faaliyet içine girdi.

Maksimos'un sunduğu bazı şartlar kabul edildi ve 18 Ekim 1948'de istifa etmesi sağlandı.

Amerika'dayken Fener Rum Patrikliği'ne seçilen Athenegoras, Amerika'dan Başkan Truman'ın özel uçağıyla 26 Ocak 1949 günü İstanbul'a geldi ve ertesi gün merasimle taç giydi.

İsmet Paşa olumlu, Büyükelçimiz eski Dışişleri Bakanı Numan Menemencioğlu da bence haklı nedenlerle bu işe karşı çıkıyordu. Sonunda İsmet Paşa'nın dediği oldu.

Türk vatandaşı olmadığı için Patrik olması Lozan Antlaşması'na göre mümkün olmayan ABD vatandaşı Athenegoras, Başkan Truman'ın İnönü'den özel talebi üzerine bir gecede fevkalade telsik yoluyla Türk vatandaşlığına kabul edildi.

Daha sonraları Dışişleri Bakanı olan İhsan Sabri Çağlayangil, Emniyet'te pasaport işleri yapıyordu.

Ona demişler ki: 'Bu işi hallet. Athenagoras'ı Türk uyruklu göster.' Çağlayangil de kitabına uydurmak için 'Bu adam vaktiyle Selanik'te doğmuş olsun. Selanik de önceden Türk toprağıydı' şeklinde bir kimlik ve köken ihdas etti.

---

511 Şahin, 1996, sonuç bölümü.

Neticede Athenagoras, Fener'e Patrik oluverdi. Yetinmedi tabii; Fener, Patriğe dar geliyor, Eyüp nahiyesinin tamamını istiyordu. Heybeliada Ruhban Okulu'nun açılmasında da ısrarlı idi. [512]

---

512 Oğuz Gökmen, "Patrikhaneye İthal Ruhban", Akşam Gazetesi, 4 Mart 2004; Necip Fazıl Kısakürek, Büyük Doğu, Ördeklerden Bir Filo: Bir de Kazdan Amiral, Büyüyen Ay Yayınları.

ATATÜRK'ÜN İNÖNÜ İLE KAVGALARI

Esasen "İnönü'nün Atatürkü" fikri doğrudur. Zira Mustafa Kemal ile İsmet İnönü arasında görüş farklılıkları vardı ve Atatürk'ün ölümünün ardından atılan adımlar Atatürk'e mâl edilse de aslında İnönü'nün fikir dünyasının eseri idi.

Mesela, İsmet Paşa'nın Amerikan mandasını istediğini bilir miydiniz?

"...İsmet Bey (İnönü), Halide Edip (Adıvar) ve Refet Bey (Bele) de içinde olmak üzere birçok yurtsever kimse Anadolu'da Kurtuluş Savaşı verilebileceğine inanmıyorlar, Amerikan mandası altına girmekten daha iyi bir çare görmüyorlardı.

Halide Edip'in 10 Ağustos 1919 tarihi ile yazdığı mektup metni Atatürk'ün Nutku'nda da var: 'Biz İstanbul'da kendimiz için bütün eski yeni Türkiye sınırlarını içine almak üzere geçici bir Amerikan mandasını ehven-i şer olarak görüyoruz...'

İsmet İnönü, Kazım Karabekir'e yazdığı mektupta da bunları ifade eder:

'Kardeşim Kazımcığım,

… Şimdi İstanbul'da belli başlı iki cereyan vardır. Amerika, İngiliz taraftarlığı. İngiliz tarafında Hürriyet ve İtilaf ve Türkçe İstanbul gazetesi, Adil Bey vs. Mütebakisi Tevfik Paşa dahil olduğu halde Amerikan muaveneti taraftarıdırlar.

(…) Eğer Anadolu'da halkın Amerikalıları herkese tercih ettikleri zemininde, Amerika milletine müracaat edilse pek ziyade faydası olacaktır, deniyor ki ben de tamamıyla bu kanaatteyim. bütün memleketi parçalamadan Amerika'nın murakabesine tevdi etmek yaşayabilmek için yegâne ehven çare gibidir…" [513]

Gazi'nin, millî iradeye olan bağlılığı ile ilk dönemden itibaren zahirde yanında yer alan İsmet İnönü'nün davaya bakışı taban tabana zıttır.

Gazi'nin, Kurtuluş Savaşı'nı bina ettiği 'hakimiyet-i millîye' düşüncesi O'nun uluslararası ilişkilerde devlet adamlarıyla olan hukukunu dahi belirler:

"… Liderler içinde Bolşevik liderlerinden yalnız Lenin'i Rus ihtilali millî kurtuluş davalarını tuttuğu için, emperyalizmi reddettiği, Rusya içindeki milletlere hürriyet verdiği için sevmiştir." [514]

Aralarındaki bu 'ülkü' farkı ile Atatürk'ten sonra 'İnönücülük' olarak tanımlayabileceğimiz gelişmeler Atatürkçülük olarak yorumlanmış ve kurumsallaşmıştır.

Yani, Atatürk'ten sonraki zihniyetle Atatürk'ün Kurtuluş Sa-

---

[513] Atay, 2004, s.223-224.
[514] Atay, 2004, s.599-600.

vaşı'ndan itibaren yaptıkları, Türk millîyetçiliği, laiklik, dinde Türkçeleştirme hamleleri gibi büyük devrimler İnönü mantığı ile yorumlanmış, gelecek nesillere aktarılmıştır.

Mesela laiklik konusunun çarpıtılmasıyla alakalı Attila İlhan şunu söyler:

"... Şimdi sadece sanki Türkiye'nin tek meselesi laiklikmiş gibi o tartışılıyor. Laiklik, 1937'de Anayasa'ya girdi, Atatürk ölmeden bir sene evvel. O zamana kadar laiklik Türkiye'de büyük bir tartışma konusu bile değildi. Peki, Türkiye laik olmayacak mıydı? Tabii olacaktı. Türkiye millî demokratik bir devrim yaptı. Millî demokratik devrimler laiktir.

(...) Fransa laikliği icat eden memleket. Ben Fransa'ya giderken, bunu tekrar ediyorum ama bin kere tekrar edilmesi gereken bir şey, Türkiye'de tartışılan büyük sorun; mevlid radyodan verilsin mi, verilmesin miydi... İsmet Paşa zamanında bu çok büyük bir mesele sayılıyordu. 'Mevlid verilir, hayır verilemez, çünkü laikliye aykırıdır' tartışılıyordu buralarda!" [515]

Gazi henüz hayatta iken bir "dizbağı nişanı" meselesi geçmiştir aralarında. Salih Bozok, hatıralarında İsmet İnönü ile yolların ayrılışında bardağı taşıran son nokta olan bu hadiseyi şahidi olarak detaylarıyla anlatır:

"İngiliz gazetelerinden birisi İngiltere hükûmeti tarafından Atatürk'e dizbağı nişanı verileceğini yazmış. Bu haber üzerine bizim gazetelerde bir sürü şatafatlı yazılar yazmıştı.

Atatürk de o sırada Yalova'da bulunuyordu. İsmet Paşa da Heybeliada'da idi.

---

[515] Muharrem Bayraktar, Batı'nın Maskesi Düşüyor: Attila İlhan ile Sohbet, Asya Şafak Yayınları, İstanbul, 2009

Bir gün İstanbul'dan Yalova'ya gidiyordum… Yukarı kata çıkarak İsmet Paşa'nın yanına gittim. Yalova'ya geldiğimiz zaman iskeleden kaplıcalara kadar İsmet Paşa beni de otomobiline alarak beraber gittik.

Kendilerine dizbağı nişanından bahsetmek istedim. 'Maskaralık, maskaralık' diye mukabelede bulundular.

(…) Gazi Paşa, o akşamki misafirleri ile sofraya oturmuşlardı. İsmet Paşa'yı görünce sevindiler ve sofrada kendilerine bir yer gösterdiler.

O akşam sofrada her zaman bulunan arkadaşlardan başka Ruşen Eşref, Yakup Kadri Beylerle refikaları da vardı. Şükrü Kaya Bey de orada imiş.

(…) İsmet Paşa dizbağı nişanından bahsederek Atatürk'e, 'Müsaade buyurursanız, ben Hakimiyet-i Milliye gazetesi ile bu nişan meselesini tezkip ettirmek (yalanlatmak) ve bu münasebetle de bizim gazetelere bir ders vermek istiyorum. Çünkü İngiltere hükûmeti tarafından buna dair hiçbir teklif yapılmadığı halde bizim gazeteler bu meseleyi büyüterek bir çok şeyler yazmaktadırlar' dedi.

Atatürk, İsmet Paşa'nın söylediklerini muvafık buldukları için, İsmet Paşa sofrada yazmak istediklerini yazdılar ve Atatürk'e okudular. Paşa, yazılan şeyi beğendi ve kendileri de bir madde ilave etmek istediler.

O madde de şuydu:

'Bahusus, İspanya Kralı'ndan arta kalan böyle bir nişan Türk Reisicumhuruna verilemez. Verilecek olsa bile Türkiye Reisicumhuru o nişanı kabul edemez.'

Atatürk'ün ilave ettirmek istediği bu maddeye karşı İsmet Paşa şu mukabelede bulundu:

'Paşam, evvelce de arz ettim ki, resmen böyle bir nişan ne verilmiş, ne de İngiltere hükûmeti tarafından buna dair teklif vaki olmuştur. Binaenaleyh bu maddeye lüzum yoktur.'

Atatürk, İsmet Paşa'ya, 'Efendim, sen benim dediğimi ilave et. İngilizler beni sevdikleri için yazılan şeyi hüsn-ü telakki ederler (iyi karşılarlar). İngilizler benim için Lloyd George'u bile attılar' deyince, İsmet Paşa (o geceye kadar Atatürk'e karşı kendisinde görmediğim adeta isyankâr bir vaziyette), 'Efendim, Lloyd George atılmış değildir. Siyasetinde muvaffak olamadığı için kabinesinden çekilmiştir. Yoksa kendisi elyevm bir siyasî fırkanın başındadır ve mebustur. Sizin ilave etmek istediğiniz maddeyi de buraya yazmak muvaffak değildir' dediler.

Atatürk, İsmet Paşa'nın vaziyetlerini ve ifadelerini manidar bularak fena halde kızdılar.

İsmet Paşa'nın işitemeyeceği hafif bir sesle sofrada bulunanlara, 'İsmet Paşa'nın bana itiraz etmesinin sebebini anlıyorum, geçen gün buraya gelen İktisat Vekili Mustafa Şeref Bey'e yaptığım muameleden kızmıştır' dedi.

(…) Atatürk, bizzat kendileri bir vesile bularak İsmet Paşa'ya çok şiddetli lisan ile hükûmet işlerinden bahsettiler ve çok acı bir sûrette İsmet Paşa'yı tenkit ettiler.

Hatta, 'Seni ben mahvederim İsmet! İsmet!' dediler." [516]

Bu şiddetli konuşmanın ardından salon boşaltılmış, Atatürk, Nuri Conker ve Afet İnan'a, "Ben bu hale tahammül edemem

---
516 Salih Bozok-Cemil Bozok, 1985, s.229-231.

ve yarın Ankara'ya giderek kabineyi bizzat teşkil edeceğim" demiştir.

Ancak sabah araya giren Salih Bozok'un yumuşatan tavırları ile bu hadise kapanmıştır.

İSMET PAŞA'NIN BAŞVEKİLLİK'TEN AYRILMASINDA, SERBEST FIRKA KURULDUĞU ZAMAN TAVIR ALMASI ETKİLİDİR

Kılıç Ali, tek partili dönemden çok partili hayata geçiş denemeleri için şunları anlatır:

"... İnkılapların memlekette kökleştiği ümidiyle milletin doğrudan doğruya reyine müracat edilmesi ve çok partili demokratik rejime geçilmesi...

Atatürk'ü tek parti taraftarı, devlet otoritesine dayanarak mevkiinde kalmak isteyen bir parti şefi gözü ile görmek isteyenler, çok büyük insafsızlığa düşerler.

Tek partili bir rejimin nasıl bir esaret rejimi olduğunu, -çok kişinin belki tuhafına gider-, bu memlekette Atatürk kadar anlayan ve bundan Atatürk kadar muzdarip olan vatandaş hemen hemen yok gibidir, denilse yeridir.

İsmet Paşa'nın Başvekil olarak memlekette tesis ettiği totaliter idareden vatandaşlar ne kadar muzdarip olmuşlarsa, Atatürk de belki o vatandaşlardan daha fazla ızdırap çekmiştir." [517]

Salih Bozok'un hatıratından aktaralım:

"İsmet Paşa'nın, Başvekillikten ayrılmasının hakiki sebebini sonradan öğrendim. Bunu da benimle, Kılıç Ali Bey'e, Kazım Özalp anlatmıştı.

(…) Benim kanaatimce İsmet Paşa, Serbest Fırka'nın teşkilinden itibaren Atatürk'e karşı bir iğbirar ve infial hâsıl etmişti.

Çünkü Serbest Fırka teşekkül ettiği zaman, kendisine karşı İzmir'de yapılmış olan şayan-ı teessür tezahürat (üzücü gösteriler) haklı olarak onu müteessir etmiştir.

O zamanlar bir müddet için Atatürk'ün lakayt ve sakin gibi görünmesi İsmet Paşa'nın canlarını sıktığına hiç şüphe etmiyorum.

(…) Serbest Fırka'nın başındakilerden Fethi Bey ve Ağaoğlu Ahmet Bey ve Tahsin Bey İzmir'e gitmişlerdi. Fırka'nın lideri Fethi Bey orada bir nutuk irad ederek Serbest Fırka'nın teşkilinden ve programından bahsedecekti.

Fırkanın umumi katibi olan Nuri Conker ise, onlarla İzmir'e gitmemiş, İstanbul'da kalmıştı. Arkadaşları İzmir'e gidince kendilerine karşı yapılan tezzhüratı gazetelerden okumuş ve bundan müteessir olarak arkadaşlarının taşkınlıklarına mani olmak maksadıyla birkaç gün sonra o da İzmir'e gitmişti…

Nuri Bey'in İzmir'e hareketinden bir gün sonra Dolmabahçe Sarayı'na gittiğim zaman Atatürk'le İsmet Paşa'nın başkatibin odasında olduklarını öğrendim… İsmet Paşa telefon başında Ankara ile görüşüyordu.

---

517 Kılıç Ali, 1955, s.61.

Atatürk beni görünce, 'Yahu birkaç gündür Nuri Bey'i göremiyorum, acaba hasta mıdır?' diye bana sordular. Ben de Nuri Bey'in İzmir'e gittiğini Atatürk'e arzettim.

Atatürk, ne gibi bir maksatla İzmir'e gittiğini İsmet Paşa'ya da arz etmemi emir buyurdular. İşittiklerimi aynen İsmet Paşa'ya söyledim. Fakat kendisi hiçbir cevap vermedikleri gibi, benim maruzatımdan da canı sıkıldığını anladım...

Atatürk bana şöyle dedi:

'İsmet Paşa sana değil, asıl bana gücenmektedir. İzmir'deki hadiselere karşı lakayt bulunduğumu zannediyor. Halbuki ben de Fethi Bey'in İzmir'e giderken vereceği nutku bana göstermediğine ve orada yaptığı bazı beyanata kızıyorum.

Ben kendisine itidalle hareket etmesini ve mebus olduktan sonra daha bazı arkadaşları fırkasına vereceğimi söylediğim halde, Fethi Bey lüzumsuz bazı beyanatta bulunmuştur ki, haklı olarak da İsmet Paşa'nın canı sıkılmaktadır.'

Nitekim Fethi Bey'in söylediklerinden birisi şudur:

'Eşhas-ı meçhule (bilinmeyen kişiler) ceplerini doldurmakla meşguldür' demiş ve bu ifadesi ile hükûmeti şiddetle tenkid etmek istemiştir.

(...) Akşam da olmuştu. Odaya girdiğimiz zaman Atatürk, İsmet Paşa'ya, 'Yeni bir haber var mı' diye sordular.

İsmet Paşa da kendilerine cevap vermeden, 'Nerede o Salih' diye yüksek sesle adımı söylediler.

'Hani ya Nuri Bey arkadaşlarının taşkınlıklarını mani olmak için İzmir'e gittiklerini söylüyordun. Bak bugün İzmir'de 50 bin kişinin karşısında Fethi Bey nutkunu okumuş fakat sesini işittiremediği için Nuri Bey, Fethi Bey'in söylediklerini tekrar ederek herkese işittirmeye çalışmış' dedi.

İsmet Paşa, adeta beni Serbest Fırka'nın liderine taraftarlık ediyormuşum şeklinde itham ediyordu.

Paşa bana,'Fazla teessüre kapılma, şimdi git istirahat et. İsmet Paşa'nın, İzmir'de Serbest Fırka'ya karşı yapılan tezahürattan canı sıkılmıştır. Evvelce de söylemiştim ya, sana değil, benim sakin kalışıma kızıyor' dedi." [518]

Öyle de görünse, o günlerde İsmet Paşa'nın tavırlarına fena halde kızıyordu.

Katıldığı bir sünnet düğününde yanındakilere şöyle demiştir:

Recep Peker'e hitap ederek:

"Recep! Ben bir adamı alır yükseltirim fakat o hazmedemez, vaziyeti takdir edemezse..."

---

[518] S.Bozok-C.Bozok, 1985, s.233-240.

BAŞVEKİLLİKTEN AYRILIŞ HADİSESİ

"İsmet Paşa sık sık hemen her gece sofranın müdavimi iken, son zamanlarda sofra ziyaretlerini seyrekleştirmiş; evvelce feyz ve zevk aldığı o sofraya adeta tehditkâr bir tavır takınmış görünmekte idi." [519]

Başvekillikten ayrılışı, Kılıç Ali'nin ifade ettiği bu hal yüzünden olmuştur.

"İsmet Paşa'nın neden başvekillikten çekildiğini Kazım Paşa, benimle Kılıç Ali Bey'e anlatmıştı:

Atatürk'e çiftlik ve bira fabrikası hakkında çiftlik müdürü-Tahsin ve başkatip Hasan Rıza (Soyak) Beyler tarafından malumat verilirken, Dahiliye Vekili Şükrü Kaya Bey de Atatürk'ün yanlarında bulunuyormuş.

---

[519] Kılıç Ali, 1985, s.82.

Vekiller toplantısında, Şükrü Kaya Bey'e, İsmet Paşa, neden geç kaldığını sorduğu zaman, Atatürk'ün yanlarında bulunduğunu ve orada konuşulanları söyledi. İsmet Paşa'nın bundan çok canı sıkılmıştı.

O günün akşamı bütün heyet-i vekile arkadaşları ile birlikte Atatürk'ün köşküne çıktık. Sonra da çiftlik ve bira fabrikası mevzu olunca İsmet Paşa gayet şiddetli bir lisanla Atatürk'e mukabelede bulundu.

Atatürk ise gayet sakin bir halde ve İsmet Paşa'nın işitemeyeceği kadar yavaş bir sesle, 'Yahu İsmet Paşa'ya ne olmuş, kendisini çok asabi görüyorum' dedikten sonra, Şükrü Kaya'ya, 'Sen mi bir şey söyledin?' diye sordular.

Şükrü Kaya anlatınca, kızdılar ve İsmet Paşa ile fazla münakaşada bulunmamak için sofra vaziyetine erkenden nihayet verdiler.

Kazım Paşa'nın ifadesine göre, İsmet Paşa asabiyetle şunları söylemiş:

'Çiftlik müdürü ile başkatip devlet işlerine müdahale ettiriliyor ve bu sofrada konuşulanlar karar halinde bize bildiriliyor.'

Ertesi gün Dil Kurultayı'nda bulunmak üzere İstanbul'a hareket edecek olan Atatürk, İsmet Paşa'yı İstanbul'a davet etmediğinden, İsmet Paşa kurultayda bulunmak için gitmek konusunda tereddütte kalmıştı... Kurultayda bulundular.

Yine Kazım Paşa'nın ifadesine göre, İsmet Paşa bir kağıda, Atatürk'e hitaben şunları yazmış:

'Paşam, bana el'an dargın mısınız?'

Atatürk de kendisine;

'Bizim aramızda dargınlık ne demektir, daima arkadaşız' cevabını vermişlerdir.

Fakat o gün Celal Bayar'ın kendisine vekalet etmek üzere bir müddet istirahat etmelerini de emir buyurmuşlardır.

İşte İsmet Paşa'nın başvekaletten çekilmesi bu şekilde olmuştur. Celal Bayar, bir müddet vekaletle başvekaleti idare ettikten sonra, asil başvekil olmuşlardı." [520]

"Kılıç Ali, anılarında, Atatürk'ün İsmet Paşa'yı Başbakanlıktan uzaklaştırmak istediğini ve yerine Celal Bayar'ı getirmeyi düşündüğünü, öncelikle yalnızca kendisi ile Cevat Abbas'a söylediğini anlatır.

Trende geçen olaylar ve konuşma şöyledir:

Uyku arasında birdenbire kompartımanın kapısının vurulduğunu duydum... Berber Rıdvan, 'Atatürk sizi çağırıyor' diye seslendi. Hemen giyindim ve Atatürk'ün salonuna gittim. Rıdvan'ın benden sonra Cevat Abbas'ı da uyandırdığını öğrenecektim.

Atatürk büyük bir koltuğun içinde bağdaş kurmuş oturuyordu. Ceketini çıkarmıştı. Üzerinde yelek vardı. Fakat yakasında yakalık ve boynunda kıravat yoktu. Sigara içiyordu. Karşısında da giyinik olduğu için benden önce kalkıp gelmiş olan Cevat Abbas oturuyordu. Emretti, ben de karşısına oturdum. Sigarasından birkaç nefes çektikten sonra ikimize birden sordu:

'Eee söyleyin bakalım, ne var ne yok?'

'Sağlığınız Paşam' dedik.

Tekrar buyurdu: 'Neler oluyor, neler bitiyor? Hiçbir havadisiniz yok mu?'

---

520 S.Bozok-C.Bozok, 1985, s.241-243

Atatürk bu şekilde bizden havadis almak istiyordu.

Dayanamadım, rica ettim.

Paşam, olan bitenden haberimiz yok. Fakat muhakkak ki, bir olağanüstülük var. Bundan dolayı da meraktayız. Lütfediniz, bizi meraktan kurtarınız.'

Atatürk, gayet doğal bir sesle cevap verdi:

'Önemli bir şey yok. İsmet Paşa biraz yorulmuş da kendisine bir süre için izin verdim:'

Atatürk'ün asabiyeti geçmişti. Aksine neşeliydi. Yine ikimize sordu:

'Şimdi söyleyin bakalım. Başbakan kim olacak?'

Ben yine atıldım:

'Paşam, İsmet Paşa'ya izin veren sizsiniz. Elbette izni verirken vekili de seçmişsinizdir. Lütfediniz, merak ediyoruz, vekilleri kimdir efendim?'

Atatürk güldü, yavaş bir sesle:

'Bayar' dedi.

Cevat Abbas'la aynı anda cevap verdik: 'Ne büyük isabet buyurmuşsunuz.'

'Evet, İsmet Paşa da aynen sizin gibi isabet ettiğimden söz etti.'

Atatürk, İsmet Paşa ile aralarında geçen konuşmayı da şöyle anlattı:

'Akşam Ankara garından hareket ettikten ve sizi yanımdan gönderdikten sonra kendisini karşıma aldım. 'Gel buraya bakalım. Sen çok aşırı hareketlere başladın. Bu durumundan memnun değilim, seninle ne yapacağız?' diye sordum. Gayet ürkek, bitkin bir durumda adeta mektep çocuğu gibi başını önüne eğdi. Sağ elini göğsüne koyarak,

'Ne emredersiniz?' diye cevap verdi.

'O halde seninle bir süre arkadaşlığa ara verelim ve birbirimizden uzak kalalım. Başbakanlığa kimi aday olarak önerirsin?'

Bunu duyunca önce şaşırdı, sonra şu cevabı verdi:

'Her şeyde olduğu gibi bunda da isabet büyüktür efendim.'

Herhalde benden böyle bir tavır beklemiyordu. Korkmuş, ürkmüş bir hali vardı. Bir şeyler söylemek istedi, dinlemedim. Sözünü kestim, ayağa kalktı, yürüdüm. Bununla birlikte adamın yine şansı varmış.

Eğer dün Meclis'i toplantı halinde bulsaydım, meseleyi daha başka, kendisi için daha fena halde halledecektim.'

Atatürk, bunları anlattıktan sonra birdenbire hatırlamış gibi sözü sofrada geçen olaya getirdi. Hatırladıkça sinirlendiği belli oluyordu:

'Akşam sofrayı dağıttıktan sonra hayli düşündüm. Bu adamı artık iş başından çekme zamanının geldiğine kani oldum. Kararımı verdim.'

Atatürk bunları anlattıktan sonra şunu da söylemeyi ihmal etmedi:

'Bu durumdan henüz Bakanlar Kurulu'nun ve diğer arkadaşların hiç birinin haberi yok, yalnız siz biliyorsunuz.'" [521]

---

[521] Gürer, 2007, s.380-381.

İSMET PAŞA'NIN BAŞVEKİLLİKTEN AYRILMASINDAN SONRA ATATÜRK ALEYHİNE SLOGAN ATILMASI

Atatürk ile İsmet Paşa arasında Serbest Fırka'nın kurulmasından sonra başlayan olaylar, başvekillikten alınmasının ardından da devam etmişti.

Öyle ki, Bozok, anılarında şunu yazar:

"... Faik Doğan Bey evime gelerek Atatürk'le İsmet Paşa arasında yalan yanlış ortada devran eden dedikodulardan ve şayialardan büyük teessürle bahsetikten sonra, mebuslar arasında da ikilik olduğunun ve İsmet Paşa'ya stadyumda yapılan tezahürat esnasında Atatürk'ün aleyhinde de birçok sözler söylenmiş olduğunu anlattı." [522]

Bozok, fırka toplantısında söz alarak bu konuyu gündem et-

---
[522] S.Bozok-C.Bozok, 1985, s.244.

miş ve orada bulunan İsmet Paşa'dan fırka azalarının önünde, bu tavırlar için cevap beklemiştir. İsmet Paşa önce devlet işlerinden çok yorulduğunu, Atatürk'ten kendisini artık bu işlerden azat etmesini birkaç kez istediğini anlatır, sonra vekiller heyetinde kalabalık bir yerde söylenmeyecek şekilde, 'canımdan bezdim ve artık devam edemeyeceğim' dediğini açıklar.

Atatürk'e hakaret edilen futbol maçına lafı getirerek;

'Futbol maçına gittim. Orada sessiz bir yer vardı. Biraz sonra alkışladılar. Maçı veya dışarısını alkışlıyorlardı. Ne ise... İşi uzattılar. Baktım bana tezahürat yapıyorlar, dışarıda birçok mektep talebesi, izciler ve halk kalabalığı vardı. Kalabalıktan bir kısım kaptanın etrafında bulunuyordu. Yaşa diye selamlamaya başladılar. Bırakmadılar...

Böyle, herhangi bir memlekette herhangi bir sebeple sempati tezahürleri olabilir, böyle anlarda da kalabalık içinde birkaç tahrikçi sûret-i mahsusa da teşvikler de yapabilir fakat evvelce de arzettiğim gibi halktan yaşa sözünden başka bir şey işitmedim' der." [523]

---

[523] S.Bozok-C.Bozok, 1985, s.250-251.

İNÖNÜ ATATÜRK'TEN HEMEN SONRA ATATÜRK'E YAKIN VEKİLLERİ UZAKLAŞTIRMIŞTIR

İsmet Paşa, Gazi'ye yakın kadroyu yanından uzaklaştırmıştır.

Salih Bozok'un oğlu Cemil Bozok o günleri şöyle anlatır:

"... Atatürk'ün ebediyete intikalinden kısa bir süre sonra yeni bir seçime giden İnönü, Atatürk'ün yakınları olan Fuat Bulca, Müfit Özdeş, Cevat Abbas, Recep Zühtü, Kılıç Ali Beyleri Halk Partisi mebus listesine koymadığı gibi, babamı da o günlerin yeni bir icadı olan ve bir kısım illerde uygulanacak olan istişare listesinde denemeye tâbi tutmayı uygun gördü.

Bu manidardı. Şayet babam, eskiden beri mebusluğunu yaptığı Bilecik'te mebus adaylığı oyunu alamamış olursa, herhalde kendisine, 'Ne yapalım Bileciklilere kendini sevdirememişsin' diyecekti ve babamı da öyle ekarte edecekti.

(…) İstişare denemelerinin yapıldığı gün babam evde idi. Çok sakindi. Ben de o gün evden ayrılmadım. Akşam üzerine doğru Bilecik mahreçli bir telgraf geldi:

'Ellerinizden öperim. İdare-i hususiye memuru.'

Babam, 'Bunun mânâsı nedir?' dedi.

Ben, 'Baba, istişare seçimini kazandın, tebrik ederim' dedim. (Sonra Salih Bozok mebus olur).

(…) Eski arkadaşlarına karşı vefa izleri besleyen babam, onların mebus olmayışlarına çok üzülüyordu.

Özellikle Kılıç Ali Bey kendisiyle her buluşmasında dert yandığı için üzüntüsü bir kat daha artıyordu.

Paşa'yı ikbal döneminde de ara sıra ziyaret ediyor ve her defasında arkadaşlarının mebus olması ricasında bulunuyordu.

Bu ricaları ilk zamanlar gülerek dinleyen İnönü, sonra suratını buruşturmak sûretiyle karşılamış ve nihayet bir gün;

'Salih, artık onlar için bir daha ricada bulunma, dinlemem' demiştir.

Paşa demek ki bıkmış. Yalnız onlardan değil, babamdan da. Çünkü babam öldüğünde cenazesine bir yaverini göndermediği gibi, bir çelenk de yollamadı…" [524]

Celal Bayar da bu mânâda şunu anlatır:

"Atatürk ölmüş, Meclis toplanmış, İsmet Paşa cumhurbaşkanı seçilmiştir.

Kendisini ilk tebrik eden ben oldum. Son derece duygulandı. Elimi uzun süre bırakmadı… İtina ile tebriğime teşekkür etti ve

---

524 S.Bozok-C.Bozok, 1985, s.132-134.

protokol dışı olduğu halde, kendisini beklememi rica etti, bekledim.

Tebrik merasimi bittikten sonra Büyük Milllet Meclisi'ndeki Cumhurbaşkanı odasına götürdü beni ve itina ile yer gösterdi, ben kanepenin soluna oturacağıma sağına oturduğumu fark edince; yer değiştirmek istedim, iki eliyle omuzlarıma bastırarak;

'Olmaz Celal Bey, çok rica ederim... Teklif mi var... Kaç yılın dostuyuz' diye beni yerimden oynatmadı.

Burada da Atatürk'ün hastalığı sırasında Başvekil olarak gösterdiğim dirayeti öven sözler söyledikten sonra;

'Yeni kabinenizi kurunuz Celal Bey!' dedi. İtiraz ettim. 'Çok yoruldum' dedim.

Kesif olaylar yaşadık, bunların ağırlığından henüz kurtulamadım' dedim fakat ne dedimse ikna edemedim.

Kabineyi benim kurmamda ısrar ediyordu. Nihayet beni tatmin etmiş olmak için,

'Size hiçbir telkinde bulunmayacağım; kabinenizi istediğiniz gibi ve istediğiniz kimselerle kurunuz, rica ederim' deyince daha fazla direnmenin hem yakışık almayacağını, hem memleket hesabına yararlı olmayacağını düşündüm. Çünkü yeni cumhurbaşkanı gelir gelmez yeni bir kabine kurması, İsmet Paşa ile benim aramızın açık olmasını isteyenler için bulunmaz nimet olacaktı. Kabul ettim.

'İtimadınıza teşekkür ederim' dedim.

Yeni kabine, eski kabinenin aynısıydı. Bir kağıda yazıp kendisine götürdüm. Şöyle bir baktı. İsimleri okumadan kimleri aldığımı bildirmiş gibi gözlerini bana kaldırdı;

'Çok güzel Celal Bey' dedi, 'Vefalı bir insansınız fakat müsaade eder misiniz, böyle olsun...'

Ve elindeki kalemle, İçişleri Bakanı Şükrü Kaya ile Dışişleri Bakanı Tevfik Rüştü Aras'ın adlarını çizdi." [525]

Yine, İnönü'nün cumhurbaşkanı olduğu günlerde, Celal Bayar'ın şahit olduğu, Atatürk dönemini silme çabasına bir örnek daha:

"Atatürk ölmüştü. İsmet Paşa cumhurbaşkanı seçilmişti. Kutlamak için ziyaretine gitmiştim. Bana yeni kabineyi kurma görevini vermişti. Yanından çıkıyordum. Yolda Kazım Özalp'le karşılaştık.

Samimi bir hareketle koluma girdi ve benimle birlikte yürürken hem başvekilliğimi kutladı, hem de dosthane bir tavırla,

'Bak Celal Bey' dedi, 'Artık kale Atatürk/Atatürk dedi ki yok.'

Gözgöze geldik. Hiçbir karşılık veremedim. O da! Sustuk!

Birkaç gün sonra idi. Yeni kabinenin programını İsmet Paşa'ya gösteriyordum. Çözümlenmesi gereken bir nokta vardı ve uygun bir formül bulamıyorduk. Bu sırada İsmet Paşa'ya;

'Atatürk'ün bu konuda bir formülü vardı' dedim.

Birden telaşlandı, iki elini havaya kaldırarak;

'Onu bırak' dedi. Sonra, 'Kendileri bir fikir bulamıyorlar da Atatürk'ün fikirlerini kullanıyorlar' derler." [526]

---

[525] İsmet Bozdağ, Bilinmeyen Atatürk, Celal Bayar Anlatıyor, 4. baskı, Truva Yayınları, İstanbul, s.99-100.
[526] Bozdağ, s.101.

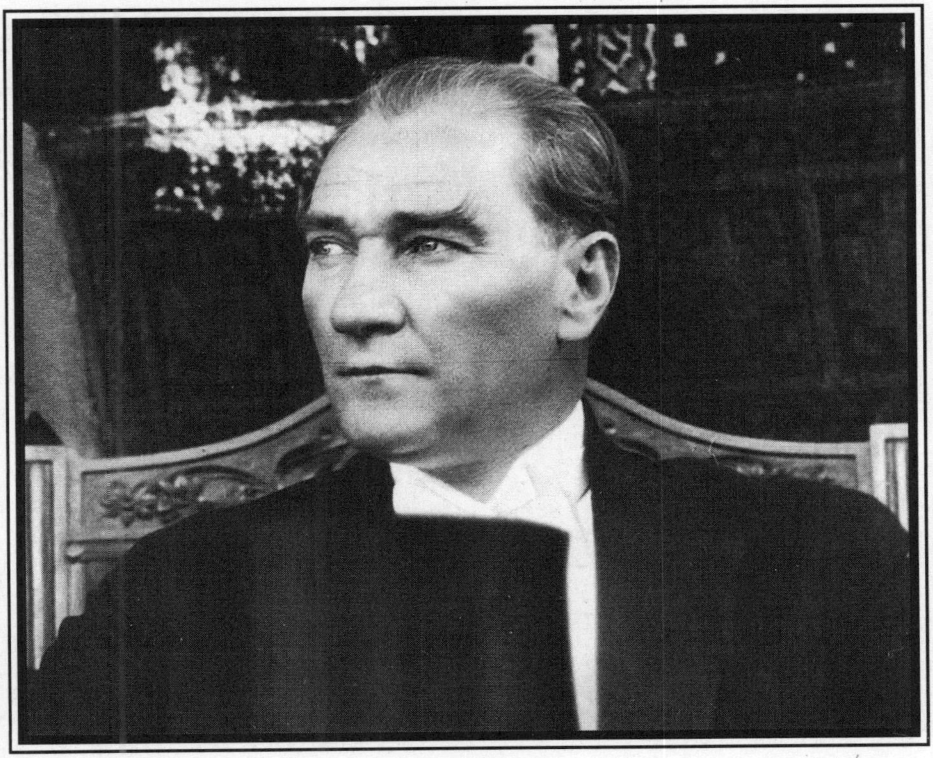

17. BÖLÜM

ATATÜRK'ÜN BÜYÜK DEVLET ADAMLIĞI

- **Büyük Devlet Adamlığı Örneği**
- **Bir An Dahi Hukuk Çerçevesinden Çıkmayan Lider**
- **Atatürkçülük Nedir?**
- **Gazi, Cumhuriyetin İlanından Ölümüne Kadar Geçen Sürede Nelere İmza Atmıştır?**
- **Osmanlı Padişahları ile Bir Kıyas**
- **Atatürk'ün İçki İçmesi Meselesi**

BÜYÜK DEVLET ADAMLIĞI ÖRNEĞİ

"...Hiç unutmam bir Almanya seyahatimizde arkadaşımız merhum Siirt Mebusu Mahmut Bey'in sefir Kemalettin Sami Paşa delaletiyle Hitler'le yaptığı bir mülakat esnasında o zamanlar bütün dünyanın dikkatini üzerine celbetmiş olan mağrur Hitler'in;

'Bütün enerjimi Atatürk'ten alıyorum. O'nun hayatı bizim feyizli ışığımızdır' diyerek Atatürk'ü övmesi ve Rusların onbeşinci yıldönümünde yaptıkları merasimde bulunmak üzere bir heyetle Moskova'ya gittiğimiz zaman o zamanın Hariciye Komiseri olan Çiçeri'nin heyetimize hitaben verdiği bir nutukta;

'Mustafa Kemal gibi büyük çapta kudret sahibi bir adamın başınızda bulunması sizin için ne kadar büyük bir kuvvet ise O'nun dostluğu bizim için de aynı şekilde kuvvet ve bahtiyarlıktır' demesi bir Türk olarak göğsümüzü ne kadar kabartmış, bizi ne kadar gururlandırmıştı." [527]

Hatay'ın anavatana katılması konusunda gösterdiği hassasiyete bir bakınız:

"... Hatay meselesi etrafında Cenevre'de müzakereler oluyordu. Hatay'da Arapça'nın resmi lisan olması mevzuu üzerinde duruyorlar, bunda ısrar ediyorlardı.

O zamanki hükûmet ise anlaşmazlık yüzünden Fransızlarla herhangi muhtemel bir silahlı ihtilaf vaziyetinin önüne geçmek gibi birtakım düşüncelerle teklif edilen bu maddeyi hemen hemen kabul etmeğe mütemayil vaziyetteydi.

Atatürk bunu öğrenince ve geç vakit İsmet Paşa'nın köşkünde bu mevzu üzerinde heyet-i vekile müzakerelerinin cereyan ettiğini haber alınca sinirlendi.

Dolmabahçe Sarayı'ndaydık. Atatürk bu Arapça meselelerini duyar duymaz sofrayı dağıttı.

Misafirler gittikten sonra emir verdi. Telefonla Ankara'da İsmet Paşa'nın köşkünü bulduk. Saraçoğlu Şükrü Bey telefona geldi. Ben de telefonu aldım. Atatürk'ün emirlerini Saraçoğlu'na tekrarlıyordum. Atatürk hiddetle;

'İskenderun sancağının nerede olduğunu dahi bilmeyen Fransızlar, bilhassa başlarında bir Alman cenderesi durup dururken Hatay için muharebe yapamazlar. Ben Hatay'ı alacağım diye oradaki Türk çocuklarını Arapça tahsil ettirmek üzere Şam medreselerine mi göndereceğiz? Ne zihniyettir bu?' diye hükûmete acı acı ihtarda bulunarak ve emirler vererek teklif edilen maddeyi reddetmiş Fransızlara istediğini yaptırmıştır.

---
[527] Kılıç Ali, 1955, s.49.

İsmet Paşa ise bu yüzden Fransızlarla büyük bir kavga olur diye işi zihninde büyütüyor ve korkusundan uykusu kaçıyordu..." [528]

"Yugoslavya Kralı Aleksandr geldi. Atatürk'ün görüşlerinden, düşüncelerinden istifade etmek ve görüşmek arzusunu kendisi izhar etti. Birtakım protokol şekillerini ve protokol icaplarını bir tarafa bırakarak hariciyecilerine,

'Protokol formalitelerini bir tarafa bırakınız da bir an evvel bu zatla temasa getiriniz' diyerek Atatürk'le temas ve görüşmekte fayda buldu ve bu hususta ısrar etti. Nihayet geldi. Dolmabahçe'de Atatürk tarafından istikbal edildi.

Dolmabahçe Sarayı'na girer girmez meşhur somaki odada yirmi dakika devam eden görüşmelerde Balkan Antantı, günün bütün siyasî vaziyetleri üzerinde mutabakat hâsıl oldu.

Kral Aleksandr ile hemen samimi bir dostluk peyda oldu.

Akşam yemeği kral ve kraliçe ile beraber gayet hususi mahiyette yenildi. Bu hususi yemekte arkadaşım Nuri Conker ile ben de bulunuyordum.

Kral, Atatürk'e o kadar hayran olmuştu ki, derhal Atatürk'ün elini iki elinin arasına alarak;

'Benimle ne zaman arkadaş olacaksınız?' diye samimi ve masumane bir sual sordu.

Atatürk ciddi ve vakur bir eda ile;

'Arkadaşlığımız başlamıştır. Bunun idamesine ve inkişafına çalışacağız' dedi." [529]

---

[528] Kılıç Ali, 1955, s.102-103.
[529] Kılıç Ali, 1955, s.104.

İran Şahı Rıza Han Pehlevi, Atatürk'e o kadar muhabbetle bağlanmıştı ki, "menim birader" derdi.

"Hep birlikte İzmir'e gidiliyordu. Trenle Alaşehir civarına gelindiği zaman Şah kalkmış, Atatürk henüz uykuda idi. İstasyonlarda halk davul, zurna ve mızıkalarla istikbal ediyorlardı. Şah, Atatürk'ün rahatsız olmamaları için tren penceresinden eğilerek halka;

'Menim birader uyuyor! Rahatsız etmeyesiz! Susasız!' diyerek davulları bizzat susturuyorlardı...

(...) Atatürk, trende Nuri, Salih Beylerle beni, 'arkadaşlarım' diyerek takdim ettikleri zaman Şah bize döndü;

'Anladım sizler çok bahtiyar kişilersiniz' diyerek Atatürk'e karşı olan samimi duygularını izhar ederek iltifatta bulunmuşlardı.

Şah'ın Atatürk'ten ayrılırken, veda ederken son sözü şu olmuştu:

Biraderim bilesiniz ki, Şark'ta (kendisini kast ederek) bir kolordu kumandanınız vardır." [530]

"İran Şahı Rıza Pehlevi, Atatürk'ün misafiri... Ilık bir bahar günü mektep koridorlarında şimşek gibi bir haber yayıldı. Şimşek gibi diyorum, hakikaten hepimiz bir anda elektiriklenmiştik.

'Atatürk geliyor!'

İzmir Muallim Mektebi, kendi tarihi için önemli olan bu ziyarete kendini hazırlayadursun, biz bir alay çocuk, O'nu yakından görebilmek imkanının verdiği sevinç içindeyiz.

---

[530] Kılıç Ali, 1955, s.105-106.

Caddeden kırk basamağın ucundaki cümle kapısına kadar bütün merdiveni dolduruyoruz. Ben, tam kapı ağzında nöbetteyim.

Ta uzaklardan kopup gelen 'yaşa'larla alkışlar yüreklerimizi ağzımıza getiriyor.

İşte karşıdalar. Hazır ol vaziyette heyecandan donmuş birer heykeliz sanki. Yalnız yaşadığımızı hissettiren kalbimiz ve onunla birlikte yürüyen nazarlarımızda hareket var.

Tam yanı başımda kapıdan bir adam gerileyerek o cihanşümul nezaketi ile misafirine yol gösteriyor:

'Buyurun...'

Merdivenleri mütebessim çıkan İran Şehinşahı Rıza Pehlevi birden ciddileşerek sağ elini yukarı kaldırdı ve 'Yok' dedi, 'Men leşkerem, sen serdarsen.'

Atatürk önden yürüdü." [531]

Feridun Cemal Erkin, genel sekreterliği esnasında İngiliz büyükelçi Clark'dan dinlediği bir anıyı anlatır:

"1930 senelerinde İtalya diktatörü Mussolini Türkiye'nin adını vermeksizin 'İtalya'nın geleceği Doğu Akdeniz'dedir' tarzında nutuklar söylerdi.

35 senesinde Mussolini yine böyle nutuklar vermiş. Bir millî gün vesilesiyle Atatürk büyükelçiler heyetini kabul ediyor, tebligat arz etmek için büyükelçiler geliyorlar ve kapı açılıyor, Atatürk salona giriyor, rengi kıpkırmızı, gözlerinde ateşler, kıvılcımlar fışkırıyor, belli ki hiddetli.

Hiddetli olmasının sebebini biz biliyoruz, daha evvel söylen-

---

[531] Murtaza Murtazaoğlu, Men Leşkerem, Sen Serdarsen, Cumhuriyet, 12.12.1948.

miş nutuk.

Fakat her zamanki kibarlığı, nezaketi ile geldi. Kordiplomatik erkânın elini sıkarak ve her sefire iltifatta bulunarak, her sefire devlet reisinin veya kralının sıhhati hakkında sorular sorarak sırayla büyükelçileri gezdi ve tebrikleri kabul etti.

Sonra bana geldi, bana da iltifat etti, kral hazretlerinin sıhhatini sordu. Yanımda İtalya sefiri var. İtalyan sefiri de tanıdığım bir insan, Musogali isminde fevkalade mahir bir diplomat, Atatürk onun tebriklerini kabul ettikten sonra, ona;

'Sayın büyükelçi, şefiniz bize gelmek istiyormuş. Buyursunlar, bekliyorum ve kendilerini şan ve şereflerine layık bir şekilde kabul edeceğim. Fakat gelmezler, büyükelçi. Bekliyorlar ki, ben öleyim benden sonra gelsin. Söyleyin şefinize, bu millet bir Mustafa Kemal kaybederse, bin Mustafa Kemal yetiştirir' dedi.

Öyle gergin bir hava var ki kimse nefes almıyor, yanımda büyükelçi tirtir titriyor..." [532]

---

[532] Kal, 2016, s.134-135.

BİR AN DAHİ HUKUK ÇERÇEVESİNDEN ÇIKMAYAN LİDER

Günümüzün siyasîlerinin halkın nazarında en büyük problemi adalet konusu.

Zaman zaman ortaya çıkan hukuksuz işler, adaletle hukuka uyarak hareket etmesi gerekenlerin saygınlığını azaltıyor.

Atatürk ise, İslam'ın temel esaslarından olan adaleti her dönem ve devirde tesis etmiş gerçek bir devlet adamıdır.

O, tek adam diktasını sağlayabilecek kuvvete malik iken, bu yetkiyi millet adına Meclis'e bırakmıştır.

Ya da halifeliği ele geçirebilecekken, bu yetkiyi de Meclis'e vermiştir.

Celal Bayar, O'nun kanunlardan bir an dahi ayrılmayan iradesini anılarında anlatır, hem de en hayatî konular görüşülürken...

Atatürk ne vekillerin reylerine karışmış, ne görüşlerine müdahale etmiştir...

"Lozan Barışı'nın Büyük Millet Meclisi'nde müzakeresi yapılacaktı.Atatürk bir gün önce C.H.P. meclis gurubunu topladı ve meclis müzakerelerinde söz alacakların isimlerini tespit etmeye başladı.

Atatürk, bu önemli konu üzerinde yapılacak müzakerelerin seviyeli geçmesini istiyordu. Onun için oturduğu başkanlık yerinden, kimlerin müzakereler sırasında söz alacağını, önündeki bir kağıda dikkatle kayıt ediyordu.

Nihayet gözleri benim üzerimde durdu.

'Celal Bey siz de konuşun!'

Ben Lozan Konferansı'nda iktisat müşaviri olarak bulunmuştum. Fakat konferansın sonuçları beni tatmin etmemişti. Bu sebeple söz almak istemiyordum. Fakat Gazi, 'konuş' deyince 'peki' dedim.

Atatürk, konuşacakların isimlerini bir kağıda yazıyor ve yanıbaşlarına da barış antlaşmasının lehinde mi, aleyhinde mi konuşacaklarını da işaret ediyordu.

Bana sordu:

'Lehinde mi konuşacaksın, aleyhinde mi?'

'Aleyhinde efendim.'

Durakladı. Demek ki, benden aleyhte bir konuşma beklemiyordu.

Sonra bana;

'Nasıl olur' dedi. 'Siz konferansa görevli katılmış bir insansınız. Aleyhinde konuşmanız uygun olmaz.'

'Öyleyse müsaade ediniz de söz almayayım.'

Atatürk müsamahalı bir adamdı; makul karşıladı ve 'peki' dedi.

Salonda bazı milletvekili arkadaşlar ellerini kaldırarak söz almaya açlışıyorlardı. Atatürk bazılarını görmezden geliyor, bazılarının adlarını yazıyordu. Bu parmak kaldırıp yüksek sesle söz isteyenlerin en hararetli heveslilerinden biri de Balıkesir Milletvekili Süreyya Örgeevren'di. Durmadan, 'ben de konuşmak istiyorum' diye parmağını havada tutuyordu

Nihayet Atatürk sordu:

'Konuşmak mı istiyorsunuz?'

'Evet efendim, mademki Celal Bey konuşmak istemiyor, ben onun yerine konuşayım.'

'Celal Bey aleyhinde konuşacaktı. Siz lehinde mi, aleyhinde mi konuşacaktınız?'

'Lehinde de konuşurum efendim, aleyhinde de.'

Atatürk'ün yüzü karıştı. Hiçbir şey söylemedi ama ne düşündüğü yüzünden okunuyordu.

'Mademki Celal Bey yerine konuşmak istiyorsunuz, bari aleyhinde konuşun da hak yerini bulsun.'

'Teşekkür ederim efendim, aleyhte konuşacağım' dedi.

Dediği gibi yaptı; düşünemeyeceğim kadar ağır konuştu Lozan Antlaşması için…" [533]

---

[533] Bozdağ, s.45-46.

Siz bugün Meclis'te, bırakın Lozan gibi bir zaferi, herhangi bir kanun tasarısında dahi böyle bir muhalefete izin verildiğini gördünüz mü?

Peki, bu genel başkan tavrına ne dersiniz:

"Atatürk'le bir gün Çankaya'da konuşuyorduk. Söz döndü, dolaştı İsmet Paşa üstüne geldi. Ben genellikle İsmet Paşa konusuna değinmek istemezdim ve sözün bu konuya gelmesinden de memnun olmadım...

O günlerde parti seçime gidiyordu; adaylar tespit edilmiş fakat daha açıklanmamıştı. Atatürk de bu konu üzerinde çalışıyordu. Bana dedi ki:

Sırrı Benli'yi bilirsin. (Bir ara iktisat vekilliği yapmıştı). Güzel konuşur, konuşmasına daima fikir katmasını bilir; hırslıdır ama yeteneklidir de... Ben bu vasıflarından ötürü adını listeye yazdım; milletvekili çıksın diye.

Fakat ne oldu bilir misin?

İsmet Paşa ile Recep Peker dün geldiler bana ve Sırrı Benli'yi listeden çıkar, dediler.

Biri partimin genel sekreteri, biri başvekilim. Bir adamı istemiyorlar ve Meclis'ten uzak tutmakta birleşiyorlar.

Sordum: 'Niçin milletvekili olmasını istemiyorsunuz?'

Birbirlerinin yüzüne baktılar, sonra İsmet Paşa, 'çok konuşuyor' dedi.

Şaştım kaldım.

Sırrı Benli, çok konuşuyorsa, saçma sapan konuşmuyor elbette... Aklı başında sözler ediyor.

Ne istiyor benim başvekilim, genel sekreterim Meclis'te sessizlik mi?

İki en önemli noktada bulunan bu arkadaşlarım, Sırrı Belli'nin konuşmalarına cevap mı veremiyorlar ki, milletvekili listesinden çıkarmam için beni sıkıştırıyorlar?

Akıl erdiremedim ve hele ortak kanaate varmalarına da hiçbir mânâ veremedim ama tartışma çıkarılıcak konu değildi; başvekilimi, genel sekreterimi bir milletvekili adayı için kıramazdım; çıkardım Sırrı Belli'nin adını adaylar arasından...

Ama sen söyle Celal Bey, bu bana yapılır mı?" [534]

---

[534] Bozdağ, s.26-27.

ATATÜRKÇÜLÜK NEDİR?

Atatürk hakkında "dinsizdir" şeklinde ithamların henüz hayatta iken başladığını yazmıştık.

Mesela, Falih Rıfkı gibi O'nunla yıllarını geçirmiş kader arkadaşlarının anılarında da hayatında bir kez dahi "Allah" dememiş bir Atatürk bulursunuz ve okurken bu sizi rahatsız eder.

Falih Rıfkı, "Atatürkçülük nedir?" kitabında, Atatürk'ün tezini kendi bakış açısı ile bakınız nasıl anlatır:

"Tanzimat'ın yapamadığı yapılmadıkça, medreseden yetişme şeriatçıların vicdanlar üzerindeki egemenliği yıkılıp laik bir devlet sisteminde dünya işlerini yalnız akıl yolu ile çözüp çevirmedikçe, dini sadece Tanrı ile kulu arasında bir vicdan işi olarak bırakmadıkça; baştaki istibdat yıkılsa bile Tanrı adına toplumu hükmü altında tutan geri medrese şeriatçılığının yarattığı yığın despotçuluğu önlenmedikçe; toplumu değiştirmeye, ilerletmeye, kalkındırmaya, vicdan ve kafa hürriyeti yolundan siyasî hürriyete kavuşturmaya, rejimi devamlı ve kararlı bir hürriyet rejimi yapmaya imkan yoktu." [535]

Yıllar boyu beraber devlet hizmetinde bulunduğu Celal Bayar, Atatürk'ün anlaşılması noktasında bir anıdan bahseder. Hem de ta seneler evvel, İstanbul'da Meclis-i Mebusan'ın başına geçmek istemesiyle alakalıdır bu anı...

"Atatürk, İstanbul'da açılacak Meclis-i Mebusan'a Rauf Bey gibi arkadaşlarının gitmemesi için önce çok ısrar etmiş fakat Rauf Bey ve Kazım Karabekir, Ali Furat Cebesoy gibi dava arkadaşları 'Şevketmeab'ın arzusu böyledir' diye direnince Meclis'in hiç değilse İstanbul dışında bir vilayette kurulmasını çünkü İstanbul resmen işgal edilmemiş olsa bile, fiilen işgal edilmiş sayıldığını ileri sürmüş ama yine de onları fikirlerinden vazgeçirememişti.

Atatürk'ün bu çalışmaları Nutuk'tan da biliniyor ancak şimdi söyleyeceğim teşebbüse bir yerde rastlamadım. Bunu Mazhar Müfit'ten dinledim. Biliyorsunuz, Mazhar Müfit, Atatürk'ün yakın arkadaşlarındandır. O sıralar Ankara'da Atatürk'le beraber bulunuyordu. Atatürk kendisini bir gün çağırmış ve şöyle demiş:

'Arkadaşları İstanbul Meclisi'ne gitmemeye ikna edemedim. Gidecekler! Şimdi sana bir vazife veriyorum; gittiğiniz zaman Felah-ı Vatan gurubuna ve İstanbul Meclis Başkanlığı'na beni getirmelerini teklif et ve bunu sağlamaya çalış.'

Mazhar Müfit kabul etmiş ve İstanbul'a geldiği zaman, Felah-ı Vatan gurubuna, Mustafa Kemal Paşa'nın bu arzusunu bildirmiş. Mazhar Müfit diyor ki:

---

535 Falih Rıfkı Atay, Atatürkçülük Nedir, s.29.

'Arkadaşlar adeta şoke oldular. Mustafa Kemal'in ihtirasına yordular bu isteğini; müzakere etmek bile gerek görmediler. Ben de durumu olduğu gibi kendisine bildirdim.'

Celal Bayar bunları anlattıktan sonra şöyle devam etti:

Mustafa Kemal Paşa'nın İstanbul Meclis Başkanlığı'nı istemesi, ileriyi doğru görüşünden başka bir şey değil.

Benim kanaatime göre eğer kendisini Meclis Başkanı seçmiş olsalardı, başkanlık etmek için İstanbul'a gitmeyeceğinden eminim. Fakat Meclis dağıldığı zaman, başkan sıfatı ile Meclis'i Ankara'da toplantıya çağıracak ve Meclis'in meşruiyeti üzerinde açılan münakaşalar kendiliğinden ortadan kalkacaktı.

Mustafa Kemal Paşa'yı iyi tanımak lazımdır.

Mustafa Kemal Paşa ihtiras sahibi değildir, demek istemiyorum. Paşa'nın elbette iktidar ihtirası vardı fakat bu ihtiras, bir keman virtiözünün kemanını istemesi gibidir. Ondan bir kompozisyon çıkarmak için.

Atatürk'ün elinde iktidar, bir virtiözün elindeki keman gibidir." [536]

Hakikaten Atatürk'ü iyi tanımak lazım. Aksi bir bakış açısı ile O'nu değerlendirmeye çalışmak O'nun ufkundan, yapmak istediklerinden uzaklaştıracaktır.

Atatürk'ün demokrat ve ileri görüşlülüğü hakkında örnekler veren Kılıç Ali, konu inanç olduğunda nedense topluma ters bir kimlik çizer:

"Millî Mücadele'nin ilk günleriydi. Memleket içeriden dışarıdan düşmanların tazyiki altında bulunuyordu. 'Dinsizler, iman-

---
[536] Bozdağ, s.16-17.

sızlar' feryadı ile memleketin her tarafında isyanlar başlamış. Vaziyet keşmekeş içinde, bir kördüğüm halindeydi.

İşte o günlerin birinde Mustafa Kemal Paşa ile bayram namazını kılmak için yanımızda bazı arkadaşlarda olduğu halde Ankara Hacı Bayram Veli Camii'ne gitmiştik.

Memleketin o günkü vaziyet ve manzarası ve yapılan birtakım kötü propagandalar karşısında Atatürk'ün bu bayram namazına gitmesi bir zaruret halini almıştı. Cami hıncahınç dolmuş, halk cami dışında sokaklarda, hasır, kilim, hatta paltolarını sererek üzerlerinde namaz kılmaya hazırlanmıştı.

İçeride yer bulamadığımız için araya araya sokakta diz çöküp halkın arasında müşkülatla bir yer bulduk ve biz de hasırların üzerine oturduk.

O esnada bir hoca vaaz ediyordu. Hoca bir günahkâr Müslümanın öldükten sonra yedi başlı bir yılandan çekeceği kabir azaplarını anlatıyordu.

Paşa, hocayı dinledikten sonra, bir aralık eğilerek kulağıma,

'Sabretmek lazım! Bu saçmaları daha birkaç zaman çarnaçar dinleyeceğiz' diyerek hocanın masallarını sonuna kadar dinleme tahammülünü gösterdi." [537]

Şimdi düşününüz, bu anıdan, işgale karşı savaşmaya karar veren, işgal sonrasında kendini başa getirmek isteyen bunun için de halkın inancıyla oynamayı planlayan bir asker canlanıyor.

Bu asker, 8 yaşında hafızlık yapmış, ömrü savaş meydanlarında geçmiş, hayatını Türk milletinin ve hatta beyanlarına baktığınızda Müslüman Türk milletine adayan bir insanı böyle tanıtmanın amacı ne sizce?

---

[537] Kılıç Ali, 1955, s.57-58.

Türk milleti Müslüman olacak, dinsiz Mustafa Kemal onları şahsî emelleri için kullanacak, bunun yolunu da Hıristiyan dünya ile savaşmakta bulacak?

Ne bu Atatürkçülüktür, ne de bu zihniyet Atatürk'ü anlamaktır.

Kültürel devrimlerde Atatürk'ü inceleyelim mesela:

Atatürk, 600 yıllık bir imparatorluktan, Türkiye Cumhuriyeti Devleti'ni kuran iradedir.

Padişah-saltanat kölesi bir toplumdan, hakimiyetin kendinde toplandığı bir millî iradeyi oluşturabilmiş devlet adamıdır.

Bunu Laz, Çerkez, Türk, Kürt vs. etnik kimlikleri Müslüman Türk şemsiyesinde toplayarak sağlamıştır.

Kurtuluştan sonra 15 yıl gibi kısa bir zaman dilimi içinde -ki ömrü vefa etmemiştir- devrimler ile "çağdaş uygarlık seviyesine" çıkarma hareketini gerçekleştirmiştir.

Esasen O, yepyeni bir anayasa, millet meclisi, kılık kıyafet devrimi, harf devrimi, saat ve takvimde değişim, tarih yazımı, dil çalışmaları vb. gibi devrimlerle ne İslam dininin dışına çıkmayı düşünmüş, ne de Batılıların aynısı bir taklit içine girmiştir.

O, milletin din-i İslam'dan koparılmasının imkansız olduğunu biliyordu ve zaten böyle bir amacı da yoktu.

Ancak medenî milletler seviyesine çıkarılma gayesi içindeydi.

Falih Rıfkı Atay, Çankaya eserinde Tanzimat'tan sonra iki çeşit adam yetiştiğini yazar:

"Biri Garp taklitçisi ve Garp mahkumu... Tepeden tırnağa 'alafranga' cilalı adam. Milletinden ve memleketinden uzaklaşmıştır. Frenk doğmadığına pişmandır. Ancak düvel-i muazzama kontolü altındaki bir Türkiye'de hayat hakkı olduğuna inanmıştır.

İkinci tip, nasyonalisttir. Osmanlı nasyonalisti veya Türk nasyonalisti... O, kurtuluşun Garplılaşmakta, milletin ve memleketin Garp toplulukları içine katılmasında ve medenileşmesinde olduğuna inanmıştır. Şerefçe, gururca ve milletçe kendini milletinden ayırmaz... Mustafa Kemal'in ilk benliğine kavuştuğundan beri şuur altını ve üstünü kıvrandıran mesele budur." [538]

Kısaca, kültürel sahadaki devrimler, Atatürkçülüğü ne dinsiz yapar, ne de Batı kopyası...

Bizce Atatürkçülük:

Tam bağımsızlıktır,

Demokrasidir,

Cumhuriyete sahip çıkmaktır,

Üniter devlet demektir,

Kayıtsız şartsız millî hakimiyettir,

Ulusal egemenlik demektir,

Manda ve himayeyi kabul etmemektir,

Ulusal bir savunma demektir,

Hiçbir sahada yabancı denetiminde olmamaktır,

Emperyalizmi reddetmektir,

Emperyalizme araç olmayı reddetmektir,

Yabancı denetimini reddetmektir,

---

[538] Kılıç Ali, 1955, s.591-592.

Bir milletin dinî ve millî hassasiyetine saygılı devletlerle ilişki kurmasıdır,

Azınlık tanımını Lozan'a göre yapmaktır,

Sünni, Şii, Alevi, Bektaşi ayrımı yapmadan bir olmaktır,

Türk, Kürt, Laz, Çerkez vs. etnik ayrıma gitmeden "Türk milleti" diyebilmektir,

Devleti ve milleti ile; sivili ve askeri ile bir bilek bir yürek olabilmektir,

Osmanlıcı olmamaktır,

Milletin manevî değerlerine sahip çıkmaktır,

Mazlum milletlere yardım etmek, Batı'ya karşı işbirliği, güçbirliği demektir,

Harama helal, helale haram dememek; Ehl-i Beyt mantığında dindar olmaktır,

Kısaca Atatürkçülük;

"Ne mutlu Türküm diyene" diyebilmektir.

Gazi Mustafa Kemal; Türkiye Cumhuriyeti Devleti ve Kurtuluş Savaşı karşısında olan Batılı hiçbir devletle hayatı boyunca ittifak düşünmemiştir.

Vatandaşlarına;

Vatan sevgisini,

Bayrak sevgisini,

Devlet sevgisini,

Millî bir eğitimi,

Ve millî bir ekonomi modelini tavsiye etmiştir.

Siz, dinsizlik temeline dayalı bir Atatürk portresi çizmeye çalışacağınıza, bu ilkelerle şekil bulmuş Atatürk'ü hayata geçirmeye bakın.

GAZİ, CUMHURİYETİN İLANI İLE ÖLÜMÜNE KADAR GEÇEN SÜREDE NELERE İMZA ATMIŞTIR?

1- Cumhuriyet ilan edildi. (29 Ekim 1923)

2- Tevhid-i Tedrisat Kanunu kabul edildi. (Yani öğretim birliği, 1924)

3- Lozan Antlaşması hayata geçirildi. (1924)

4- Gölcük'te ilk tersane kuruldu. (1924)

5- Devlet Demiryolları kuruldu. (1924)

6- İstanbul-Ankara arasında ilk yolcu uçağı seferleri başlatıldı.(1924)

7-Türkiye İş Bankası, Tütüncüler Bankası kuruldu. (1924)

8-Ankara ilk planlı şehir olarak tanzim edildi. (1924)

9- Bursa'da Karacabey harası kuruldu. (1924)

10- Danıştay, Türk Hava Kurumu, Türkiye Liman İşleri İnhisar, Eski Eserler ve Müzeler Genel Müdürlüğü, Anadolu Ajansı kuruldu. (1925)

11- Sanayi ve Madenler Bankası Kuruluş Kanunu kabul edildi. (1925)

12- Ticaret ve Sanayi Odaları Kanunu kabul edildi.

13- Şeker fabrikalarının ve demir çelik sanayiinin kurulmasına ilişkin kanun yürürlüğe girdi. (1925)

14- Eskişehir cer atölyesinde demiryolu malzemesi üretecek birimler hizmete girdi. (1925)

15- Adana Mensucat Fabrikası üretime başladı. (1925)

16- Tayyare Cemiyeti'nin katkıları ile Ankara'da Türk yapımı ilk planör uçuruldu. (1925)

17- 1926'da, Türk Telsiz Telefon Şirketi kuruldu. Eskişehir Uçak Bakım İşletmesi açıldı.

Yabancı gemilere tanınan ayrıcalıklar kaldırıldı, Kabotaj Kanunu kabul edildi.

İlk şeker fabrikası olan Alpullu Şeker Fabrikası işletmeye açıldı.

İstanbul'da inşaat demiri üreten ilk haddehane açıldı.

Tarım Satış Kooperatifleri ve birlikleri kuruldu.

18- Kayseri Uçak ve Motor Fabrikası açıldı. (1926)

Adnan Menderes hükümeti döneminde kapatılana kadar 112 savaş uçağı üretildi.

19- 1926'da Bakırköy Çimento Fabrikası kuruldu, Uşak Şeker Fabrikası işletmeye açıldı.

20- 1927'de Teşvik-i Sanayi Kanunu kabul edildi.

21-1927'de Samsun-Havza-Amasya demiryolları açıldı.

Bursa Dokumacılık Fabrikası açıldı. Eskişehir Bankası kuruldu.

22- 1927'de Türkiye Cumhuriyeti Devleti'nin ilk kağıt parası tedavüle çıktı.

23-1928'de Kütahya Tavşanlı'da demiryolu açıldı.

Ankara Çimento Fabrikası açıldı.

Türk Vatandaşlığı Yasası kabul edildi.

Malatya Elektrik Santrali devreye girdi.

24- 1928'de Gaziantep'e mensucat fabrikası açıldı.

Trabzon İzera'da hidroelektrik santrali hizmete girdi.

25- 1929'da, Anadolu-Bağdat, Mersin-Tarsus Demiryolları, Haydarpaşa Limanı yabancılardan satın alındı.

26- Kütahya-Emirler, Fevzipaşa-Gölbaşı demiryolları açıldı. (1929)

27- Bursa Mudanya demiryolu yabancılardan satın alındı. (1931)

28- Türkiye Cumhuriyeti Merkez Bankası kuruldu. (1931)

29-1932'de İzmir Rıhtım İşletmesi yabancılardan satın alındı.

30- Türk Dil Kurumu kuruldu. (1932)

31-Samsun-Çarşamba demiryolu hattı yabancılardan satın alındı. (1933)

32- Bandırma-Menemen-Manisa demiryolu hattı yabancılardan alındı. (1934)

33- İzmir-Kasaba demiryolu hattı yabancılardan satın alındı. (1934)

34- Kayeseri Uçak ve Motor Fabrikası'ndaki ilk uçağın deneme uçuşu yapıldı. (1934)

35- İzmir Basmane-Afyon demiryolu yabancılardan satın alındı. (1934)

36- 1935'te Aydın demiryolu yabancılardan satın alındı.

MTA, Etibank, Türk Şeker Fabrikalları kuruldu.

İstanbul Rıhtım Şirketi yabancılardan alındı.

37- Paşabahçe Şişe ve Cam Fabrikası üretime başladı, Sümerbank Kayseri Dokuma Fabrikası açıldı. (1935)

38- 1936'da Montrö Boğazlar Sözleşmesi kabul edildi. İstanbul Boğazı'nda askerden arındırılmış bölgelere Türk askeri yerleştirildi.

SEKA'nın İzmit'teki fabrikasında ilk kağıt üretildi.

39- 1937'de Toprakkale-İskenderun demiryolu yabancılardan satın alındı.

Kozlu Kömür İşletmeleri yabancılardan satın alındı.

İstanbul-Trakya demiryolu yabancılardan satın alındı.

İzmir Telefon İşletmeleri yabancılardan satın alındı.

40- 1938'de Divriği Demir Madenleri üretime başladı.

41- 1938'de İstanbul Elektirik Şirketi yabancılardan satın alındı.

1923-1938 arası Türkiye Cumhuriyeti Devleti'nin millî geliri oran olarak % 104.8 arttı.

Tarım kesimi, %101.3 büyüdü.

Sanayi %148.8 gelişti.

1927'de tarım, ticaret ve sanayide 65 bin işletme vardı.

Savaştan yeni çıkmış genç cumhuriyet, hem tarım hamlesi yaptı hem de sanayi devrimini gerçekleştirdi.

OSMANLI PADİŞAHLARI İLE BİR KIYAS

Türkiye'de taşları yerinden oynatan Atatürk açılımımızın belki de en büyük faydası; haklıya hakkını teslim etmek olacaktır.

Ehl-i Beyt soyunda gelen büyük bir zâtı sırf Anadolu coğrafyasındaki emelleri uğruna seviyesizce karalamak ve bu yalanlara nesilleri ikna etmek çok büyük bir plan ama cumhuriyet tarihi boyunca tuttu.

Aynı cumhuriyet tarihi boyunca başka yalanlar da yutturuldu milletimize…

Osmanlı'nın küllerinden doğan genç cumhuriyet yıllarında hep büyük Osmanlı'yı, cennet mekân padişahları dinledik.

İşin gerçeği ise maalesef bambaşka…

Mesela İstanbul'u fethettiği için hakkında hadisler uydurulan ve ismi anılacağı zaman "cennet mekân Fatih" denilerek övülen

Fatih Sultan Mehmet'i ele alalım.

Atatürk, soyu belli olmayan bir dinsiz diye anlatılırken, 2. Mehmet, İslam savunucusu yapılmıştı.

Mustafa Kemal için,"anası babası belli değildir" denildiğinde; 2. Mehmet, İslam terbiyesinde yetişmiş mübarek bir ailenin şehzadesi idi.

Bakınız Fatih hakkında neler yazılmış:

"Fatih'in, Patrik Gennadios'tan İncil'in yirmi bölümünün çevirisini yaptırdıktan sonra İslamiyet'ten şüphe duymaya ve içinde Hıristiyan dinine yönelik bir eğilim başladığı söylentilerinin yaygınlığı dikkat çekmektedir.

Buna göre Fatih'in Hıristiyan annesi, o daha çocukken bu ilginin tohumlarını attığı, Sultan'ın, Pater Noster'i ezbere okuyabildiği, hatta gizlice İslam'ı reddedip Hıristiyanlığa geçmiş olduğu söylenmekteydi. Bu iddiaların Venedikli diplomatların raporlarında yer alması da dikkate değer bir durumdur." [539]

Ünlü tarihçi Gibbons, Fatih Kanunnamesi'nde, "kuvvetli Bizans ve mutedil Türk tesiri" olduğunu, Osmanlılar üzerinde Arap tesiri başlayıncaya kadar hukuk sahasında Bizans örf kanunlarının hüküm sürdüğünü belirtmektedir. Gibbons, daha İstanbul'un fethinden önce Bizans tesirinin başladığı kanaatindedir. [540]

İktisat tarihçisi Ömer Lütfi Barkan şu önemli tarihî tespiti yapar:

"Bizanslı Rumlar ve diğer Balkan milletleri sadece isim ve din değiştirerek tarih sahnesine yeni ırk ve millet ve üzerine yeni

---

[539] Franz Babinger, Fatih Sultan Mehmet ve Zamanı, Oğlak Yayınları, İstanbul, 2008, s.86.
[540] Herbart Adams Gibbons, ,Osmanlı İmparatorluğu'nun Kuruluşu, İnkılap Yayınları, İstanbul, 1998, s.56.

görevler almış olarak çıktılar. İslamî bir renk ve cila altında eski Bizans'ı ihya ve devam ettirdiler." [541]

"2. Mehmet'in yani Fatih'in tarihçisi Bizanslı Kritovulos, Sultan'ın Rum danışmanları Thomasios Katabolenos, Kyritzes; 2. Mehmet tarafından atanan Patrik Gennadios, Bizans'ın devrik hanedanının üyeleri olan çeşitli Palaiologoslar, Osmanlı devlet üyeliğine katıldılar.

(…) Katipler arasında İtalya'ya kaçmadan önce Rumi Murat adını alan Harmanios ya da filozof Amirutzes'in öz oğulları Aleksandros-İskender ve Basil-Mehmet Amirutzes anılabilir." [542]

Halil İnalcık, Fatih'in annesinin cariye ve Hıristiyan olduğunu yazar. [543]

"Fatih, İstanbul'un fethinden sonra kendisini Doğu Roma İmparatorluğu'nun meşru vârisi görmüş, Roma İmparatoru sıfatını benimsemiş, imparatorluğu (Bizans'ı) eski sınırlarında kurmak için seferlerini ve davranışlarını buna göre ayarlamıştır." [544]

"Din değiştirmiş bir başvezir, Hıristiyan kalmış annesi, Hıristiyan kalmış kardeşi ile ilişkiler, Fatih'in etrafında din değiştirmeye bile gerek duymadan ona danışmanlık yapanları öğrendikçe Türk tarihçilerin üstünü örtmeye çalıştıkları gerçekler ortaya çıkmaktadır." [545]

---

[541] Ömer Lütfi Barkan, "Bir İskan ve Kolonizasyon Metodu Olarak Sürgünler" İktisat Fakültesi Mecmuası, 1949-1950, Uysal Yayınevi, Ankara, s.525.

[542] Michel Belivet, Ortaçağ'da Türkler, çev: Ela Güntekin, İnkılap Yayınları, İstanbul, 2005, s.181-182.

[543] Emine Çaykara, Tarihçilerin Kutbu: Halil İnalcık Kitabı, Türkiye İş Bankası Yayınları, İstanbul, 2005 s.459.

[544] Halil İnalcık, "Osmanlı Tarihi Üzerine Kamuoyunu İlgilendiren Bazı Sorular, Doğu-Batı Makaleler-I, İnkılap Yayınları, İstanbul, 2005, s.182.

[545] İ. Tokalak, Bizans Osmanlı Sentezi: Bizans Kültür Kurumlarının Osmanlı Üzerindeki Etkisi, Gülerboy Yayınevi, İstanbul, 2006, s.241.

Osmanlı padişahlarından Osman ve Orhan Bey'in dışındaki tüm sultanların anneleri Hıristiyan'dır.

Diğer padişahların hanımları da Hıristiyan'dır.

Bunların mekânı cennet; soyu Şems-i Tebrizî'ye dayanan Zübeyde Hanım'dan ve soyu İmam Rıza'dan gelen Ali Rıza Efendi'nin oğulları Mustafa Kemal kâfir, öyle mi!

Allah bu millete iz'an ve iman nasib eylesin.

ATATÜRK'ÜN İÇKİ İÇMESİ MESELESİ

Konuya yine Osmanlı padişahlarından girelim. Cennet mekân diye andığımız, bazılarının "hazret" demeden isimlerini ağzına almadığı padişahların hemen hepsinin içki içtiğini söylesek ne derdiniz?

Halife Abdülmecid Efendi, 1920'li senelerde kaleme aldığı yayınlanmamış risalesine;

"Osmanlı Devleti'nin çöküşüne sebep olan dertlerin başında, içki gelir. İçki dinen de yasaklanmıştır ve haramdır.

Halife çocuğu olan şehzadeler bunu asla unutmazlar ve unuttukları takdirde hem İlahi emirlere karşı gelmiş, hem de millete ve Osmanlı hanedanına verilmiş olan hilafet ve saltanata ihanet etmiş olurlar.

İçki içenlerin hilafet ve saltanatta hiçbir hakları yoktur" sözleri ile başlamıştır.

Yine bu risalede Osmanlı padişahlarının içki konusundaki halini anlatıyor:

"2. Bayezid:

Fatih Sultan Mehmet Han Hazretlerinin oğlu olan 2. Bayezid, pederinin heybetine ve büyüklüğüne sahip olmaktan mahrumdu.

Ne babasından kendisine kalan büyük devleti idare edebildi, ne de İslam âleminin çöküşüne... Mesela o zaman İspanya'da yıkılan Emevi Devleti'nin felaketine ve Avrupalılar'ın Müslümanları işkencelerle katletmelerine çare bulup ses çıkartabildi.

En nihayet millete karşı vazifelerini yerine getirememesi ve içkiye olan düşkünlüğü yüzünden devletin geleceğinin büyük bir felaket ile karşı karşıya bulunduğunu gören oğlu Yavuz Sultan Selim'in şiddetli müdahalesi ile ezilip bertaraf oldu. Felaketinin başlıca sebebi içki içmesi idi.

2. Selim:

Kanuni Sultan Süleyman gibi büyük bir padişahın yegâne hatası, akıllı evladı Şehzade Mustafa'yı feda ederek devletin idaresini 2. Selim gibi bir sefih, bir sarhoşa bırakması idi ki, yükselmenin sona ermesi işte böyle başlamıştır.

O zamana kadar mağlubiyet bilmeyen Osmanlıların Haçlı donanmasına yenilmeleri üzerine bütün Avrupa'da ilk şenliklerin yapılması 2. Selim zamanındadır.

2. Selim, Kıbrıs şarabı ile sarhoş olan ve hiçbir işe yaramayan başını Eski Saray'da hamam mermerlerine çarparak parçalamış

ve bu sûretle layık olduğu manevî cezayı görerek vücudunu dünyadan kaldırmıştır.

Artık bundan sonra sefahat, işret, şehvet ve israf devri başlamış; felaket yollarına doğru büyük adımlar atılmıştır.

3. Murad, 3. Mehmet:

Bu iki padişaha 'Osmanlı Devletinin amansız celladı' denmesi doğrudur. Her türlü rezaleti icra ederek Osmanlı Devleti'nin azametli saltanatını çöküşe mahkum etmişleridir.

4. Murad:

Hakikaten en büyük padişahlarımızın arasında sayılmak yeteneğine sahipti ve mertliği ile bütün Osmanlıları hayrette bırakmıştı... En büyük hükümdar olmaya namzet iken içtiği rakının kurbanı olmuş, devletin talihini ve geleceğini İbrahim gibi akıl noksanı ve anlayıştan mahrum bir şahsa terk ederek dünyadan çekilmişti.

2. Mahmud:

Tarihimizin incelenmeye en fazla layık devirlerinden biri büyük babam, 2. Mahmud'un iktidar yıllarıdır.

(...) Başlattığı inkılap kuvvetten düşmüş olan devleti her türlü zorluklar ile karşı karşıya bırakmıştı. İç sıkıntılar, Rusya meselesi, devletin bir vilayeti olan Mısır'ın Mehmed Ali Paşa vasıtasıyla bağımsızlığını kazanıp muazzam ve şevket sahibi Osmanlıları mağlup etmesi, 2. Mahmud hazretlerini sıkıntıya sokmaya kâfi idi...

Mehmet Ali Paşa'yı gıyabında idama mahkum etmekle başına büyük dert açmış; bu gibi dertler azmış gibi, çelik gibi vücudunu tahrip etmek için bir de içkiye müptela olmuş ve iş görüp eserini tamamlayacağı sırada üzüntüler içinde gözlerini kapamıştır.

Sultan Abdülmecid:

...Tanzimat'ı cihana ilan ederek bütün devletlerin itimadını kazandı. Osmanlı İmparatorluğu'nu Avrupa devletlerinin arasına kattı, Kırım Savaşı'nı kazandı.

Ama babasından devraldığı işleri bitirmek lazım iken o da içkiye müptela oldu ve bu yüzden vefat etti" diye yazmaktadır Halife Abdülmecid Efendi...

Bunlar cennet mekân oluyor, laf denmiyor, "Mustafa Kemal, cumhuriyeti içki masasında kurdu" deniyor ve kâfir olarak anılması isteniyor.

Eğer içki içilmesi kâfirlikse, ecdat Osmanlı padişahları içinde kullanılmalıdır.

Yok eğer bu affedilir bir günah kabul edilir ve cennete mani değilse, her halde Türkiye'nin mimarı Mustafa Kemal Paşa'nın da hakkıdır.

Gelelim Atatürk'ün içki içmesi konusuna... Atatürk, Osmanlı padişahları gibi içki içmeyi zevk edinmemiştir, dersek nasıl karşılarsınız?

Türk milleti, Ata'sını yaşadığı dönemlerden itibaren içki içen, hatta sofrasından içki eksik olmayan bir lider olarak tanıdı. Doğrudur, içki içerdi ancak bunun sebebi alkol müptelası olmaktan çok farklı bizce...

Mustafa Kemal'in Kurtuluş Savaşı'nı gerçekleştirdiği dönemleri bir düşününüz. Ve ondan sonra savaştan harap çıkmış Anadolu coğrafyasında yaptığı yeni bir devlet kurma hamlelerini...

Ya da saltanatı kaldırıp, hilafeti Meclis'e devretmesi ile, egemenliğin millete geçtiği yeni dönemi...

Farkında mısınız, bu devrimleri yaparken, yönetim şeklini değiştirriken veya harf devriminde, inkılaplarda, Batı'nın uygarlık seviyesine çıkarma çabalarının hiçbirinde Kurtuluş Savaşı'nda gördüğü tepkiyi görmemiştir.

Yani Batılı devletler O'nun Osmanlı İmparatorluğu'ndan arta kalan her şeyi süpürerek kendilerine benzeyecek bir devleti kurmasına karşı çıkmamıştır hatta bundan emindirler...

Çünkü İslam devletlerinin başı kabul edilen, görülen Osmanlı'nın hilafeti Atatürk eli ile yok edilmiş, Batılı devletlere inanç olarak tezat teşkil etmeyecek yeni bir devlet var edilmiştir.

İşte Atatürk'ün içki içmesindeki nükte budur.

O, çok zeki ve feraset ehli bir insandır. İçki içmiştir doğru, bununla yapmak istediği; Batı'nın kafasındaki 'şeriatı getirecek, yine bir İslam hâmisi devlet kuracak' düşüncesine mâni olmaktı ve bunu başardı.

Attila İlhan, "Hangi Atatürk" eserinde, sayfa 330'da, Mustafa Kemal'in mücadelesi hakkında, 24 Nisan 1920'deki Meclis gizli oturumundan şu cümleleri verir; bu cümleler bahsettiğimiz gizli maksadı da anlatmaktadır:

"... Ecnebilerin en çok korktukları, dehşetle ürktükleri İslamcılık poltikasının da açıkça ifadesinden mümkün olduğu kadar uzak durmaya kendimizi mecbur gördük.

Fakat maddî ve manevî kuvvetler karşısında, bütün cihan ve Hıristiyan politikasının en şiddetli hırslarla haçlılar savaşı yapmasına karşı, sınır dışından bize yardımcı olacak kuvvetleri düşünmek zorunluluğu da olağandı."

Halide Edip, 10 Ağustos 1919'da Mustafa Kemal'e bir mektup gönderir. Henüz Erzurum Kongresi bitirilmiş, Sivas Kongresi'ne hazırlık dönemidir. Bu dönemde Amerikan mandası dillendirilmektedir. Halide Edip de bunun savunucusu olarak yazdığı mektupta, Ameirkan mandasına girmemizin kabulü için "Müslüman görünmeyen Hıristiyanlığa karşı olmayan" bir hava oluşturmak şartını özellikle dile getirir:

"Haricî rekabetleri ve kuvvetleri memleketimizden uzaklaştırabilecek bir zahire ihtiyacımız var. Bunu ancak Avrupa haricinde ve Avrupa'dan kuvvetli bir elde bulabiliriz.

Bugünkü emr-i vakiler kalkmak ve süratle davamızı dünyaya karşı müdafaa edebilmek için lazım gelen kuvveti haiz bir devletin müzaheretini istemek lazımdır.

İstilacı Avrupa'nın binbir vesaiti ve mel'un siyasetine karşı böyle bir vekil sıfatiyle Amerika'yı kendimize kazanarak ortaya atabilirsek; Şark meselesini de, Türk meselesini de ati için kendimiz halletmiş olacağız. Bu sebeplerden dolayı süratle istememiz lazım gelen Amerika da tabii mahzursuz değildir. İzzet-i nefsimizden epeyce fedakârlık etmek mecburiyetinde bulunuyoruz.

Yalnız bazılarının düşündüğü gibi Amerika'nın resmi sıfatında dini temayül ve tarafgirlik yoktur. Hıristiyanlara para verecek misyoner kadının Amerikası, Amerika'nın idarî makinesinde bir mevki tutmaz. Amerika'nın idare makinesi dinsiz ve milliyetsizdir. O çok ahenktar muhtelif cins ve mezhepte adamları çok imtizaçlı bir sûrette bir arada tutmanın usulünü biliyor.

Amerika şarkta mandaterliğe ve Avrupa'da gaile almağa taraftar değildir.

Fakat onların izzet-i nefis meselesi yaptıkları Avrupa'ya, usulleri ve idealleriyle faik bir millet olmak daiyesindedirler.

Bir millet, samimiyetle Amerika milletine müracaat ederse, Avrupa'ya, girdikleri memleket ve milletin hayrına nasıl bir idare tesis edebildiklerini göstermek isterler" tespitinde bulunuyor ve ekliyor:

"... Çok tehlikeli anlar geçiriyoruz. Anadolu'daki harekâtı, dikkat ve muhabbetle takip eden bir Amerika var.

Hükûmet ve İngilizler; bunun, Hıristiyanları öldürmek, İttihatçıları getirmek için bir hareket olduğunu Amerika'ya telkine elbirliğiyle çalışıyorlar.

Her an bu millî hareketi durdurmak için kuvvet sevki mutasavver, bunun için İngilizleri kandırmağa çalışıyorlar.

Millî hareket süratle ve müsbet arzularla hemen meydana çıkarsa ve Hıristiyan düşmanlığı gibi bir rengi de olmazsa Amerika'da hemen zahir bulacağını yine çok mühim mahafil temin ediyorlar..." [546]

1919 şartlarında, İngilizler bir yandan Amerikan mandasına kabul edilmeyelim diye Mustafa Kemal hareketinin Hıristiyanları öldürmek için yapıldığını yayarken; diğer yandan Amerikan mandasını isteyenler, bunu Hıristiyan düşmanlığı rengine bürün-

---
[546] Kansu, 1997, s.188-190.

memek şartına bağlıyorlardı.

İşte, Mustafa Kemal'in en önemli devlet meselelerini içki sofralarında görüşmesinin asıl nedeni; vermek istediği bu 'şeriatı reddetmiş, Batılı' izlenimidir.

Bakınız, Atatürk çarşaf giyen bir kadının çarşafına karışmamıştır, yine Türkçe namaz kılınması, Türkçe Kur'an okunması konusunda zorlamada bulunmamış, Arapça ibadeti engellememiştir.

Bazıları, Atatürk'ün hareketini, "hem emperyalizmle mücadele etti, hem de Batılaşmaya çalıştı; bu kendi içinde çelişkidir" diye eleştirmiştir.

Kurtuluş Savaşı'nda emperyalizmle mücadele ve sonrasındaki Batılılaşma hamlelerini bir de dediğimiz bakış açısından değerlendirin.

O zaman, Batılı gibi görünen ama Müslüman Türk değerleri üzerinde bina edilen bir devletle karşılaşırsınız.

Falih Rıfkı Atay, Atatürk'ün sofrası hakkında şunları yazar:

"Kuvva-yi Milliye ve devrim yıllarının birçok şöhretlerini, gerçek veya iğreti şahsiyetleri Çankaya meclisinde tanıdım.

Atatürk'ün devlet sırlarını sofrasının üstüne döktüğü sanılmamalıdır. Resmi işlerini sorumlu devlet adamları ile görüşürdü.

Akşam meclisinde dostları ile buluşmak; olaylar ve şahıslar hakkında hatıralarını anlatmak, tartışmalarda bulunmak eski âdeti idi.

O'nun herkesi fikir ve karakter değeri kadar sırlarına yaklaştıran, devamlı bir telkin sanatının inceliklerini iyi kavrayan yaman bir politikacı olduğu unutulmamalıdır..." [547]

Atatürk döneminde Özel Kalem Müdürü olan Hasan Rıza Soyak'ın aktardığına göre; Atatürk, gündüz içilmesine, siyasî ve önemli konular hakkında konuşulacağı, kararlar alınacağı durumlarda içilmesine kesinlikle karşıdır.

"Sofrada uzun süre oturur, ancak fazla içmez. Sofrada her şey konuşulur, ancak dedikodu yapılmaz. Sofrada çatal, bıçak, tabaklar, örtüler düzenli olmalıdır." [548]

Aynı sofra tarifleri sofranın tüm misafilerince yapılmaktadır:

"Atatürk'ün sofrası çok önemlidir.

Atatürk'ün sofrasında bulundum çok kereler. Sofrası bir ilim sofrasıdır.

İçki içilir ama aynı zamanda çok önemli meseleler konuşulurdu. (...) Böyle birkaç saat değil, 7-8 saat devam ederdi ve Atatürk akşam kimlerle hangi konuyu konuşacaksa onları çağırırdı.

Ben tabii tarihçilerle beraber bulundum. Yemek sofrasında büyük bir karatahta vardı. O kara tahta üzerinde izahat verirdi.

Bazı şeyler sorardı, çözüm getirirdi. Orada mühim meseleler konuşulur, tarih konuşulur, eğer askerî konular varsa askerleri çağırır, generalleri çağırır onlarla konuşurdu.

Politik işler konuşulacaksa partililer de gelir, bakan da gelir.

Yani Atatürk'ün sofrası; alelade yemek sofrası, bir içki sofrası değildir. İçki içilirdi ama asıl mühim olan sempozyum niteliği

---

547 Atay, Çankaya.
548 Kahraman Yusufoğlu, Atatürk'ten Hatıralar: Sofra Sırları, Halk Kitabevi, İstanbul, 2015, s.129-130.

taşıyan bir sofraydı." [549]

Yine bilinmektedir ki; Atatürk Büyük Nutuk'u kaleme aldığı sürede tek damla içki almamıştır.

İçkinin haram olduğunu da halka ayetlerle izah etmiştir.

İçkinin haram olduğunu söyleyen ancak Kur'an'da bu konuda ilgili ayeti bilemeyen imama cevaben dediklerini Sadık Kutlu anlatır:

"Hoca sıkışınca;

'Paşam doğrusunu söyleyeyim mi, ben buraya muhacir geldim, iş aradım bulamadım, elhamdülillah Müslümanız, yapabildiğimiz kadarını yapıyorum, senin dediklerin kadar derinini bilmem' dedi.

Atatürk çok memnun oldu.

'Aferin Türk ve Müslüman yalan söylemez, yalan söylemediğin için seni affediyorum. Yalnız bak burası deniz kenarı, buraya bir ecnebi gelse, İslam dini hakkında sana bir şey sorsa bîhabersin. Müftü efendiden dersini alacaksın, ileride gelip seni imtihan edeceğim. Sen büyük bir vazifede bulunuyorsun, bilgili olacaksın, için dışın temiz olacak' dedi.

(…) Atatürk ayet-i kerimeyi okudu, biz şaşırdık, konuyu anlattı.

'Allah'ın men ettiği şeylerin kullanılması yasaktır fakat Allah büyüktür, affedicidir, Allah kusurumuzu affetsin' dedi ve yolumuza devam ettik…" [550]

---

[549] Kal, 2016, s.89.
[550] Kal, 2016, s.162-163.

SONUÇ

"Rahmetli Rauf Orbay, son yıllarında eski Terakkiperver Cumhuriyet Partisi paşaları ile bir toplantısında, 'Şunu itiraf etmeliyiz' demişti; 'Eğer hiçbirimiz olmasaydık, Atatürk yapılanı yine yapardı ama O olmasaydı hiçbirimiz yapamazdık.'

Falih Rıfkı da ilave eder: İngilizler de bunu sezmişlerdi." [551]

Çok doğru bir tespit, O, yanında kimse olmasa da bu bağımsızlık savaşını kazanırdı.

İşte biz bu sebeple "Atatürk Vatandır" diyoruz.

Onun için Ehl-i Beyt soyundan geldiği gizlenen dindar bir Atatürk'ü anlatıyor; milleti ile barıştırıyoruz.

Atılan iftaralara cevap vermek, O'nu hak ettiği ve gerçek kimliğine taşımak; esasen milletin ve devletin kaynaşması demek.

Yeni Mesaj gazetesindeki köşemizde yıllardır yazıyoruz; TV ekranlarında, meydanlarda, halkımız ile biraraya geldiğimiz her

---
[551] Falih Rıfkı Atay, Atatürkçülük Nedir?, 6.baskı, Pozitif Yayınları, İstanbul, 2011, s.176,

SONUÇ

ortamda ülke meselelerini ve bundan da önemlisi çıkış için çözüm noktalarını anlatıyoruz.

Ne hazin bir tecelli ki, halkımız bizi anlamaktan uzak, anlasa da, "imkan tanımazlar" mantığı ile kurtuluşa şans vermek istemiyor.

Oysa Atatürk böyle bir hal için bakınız ne diyor:

"Atatürk, Sivas ve Amasya teşkilatını kuvvetlendirmeye çalıştığı sırada Amerikan Yardım Komitesi'nin şark şubelerini teftişe gelen General Harbord kendisiyle konuşmuştur.

Realist Amerikalı, endişeli bir gözle Atatürk'e sordu:

'Peki ya muvaffak olamazsanız.'

Atatürk şu cevabı verdi:

Bir millet mevcudiyet ve istikbalini temin için tasavvuru kabil olan her teşebbüs ve fedakârlığı yaptıktan sonra muvaffak olur. Ya muvaffak olmazsa demek o milletin ölmüş olduğuna hükmetmek demektir.

Şu halde; millet yaşadıkça ve fedakârlığa devam ettikçe muvaffak olmamaya imkan yoktur." [552]

Bugün Gazi'nin Kurtuluş Savaşı'nı başlattığı dönemden daha vahim ve elim bir hal içerisindeyiz ve mesuliyet, fedakârlığı yapacak olan millettedir.

Yaşadığımız coğrafya, Büyük Ortadoğu Projesi'nin, sonrasında değişen adı ile Arap Baharı'nın merkezindeki kilit yer...

Bölgemiz parçalara ayrılmamak için direnen devletlerle dolu...

---
[552] Gürer, 2007, s.357.

SONUÇ

Memleketin her köşesi fiilen işgal edilmiş olmasa da işgalin eşiğindeyiz.

Ekonomik dar boğaz, etnik ayrımcılık, mezhep kavgaları, emperyalist zihniyetin, sömürge ülkeler üzerinde oynadığı hangi oyun varsa üzerimizde deneniyor.

Tüm bu zor şartlara rağmen halen ABD, halen AB diyenlerce idare ediliyoruz...

Hakikat şu ki; devletimizin ve milletimizin içinden geçtiği çok zor günlerde Atatürk'e ve O'nun da güç aldığı Ehl-i Beyt sevgisine bağlı topyekûn bir millî hamleye ihtiyacımız var.

1923 senesindeki konuşmasında şunları söyler Gazi:

"Milletimiz kesin ve gerçek kurtuluşa kavuşabilmek için iki ilkeye dayanmanın farz ve şart olduğunu anladı; büyük ve açık görüşlerle anladı.

O ilkelerden birincisi; Misak-ı Millî'nin ifade ettiği temel ruhtur.

İkincisi; anayasamızın tespit ettiği değiştirilmesi mümkün olmayan gerçeklerdir.

Misak-ı Millî, milletin tam bağımsızlığını sağlayan ve bunu sağlayabilmek için ekonominin de gelişmesi için bütün nedenleri bir daha ve kesinlikle geri gelmemek üzere ortadan kaldıran bir kanundur.

Anayasa, Osmanlı imparatorluğu'nun, Osmanlı Devleti'nin öldüğünü idrak ve ifade eden ve onun yerine yeni Türkiye Devleti'nin geçtiğini ilan eden bir kanundur ve bu devletin hayatının da egemenliğin kayıtsız şartsız milletin sorumluluğunda kalması

SONUÇ

ile mümkün olacağını ifade eden bir kanundur." [553]

Bundan sonra söz milletindir!

Millet, Atatürk'ün emir ve direktifleri ile ayağa kalkar;

Tam bağımsızlık ve ekonomik gelişme için,

Bir ve beraber olarak,

Hiçbir baskıya boyun eğmeden

Kurtuluşu seçerse...

"Ne mutlu Türküm diyene" diyebilirse

Gelecek bizimdir...

---

[553] Atatürkçülük, Atatürk'ün Görüş ve Direktifleri, 1.Kitap, Genelkurmay Basımevi, Ankara, 1983, s.19..

BELGELER

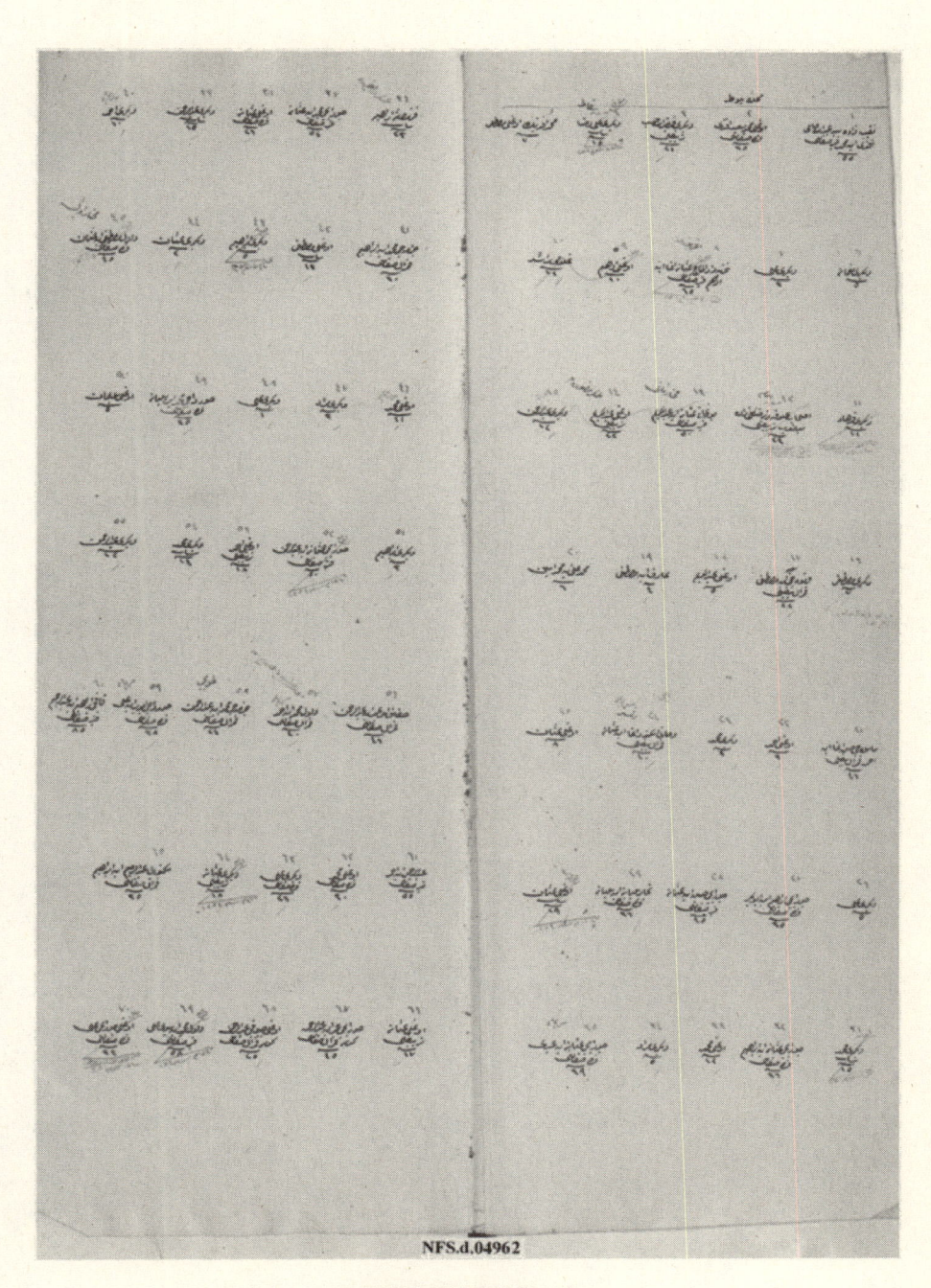

BELGE NO: 1

BELGELER

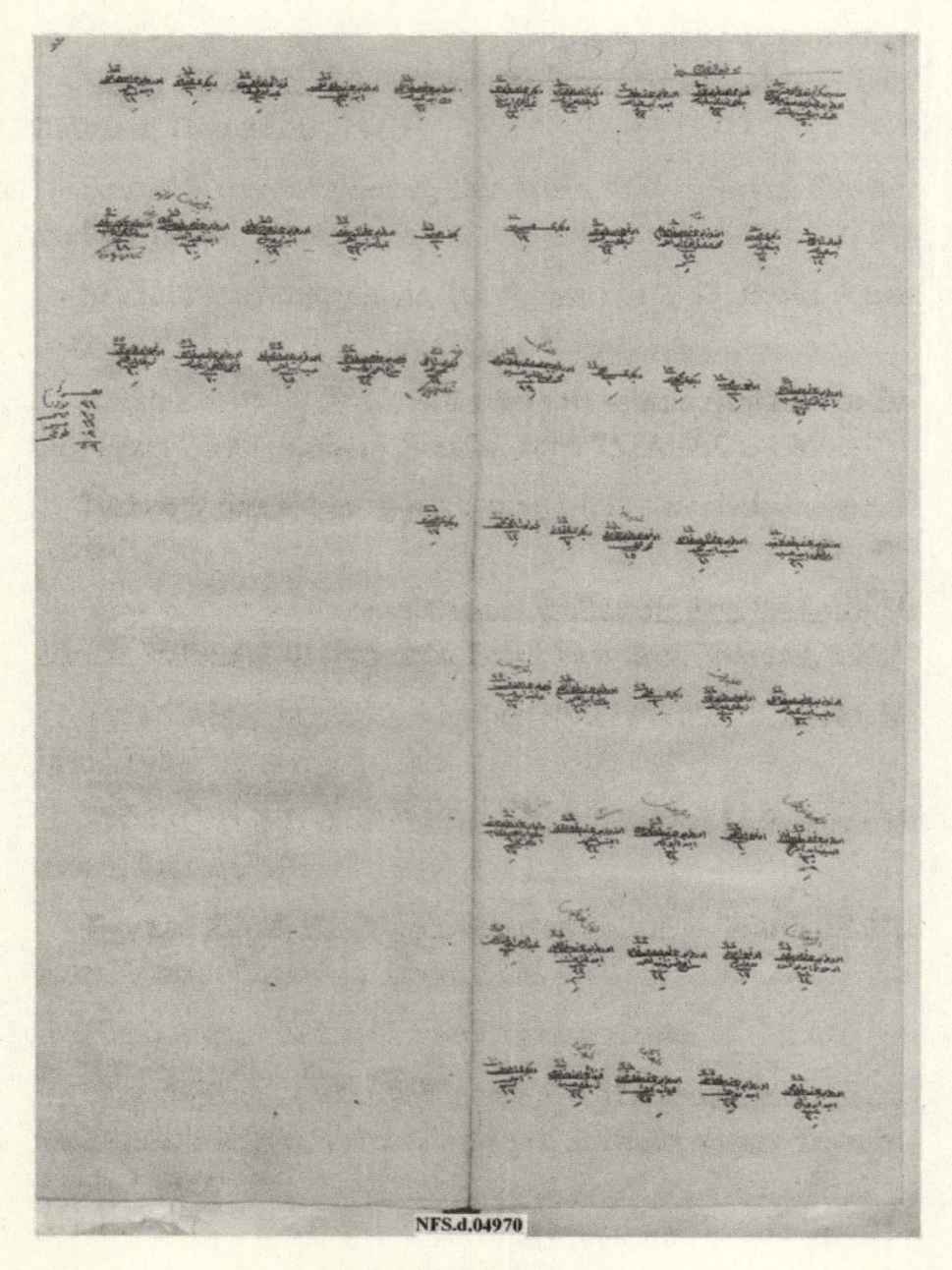

BELGE NO: 2

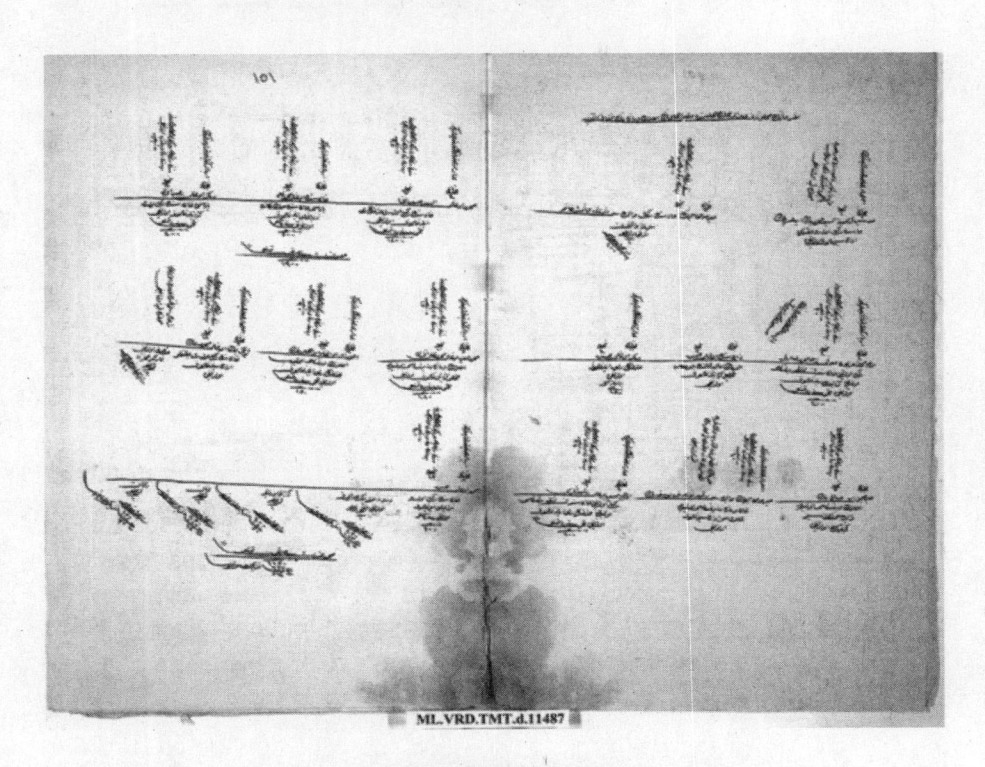

BELGE NO: 3

BELGELER

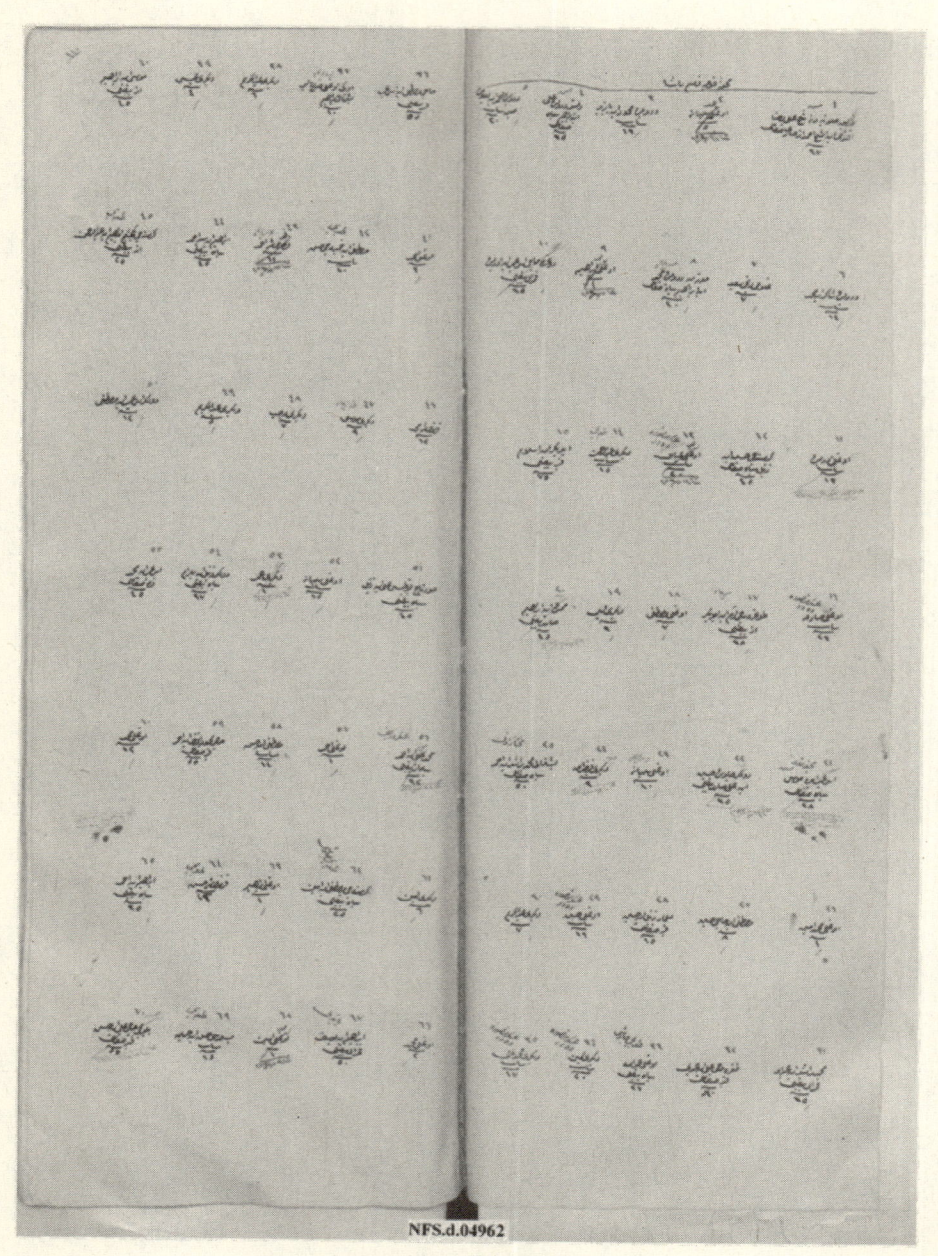

BELGE NO: 4

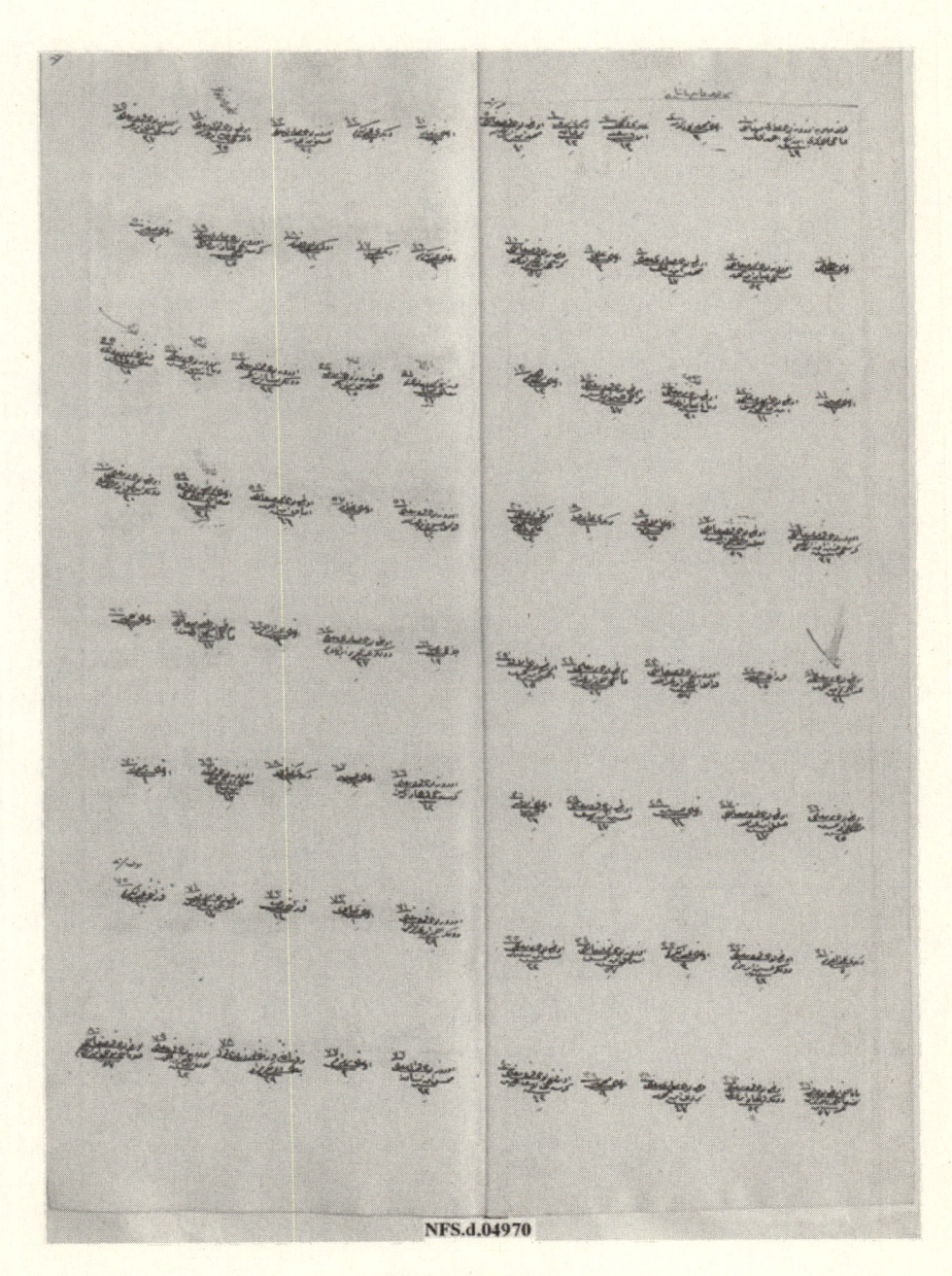

BELGELER

BELGELER

BELGE NO: 6

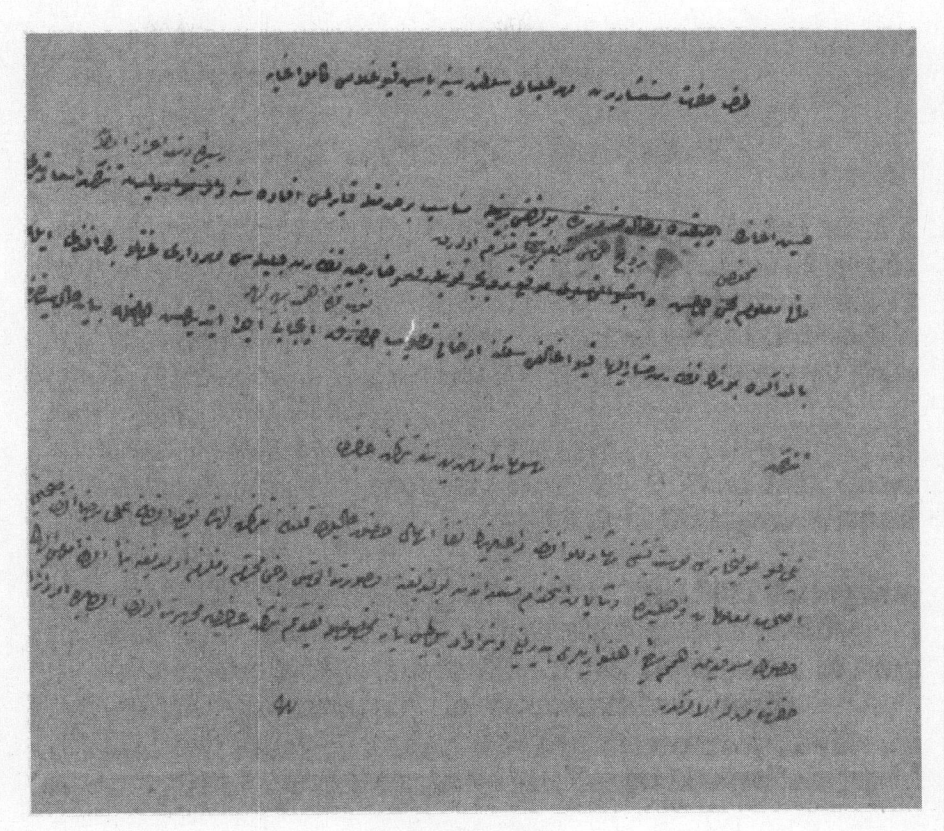

BELGE NO: 7

KAYNAKÇA

KAYNAKÇA

Kitap ve Makaleler:

- A.Z. Gümüşhanevî, Camî'ül Mütûn, c.1, Elfaz–ı Küfür

- Abdülkadir Badıllı, Bediüzzaman Said Nursi: Mufassal Tarihçe–i Hayatı, İstanbul 1990

- Ahmed Bekir Palazoğlu, Atatürk'ün Okul Gezileri, Millî Eğitim Bakanlığı Yayınları, Ankara, 1999

- Ahmet Gürtaş, Atatürk ve Din eğitimi, Diyanet İşleri Başkanlığı, Ankara, 198

- Ali Fuat Cebesoy, "Büyük Önder'i Karşılarken", Ulus Gazetesi, 28.12.1937

- Ali Fuat Cebesoy, Millî Mücadele Hatıraları, Temel Yayınları, İstanbul, 2007

KAYNAKÇA

- Ali Fuat Cebesoy, Sınıf Arkadaşım Atatürk, İnkılap Yayınları, İstanbul, 2017

- Ali Güler (Yrd. Doç), Benim Ailem: Atatürk'ün saklanan ailesi, Yılmaz Kitabevi, İstanbul 2015

- Ali Güler, Atatürk'ün Son Sözü: Aleykümesselam, 2. Baskı, Yeditepe Yayınevi, İstanbul, 2013

- Ali Kuzu, Atatürk'ün de Çocukları Vardı, Yılmaz Kitabevi, İstanbul 2015

- Ali Kuzu, Kurtuluş Savaşı'nda Atatürk ve Din adamları, Yılmaz Kitabevi, İstanbul, 2015

- Ali Kuzu, Mahşerin Kanlı Çiçekleri: Çanakkkale, Yılmaz Kitabevi, İstanbul, 2015

- Ali Sarıkoyuncu (Prof. Dr.), Millî Mücadele'de Din Adamları, cilt 1, 3. Baskı, Diyanet İşleri Başkanlığı Yayınları, Ankara 2002

- Arı İnan, Mustafa Kemal'in Eskişehir İzmit Konuşmaları, Türk Tarih Kurumu Yayınları, Ankara 1982

- Atatürk: Belgeler, El Yazısı ile Notlar, Yazışmalar, Yapı Kredi yayınları,

- Atatürk'ün Bütün Eserleri, cilt 1, 6. Baskı, Kaynak Yayınları, İstanbul, 2015

- Atatürk'ün Bütün Eserleri, cilt 11, 3. Baskı, Kaynak Yayınları, İstanbul, 2012

- Atatürk'ün Bütün Eserleri, cilt 12, 3. Baskı, Kaynak Yayınları, İstanbul, 2015

- Atatürk'ün Bütün Eserleri, cilt 16, 2. Baskı, Kaynak Yayınları, İstanbul, 2011

- Atatürk'ün Bütün Eserleri, cilt 17, 2. Baskı, Kaynak Yayınları, İstanbul, 2012

- Atatürk'ün Bütün Eserleri, cilt 21, 3. Baskı, Kaynak Yayınları, İstanbul, 2012

- Atatürk'ün Bütün Eserleri, cilt 25, 2. Baskı, Kaynak Yayınları, İstanbul, 2012

- Atatürk'ün Bütün Eserleri, cilt 3, 4. Baskı, Kaynak Yayınları, İstanbul, 2012

- Atatürk'ün Bütün Eserleri, cilt 4, 5. Baskı, Kaynak Yayınları, İstanbul 2015

- Atatürk'ün Bütün Eserleri, cilt 5, 5. Baskı, Kaynak Yayınları, İstanbul, 2015

- Atatürk'ün Bütün Eserleri, cilt 6, 3. Baskı, Kaynak Yayınları, İstanbul, 2012

- Atatürk'ün Bütün Eserleri, cilt 7, 5. Baskı, Kaynak Yayınları, İstanbul, 2015

- Atatürk'ün Bütün Eserlleri, cilt 8, 3. Baskı, Kaynak - Yayınları, İstanbul, 2012

- Atatürk'ün Okuduğu Kitaplar, cilt 8, Anıtkabir Derneği, Ankara

- Atatürk'ün Söylev ve Demeçleri, cilt 1-3, Atatürk Araştırma Merkezi, Ankara, 1997

- Atatürk'ün Tamim, Telgraf ve Beyannameleri, cilt 4, Atatürk Kültür, Dil ve Tarih Yüksek Kurumu, Atatürk Araştırma Merkezi Yayınları, Ankara, 2006

- Atatürkçülük, Millî Eğitim Basımevi, cilt 1, Ankara, 1988

KAYNAKÇA

- Atatürkçülük: Atatürk'ün Görüş ve Direktifleri, cilt 1, Genelkurmay Basımevi, Ankara, 1983

- Attila İlhan, Hangi Atatürk, 14. Baskı, Türkiye İş Bankası Yayınları, İstanbul, 2017

- Bekir Sıtkı Yalçın-İsmet Gönlüal, Atatürk İnkılabı, Kültür ve Turizm Bakanlığı Yayınları, Ankara, 1984

- Birinci Dünya Harbi: Sina Filistin Cephesi, cilt 4, 1. Kısım, Genelkurmay Başkanlığı Askeri Tarih ve Stratejik Etüd Başkanlığı, Genelkurmay Basımevi, Ankara, 1979

- Celal Bayar, Atatürk'ten Hatıralar, Atatürk Kütüphanesi, Sel Yayınları, İstanbul, 1955

- Cemal Kutay, "Millî Mücadelemizin Gerçek Öncüleri", Türk Dünyası Tarih Dergisi, sayı 8

- Cemal Kutay, Atatürk'ün Son Günleri, İklim Yayınevi, İstanbul, 2005

- Cemal Kutay, Kurtuluşun ve Cumhuriyet'in Manevi Mimarları, Diyanet İşleri Başkanlığı Yayınları, Ankara, 1973

- Cemal Kutay, Türkçe İbadet, cilt 2, Aksoy Show Yayınevi, İstanbul, 1998

- Cemil Bilsel, Lozan, cilt 2, Ahmet İhsan Matbaası, İstanbul 1933

- Dücane Cündioğlu, Türkçe Kur'an ve Cumhuriyet İdeolojisi, 2. Baskı, Kitabevi Yayınları, İstanbul

- Emine Çaykara, Tarihçilerin Kutbu: Halil İnalcık Kitabı, Türkiye İş Bankası Yayınları, İstanbul, 2005

- Emine Şeyma Usta, Atatürk'ün Cuma Hutbeleri, İleri Yayınları, İstanbul, 2005

- Enver Behnan Şapolyo, Kemal Atatürk ve Millî Mücadele, 3. Baskı, İstanbul, 1959

- Ercüment Demirer, Bakış, 1969

- Ergün Aybars, Türkiye Cumhuriyeti Tarihi, cilt 1, 9 Eylül Üniversitesi Yayınları, İzmir, 1998

- Ergün Aybars, Türkiye Cumhuriyeti Tarihi, cilt 1, Zeus Kitabevi, İzmir, 2007

- Erol Cihangir, Papa Eftim'in Muhtıraları ve Bağımsız Türk–Ortodoks Patrikhanesi, Turan Yayınları, İstanbul, 1996

- Erol Mütercimler, Fikrimizin Rehberi, 8. Baskı, Alfa Yayınları, İstanbul, 2016

- Erol Mütercimler, Gelibolu 1915, 11. Baskı, Alfa Yayınları, İstanbul, 2010

- Ersin Kalkan, "Mevlüt okuduğunda kuşları sustururdu", Hafız Kemal Bey, Hürriyet Pazar, 8 Ekim 2006

- Falih Rıfkı Atay, Çankaya, Pozitif Yayınları, İstanbul, 2006

- Franz Babinger, Fatih Sultan Mehmet ve Zamanı, Oğlak Yayınları, İstanbul, 2008

- Gürdal Özçakır, "Karadeniz Ereğli'sinin Düşman İşgalinden Kurtuluşu", Haber Zonguldak Gazetesi, 22 Haziran 2011 nüshası, Zonguldak

- H. C. Amstrong, Bozkurt, Çev: Gül Çağalı Güven, Arba Yayınevi, İstanbul, 1996

- Hacı Hayri Efendi, Hutbe Hocası, İstanbul, 1926

- Halil İnalcık, "Osmanlı Tarihi Üzerine Kamuoyunu İlgilendiren Bazı Sorular, Doğu-Batı Makaleler-I İnkılap Yayınları, İstanbul, 2005

- Hamdi Ertuna, Türk İstiklal Harbi: İstiklal Harbinde Ayaklanmalar 1919-1921, cilt 6, T.C. Genelkurmay Harp Tarihi Başkanlığı, Ankara, 1974

- Hasan Rıza Soyak, Atatürk'ten Hatıralar, cilt 1, Yapı Kredi yayınları, İstanbul, 1973

- Herbart Adams Gibbons, Osmanlı İmparatorluğu'nun Kuruluşu, İnkılap Yayınları, İstanbul, 1998

- Hikmet Tanyu, Atatürk ve Türk Milliyetçiliği, Elips Yayınları, İstanbul, 2007

- Hüseyin Bahar, Atatürk'ün İnanç Dünyası, Biltek Yayınları, Ankara, 2001

- Hüseyin Menç, Millî Mücadele Yıllarında Amasya, 5. Baskı, Amasya Belediyesi yayınları

- Hüseyin Menç, Millî Mücadelenin İlk Kıvılcımı, Amasya, 1983

- İ. Tokalak, Bizans Osmanlı Sentezi: Bizans Kültür Kurumlarının Osmanlı Üzerindeki Etkisi, Gülerboy Yayınevi, İstanbul, 2006

- İbrahim Beşe, İşgalden Kurtuluşa Kilis: Aralık 1918-1920, Kilis Kültür Derneği Yayınları, Ankara, 2017

- İhsan Kayseri, Atatürk ve Konya, Arı Basımevi, Konya, 1981

- İhsan Özkes, Dünden Bugüne Cami Yalanları, İstanbul, 2014

- İsmail Kara, Türkiye'de İslamcılık cereyanı, cilt 2, Dergah Yayınları, İstanbul, 1987

- İsmet Bozdağ, Bilinmeyen Atatürk: Celal Bayar Anlatıyor, 4. baskı, Truva yayınları, İstanbul

- İsmet Görgülü, "Sesli Belgelerden Mustafa Kemal", Atatürk Araştırma Merkezi Dergisi, cilt 4, sayı 11, Ankara, 11 Mart 1998

- İsmet Görgülü, Atatürk'ün Özel Yaşamı: Uydurmalar-saldırılar-yanıtlar, Bilgi yayınevi, İstanbul, 2003

- İsmet İnönü, İsmet İnönü'nün Hatıraları: Lozan Antlaşması, cilt 1, Yenigün haber ajansı baskı ve yayıncılık, İstanbul,1998

- İsmet Kür, Anılarıyla Mustafa Kemal Atatürk, Kür Yayınları, İstanbul, 1971

- John W. O'Malley, "Reform, Historical Conciousness And Vatikan Ii's Aggiornamento", Theological studies, 1971

- Kadir Aslan, Yiğit Dörtyol: Çeteler Kuva-yı Milliyeciler, Dörtyol Belediyesi Kültür Yayınları, Hatay, 2008

- Kadir Kasalak (Dr.), Millî Mücadele Manda ve Himaye Meselesi, Genelkurmay Başkanlığı Yayınları, Ankara, 1993

- Kahraman Yusufoğlu, Atatürk'ten Hatıralar: Sofra Sırları, Halk Kitabevi, İstanbul, 2015

- Kamil Miras, "Kur'ân Tercümesi Hakkında Tarihi Hatıralar ve İlmî Hakikatler, Sebillürreşad, cilt 2, sayı 38, Nisan 1949, sayfa 195-196

- Kemal Arıburnu, Atatürk'ten Anılar, İnkılap Yayınevi, İstanbul, 1998

- Kılıç Ali, Atatürk'ün Hususiyetleri, Atatürk Kütüphanesi Sel yayınları, İstanbul 1955

- Lord Kinross, Atatürk: Bir Milletin Yeniden Doğuşu, Sander Yayınevi, İstanbul, 1966

- M. Raukanen, The Catholic Doctrin of Non–Christian Religions According to the Second Vatikan Council, New york 1992

- M. Süreyya Şahin, Fener Patrikhanesi ve Türkiye, Ötüken Neşriyat, İstanbul 1996

- Mahmut Goloğlu, Millî Mücadele Tarihi: Erzurum Kongresi, Nüce Matbaası, Ankara, 1968

- Mazhar Müfit Kansu, Erzurum'dan Ölümüne Kadar Atatürk'le Beraber, cilt 1, 4. Baskı, Türk Tarih Kurumu Basımevi, Ankara 1997

- Mazhar Müfit Kansu, Erzurum'dan Ölümüne Kadar Atatürk'le Beraber, cilt 2, Türk Tarih Kurumu Yayınları, Ankara, 1986

- Mehmet Ali Öz, Atatürk'ün Ailesi (Osmanlı Arşiv belgelerine göre Atatürk'ün soy kütüğü), Asi Kitap, İstanbul, 2017

- Mehmet Ali Öz, Gazi Mustafa Kemal Atatürk'ün soy kütüğü (Osmanlı Arşivi Belgelerine göre), Dilek Ofset Matbaacılık, Sivas, 2014

- Mehmet Bulut, "Şer'iye Vekaletinin Dini Yayın Hizmetleri", Diyanet İlmi Derneği, cilt 30, sayı 1

- Mehmet Emin Koç-Emre Polat, Ehl-i Beyt'e Karşı Bir Akım Olarak Nakşibendilik, İcmal Yayınları, İstanbul, 2014

- Mehmet Önder, Atatürk Konya'da, Atatürk Araştırma Merkezi Yayınları, Ankara, 1989

- Mehmet Zeki Pakalın, Osmanlı Tarih Deyimleri ve Terimleri Sözlüğü cilt 2, İstanbul 1993

- Mesut Çapa, Pontus Meselesi: Trabzon ve Giresun'da Millî Mücadele, TKAE Yay. Ankara, 1993

- Michel Belivet, Ortaçağ'da Türkler, çev: Ela Güntekin, İnkılap Yayınları, İstanbul, 2005

- Muhammed b. İsmail er-Reşîd, Tehzib'ü Risalet'il Bedri'r–Reşîd fi Elfâz'il Mükeffirat

- Muharrem Bayraktar, Batı'nın Maskesi Düşüyor: Attila İlhan ile Sohbet, Asya Şafak Yayınları, İstanbul, 2009

- Muhittin Serin, Türk Hat Üstadları: Kemal Batanay, Denizler Kitabevi, İstanbul, 2006

- Mustafa Kemal Atatürk, Anafartalar Hatıraları, Atatürk Kütüphanesi, Sel Yayınları, İstanbul, 1955

- Mustafa Kemal Atatürk, Nutuk, Alfa Yayınları, İstanbul, 2017

- Mustafa Kemal Atatürk, Nutuk, cilt 2, 9. Baskı, Türk Devrim Tarihi Enstitüsü, Millî Eğitim Basımevi, İstanbul 1969

- Mustafa Kemal Atatürk, Nutuk, Türk Tarih Kurumu, Ankara, 1989

- Mustafa Kemal Atatürk, Zabit ve Kumandan ile Hasbihal, Türkiye İş Bankası Yayınları, İstanbul 2015

- Mustafa Kemal Ulusu, Atatürk'ün Yanıbaşında: Çankaya Köşkü'nün Kütüphanecisi Nuri Ulusu'nun Hatıraları, 15. Baskı, Doğan Kitap, İstanbul 2008

- Mustafa Öcal, "İlahiyat Fakültelerinin Tarihçesi", Uludağ Üniversitesi İlahiyat Fakültesi Dergisi, sayı 1, cilt 1, yıl 1, Bursa, 1986

- Mustafa Öcal, "Türkiye'de Kur'ân eğitimi ve öğretiminde görülen gelişmeler ve bir icazetname örneği", Uludağ Üniversitesi İlahiyat Fakültesi Dergisi, sayı 2, cilt 13, Bursa, 2004

- Münir Hayri Egeli, Atatürk'ten Bilinmeyen Hatıralar, Cumhuriyet Matbaası, İstanbul, 1954

- Naşit Hakkı Uluğ, Siyasi Yönleriyle Kurtuluş Savaşı, Milliyet Yayınları, İstanbul,

- Nazmi Kal, Atatürk'ten Duymadığınız Anılar, 2. Baskı, Ziraat Grup Matbaacılık, Ankara, 2016

- Necip Fazıl Kısakürek, Büyük Doğu, Ördeklerden Bir Filo: Bir de Kazdan Amiral, Büyüyen Ay Yayınları

- Neda Armaner, "Atatürk ve Din", 10.11.1971'de Ankara Üniversitesi İlahiyat Fakültesi'nde yapılan konuşma

- Nurettin Peker, İstiklal Savaşı, İnebolu ve Kastamonu Havalisi, Gün Basımevi, İstanbul, 1955

- Oğuz Gökmen, "Patrikhaneye İthal Ruhban", Akşam Gazetesi, 4 Mart 2004

- Orhan Vural, "İstiklal Savaşı'nda Müftülerin Hizmetleri", Sebilürreşad, Cilt 1, Sayı 12, sayfa: 185- 187

- Osman Ergin, "Saadettin Kaynak: Hatıralar", Türkiye Maarif Tarihi, cilt 5, İstanbul, 1943

- Ömer Lütfi Barkan, "Bir İskan ve Kolonizasyon Metodu Olarak Sürgünler", İktisat Fakültesi Mecmuası, 1949-1950, Uysal Yayınevi, Ankara

- Rahmi Vardı, Atatürk'ün Manevi Dünyası, Şeyh Yahya Efendi Kültür ve Araştırma Vakfı, İstanbul, 2006

- Reşat Genç, Türkiye'yi Laikleştiren Yasalar: 3 Mart 1924 Tarihli Meclis Müzakereleri ve Kararları, Atatürk Araştırma Merkezi Yayınları, Ankara, 1988

- Reşat Kaynar- Necdet Sakaoğlu, Atatürk Düşüncesi: Sorular, Konferanslar, Millî Eğitim Bakanlığı Yayınları, Ankara, 1996

- Sabahattin Özel, Millî Mücadele'de Trabzon, Türk Tarih Kurumu Yayınları, Ankara, 1961

- Sabahattin Selek, Millî Mücadele: Ulusal Kurtuluş Savaşı, cilt 2, Örgün Yayınları, İstanbul, 1982

- Sadi Borak, Atatürk ve Din, Anıl yayınevi, İstanbul,1962

- Sadi Borak, Atatürk: Gençlik ve Hürriyet, Kaynak Yayınları, İstanbul, 1998,

- Sadi Borak, Atatürk'ün Özel Mektupları, 4. Baskı, Kaynak Yayınları, İstanbul,1998

- Sadi Borak, Atatürk'ün Resmi Yayınlara Girmemiş Söylev, Demeç, Yazışma ve Söyleşileri, 3. Baskı, Kaynak Yayınları, İstanbul

- Salahi Sonyel, Mustafa Kemal Atatürk ve Kurtuluş Savaşı, cilt 1, Türk Tarih Kurumu Yayınları, Ankara, 2008

- Salil Bozok- Cemil Bozok, Hep Atatürk'ün yanında, Çağdaş yayınları İstanbul, 1985

- Sinan Meydan, Atatürk İle Allah Arasında, 6. Baskı, İnkılap Kitabevi, İstanbul, 2009

- Şecaattin Zenginoğlu (Başbakanlık eski müşaviri), Bilgi Çağındaki Türk Gençliğinin Yükselen Sesi, 1999

- Şemsettin Günaltay, Ülkü dergisi cilt 9, sayı 100, 1945

- Şerafettin Turan, Türk Devrim Tarihi, 2. Kitap, Bilgi Yayınevi, İstanbul, 1998

KAYNAKÇA

- Şerif Mardin, Yeni Osmanlı Düşüncesi'nin Doğuşu, İletişim Yayınları, İstanbul, 2004

- Şevket Beysanoğlu, Bütün Cepheleriyle Diyarbakır, Şehir Matbaası, Diyarbakır, 1963

- Şevket Süreyya Aydemir, Tek Adam, Cilt 1, Remzi Kitabevi İstanbul 1976

- Şevket Süreyya Aydemir, Tek Adam, cilt 2, 43. Baskı, Remzi Kitabevi, İstanbul, 2017

- Şükrü Ali Ögel, "Millî Mücadele Sırasında Atatürk'ten Birkaç Hatıra", Türk Kültürü Dergisi, Sayı 25, Ankara, 1964

- Tarhan Toker, Kuva-yı Milliye ve Millî Mücadelede Denizli, Denizli, 1983

- Tarık Mümtaz Göztepe, Osmanoğullarının Son Padişahı Vahidettin Mütareke Gayyasında, Sebil Yayınları, İstanbul, 1969

- Tarık Zafer Tunaya, Türkiye'de Siyasi Partiler, 5. Baskı, İletişim Yayınları, İstanbul, 2015

- TBMM Gizli Celse Zabıtları, cilt 1, Türkiye İş Bankası Yayınları, Ankara, 1985

- Teoman Ergül, Kurtuluş Savaşı'nda Manisa, Manisa Kültür Sanat Kurumu Yayınları, İzmir, 1991

- The Second Vatikan Council, Nostra Aetate

- Turgut Gürer, Atatürk'ün Yaveri Cevat Abbas Gürer: Cepheden Meclis'e Büyük Önder ile 24 yıl, 5. Baskı, Gürer Yayınları, İstanbul, 2007

- Türk İstiklal Harbi Güney Cephesi, cilt 4, Genelkurmay Harp Dairesi Yayınları, Ankara, 1966

KAYNAKÇA

- Urduca Yayınlarda Atatürk, Ankara Üniversitesi Dil ve Tarih Coğrafya Fakültesi Yayınları, Ankara, 1979

- Utkan Kocatürk, Doğumundan Ölümüne Kaynakçalı Atatürk Günlüğü, Atatürk Araştırma Merkezi Yayınları, Ankara, 2007

- Veysel Usta, Atatürk ve Trabzon: Fotoğraflar, Belgeler, Demeçler, Serander Yayınları, Trabzon, 2011

- Yahya bin Ebi Bekr, Esir'ul-Melahide

- Yakup Köse-Yasin Ertuğrul Özdemir, Türk İslam Birliği Derneği, Meriç Tumluer Röportajı, 23.03.2012, Mersin

- Yaşar Okur Hoca, Atatürk'le On Beş Yıl: Dini Hatıralar, Sabah Yayınevi

- Yunus Nadi, Ankara'nın İlk Günleri, Atatürk Kütüphanesi, Sel Yayınları, 1955

- Yunus Nadi, Birinci Büyük Millet Meclisi, Cumhuriyet Yayınları, İstanbul, 1998

- Yusuf Kemal Tengirşek, Vatan Hizmetinde, Kültür Bakanlığı Yayınları

- Yusuf Koç- Ali Koç, Tarihi Gerçekler Işığında belgelerle Mustafa Kemal Atatürk, Kamu Birlik Hareketi Eğitim Yayınları, Ankara, 2004

- Yücel Özkaya, "Ulusal Bağımsızlık Savaşı Boyunca Yararlı ve Zararlı Dernekler", Atatürk Araştırma Merkezi, Cilt IV, Sayı 10, Kasım 1987

- Zekai Güner (Yrd. Doç.), Millî Mücadele Başlarken Türk Kamuoyu, T. C. Kültür Bakanlığı Kültür Eserleri, Ankara, 1999

KAYNAKÇA

Süreli Yayınlar:

Akşam Gazetesi
Alemdar Gazetesi
Anayurt Gazetesi
Hürriyet Gazetesi
İkdam Gazetesi
İrade-i Milliye Gazetesi
Kurultay Gazetesi
Milliyet Gazetesi
Tasvir-i Efkar Gazetesi
Tempo Dergisi
Yeni Asya Gazetesi
Yeni Gazete
Yeni Mesaj Gazetesi

Arşiv Kaynakları:

Başbakanlık Cumhuriyet Arşivi, Başvekalet Muamelat Müdürlüğü

Başbakanlık Osmanlı Arşivi (BOA)

BOA Maliye Nezareti Temettuat Defterleri

BOA Nüfus Defterleri

BOA Sadaret Mühimme Kalemi

Genelkurmay Başkanlığı Askeri Tarih ve Stratejik Etüd (ATESE) Arşivi,